统计分析系列

SPSS 社会调查应用教程

——基本原理与实操案例

（第 2 版）

樊文强　杜智敏　编著
郭宜斌　审校

電子工業出版社
Publishing House of Electronics Industry
北京•BEIJING

内 容 简 介

本书是为读者在开展社会调查过程中正确使用 SPSS 而写的，也可以作为《社会调查方法与实践》一书的下册。SPSS 作为社会统计分析的强有力工具，在社会调查中主要应用于抽样调查，因此本书不以 SPSS 的功能模块为序，不单纯介绍具体操作，而是立足初学者，结合具体的调查案例，将统计学的基本知识与 SPSS 的运用融为一体，以抽样调查过程中对问卷的统计分析工作流为主线。全书 11 章，第 1 章概述抽样调查的全过程；第 2 章介绍在问卷回收之后，如何进行数据的净化、编码及数据文件的建立，以及在分析之前所做的统计预处理工作；第 3、4 章介绍如何通过统计表与统计图对样本数据进行频数分析和估计总体的分布特征；第 5～9 章介绍如何根据不同的变量类型进行不同群体差异的比较，怎样分析调查项目（变量）之间的相关关系和不确定性因果关系；第 10 章介绍对调查对象的分类；第 11 章介绍对问卷的质量分析。读者可登录华信教育资源网（www.hxedu.com.cn）下载本书配套数据文件及电子课件。

本书既可以作为本科生、研究生的教材和教师的教学参考书，也可以作为社会工作者开展调查研究的指导手册。

图书在版编目（CIP）数据

SPSS 社会调查应用教程：基本原理与实操案例 / 樊文强，杜智敏编著. —2 版. —北京：电子工业出版社，2021.7

ISBN 978-7-121-41606-4

Ⅰ. ①S… Ⅱ. ①樊… ②杜… Ⅲ. ①社会调查－统计分析－软件包－高等学校－教材 Ⅳ. ①C915-39

中国版本图书馆 CIP 数据核字（2021）第 142820 号

责任编辑：秦淑灵　　　　特约编辑：田学清
印　　刷：涿州市般润文化传播有限公司
装　　订：涿州市般润文化传播有限公司
出版发行：电子工业出版社
　　　　　北京市海淀区万寿路 173 信箱　　　　邮编：100036
开　　本：787×1 092　1/16　印张：25.75　字数：701 千字
版　　次：2015 年 1 月第 1 版
　　　　　2021 年 7 月第 2 版
印　　次：2023 年 1 月第 3 次印刷
定　　价：69.00 元

凡所购买电子工业出版社图书有缺损问题，请向购买书店调换。若书店售缺，请与本社发行部联系，联系及邮购电话：（010）88254888，88258888。

质量投诉请发邮件至 zlts@phei.com.cn，盗版侵权举报请发邮件至 dbqq@phei.com.cn。

本书咨询联系方式：qinshl@phei.com.cn。

前　言

时光飞逝，转眼间，距离上一版本的出版已五年有余。在这期间，大数据逐步成为“众人皆知”的一个概念，数据科学也成为当下的热门学科之一。同时，数据统计分析技术和统计软件在不断发展和升级。SPSS 几乎每年都会推出新的版本，目前最新的为 2019 年发布的 26.0 版本。虽然统计分析技术和软件在不断更新，但其最为基础的部分保持不变。本书作为一本基础教程，以基础知识和基本操作为主要内容，旨在帮助读者掌握数据统计分析的“基本功”，进而为更高级、更深入的学习打下坚实基础。

一、在本次版本中保留了原版的特色和风格

由于本书的实用性、基础性和详实性，上一版得到很多读者的喜爱和支持，也得到了同行的认同，因此我们保留了原版的特色和风格：

1．全书继续保持原有体系。以对一份具体的调查问卷进行统计分析为主线，由浅入深地、不断递进地对基本的统计分析方法和 SPSS 操作进行介绍和说明，这有助于读者对数据统计分析工作形成系统性、整体性的认识。

本书内容共 11 章。第 1 章概述抽样调查的全过程，抽样调查是一个完整的过程，没有好的研究设计方案、高质量的问卷、科学的抽样方法和数据采集，统计分析工作将变得毫无意义，因此需要读者从总体上把握好抽样调查；第 2~10 章按照对问卷统计分析的工作流展开，即第 2 章介绍在采集数据之后，如何进行数据的净化、编码、数据文件的建立以及在分析之前需要做哪些统计预处理工作；第 3、4 章介绍如何通过统计表与统计图对样本数据进行频数分析，以及如何估计总体的分布特征；第 5~9 章介绍根据不同的变量类型如何进行不同群体差异的比较，怎样分析调查项目（即变量）之间的相关关系和不确定性因果关系；第 10 章说明对调查对象如何进行分类；第 11 章则讲解对问卷的信度与效度分析，作为结构效度分析的基础，对主成分分析与因子分析给予了比较详细的介绍。

2．将统计分析方法、SPSS 操作和案例分析有机融合在一起。以通俗的方式来讲解基本的概念和操作，并融入实际案例的操作，与前面的统计分析方法介绍进行联系和呼应，让读者在具体操作中理解 SPSS 的主要菜单功能。

本书自始至终主要用的案例是对北京市大学生的学情调查。以一个实际的案例一以贯之，是希望读者能够看到，调查数据是一个富矿，只要一步一步深入地“挖掘”，就可以从杂乱无章的数据中看到事物的本质特征，看到背后的规律；还希望通过这个案例，使读者了解到对一份问卷的分析可能包括哪些方面的内容，体验对一个问题分析的不同视角和方法。事实上，数据本身的背景并不十分重要，重要的是要知道对于不同的数据类型如何做分析以及如何解释分析的结果。因此，本书没有将案例的作用停留在 SPSS 操作与解释每个统计表的行、列标题是什么上，而是兼顾理论与实用，针对研究的问题，从审核是否满足所选统计方法的条件、数据文件的格式到实际操作，从图表所表述的统计意义到反映在研究问题上的实际意义，都给予了尽可能详尽的说明，使本书具有较强的可操作性和实践性，有利于读者将 SPSS 的应用

延伸到更为宽广的领域。当然，要真正做到这一点，还需要读者在阅读本书的过程中，重视概念的掌握，在用中加深理解。不要满足于对 SPSS 的简单操作上，要重视理解统计学概念、原理的内涵以及适用的条件；不要停留在“看”上，要带着课题读，边读边做，必须经过自己的实践，才能掌握统计分析方法与 SPSS 的真谛。

3．以浅显易懂的方式进行基本概念和原理的介绍，目的是让读者能够充分地了解各项分析技术背后的基本思路和原理，从而能够理解 SPSS 操作的步骤，界面中项目的选择、输出结果的解读，做到“知其然，而且知其所以然”。当然，透彻理解统计方法相关的基本概念和原理并不是一件简单的事情，读者也不必纠结于不能马上消化吸收，随着多次的操作使用，在实际应用中不断回头查阅对应的思路和原理，可以更好地理解各项分析技术。

4．为适应不同读者的需要，继续保留双语介绍 SPSS 的菜单、对话框及各种功能键等，即在介绍 SPSS 中文版的同时，也将相应的英文版加以标注，为需要使用英文版 SPSS 的读者提供方便。

5．考虑到不同读者群的基础有所不同，本版依然定位在为初学者的“用”而写。阅读本书时，不需要读者具备微积分、线性代数、概率论等相关的数学基础，不需要读者熟练地掌握计算机的操作，本书是自包含的，对所涉及的每个概念都尽可能用易于理解的方式加以阐明，对 SPSS 相关菜单尽可能给予全面的介绍，以使读者正确理解与掌握 SPSS 的功能。另外，除第 1、9、10、11 章外，其他各章都给出了有关统计分析方法与应用 SPSS 的附表，以利于读者对每章内容的梳理与掌握。

二、本次再版修订的主要内容

1．对 SPSS 版本进行了全面升级。为方便读者更好地结合本书学习和使用 SPSS，我们将 SPSS 版本从 19.0 升级到了 25.0，为此对 SPSS 的操作界面图片和输出表格进行了全面更新。

2．对案例的表述进行了优化。为了更好地体现案例教学思想，我们在重要或涉及内容较多的案例之前都提供了这个案例的思维导图，对案例要完成的任务、数据特点、变量关系等进行了更加清晰的呈现，使读者对该案例的整体特征有一个更加充分的理解。同时，对输出结果的叙述增加了小标题，更加条理，可读性更强。我们希望思维导图的提供和结果说明的系统化可以让读者更好地理解案例，从而能够判断与应用案例中相应的分析技术或操作是否可以解决自己的问题。

3．缩减篇幅，修正纰漏。我们对一些扩展性的内容进行了删减；对上一版中的一些纰漏进行了修订；在格式方面，进一步统一了表格的格式，以使读者有一个更好的阅读体验。

本书的定位是一本基础教程，以数据统计分析中最基本的概念、方法和技术应用为主，不能囊括统计领域需要的所有方法和技术。希望通过这本基础性的教程，帮助初学者构建一个基本的知识结构。读者在此基础之上，可以学习更加深入的统计知识和方法。

本书第一版《SPSS 在社会调查中的应用》是在原杜智敏编著的《抽样调查与 SPSS 应用》基础上进行改编的，杜智敏对全书的结构进行了总体再设计，樊文强撰写了第 9 章以及第 8、10、11 章中从 SPSS 16.0 改版为 SPSS 19.0 的工作，杜智敏撰写了第 1～7 章以及第 8、10、11 章的其他部分。本次改版中，杜智敏修订了第 1～4 章，樊文强修订了第 5～11 章，并对体例、案例的表述进行了优化。两版撰写完成后，樊文强与杜智敏均从专业视角相互进行了审校与修改。本书完稿后，郭宜斌研究员对全书的文字仔细进行了最后的审校与修改。

在本书第一版的写作过程中，香港中文大学副校长、教育学院教育心理学讲座教授、国际应用心理学会教育心理部主席侯杰泰先生对原作给予了殊多的鼓励，并在应完善的内容方面提出了很中肯的建议；陈淑敏作为第一读者对第 8~11 章的修改提出了自己的看法。在本次修订过程中，赵佳晖同学帮助更新了第 8~11 章的图表。电子工业出版社秦淑灵编辑为本书的两次出版给予了大力支持，多次进行指导和督促，付出很多心血。作者在撰写本书的过程中，拜读和参阅过许多专家学者的专著和论文，受益匪浅。在此，我们向所提各位及其他给予帮助的朋友表示衷心的感谢！我们还要感谢读者们对本书的认可和支持！恳请读者和同行们继续对书中的问题和错误批评指正。

通过本次修订，我们相信本书可以更加适应实际教学的需要，为学生、教师和研究人员提供更好的参考。

编著者

目　　录

第 1 章　抽样调查概述

1895 年，挪威统计学家凯尔（A. N. Kiaer）在国际统计学会（ISI）第五届大会上提出了“用代表性样本方法来代替全面调查”的建议，这一年被认为是抽样调查历史的开端。100 多年以来，随着抽样理论、统计分析技术、计算机技术和统计软件的发展，抽样调查作为社会调查的一种重要方法及获取统计资料的重要手段，日益受到政府各部门、企业、学术界与社会公众的重视，在行政管理、学术研究、民意调查和市场调查等领域，无论是应用的广度还是深度都有了极大的发展。

SPSS 作为社会统计分析的强有力工具，在社会调查中主要应用于采用定量研究范式的抽样调查。因此本书将以抽样调查过程中对问卷的统计分析工作流为主线展开。

为使读者能够顺利地将 SPSS 应用于抽样调查的统计分析，本章将对抽样调查的必备知识进行简要的介绍。更为详尽的内容，可参见本书作者编著的《社会调查方法与实践》。

1.1　抽样调查的概念和过程

1.1.1　抽样调查的概念与特点

抽样调查（Sampling Survey）是从全体研究对象（称为总体）中，按一定方式选择或抽取一部分对象作为样本，调查工作仅在样本中进行的一种非全面调查。抽样调查从研究范式上看属于定量研究。抽样调查有一套完备的操作技术，包括抽样方法、问卷设计方法、资料收集方法和统计分析方法等。

抽样是一种选择调查对象的程序和方法。抽样方法有两种：概率抽样与非概率抽样。

概率抽样也称随机抽样，是指按照随机原则，从总体中抽取一定数目的个体作为样本，总体中的每一个个体被选入样本的可能性是一样的，可以通过样本的信息来对总体进行描述。概率抽样包括简单随机抽样、系统抽样、分层抽样等。简单随机抽样是将抽样框中的调查对象编号，然后用类似于抽签法的方法抽取样本；系统抽样则是按照随机原则在抽样框中等距离抽取部分抽样单位作为调查样本；分层抽样是先将总体依照一种或几种特征分为互不重叠的几类，每类称为一层，然后从每一层中利用简单随机抽样或系统抽样方法抽取一个子样本，将它们合在一起，即总体的样本。

非概率抽样包括方便抽样等方式，是从方便的角度出发或根据研究者主观的判断来抽取样本的，每个个体进入样本的可能性有多大是未知的，不能通过样本的信息来对总体进行推断，只能对样本进行描述。具体的抽样方法的分类如图 1-1 所示。

问卷是抽样调查的主要工具，问卷的结构化是抽样调查所用的工具或手段区别于其他社会调查方法的重要特征。数据资料的收集有两种方式：自填式问卷调查和结构式访谈。自填式问卷调查是由调查对象在编制好的问卷上按照要求填答问卷中的题项；结构式访谈也称标准化访谈或者问卷访谈，是指访谈员根据事先准备好的问卷进行的访谈，访谈员必须严格按照规定的方式和顺序向被访者提出问卷中的问题，被访者只能根据问卷中的备选项选择回答，然后由访谈员填写。如果访谈员与被访者面对面地进行访谈，称为直接访谈或面访；通过电话、网络等通信手段，按既定的目的所进行的访谈，称为间接访谈。

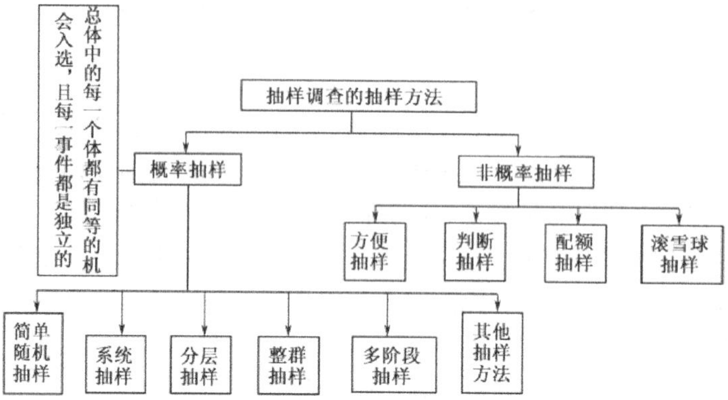

图 1-1　抽样方法的分类

抽样调查的标准化工具就是问卷，因此抽样调查也称为问卷调查。问卷收回后，就要使用统计软件对数据进行统计分析。本书就介绍如何利用统计软件 SPSS 对问卷进行数据分析。

抽样调查的最大特点是采用定量的或数字的描述方式来研究总体，利用样本所产生的数据进行统计分析，并且不断地将各种新的统计分析方法引入研究中，使对问题的分析更加深入，这是其他调查方法所不具备的。鉴于此，抽样调查也称为“统计调查”。对于通过概率抽样方法得到的样本，不仅可以通过统计分析描述其样本的特征，而且可以对总体特征进行推断。综上所述，抽样调查与其他非全面调查比较，具有三个主要特点：一是随机原则；二是以结构化问卷为工具；三是从数量上推算总体。

1.1.2　抽样调查的过程

抽样调查是一种标准化程度较高的研究方法。抽样调查过程有比较固定的程序，通常将抽样调查过程分为五个阶段：选题阶段、准备阶段、调查阶段、分析阶段和总结阶段。抽样调查的具体流程如图 1-2 所示。

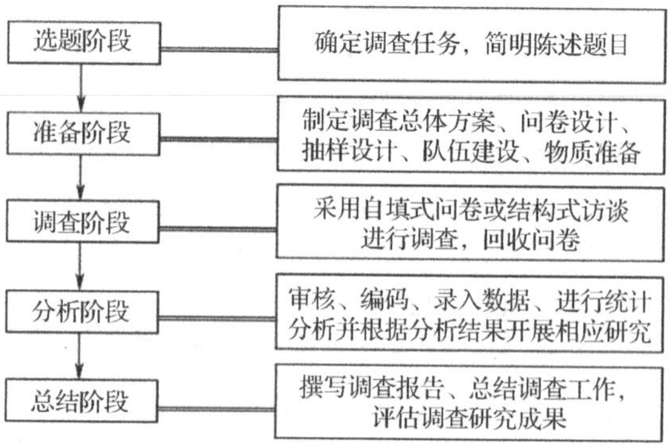

图 1-2　抽样调查的具体流程图

1.1.3　对抽样调查的评价

1．抽样调查的优势

首先，采用抽样调查方法进行调查，特别是关于人们的态度、行为的调查，可以直接从调查对象那里获取第一手资料，这些资料比某些间接地、利用文献等得到的第二手资料更准确、更真实、更符合研究者的需要。其次，当研究对象是一个大型的群体时，抽样调查比其他调查方法更节省时间、经费和人力，具有更高的效率。例如，采用团体调查方式进行抽样调查，在很短的时间内能够同时调查很多人；采用邮寄问卷方式或通过网络进行问卷调查（抽样调查），可以突破时空的限制，所有工作只需较少的研究人员来完成。最后，利用结构化的问卷、概率抽样的方法，可以对研究总体进行统计推断，这是其他方法不可比拟的。

2．抽样调查的局限性

首先，抽样调查缺少弹性和深度。问卷是在实施调查之前设计的，在实施调查时，一旦发现问卷的问题很难做出相应的改变。问卷中大量的问题是描述人们的态度、行为和特征的，对“为什么”只能给出有限的几个选择，很难做到对原本复杂的问题进行比较深入的探讨。其次，抽样调查容易受人为因素的影响，效度较低。调查对象回答问卷的态度、对问卷的理解程度等都直接影响回收问卷的质量，收回的问卷有时可能并没有真实反映调查对象潜在的价值观，通过问卷能否真正调查出我们所要调查的内容就特别值得关注。最后，根据抽样设计方案抽到的调查对象出于各种原因有可能缺席，问卷的回收率有时难以保证。

1.2　调查问卷的一般问题

1.2.1　问卷的结构

问卷一般由问卷标题、封面信、指导语、问题与选项、结束语和其他资料六个部分组成。

问卷的标题表明调查的主题，起画龙点睛的作用。标题的结构一般是：调查对象+调查内容+“调查问卷”，如“天津市居民住房状况调查问卷”“中国公众科学素养调查问卷”等。

问卷标题之后是给调查对象的一封短信，通常称为封面信或封面语。在封面信中应说明调查的目的和价值、调查对象的范围、调查对象做出回答的重要性、对题目的回答将予以保密，并指出“对每个问题选择哪个选项，没有对错之分”，以解除调查对象的心理压力，激励调查对象以认真、积极的态度对待调查。在封面信的开始或最后应说明调查者的身份和调查单位的名称，甚至将联系人的姓名、联系方式也写上。封面信要写得简明、亲切，字数控制在二三百字，在封面信的结尾处一定要真诚地对调查对象表示感谢。

指导语的功能是向调查对象或调查者说明填答问卷的方法、要求和注意事项，有时还要说明填答问卷所需要的时间，对问题或概念含义做出解释，用以指导调查对象正确填答问卷。在具体编写和安排上，如果问卷形式比较简单，指导语可以放到封面信中。如果指导语篇幅比较长，那么需要将封面信与指导语分开，在封面信的后面紧接着写指导语。

问题与选项是问卷的主体，一般包括调查所要询问的问题、回答问题的选项和方式，以及对回答方式的说明等。问卷中的问题可分为开放式问题和封闭式问题。开放式问题（Open-ended Question）是指调查者对所提出的问题没有规定答案的选择范围，调查对象可以按照自己的意愿自由地回答。例如，“您对目前商品房价格有何看法？”封闭式问题（Close-ended Question）也称为选择题，是调查者将问题的内容和可选择的答案进行精心设计后编制的题目，调查对象只能根据自己的实际情况，从所给出的若干个可能的答案中进行选择，无法进行自由的发挥。例如：

新冠肺炎疫情期间，您所在的企业今年第二季度的收入与上一年同期相比是：

（1）明显减少　（2）略有减少　（3）基本持平　（4）略有增长　（5）明显增长

自填式问卷往往有一个结束语。可以对调查对象表示真诚的感谢，如“我们的调查到此结束，对您的配合与支持表示衷心的感谢！”，也可以在其后附一个开放式的问题：“欢迎您就本次调查及其有关问题提出建议和进一步的看法。”

其他资料主要是指采用面对面访谈（直接访谈）方式收集资料时对问卷的施测过程的记录。这些记录是对问卷进行审核和分析的重要依据，内容包括访谈所用时间、访谈员姓名及访谈员对回答的评价、审核员姓名及对审核的意见，以及未完成的原因等。

1.2.2　问卷的类型

从不同的视角可以将问卷进行不同的分类，按使用问卷的方法，问卷可以分为自填式问卷（由调查对象自己填写）与访谈式问卷（由访谈员根据调查对象的回答进行填写）；按问卷的功能可以分为主体问卷和过滤问卷（为筛选出符合条件的调查对象而设计的问卷）；按问卷出题的方式可以分为无结构型问卷（开放式问卷）、结构型问卷（封闭式问卷）和半结构型问卷。

1．开放式问卷

如果一份问卷全部由开放式问题组成，则称该问卷为开放式问卷或无结构型问卷。其特点是所提出的问题没有在组织结构上加以严密的设计安排，只是围绕研究的目的提出一些问题。开放式问卷的最大优点是灵活性大、适用性好，能够发挥调查对象的主动性。当对一个问题的全部选项不十分清晰时，利用开放式问题，可以收集到各种不同的答案，甚至是意想不到的回答，为设计封闭式问题奠定了基础。但整理开放式问卷比较困难，工作量比较大，对资料难以量化，无法进行深入的统计分析，故开展大型调查时一般不用开放式问卷。

2．封闭式问卷

由封闭式问题组成的问卷称为封闭式问卷，即结构型问卷。它是根据研究目的和主题精心设计的具有结构的问卷，问卷中的每个问题及其选项都要按一定的方式和顺序编制，调查中不能随意增加或减少问题，也不能变动顺序和更改字句。大量的调查研究（特别是大型调查）都是采用封闭式问卷进行的，因为只要研究者围绕研究假设精心设计问卷，调查对象认真回答，调查后对数据进行必要的整理和转换，就可以进行各种深层次的统计分析，发现各种现象背后的规律。

封闭式问卷的缺点：一是设计封闭式问题的选项要比设计开放式问题花费更多的时间与精力；二是固定的选项限制了调查对象的回答，问题难于深入；三是由于调查对象仅在各个问题的选项上画圈或打钩，对于笔误或有意打错的、随意乱选的情况往往难以发现，所有这些问题都会在一定程度上影响调查结果的准确性和真实性。

3．半结构型问卷

半结构型问卷同时包含开放式问题和封装式问题，可根据具体问题的性质设计题目。

1.2.3　编制问卷的过程

1．编制问卷的基本过程

编制问卷的流程：做准备工作、进行探索性研究、编制问卷初稿、根据专家的建议和试测结果修改问卷，形成最后的正式问卷。

问卷的准备工作包括明确调查目的与主题、查阅文献资料、明确问卷调查收集资料的方式（采用自填式还是访谈式）、分析调查对象的特征和初步界定概念的操作定义。概念的操作定义就是用一系列可以观察、测量的事物、现象和方法，对抽象概念做出界定和说明。例如，“发散思维”概念的操作定义可以是：在限定的时间内，学生列举出砖的各种用途所得到的测试分数。

探索性研究主要包括进行开放式问卷调查、召开座谈会、个别访谈及实地考察。通过这些工作，帮助我们弄清楚对某个指标可以提出哪些问题，某个问题可能会有多少种回答，经过归纳便可以设计出这个问题的选项；还能够对各种问题的提法、不同类型的回答者所使用的语言、对不同问题的关注程度等获得第一手资料，有利于操作定义的完善，并将问题编写得更加清晰、选项更加客观具体，为开放式问卷转化为封闭式问卷奠定基础。

编制问卷初稿时，首先将所有整理出来的问题录入计算机，不必考虑题目的顺序，但要注意问题的提法和答案的设计；然后将一个个问题分别嵌入相关的主题中，并对每一部分的题目进行排序，形成问卷的主体；最后写好封面信和指导语。

问卷初稿完成后，要听取专家对问卷的意见和建议，并在此基础上修改问卷，然后进行小范围的试测，从以下三个方面发现问卷中的问题：一是对回收问卷的填答情况进行考察；二是对题目进行项目分析，删去鉴别度低的题目；三是进行信度和效度分析，以便对问卷进行再修改，形成最终问卷。

2．对试测问卷填答情况的考察

（1）如果回收率在 60%以下，说明问卷设计存在较大的问题，必须做较大的修改；

（2）如果在回收的问卷中废卷很多，如有的答卷中很多问题没有回答或填答方法出现错误，或在全部回收的问卷中对某个问题的回答多集中在一个选项上，都说明题目设计有问题，或指导语写得不够好，要分析产生的原因，并加以修改。

3．对试测问卷进行项目分析

对某一事物的态度、行为的测量，往往会设计多个题目，这些题目是否真正能够区分出调查对象的不同态度或行为，需要进行项目分析，考察每个题目的区分能力。这里仅介绍频数法、计算鉴别度法和相关系数法三种方法（如何利用 SPSS 进行具体操作将在后面的章节说明）。

1）频数法

频数法是通过频数分析来考察题目的鉴别度的。如果对某个题目，超过 70%的人选择了同一个选项，则此题鉴别度较差，应当删除或修改。

2）计算鉴别度法

具体步骤如下。

第一步：计算每个调查对象在这个维度上的总分，并根据总分对调查对象进行排序。

第二步：挑出总分最高的 25%的调查对象（高分组）和总分最低的 25%的调查对象（低分组），分别计算两组人在每一个题目上的平均得分①。

第三步：将两个平均分相减，所得的差就是该题目的鉴别度，用公式可表示为

$$D = P_{\mathrm{H}} - P_{\mathrm{L}}$$

其中，D 为鉴别度；P_{H}、P_{L} 分别为高分组与低分组在该题目上的平均分。

第四步：比较该维度中各个题目鉴别度的绝对值，删除鉴别度绝对值小的题目。

【案例】对一份包含 10 个题目的问卷进行试测，有 12 名学生参加。表 1-1 给出了计算鉴别度的过程。

表 1-1　鉴别度的计算

调查对象 \ 题目		（1）	（2）	（3）	（4）	（5）	（6）	（7）	（8）	（9）	（10）	个人总分
高分组	学生 1	8	8	8	8	10	10	12	12	12	11	99
	学生 2	8	7	8	6	10	8	12	12	12	12	95
	学生 3	8	4	8	8	8	10	12	10	10	10	92

① 也有人提出用排在前、后 27%的人分别作为高分组和低分组，如吴明隆著《SPSS 统计应用实务——问卷分析与应用统计》等。

续表

调查对象 \ 题目		（1）	（2）	（3）	（4）	（5）	（6）	（7）	（8）	（9）	（10）	个人总分
	…	…	…	…	…	…	…	…	…	…	…	…
低	学生 10	8	6	6	4	10	7	10	12	8	2	69
分	学生 11	8	3	4	2	8	8	9	8	8	0	58
组	学生 12	5	6	4	4	8	4	10	8	8	2	57
高分组平均分		8	6.3	8	7.3	9.3	9.3	12	11.3	11.3	11	
低分组平均分		7	5	4.7	3.3	8.7	6.3	9.7	9.3	8	1.3	
鉴别度		1	1.3	3.3	4	0.6	3	2.3	2	3.3	9.7	

从表 1-1 最下面一行可以看出，第 1、5 题的鉴别度很小，故在制作正式的问卷时，应将其删除。如果要求只保留 7 个题目，则 1、2、5 题都要删除。

目前许多介绍社会调查的著作中，由于作者希望尽可能不涉及统计学知识，多是采用本案例的做法，即建议研究者将鉴别度相对比较小的题目删除。

3）相关系数法

由于每个维度是由多个题目组成的，其中某个题目是否需要删除，就要看它的得分与该维度总分（包含在该维度中的所有题目得分之和）之间的关系。如果从总体看，调查对象在这个题目上得分高，总分也高（或低），题目得分低，总分也低（或高），即相关系数高，那么这个题目与所考察的维度是相关的，可以保留。反之，如果从总体看，对调查对象来说，这个题目的得分与总分之间没有什么关系，即相关系数低，那么这个题目与所考察的维度是不相关的，就可以删除。

2．对试测问卷进行信度和效度分析

1）信度分析

所谓信度（Reliability），是反映测量的稳定性与一致性的一个指标，即对同一个事物进行重复测量时，所得结果的一致性程度。一致性程度越高，信度就越高；反之，如果一致性很低，信度也会很低。例如，用一把尺子测量桌子的边长，第一次是 120 厘米，第二次是 135 厘米，两次测量的差别竟如此之大，我们一定认为这把尺子测出的长度很不可靠，或者说测量的信度不高。

问卷的信度是指问卷测量的可靠程度，大部分信度指标都用相关系数表示，称为信度系数。SPSS 中设有专门进行信度分析的模块——“可靠性分析”（Reliability Analysis）。

2）效度分析

效度（Validity）是指测量的有效性。问卷的有效性，即问卷是否测出了研究者想要测量的东西，所测的结果是否能正确、有效地说明所要研究的现象。例如，要测量小学生的数学能力，却用英语出题，而学生看不懂试题就不可能给出解答，于是测验所得的分数难以评价小学生的数学能力，这样的试卷效度就不会高。同样的道理，对于调查问卷，首先要考虑的是问卷的效度。

如何利用 SPSS 对问卷的信度与效度进行分析，将在第 11 章详细介绍。

1.3 测量与封闭式题目的类型

抽样调查通过结构化问卷对调查对象的特征和调查对象对问题的态度进行标准化的间接测量，是一个科学的测量过程。通过测量，研究者能够获取大量的可以量化的信息。

SPSS 在抽样调查中的主要应用体现在对封闭式问卷题目的分析上，从第 2 章到第 10 章将围绕这一问题展开，本节将对问卷统计分析的基础知识进行概要介绍。

1.3.1　变量的测量水平

1．常量与变量

在对自然现象进行研究时，常常会遇到各种不同的量，其中有些量在事物演变的过程中没有变化，也就是说保持一定的数值，这种量称为常量（Constant）；有的量随着事物的演变而不断地变化着，即可以取不同的数值，这种量称为变量（Variable）。在对社会现象进行研究的过程中，如果所有个体在某个特征或条件上都是相同的，那么这个特征或条件就是一个常量；如果不同的个体对于某个特征或条件具有不同的状态，那么这个特征或条件就是一个变量。例如，对单亲妈妈的调查，“性别”就是一个常量，“经济收入”则是一个变量。

2．测量的概念

人们对“测量”并不陌生，如测量长度、测量质量等。“测量”由“测”与“量”两个字组成，要“测”，就要有“测”的对象；要“量”，就要有“量”的规则与方法以及“量”的结果，因此“测量是根据法则给事物分派数字”。

在社会调查中，定义中的“事物”是指调查对象的特征、各种行为和态度，最终的着眼点是测量由许多人组成的各种社会群体的特征。这里，测量的对象是属性，而非某个事物或某个群体。正如我们不能说测量人，只能说测量人的体重、智力、学习态度等一样。

定义中的“数字”，是用来表示测量结果的工具，在社会调查中，有些数字只起符号的作用，没有“量”的意义。例如，用“1”表示“男”，用“2”表示“女”。所以，通过测量所得到的“数字”，具有不同的测量等级。

定义中的“分派”规则，解决“怎么测”的问题。所谓“规则”，就是指导我们如何进行测量的一种准则或方法，或者说是在测量时给事物的属性分派数字的依据。例如，当我们对“个人收入”进行测量时，首先要明确“个人收入”的概念，指明哪些收入属于“个人收入”，然后将“个人收入”划分为 4 个档次：2000 元以下；2001～5000 元；5001～10000 元；10000 元以上，并分别分配数字 1、2、3、4，这便是对“个人收入”分派数字的规则。

假定有 5 个人，他们的收入分别是 A_1=2500 元、A_2 = 5700 元、A_3 = 980 元、A_4 = 7100 元和 A_5= 12000 元。于是，根据规定，每个人的收入都有一个数字与其对应，如图 1-3 所示，至此即完成了对这 5 个人收入的测量。

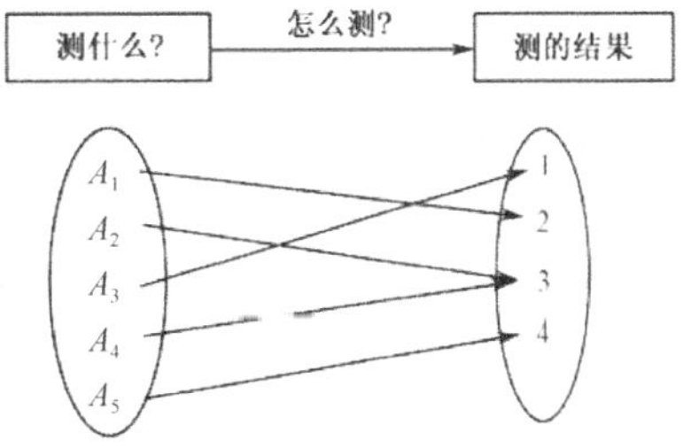

图 1-3　“个人收入”分派数字的规则

判断测量是否有效的关键是对数字分派的规则。这种规则必须具备准确性、完备性和互斥性。

准确性是指所分派的数字能真实、可靠、有效地反映事物的属性和特征上的差异。

完备性是指分派规则必须能包含事物属性的各种状态。例如，上述“个人收入”分派数字的规则是完备的，但如果将“2000 元以下”改为“2000 元”，则是不完备的，因为对 A_3 = 980 元无法分派数字。

互斥性是指对每一个观察对象的属性或特征都能用一个而且只能用一个数字来表示。例如，在问卷的基本信息中，有一项是：

您的居住地属于　　① 农村　　② 城市　　③ 直辖市　　④ 乡镇

这些选项就不满足互斥性，因为直辖市也是城市，如果某个调查对象住在北京，就对应了两个数字：2 和 3。

3．测量水平

对一个零件质量的测量，根据对精度的要求不同，要用不同的计量工具去度量，或用普通的磅秤，或用天平，或用其他手段。一般地说，由于事物的属性不同，所制定的规则不同，因此用数字或数值来描述事物属性所达到的精确程度也不同，于是产生了四种不同的测量水平（Levels of Measurement）。

1）定类测量

定类测量也称名义测量（Nominal Measurement）或类别测量。这种测量只是对事物进行分类，用数字表示个体在属性上的特征或类别上的不同，不同的数字代表不同的类。这些数字只是一个符号，只起区分的作用，而无大小和程度之分。用定类测量得出的数据称为定类数据或名义数据（Nominal Data）；取值用定类数据表示的变量称为定类变量（Nominal Variable），也称为名义变量。例如，“购车意向”是定类变量，可用“1=不买”“2=没想好”“3=购买”表示，这里 1、2、3 是定类数据。

2）定序测量

定序测量（Ordinal Measurement）也称等级测量或顺序测量。这种测量用来对事物进行排序，用数字表示个体在某个有序状态中所处的位置（层次、水平）。这些数据除有等于或不等于的性质（能用于分类）外，还可以比较大小（能够排序）。但这些数据不等距，不能进行加、减、乘、除运算，如 100 米短跑的成绩排出的第 1、2、3 名，第 1、2 名成绩相差的秒数一般与第 2、3 名成绩相差的秒数不相等。用定序测量得出的数据称为定序数据或顺序数据（Ordinal Data）；用定序数据表示的变量称为定序变量（Ordinal Variable），也称为等级变量或顺序变量。例如，当考察人们对坚持锻炼身体的态度时，设变量 X 为“坚持锻炼身体的重要性”，并规定 $X=1$（很重要），$X=2$（重要），…，$X=5$（很不重要），这里 1、2、3、4、5 就是定序数据，X 是一个定序变量。

3）定距测量

定距测量（Interval Measurement）也称等距测量或间距测量。在给事物或属性指派数字时，定距测量既能用于将事物区分为不同类型并进行排序，又能指出不同类型之间的准确的差距是多少。也就是说，定距测量的结果是数值。定距测量给出的各数值或等级之间的差距是相同的，即有相等的单位，但没有绝对的零点（是指定距测量所得的值为 0，并不是通常数学意义上的“0”）。由定距测量得出的数值称为定距数据（Interval Data）；用定距数据表示的变量称为定距变量（Interval Variable），也称为间距变量或等距变量。例如，“温度”是一个定距变量，用温度计测出的数据称为定距数据。0℃并不是没有温度。可以说“今天的气温是 30℃，比昨天的气温高出了 15℃”，但不能说“今天的气温是昨天气温的两倍”。

4）定比测量

定比测量（Ratio Measurement）也称比率测量，它是测量的最高水平。它在给事物及属性指派数字时，不仅有相等的单位，而且有绝对的零点。由定比测量得出的数据称为定比数据（Ratio Data）；用定比数据表示的变量称为定比变量（Ratio Variable）或比率变量。例如，用米尺测量长度，“长度”为定比变量，测得的数据为定比数据。

由于测量水平不同，定类数据只能用于分类；定序数据可以用于分类和比较大小；定距数据除可用于分类、比较大小外，还可以进行加、减运算，但由于没有绝对零点，所以不能进行乘、除运算；定比数据不仅具有定距数据的所有特性，而且可以进行乘、除运算。由于定类数据和定序数据说明的是事物的品质特征，这些特征仅能用数字表示，而不能用数值表示，所以称这两类数据为品质数据或定性数据（Qualitative Data）；相应地，将定类变量和定序变量称为定性变量或分类变量。而定距数据和定比数据说明的是事物的数量特征，这些特征能够用数值表示，所以称这两类数据为数值型数据或定量数据（Quantitative Data）；相应地，将定距变量与定比变量称为定量变量或尺度变量（Scale Variable）。在 SPSS 统计软件包中，将变量分为名义（Nominal）、有序（Ordinal）和标度（Scale）三种类型，即定类、定序和定量三种类型。

5）数据的其他分类方法

根据数据的来源，数据可以分成点计数据和度量数据。点计数据是通过计算个数所获得的数据，如学生数、教室数、计算机台数等；度量数据是通过一定的工具或一定的标准测量所获得的数据，如体重、身高、智商、考试成绩等。另外，如果根据变量的取值范围来分，可以将数值变量分为离散变量（Discrete Variable）和连续变量（Continuous Variable）。离散变量的值只能用整数表示，在两个数值之间没有中间值；而连续变量可以在某个区间范围内取无穷多个值，而且任何两个值之间都可以无限制地插入中间值。相应地，数值型数据也可分为离散型数据和连续型数据。班级数、教师数等为离散型数据，温度、长度、用百分制表示的学生成绩、完成作业所需要的时间等都是连续型数据。

1.3.2　封闭式题目的类型

封闭式题目根据对调查对象的要求，可分为两大类：填空题与选择题。选择题又可分为单选题和多选题，进一步的分类显示在图 1-4 中。

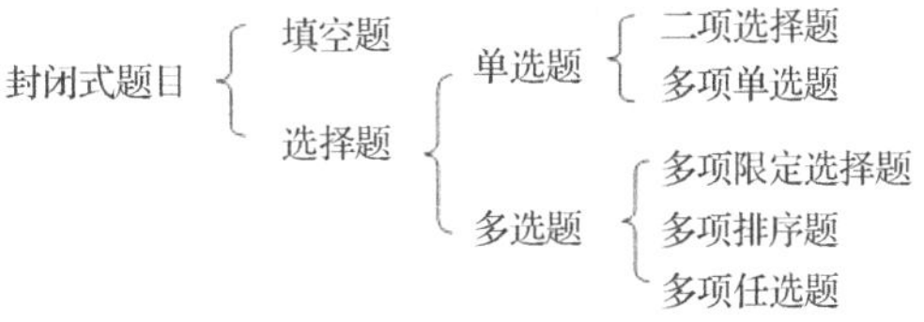

图 1-4　封闭式题目的分类

1. 填空题

填空题是要求调查对象直接填写的问题。填空题的格式是在问题的后面画一条短横线或括号，让调查对象自己填写。例如：

- 您家的户籍人口为______人
- 您从家到单位坐公交上班大约需______小时

2. 单选题

单选题是指要求调查对象在题目给出的多个选项中只能选择一个答案。单选题按其答案数目又可分为两类：二项选择题和多项单选题。

1）二项选择题

二项选择题是指提出的问题仅有两个选择项，如“是”或“否”、“有”或“无”、“同意”或“不同意”等。这类选择题的两个选项是互相对立的，而且二者必取其一。二项选择题可用于各类问题，如：

- 您的性别　（1）男　（2）女
- 您今年是否准备买房　（1）是　（2）否
- 您是否喜欢现在所学的专业　（1）喜欢　（2）不喜欢

这三个问题分别调查的是调查对象的特征、行为和态度，所有的调查问卷题目的内容基本上就是这三类。将二项选择题转化为计算机能够识别的编码时，对应的变量只能取两个值。例如，1 表示“男”，2 表示“女”；1 表示“是”，0 表示“否”，等等。所以，二项选择题对应的变量是定类变量。

2）多项单选题

多项单选题比二项选择题在程度的划分上要更细致，对提出的问题有多个选项可供选择，但调查对象只能从中选择一个选项。这类题目对应的变量可能是定类变量，也可能是定序变量或定距变量。定序变量型的题目通常是针对某种属性的，答案由一组表示不同等级的词汇组成，并按一定的程度排序。例如：

- 当您遇到困难时，首先想到向谁求助（请在合适的答案后的括号内打“√”）：

① 好朋友　② 兄弟姐妹　③ 父母　④ 所在单位　⑤ 其他人

- 您对自己的生活是否感到幸福？

① 很幸福　② 比较幸福　③ 一般　④ 不太幸福　⑤ 很不幸福

第一个例子对应的是定类变量，第二个例子对应的是定序变量。

有时，也会将问题的答案用尺度的形式给出，处于两端的是两组意义相反的词或命题，这种形式也称语义差异（Semantic Differential）量表。通常将这样的题目所对应的变量视为定距变量。例如：

- 努力学好每门课 |__|__|__|__|__|__| 集中精力学好喜欢的课程
  1 2 3 4 5 6

- 热情的 |__|__|__|__|__|__| 冷漠的
  1 2 3 4 5 6

3. 多选题

多选题是指要求调查对象根据自己的情况在所给出的全部选项中选择多个答案。多选题比单选题能够更好地反映调查对象的实际情况，因为许多时候调查对象可能有多种想法，而不是只有一种想法，多选题给调查对象的回答提供了更大的空间。

依据不同的要求，多选题可分为多项限定选择题、多项排序题和多项任选题。

1）多项限定选择题

多项限定选择题对调查对象限定了选择答案的个数。例如：

您最喜欢的球类活动是（请从下列答案中选择3项，在其序号上打“√”）

① 篮球　② 足球　③ 排球　④ 乒乓球　⑤ 其他（请写明　　　）

在进行统计分析时，假设条件是对于调查对象来说的，这些答案所处的地位是平等的。因此，可以通过计算每个答案被选择的百分比对这些答案进行排序。当两个答案的百分比相同时，我们只能认为这两个答案在调查对象的心目中同等重要。

2）多项排序题

如果需要了解调查对象对某项答案看重的程度，需要对选择的多个答案进行排序。例如：

如果有的科目你考试成绩不及格，那么最主要的三个原因是什么？请将选择的序号填在表中。

第一位原因	第二位原因	第三位原因

①基础差　②课程太难　③对课程没兴趣　④沉迷于网络
⑤不喜欢专业　⑥活动太多　⑦努力程度不够　⑧学习方法不当
⑨教师教学质量不高　⑩其他

3）多项任选题

多项任选题是指调查对象不受选择答案数目的限制，根据自己的实际情况可以在所提供的全部选项中任意选择不同数目的答案。例如：

您认为影响老年人继续参加工作的主要原因是（请在所选择答案的序号上打√）

① 大的就业形势比较紧张　② 社会上忽视“老年人对参与社会的要求”

……

⑦ 家庭需要照顾　⑧ 老年人信息不够畅通　⑨其他（　　）

1.3.3 利克特量表

由前文可知，答案中选项的个数与内容决定了题目所对应的变量的测量水平，如果答案只给出诸如“是/否”“同意/不同意”等，对应的是定类测量水平。在多项单选题中，如果答案给出的是各种事实或各种观点，那么对应的测量仍然是定类测量。

利克特量表是由一系列的陈述所组成的，通常针对某种属性，设计一组由最负面感觉排到最正面感觉（或顺序相反）的答案序列。一般给出的答案是五种选择的形式，例如：

- 赞成　比较赞成　无所谓　比较反对　反对
- 完全同意　同意　没想好　不同意　完全不同意
- 很不满意　不太满意　一般　比较满意　很满意

它涵盖了从“极度肯定”经过中间区分点（如“无所谓”“一般”等）再到“极度否定”（或相反）等答案。中间区分点既能够反映部分调查对象的一种状态，也可以起到“安全岛”的作用，使调查对象回避那些自己不想表态的题目。但是，有时为避免很多人选择中间区分点，也可以去掉中间区分点，如将选项设计为：

完全同意　同意　有些同意　有些不同意　不同意　完全不同意

利克特量表是一种定序测量表，对每种回答所赋予的分数是定序数据。是否可以将利克特量表视为定距变量的测量工具，在学界并未达成共识。选项在 5 个以上时，有些社会研究报告将利克特量表视为定距变量的测量工具。

使用利克特量表的人要表明他们对每个陈述赞成的程度。在对某人所做的每个回答赋予分数之后，把它们相加就可以得出总分（复合分数）。因此，有时也称利克特量表为总加量表（Summated Scales）。例如，下列题目是利用利克特量表设计的题目，用来调查学生的人际关系：

你是否同意下列说法，请在合适的回答栏中打“√”（每题只限选一项）

题　目	完全同意	同意	不好说	不同意	完全不同意
1. 我在班上有许多好朋友					
2. 我与周围的同学很少交往					
3. 在我需要时，相信同学们会帮助我					
4. 很少关心别人说我什么，我只相信自己					
5. 很多同学心中只有他们自己					
6. 很多时候和同学在一起很开心					

对正向题目（第 1、3、6 题）从“完全同意”到“完全不同意”分别赋予 5 分到 1 分，对负向题目（第 2、4、5 题）则相反，从“完全同意”到“完全不同意”分别赋予 1 分到 5 分，将每个人在 6 个题目上的得分相加，所得总分便是学生在人际关系上的分数。

利克特量表的优点是将得出的总分视为定比变量，可以进行比较深入的统计分析，也可以根据总分对调查对象排序，然后进行新的分组，考察不同群体的差异。利用利克特量表计算总分的缺点是不同调查对象在总分一样的情况下，无法判断他们在相关方面的差异。

1.4　问卷统计分析的基本内容

对问卷的统计分析是完成调查研究的必要环节，是提高调查质量的基本保证。本节主要介绍在分析阶段即问卷收回后，进行统计分析所包括的主要内容。

1.4.1　以正确的观念指导统计分析

在进行统计分析时，应树立以下两个观念：

第一，对于社会调查资料的任何一种数学描述，都是对复杂的社会现实的一种简化和抽象。所有的统计分析方法都依赖于某些假设，所建立的各种理论模型都不可能完全符合事实。企图用正确的反映因果关系的数学模型来说明社会现象或规律，在社会科学中是不可能的。爱因斯坦曾说："数学定律不能百分之百确实地用在现实生活里；能百分之百确实地用数学定律描述的，就不是现实生活。"因此，我们可以将统计分析方法作为工具加以运用，但是不可以完全相信它，切勿脱离客观现实，将所得到的数学模型作为金科玉律。

第二，应用统计分析方法描述社会现象，无论它如何不完善，总比我们凭主观发表议论要科学。随着计算机技术的发展和应用，采用数学的方法对各类信息进行分析越来越普遍。特别是随着我们对事物认识的不断加深，统计学以及各种数学方法的发展，对社会现象的数学描述会越来越接近其本来面目，尽管这种描述永远不会是终极的。因此，我们要努力掌握和正确运用这些方法，以便对数据能够进行相对精确而有效的描述，验证和发现社会现象的某些规律性东西，使调查结论更加深入，调查工作更有价值。

1.4.2　选择统计分析内容与方法的依据

首先要强调的是，尽管抽样调查的调查对象通常是一个个具体的人，但是抽样调查所关注的、所要描述和解释的是由一个个具体的人所组成的群体，以及由众多个人的行为所构成的社会生活现象。

问卷统计分析的内容归根结底有两个方面：人和事。对人，要对不同群体的特征进行描述与比较，反映在统计学上就是要考察数据的分布特征，以及进行不同总体的差异比较；对事，就是要讨论各种事物之间的联系，反映在统计学上就是探讨变量之间的相关关系和不确定性因果关系。

对于运用软件进行统计分析，劳伦斯·纽曼曾发出这样的警告：此时人们很容易违反统计学过程要求的基本假设，运用不恰当的统计量，并产生毫无意义但看上去技术成熟的结果。因此在具体选择统计分析的内容与方法时，要认真考虑以下问题：

第一，针对研究课题的需要，我们应该分析什么，选用什么方法来进行分析以及结合调查的数据类型和条件，能不能用所选的统计分析方法？必须根据需要确定统计分析的内容和具体的分析方法。例如，只有对采用概率抽样方法得到的数据，才可以通过样本的信息来对总体进行统计推断，非概率抽样方法只能对样本进行描述统计分析；对定类数据和定序数据不能计算平均值等。

第二，抽样"是一种选择调查对象的程序和方法"，当用样本信息来推断总体的特征时，必然会产生误差，此种误差称为抽样误差。在估计总体特征时，不仅要有估计值，还要进行区间估计，要考虑对估计的区间应该有多大的把握性，即给出置信区间和置信水平。

第三，在收集数据的过程中会有由于调查对象"无回答"（个别题目或整个问卷）而产生的误差，影响了样本对总体的代表性。鉴于此，在统计分析过程中要采取相应的措施，如进行补测、对样本加权、对缺失值进行替代等。

第四，统计分析的结果必须能够揭示现实的规律性，如果有悖于实际，就要审视方法的合理性，寻求更为有效的统计分析方法。

因此，对问卷的统计分析不是孤立进行的，只有在充分了解抽样调查整个过程的基础上，在准确理解统计学的相关概念、理论的基础上，才能正确地确定调查问卷统计分析的具体内容和方法。

1.4.3　统计分析的主要内容

为了对统计分析有一个正确的理解，我们先要对总体、样本的概念有一个准确的把握。

1．总体、个体与样本

在进行抽样设计和对调查数据进行统计分析时，总体和样本的确切含义是不同的。

1）在进行抽样设计时的含义

总体（Population）是指研究对象的全体。个体（Individual）或称为元素（Element），是指组成总体的每个对象或基本单元。个体可以是单个的人，也可以是组织、团体、社区。样本（Sample）是指由按一定方法从总体中抽取的有代表性的一部分个体组成的群体。

样本容量（Sample Size）是指样本中所包含的个体数。通常情况下，样本容量 $N \geqslant 30$ 的样本称为大样本（Large Sample），$N<30$ 的样本称为小样本（Small Sample）。对于社会调查，一般样本的样本容量都在 100 以上。

2）在对调查数据进行统计分析时的含义

通常将问卷中的一个问题所要测量的数量化特征视为一个变量，对应于每个个体的数值称为变量的观测值或指标值。进行统计分析时，分析对象并不是"人"，而是与人的"态度""特征"和"行为"相关的变量。例如，研究农民工的经济状况时，"工资"是一个变量（考察的指标），每个人都有一个特定的值。进行统计分析时，关注的不是农民工这个集合，而是他们的"工资"所组成的集合。此时，把研究对象对应于这个变量的所有观测值（工资）组成的集合称为总体，把调查对象所对应的观测值（工资）组成的集合称为样本。

2．对问卷进行统计分析的主要内容

1）对问卷质量的分析

对问卷质量的分析包括项目分析、信度分析和效度分析。项目分析考察问卷中题目的鉴别度；信度分析考察问卷的可靠性，即问卷调查结果的稳定性和一致性；效度分析考察问卷的有效性，即问卷在多大程度上测出了研究者想要测量的东西（如态度、行为等）。

2）对样本数据的描述统计分析

对样本数据的描述统计分析包括根据样本数据制作统计表和统计图，对变量进行频数分析，计算定量变量的集中趋势、差异量数及分布形态等。要注意频数与频率的区别。频数（Frequency）也称次数，是指变量的某个观测值重复出现或落在某个区间的次数。频率也称相对频数（Relative Frequency），是指在重复试验或观测中变量的某个观测值出现的次数与总观测次数的比值。

3）通过随机样本的特征对总体特征进行估计

对总体特征进行估计，包括对总体的总量进行估计、对总体均值及其取值的可能范围进行估计、对总体的比例进行估计、对总体的有关比率进行估计。注意比例与比率不同，比率是指总体（或样本）中两个不同指标的数量之比或均值的比值（Ratio），它反映的不是部分与整体之间的关系。比例是部分与部分或者部分与总体的数量关系。

需要注意的是，对总体的特征量（未知参数）的估计，有些是直接根据样本中表示该特征的数据（问卷中某个题目的调查数据）进行估计的，但是有一些总体的特征量是对问卷中多个题目的调查数据进行计算，根据计算结果再进行估计得到的。此时要注意计算规则是否合理，如果给出的规则不合理，就很难反映客观现实。

4）对不同群体的差异进行比较

研究变异性是社会科学研究的基本任务之一。通过样本数据分析不同群体对某一问题的态度、行为等是否有明显的差异，是社会调查研究中进行统计分析的核心任务。从统计学角度讲，就是要进行两个或多个总体的均值、比例、数据分布等差异的显著性检验。

5）对不同事物之间的关系进行考察

事物之间的因果关系是所有科学研究的基本目标。通过对因果关系的研究，我们可以预测未来，为制定政策、进行各项改革提供科学依据。社会科学研究的重要内容之一是考察不同事物之间联系的紧密程度，即两个事物之间是相互独立、彼此没有关系，还是有关系？如果有关系，这种关系的紧密程度如何？这种关系是不是由于其他事物对它们的影响而产生的？这种关系是不是一种因果关系？等等。反映在统计分析上，便是要研究不同变量之间的相关关系和不确定性因果关系，后者包括建立线性回归方程、Logistic 回归方程等模型。

6）对调查对象进行分类

对调查对象进行分类，包括通过聚类分析将样本按要求的分类数进行分类，以及判别未进入样本的总体成员所属的类别。

时至今日，定量分析的方法得到了突破性的发展，已经不限于多元统计分析，但作为一般的调查研究人员和初学者，首要的是掌握最基本的统计分析方法。图 1-5 给出了一个对总体进行统计推断的路径图，指出了除对样本数据的频数分析外，在数据分析过程中可能用到的一些基本的统计方法。

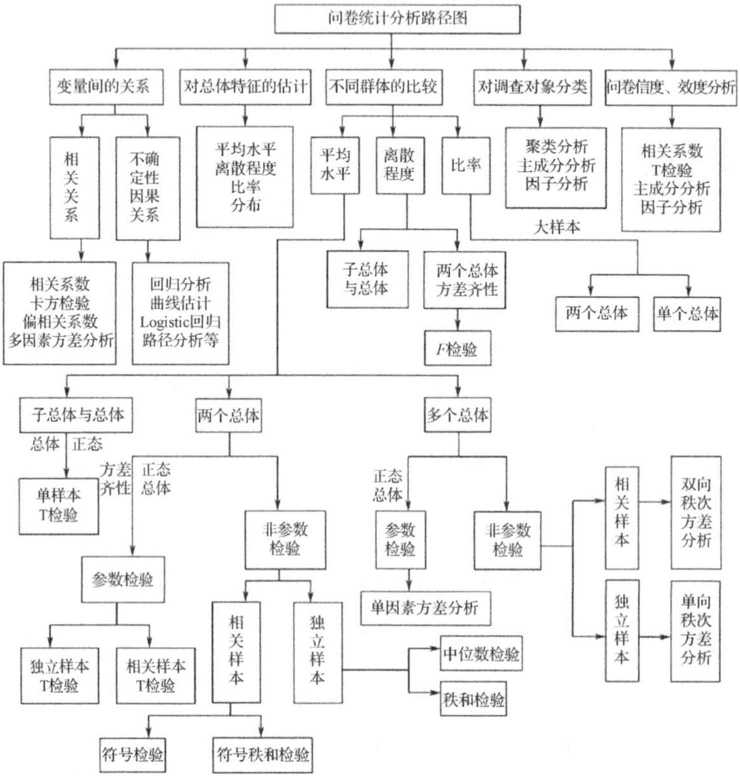

图 1-5　问卷统计分析路径图

1.4.4　SPSS 在抽样调查中的应用

SPSS 从开发至今已有 50 多年的历史，是国际上通用的三大统计软件之一，目前在国内推出的最新产品是 IBM SPSS Statistics 26.0 多国语言版。

SPSS 的功能涵盖了数据分析的整个流程，包括数据获取、数据管理与准备、数据分析、结果报告等。SPSS 特别适合用来设计调查方案、对数据进行统计分析，以及制作研究报告中的相关图表，如条形图、线图、直方图、饼图、散点图、三维图形等。SPSS 的另一优势在于用户界面友好、操作简单，其菜单式操作可以实现绝大部分初级与高级统计分析功能，特别适合具有统计学基础知识的用户使用。

SPSS 设置了多国语言的转换功能，而且使用十分方便。例如，要发表用英文书写的研究论文、打开中文版 SPSS 的“帮助”等，都必须将中文简体的“输出（Output）”或“用户界面（User Interface）”转换为英文版的界面之后才能实现。转换方法如下：在数据编辑器窗口执行“编辑（Edit）”→“选项（Options）”命令，弹出“选项”对话框，选择“语言（Language）”选项卡后，只需在“输出（Output）”下拉列表与“用户界面（User Interface）”下拉列表中选择所需要的语言即可（见图 1-6）。

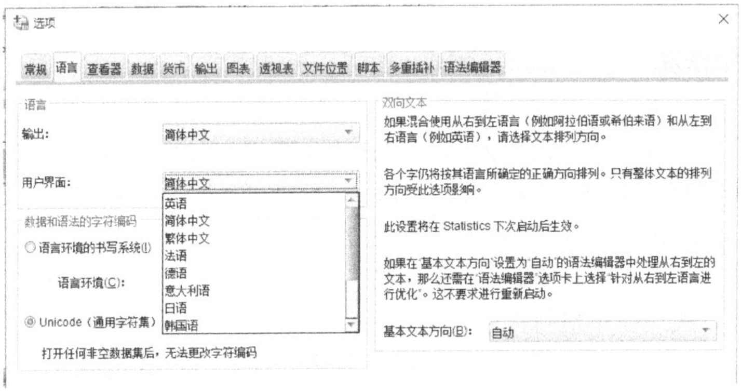

图 1-6　“选项”对话框

本书将采用 SPSS 25.0 中文版作为统计分析工具，尽管 25.0 版对以前的版本进行了很多充实和改进，但基础统计分析部分并无大的变动，读者也可以使用低于 25.0 版本的 SPSS 软件。

在整个抽样调查过程中，SPSS 主要应用于以下三个方面：

第一，在准备阶段，SPSS 可用于调查对象的选取。在确定了调查总体中所有抽样单位（可能是个体、学校、社区等）的清单后，可以利用 SPSS 进行概率抽样，包括简单随机抽样、系统抽样、分层抽样等。

第二，对所设计的问卷进行项目分析、信度与效度分析，考察问卷的质量。

第三，分析阶段，对问卷进行整理、编码，建立数据文件后进行各种统计分析。

对以上工作，可以归结为图 1-7。

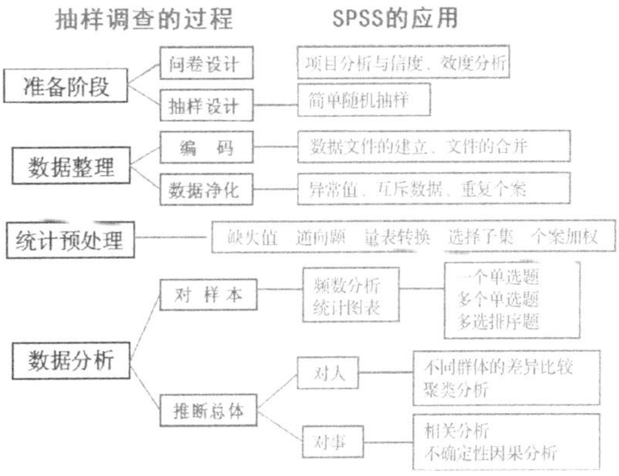

图 1-7　SPSS 在抽样调查中的应用

附录　北京市大学生学情调查

【说明】《北京市大学生学习状况调查问卷》是由“北京市大学生学情调查”课题组研究设计并在学情调查中使用的问卷。我们将其作为贯穿全书的一个案例，对 SPSS 的操作主要结合这份问卷的数据（数据文件名为“统计分析案例”）进行，故将问卷附于此。读者可以在阅读各章后，将本数据文件作为练习的素材。

北京市大学生学习状况调查问卷[①]

亲爱的同学：您好！

本次调查是为了深入地了解大学生的学习状况，及时把调查结果提供给教学管理决策部门，使教学改革更有利于大学生的成长。您的回答将直接影响调查报告的有效性，所以问卷采用无记名方式，请您按照实际情况和真实想法回答这些问题。

谢谢您的合作！

“北京市大学生学情调查”课题组

2005 年 1 月 5 日

学校代号	

一、您的基本情况

1. 性别　（1）男　（2）女

2. 年级　（1）大一　（2）大二　（3）大三　（4）大四　（5）大五

3. 所学专业属于　（1）工科　（2）理科　（3）文学　（4）法学　（5）农林　（6）医学　（7）教育　（8）经济　（9）管理

4. 目前的学习状况　（1）很好　（2）较好　（3）一般　（4）较差　（5）很差

5. 目前的学习成绩在小班排
（1）前 5 名　（2）前 6 至前 10 名　（3）居中　（4）后 10 至后 6 名　（5）后 5 名

二、单选题（请您在选择的序号上打“√”）

1. 我个人的发展目标
（1）很明确　（2）较明确　（3）有点明确　（4）不太明确　（5）不明确

2. 通常我给自己定的学习目标
（1）较低，易实现　（2）切合实际　（3）稍高，能实现
（4）有些偏高　（5）太高，无法实现

3. 对学习的结果，我看重的是
（1）在班上的名次　（2）是否及格　（3）能力有否提高　（4）学到了多少知识

4. 我认为对专业的兴趣
（1）靠个人内在的兴趣　（2）要有意识地培养
（3）随着对专业的了解自然会产生　（4）没必要培养，不喜欢就是不喜欢

5. 我在学习上的自信心与上一年相比
（1）有很大的提高　（2）有一些提高　（3）没有变化
（4）有点儿下降　（5）下降很多

---

① 杜智敏．大学生学习问题实证研究[M]．北京：中国言实出版社，2006，407-411.

6．我对自己的学习方法
（1）经常反思　（2）有时反思　（3）很少反思　（4）偶尔反思　（5）顺其自然
7．我认为自己的实践能力
（1）很强　（2）比较强　（3）一般　（4）比较差　（5）很差
8．我对自己的考试成绩
（1）很满意　（2）比较满意　（3）无所谓　（4）不太满意　（5）不满意
9．除生病外，我缺课的主要原因是（没有缺课者无须回答，转到下一题）
（1）有更重要的事情要做　（2）老师讲课没有吸引力　（3）对课程提不起兴趣
（4）老师讲的内容听不懂　（5）其他
10．除生病外，同学们缺课的普遍原因是
（1）他们有更重要的事情要做　（2）老师讲课没有吸引力
（3）对上课提不起兴趣　（4）听不懂老师讲的内容　（5）其他
11．对于作业中老师指出的错误，我
（1）及时改正　（2）有时改正　（3）偶尔改正　（4）看一下，不改正　（5）根本不看
12．我认为学校中考试作弊现象
（1）很普遍　（2）比较普遍　（3）不太普遍　（4）不普遍　（5）极个别情况
13．我对同学中考试作弊的态度是
（1）可以理解　（2）无所谓　（3）气愤但不会举报
（4）勇于举报　（5）应该给予严厉处分
14．课后我对课堂笔记的处理办法是
（1）及时整理　（2）偶尔进行整理　（3）不整理
（4）拷贝老师的课件　（5）期末复印同学笔记
15．我做笔记的习惯是
（1）用自己理解的话记笔记　（2）先照抄黑板，课后再消化理解
（3）很少记，更多地听老师讲　（4）不记
16．我平时对零碎时间的利用率
（1）很高　（2）较高　（3）一般　（4）较低　（5）很低
17．我对于习题类型的偏好是
（1）喜欢做基本类型的题目　（2）比较喜欢做基本类型的题目　（3）没偏好
（4）比较喜欢做灵活性的题目　（5）喜欢做灵活性的题目
18．我个人对待考试的态度是
（1）坚持独立完成　（2）有时想作弊但不敢
（3）对没有把握的科目会冒险　（4）只要有条件就会作弊
19．我平时的学习效率
（1）很高　（2）较高　（3）一般　（4）较低　（5）很低
20．我上网的情况是
（1）没上过网　（2）偶尔上网　（3）有时上网　（4）经常上网　（5）每天都上网
21．上网对我的学习
（1）有很大帮助　（2）有些帮助　（3）没有帮助
（4）有些负面影响　（5）负面影响很大

22．对下周时间的统筹安排，我
（1）总会做　（2）经常做　（3）有时做　（4）偶尔做　（5）从不做
23．在我所学的课程中，重视指导学生“如何进行学习”的教师为
（1）绝大部分　（2）大部分　（3）一半左右　（4）少部分　（5）极个别
24．在我所学的课程中，重视培养学生“学会思维”的教师为
（1）绝大部分　（2）大部分　（3）一半左右　（4）少部分　（5）极个别
25．在我所学的课程中，能向学生介绍本学科前沿信息的教师为
（1）绝大部分　（2）大部分　（3）一半左右　（4）少部分　（5）极个别
26．在我所学的课程中，能结合课程组织学生开展某些研究活动的教师为
（1）绝大部分　（2）大部分　（3）一半左右　（4）少部分　（5）极个别
27．我认为在学校中开设大学生学习指导课
（1）非常必要　（2）有必要　（3）无所谓　（4）不太必要　（5）没必要
28．将浪费的时间及时补回来，我
（1）总能做到　（2）经常能做到　（3）有时能做到
（4）偶尔能做到　（5）从没做到

三、表格单选（请您根据自己的实际情况，在每题的“非常符合”“比较符合”“有点符合”“不太符合”“不符合”5个尺度上进行选择，用“√”标示）

题号	题　目	非常符合	比较符合	有点符合	不太符合	不符合
29	相对而言，我更喜欢做具有竞争性与挑战性的事情					
30	我喜欢自己的专业					
31	考试前我的压力很大					
32	学习时我的注意力能高度集中					
33	在平时的学习过程中，我的情绪很稳定					
34	在人多的场合回答问题时，我总是感到紧张					
35	我对学习的兴趣很浓					
36	我总是独立完成作业					
37	做作业时，我通常是想一步做一步					
38	考试时我的情绪很紧张					
39	相对于自学，我更愿意听老师讲课					
40	我喜欢老师组织课堂讨论					
41	我注重阶段性复习					
42	我上课时习惯于边听课边思考					
43	我课前能做到预习					
44	我的学习毅力很强					
45	读书时，相对于内容的整体结构我更注重内容的细节					
46	对于所学的知识，我经常思考在实际中如何应用					
47	复习时，我主要是看老师指定的教材或课堂笔记					
48	读书时我善于抓住内容的重点					
49	我会根据不同的学科运用不同的学习方法					
50	相对于书中的结论，我更注重解决问题的思维过程和思维方法					
51	我总是按时完成作业					
52	做作业时，我一般是先整理思路再动笔					

续表

题号	题　目	非常符合	比较符合	有点符合	不太符合	不符合
53	我总是用学习的目标激励自己					
54	我在学习上对自己的要求比较严格					
55	我注重课后及时复习					
56	读书时我善于抓住内容的前后联系					
57	我的学习计划总能完成					
58	即使再累，我也坚持学习					
59	在单元学习后我能进行自我测试					
60	我听课时总能抓住老师讲课的重点					
61	我对自己目前的学习状态非常满意					
62	我感到目前的学习负担很重					
63	我在学习中很注重借鉴别人的学习方法					
64	做作业时我经常会进行多视角的思考					
65	我做事喜欢打破常规，按自己的想法进行					
66	我感到课外活动促进了自己的发展					
67	无论是听课还是自学，我经常会提出别人想不到的问题					
68	面对复杂的问题，我喜欢花时间去解决它					
69	我对自己的学习方法非常满意					
70	在课堂讨论中我经常主动发言					
71	我经常浏览书、报、杂志					
72	平时我喜欢找老师答疑和讨论问题					
73	我对待作业的态度是会做就行					
74	我充分地利用了学校图书馆提供的资源					
75	我在学习中经常与同学进行交流					
76	我对科学的新发现、新观点和新技术等比较关注					
77	我喜欢参加各类学科竞赛或科研活动					
78	我对新环境的适应与一般人相比要慢得多					
79	学校开设的选修课程能满足我的需要					

四、多选题（每题选三项，用 1、2、3 标示并将序号填入括号内）

80．我上大学的三个主要目的是（用 1、2、3 标示并将排序填入括号内）

（1）为国家富强贡献自己的力量（　）　（2）找到理想职业，提高经济地位（　）

（3）不辜负父母的希望（　）　（4）提高素质，实现自身价值（　）

（5）为进一步深造奠定基础（　）　（6）其他（　）

81．我现在最苦恼的三个问题是（用 1、2、3 标示并将序号填入括号内）

（1）学习压力大（　）　（2）经济困难（　）　（3）就业压力大（　）

（4）学校办学条件差（　）　（5）人际关系紧张（　）　（6）个人情感问题（　）

（7）集体中缺少温暖（　）　（8）对所学专业没有兴趣（　）

（9）不知道自己的发展方向（　）　（10）其他（　）

82．我考试不及格的三个最主要原因是（用 1、2、3 标示并将序号填入括号内，没有不及格的同学不回答）

（1）基础差（　）　（2）课程太难（　）　（3）对课程没兴趣（　）

（4）沉迷于网络（ ） （5）不喜欢专业（ ） （6）活动太多（ ）
（7）努力程度不够（ ） （8）学习方法不当（ ） （9）教师教学质量不高（ ）
（10）学习能力不强（ ） （11）其他（ ）

83．考试虽通过了，但成绩不理想，三个最主要的原因依次是（用 1、2、3 标示并将序号填入括号内。仅考试及格但对成绩不太满意或不满意的同学回答）
（1）基础差（ ） （2）课程太难（ ） （3）对课程没兴趣（ ）
（4）沉迷于网络（ ） （5）不喜欢专业（ ） （6）活动太多（ ）
（7）努力程度不够（ ） （8）学习方法不当（ ） （9）教师教学质量不高（ ）
（10）学习能力不强（ ） （11）其他（ ）

84．同学中考试不及格的三个主要原因是（用 1、2、3 标示并将序号填入括号内）
（1）基础差（ ） （2）课程太难（ ） （3）对课程没兴趣（ ）
（4）沉迷于网络（ ） （5）不喜欢专业（ ） （6）活动太多（ ）
（7）努力程度不够（ ） （8）学习方法不当（ ） （9）教师教学质量不高（ ）
（10）学习能力不强（ ） （11）其他（ ）

85．我参与课外活动最多的三项是（用 1、2、3 标示并将序号填入括号内）
（1）文体活动（ ） （2）社团活动（ ） （3）科技活动 （ ）
（4）勤工俭学（ ） （5）社会公益活动（ ） （6）其他（ ）

86．我上网的三个主要目的是（用 1、2、3 标示并将序号填入括号内）
（1）课程学习需要（ ） （2）收发邮件（ ） （3）浏览各类信息（ ）
（4）娱乐（ ） （5）发表个人观点（ ） （6）交友或聊天（ ）
（7）查找有关资料或下载工具（ ） （8）处理个人事务（如购物、订票等）
（9）其他（ ）

调查到此结束，再次感谢您的支持与配合！

第 2 章　调查数据的预处理

众所周知，数据是调查分析的基石，如果没有完整、真实可靠的数据，对问卷的统计分析便失去了基础，由此得出的任何结论都是不可信的。因此，保证调查问卷数据的质量显得十分重要。面对回收的大量答卷，我们不能马上进入数据分析阶段，挖掘这些答卷所携带的信息及其深层含义，而是要考察这些答卷的质量，认真、细致地做好数据分析的预处理工作，为进一步的统计分析奠定基础。

2.1　对答卷的审核与编码

由于网络问卷调查具有样本监测、自动跳答和数据检测功能，可减少后期数据审核的许多工作。样本监测功能避免了同一调查对象多次填答，实现了对问卷填答者身份的筛选。自动跳答功能减少了人工跳答导致的失误。数据检测功能促使问卷填答者提供符合要求的数据，完成了对网络问卷数据的部分清理工作。另外，网络问卷填答完毕后，所搜集的数据便直接进入研究者的数据库，不需要研究者再进行编码和录入。网络问卷调查需要的是实时监控。因此，本节主要针对纸质调查答卷的审核与编码展开。审核的内容有两项：检查每一份答卷的每一个项目，以确定该答卷的完整性和有效性；统计回收问卷的份数和有效问卷的份数，确定是否需要进一步进行补充调查，以满足样本量和样本结构的要求。

2.1.1　对答卷质量的审核

在对答卷审核之前要对有关答卷质量标准做出若干规定，如答卷有多少题目没有回答就是无效的、哪些信息必须是完整的、哪些信息缺失可以接受、对于没有按要求回答的题目如何处理等。

1．剔除无效答卷

审核答卷的第一步，就是要从形式上审查答卷的有效性和真实性。如果答卷中没有回答的题目达到了无效答卷规定的数量，或者答卷各题所选择的选项呈现某种规律（如全都选 A，或全都选 C，或走 S 形等），或者必要的基本信息没有填写，说明调查对象回答不认真，所提供的信息是不可信的，这份答卷应视为无效答卷而予以剔除。例如，如果发现有的答卷在基本信息部分只填写了“性别”，而诸如“专业”“年级”，以及“班级排名”“学习状态”等其他信息均没有填写，问题部分也有很多题目没有回答，那么这份答卷就要作为无效答卷处理。

2．检查答卷是否有明显错误

审核答卷的第二步是在数据录入的过程中进行的，即认真检查答卷中每个题目的回答是否符合答卷的规范和要求。除审查基本信息填写是否有误外，还要注意以下几点。

1）是否按指导语填写

不按指导语回答问题的现象往往出现在以下两类题型中。

一类是多项排序题，答卷中只对题目的选项进行了选择，没有进行排序。对此，我们不能代替调查对象补上顺序，往往按没有回答即缺失数据处理。所谓缺失数据，就是应该有数据的地方没有数据，出现了空白，或者发现数据超出应取值的范围。例如，调查对象没有填写“年龄”一项，而使填空处出现空白，或者将“30”写为“300”，那么这份问卷的“年龄”就是一个失真的数据，在统计上就把这类数据称为不完全数据或缺失数据。

另一类是问卷中的跳答题，这些题目的指导语中明确规定，如果选择本题的某一选项，要转到后面的第×题继续回答，但往往有的答卷没有跳答，仍按照题目的顺序往下答。

例如，在对离退休教师进行“老有所为”现状调查时，其中三个题目是：

8. 您现在是否仍在参加工作？①是的，参加　②没有参加（如选②请转到第10题）

9. 您现在仍参加工作的原因是（回答后请转到第11题）

①为了发挥专业特长　②原单位工作需要　③有个精神寄托　④增加收入

⑤参与社会，增加交流　⑥满足个人兴趣　⑦其他（　　　）

10. 您目前没有参加工作，原因是

①不想再干，只想过得轻松些　②想干，但没有合适的工作

③身体不好，心有余而力不足　④想干，有心有力但无门

⑤想在家做自己想做的事情　⑥子女需要帮助

⑦看不惯社会上的一些做法，还是远离社会好些

⑧其他（　　　）

但有的教师选择第8题的②之后，并没有转到第10题继续回答，而是对第9题及第10题都给予了回答，此时，对第9题的回答就应按第9题的编码来处理，如录入数据时可以设第8题选②者，第9题不回答编码为0，以便与第8题选①、第9题没有回答（作为缺失值处理）的情况区分开。

2）是否有明显的错误和矛盾

例如，调查学生时间管理水平时，有的学生在“我总是制作好下周的时间安排表”一题上选择“非常符合”；而在另一题“我从不在时间安排上做计划”也选择“非常符合”，显然两个选择是矛盾的。对这两个回答，我们无法鉴别其真伪，两个题目的数据都要作为缺失数据处理。

鉴于上述讨论，在审核答卷时，对于出现问题较多的答卷，处理时要分情况区别对待。当样本容量较大时，可以作为废卷舍去，但舍去的答卷总量一般要少于样本容量的10%；当样本容量较小时，需要再补测一次，但要注意样本的代表性。

2.1.2　对问卷进行编码

所谓编码，是指将调查对象对问卷给出的答案标上代码，以便使计算机能够识别。根据需要，代码可以是数字，也可以是字母。对于大型的调查，统一编码乃是保证数据录入质量的重要环节。特别是一些由多个单位参加且采用纸质问卷的调查，问卷回收后，由各单位分别录入，如果没有统一的编码，最后的数据合成就无法进行。

1. 编码的方式

编码可分为事前编码和事后编码。事前编码是指在设计问卷时就把各个问题的所有可能回答的选项都赋予一个代码，编码时只要逐一记录调查对象回答的选项代码即可。封闭式问卷通常采用事前编码的方式。事后编码是在调查之后进行的编码。例如，开放式问题和封闭式问题中的“其他”（由调查对象自己书写具体内容），在问卷回收之后，经过整理、归纳并将回答

加以分类，才能进行编码。另外，为进行统计分析，需要根据问卷中的变量产生某些新的变量，对此所进行的编码，可以采取事前编码方式，也可以采取事后编码方式。

2. 编码的具体操作方法

编码主要有三项内容：第一，定义数据项的变量名；第二，定义变量名标签，即对变量含义的说明，标签有助于理解输出的结果；第三，定义变量值及其标签，这主要针对定类变量和定序变量。

1）单选题的编码方法

对于封闭式问卷中的单选题，编码比较简单，变量名一般与题目的序号相联系，变量值为各选项的序号，变量值标签为选项的内容。例如：

12. 我认为学校中考试作弊现象

（1）很普遍　（2）比较普遍　（3）不太普遍　（4）不普遍　（5）极个别情况

其编码内容是：

变量名——X12；

变量名标签——我认为学校中考试作弊现象；

变量值与变量值标签—— 1 =很普遍，2 =比较普遍，3 =不太普遍，4 =不普遍，5 =极个别情况。于是，如果某个学生的回答是（3），那么该学生在变量 X12 上的值是 3。

2）多选题的编码方法

对于封闭式问卷中的多选题，有几个选项就要编码成几个二分变量，即每一个选项都要设定为一个新的二分变量，如果该选项没被选中，对应的二分变量取值为 0；如果选中，则取值为 1。例如：

5. 我参加过的社会实践活动中较多的是（可多选）

（1）家教　（2）社会调查　（3）公司打工　（4）社会公益活动　（5）其他

由于我们所关注的是前四项，因此对“其他”选项没有要求具体填写，如果要求学生将具体内容填写出来，就要进行事后编码。该题对应的编码规则如表 2-1 所示。

表 2-1　第 5 题编码规则

变　量　名	Q5.1	Q5.2	Q5.3	Q5.4	Q5.5
变量名标签	家教	社会调查	公司打工	社会公益活动	其他
变量值及其标签	0=未选 1=选中	0=未选 1=选中	0=未选 1=选中	0=未选 1=选中	0=未选 1=选中

表 2-2 为社会实践调查数据文件中 3 个被调查的学生对第 5 题的回答情况，其中一位学生没有回答第 5 题，所以为缺失值（系统采用“.”表示），“bh”为问卷编号变量。

表 2-2　变量 Q5.1～Q5.5 数据录入表

bh	Q5.1	Q5.2	Q5.3	Q5.4	Q5.5
10231	1	0	0	1	1
10232	0	1	1	1	0
10233	.	.	.	.	.

3）排序题的编码方法

现以《北京市大学生学习状况调查问卷》中的第 80 题为例加以说明。第 80 题考察学生上大学的目的，共给出了 6 个选项（参见第 1 章附录），回答时要求对三个主要目的排序。

问卷中的排序题有两种编码方式。第一种编码方式类似于多选题的编码，有 6 个选项就要设定6个变量：X8001，X8002，…，X8006，分别表示题目中的第1～6选项。将“我上大学的主要目的是”及选项的具体内容作为变量名标签，如X8001的变量名标签是“我上大学的主要目的是为国家富强贡献自己的力量”；与多选题不同的是，这6个变量不再是二分变量，变量值有四种可能（不包括缺失值），即将选项的排序数作为变量值。具体地，变量值及其标签为：1=第一位，2=第二位，3=第三位，0=没有选择，如图2-1第3～8行所示。图2-2中的第1～6列是根据这种编码方式对第80题录入的部分结果。

编码的第二种方式是，题目要求调查对象选几项就设定几个变量，本题要求选择3项，所以设定3个变量：Y801，Y802，Y803。变量Y801的标签是“我上大学的第一位目的是”，相应地，Y802和Y803的标签只需将“第一位”分别改为“第二位”和“第三位”。变量值则对应各选项的内容，变量值及其标签是：1=为国家富强贡献自己的力量，2=找到理想职业提高经济地位，…，6=其他，0=没有选择，如图2-1第9～11行所示。图2-2中的第7～9列是根据这一编码方式对第80题录入的部分结果。

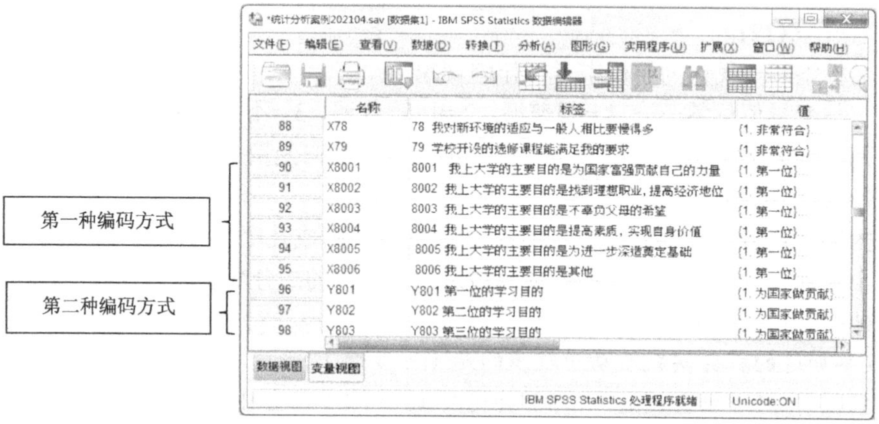

图2-1　对第80题的两种编码方式

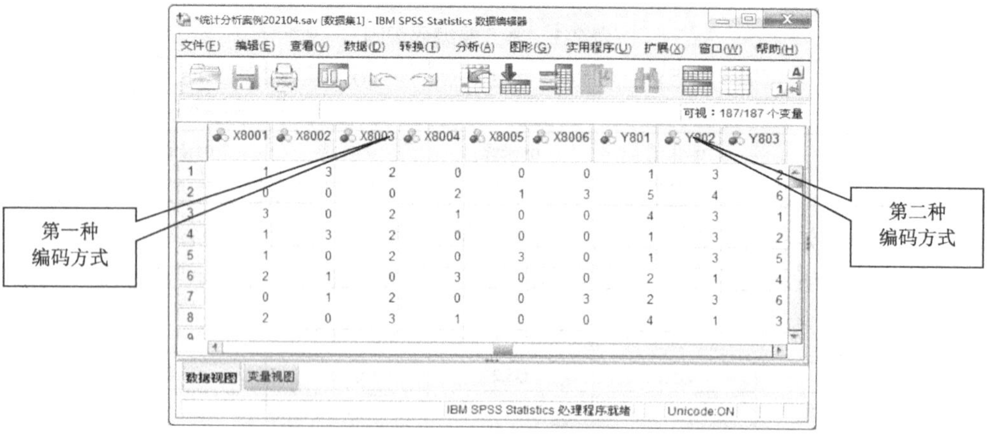

图2-2　第80题按两种编码方式录入的数据集

4）开放式题目的编码

对于开放式问题，或者题目中出现“其他”选项，而且要求调查对象写出具体内容时，应在编码之前对问卷的各种回答进行整理、归类。归类的方法是：开始时归并的类可以细一些，最后根据调查研究的需要，统一确定应将哪些内容作为新的选项进行编码，而与调查的关注点关系不密切或只有极少数调查对象填写的内容，再次将其归并为“其他”进行编码。例如，“业余爱好”最好设计为选择题，如果设计为填空题，回答就会多种多样。细分时，可分为“球类”“田径”“舞蹈”等，再进一步归类就可分为“体育”“文艺”等。

对于大型的调查，如果确实需要有开放式问题，在归类时可先随机抽取一定量的问卷（如 100 份）进行归纳，划分类别，以此为基础进行编码；另外，如果是由多个单位组成调查组，一定要加强编码的组织工作，需要及时将各单位归纳的类别汇总，规定统一的编码规则之后再开始录入数据，否则不同单位用不同的代码表示同一个内容，相同的代码却可能含义不一样，合并数据文件将无法进行，调研的统计分析工作更无从谈起。

5）分组汇总数据的编码

有时根据研究的需要，还会收集某些分组汇总数据。例如，《中国统计年鉴——2019》的 1-3 节中给出了 4 年的国民经济与社会发展结构指标，其中国内生产总值（生产法）的数据如表 2-3 所示。编码时，表中年份的分组值为 1978、1990、2000、2018，变量“产业”的分组值取第一、第二、第三，还要设置变量“百分比”。录入后在 SPSS 数据编辑器窗口形成的数据文件格式应如图 2-3 所示。

表 2-3　第一、二、三产业在国内生产总值中的比例　　单位：%

	1978 年	1990 年	2000 年	2018 年
第一产业	27.7	26.6	14.7	7.2
第二产业	47.7	41.0	45.5	40.7
第三产业	24.6	32.4	39.8	52.2

一般来说，对于如表 2-4 所示的表格称为二维交叉表或二维列联表，要设置三个变量，一个列变量 *A*（如年份），一个行变量 *B*（如产业），一个比例（或频数）变量 *X*，其中，行变量和列变量均是分类变量。表 2-5 称为三维交叉表或三维列联表，设有三个分类变量 *A*、*B*、*C*，一个比例（或频数）变量 *X*。

图 2-3　分组汇总数据的文件格式

表 2-4　二维交叉表

	A1	A2	…	A*n*
B1				
B2				
…				
B*k*				

表 2-5　三维交叉表

		A1	A2	…	A*n*
B1	C1				
	C1				
B2	C1				
	C1				

6）两点说明

第一，我们不仅要对调查问卷中每个问题的回答有确定的编码规则，而且要将问卷的编号等相关的其他信息进行编码。例如，“北京市大学生学情调查”有 15 所院校参加，在问卷中没有填空题“所在学校”，在编码时需要设置“学校编号”变量，每个学校对应一个数字，如

1=北京城市学院、2=北京服装学院等；根据调查研究的计划，需要分析重点建设院校与一般院校的学生在学习上的差异，因此要将“工科类型”作为变量考虑进去：1 = 非重点建设院校，2 = 重点建设院校，如图 2-4 所示。又如，对于各个题目的缺失数据，规定用诸如“9”“99”等变量本身不可能取到的特殊的数字表示。

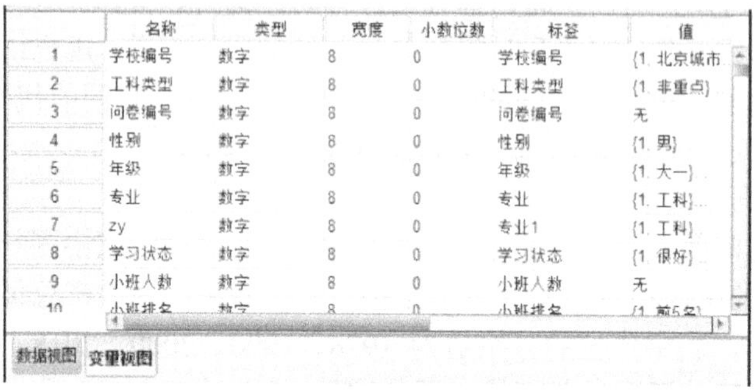

	名称	类型	宽度	小数位数	标签	值
1	学校编号	数字	8	0	学校编号	{1, 北京城市
2	工科类型	数字	8	0	工科类型	{1, 非重点}
3	问卷编号	数字	8	0	问卷编号	无
4	性别	数字	8	0	性别	{1, 男}
5	年级	数字	8	0	年级	{1, 大一}
6	专业	数字	8	0	专业	{1, 工科}...
7	zy	数字	8	0	专业1	{1, 工科}
8	学习状态	数字	8	0	学习状态	{1, 很好}
9	小班人数	数字	8	0	小班人数	无
10	小班排名	数字	8	0	小班排名	{1, 前6名}

图 2-4　对相关信息进行编码

第二，要编制编码表或编码手册，将每个变量的名称、变量值及其标签、变量的格式等内容详尽地写出来。目的有三个：为数据录入工作提供指南；使研究人员在数据分析过程中更加容易理解数据所包含的变量及编码的意义；如果是网上调查，可为编制数据库做准备。表 2-6 是《北京市大学生学习状况调查问卷》编码表的部分内容，图 2-5 是数据文件“2.2 学情调查模板”的变量视图（Variable View）。

表 2-6　《北京市大学生学习状况调查问卷》部分编码规则

	题　　号	变　量　名	变量取值的规则
基本情况	1	性别	序号值选（1），性别 =1；若选（2），性别 = 2
	2	年级	序号值选（k），年级 = k，k = 1，2，3，4，5
	…	…	…
单选题	1～8	X1～X8	所选项的序号值
	9	X9	不回答则取值为 0，否则取所选项的序号值。例如，不回答者 X9 = 0；回答者选（2），则 X9 = 2
	10～28	X10～X28	所选项的序号值
	29～79	X29～X79	“非常符合”“比较符合”直到“不符合”，分别取值为 1、2、3、4、5
多选题	80	X8001～X8006 分别对应于第 80 题的 6 个选项	未选项取值为 0，所选项之值为所排的序数。 变量 X8001～X8006。例如，序数为 1、2、3 的选项分别为（4）、（1）、（5），则 X8001=2，X8004=1，X8005=3，其他变量的值为 0

2.2　建立 SPSS 格式的数据文件

建立 SPSS 格式的数据文件有多种方式：利用数据编辑器窗口（Data Editor）、利用 Syntax 语句窗口以及转换纯文本文件或其他数据库文件为 SPSS 格式的数据文件。本节将对利用数据编辑器窗口建立数据文件、将 Excel 数据文件转换为 SPSS 格式数据文件及数据文件的合并进行介绍。

2.2.1　利用数据编辑器窗口建立数据文件

数据编辑器窗口包含两个子窗口：变量视图（Variable View）和数据视图（Data View）。其中，变量视图用于定义数据结构，它相当于一个十分详尽的编码表。

1．变量视图

变量视图给出有关数据结构的相关说明（见图 2-5），包括变量“名称（Name）”、数据“类型（Type）”“宽度（Width）”“小数位数（Decimals）”、变量名“标签（Label）”、变量“值（Values）”标签、“缺失（Missing）”值、“列（Columns）”宽度、“对齐（Align）”方式、“测量（Measure）”和“角色（Role）”。

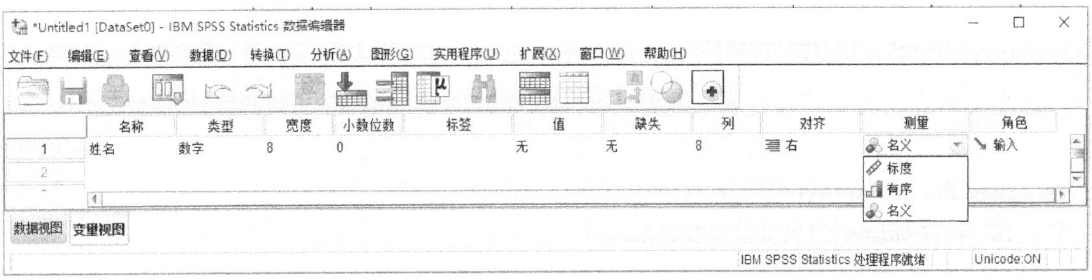

图 2-5　数据编辑器窗口的变量视图

当我们在变量视图的第一列录入变量名（如性别）之后，只要单击第二列（“类型”）相应的单元格，就会出现所有列对应的系统默认值。然后，根据问卷的编码对每一列做相应的修正。

1）变量名称

为了进行统计分析时比较方便地选取变量，在为变量命名时，最好名称能反映其代表的数据含义，如性别、年级、专业等都可以直接用作变量名，再如第 26 题用“X26”作为变量名。但要注意，变量名不能与 ALL、AND、BY、NOT 等 SPSS 内部具有特殊含义的保留字相同。这些规则不必硬记，如果出现了某个错误，那么系统会自动给出错误提示信息。

如果在录入数据时没有给出变量名，那么系统将采用默认变量名，按 VAR00001、VAR00002……依次排列下去。

2）变量类型及其相关规定

单击“类型（Type）”列与相应变量所在行的单元格，出现...按钮，单击此按钮，弹出“变量类型”对话框（见图 2-6），自上而下列出了变量取值的 9 个类型，依次为“数字（Numeric）”、带“逗号（Comma）”的数值型、逗“点（Dot）”作小数点的数值型、“科学计数法（Scientific Notation）”、“日期（Date）”型、“美元（Dollar）”型和“定制货币（Custom Currency）”型（用户自定义）、“字符串（String）”及“受限数字（带有前导零的整数）（Restricted Numeric，Integer with leading zeros）”。

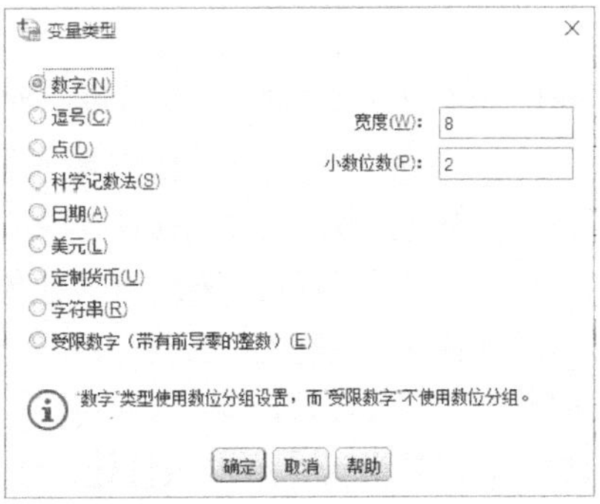

图 2-6　“变量类型”对话框

当选择日期型、美元型时，右侧将弹出一个列表框（见图 2-7 和图 2-8），以供选择。对于调查数据的编辑，一般情况下，不需要选中“定制货币”单选按钮。例如，用人民币表示收入，选中“数字”单选按钮即可。

图 2-7 “日期”列表框

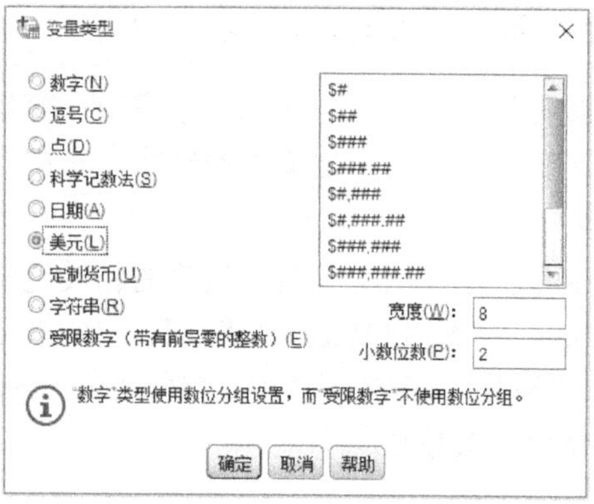

图 2-8 “美元”列表框

对变量格式还有如下规定。

- 宽度（Width）：变量值可显示的最大字符位数，默认值为 8。要改变其值，可在单元格中双击，在编辑状态下输入用户认为合适的值，或者单击单元格中出现的上下箭头按钮，增加或减少变量的宽度值。
- 小数位数（Decimals）：设置变量值应取几位小数，默认值为 2。若取“3”，则 3.1416 仅保留为 3.142；而 15 则记为 15.000；若取“0”，则为整数。例如，“性别”变量分别用 1、2 表示男、女时，小数位数取“0”。
- 列（Columns）：变量在数据视图中所占的列的字符位数，默认值为 8。通常列宽度不能小于变量设定的宽度，否则在数据视图中显示的数据会不完整，但这并不影响 SPSS 分析运算的结果。
- 对齐（Align）：设置数据视图中数据对齐的格式，在下拉列表中有左对齐、右对齐和居中对齐三种方式，默认为右对齐方式。

3）变量名与变量值标签

“标签”和“值”都是对变量的进一步说明。“标签”是对变量名含义的解释，最多可以有 120 个字符。“值”是对变量的可能取值附加的说明，主要用于定类变量和定序变量。例如，调查问卷的第 72 题的变量名为“X72”，其标签是“72 平时我喜欢找老师答疑和讨论问题”。编码表中规定 1=非常符合、2=比较符合、3=有点符合、4=不太符合、5=不符合，这些规定都要输入变量值标签中。

具体操作过程如下：

（1）单击该变量所在的行与“值（Values）”列的交叉格，出现按钮，单击此按钮，将弹出如图 2-9 所示的“值标签”对话框。

（2）在“值”文本框中输入变量值“1”，在“标签”文本框中输入变量值标签“非常符合”，单击被激活的“添加”按钮，在下面的框中就会出现：1=“非常符合”。

（3）用同样的方法给出其他值的标签，完成后单击“确定”按钮即可。

如果要对变量值标签进行修改，可以先单击标签列表中要修改的表达式，激活“除去”按钮（见图 2-10），然后对“值”和“标签”两个文本框中的值进行修改，修改后左侧的“更改”按钮被激活，单击该按钮，修改后的表达式就出现在标签列表中。如果要将选定的表达式删除，单击左侧的“除去”按钮便可实现。

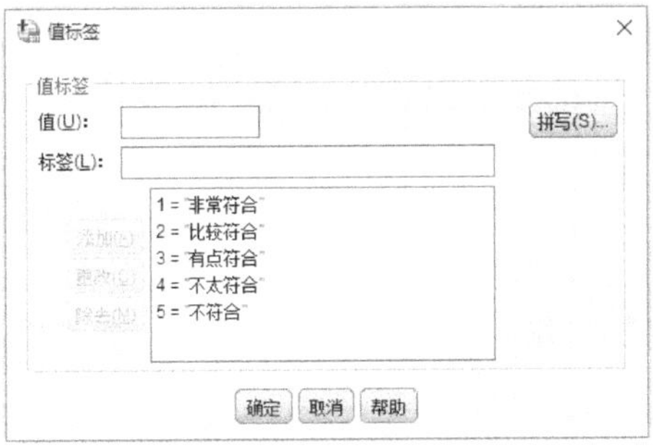

图 2-9　“值标签”对话框

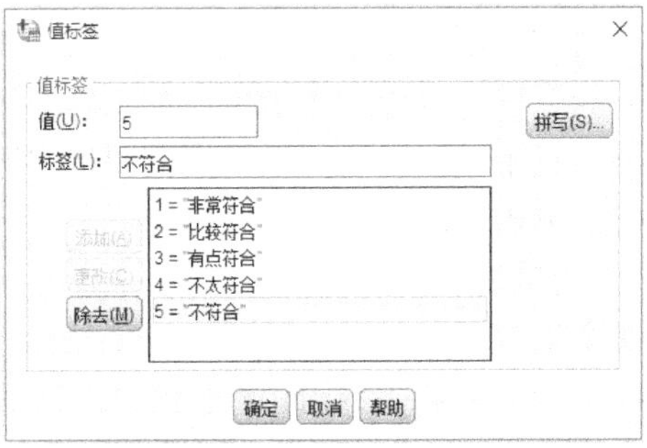

图 2-10　激活“除去”按钮

尽管变量值标签不是必须给出的，我们仍然建议对于定类变量和定序变量最好给出变量值标签，这可使统计分析结果的可读性更强。在分析学生对培养专业兴趣的态度上是否存在年级差异时，SPSS 输出的统计表如表 2-7 所示，统计结果一目了然。如果没有变量值标签，那么表 2-7 中行标题与列标题显示的都是数字，需要我们再查找每个数字的含义，显然，可读性就差多了。

表 2-7　年级 * 4 我认为对专业的兴趣 交叉表

			4 我认为对专业的兴趣				总计
			靠个人内在的兴趣	要有意识地培养	随着对专业的了解自然会产生	没必要培养，不喜欢就是不喜欢	
年级	大一	计数	33	44	39	9	125
		占年级的百分比	26.4%	35.2%	31.2%	7.2%	100.0%
	大二	计数	15	38	42	8	103
		占年级的百分比	14.6%	36.9%	40.8%	7.8%	100.0%
	大三	计数	16	42	43	14	115
		占年级的百分比	13.9%	36.5%	37.4%	12.2%	100.0%
	大四	计数	21	25	46	8	100
		占年级的百分比	21.0%	25.0%	46.0%	8.0%	100.0%
总计		计数	85	149	170	39	443
		占年级的百分比	19.2%	33.6%	38.4%	8.8%	100.0%

4）缺失值

在 SPSS 中说明缺失数据的基本方法是通过“缺失（Missing）”列，由用户自己定义缺失值。具体操作过程如下：

（1）单击该变量所在的行与“缺失（Missing）”列交叉格，在该单元格内会出现按钮，单击此按钮，弹出“缺失值”对话框。

（2）“缺失值”对话框（见图 2-11）中有以下三个单选按钮。

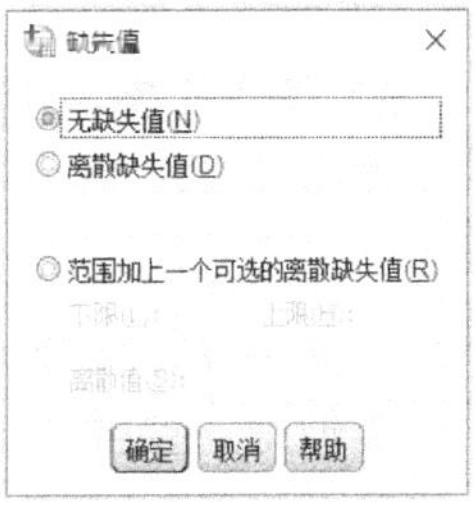

图 2-11　“缺失值”对话框

- 无缺失值（No missing values）：为系统默认项，缺失值用圆点“.”表示。
- 离散缺失值（Discrete missing values）：对于字符型和数值型变量，指出 1～3 个特定的离散值，如“99”“999”等。
- 范围加上一个可选的离散缺失值（Range plus one optional discrete missing values）：给出数值型变量缺失值的范围，在“下限（Low）”“上限（High）”后的参数框中分别输入缺失值的下限和上限，如1与6。还可以在“离散值（Discrete value）”后的参数框中附加一个区间以外的离散值，如12。于是表示1～6的数据和数值12视为缺失值。

以上三个单选按钮可以根据需要选中其中的一个。

（3）单击“确定”按钮即可。

5）变量的测量等级

在变量视图窗口中，“测量（Measure）”对变量的测量等级提供了三种选择，参见图2-5。

- 标度（Scale）：定距测量和定比测量。
- 有序（Ordinal）：定序测量。
- 名义（Nominal）：定类测量。

显然，这里将定距测量和定比测量均归结为标度测量等级。如果要改变默认的测量等级，单击“测量”列相应的单元格，就会出现下拉列表，单击所要的等级即可。

另外，“角色（Role）”用来指定该变量在建模中的角色，角色分为“输入”“目标”“两者”等。在默认的情况下，为所有变量分配的角色是“输入”，可以不予关注。

完成变量视图中的编辑工作，就给出了编码中所有变量的结构定义，形成了一个标准的数据录入模板，如图2-4所示。于是可以开始在数据视图中按问卷的编号录入数据。

对于一个由多个单位参与的大型调查，如果使用纸质调查问卷，手工录入前将编码表及数据录入模板发给每个单位至关重要，以保证数据质量和顺利进行数据合并。显然，此时采用读卡的方式更加方便。

2．数据的录入与保存

对于网上调查，数据已由填答者填写，显然不存在数据录入问题，而采用光电输入方式的条形码判读器，同样不需要手工录入数据。例如，许多高校在开学时都要对新生进行心理测试，量表应用范围大，测试的人数多，就会采用网上测试或条形码判读器。但对于一般的抽样调查，往往是根据当时研究的需要进行的，大多数为一次性调查，样本量不大，多采用手工录入方法。鉴于此，这里介绍的是手工录入方法。

1）数据的录入

在完成了变量视图窗口的工作后，单击数据编辑器窗口下方的“数据视图”，弹出的数据视图是与Excel类似的二维电子表格，表格中的一行称为一个个案，左侧第一列显示的是个案序号，每一个个案就是一份调查问卷的全部数据，相对于“变量”可称其为“观测量”，每一个数据就是相应变量的观测值。全部问卷的数据录入完成后，便形成了一个SPSS数据表。

数据录入和编辑方法与Excel类似，不再赘述。

如果我们在“缺失值”对话框中选中“无缺失值（No missing values）”单选按钮，那么在录入数据时，数值型变量的缺失数据可以不录入任何信息，空白单元格处会自动出现一个圆点“.”，作为默认的缺失值，称为系统缺失值。

2）插入个案或变量

在按问卷编号录入数据的过程中，可能漏录了某份问卷，如序号为6的个案，此时只需要右击最左侧的个案序号列中的“6”，在弹出的菜单中选择“插入个案”命令，如图2-12（a）所示，原第6行的数据移到第7行，即可在第6行录入数据了。

类似地，要插入一个变量，可选择菜单中的“插入变量”命令，如图2-12（b）所示。

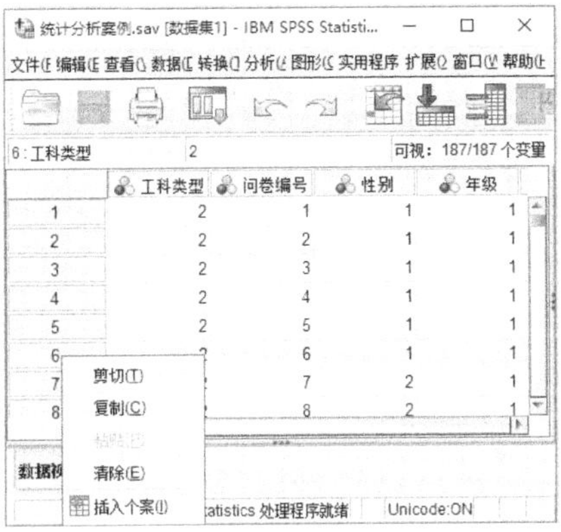

(a)

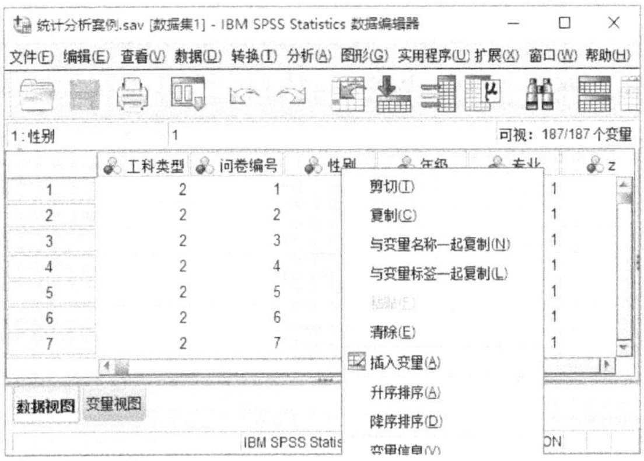

(b)

图 2-12　插入个案或变量

3）数据文件的保存

保存数据文件时，可直接将其保存为 SPSS 格式的数据文件，也可将其保存为其他格式的数据文件。保存数据文件的方法有两种：①利用“文件（File）”菜单中的“保存（Save）”命令；②利用“文件（File）”菜单中的“另存为（Save As）”命令。具体操作与 Word 操作相同，不再赘述。

2.2.2　Excel 格式数据文件的转换

SPSS 软件包能够得以广泛应用的一个重要原因是它提供了与其他软件包共享数据文件的功能，即 SPSS 可以打开这些软件包中的数据文件，也可以将 SPSS 格式的数据文件另存为这些软件包的数据文件。如图 2-13 所示，能够用 SPSS 打开的数据文件囊括了我们可能会用到的 Excel、SAS 及文本等格式的数据文件。

SPSS 通过两个途径将纯文本文件读入：一是直接使用 SPSS 的文本数据导入的引导窗口；二是使用 Syntax 语句。这里仅介绍 SPSS 格式的数据文件与 Excel 格式的数据文件之间如何转换，其他软件包数据文件转换的操作方法与此类似。

图 2-13　能够用 SPSS 打开的其他软件包

我们用案例说明其操作方法。

【案例 2.1　对数据文件“562 名学生”进行 Excel 格式与 SPSS 格式的相互转换】

1．读取 Excel 格式数据文件并转存为 SPSS 格式数据文件

数据文件“562 名学生”为 Excel 格式，将其转存为 SPSS 格式的操作步骤如下：

（1）依次执行“文件（File）”→“打开（Open）”→“数据（Data）”命令（或单击按钮），弹出“打开数据”对话框。

（2）在“文件类型（Files of Type）”下拉列表中选择“Excel（*.xls、*.xlsx 和*.xlsm）”，在文件列表框中选择数据文件“2.0　562 名学生（Excel）.xls”，单击“打开（Open）”按钮［见图 2-14（a）］，弹出“读取 Excel 文件”对话框［见图 2-14（b）］。最上面一行为文件的路径，系统默认勾选“从第一行数据中读取变量名称（Read variable names from first row of data）”复选框，单击“确定（Ok）”按钮，Excel 工作表中的全部数据便读取到 SPSS 数据编辑器窗口中。

（a）　　　　（b）

图 2-14　在 SPSS 数据编辑器窗口打开 Excel 文件

（3）执行“文件（File）”→“另存为（Save as）”命令（或单击“保存”按钮），弹出“将数据另存为”对话框，将数据文件取名为“562 学生（SPSS）.sav”，单击“保存”按钮，于是完成了从 Excel 格式到 SPSS 格式的转换。

2．将 SPSS 格式数据文件另存为 Excel 格式数据文件

现在将已转为 SPSS 格式的文件“562 学生（SPSS）.sav”转存为 Excel 格式数据文件，操作步骤如下：

依次执行“文件（File）”→“另存为（Save as）”命令，弹出“将数据另存为”对话框，在“保存类型”下拉列表中选择“Excel 2007 到 2010（*.xlsx）”(Excel 2007 through 2010（*.xlsx）[见图 2-15（a）]，单击“保存”按钮，弹出另一个“将数据另存为”对话框［见图 2-15（b）]。将“562 学生（SPSS）”写入“文件名”文本框，单击“保存”按钮，即转换为 Excel 格式的数据文件。

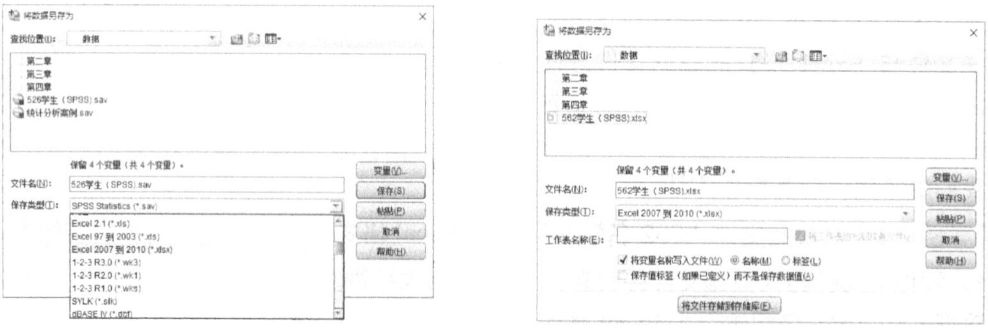

（a）　　　　（b）

图 2-15　将 SPSS 格式数据文件另存为 Excel 格式数据文件

2.2.3　数据文件的合并

数据文件的合并分两种情况：纵向合并与横向合并。

纵向合并数据文件是将数据视图中的数据与另一个 SPSS 数据文件中的数据进行首尾对接，即将一个 SPSS 数据文件的内容追加到数据视图中当前数据的后面，并依据这两个数据文件中的变量名进行数据对接。

横向合并数据文件是将数据编辑器窗口中的数据与另一个SPSS数据文件中的数据进行左右对接，即将一个 SPSS 数据文件的内容追加到数据编辑器窗口中当前数据的右面，并依据这两个数据文件中的个案序号进行数据对接。由于大型的抽样调查往往由许多单位共同完成，所以纵向合并数据文件是一个必经的操作过程。

1. 利用“复制”命令和“粘贴”命令合并数据文件

当变量及个案个数不多时，将要合并的两个文件同时打开，然后可以用“复制”命令和“粘贴”命令将两个数据文件进行合并。将一个数据文件的数据复制后，若进行纵向合并，则粘贴到另一个文件的下面，要注意各个变量列对接好；若进行横向合并，则要粘贴到第二个文件的右面，注意问卷的编号一定要一致，否则就会把不同个案的数据对接到一行上，导致数据文件不能使用。

当变量及个案个数很多时，可以用“数据（Data）”菜单下的“合并文件（Merge File）”命令来合并数据文件。

2. 两个 SPSS 格式数据文件的纵向合并

下面用案例来说明纵向合并两个 SPSS 格式数据文件的具体步骤。

【案例 2.2　将两份记载学生考试成绩的数据文件进行纵向合并】

图 2-16 为两个待纵向合并的数据文件，文件 1 为 5 名学生的学号和语文、数学、物理三门课的成绩，文件 2 为另 3 名学生的学号和语文、数学、外语三门课的成绩，现需要将文件 2 的数据合并到文件 1 中。

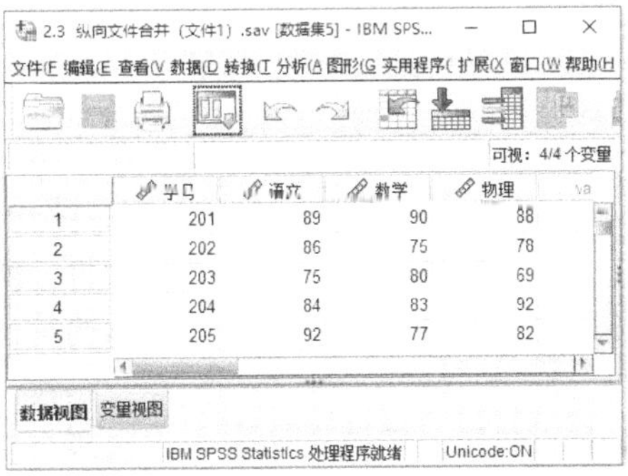

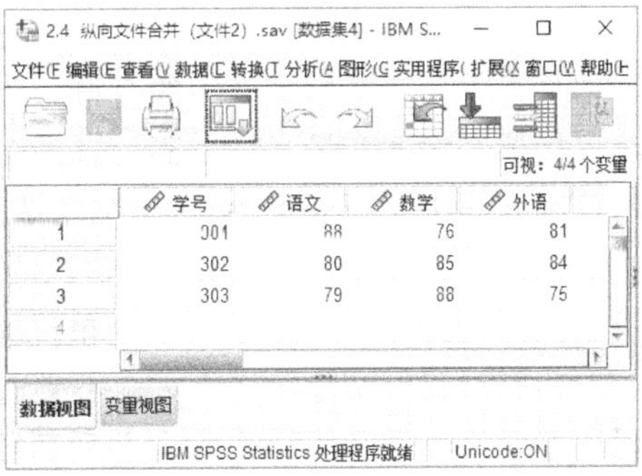

图 2-16　两个待纵向合并的数据文件

【操作步骤】

（1）单击 按钮，弹出“打开数据”对话框，选择数据文件“2.3 纵向文件合并（文件 1）”，单击“打开”按钮，文件出现在数据编辑器窗口（见图 2-16）。采用同样的操作，将“2.4 纵向文件合并（文件 2）”打开。（打开数据文件是基本操作，此后不再赘述）。

（2）将“2.3 纵向文件合并（文件 1）”作为当前的数据文件，依次执行“数据（Data）”→“合并文件（Merge Files）”→“添加个案（Add Cases）”命令，弹出“添加个案至 2.3 纵向文件合并（文件 1）”对话框（见图 2-17）。

注意：图 2-17 所示对话框的最下面一行提示我们，对于非 SPSS 格式的数据文件，必须在使用它们之前转化为 SPSS 格式的数据文件。

（3）由于数据文件“2.4 纵向文件合并（文件 2）”已经打开，在“打开数据集（An Open Dataset）”单选按钮下面的列表框中选择该数据文件。单击“继续（Continue）”按钮，弹出“添加个案自 数据集 3”对话框（见图 2-18）。

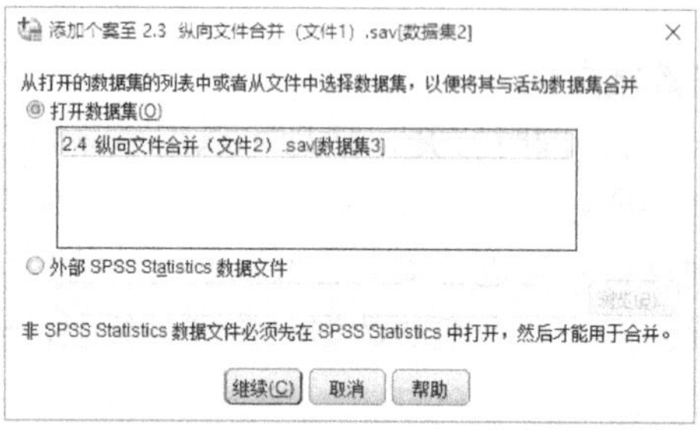

图 2-17　“添加个案至 2.3 纵向文件合并（文件 1）”对话框

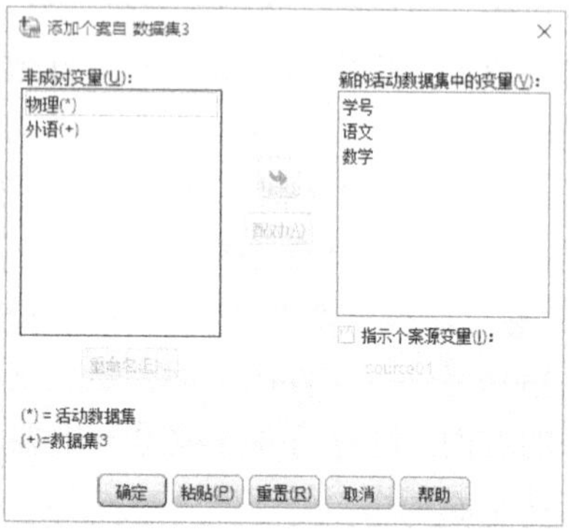

图 2-18　“添加个案自 数据集 3”对话框

在图 2-18 所示的对话框中，设有两个变量框和一个复选框。

- “非成对变量（Unpaired Variables）”框：其中显示的变量是两个数据文件中不同名的变量。其中，后面带有（*）的变量（物理），表示它是当前数据编辑器窗口“2.3 纵向文件合并（文件 1）”中的变量；后面带有（+）的变量（外语），表示它是“2.4 纵向文件合并（文件 2）”中的变量，将要合并到当前数据编辑器窗口。SPSS 默认它们有不同的含义。该框中的变量只有移到右边的框中才能作为合并后新数据文件中的变量。
- “新的活动数据集中的变量（Variables in New Active Dataset）”框：显示的变量是两个数据文件中同名的变量：学号、语文、数学。SPSS 默认它们有相同的含义，并将它们作为合并后新数据文件中的变量。
- “指示个案源变量（Indicate case source as variable）”复选框：功能是自动生成一个取值为 0 与 1 的新变量“source 01”，指出在合并后的数据文件中每个个案来自哪份文件。0 表示个案来自原数据编辑器窗口的文件，1 表示个案来自待合并的数据文件。对于大型抽样调查来说，由于有多个单位完成数据文件，而且每个单位已有具体的编码，这一功能对我们实际意义不大，不必选择。

现在需要将物理和外语作为合并后新数据文件中的变量，用箭头按钮将这两个变量移到“新的活动数据集中的变量（Variables in New Active Dataset）”框中。

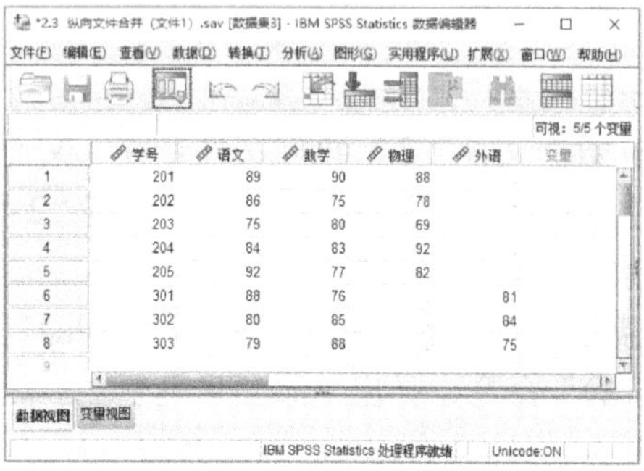

图 2-19　合并后的数据文件

（4）单击“确定（OK）”按钮，提交系统运行。

于是在新数据文件中包含了物理和外语两个变量，原“2.3 纵向文件合并（文件 1）”的个案外语成绩为系统缺失值，原“2.4 纵向文件合并（文件 2）”中的个案物理成绩为系统缺失值（见图 2-19）。

【三点说明】

第一，图 2-17 中“打开数据集”列表框中显示所有已经打开的数据文件，若要合并的文件尚未打开，则要在“外部 SPSS Statistics 数据文件（An external SPSS data file）”单选按钮下面的框中写入要合并的文件名，单击“浏览（Browse）”按钮，弹出“添加个案：读取文件”对话框后，选择“2.4 纵向文件（文件 2）”，然后单击“打开（Open）”按钮，返回“添加个案至 2.3 纵向文件合并（文件 1）”对话框，此时在“外部 SPSS Statistics 数据文件”下面显示的是打开文件的路径。读者可自行操作一试。

第二，如果某个变量不需要出现在合并后的数据文件中，可以在“新的活动数据集中的变量”框内选定该变量，然后通过箭头按钮将其移到左面的“非成对变量”框中。

第三，“新的活动数据集中的变量”框内的变量不能更改名称，如果需要更改名称，要先移到“非成对变量”框中，然后单击“重命名”按钮，在“重命名”对话框中完成。

3. 两个 SPSS 格式的数据文件的横向合并

在很多时候需要对数据文件进行横向合并，例如，进行教学改革实验时，要在实验前后对学生进行测验（称为前测与后测），成绩分别保存在两个数据文件里。为了考察改革前后学生的变化，要将前后的测验成绩进行比较，这就需要将两个文件进行横向合并。

进行横向合并的数据文件必须满足以下条件：

第一，两个数据文件必须至少有一个名称相同的变量，这个变量是横向合并时对接的依据，称为关键变量，如问卷的编号。

第二，对接前，两个数据文件都要将关键变量进行升序（或降序）排列，以便同一份问卷（或同一个人）的数据对接为同一行。

第三，两个数据文件中含义不相同的变量，不能有相同的变量名。

现结合“2.5　横向文件合并（文件 1）”和“2.6　横向文件合并（文件 2）”两个文件来说明 SPSS 格式数据文件横向合并的方法。

【案例 2.3　将两份调查问卷的数据文件进行横向合并】

数据文件“2.5　横向文件合并（文件 1）”内有 5 个变量：问卷编号、性别、X1、X2、X3。数据文件“2.6　横向文件合并（文件 2）”内除问卷编号外，还有 X15、X16、X17 和 X18 这 4 个变量。利用“数据（Data）”菜单中的“合并文件（Merge File）”命令进行数据文件的横向合并。

【操作步骤】

（1）在数据编辑器窗口中打开“2.5 横向文件合并（文件 1）”（称其为当前数据文件）和“2.6　横向文件合并（文件 2）”。

（2）依次执行“数据（Data）”→“合并文件（Merge File）”→“添加变量（Add Variables）”命令，弹出“将变量添加至 2.5 横向合并（文件 1）”对话框，选择“打开数据集（An open dataset）”单选按钮，并单击下面框中的“2.6 横向文件合并（文件 2）”。然后单击“继续”按钮，弹出“变量添加自 数据集 5”对话框。

（3）“变量添加自 数据集 5”对话框由“合并方法（Merge Method）”选项卡与“变量（Variables）”选项卡组成，如图 2-20 所示。

由图 2-20（a）可知，“合并方法”选项卡分为以下三个部分。

- 合并方法选项：基于文件顺序的一对一合并（One-to-One merge based on file order）、基于键值的一对一合并（One-to-One merge based on key values）和基于键值的一对多合并（One-to-many merge based on key values）。默认方式为基于键值的一对一合并。
- “选择查找表（Select Lookup Table）”选项组：其中带*的文件为当前文件，下面的数据集则是要添加的文件。

- “键变量（Key Variables）”框：自动给出问卷编号，并指出如果需要改变关键变量，可使用“变量”选项卡完成。

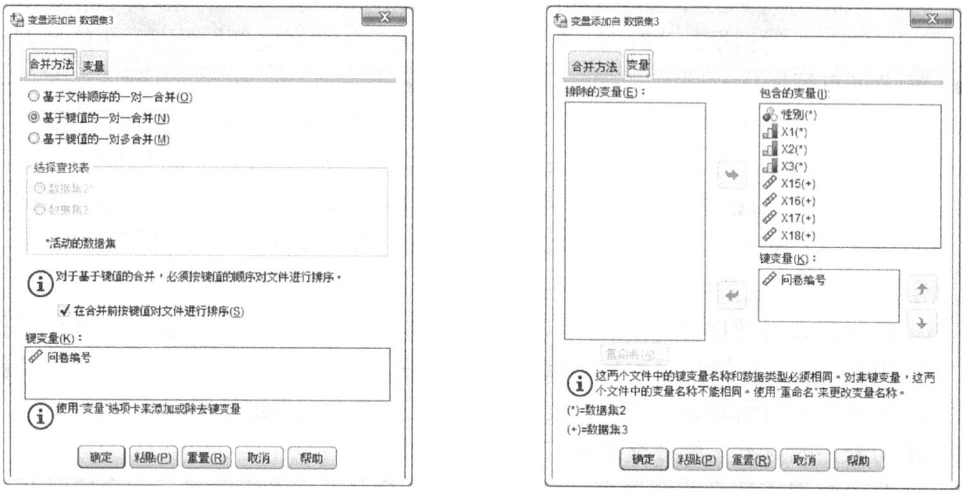

（a）　　　　　　　　　　（b）

图 2-20　“变量添加自”对话框

由图 2-20（b）可知，在“变量”选项卡中有三个变量框和一个提示。

- “排除的变量（Excluded Variables）”框：排除变量，即不包括在合并后数据文件中的变量。
- “包含的变量（Included Variables）”框：合并后数据文件中的变量。变量名后面有（*）的为当前数据文件中的变量，变量名后面有（+）的为外部数据文件中的变量，系统默认这些变量均以原来的变量名进入合并后的新数据文件中。当有同名变量时，合并的结果只保留当前数据文件“2.5　横向文件合并（文件 1）”中的相应变量。
- “键变量（Key Variables）”框：“问卷编号”仍为关键变量。

提示指出：当两个文件中有同名变量时，需要单击“重命名（Rename）”按钮，改变变量的名称。

由于要合并的两个文件中个案数据是按顺序一一对应的，因此可直接单击“确定”按钮，文件 2 中的数据便合并到文件 1 中（见图 2-21）。将合并结果另存为“2.7　横向文件合并（文件 1-2）”，合并工作完成。

【几点说明】

第一，如果两个待合并的数据文件的个案没有一一对应，例如，我们将“2.5　横向文件合并（文件 1）”中问卷编号为 7、8、9 的三个个案的编号改为 10、11、12，那么就与“2.6　横向文件合并（文件 2）”中问卷编号为 7、8、9 的三个个案没有一一对应，这时要利用图 2-21 中的“基于文件顺序的一对一合并（One-to-One merge based on file order）”单选按钮，进行文件的合并。

在具体操作上，前两步与上面介绍的横向文件合并的第（1）、（2）步相同，第（3）步按下述方法进行：选中“基于文件顺序的一对一合并（One-to-One merge based on file order）”单选按钮，“键变量（Key Variables）”框内不再出现“问卷编号”，而是按照文件中个案顺序进行数据文件的合并。最后单击“确定”按钮，提交系统运行。合成后的数据文件取名为“2.7　横向文件合并（文件 1-2，缺 7、8、9）”，如图 2-22 所示。

至此，完成了对两个数据文件的合并。由图 2-22 可知，在“问卷编号”列，是按升序排列的，“2.5 横向文件合并（文件 1）”中问卷编号为 7、8、9 的三个个案不再出现，排在问卷编号为 66 的个案之后的是问卷编号为 10、11、12 的个案。

第二，“包含的变量（Included Variables）”框中的变量均为合并后的数据文件中的变量，如果不想使某个变量出现在合并后的数据文件中，可以选择该变量，此时箭头按钮将自动变为向左箭头按钮，单击该按钮，则所选择的变量被移到“排除的变量（Excluded Variables）”框中。

第三，如果要使“排除的变量（Excluded Variables）”框中外部数据的含义不同而同名的变量出现在合并后的数据文件中，要先单击“重命名（Rename）”按钮，为其赋予一个新的变量名，然后选择该变量，并单击箭头按钮，将其移入“包含的变量（Included Variables）”框中。

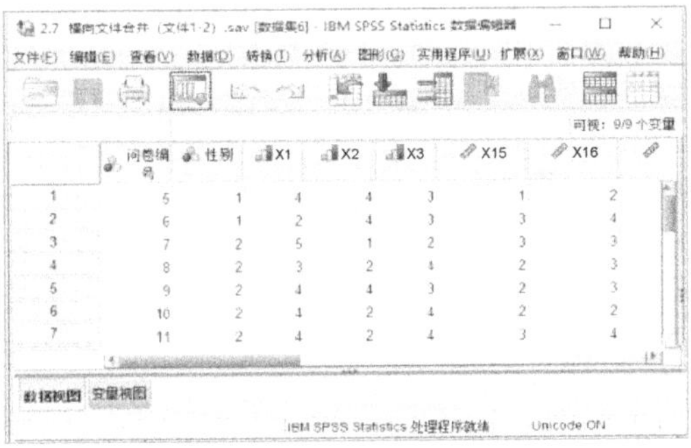

图 2-21　个案一一对应情况下横向合并后的数据文件

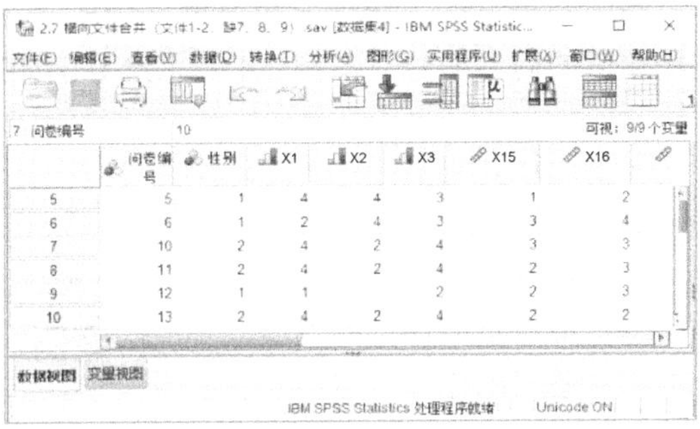

图 2-22　个案非一一对应情况下横向合并后的数据文件

2.3　数据的净化

所谓“数据净化”，即在数据录入后检查数据是否有错、是否有极端值，如果有，那么首先要找出它们在哪里，其次要分析产生的原因，最后要判断是否需要修改。此时的数据错误可能是原始数据问题（注意：有些极端值是客观存在的，并不是录入错误或填写错误），也可能是录入的问题。数据净化主要包括以下三项内容：清理极端值、清理互斥数据（检查逻辑一致性）和排查重复个案。许多调查软件由于具有数据检测功能，能够在问卷填答过程中进行有效范围清理和逻辑一致性清理，因此已经解决了这些问题。

2.3.1　利用“探索（Explore）”命令清理极端值

极端值是指超出了变量取值范围的值。清理极端值的目的是保证数据的合法性。

清理极端值有两种方法。第一种方法分两步走。第一步，普查，即在所有的变量中，查找含有极端值的变量。对于离散型变量，通过频数表考察变量取值的情况，从中发现极端值；对于连续型变量，应用描述统计考察变量的最大值、最小值、平均值，从中发现那些大大偏离平均值的极端值。第二步，对于含有极端值的变量，查找极端值出现在哪一行，即查找极端值出现在哪一份问卷中，并决定是否需要修改。第二种方法是直接利用“探索”命令进行清理。这里介绍第二种方法。

利用“探索”命令可以对数据进行各种探索性分析，如计算基本的统计量（如平均数、最大值、最小值等），通过图表给出极端值及其所在位置，判断数据是否服从正态分布，判断各组数据的方差是否齐性等。“探索”命令适用于定距变量或定比变量，分组变量可以是数值型变量或字符型变量。

查找极端值主要应用“探索”→“统计（Statistics）”→“离群值（Outline）”选项（只要是数值型变量均可以使用），统计表的输出结果为所有变量值中前 5 个最大的值和后 5 个最小的值，以及这些数值所在个案的序号。也可以利用茎叶图或箱图得到数据的频数分布和极端值，然后利用数据定位功能查到该个案的位置。

我们用数据文件“统计分析案例”中的“环境”（学生利用环境水平的分数）变量来说明查找含极端值变量的具体操作过程以及“探索”菜单中的命令及其功能。为此，将数据文件中问卷编号为 14、53 和 74 的环境分数分别改为 3（分）、80（分）和 89（分）。

【案例 2.4　查找数据文件中“环境”变量的极端值】

判断数据文件“统计分析案例”中的“环境”变量是否存在极端值。若存在，则给出存在极端值的问卷编号。案例 2.4 的思维导图如图 2-23 所示。

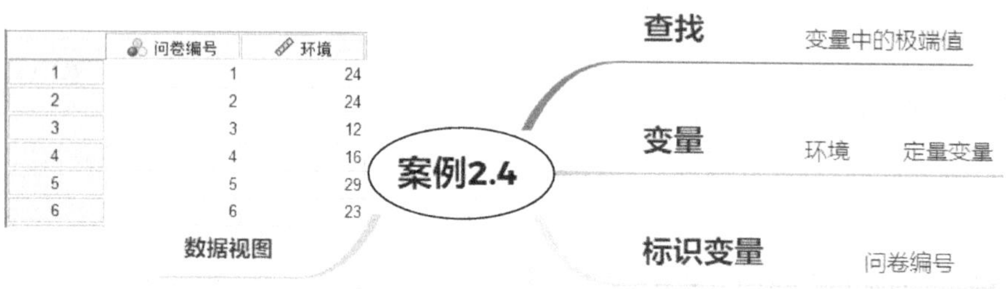

图 2-23　案例 2.4 的思维导图

【操作步骤】

（1）打开数据文件“统计分析案例”。

（2）依次执行“分析（Analyze）”→“描述统计（Descriptive Statistics）”→“探索（Explore）”命令（见图 2-24），弹出“探索”对话框（见图 2-25）。

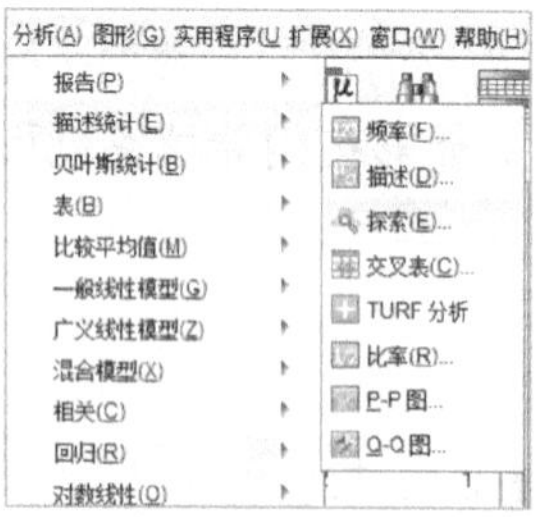

图 2-24　“探索”命令

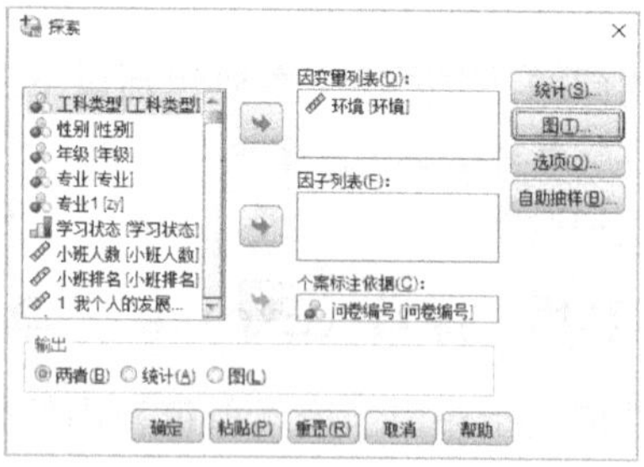

图 2-25　“探索”对话框

在“探索”对话框中设有三个变量框、一个选项组和四个按钮。

①“因变量列表（Dependent List）”框：指定参与分析的变量。

②“因子列表（Factor List）”框：指定分组变量。

③“个案标注依据（Label Cases by）”框：指定作为观测量的标志变量，在输出极端值时，用该变量进行标识。

④“输出（Display）”选项组：指定输出项，包括以下三个单选按钮。

- 两者（Both）：输出图形和描述统计量，为系统默认项。选中该单选按钮后，会激活“统计（Statistics）”和“图（Plots）”两个按钮。
- 统计（Statistics）：只输出统计量，选中该单选按钮后，会激活“统计（Statistics）”按钮。
- 图（Plots）：只输出图形，选中该单选按钮后，会激活“图（Plots）”按钮。

⑤“统计（Statistics）”按钮、“图（Plots）”按钮、“选项（Options）”按钮和“自助抽样（Bootstrap）”按钮：单击这些按钮后，将弹出相应的对话框。

在“探索”对话框中，我们将“环境”变量移入“因变量列表（Dependent List）”框内，将变量“问卷编号”作为标志变量移入“个案标注依据（Label Cases by）”框中，以便在输出结果中指明极端值所在的问卷的编号。在左下角的“输出（Display）”选项组内选中“两者（Both）”单选按钮，即输出图形和描述统计量，如图 2-25 所示。

（3）单击“统计（Statistics）”按钮，弹出“探索：统计”对话框（见图 2-26），该对话框中有四个复选框：描述（Discriptives）、M-估计量（M-estimators）、离群值（Outliers）和百分位数（Percentils）。我们勾选“离群值”复选框（其他复选框将在以后相关章节介绍），单击“继续（Continue）”按钮，返回“探索”对话框。

（4）单击“图（Plots）”按钮，打开“探索：图”对话框（见图 2-27），在“箱图（Boxplots）”选项组中，有设置箱图样式的三个单选按钮：“因子级别并置（Factor Levels together）”（为系统默认形式）、“因变量并置（Dependents together）”和“无（None）”，这里选中第一个单选按钮。在“描述图（Descriptive）”选项组中有“茎叶图（Stem-and-leaf）”和“直方图（Histogram）”两个复选框，这里勾选“茎叶图”复选框。单击“继续（Continue）”按钮，返回“探索”对话框。

（5）单击“确定（OK）”按钮，提交系统运行。

事实上，如果仅要求搜寻极端值，勾选“离群值”复选框和“茎叶图”复选框即可。

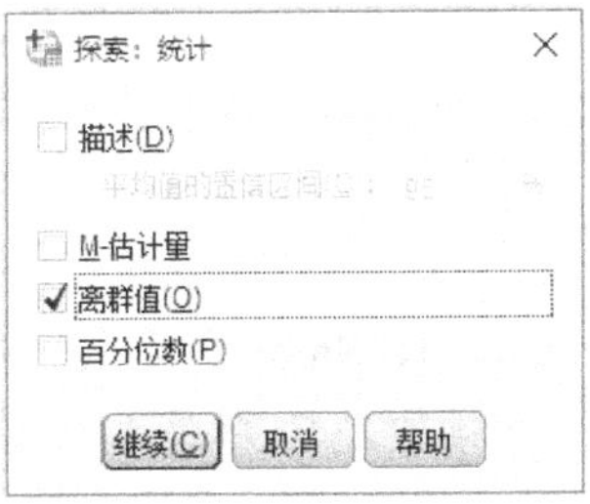

图 2-26　“探索：统计”对话框

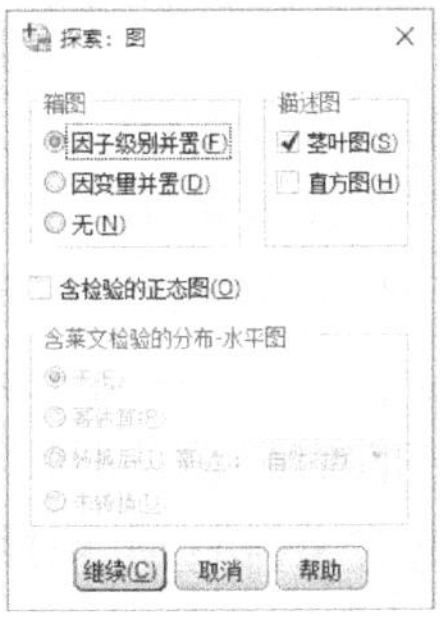

图 2-27　“探索：图”对话框

【输出结果】

在 SPSS 的输出窗口中给出了 2 个统计表（见表 2-8 和表 2-9）、茎叶图和箱图。

（1）个案处理摘要表。表 2-8 为个案处理（Case）摘要表，指出有效数据（Valid）共 434 个，占 97.3%，有 12 个缺失值（Missing），占 2.7%，共计 446 个数据。

（2）“环境”变量极端值表。表 2-9 为“环境”变量极端值表（Extreme Values），给出了 5 个最大值和 5 个最小值的位置，89 分、80 分所在的位置是：“个案号（Case）”（数据编辑器窗口的第一列显示的序号）为 73 和 52，“问卷编号”为 74 和 53。3 分的个案号（个案序号）与问卷编号均为 14。表 2-9 的注释指出：“在较大极值的表中，仅显示了不完整的个案列表（这些个案的值为 36）（Only a partial list of cases with the value 5 are shown in the table of upper extremes.）”，同时也对极小值做了类似的说明。显然，89、80 和 3 是极端值，39 分及以下和 12 分及以上均属于变量“环境”的正常取值范围。

表 2-8　个案处理摘要表

个案处理摘要						
	个　案					
	有　效		缺　失		总　计	
	个　案　数	百　分　比	个　案　数	百　分　比	个　案　数	百　分　比
环境	434	97.3%	12	2.7%	446	100.0%

表 2-9　“环境”变量极端值表

极　值					
			个　案　号	问 卷 编 号	值
环境	最高	1	73	74	89
		2	52	53	80
		3	261	266	39
		4	319	327	38
		5	99	102	36[a]
	最小值	1	14	14	3
		2	135	138	12
		3	3	3	12
		4	372	382	13
		5	113	116	14[b]

a. 在较大极值的表中，仅显示了不完整的个案列表（这些个案的值为 36）。

b. 在较小极值的表中，仅显示了不完整的个案列表（这些个案的值为 14）。

（3）茎叶图。茎叶图（Stem-and-leaf display）是用由数字组成的“茎”与“叶”构成的，用于表达数据的频数分布。“茎”表示数值的整数部分，“叶”表示数值的小数部分，每行的茎和每个叶的数字相加再乘以茎宽，即茎叶所表示的实际数据的近似值，近似值=（茎+叶）×茎宽。现在我们来解读图 2-28。

第一行为表头：环境茎叶图。

第二行自左向右分别是：频率（Frequency）（应为“频数”）、Stem（茎）& 叶，是下面各对应列数据的含义（相当于列标题）。例如，第五行的含义为：频数是 7，茎是 1，叶是 4455555，叶“4”对应的数值为(1+0.4)×10 = 14。所以，这些元素合在一起，表明在这一行的 7 个环境利用分数为 14、14、15、15、15、15、15。

第三行表示有 3 个极端值（3.00　Extremes）小于或等于 12 分，倒数第三行表示有 4 个极端值大于或等于 38 分。

倒数第二行给出每个主干宽度（Stem Width）为 10，即茎的宽度是 10。

最后一行指出每个叶为 1 个个案［Each Leaf　1 case(s)］，即每个叶代表一个观测量（环境利用分数）。

茎叶图不仅将所有的数据都列在上面，而且可以很清晰地表达数据分布的特征。茎叶图给出了极端值的个数和范围，便于进行数据的净化。因此，在数据量比较小的情况下，茎叶图是考察数据分布的一个非常好的工具。从图 2-28 可以看出，整个环境利用分数的分布是比较对称的，基本上服从正态分布。

```
环境 茎叶图

频率     Stem & 叶

  3.00 Extremes    (=<12)
  1.00      1 . 3
  7.00      1 . 4455555
 16.00      1 . 6666667777777777
 25.00      1 . 8888888888999999999999999
 43.00      2 . 0000000000000000000011111111111111111111111
 59.00      2 . 22222222222222222222222233333333333333333333333333333333333
 71.00      2 . 44444444444444444444444444444444444444555555555555555555555555555555555
 76.00      2 . 6666666666666666666666666666667777777777777777777777777777777777777777777777
 59.00      2 . 88888888888888888888888888888999999999999999999999999999999
 44.00      3 . 00000000000000000000000000011111111111111111
 16.00      3 . 2222222222223333
  8.00      3 . 44444445
  2.00      3 . 66
  4.00 极值    (>=38)

主干宽度:      10
每个叶:      1 个案
```

图 2-28　“环境”变量的茎叶图

（4）箱图。图 2-29 为“环境”变量的箱图。箱图（Boxplot）的作用之一是显示在数组中是否有特别大或特别小的观测值，在箱图中用符号“*”表示极值，用符号“o”表示奇异值，如果存在极值或奇异值，就会在符号的后面标注个案号。一旦在图形中出现了“o”或“*”号，就表明这组数据中可能有离群值，需要我们认真对待，检查产生这些离群值的原因，及时剔除错误的数据，以免使统计分析失真，造成不良影响。如果经查，数据没有错误，那么数据的特殊性又启示我们去分析深层的原因，以更好地认识事物的规律性。

从图 2-29 中可以看出，有 2 个极大值在 80 分以上，个案号为 74 和 53。一个极小值，个案号为 14，但我们知道，个案号为 327、138 等的分数不是极端值。

如果极端值的个案号较小，那么可以直接去查所在位置。但如果个案号较大，那么可以根据极端值表，依次执行“编辑（Edit）”→“转到个案（Go To Case）”命令，弹出如图 2-30 所示的对话框，在“转到个案号（Go to Case Number）”下的数值框内输入极端值的个案号，如“73”，单击“跳转（Go）”按钮，个案号为 73 的个案就会出现在数据编辑器窗口的第一行。

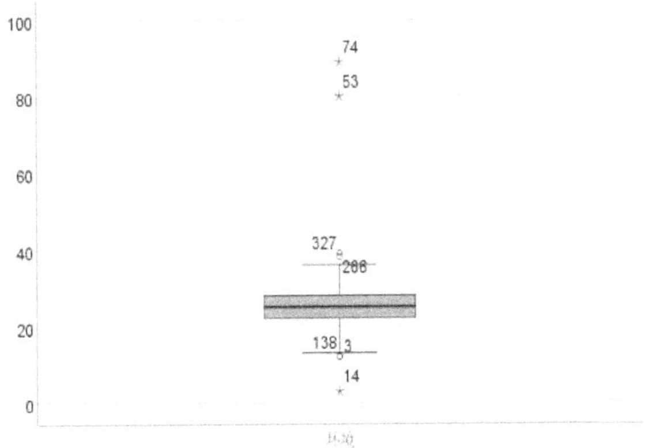

图 2-29　“环境”变量的箱图

图 2-30　“转到”对话框

2.3.2　利用“交叉表（Crosstabs）”命令检查互斥数据

所谓“互斥数据”，即两个变量间或多个变量间存在矛盾的数据。清理互斥数据的目的是保证数据的合理性和一致性。清理的方法有两个：一是逻辑检查，如“学习成绩”选的是“优秀”，而“不及格门数”选的是“3”，就需要进一步审核；二是计算检查，如“每天各项活动的时间安排”，如果睡觉、学习、吃饭、锻炼等时间之和超过了 24 小时，填写肯定有错误。

逻辑检查往往利用交叉表进行。关于交叉表的详细介绍在第 3 章，这里我们仅用案例就检查互斥数据的方法进行介绍。

【案例 2.5　查找问卷中对同一个问题的矛盾回答——变量间的互斥数据】

《北京市大学生学习状况调查问卷》的第 14 题与第 15 题，都考察学生对待课堂笔记的态度，搜寻这两个变量是否存在矛盾数据以及矛盾数据的具体位置。

【操作步骤】

（1）打开数据文件“统计分析案例”。

（2）依次执行“分析（Analyze）”→“描述统计（Descriptive Statistics）”→“交叉表（Crosstabs）”命令，弹出“交叉表”对话框（见图 2-31）。

（3）将第 14 题与第 15 题分别移入“行［Row(s)］”框和“列［Column(s)］”框中，单击“单元格（Cells）”按钮，弹出“交叉表：单元格显示”对话框（见图 2-32），在“计数（Counts）”选项组中勾选“实测（Observed）”复选框，单击“继续（Continue）”按钮，返回“交叉表”对话框。

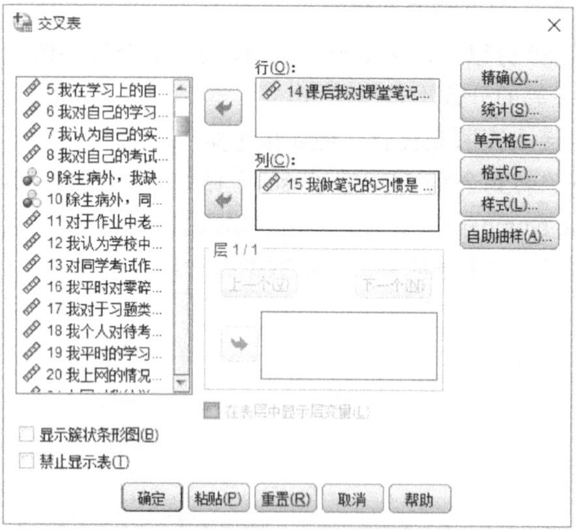

图 2-31　“交叉表”对话框

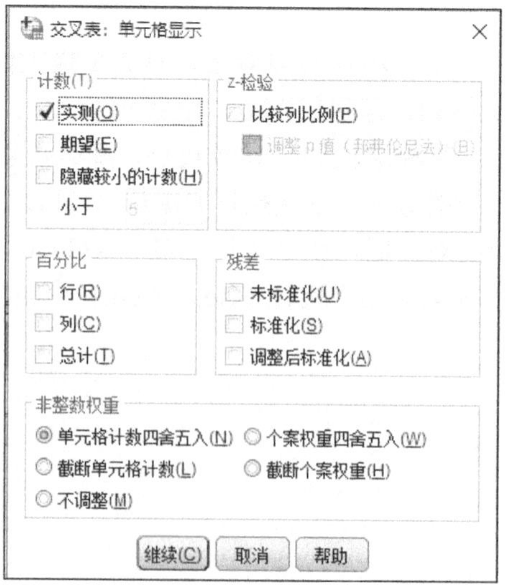

图 2-32　“交叉表：单元格显示”对话框

（4）单击“确定（OK）”按钮，提交系统运行。

输出窗口指出两个变量存在互斥数据。表 2-10 表明，有 2 位学生同时选择了“不记笔记”与“及时整理”，8 位学生同时选择了“不记笔记”与“偶尔进行整理”，为互斥数据。

表 2-10　第 14、15 题交叉表

14 课后我对课堂笔记的处理办法是 * 15　我做笔记的习惯是						
计　数						
		15 我做笔记的习惯是				
		用自己理解的话记笔记	先照抄黑板，课后再消化理解	很少记，更多地听老师讲	不记	总计
14 课后我对课堂笔记的处理办法是	及时整理	18	29	3	2	52
	偶尔进行整理	49	90	32	8	179
	不整理	16	40	33	24	113
	拷贝老师的课件	10	20	24	14	68
	期末复印同学的笔记	2	1	11	12	26
	总计	95	180	103	60	438

（5）利用数据多重排序搜寻互斥数据所在的个案。依次执行“数据（Data）”→“个案排序（Sort Cases）”命令，弹出“个案排序”对话框（见图 2-33）。将第 14 题从左侧的列表框中移入“排序依据（Sort by）”框中，在“排列顺序（Sort Order）”选项组中选中“升序（Ascending）”单选按钮，再将第 15 题从左侧的列表框中移入“排序依据（Sort by）”框中，在“排列顺序（Sort Order）”选项组中选中“降序（Descending）”单选按钮，单击“确定（OK）”按钮，完成了全部排序（见图 2-34）。

个案号为 8、9（问卷编号为 184 和 264）的问卷在 X14、X15 上均分别选的是“及时整理”和“不记”，存在互斥数据。个案号为 60～67（问卷编号为 56、69、99、126、159、236、336 和 384）的问卷在 X14、X15 上均分别选的是“不记笔记”与“偶尔进行整理”，存在互斥数据。如果这些个案同时有多处互斥数据，要考虑这些问卷是否应作为无效问卷处理。

图 2-33　“个案排序”对话框

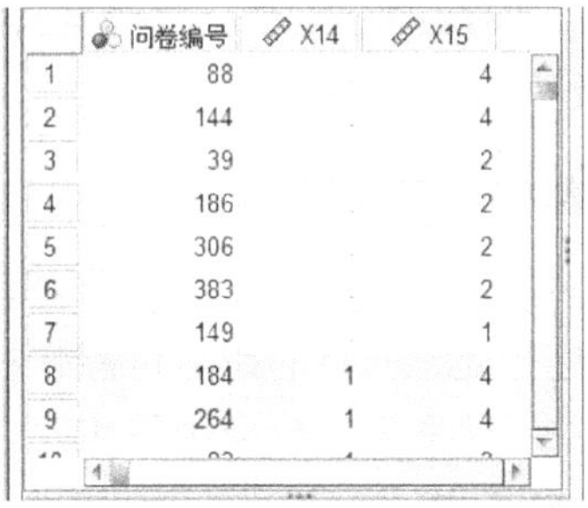

图 2-34　利用数据多重排序搜寻到的互斥数据

2.3.3　排查重复个案

在审核数据文件时，有时会发现重复录入的问题，究其原因，可能是录入人员没有将已录入和未录入的问卷分开，更有甚者，个别录入人员“偷工减料”，将部分录入数据重复粘贴，或某些调查对象极不认真，一人回答，大家照“画”。如果这些病态数据在各个变量的允许值范围内，采用查找极端值的办法是查不出来的。在 SPSS 中“数据”菜单下设有“标识重复个案（Identify Duplicate Cases）”子菜单，专门用于对重复个案进行排查，有兴趣的读者可以自行查阅。这里仅介绍一种较简便的方法，即多选一些变量，均按升序（或降序）排序，一般情况下是有可能发现重复个案问题的。

【案例 2.6　查找调查问卷的数据文件中是否有重复个案】

检查数据文件“2.8 重复数据的排查”中是否存在重复个案。

【操作步骤】

打开数据文件“2.8 重复数据的排查”后，依次执行“数据（Data）”→“个案排序（Sort Cases）”命令，随机选取 5 个变量：X7、X10、X15、X45、X55，将它们按升序排列，数据文件立刻就显现出问题（见图 2-35），除在变量“专业”的数字上做了某些改动（而且有重复粘贴的痕迹）外，问卷编号为 46，102，…，426；49，105，…，429；……各组数据完全相同，重复粘贴的问题暴露无遗。

	问卷编号	性别	年级	专业	学习状况	小班人数	小班排名	X1	X2	X3	X4	X5	X6	X7	X8	X9	X10	X11	X12	X13
7	46	1	3	1	2	37	3	1	2	3	1	2	2	2	2	0	2	2	2	3
8	102	1	3	1	2	37	3	1	2	3	1	2	2	2	2	0	2	2	2	3
9	138	1	3	1	2	37	3	1	2	3	1	2	2	2	2	0	2	2	2	3
10	174	1	3	1	2	37	3	1	2	3	1	2	2	2	2	0	2	2	2	3
11	210	1	3	1	2	37	3	1	2	3	1	2	2	2	2	0	2	2	2	3
12	246	1	3	1	2	37	3	1	2	3	1	2	2	2	2	0	2	2	2	3
13	282	1	3	9	2	37	3	1	2	3	1	2	2	2	2	0	2	2	2	3
14	318	1	3	9	2	37	3	1	2	3	1	2	2	2	2	0	2	2	2	3
15	354	1	3	1	2	37	3	1	2	3	1	2	2	2	2	0	2	2	2	3
16	390	1	3	8	2	37	3	1	2	3	1	2	2	2	2	0	2	2	2	3
17	426	1	3	8	2	37	3	1	2	3	1	2	2	2	2	0	2	2	2	3
18	49	1	3	1	2	36	1	2	2	4	3	1	2	2	4	0	2	2	2	5
19	105	1	3	1	2	36	1	2	2	4	3	1	2	2	4	0	2	2	2	5
20	141	1	3	1	2	36	1	2	2	4	3	1	2	2	4	0	2	2	2	5
21	177	1	3	1	2	36	1	2	2	4	3	1	2	2	4	0	2	2	2	5
22	213	1	3	1	2	36	1	2	2	4	3	1	2	2	4	0	2	2	2	5
23	249	1	3	1	2	36	1	2	2	4	3	1	2	2	4	0	2	2	2	5

图 2-35　利用变量排序排查重复个案

除利用“数据（Data）”→“个案排序（Sort Cases）”命令进行多重排序外，对单个变量排序，可以在数据表格的变量名处右击，弹出的菜单中最后两项就是对数据进行排序。另外，利用“转换（Transform）”→“个案排秩（Rank Cases）”命令还可以对个案排秩，对此我们将在用到排秩时加以介绍。

2.3.4　缺失值的处理

在许多情况下，有个别缺失值是可以容忍的，但一般不能超过一份问卷数据量的 10%。对缺失值进行处理的目的是尽可能弥补缺失值造成的损失。这里仅介绍 SPSS 处理缺失值的两种方法，由于缺失值分析应用得比较少，有兴趣的读者可自行查阅。

1．删除个案

删除个案有两种方法：全部删除和配对删除。

全部删除是指将所有含有缺失值的个案都删除。这种删除个案的方法会造成数据的大量流失，一般情况下，不会采用这种方法。如果确实需要删除，可以依次执行“数据”→“选择个案（Select Cases）”命令，在弹出的对话框中选择“使用过滤变量（Use filter variable）”选项。如果需要排除变量 X 中有缺失值的个案，选择该选项后，下方的箭头按钮被激活，利用该按钮将变量 X 移入右边的列表框内，单击“确定（OK）”按钮即可。数据编辑器窗口的数据文件中即删除了所有含 X 缺失值的个案。

配对删除是指在进行数据分析的过程中，只把参与计算的变量中含有缺失值的个案删除，这种方法可以最大限度地使用取得的观测值。例如，某个学生在调查表中只有数学成绩，没有物理成绩，在计算全体学生数学成绩的平均分时，这个个案仍然有效，即这个学生的数学成绩参与计算，但在计算物理平均分时，这个个案被删除，即统计总人数及物理总分时这个个案不参与计算。这样做的结果是，计算不同的统计量时样本容量可能不同。SPSS 在给出相关的统计分析结果时都会给出观测量摘要表，说明有效的、含缺失值的以及总的观测量数（个案数）。

在 SPSS 中，配对删除和全部删除两种方法在具体的统计分析模块中都会给出。例如，线性回归分析中的“线性回归：选项”对话框给出了 3 种处理缺失值的方法（见图 2-36）。

- “成列排除个案（Exclude Cases Listwise）”，即“全部删除”。
- “成对排除个案（Exclude Cases Pariwise）”，即“配对删除”。
- “替换为平均值（Replace with Mean）”，即利用变量的平均值替换缺失值。

在进行线性回归分析时可根据具体情况加以选择。

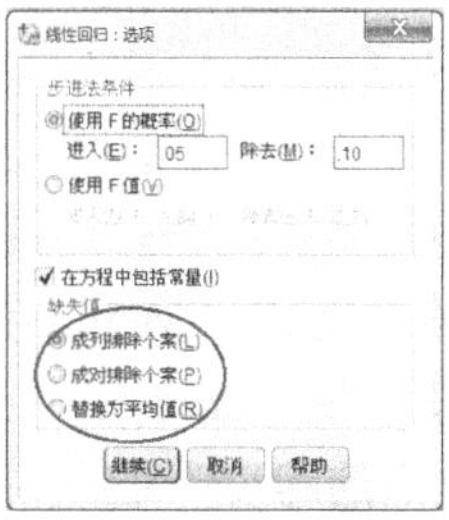

图 2-36　线性回归分析中的缺失值处理方法

2．对缺失值进行替换

对缺失值进行替换，即当某个变量存在缺失值时，想办法将这些缺失值填补起来。除选择分析方法本身提供的处理方法外，有两种方法可以考虑：一是利用 SPSS 的“转换（Transform）”→“替换缺失值（Replace Missing Values）”命令；二是根据具体情况自行确定替换值。

1）利用“转换”→“替换缺失值”命令

【案例 2.7　替补数据文件“统计分析案例”中“学风”和“学习状态”变量的缺失值】

【操作步骤】

（1）打开数据文件“统计分析案例”。

（2）依次执行“转换（Transform）”→“替换缺失值（Replace Missing Values）”命令，弹出“替换缺失值”对话框（见图 2-37）。

“替换缺失值”对话框包括“新变量（New Variable (s)）”及“名称和方法（Name and Method）”两部分，后者中的“方法（Method）”下拉列表中给出了 5 种替换缺失值的方法。

- “序列平均值（Series mean）”：用所选变量的所有值的平均值替换缺失值，此为默认的选择。
- “临近点的平均值（Mean of nearby points）”：用缺失值附近各点值的平均数替换缺失值。
- “临近点的中间值（Median of nearby points）”：用缺失值附近各点值的中位数（一组数据按升序或降序排序后，处于中间位置的数）替换缺失值。
- “线性插值（Linear interpolation）”：用某一缺失值的前一值和后一值的线性内插值替换缺失值。
- “邻近点的线性趋势（Linear trend at point）”：在对原有数据进行线性回归的基础上，用回归的预测值来替换缺失值。例如，学生高一的数学成绩 X 会影响高二的数学成绩 Y，通过建立回归方程，得到 $Y=1.1X+5$。当某个学生高二的数学成绩为缺失值时，只要有高一的数学成绩 $X=80$，就可以根据公式计算出 $Y=1.1\times80+5=93$，于是用 93 分作为这个学生高二的数学成绩。这种方法要比用平均值替换科学，误差会小一些。

（3）我们在左侧的列表框中选择“学风”变量，单击➡按钮，将变量移入“新变量（New

Variable (s))”框中，框中显示的变量名为“学风_1=SMEAN(学风)”，表示用所有变量值的均值代替缺失值（系统的默认选项），并用“学风_1”来命名变量，“SMEAN(学风)”为系统自动生成的新变量标签。

如果想要改变新变量的名称或缺失值的替换方法，可在“名称和方法（Name and Method）”选项组的“名称（Name）”文本框中重新输入新的变量名，在“方法（Method）”下拉列表中对 5 种缺失值替换方法进行重新选择，然后利用“变化量（Change）”按钮改变原定义，我们在此不予改变。

（4）选择变量“学习状态”，将其移入“新变量（New Variable (s)）”框后，框中显示的变量名为“学习状态_1= SMEAN[学习状态]”，但定序变量不能用均值来替代，要用中位数，所以要在“方法（Method）”下拉列表中选择“临近点的中间值（Median of nearby points）”，此时“变化量（Change）”按钮及下面的“邻近点的跨度（Span of nearby points）”选项组被激活，“邻近点的跨度”选项组有两个单选按钮：“数值（Number）”为默认选项，默认值是 2；“全部（All）”表示取值范围为全部数据。选中“全部（All）”单选按钮，单击“变化量（Change）”按钮，“新变量（New Variable(s)）”框中“学习状态_1=SMEAN(学习状态)”改变为“学习状态_1=MEDIAN(学习状态 2)”（见图 2-38）。

图 2-37　“替换缺失值”对话框

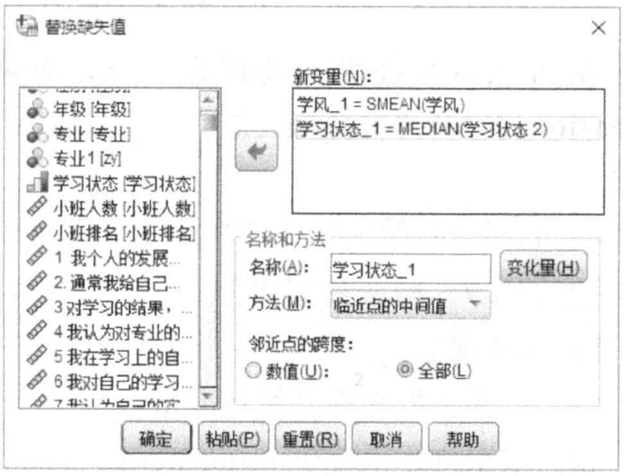

图 2-38　对“学习状态”变量的缺失值进行替换

（5）单击“确定（OK）”按钮，提交系统运行。

于是，在数据文件中生成了新变量“学风_1”和“学习状态_1”。为了使对比更清晰，我们分别将原变量“学风”和“学习状态”按升序进行排序，并将新变量移动到相应的原变量之后，便可看到替换前后的变化：“学风”缺失值共 18 个，用平均值 21.5 来替代（见图 2-39）；“学习状态”的缺失值有 32 个，用中位数 3.0 来替代（见图 2-40）。

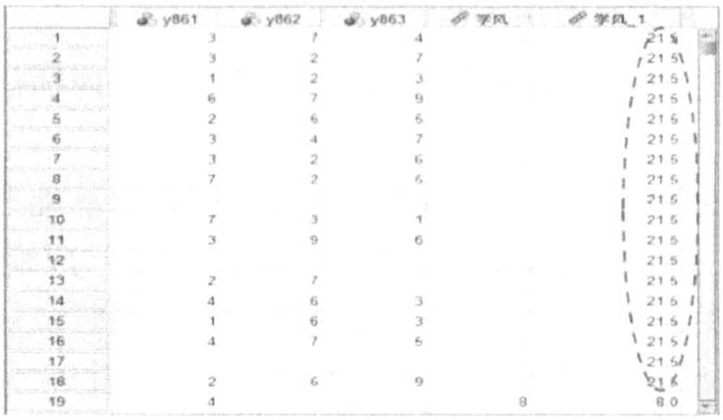

图 2-39　“学风”变量用平均值替换缺失值

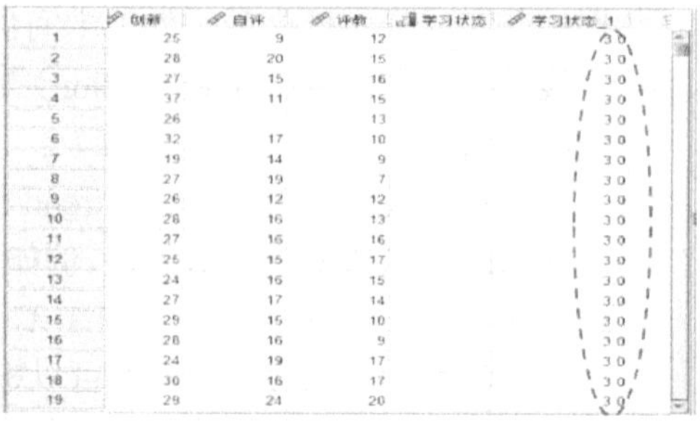

图 2-40　“学习状态”变量用中位数替换缺失值

2）根据具体情况，自行确定替换值

例如，有的调查对象没有在问卷中填写“收入”，可以根据问卷中填写的“职称”进行分组，并计算每一组“收入”的均值，然后分别用各组的平均收入替换组内“收入”的缺失值。SPSS 中的具体操作步骤涉及比较多的菜单功能，这里简要介绍如下。

第一步：打开数据文件，将“收入”变量的缺失值定义为一个特殊的数值，如 9。

第二步：计算按“职称”分组的“收入”平均值。

第三步：应用“转换（Transform）”→“计算变量（Compute Variable）”→“如果（If）”功能，定义新变量，如新变量命名为“收入 1”。当“收入”= 9 时，要针对不同的“职称”对“收入 1”赋值为该职称收入的均值；当“收入”≠9 时，“收入 1”=“收入”。

第四步：保存新的数据文件。

2.4　数据文件的整理

在对数据进行统计分析之前，除确定数据的准确性、有效性和适用性外，还要对数据进行一定的统计预处理。统计预处理包括对数据文件的整理（如对逆向题目的重新计分、选取数据子集等），根据需要把有关数据的测量等级加以转换，利用已有变量通过计算产生新变量等。

2.4.1　逆向题目的重新计分

问卷中经常有逆向计分的题目，在计算综合指标的分数时或在做题目的鉴别力分析时，首先要使题目计分的方式一致，此时需要对数据文件中的相关变量重新计分。

重新计分的方法有两种：第一种方法是利用“转换（Transform）”→“重新编码为相同变量（Recode into Same Variables）”命令，编码到同一变量，即不生成新的变量，对原变量的观测值予以覆盖；第二种方法是利用“转换”→“计算变量（Compute Variable）”下的条件表达式进行，第二种方法将在 2.5 节介绍。

【案例 2.8　对数据文件中的变量“交往能力”改变编码规则——重新赋值】

在对人的交往能力进行调查时，包括了下面 4 个题目：

v1.	喜欢热闹的环境	1-2-3-4-5-6	喜欢安静的环境
v2.	愿意和大家一起干事	1-2-3-4-5-6	喜欢自己单干
v3.	和周围的人相处融洽	1-2-3-4-5-6	和周围的人总是相处不好
v4.	碰到陌生人很拘束	1-2-3-4-5-6	能和陌生人很快交谈起来

其中第 4 题是正向题目，第 1、2、3 题是逆向题目，调查对象在每一个题目上的计分（编码）是他所选择的数字，所建立的数据文件为“逆向问题重新记分”。

（1）将第 1、2、3 题重新计分：将 1 分、2 分、3 分、4 分、5 分、6 分分别改为 6 分、5 分、4 分、3 分、2 分、1 分。

（2）仅对数据文件中编号（bh）大于或等于 5 的个案重新计分。

案例 2.8 的思维导图如图 2-41 所示。

1．对全部个案重新记分

【操作步骤】

（1）打开数据文件“2.9 逆向问题重新记分”。

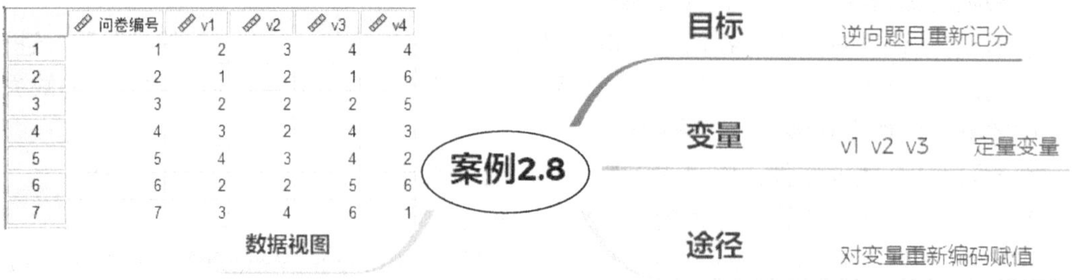

图 2-41　案例 2.8 的思维导图

（2）依次执行“转换（Transform）”→“重新编码为相同变量（Recode into Same Variables）”命令，弹出“重新编码为相同的变量”对话框（见图 2-42）。该对话框中有“数字变量”框和两个按钮：“旧值和新值”与“如果”。前者用于重新编码，后者用于对符合条件的个案重新编码。

（3）将左侧列表框中的源变量 v1、v2、v3 移入右侧“数字变量（Numeric Variables）”框。

（4）单击“旧值和新值（Old and New Values）”按钮，弹出“重新编码为相同变量：旧值和新值”对话框（见图 2-43），进行重新计分。该对话框中有三个选项组：“旧值”“新值”和“旧→新（Old→New）”。“旧值”选项组针对定量变量的数值提供了不同区间。

我们在左侧“旧值（Old Value）”选项组中，选中“值（Value）”单选按钮并在下面的文本框内输入 1，在右侧“新值（New Value）”选项组中选中“值（Value）”单选按钮，在右侧的框内输入 6，此时“添加（Add）”按钮被激活，单击该按钮，在“旧→新（Old→New）”框中出现“1→6”，表明将数字 1 转换为数字 6。参照上述操作，分别将 1 分、2 分、3 分、4 分、5 分、6 分转换为 6 分、5 分、4 分、3 分、2 分、1 分，如图 2-43 所示。

如果出现错误，如将 6 分转换为 2 分，那么可以单击“旧→新（Old→New）”框中的“6→2”，“删除（Remove）”按钮被激活，单击该按钮，“6→2”被删除。再将 6、1 分别输入“旧值（Old Value）”选项组的框中和“新值（New Value）”选项组的框中，然后单击“添加（Add）”按钮，“6→1”就会出现在“旧→新（Old→New）”框中。

图 2-42　“重新编码为相同的变量”对话框

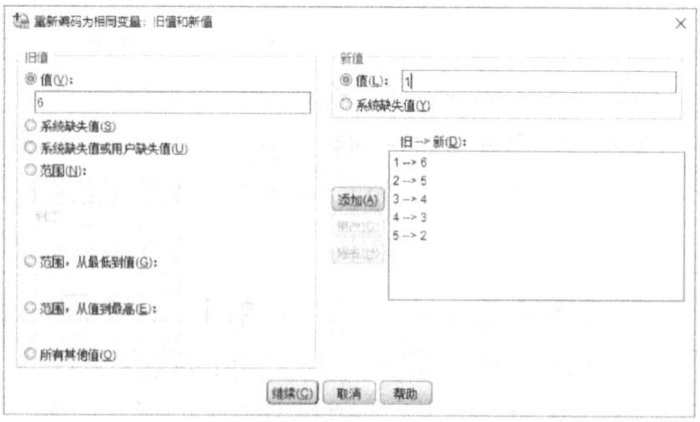

图 2-43　对 v1、v2、v3 重新计分

（5）审查“旧→新（Old→New）”框中的内容全部正确后，单击“继续（Continue）”按钮，回到“重新编码为相同的变量”对话框。

（6）单击“确定（OK）”按钮，提交系统运行。

至此完成了整个重新计分的过程，在数据编辑器窗口中 v1、v2、v3 已重新计分（见图 2-44）。

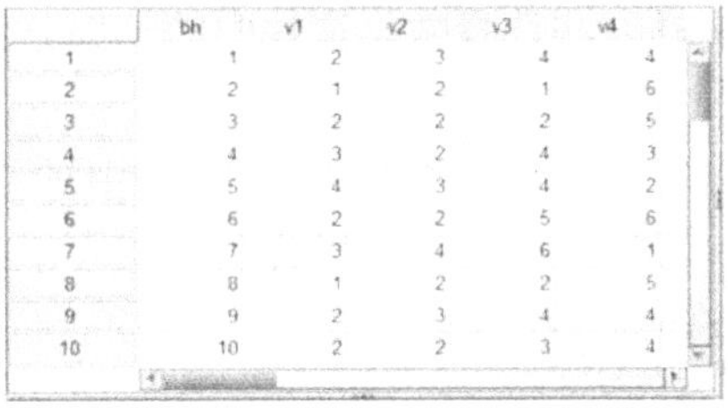

	bh	v1	v2	v3	v4
1	1	2	2	4	4
2	2	1	2	1	6
3	3	2	2	2	5
4	4	3	2	4	3
5	5	4	3	4	2
6	6	2	2	5	6
7	7	3	4	6	1
8	8	1	2	2	5
9	9	2	3	4	4
10	10	2	2	3	4

（a）原计分数据文件

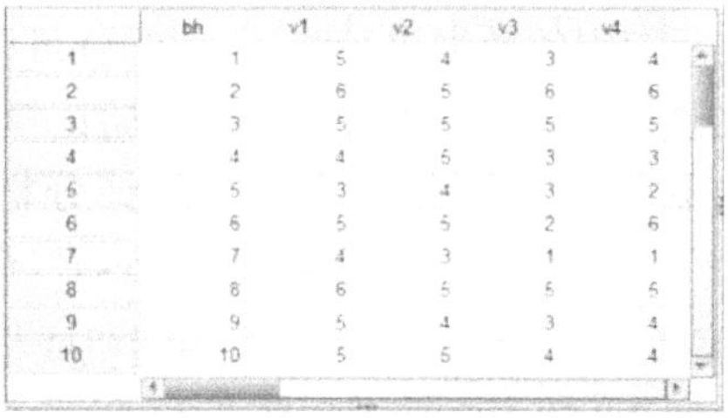

	bh	v1	v2	v3	v4
1	1	5	4	3	4
2	2	6	5	6	6
3	3	5	5	5	5
4	4	4	5	3	3
5	5	3	4	3	2
6	6	5	5	2	6
7	7	4	3	1	1
8	8	6	5	5	5
9	9	5	4	3	4
10	10	5	5	4	4

（b）重新计分后的数据文件

图 2-44　转换前后的数据文件

2. 对符合条件的个案重新记分

只对数据文件中编号（bh）大于或等于 5 的个案重新计分，需要使用“重新编码为相同的变量”对话框中的“如果（If）”按钮。

【操作步骤】

（1）打开数据文件后按上述第（2）～（5）步骤操作。

（2）单击“如果（If）”按钮，弹出“重新编码为相同变量：If 个案”对话框（见图 2-45）。该对话框有两个单选按钮：“包括所有个案（Include all cases）”（系统默认形式）和“在个案满足条件时包括（Include if case satisfies condition）”，选中后一选项，将左侧列表框中变量 bh 移入右侧框中并单击 [>=] 按钮，形成“bh>=5”。单击“继续（Continue）”按钮，回到“重新编码为相同的变量”对话框。

（3）单击“确定（OK）”按钮，完成操作。

此时得到如图 2-46 所示的数据文件，将图 2-46 与图 2-44（a）对照，可以发现前 4 个个案的数据没有改变，编号为 5、6、…、10 的个案计分与图 2-44（b）中的计分一样，说明已经重新计分。

图 2-45　“重新编码为相同变量：If 个案”对话框

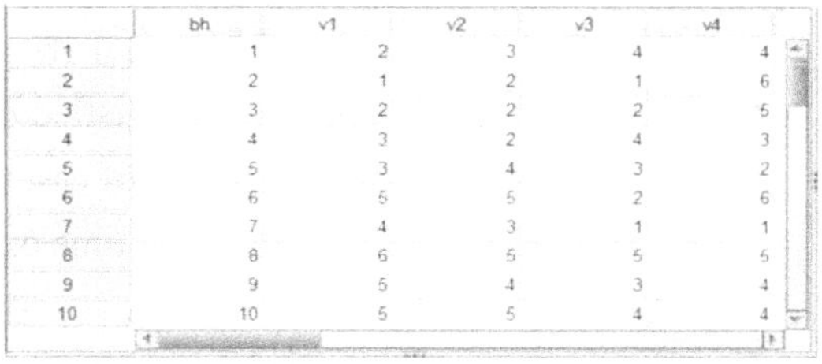

	bh	v1	v2	v3	v4
1	1	2	3	4	4
2	2	1	2	1	6
3	3	2	2	2	5
4	4	3	2	4	3
5	5	3	4	3	2
6	6	5	5	2	6
7	7	4	3	1	1
8	8	6	5	5	5
9	9	5	4	3	4
10	10	5	5	4	4

图 2-46　满足 bh≥5 条件的个案重新计分

2.4.2　选取数据子集

在进行统计分析的过程中，有时需要按照一定的规则从某个数据文件中抽取部分个案进行统计分析。例如，希望在数据文件中选取女性个案作为一个数据子集，以便对样本中的女性群体进行比较详尽的分析。又如，在数据分析中，要建立某个数学模型（如回归方程），这个模型是否能够比较好地反映变量之间的关系，能否用于预测，固然要通过统计检验，但还需要利用实际取得的数据进行验证，此时就可以用一定的抽样方法选择数据文件中的一部分个案参与建立模型，而另一部分个案用于验证模型。

选取部分数据参与相关的统计分析，在 SPSS 中是通过数据编辑器窗口中的“数据（Data）”→“选择个案（Select Cases）”命令实现的。我们通过案例加以说明。

【案例 2.9　在 562 名学生中随机或根据某种条件抽取学生子集】

案例 2.9 的思维导图如图 2-47 所示。利用数据文件“2.11　562 名学生”完成下列工作：

（1）抽取由一、二年级女生数据组成的数据子集。

（2）随机抽取 20%的学生作为样本以及抽取 100 名学生作为样本。

（3）抽取由编号为 50～100 的学生数据组成的数据子集。

（4）排除“专业”变量中有缺失值的个案后形成的数据子集。

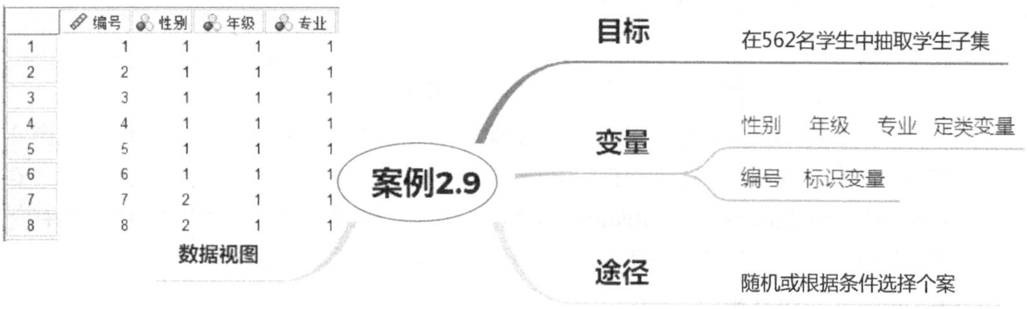

图 2-47　案例 2.9 的思维导图

1．按指定条件选取数据子集

由一、二年级女生数据组成的数据子集，指定的条件是变量“年级”<3 并且“性别”=1。

【操作步骤】

（1）打开数据文件“2.11　562 名学生”。

（2）依次执行“数据（Data）”→“选择个案（Select Cases）”命令，弹出“选择个案”对话框（见图 2-48）。该对话框中除左侧的源变量框外，有两个选项组：

①“选择（Select）”选项组中有以下五个单选按钮。

- 所有个案（All cases）：选取所有个案。
- 如果条件满足（If condition is satisfied）：按指定条件选取个案。
- 随机个案样本（Random sample of cases）：随机选取个案。
- 基于时间或个案范围（Based on time or case range）：选取某一区域内的个案。
- 使用过滤变量（Use filter variable）：通过过滤变量选取个案。

②“输出（Output）”选项组中有以下三个单选按钮。

- 过滤掉未选定的个案（Filter out unselected cases）：未被选中的个案仍保留在当前数据文件中，但通过过滤在这些个案的序号上画“\”，表示不参加以后的各种统计分析与作图，为系统默认方式。
- 将选定个案复制到新数据集（Copy selected cases to a new dataset）：将选中的个案保存到新的数据集中，并给新数据集命名。
- 删除未选定的个案（Delete unselected cases）：将未被选中的个案从当前数据文件中删除。

另外，“选择个案”对话框左下角的“当前状态（Current Status）”将显示当前选择个案的规则，如在单击“确定（OK）”按钮之前显示的是“不过滤个案（Do not filter cases）”。

（3）选中“如果条件满足（If condition is satisfied）”单选按钮，单击“如果（If）”按钮，弹出“选择个案：If”对话框。在该对话框中除左侧的源变量框之外，还有数字按钮、基本运算按钮和“函数组”列表框（见图 2-49）。

图 2-48　“选择个案”对话框

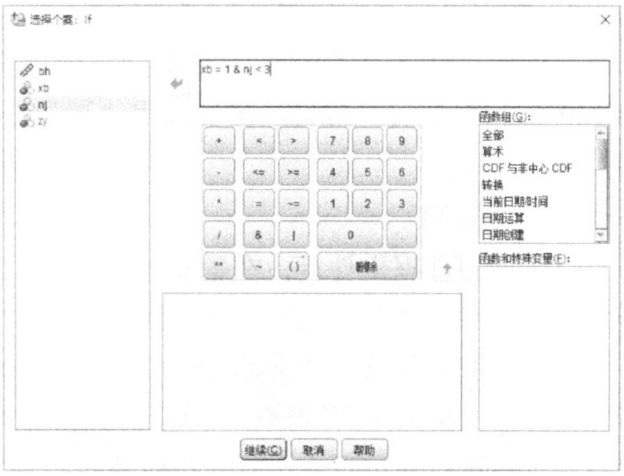

图 2-49　“选择个案：If”对话框

基本运算按钮包括算术运算符、关系运算符和逻辑运算符。

① 算术运算符+、–、*、/、**、( )分别表示加、减、乘、除、幂和括号。

② 关系运算符有<、>、<=、>=、=、～=，分别表示小于、大于、小于或等于、大于或等于、等于和不等于；

③ 逻辑运算符&、|、～分别表示与、或、非。

- 与运算（&）意为“和”（and），表示取那些同时满足几个条件的子集。例如，我们要选取 X >5 并且 Y <6 的数据子集，则在箭头按钮右侧的文本框中输入“X >5 &Y <6”。
- 或运算（|）意为“或”（or），表示满足“|”前后两个条件之一的数据所构成的子集。例如，选取满足 X >5 或者 Y < 6 的数据子集，则在箭头按钮右侧的文本框中输入“X > 5|Y < 6”。
- 非运算（～）意为“不是”（Not），表示取那些不满足该条件的子集。例如，选取满足 X >0 的数据子集，一种方法是在箭头按钮右侧的文本框中直接输入“X >0”，另一种方法则是输入“～（X<0&X=0）”。

“函数组”列表框中按英文字母顺序给出了 20 种函数，如算术函数、统计函数、缺失值函数等，但在对调查数据进行统计分析时用得不多，故不进行详细介绍。

由于选取的数据子集是一、二年级的女生，因此要在箭头按钮右侧的文本框中输入“性别=1& 年级<3”，（见图 2-48），单击“继续（Continue）”按钮，返回“选择个案”对话框。在“选择个案”对话框的“如果（If）”按钮上方显示出“性别=1 & 年级<3”。

（4）在“输出（Output）”选项组中选中“过滤掉未选定的个案（Filter out unselected cases）”单选按钮，单击“确定（OK）”按钮，提交系统运行。

至此，完成了个案的选取工作。在数据编辑器窗口中出现了新变量“filter_$”，被选取的个案取值为 1，落选的个案取值为 0，而且在个案序号列中将剔除的个案用斜线“/”画出（见图 2-50）。

如果希望保留变量“filter_$”，可以在“输出（Output）”选项组中选中“将选定个案复制到新数据集”单选按钮，并在其后给出子集的新文件名。

需要注意的是，在没有改动“选择个案（Select Cases）”的选项之前，所有的统计分析及图表都是以所选取的数据子集为基础的，因此，当需要重新对整个样本数据进行统计分析时，一定要在“选择个案”对话框中重新选中“所有个案（All Cases）”单选按钮。

2．随机选取个案生成数据子集

根据要求从 562 名学生中随机抽取两个样本：一个样本由 20%的学生组成，另一个样本由 100 名学生组成。为此，需要利用“随机个案样本（Random sample of cases）”进行简单随机抽样。

【操作步骤】

（1）打开数据文件后，在数据编辑器窗口依次执行“数据（Data）”→“选择个案（Select Cases）”命令，弹出“选择个案”对话框。

（2）在其右侧选中“随机个案样本（Random sample of cases）”单选按钮，然后单击被激活的“样本（Sample）”按钮，弹出“选择个案：随机样本”对话框。在“样本大小”选项组中有两个单选按钮：第一个单选按钮表示按百分比随机抽取；第二个单选按钮表示按个案数随机抽取。我们选中第一个单选按钮，在文本框中输入“20”（见图 2-51），单击“继续（Continue）”按钮，返回“选择个案”对话框。

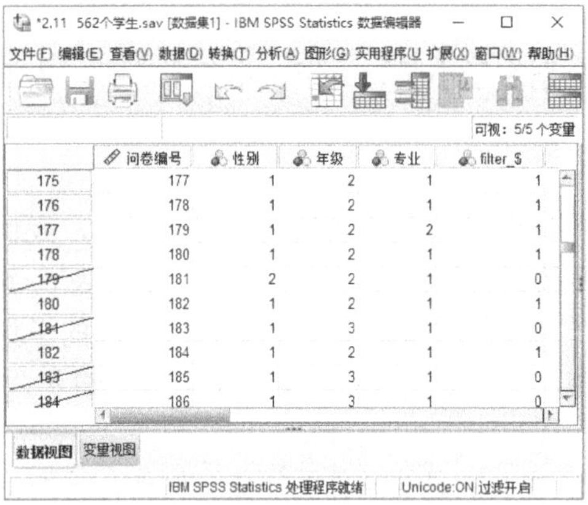

图 2-50　被选中的个案：filter $=1

图 2-51　按 20%随机抽取样本

（3）在“选择个案”对话框的“输出（Output）”选项组中采用系统默认项“过滤掉未选定的个案（Filter out unselected cases）”。

（4）单击“确定（OK）”按钮，提交系统运行。

于是 SPSS 根据给定的比例自动从数据编辑器窗口中随机抽取约 20%的个案，将未选中的个案用“/”画出（见图 2-52）。由于选出的个案数需要取整，通常会有一点小的偏差，但不会对数据分析产生重要影响。

如果在“输出（Output）”选项组中选中“将选定个案复制到新的数据集（Copy selected cases to a new dataset）”单选按钮，然后给出新文件的名称“随机样本 562”，则会呈现新的数据文件（见图 2-53）。

在选取含有 100 个学生的随机样本时，只要在图 2-50 中选中第二个单选按钮，并在两个文本框中分别输入“100”和“562”即可。此时抽取的样本量是精确的。

至此，完成了通过随机抽样获得数据子集的工作。

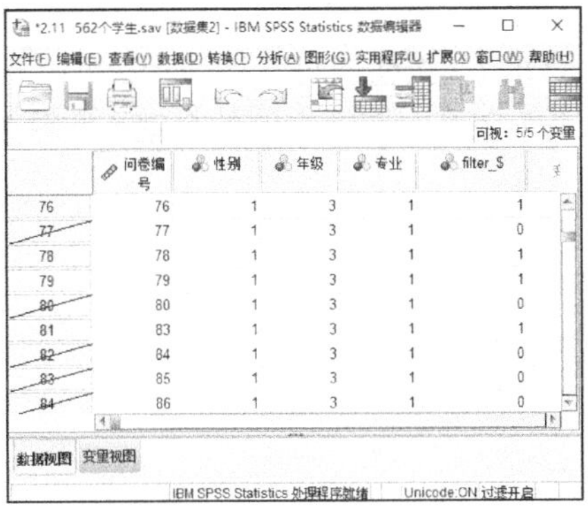

图 2-52 抽取后的界面

图 2-53 抽取后的新数据文件

需要说明的是，利用计算机软件生成的数列看起来是随机的，实际上并不是真正的随机数，尽管所产生的数列能够通过真正随机数列应该通过的许多检验，但数列是由确定性（而非随机）的数学递推公式通过编制的程序产生的，所以称为伪随机数（Pseudo-random Number）。只是由于计算机上使用的几乎全是这类伪随机数，所以“伪”字常被略去。

3. 利用“基于时间或个案范围”单选按钮选取数据子集

若要从数据文件“2.11　562 名学生”中选取编号为 50～100 的学生数据作为参与分析的子集，则需要通过“选择个案”对话框的“基于时间或个案范围（Based on time or case range）”单选按钮来实现。

【操作步骤】

（1）打开数据文件，进入“选择个案”对话框，选中“基于时间或个案范围（Based on time or case range）”单选按钮。单击被激活的“范围（Range）”按钮，弹出“选择个案：范围”对话框（见图 2-54）。

（2）在该对话框中将 50 与 100 两个数字分别输入“第一个个案（First Case）”和“最后一个个案（Last case）”下的文本框中。单击“继续（Continue）”按钮，返回“选择个案”对话框。

（3）单击“确定（OK）”按钮，完成了数据的选取工作。

在数据编辑器窗口第一列中序号为 1～49、101～562 的个案为落选的个案，由斜线“/”画出（见图 2-55）。

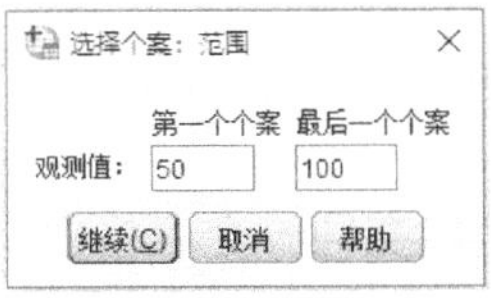

图 2-54 “选择个案：范围”对话框

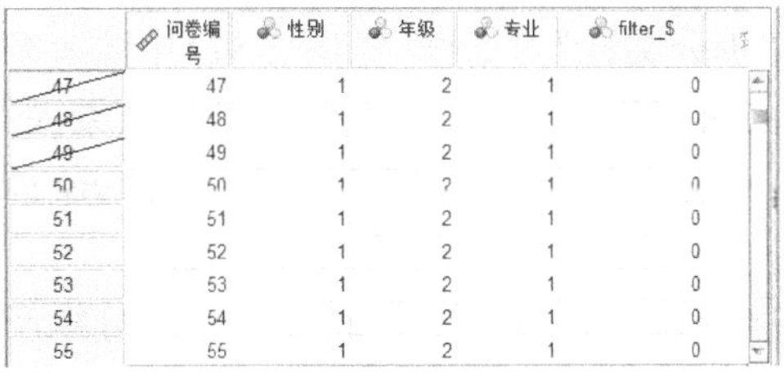

图 2-55 序号为 50～100 的个案被选取

4. 通过过滤变量选取数据子集

如果需要排除“专业”变量中有缺失值的个案，在“选择个案”对话框中选中“使用过滤变量（Use filter variable）”单选按钮，通过过滤变量“专业”来选取参与统计分析的个案。

选中“使用过滤变量（Use filter variable）”单选按钮后，下方的箭头按钮被激活，将变量“专业”移入箭头按钮右侧的文本框内，单击“确定（OK）”按钮即可。

于是数据编辑器窗口的个案序号列中删除了“专业”变量中有缺失值的个案（见图 2-56）。

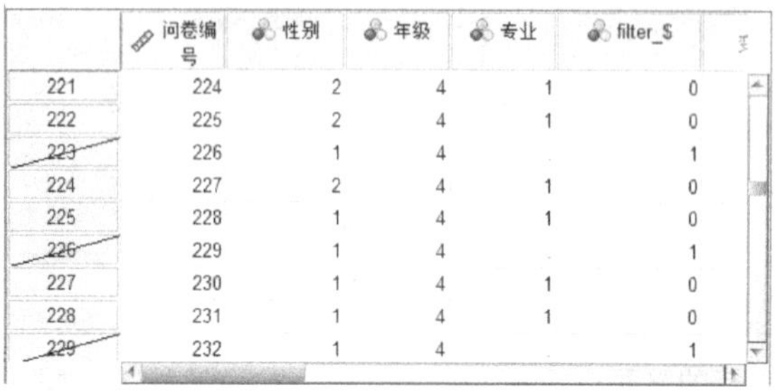

	问卷编号	性别	年级	专业	filter_$
221	224	2	4	1	0
222	225	2	4	1	0
223	226	1	4	.	1
224	227	2	4	1	0
225	228	1	4	1	0
226	229	1	4	.	1
227	230	1	4	1	0
228	231	1	4	1	0
229	232	1	4	.	1

图 2-56 删除“专业”变量中有缺失值的个案

2.4.3 数据文件的拆分

在对调查数据进行统计分析时，往往需要考察不同群体（具有不同性别、不同职业、不同年龄等的群体）在某方面的数据特征，或对它们的差异进行比较。例如，要分析不同性别的大学生在学习上有哪些不同的特点，则需要按性别进行学习目的、学习焦虑、学习态度、学习策略等多方面的分析，于是就要按性别对数据进行拆分。但是有些分析功能没有设置对分组变量的选择项，此时就要在分析之前利用“数据（Data）”→“拆分文件（Split File）”命令对数据文件进行“拆分”（注意，这里并不是真的按指定变量将一个数据文件拆分成多个小的数据文件，只是系统将按照分组的要求进行统计分析）。

利用“数据（Data）”→“拆分文件（Split File）”命令，可以根据指定变量对数据进行分组。其优点是只要不改变分组的设定，对后面的所有统计分析都是按照这种分组方法进行分组的。

下面结合案例来说明“拆分”文件的操作方法。

【案例 2.10 按性别拆分数据文件“统计分析案例”】

利用“拆分文件（Split File）”命令将北京市大学生学情调查的数据文件“统计分析案例”按“性别”变量进行拆分。

【操作步骤】

（1）打开数据文件“统计分析案例”。

（2）依次执行“数据（Data）”→“拆分文件（Split File）”命令，弹出“拆分文件”对话框。“拆分文件”对话框（见图 2-57）中除有源变量框和用于指定分组变量的“分组依据（Groups Based on ）”框外，对如何显示分组结果提供了三种方式。

- 分析所有个案，不创建组（Analyze all cases，do not create groups）：所有个案参与分析，不分组，为系统的默认方式。
- 比较组（Compare groups）：将分组产生的统计结果输出在同一个表格中。
- 按组来组织输出（Organize output by groups）：将分组产生的统计结果分别输出在不同的表格中。

对应于分组情况，该对话框右下角的两个单选按钮要求指出数据编辑器窗口中的数据是否已经按所指定的拆分变量进行了排序。

- 按分组变量进行文件排序（Sort the file by grouping variables）：数据尚未按所指定的分组变量排序，为默认项。
- 文件已排序（File is already sorted）：数据已经按所指定的分组变量排序。

在窗口左侧源变量框下的“当前状态（Current Status）”将显示当前数据拆分的状况，如果目前尚未拆分，显示“‘按组分析’关闭（Analysis by groups is off）”。当单击“确定（OK）”按钮，完成数据拆分工作之后，就会显示按哪个变量进行了拆分，如“当前状态：比较：性别（Current Status: Compare：性别）”。

我们将“性别”变量移入“分组依据（Groups Based on）”框内。为便于比较，选中“比较组（Compare groups）”及“按分组变量进行文件排序（Sort the file by grouping variables）”两个单选按钮，如图 2-57 所示。

（3）单击“确定（OK）”按钮，提交系统运行。

至此，完成了数据的拆分工作。

假如要求给出不同性别的学生在环境利用上的平均分、最高分和最低分，可应用“描述统计（Descriptive Statistics）”功能得到统计结果（见表 2-11）。其中前两行数据表明有 4 份问卷“性别”为缺失值。

图 2-57　“拆分文件”对话框

表 2-11　输出窗口给出的统计结果

描述统计					
性　别		N	最　小　值	最　大　值	均　值
.	环境	4	23	25	23.75
	有效个案数（成列）	4			
男	环境	286	12	39	24.94
	有效个案数（成列）	286			
女	环境	141	15	35	25.38
	有效个案数（成列）	141			

【两点说明】

第一，对数据可以进行多重拆分，但要注意选择拆分变量的次序要与想进行的多重拆分的次序一致。例如，要求给出不同年级男女生的环境利用分数的最大值、最小值和均值，就要分为两层：第一层为“年级”，第二层为“性别”。操作时应在“分组依据（Groups Based on）”框中先移入“年级”变量，后移入“性别”变量。统计结果如表 2-12 所示。

由表 2-12 可看出：从总的趋势看，随着年级的升高，环境利用水平不断提高，一年级男女生的均值分别为 24.21 分、23.95 分，四年级男女生的均值为 26.22 分、27.21 分，四年级男女生在环境利用上都比一年级男女生的水平高，特别是女生，提高的幅度要比男生大。从男女生对比来看，女生较男生在环境利用方面更好一些，但是否达到了显著性差异，还需要进一步检验。

第二，若对数据进行了拆分处理，则后面的统计分析都会按拆分变量的不同分组进行。若在此之后，要对所有数据进行整体分析，则需重新设定数据的拆分方式，在“拆分文件”对话框中选中“分析所有个案，不创建组（Analyze all cases，do not create groups）”单选按钮。但是，在关闭 SPSS 之后，数据拆分会失效，下次再进行分组统计分析时要重新设定。

表 2-12　不同年级男女生的环境均值的比较

描述统计

年　级	性　别		N	最 小 值	最 大 值	均　值
大一	.	环境	2	23	25	24.00
		有效个案数（成列）	2			
	男	环境	77	12	39	24.21
		有效个案数（成列）	77			
	女	环境	40	16	31	23.95
		有效个案数（成列）	40			
大二	男	环境	71	15	34	24.94
		有效个案数（成列）	71			
	女	环境	31	17	34	25.00
		有效个案数（成列）	31			
大三	男	环境	74	14	38	24.58
		有效个案数（成列）	74			
	女	环境	36	15	32	25.56
		有效个案数（成列）	36			
大四	.	环境	2	23	24	23.50
		有效个案数（成列）	2			
	男	环境	64	15	36	26.22
		有效个案数（成列）	64			
	女	环境	34	20	35	27.21
		有效个案数（成列）	34			

2.4.4　数据文件行与列的转置

在统计分析前，有时需要将数据文件中的变量变成观测量，将观测量变成变量，即需要将行变成列、列变成行，形成一个新的数据文件（见图 2-58），这种操作称为对数据文件的转置，在 SPSS 中通过“数据”→“转置（Transpose）”命令便可实现。

【案例 2.11　通过“转置（Transpose）”命令转换数据文件“2.12 服装销售”的行与列】

【操作步骤】

（1）打开数据文件“2.12　服装销售”[图 2-58（a）]。

（2）依次执行“数据（Data）”→“转置（Transpose）”命令，弹出“转置”对话框（见图 2-59）。在源变量框中选择要进行转置的变量，通过箭头按钮将这些变量移入“变量（Variable(s)）”框中。我们将所有的变量移入其中。

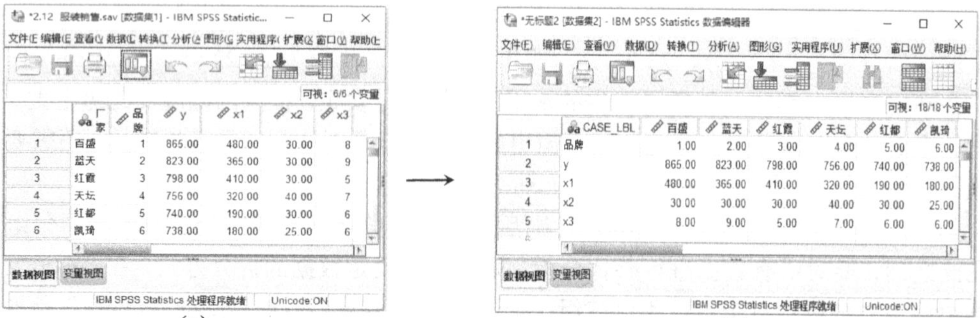

（a）　　　　　　（b）

图 2-58　数据文件的转置

（3）“名称变量（Name Variable）”框的作用是：转置后在数据编辑器窗口中的第一行生成对应于数据文件中每个观测量的变量名。选择“厂家”作为名称变量，将其移入“名称变量（Name Variable）”框中。

（4）单击“确定（OK）”按钮，提交系统运行。

于是在数据编辑器窗口中形成转置后的新数据文件，如图 2-58（b）所示，将其保存为新的数据文件“服装销售转置”。

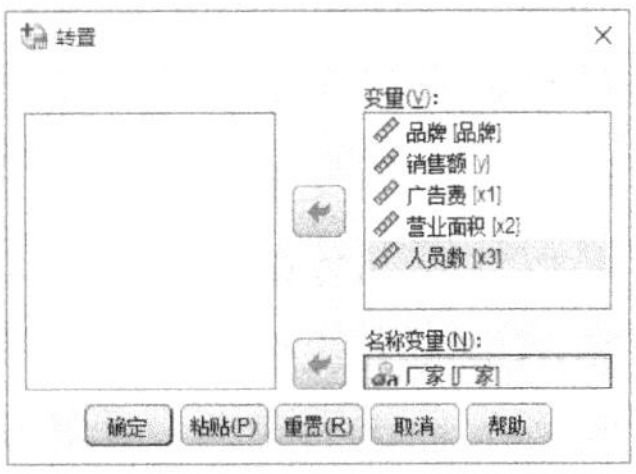

图 2-59　“转置”对话框

【三点说明】

第一，当移入的变量为字符型变量时，转置后作为名称变量不变［见图 2-58（b）］，如果在数据文件中包含序号变量（如问卷编号）或包含一个观测值互不相等的变量，那么可以将它们移入“名称变量（Name Variable）”框中作为名称变量，转置后改为新变量名：以“K_”开头，后面紧接变量的数值，如 K_1。例如，图 2-60 是以“品牌”为名称变量转置的结果。如果不选择数据文件中的某个变量作为名称变量，那么，系统将自动生成转置后的变量名：var001、var002、…、var00n（见图 2-61）。

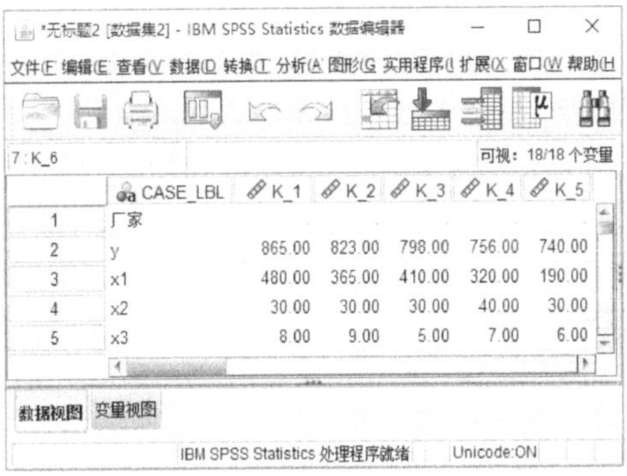

图 2-60　以数值型变量为名称变量

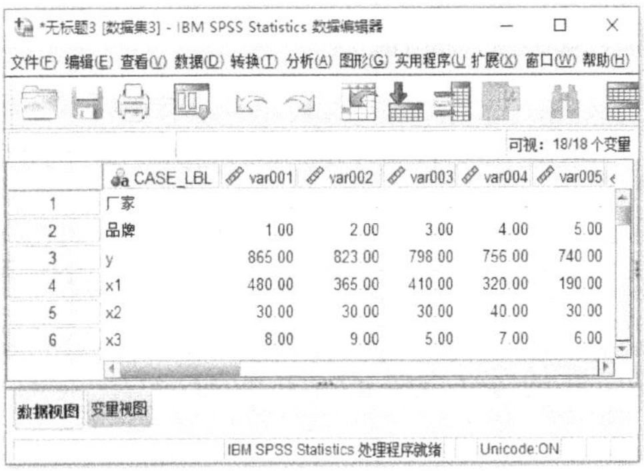

图 2-61　不选择“名称变量”的转置

第二，对于数据文件中的字符型变量，只有作为名称变量，其值才能出现在转置后的数据编辑器窗口，否则会变成缺失值，如图 2-61 中的“厂家”。

第三，如果不选择所有变量都转置，而是部分变量转置（如仅选择“品牌”和“y”），那么 SPSS 会给出一个提示（见图 2-62）。单击“确定（OK）”按钮后，转置后的新数据文件中不会出现未被选择的变量（见图 2-63）。

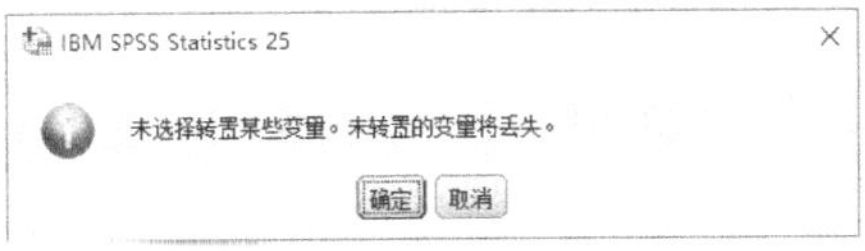

图 2-62　选择部分变量转置后的提示

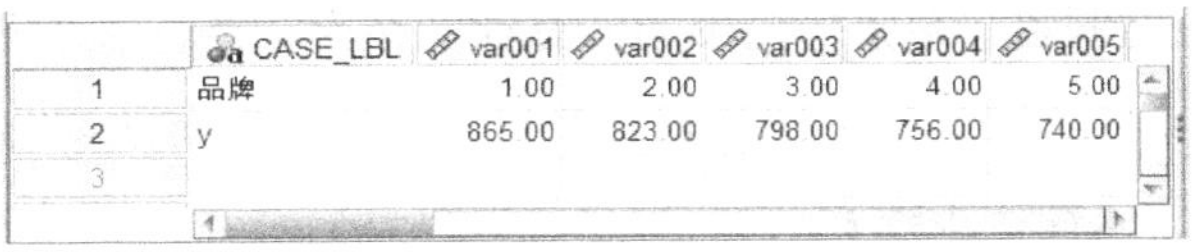

图 2-63　转置后仅包括两个变量

2.5　在数据文件中生成新变量

在进行统计分析时，经常会遇到转换量表测量水平的问题。例如，需要将学生百分制的考试成绩分成优、良、中、差四级或者及格、不及格两级；再如，将调查对象填写的具体年龄划分为“青年”、“中年”和“老年”三组，这些都是要把定比变量转换为定序（或定类）变量。更多的时候需要将定类变量或定序变量综合为定距变量或定比变量，即根据某种计算公式，形成某些新的变量。例如，考查调查对象的人际交往能力，共设计了 10 个题目，最后的评价是通过计算总分给出的，此时需要将 10 个题目的得分相加，生成一个新变量。这种转换量表测量水平的工作称为量表转换。量表转换的过程也是产生新变量的过程。而掌握产生新变量的各种方法是我们对调查所得的数据进行统计分析的前提之一。

2.5.1 定类变量的计数

先看一个有关人们参加体育活动的调查题目。

我经常参加的体育活动有（在选项上画“√”，可多选）：

（1）足球 （2）排球 （3）游泳 …… （8）武术 （9）长跑 （10）其他

根据调查得到的数据，可以分别统计出参加各项体育活动的人数，但要分析人们参加体育活动的广度，便需要将这道多选题综合成一个新变量 D，这个变量的取值为选择的项数，可视为定距变量或定比变量。例如，某人选择了（1）、（2）和（10），那么他参加体育活动兴趣的广度就是 3。将选取项和未选取项分别赋值为 1 与 0，于是用 10 项取值的和来计算，此人的新变量 D 的观测值为

$$D = 1+1+0+0+0+0+0+0+0+1 = 3$$

一般地，设有 n 个选项（上例中 $n = 10$），按顺序记为 D_1，D_2，…，D_n，第 i 个选项记为 D_i，它的值为

$$D_i = \begin{cases} 1，选了第i项 \\ 0，没有选择第i项 \end{cases}$$

于是，新的综合变量的计算式为

$$D = D_1 + D_2 + \cdots + D_n = \sum_{i=1}^{n} D_i$$

其中“$\sum$”为求和符号，表示将所有的项相加。

利用 SPSS 中的算术表达式和计数两种途径可以解决定类变量的计数问题，下面将以学生参加体育活动兴趣的广度 D 的计算为例，加以说明。

1. 利用“计算变量（Compute Variable）”命令计数

通过计算产生新变量，需要给出具体的计算方法，“计算变量”对话框提供了两种方法：算术表达式和条件表达式。算术表达式将针对每一个个案给出相应的计算结果；条件表达式则只对满足一定条件的个案才有计算结果。条件表达式方法将在 2.5.3 节进行介绍。

【案例 2.12 根据数据文件“2.13 体育活动”，计算学生参加体育活动兴趣的广度 D】

【操作步骤】

（1）打开数据文件“2.13 体育活动”。

（2）依次执行“转换（Transform）”→“计算变量（Compute Variable）”命令，弹出“计算变量”对话框（见图 2-64）。

（3）在“目标变量（Target Variable）”框中输入新变量名“D”，单击“类型和标签（Type&Label）”按钮，弹出“计算变量：类型和标签”对话框，输入变量名标签，并指定变量类型（见图 2-65），单击“继续（Continue）”按钮，返回“计算变量”对话框。

图 2-64　“计算变量”对话框

（4）根据给出的兴趣广度的定义，采用算术表达式方式，在“数字表达式（Numeric Expression）”框内输入计算公式，如图 2-64 所示。表达式可用键盘输入，也可利用“计算变量”对话框中的数字按钮和基本运算按钮输入（对于社会调查数据，一般情况下直接写出表达式更简单，不用“函数组（Function group）”列表框和“函数和特殊变量（Function and Special Variables）”框。

（5）单击“确定（OK）”按钮，提交系统运行。

于是，在数据文件中生成了新变量，给出了每个个案的 D 值（见图 2-66）。

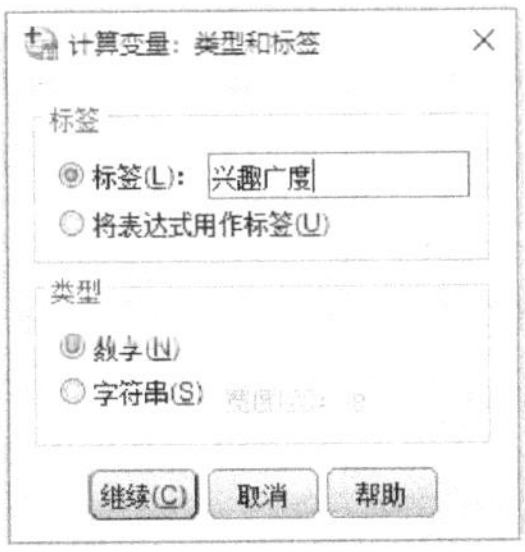

图 2-65　“计算变量：类型和标签”对话框

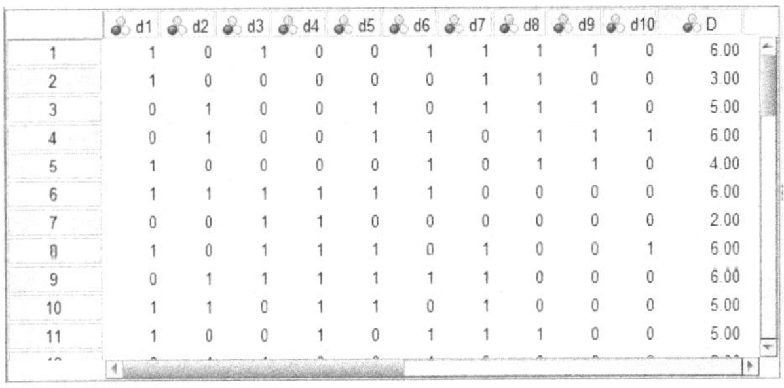

	d1	d2	d3	d4	d5	d6	d7	d8	d9	d10	D
1	1	0	1	0	0	1	1	1	1	0	6.00
2	1	0	0	0	0	0	1	1	0	0	3.00
3	0	1	0	0	1	0	1	1	1	0	5.00
4	0	1	0	0	1	1	0	1	1	1	6.00
5	1	0	0	0	0	1	0	1	1	0	4.00
6	1	1	1	1	1	1	0	0	0	0	6.00
7	0	0	1	1	0	0	0	0	0	0	2.00
8	1	0	1	1	1	0	1	0	0	1	6.00
9	0	1	1	1	1	1	1	0	0	0	6.00
10	1	1	0	1	1	0	1	0	0	0	5.00
11	1	0	0	1	0	1	1	1	0	0	5.00

图 2-66　产生新变量 D 后的数据文件

【一点说明】

以上所说的各项体育活动的地位是平等的，但在有些问题中，各项的地位并不平等，引入新的综合变量时，就不能将各项简单地相加，而应根据重要程度的不同给予不同的权重，对贡献大的给予较大的权重，对贡献小的给予较小的权重。例如，期末学生各门课程的成绩评定，往往是对期末考试成绩和平时作业成绩进行加权求和。一般地说，在各项的地位不平等时，新的综合变量的计算式为

$$F = k_1F_1 + k_2F_2 + \cdots + k_nF_n = \sum k_iF_i$$

其中系数“k_i”表示第 i 项的权重，而且所有权重之和应等于 1，即 $\sum k_i = 1$。

此时计算 F 的操作与计算体育兴趣广度 D 的操作基本是一样的，只是算术表达式中各项前增加了一个系数。

2．利用“对个案中的值进行计数（Count Values within Cases）”命令计数

“对个案中的值进行计数（Count Values within Cases）”功能是对所有的个案或满足某个条件的部分个案，计算在多个变量中有几个变量落在指定的区间内或取指定的变量值，并将计数结果存入一个新变量中。

仍以计算学生参加体育活动兴趣的广度 D 为例，计算学生参加体育活动兴趣的广度 D 可以视为对“取指定的变量值”计数，因此可用“对个案中的值进行计数（Count Values within Cases）”命令来完成。

【操作步骤】

（1）打开数据文件“2.13 体育活动”。

（2）依次执行“转换（Transform）”→“对个案中的值进行计数（Count Values within Cases）”命令，弹出“计算个案中值的出现次数”对话框，如图2-67所示。

（3）将参与计数的10个变量移入“数字变量（Numeric Variables）”框中，在“目标变量（Target Variable）”框中输入计数结果的变量名“D”，并在“目标标签（Target Label）”框中输入变量名标签“兴趣广度”。

（4）单击“定义值（Define Values）”按钮，弹出“对个案中的值进行计数：要计数的值”对话框（见图2-68）。将“1”输入“值（Value）”选项组的“值（Value）”单选按钮下的框中，然后单击“添加（Add）”按钮，“1”被移入“要计数的值（Values to Count）”框内，如果需要修改，可使用“更改（Change）”按钮与“除去（Remove）”按钮。单击“继续（Continue）”按钮，返回“计算个案中值的出现次数”对话框。

（5）单击“确定（OK）”按钮，提交系统运行。

于是，在数据文件中生成了新变量“D”（与图2-66相同）。

【两点说明】

第一，在“计算个案中值的出现次数”对话框中有“如果（If）”按钮，如图2-67所示，其对应的功能有两个：一个是计算全部个案；另一个是仅对满足某个条件的部分个案进行计数。

第二，计数功能不仅用于定类变量，在图2-68所示的对话框中，“值（Value）”选项组中还给出了以下单选按钮来定义计数区间。

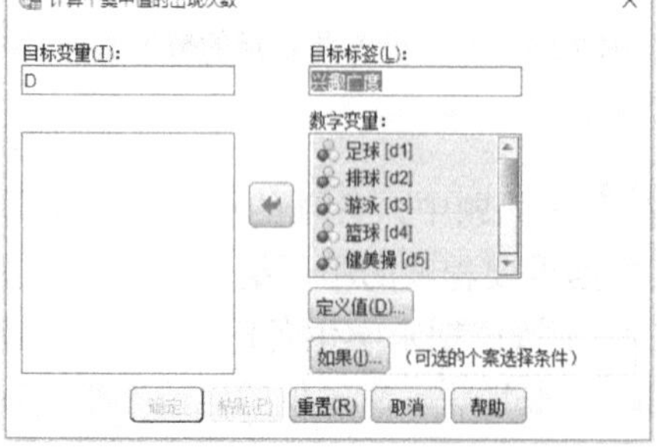

图2-67　“计算个案中值的出现次数”对话框

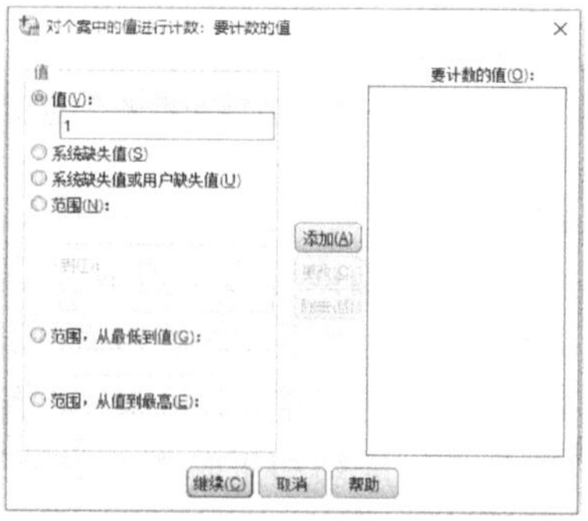

图2-68　“对个案中的值进行计数：要计数的值”对话框

- 系统缺失值（System-missing）。
- 系统缺失值或用户缺失值（System or user-missing）。
- 范围（Range）：▭到（through）▭：在指定的两个数之间。

- 范围，从最低到值（Range, LOWEST through value）：小于或等于某个指定的数。
- 范围，从值到最高（Range, value through HIGHEST）：大于或等于某个指定的数。

例如，学生的考试成绩为百分制，规定 90 分以上为“优”、76～89 分为“良”、60～75 为“中”、59 分以下为“差”，需要统计每个学生各有多少门课程的成绩为“优”“良”“中”“差”，就要选中上述后三个单选按钮。前两个单选按钮用于统计变量和个案出现缺失值的个数，为评判问卷的质量提供了一组重要数据。

2.5.2　定序变量的综合指标

有时，我们需要将多个定序变量进行综合，以便按定距变量处理。例如，学生对学习环境的利用程度是反映其学习策略水平的重要方面之一，假定为此设计了 5 个题目（见表 2-13）。

表 2-13　“学习环境利用度”的 5 级利克特累加量表

序号	项　目	非常像我 5	比较像我 4	有点像我 3	不太像我 2	根本不像 1
1	经常到图书馆借参考书	√				
2	经常到阅览室查资料	√				
3	很喜欢和老师讨论问题		√			
4	喜欢和同学探讨各种问题			√		
5	喜欢在网上查各种资料	√				

在表 2-13 中，每个题目上的得分是按定序量表得到的。当我们将定序量表作为利克特量表（Likert Scales）时，学生在 5 个题目上的得分可视为定距数据。于是各项得分的平均分可以作为一个新的变量 X——学生对学习环境的利用度，X 是一个定距变量。如果某个学生对上述 5 个题目的得分分别是 5 分、5 分、4 分、3 分、5 分（见表 2-13），那么 $X=(5+5+4+3+5)/5=4.4$。这就是说，这位学生的“学习环境利用度”为 4.4。

显然，只需依次执行“转换（Transform）”→“计算变量（Compute Variable）”命令，通过算术表达式便可生成每个个案的“学习环境利用度”值。

值得注意的是：第一，在综合各个题目的分数时，必须保证各个题目之间具有同质性，即它们要测的是同一性质的问题。如果在“学习环境利用度”计算中加上了“我弟弟的脾气有点暴躁”（1 = 非常像我，2 = 比较像我，3 = 有点像我，4 = 不太像我，5 = 很不像我）所选取项的数值，显然是错误的。第二，在计算综合分数之前，一定要把逆向题目的分数重新记分，否则求和没有意义。

2.5.3　定量变量转化为定性变量

将定距变量或定比变量的观测值进行某种分类，转化为定序变量或定类变量，实际上是对原变量进行重新编码。在 SPSS 中可以通过二种途径来实现：第一，应用“转换（Transform）”→“重新编码为相同变量（Recode into Same Variables）”命令或应用“重新编码为不同变量（Recode into Different Variables）”命令；第二，应用条件表达式 [“转换（Transform）”→“计算变量（Compute Variable）”→“如果（If）”]；第三，应用“可视离散化（Visual Binning）”命令。下面以“年龄”分组为例，说明如何利用 SPSS 的前两种方法得到所要的新变量，对第三种方法有兴趣的读者可自行查阅。

【案例 2.13　根据“年龄”变量对调查对象分组】

数据文件“2.14　年龄分组”给出了 40 名调查对象的年龄，现需要将“年龄”观测值分为三组，新变量名为 NL1，变量值为：1 = 30 岁以下，2 = 31～60 岁，3 = 61 岁以上。

1. 利用重新编码方式进行转化

SPSS 的重新编码有两种方式：“重新编码为相同变量（Recode into Same Variables）”和“重新编码为不同变量（Recode into Different Variables）”。前面我们已经介绍过，当对问卷中的逆向题目重新计分时就会应用到“重新编码为相同变量（Recode into Same Variables）”命令，它不生成新的变量，只是对原变量的观测值予以覆盖。但是，在当将定距变量转换为定序变量或定类变量（对定距数据进行分组）时，如果需要保留原来的变量，则应利用“重新编码为不同变量（Recode into Different Variables）”命令生成新变量，计算结果作为新变量的值，并保留原变量。

下面对“年龄”进行分组。

【操作步骤】

（1）打开数据文件“2.14　年龄分组”。

（2）依次执行“转换（Transform）”→“重新编码为不同变量（Recode into Different Variables）”命令，弹出“重新编码为不同变量”对话框（见图 2-69）。

（3）将要分组的变量“年龄”移到“数字变量→输出变量（Numeric Variable→Output Variable）”框中，在“输出变量（Output Variable）”选项组中，将新变量名“年龄 1”输入“名称（Name）”框中，将“年龄组”输入“标签（Label）”框中。单击“变化量（Change）”按钮，于是在“数字变量→输出变量（Numeric Variable→Output Variable）”框中显示出“年龄→年龄 1”。

（4）单击“旧值和新值（Old and New Values）”按钮，弹出“重新编码为不同变量：旧值和新值”对话框（见图 2-70），进行分组区间定义。

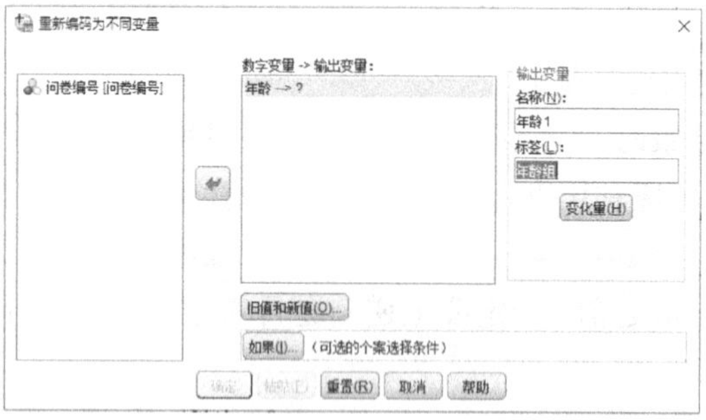

图 2-69　“重新编码为不同变量”对话框

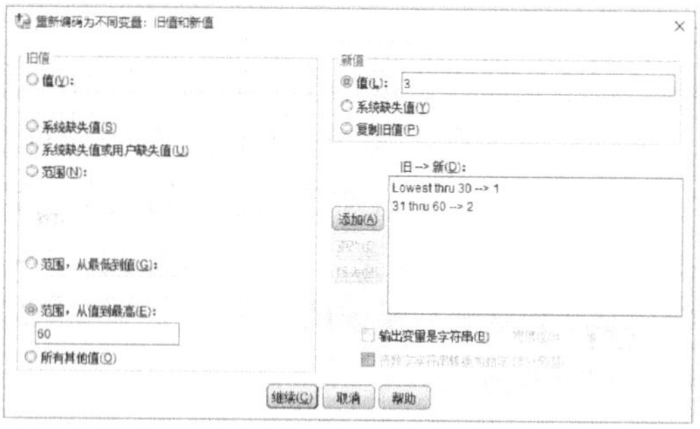

图 2-70　“重新编码为不同变量：旧值和新值”对话框

在“旧值（Old Value）”选项组中选中“范围：从最低到值（Range，LOWEST through value）”单选按钮，在参数框中输入“30”；在“新值（New Value）”选项组中选中“值（Value）”单选按钮，在参数框中输入“1”。单击“添加（Add）”按钮，“旧→新（Old→New）”框中显示“Lowest thru 30→1”。

在“旧值（Old Value）选项组中选中“范围（Range）：□到（through）□”单选按钮，在前、后两个参数框中分别输入“31”和“60”，在“新值（New Value）”选项组中选中“值（Value）”单选按钮，在参数框中输入“2”。单击“添加（Add）”按钮，“旧→新（Old→New）”框中显示出“31 thru 60→2”。

在“旧值（Old Value）选项组中选中“范围：从值到最高（Range, value through HIGHEST）”单选按钮，在参数框中输入“61”；在“新值（New Value）”选项组中选中“值（Value）”单选按钮，在参数框中输入“3”。单击“添加（Add）”按钮，“旧→新（Old→New）”框中显示出“61 thru Highest→3”。

单击“继续（Continue）”按钮，返回“重新编码为不同变量”对话框。

（5）单击“确定（OK）”按钮，提交系统运行。

于是，数据视图中生成新变量“年龄 1”，年龄按要求分为 3 组，在变量视图里将“NL1”的小数位数调整为 0，显示结果如图 2-71 所示。

	问卷编号	年龄	年龄1	变量	变量
13	13	34	2		
14	14	28	1		
15	15	55	2		
16	16	61	3		
17	17	65	3		
18	18	89	3		

图 2-71　数据编辑器窗口生成新变量

需要注意的是，除非在“重新编码为不同变量：旧值和新值”对话框中设定了旧值的“缺失值”在新值中仍为“缺失值”，否则，对于最后一个分类“所有其他值（All other values）”最好不用。以“年龄”分组为例，如果最后一组用该选项，就会对全部缺失值赋予数值 3，在此基础上所进行的统计分析就会失真。

2. 利用“计算变量（Compute Variable）”命令中的“如果（If）”按钮进行转化

下面将“年龄”转化为“年龄组”。

【操作步骤】

（1）打开数据文件“2.14　年龄分组”。

（2）依次执行“转换（Transform）”→“计算变量（Compute Variable）”命令，弹出“计算变量”对话框。

（3）在“目标变量（Target Variable）”框中输入新变量名“年龄 1”，然后单击“类型和标签”按钮。在“计算变量：类型和标签”对话框中，输入变量名标签“年龄组”。单击“继续（Continue）”按钮，返回“计算变量”对话框。在“数字表达式（Numeric Expression）”框内输入“1”（见图 2-72）。

（4）单击下方的“如果（If）”按钮，弹出“计算变量：If 个案”对话框（见图 2-73）。选中“在个案满足条件时包括（Include if case satisfies condition）”单选按钮，在下面的框中输入“年龄 <= 30”。单击“继续（Continue）”按钮，返回“计算变量”对话框。

（5）单击“确定（OK）”按钮，提交系统运行。

在数据文件中生成了新变量“年龄 1”，且对年龄≤30 的每个个案赋予观测值“1”，其他个案以缺失值形式出现。

（6）再次执行“转换（Transform）”→“计算变量（Compute Variable）”命令，弹出“计算变量”对话框后，在“数字表达式（Numeric Expression）”框内输入“2”，单击“如果（If）”按钮。在“计算变量：If 个案”对话框中输入条件表达式“年龄>30&年龄<61”，单击“继续（Continue）”按钮，返回“计算变量”对话框。

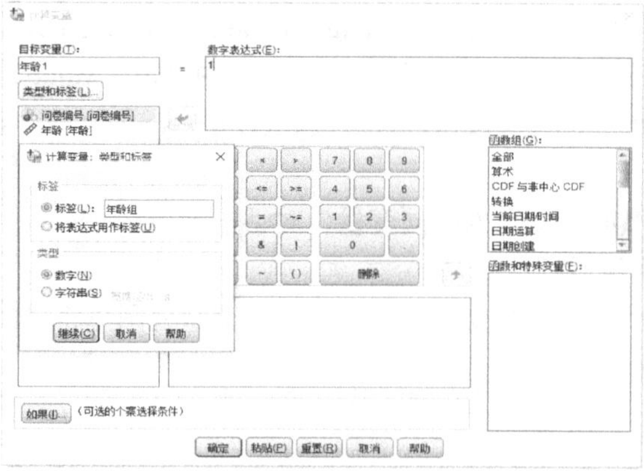

图 2-72　“计算变量”对话框和“计算变量：类型和标签”对话框

图 2-73　“计算变量：If 个案”对话框

（7）单击“确定（OK）”按钮，此时会弹出提示对话框（见图 2-74），问“要更改现有变量吗？”，单击“确定（OK）”按钮，数据编辑器窗口中在满足“31≤年龄≤60”的个案处赋值“年龄 1”=2。

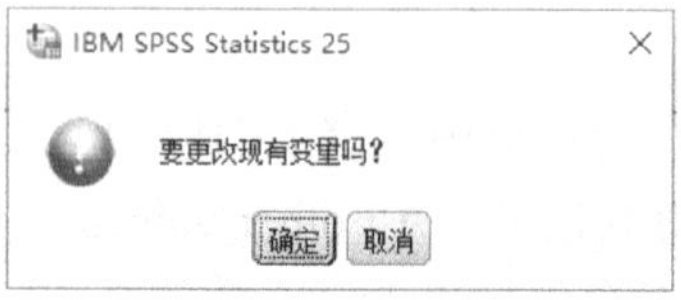

图 2-74　计算方法确认对话框

（8）重复第（6）和（7）步骤的操作，在“数字表达式（Numeric Expression）”框内输入“3”，在“计算变量：If 个案”对话框中输入条件表达式“60 < 年龄”，可将“年龄 1”=3 赋予年龄大于 60 岁的个案。

于是，在数据文件中产生新变量“年龄 1”（与图 2-71 相同）。

2.6　对个案加权

2.6.1　何时需要对个案加权

对个案加权的过程本质上是对个案进行复制的过程，给某个个案的权重为 5，即将该个案复制 5 次。对个案加权通常发生于以下两种情况。

第一种情况：原始数据由频数分布表给出。有时，采集的数据并不都是第一手资料，而是第二手资料，如统计年鉴、某些单位的统计报表或别人调查后汇总的数据。这些数据在一般情况下是用数据的频数分布表给出的，因此数据文件中给出的是频数（见图 2-75），这样在进行统计分析前就要用到 SPSS 中的个案加权功能。

第二种情况：需要对样本结构进行调整。由第 1 章可知，当样本结构与调查总体的结构相差比较大时，统计结果就会因样本的代表性不够产生较大的偏差。因此在进行统计分析之前需要对个案进行加权处理，以达到与总体结构尽可能相同的目的。在 SPSS 中是通过对个案加权来实现对样本加权的。

2.6.2　“个案加权（Weight Cases）”命令的操作

我们仍以案例来说明如何利用 SPSS 对个案加权以及加权后所起的作用。

【案例 2.14　通过对个案加权，调整 A 校学生样本中的性别结构】

已知 A 校男女大学生人数的比例为 1∶1，在对大学生学习成绩进行抽样调查后，样本中“性别”变量的统计结果如表 2-14 所示，男生 24 人，女生 96 人。显然，这样的比例不符合学校的实际情况，为此需要对男女生人数进行加权处理，将比例调整到 1∶1。

表 2-14　未加权时样本中男女生人数统计表

性别					
		频率	百分比	有效百分比	累积百分比
有效	男生	24	20.0	20.0	20.0
	女生	96	80.0	80.0	100.0
	合计	120	100.0	100.0	

【操作步骤】

第一步：确定权重。

设男生（XB＝1）的权重为 x，女生（XB＝2）的权重为 1，则有

$$24x : (96\times1) = 1 : 1 \qquad x=96/24=4$$

于是，我们得到了“权重”变量的表达式：

$$权重=\begin{cases}4, & XB=1\\1, & XB=2\end{cases}$$

第二步：利用 SPSS 实现对个案加权。

（1）打开数据文件“2.16　加权案例”。

（2）依次执行“转换（Transform）”→“计算变量（Compute Variable）”命令，设置新变量“权重”：当性别=1 时，权重=4；当性别=2 时，权重=1。于是在数据文件中将会出现“权重”变量（见图 2-75），具体操作参见 2.5.3 节。

（3）依次执行“数据（Data）”→“个案加权（Weight Cases）”命令，弹出“个案加权”对话框。

（4）在该对话框中，“不对个案加权（Do not weight cases）”选项为系统默认项。我们选中“个案加权系数（Weight Cases by）”单选按钮，并将“权重”变量移入“频率变量（Frequency Variable）”框中（见图 2-76）。

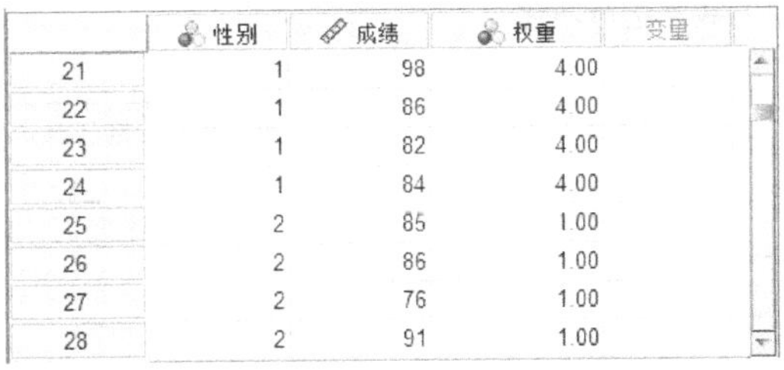

图 2-75　设置“权重”变量后的数据文件

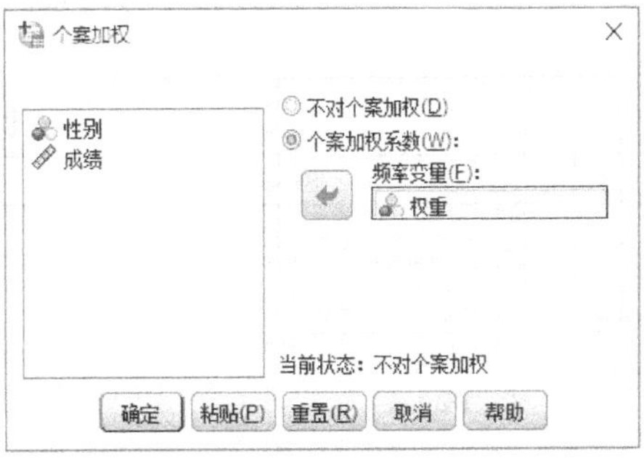

图 2-76　将“权重”作为加权变量

（5）单击“确定（OK）”按钮，提交系统进行个案加权。

加权的结果是男女生人数均为 96（见表 2-15）。

表 2-15　加权后的男女生人数统计表

性别					
		频　率	百　分　比	有效百分比	累积百分比
有效	男生	96	50.0	50.0	50.0
	女生	96	50.0	50.0	100.0
	合计	192	100.0	100.0	

2.6.3　对个案加权应注意的问题

进行个案加权需要注意以下三个问题：

第一，由于对个案加权的过程本质上是对个案进行复制的过程，因此系统只能对大于 0 的数值变量按实际值（如果是非整数，则按四舍五入的原则转化为整数）进行加权。对于 0、负数或缺失值的加权被排除在加权操作之外，对非数值变量也不能进行加权操作。对于 0 的加权尽管排除之外，事实上并不影响随后的统计分析。

第二，一旦做了加权处理，以后所有统计分析都是在加权的基础上进行的，直到取消加权为止。取消加权的方法是依次执行“数据（Data）→个案加权（Weight Cases）”命令，在“个案加权”对话框中选中“不对个案加权（Do not weight cases）”单选按钮，单击“确定（OK）”按钮。如果在加权处理后，对数据文件进行了保存，那么，当再次打开这个数据文件时，个案加权仍有效。

第三，在进行加权处理时，必须正确选择权变量，否则将会得出错误的结果。例如，对于前面的加权案例，在对男女生人数进行加权处理时，不能将“性别”变量作为权重移入“频率变量（Frequency Variable）”框中，否则系统的操作是在男生个案中加权为 1，女生个案中加权为 2，结果变成男生频数为 24，而女生频数为 192（见表 2-16）。

表 2-16　将“性别”变量作为权重的结果

性别					
		频　率	百　分　比	有效百分比	累积百分比
有效	男生	24	11.1	11.1	11.1
	女生	192	88.9	88.9	100.0
	合计	216	100.0	100.0	

附录　对数据的净化和预处理

附表 1　对数据文件中的数据进行净化

内　容	SPSS 中的操作路径	说　明
查找含有极端值的变量	• 分析（Analyze）→描述统计（Descriptive Statistics）→频率（Frequencies） • 分析（Analyze）→描述统计（Descriptive Statistics）→探索（Explore）	• 定类变量与定序变量：勾选“显示频率表格（Display frequency tables）”复选框。 定距变量或定比变量：选择“统计（Statistics）”选项中的最大值、最小值。 • “探索（Explore）”同时给出了极端值的位置
查找极端值的位置	• 数据排序：数据（Data）→个案排序（Sort Cases） • 数据定位：编辑（Edit）→查找（Find） • 数据探索：分析（Analyze）→描述统计（Descriptive Statistics）→探索（Explore）	在“探索：统计”对话框中勾选“离群值（Outliers）”复选框；在“探索：图”对话框的“箱图（Boxplots）”选项组中选中“因子级别并置（Factor Levels together）”单选按钮，在“描述图（Descriptive）”选项组中勾选“茎叶图（Stem-and-leaf）”复选框，得到变量值中 5 个最大值、5 个最小值、箱图和茎叶图

续表

内　容	SPSS 中的操作路径	说　明
查找互斥数据	• 分析（Analyze）→描述统计（Descriptive Statistics）→交叉表（Crosstabs） • 数据（Data）→排序个案（Sort Cases）	利用“交叉表（Crosstabs）”命令找出互斥的选项 利用“数据（Data）→个案排序（Sort Cases）”命令进行多重排序，搜寻互斥数据所在的个案
排查重复个案	利用多重排序功能进行排查	也可以执行“数据（Data）→标识重复的个案（Identify Duplicate Cases）”命令

附表 2　统计分析前对数据的预处理

工作任务	内　容	SPSS 中的操作路径	说　明
处理缺失值	删除个案	直接在各统计分析对话框中选择“配对删除”或“全部删除”选项	“配对删除”可减少信息的损失
	进行替换	转换（Transform）→替换缺失值（Replace Missing Values） 系统提供 5 种替换缺失值的方法： ① 序列平均值（Series mean）； ②“临近点的平均值（Mean of nearby points）”； ③“临近点的中间值（Median of nearby points）”； ④ 线性插值（Linear interpolation）； ⑤“邻近点的线性趋势（Linear trend at point）”	还可以采用： ① 选择分析方法本身提供的处理方式； ② 根据具体情况，自行确定替换值
处理逆向问题	重新对逆向问题计分	• 转换（Transform）→重新编码为相同变量（Recode into Same Variables） • 转换（Transform）→计算变量（Compute Variable），利用“如果（If）”功能	第一种方式不生成新变量
选取部分数据参与相关的统计分析	选取数据子集	数据（Data）→选择个案（Select Cases），系统提供 5 种方式： ① 所有个案（All cases）； ② 如果条件满足（If condition is satisfied）； ③ 随机个案样本（Random sample of cases）； ④ 基于时间或个案范围（Based on time or case range）； ⑤ 使用过滤变量（Use filter variable）	没有被选取的个案将在个案序号列用“/”画去或者在数据文件中消失，对选中的个案可建立新的数据文件
生成新变量	定类变量的计数	• 转换（Transform）→计算变量（Compute Variable） • 转换（Transform）→对个案中的值进行计数（Count Values within Cases）	“计数（Count）”不仅用于定类变量，也可以用于定序、定距变量
	综合指标	转换（Transform）→计算变量（Compute Variable）	
	定量变量转化为定性变量（分组）	• 转换（Transform）→重新编码为不同变量（Recode into Different Variables） • 转换（Transform）→计算变量（Compute Variable），利用“如果（If）”功能 • 转换（Transform）→可视离散化（Visual Binning）	当进行等距分组或等样本量分组时，使用“可视离散化”命令更简单、快捷
设定分组	系统内对数据文件进行“拆分”	数据（Data）→拆分文件（Split File）	一旦做了分组，所有统计分析都按这种分组进行。选择拆分变量的次序要与想进行的多重拆分的次序一致
汇总数据复原或调整样本结构	个案加权	数据（Data）→个案加权（Weight Cases）	一旦进行了加权处理，以后的所有统计分析都在加权的基础上进行
排序	变量值排序、排秩	• 多重排序：数据（Data）→个案排序（Sort Cases） • 右击变量名，选择菜单中的“升序”或“降序”命令 • 转换（Transform）→个案排秩（Rank Cases）	“个案排序（Sort Cases）”仅排序，不产生新变量，“个案排秩（Rank Cases）”产生新变量

第3章　调查数据的分布特征

利用 SPSS 对答卷建立数据文件之后，将进入对调查数据的统计分析阶段。此时就要将问卷中每个问题所测量的数量化特征视为一个变量，而对应于每个个体的数值称为变量的观测值或指标值。在进行统计分析时，分析对象不再是“人”，而是与人的“态度”、“特征”和“行为”相关的变量。因此，“总体”不再是所有研究对象，而是对应于某个变量的所有观测值组成的数的集合；“样本”不再是所抽取的部分研究对象，而是由这些研究对象所对应的观测值组成的数的集合。显然，“样本”是“总体”的一个子集。

从统计学的角度讲，对样本中的一个单选题或填空题（包括对多个单选题所得到的综合分数）的数据特征进行研究，称为单变量的描述统计分析；同时对多个题目即多个变量的样本数据特征进行研究，称为多变量的描述统计分析。单变量的描述统计分析主要描述样本数据的分布，包括频数分布及其数据特征（如算术平均值等）；多变量的描述统计分析包括描述频数分布及各个变量之间的关系等。这些数据特征随着样本的不同而不同，称之为统计量，而总体的数据特征称为参数。显然，总体的参数是固定的，不会随着样本的不同而不同，但往往是未知的。我们进行抽样调查的目的是通过对样本的分析推断出对总体的研究结论。在统计学中，将从样本推断到总体的研究称为推断统计分析。

本章将探讨如何用 SPSS 进行单变量与双变量的描述统计分析（包括根据调查问卷中不同的题目类型，制作不同的频数分布表和统计图，计算样本数据的数据特征等），以及推断统计分析的部分内容——通过样本的数据特征如何估计总体的数据特征（称为参数估计）。

3.1　一个单选题的统计表与统计图

统计表（Statistical Table）和统计图（Statistical Graph，Statistical Chart）是显示统计数据特征的两种基本方式。根据样本数据编制统计图和统计表，是抽样调查统计分析工作中的一项最基本的工作。统计表和统计图的最大优点是省去了大量文字的叙述，通过表格、图形将数据的分布特点、变量之间的关系显示出来，使数据所表现的规律性更清晰。统计图是用点、线段的升降、直条的长短或面积的大小等方法表达统计资料的一种形式。统计图比统计表更直观、更形象，它使人能从整体上一目了然地把握数据分布的特征。但它没有统计表精确，甚至会丢失原始数据的许多具体信息。鉴于统计图与统计表各有所长，在对实际问题进行研究时，应将统计表和统计图结合起来考察数据的特征；在发表研究成果时，也要用统计表和统计图来论证我们的观点。制作统计表和统计图有着严格的规范，不能随意制作，不同的数据类型有着不同的处理方法，这是必须明确的。

3.1.1　频数分布表

1．定性变量的频数分布表

当采用统计表对一个变量的频数分布进行描述时，使用的是一维频数分布表。例如，表 3-1

是大四学生对学习负担状况反馈的统计表，表中列变量的每个栏目对应可供选择的答案，将选择各个答案的人数填入相应的栏目下，便形成了一个一维频数分布表。

表 3-1　大四学生对学习负担状况反馈的统计表

负担状况	很　重	较　重	适　中	较　轻	很　轻	合　计
人　数	54	307	160	29	3	553

另外，在实际工作过程中，还经常会提出诸如“副高级职称以上的教师占多大的比例？”这一类问题。回答此类问题，需要对变量制作累积频数表或累积百分比表。累积频数（Cumulative Frequencies）是将各类别的频数逐级向下（或向上）累加起来得到的。类似地，累积百分比（Cumulative Percentages）是将各类别的百分比逐级向下（或向上）累加起来得到的。表 3-2 中的累积百分比是从最上面的一行开始，向下将各类的百分比依次相加得到的。

表 3-2　2019 年北京市高等学校专任教师的职称结构

职　称	人　数	百　分　比	累积百分比
正高级	21228	28.93	28.93
副高级	2625	35.78	64.71
中级	21696	29.57	94.28
初级	2042	2.78	97.06
未定职级	2154	2.94	100.00
合计	73373	100.00	

资料来源：中华人民共和国教育部网站，2019 年教育统计数据。

需要注意的是：在编制频数分布表时，定类变量的行（列）标题中各个栏目之间的顺序可以互换，但定序变量的取值有次序之分，应按它的变化趋势排列，不要随意打乱次序。例如，表 3-2 中列标题的栏目从“正高级”到“未定职级”，所涉及的变量是定序变量，不要把它们的顺序随意打乱，否则累积百分比就失去了意义。在 SPSS 中频数分布是按变量值或频数的大小排列的，因此，一定要按编码规则对变量进行编码。

2．定量变量的频数分布表

在调查问卷中，年龄、身高、住房面积等填空题所对应的变量都是定量变量，另外，对诸如多个利克特量表题目的综合分数也属于定量变量。

对于取值较少的离散型定量变量，可以按单个变量值进行分类（或称分组），制作频数表。但是，对于连续型变量或取值较多的离散型变量，如果按变量的每个取值制作频数分布表，不仅繁杂，而且难以从中发现变量分布的特征，此时要以一定的区间作为分组的数量标准，编制频数表。例如，表 3-3 是北京师范大学收入分配研究院课题组关于中国家庭人均月收入的抽样调查结果，把收入划分为 13 个组，然后进行分组统计。显然，确定如何分组是这类变量编制频数分布表的关键。有些问题（如年龄、收入等）可以根据实际情况进行分组，另一些问题需要按一般的分组原则进行分组。

表 3-3　中国家庭人均月收入的抽样调查结果

	百分比（%）	人口数（万人）	累积百分比（%）	累积人口数（万人）
≤0	0.39	546	0.39	546
0～500	15.42	21589	15.81	22135
500～800	14.43	20203	30.24	42338
800～1000	8.86	12404	39.10	54742

续表

	百分比（%）	人口数（万人）	累积百分比（%）	累积人口数（万人）
1000～1090	3.75	5250	42.85	59992
1090～1100	0.37	518	43.22	60510
1100～1500	13.30	18621	56.52	79131
1500～2000	12.33	17263	68.85	96394
2000～3000	14.81	20735	83.66	117129
3000～5000	11.21	15695	94.87	132824
5000～10000	4.52	6328	99.39	139152
10000～20000	0.56	784	99.95	139936
20000 以上	0.05	70	100.00	140006

资料来源：https://new.qq.com/omn/20200903/20200903A08HY100.html。

1）对变量值分组

对变量值分组，需要确定分成多少组，怎么分组，以及如何表示各个组取值的范围，即确定组数、组距和组限。所谓组距（Group Interval），是指每组区间的长度；组限是指区间的界限，小的界限值称为下限（Lower Limit），大的界限值称为上限（Upper Limit）。

（1）组数的确定。

组数要适中，组数太多会失去分组的意义；组数太少，又会掩盖数据分布的特征。一般地，组数控制在 5～15 组为宜。也有人给出了一个大致的组数范围（见表 3-4），当然组数的确定要与所定的组距相匹配。

表 3-4　数据总数 N 与分组数 K 的经验性关系

调查总数 N	分组数 K
50～100	6～10
100～250	7～12
250 以上	10～20

如果数据分布对称，即中间数值频数较多，大小两端的数值频数少，可以利用 Sturges 给出的数据总数 N 与分组数 K 的经验公式：

$$K = 1 + 3.32\lg N$$

其中，lg 表示以 10 为底的对数。例如，若 N=30，则 $K=1+3.32\lg 30 \approx 5.9$，可以将组数定为 6。

（2）组距的确定。

一般情况下采用等组距，确定组距时可以先计算组距的估计值：

预估组距 =（数据中的最大值−数据中的最小值）÷组数

然后根据计算的方便性、数据的特点和分析要求，最后确定组距为多少。如果预估组距为 6.7，可能最后定下来的组距为 5 或 10。

有时根据所研究问题的性质或数据分布的特点采用不等距分组。例如，表 3-3 对家庭月收入数据采用了不等距分组。试想，如果都用 1000 元的组距来划分，那么，收入在 5000 元以上的 5.13%的人便要分成 15 组；如果都用 3000 元为组距，将有 88.33%的人归为一组，这显然不利于显示数据分布特征和进一步的数据分析。因此，若原始数据的分布显示出中间的频数很大，数据的最大值与最小值又相差很远，为能显示出数据分布的特征，就需要中间的组距小一些，数据稀疏的地方组距大一点。

又如，表 3-5 给出了 2019 年中国香港地区人口年龄分布。对最后一组的组距进行如下规定："80 岁以上"的组距以相邻组距为组距，即 20；显然，各组的组距也是不相等的。这样分组为研究不同年龄段对社会的需求（如医疗保健、文化教育、就业、养老等）提供了基础数据资料。

表 3-5　2019 年中国香港地区人口年龄分布

人口按年龄分组	人口数（万人）	占总人口的百分比（%）	频数密度
0～9 岁	584.0	7.8	58.4
10～19 岁	571.1	7.6	57.11
20～29 岁	894.3	11.8	89.43
30～59 岁	3554.6	47.5	177.73
60～79 岁	1523.0	20.2	76.15
80 岁以上	386.1	6.1	19.30
合计	7524.1	100.0	

数据来源：http://data.chinabaogao.com/gonggongfuwu/2019/0Q9441E62019.html。

在表 3-5 中，20～29 岁有 894.3 万人，60～79 岁有 1523 万人，似乎 60～79 岁的人比 20～29 岁的人密度要大，其实不对。由于是不等距分组，所以各组出现的频数与区间的宽度有关系，要比较各组或总体的分布，就要排除区间长度的影响，为此引入频数密度的概念。

$$\text{频数密度} = \text{频数} \div \text{组距}$$

即单位组距的频数。从表 3-5 最右一列可以看出，60～79 岁的频数密度为 76.15，小于 20～29 岁的频数密度 89.43。所以，当频数分布表中的分组是不等距分组时，一定要用频数密度考察原始数据的分布特征，不能直接用频数考察原始数据的分布特征。

（3）组限的确定。

对于分组的标记有许多方法，有的标记为"20～30""30～40"，也有的标记为"20—""30—"，还有的用"20～29""30～39"标记，等等。面对各种表示方法，我们要清楚地知道各组的组限是多少。对于上面的第一、二种标记，表示的是一个半闭半开区间：[20,30)、[30,40)，即遵循的是"上组限不在内"的规则；第三种标记要看原始数据的类型，如果是离散型数据，如人数，那么意义很明确，因为在 29 与 30 之间没有中间的数值；如果是连续型数据，那么标记的区间实际是将上、下限均向外延伸半个单位，即"20～29""30～39"表示的真实区间是[19.5,29.5)、[29.5,39.5)。

表 3-5 中"80 岁以上"的组限是开口的，它的上限没有界定；同样表 3-3 中也没有界定下限或上限，这样做的优点是既包含了最大值，也包含了最小值，而且分的组数也不多。尽管如此，在一般情况下，能不用开口组就不用开口组。

（4）组中值。

对数据分组计算频数，其优点是可以更好地发现原始数据的分布特征，但也损失了许多信息，比如只知道在某一个区间里有多少个数据，却不知道取了哪些值。因此，希望有一个数值能够代表这个区间里的所有数值，它就是组中值（Class Mid-value），即位于该组整个区间中间位置的数值

$$\text{组中值} = (\text{真实的组上限} - \text{真实的组下限}) \div 2$$

当一组数据是用分组形式的频数分布表给出时，对这组数据分布特征的描述以及各种统计分析，都是根据组中值来进行计算的，所以组中值是一个很重要的概念。

2）编制频数分布表

对于定量数据，在确定了数据的分组之后，便可以通过建立新变量的方法（参见 2.5 节），将定量变量转化为定性变量，然后制作频数分布表。

3.1.2 常用的统计图

1. 简单条形图

条形图（Bar Charts）是由一组平行的、具有相同宽度的条形构成的统计图，条形的高低（或长短）表示统计数据的大小或变动情况，条形的宽度没有实际意义。条形图可采用图 3-1 和图 3-2 两种形式，图 3-1 也称为柱形图。对于定类变量的条形图，长条排列的次序可以随意安排，条形是离散的；定序变量的条形图，长条排列的次序要按取值的变化趋势安排，不可随意安排，条形可以是离散的，也可以是连续的。

条形图可分为简单条形图、复式（簇状）条形图和堆积条形图。

简单条形图（Simple Bar Charts）也称单式条形图，是表现一个变量的频数分布特征的统计图。它可以表示变量的各个观测值的频数或频率，使我们对变量的频数分布有一个比较全面的了解，还可以对各类频数（或频率）进行对比。图 3-1 与图 3-2 中的条形图表明多数学生认为“只有少数教师在教学中重视对学生思维能力的培养”。

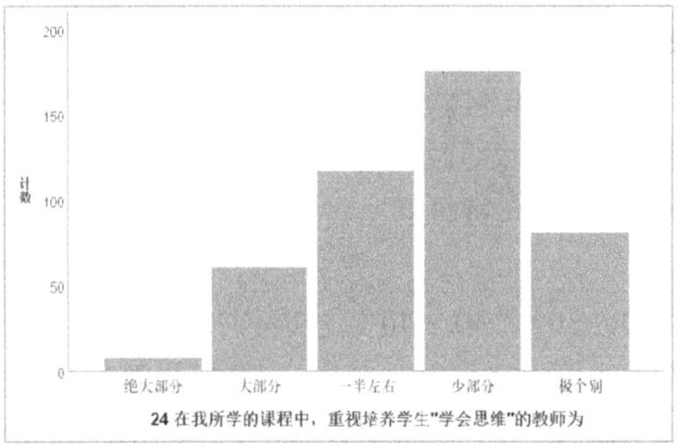

图 3-1 学生对教师评价的频数分布（柱形图）

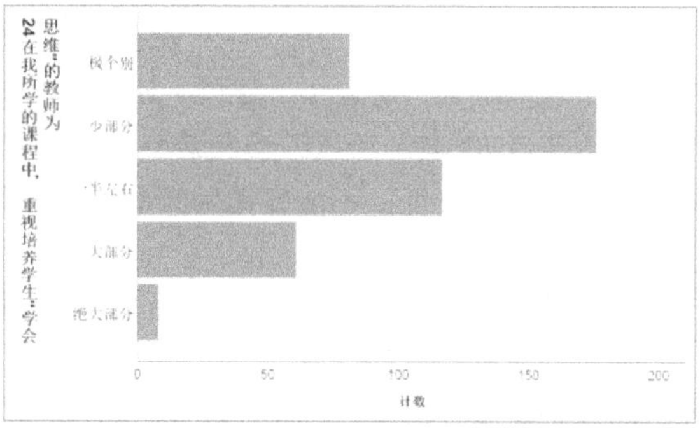

图 3-2 学生对教师评价的频数分布（条形图）

2. 饼图

饼图（Pie Charts）也称圆图，是用以表示部分与总量比例关系的统计图。其做法是以圆的整体面积代表总量，按各构成部分占总量比例的大小把圆面积分割成若干扇形（各构成部分百分比之和必须等于 100%），扇形与各构成部分建立起一一对应的关系。

饼图主要用于描述离散型变量的数据结构。当我们需要强调某个部分时，可以将该部分分隔开。例如，图 3-3 是对大学生目前的学习状态所制作的饼图，将目前的学习状态较差的部分从圆中分离出来，目的是强调对这部分学生需要特别关注。

饼图和条形图都可以描述单个定性变量的频数分布，但是条形图可以比较不同总体的数量，比如对五所高等院校毕业生的就业率可用条形图进行比较；而饼图就只能对同一个总体的各个部分进行比较，不能对不同总体进行比较。

3. 直方图

直方图（Histogram）是一种特殊的条形图（见图 3-4），适用于描述连续型变量的频数分布，其特点是各条之间没有间隔，条形的宽度等于组距。显然，采用不同的组距，图形就会有所不同。对于等组距的直方图，可以用相应组别的频数或者频数密度作为条形的高度，两者图形的相对比例关系不变；但当组距不等时，就要用相应组别的频数密度作为条形的高度（或者说，图形的纵轴为频数密度）。例如，对于表 3-5 中人口年龄的分布，作直方图时就要用频数密度作为条形的高度，如果用人口数作条形的高度，制作的图形就会给人以错觉。当我们用频数密度作为条形的高度时，条形的面积便表示相应组别的频数。

图 3-4 是利用 SPSS 作出的某校大学生学风自我评价综合分数分布的直方图，图中同时给出了一条正态分布曲线作参照。

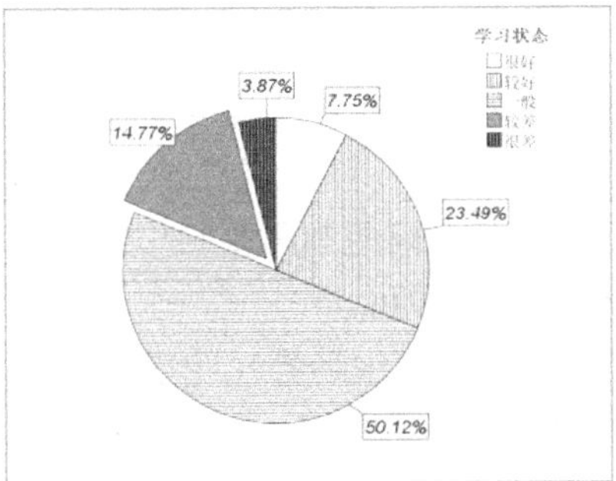

图 3-3　大学生自评所处学习状态分布饼图

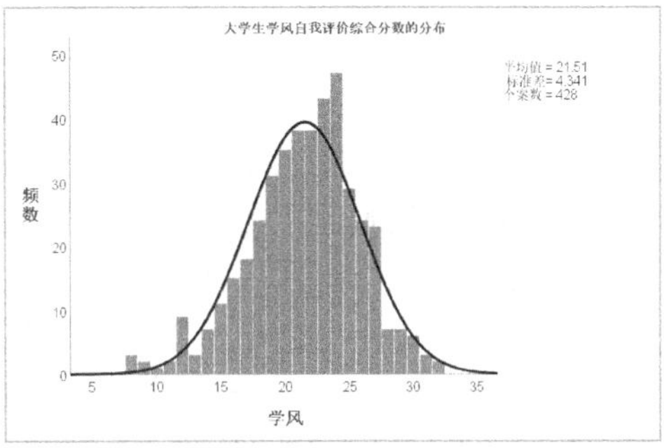

图 3-4　大学生学风自我评价综合分数分布直方图

4. 线图

线图（Line Charts）又称曲线图，是基本的统计图之一。在各类统计图中，线图与直方图应用最为广泛。制作线图的方法是：在直角坐标系所决定的平面上，用一个点代表变量的每个观测值的位置，并用直线连接相邻各点。线图是用线段的升降来说明变量的变化情况的。我们经常会用线图来描述与时间有关的变量的变化趋势、变量的观测值的分布或两个变量间的依存关系。

线图可分为单线图和多线图，即在一幅统计图中绘制一条或多条曲线。当考察一个变量的频数分布时用单线图。

单线图可以描述一个变量的频数（或百分比）分布，也可以描述累积频数（或累积百分比）分布。图 3-5 描述的是某校离退休人员各学历组的人数分布，图 3-6 是该校离退休人员各年龄组人数的累积百分比。但要注意，对于定类数据和定序数据，连线本身并没有实际意义。

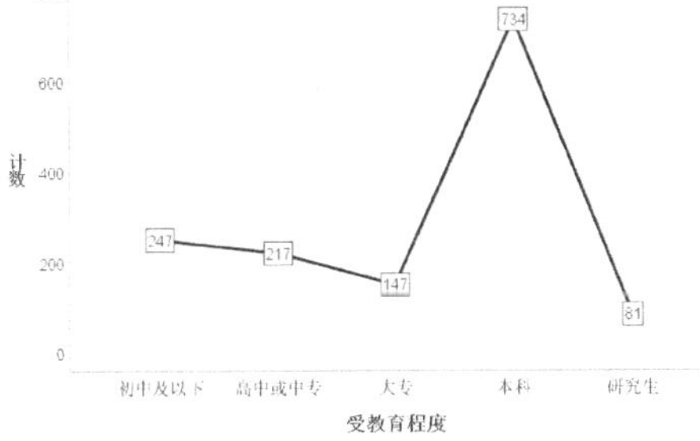

图 3-5　某校离退休人员各学历组的人数分布

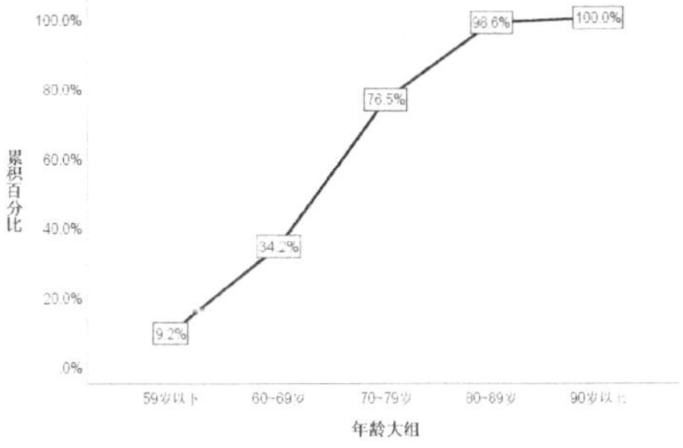

图 3-6　离退休人员各年龄组人数的累积百分比

线图根据坐标轴的尺度不同有两种：坐标轴是算术尺度的普通线图和用对数尺度绘制的线图。以算术尺度绘制的线图，是指在图上以相等的距离表示相等的总量，平时我们用的就是这种普通线图。但有时候需要将原始数据转换为对数形式，此时就需要用对数尺度绘制。用对数尺度绘制的线图中，坐标轴的尺度是依照对数计算间隔的，在坐标轴上标明的自然数 1、2、…，实际是以 10 为底的自然对数 lg1、lg2、…，因此，这种坐标轴的刻度是不等距的。

对于定量变量的频数分布还可以绘制箱图、茎叶图和散点图，箱图和茎叶图已在第 2 章做过介绍，散点图将在 7.1 节介绍。

3.2 一个单选题的数据分布特征量数

统计表和统计图只是向人们提供调查结果的重要形式之一，在对各类变量进行更深入的分析时，需要以更简明的形式提供尽可能多的有价值的关键信息，其中就包括给出能够反映变量分布特征的一些代表值。此外，在调查报告中，并不是对每个问题都需要制作统计图和统计表，有时只需要用几个有代表性的数值来说明变量的分布特征即可。

单变量的分布特征主要有三个：①变量分布的中心（数据的集中趋势）；②变量分布的离散程度（数据的离中趋势）；③变量频数分布的形态，主要是指偏度和峰度。另外，对于数据的内部结构特征，经常用百分比、比例和比率来表达。涉及变量相对量数的有百分位数和标准分。

本节仅介绍其中几个常用的特征量数，这些特征量数均可以利用 SPSS 等统计软件得到，因此，我们希望读者更多地关注其意义并掌握应用的条件。

3.2.1 数据的集中趋势

集中趋势（Central Tendency）是指一组数据向某一中心聚集的倾向或数据的平均水平。描述集中趋势的量数称为集中量数，集中量数应该能够代表这组数据的一般水平。下面根据数组的不同形式、数据的不同类型和基于不同的需要，给出不同的集中量数。

1. 定性数据的集中趋势

1）众数

众数（Mode）是一组数据中出现频数最多的数，用 M_o 表示。例如，在数组 12，23，34，46，46，54 中，众数 $M_o=46$。从频数分布的线图上看，众数就是曲线最高点所对应的数据。在一组数据中，众数可能不是唯一的，也可能不存在，如数组 12，12，23，34，46，46，54 中有两个众数 12 和 46；而数组 12，12，12，12，12 中 5 个数的值都是 12，这组数据没有众数。众数很少受极端值的影响，但对个别值的变动会很敏感，稳定性不好，数组 2，2，2，5，7，7，8，9 的众数是 2，若将其中的一个 2 改为 7，众数就变成 7。众数是最简单明了的集中量数，但众数给出的信息只关系到一个点，而没有把所有数据的信息充分利用起来，众数不适合代数运算。因此，尽管众数对所有的数据类型都适用，但众数主要用于描述定类数据分布的集中趋势。

2）中位数

中位数（Median）是将一组数据按从小到大排列后，处于中间位置上的数值，用 M_d 表示。中位数将该组数据一分为二，其中一半数据比中位数大，另一半数据比中位数小。例如，已知一组数据为 12，34，23，54，56，46，46，先将数组排序为 12，23，34，46，46，54，56，中位数为中间位置的数，即 $M_d=46$；如果数组仅有 6 个数，如 12，23，34，46，46，54，则中位数为

$$M_d = (34+46)\div 2 = 80\div 2 = 40$$

中位数是一个位置量数，不受极端值的影响，是一个比较稳健的集中量数，例如，数组 2，2，3，3，7，9，9 的中位数是 3，即使将 9 改为 999，中位数还是 3。中位数对了解数据分布是否有偏非常有用。但中位数只与中间位置的一两个数值有关，忽略了其他数值的大小，对数据的变化不敏感，不适合代数运算。由于在求中位数时涉及排序问题，所以中位数不适用于定类数据，但对定序数据、定距数据和定比数据都适用。

2．定量数据的集中趋势

1）算术平均数

定距数据和定比数据都可以用众数与中位数来表示其集中趋势，但用得最多的是各种形式的均值（Average），其中，算术平均数是我们常用的均值之一。

算术平均数（Arithmetic Mean）也称算术平均值，一般讲“平均值”或“均值”时，指的就是算术平均数，是将一组数据求和再除以总频数所得的商，用 $\bar{x}$ 表示。

由于计算过程中有加法运算，所以算术平均数仅适用于定距数据和定比数据。

算术平均数是一个分布的平衡点，算术平均数两边的数到该平均数的距离之和相等，表示为 $\sum_{x_i<\bar{x}}|x_i-\bar{x}| = \sum_{x_i>\bar{x}}|x_i-\bar{x}|$，一般地，将其作为算术平均数的一个性质，表示为 $\sum_{i=1}^{n}(x_i-\bar{x})=0$。

算术平均数是通过对全部数据进行运算得到的，是对所提供信息运用得最充分的量数；一般情况下，也是对数据最敏感、最有代表性的量数；适合于代数运算，具有优良的数学性质，用算术平均数还能消除随机误差的影响（如在量桌子的边长时，我们可以多量几次，然后取这些测量数据的算术平均数作为桌子的边长）。但算术平均数非常容易受极端值的影响，以至于影响了它作为集中量数的代表性。数组 2，2，3，3，7，9，9 的算术平均数是 5，但将其中的一个 9 改为 999，数组的算术平均数就变成了 $1025\div 7\approx 146.43$，完全失去了代表性。

2）加权平均数

在计算一组数据的算术平均数时，各个数在数组中的地位是相同的，但若一组数据中各个数的重要性不相同，就要用加权平均数作为这组数据的集中量数。例如，期末评定学生的学习成绩时，如果规定在总成绩中，平时作业、期中考试和期末考试的权重分别是 10%、20%和 70%，那么当某个学生的上述三个成绩分别是 80 分、95 分、90 分时，他的总成绩应为

$$80\times 10\% + 95\times 20\% + 90\times 70\% = 8 + 19 + 63 = 90\text{（分）}$$

对于加权平均数，最重要的是权重的确定，在对调查数据进行统计分析时，往往根据我们的经验和对问题的理解、专家们的意见确定权重，更严格细致的层次分析法在调查研究中应用得比较少。

3）截尾平均数

截尾平均（Trimmed Mean）也称截尾平均数。在电视大奖赛、体育比赛中，我们经常会听到主持人宣布：“去掉一个最高分，去掉一个最低分，最后得分是×分”，这里所宣布的分数就是截尾平均数。计算方法是先将数组按大小顺序重新排列，再将两端的极端值去掉（去掉多少，根据具体情况而定），最后对中间的数据求算术平均数。

例如，求数组 8，6，2，14，20，15，15，34，42，101，56 的截尾平均数时，首先按大小排序：2，6，8，14，…，34，42，56，101；由于两端数据的差距很大，所以两端各截去 2 个数据，新数组为 8，14，15，15，20，34，42；再计算新数组的均值，得截尾平均数为

$$\bar{x}_{0.2}=\frac{8+14+15+15+20+34+42}{11-2\times 2}=\frac{148}{7}\approx 21.1$$

其中角标 0.2 表示两端各去掉全部数据的 20%（$2/11\approx 0.2$），也记$\alpha=20\%$。显然，21.1 要比算术平均数 28.45 更能代表这组数据的平均水平。

应用截尾平均数时，需要确定截去几个数据比较合适，即α 到底应取多大。有人曾建议α取得比 25%稍微大一点，有人说α =20%比较好，还有人认为在某些时候，用α = 10%可能比用α = 20%更好，事实上并没有一个明确的说法。我们认为，对于一个具体的数组，可以多取几个不同的α值进行截尾处理，哪一个效果好就用哪一个。

4）几何平均数

几何平均数（Geometric Mean）是用于计算比率或速度的平均数，或者说，几何平均数是速率的集中量数。它是 n 个数值 x_1、x_2、…、x_n 连乘积的 n 次方根，用 G_M（或 $\bar{x}_g$）表示：

$$G_M=\sqrt[n]{x_1\ x_2\cdots x_n}$$

两边取对数，则有

$$\log G_M=\frac{1}{n}(\log x_1+\log x_2+\cdots+\log x_n)$$

几何平均数适用于定比数据，而且均为正数，主要用于平均发展速度的计算。

例如，某大学在 2015～2018 年招生人数不断增加，后一年对前一年的增长率依次为 1.25、1.60、1.125、1.222，于是学校每年入学人数的平均增长率为

$$G_M=\sqrt[4]{1.25\times 1.60\times 1.125\times 1.222}\approx 1.288$$

每年新生入学人数的平均增长率为 1.228，即平均后一年是前一年的 1.228 倍，或者说新生入学人数平均每年增加 0.288 倍。

再如，一位投资者购买了某种股票，近四年来的收益率分别为 2.7%，3.5%，3.1%和 4.1%，那么，这位投资者四年的平均收益率是

$$G_M=\sqrt[4]{0.027\times 0.035\times 0.031\times 0.041}\approx 0.033=3.3\%$$

需要注意的是，几何平均数只适用于定比数据，不适用于定距数据。

5）调和平均数

调和平均数（Harmonic Average）又称为调和平均（Harmonic Mean），它的定义是：一组数据的倒数的算术平均数的倒数，用 H_M 表示。设一组数据为 x_1、x_2、…、x_n，则这组数据的调和平均数为

$$H_M=\frac{1}{\frac{1}{n}\sum\frac{1}{x_i}}=\frac{1}{\frac{1}{n}\left(\frac{1}{x_1}+\frac{1}{x_2}+\cdots+\frac{1}{x_n}\right)}$$

调和平均数主要用于计算有关平均速率的问题。

为了更好地理解调和平均数的应用场合，我们举一个日常生活中的例子。

农贸市场的菜价早上最贵，到晚上最便宜。如果黄瓜早上每斤 2.5 元[①]，买 3 斤，中午每斤 1.5 元，买 4 斤，晚上每斤 0.75 元，买 2 斤。于是，平均每斤黄瓜的价格为

A = 花费的总金额/黄瓜的总斤数=（$2.5\times 3+1.5\times 4+0.75\times 2$）/（3+4+2）≈ 1.67（元）

即平均每斤黄瓜的价格是 1.67 元。

---

① 从读者阅读理解的习惯考虑，这里暂沿用市制单位“斤”，1 斤=500g。

但是，从市场的角度看，全天黄瓜的平均价格是多少呢？我们不知道总销售量和具体的销售情况，要计算黄瓜在一天中的平均价格，首先要计算早、中、晚一元钱分别能买多少斤黄瓜，然后计算平均一元钱可以买多少斤黄瓜，最后便可得出黄瓜在一天中的平均价格。

早上 2.5 元买一斤，一元钱能买的黄瓜斤数是 1/2.5，类似地，中午和晚上一元钱能买的黄瓜斤数分别是 1/1.5、1/0.75。所以，平均一元钱可以买到的黄瓜斤数为

$$\left(\frac{1}{2.5}+\frac{1}{1.5}+\frac{1}{0.75}\right)\div 3=0.8$$

即平均一元钱可以买到 0.8 斤黄瓜。因此，黄瓜每斤的平均价格是 1/0.8=1.25（元）。将整个计算过程归结起来，就是上面的调和平均数公式。

6）温莎平均

温莎平均（Winsorized Mean）可以视为对截尾平均的一个发展。仍以数组 8，6，2，14，20，15，15，34，42，101，56 为例，不是在排序后的数组两端各截去 2 个数据，而是将最小的两个数 2，6 用 8 代替，将最大的两个数 56，101 用 42 代替，于是得温莎平均为

$$\bar{x}_{\mathrm{w}}=\frac{3\times 8+14+15+15+20+34+3\times 42}{11}=\frac{248}{11}\approx 22.55$$

一般地说，计算温莎平均时在将数组按从小到大顺序排列好之后，用第 g+1 个数 x_{g+1} 代替前面 g 个比较小的数，用第 $n-g$ 个数 x_{n-g} 代替后面 g 个比较大的数，于是保证了数组中数据的个数不变。计算温莎平均的公式为

$$\bar{x}_{\mathrm{w}}=\frac{(g+1)x_{g+1}+x_{g+2}+\cdots+x_{n-g-1}+(g+1)x_{n-g}}{n}$$

3．几个集中量数的比较

算术平均数、中位数、众数、截尾平均和温莎平均都是反映一组数据的集中量数，重要的是，在实际应用中要知道什么情况下能用哪一个集中量数，用哪一个比较合适。为此，我们在此对它们进行比较，并说明使用这些量数时应注意的一些问题。

算术平均数和中位数都有可能不是所讨论数组中的数值，只有众数必是数组中的数值。众数适用的范围最广，算术平均数只能用于对称且单峰的定距数据和定比数据，但一般来说，算术平均数比中位数包含的信息多，中位数比众数包含的信息多。中位数主要适用于定序数据，但当一组定距数据或定比数据出现极端值时，往往用中位数来描述这组数据的集中量数，而不用算术平均数来描述。另外，当分组数据是开口组时，算术平均数无法计算，也要用中位数来说明数据的集中趋势。截尾平均和温莎平均通过截去或修改极端值的方法来避免极端值的影响，是一个稳健的集中量数，同时它们较充分地利用了数据信息，因此，尽管目前人们还对这两种均值不甚熟悉，较少应用，但随着时间的推移，这两种均值必将会越来越被人们重视。

鉴于众数、中位数和算术平均数是应用最多的集中量数，表 3-6 对这三者进行了比较。当我们描述一组数据的集中趋势时，最好同时用两个或三个集中量数来描述它的分布。

表 3-6　三个主要集中量数的比较

	众　数	中　位　数	算术平均数
定义	在一个分布中出现频数最高的数据，用 M_{o} 表示	中位数是一个分布的中点，在它两边的数据个数相等，用 M_{d} 表示	将一组数据求和再除以总频数所得的商，用 $\bar{x}$ 表示；是一个分布的平衡点
适用的数据类型	各类数据均可；主要用于定类数据	定序数据；当一组定距数据或定比数据出现极端值时，往往用中位数	对称且单峰的定距数据和定比数据

续表

	众　数	中　位　数	算术平均数
优点	应用范围广 不受极端值影响	不受极端值影响，比较稳健	对所提供信息运用最充分，最有代表性，适合于代数运算
缺点	对个别值变动敏感，稳定性不好 对数据的信息利用不充分 不适合代数运算	对数据的变化不敏感 对数据的信息利用不充分 不适合代数运算	非常容易受极端值影响，甚至影响了它作为集中量数的代表性，在对调查数据进行统计分析或他人报告时都要注意

这里需要再三强调的是，在进行统计分析或阅读有关信息时，都要注意算术平均数的代表性。

例如，某项研究通过对 13511 名大学生进行问卷调查，得到了学生在学习期间获得的各项经济来源的数据，并计算出各项数据的特征（见表 3-7）。其中有 6892 名学生填写了获得奖学金的情况，得出中位数 250 元，众数零元，即有至少一半的学生（3446 人）获得的奖学金在 250 元以下，频数最多的是没有奖学金资助，但得出平均每人获得奖学金 442.75 元！原因就是奖学金的最大值是 10000 元。有人戏称“张家有财一千万，隔壁九个穷光蛋，平均起来算一算，个个都是张百万”，讲的便是对人均收入之类的统计指标要慎用。许多国家的政府在发布个人所得的集中趋势时，往往用中位数，而不是均值（算术平均数）。我国国家统计局在发布 2020 年前三季度的全国居民人均可支配收入时，不仅给出了均值 23781 元，还给出了中位数 20512 元。

表 3-7　学生各项经济来源的特征量数

	有效观测人数	均值（元）	标准差（元）	中位数（元）	众数（元）	最大值（元）
家庭资助	11627	5372.63	3128.47	5000	5000	40000
奖学金	6892	442.75	757.48	250	0	10000
助学金	5075	211.34	359.98	0	0	3000
贷款	4263	315.03	740.36	0	0	5000
勤工俭学	5688	390.01	681.98	100	0	5000
亲戚资助	5927	927.88	1277.32	500	0	10000
其他	2796	142.70	431.32	0	0	3000

3.2.2　数据的离中趋势

人们在比较两组数据的平均水平时，通常比较均值的大小，但是这样做并不总是合理的、可行的。例如，两组学生的考试成绩（单位：分）如下。

第一组：87，82，78，65，92，88

第二组：32，70，93，99，99，99

平均成绩均为 82 分，但两组数据的分布很不同。第一组的分数基本聚集在 82 分附近，82 分可以作为这组学生的平均水平；第二组的分数非常分散，最高分与最低分相差 67 分，82 分很难代表第二组的平均水平。因此，在讨论数据分布的特征时，仅用集中量数来说明是不够的，还需要有一个能够描述数据分布离散程度的量数。

数据分布的离散程度称为数据的离中趋势（Dispersion），即数据围绕中心点分布得非常集中还是比较分散，描述这种离散程度的数值称为差异量数。显然，一组数据的差异量数越小，集中量数的代表性就越好。常用的差异量数有以下几个。

1. 定性数据的差异量数——异众比率

异众比率（Variation Ratio）又称离异比率或变差比，是指非众数的频数占总频数的比率，用 V_r 表示。当异众比率 V_r 接近于零时，说明众数的频数很大，数组中几乎所有的数值（或数字）都相同，数据的离散程度很小，众数完全可以代表这个数组；当 V_r 接近于 1 时，说明众数的频数很小，在这种情况下，数据分布非常分散，众数的代表性就很差。

例如，对 200 名学生调查“当你烦恼时，最愿意倾诉的对象是谁？”，回答的统计结果如表 3-8 所示，于是可知众数为“知心朋友”，频数为 52，非众数的频数为 200−52=148，则

$$V_r = 148 \div 200 = 0.74$$

说明众数的代表性比较差。事实上，由表 3-8 可知，数据分布确实比较分散。

通常情况下很少用异众比率，但是，对于定类数据只能用异众比率，而不能用其他的差异量数。

表 3-8　“最愿意倾诉的对象”频数统计表

项目	知心朋友	父母	班主任	同学	写日记	其他
人数	52	32	24	44	26	22

2. 定量数据的差异量数

1）全距

全距（Range）也称极差，是一组数据中的最大值与最小值之差，通常用 R 表示。

例如，全班学生的成绩中最高分为 98 分，最低分为 56 分，则全班学生成绩的全距为 $R = 98 - 56 = 42$（分）。

全距简明地反映了一组数据的离散程度，但是它所关注的只是数组中的最大值和最小值，丢弃的信息太多，而且只要最大值或最小值有所变化，全距马上就会跟着变，这说明全距的稳定性不好。因此，全距并不能全面地反映数据的离散程度。

2）四分位差

一组数据按一定顺序排列好之后，将所有数据分为四等份（见图 3-7），上四分位数 Q_U 是从中位数到最大值之间的数组成的数组的中位数，下四分位数 Q_L 是从最小值到中位数之间的数组成的数组的中位数。四分位差（Quartilc Dcviation）就是上四分位数与下四分位数之差，也称为四分位距（Interquartile Range），用 Q_D 表示。

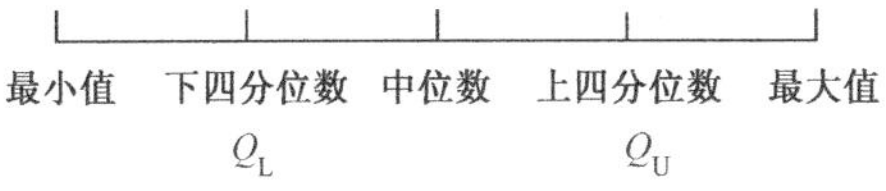

图 3-7　四分位数

四分位差在描述数据的离散程度时要比全距好，反映了数组中 50%的数据的离散程度，但它依然没有利用全部数据，还有 50%的数据没有考虑在内，同时，四分位差也不便于进一步的数学运算。四分位差表明了数据在中位数周围波动的情况，如果 Q_D 的值比较小，则说明数据比较集中在中位数附近；反之则比较分散。同中位数一样，当一组定距数据或定比数据包含特大或特小的极端值时，用四分位差表示数据的离中趋势相对好些。

3）方差与标准差

平均差（用 MD 表示）是数组中每一个数与均值之差（称为离差，Dispersion）的绝对值的均值。设数组为 x_1，x_2，…，x_n，则

$$\mathrm{MD}=\frac{\sum|x_i-\bar{x}|}{n}$$

为了能够适合代数运算，将离差的绝对值用离差的平方代替，即

$$\frac{\sum(x_i-\bar{x})^2}{n}$$

即各个数据到均值的距离的平方和的均值，称为该组数据的方差（Variance），记为 S^2，其计算式为

$$S^2=\frac{\sum(x_i-\bar{x})^2}{n}$$

为使原量纲保持不变，将其开方，并称其为该组数据的标准差（Standard Deviation），其计算式为

$$S=\sqrt{\frac{\sum(x_i-\bar{x})^2}{n}}$$

方差和标准差全面准确地反映了数据偏离均值的程度。标准差越大，说明数据分布的离散程度就越大；标准差越小，说明数据分布的离散程度越小，数据都集中在均值的附近。

由于在标准差的计算过程中用到了均值，所以标准差也会受数据中极端值的影响。仍以数组 2，2，3，3，7，9，9 为例，其标准差为 3.215，而数组 2，2，3，3，7，9，999 的标准差变成了 375.96，可见极端值对标准差的影响有多大！

4）变异系数

在对调查数据进行统计分析的过程中，有时需要比较两个变量的离散程度。当两个变量性质相同、计量单位相同并且均值相差不大时，可以直接用方差或标准差来比较它们的离散程度。但是，如果资料的性质不同、单位不同，或单位相同而均值差异较大，就不能直接用方差和标准差来比较它们的离散程度。例如，我们要比较居民收入与住房面积哪一个离散程度大，收入的单位是万元，住房面积的单位是平方米，二者用标准差根本无法比较。为此，引进表示离中趋势的一个相对量数——变异系数（Coefficient of Variation）。

变异系数是将一个变量的差异量数除以它的集中量数，再乘以 100%所得到的值，用 CV 表示。显然，该量数没有量纲。

例如，某班学生的身高均值是 167cm，标准差为 9cm；体重的均值是 44.5kg，标准差为 5.172kg。身高和体重的变异系数分别为

$$\mathrm{CV}_{身高}=\frac{9}{167}\times100\%\approx5.4\% \qquad \mathrm{CV}_{体重}=\frac{5.172}{44.5}\times100\%\approx11.62\%$$

由此可见，体重的离散程度比身高的离散程度要大。

在对数据进行统计分析的过程中，变异系数有着重要的作用。

首先，通过变异系数可以考察均值作为一组数据的平均水平是否具有代表性。教育统计资料的变异系数，一般为 5%～35%。通常 CV 值超过 35%，应考虑所求得的均值是否为合适的集中量数；小于 5%，则应考虑所求得的均值与标准差是否计算有误，或抽样实验程序是否得当[①]。这就是说，当变异系数超出了一定的范围时，需要对数据的分布形态等进行进一步的考察，以防出现某些疏漏。例如，由表 3-7 知，除“家庭资助”外其余各项的标准差都大于均值，即变异系数都超过 100%，甚至贷款的变异系数比 200%还大，从变异系数的视角再次说

① 顾明远. 教育大辞典（第七卷）[M]. 上海：上海教育出版社，1990：102.

明均值作为奖学金平均水平的代表性并不好。

其次，许多领域在考察数据的变动情况时使用变异系数，分析股票的波动情况便是其中之一。股票指数是一种统计指数，其基本功能是用均值的变化来描述股票市场的动态变化，用标准差描述股票的波动情况，用变异系数则可以对各种股票的波动进行比较。根据表 3-10 给出的各个股票指数的基本统计结果可知，均值的最大值为日经指数 16465.66，均值的最小值为上证指数 1364.11，因此在各指数之间的差异很大的情况下，要比较股票的波动情况，不能根据标准差进行判断，要根据变异系数进行判断。表 3-9 最后一列表明，纳斯达克指数的离散程度最高，即指数波动最大，而道琼斯指数的离散程度最低，指数波动最小。

表 3-9　股票指数的基本统计结果

变　量	N	最 小 值	最 大 值	均　值	标 准 差	变 异 系 数
道琼斯指数	504	7539.70	11722.98	9867.12	1043.09	0.1057
日经指数	492	12880.00	20727.00	16465.66	1902.89	0.1155
纳斯达克指数	505	1129.00	4075.00	2202.79	904.13	0.4104
恒生指数	494	6660.00	18302.00	11848.96	2920.96	0.2465
上证指数	485	1060.00	1811.00	1364.11	184.42	0.1366

数据来源：路透系统，1998 年 4 月 3 日至 2000 年 4 月 1 日的各指数的收盘数据。

3．使用差异量数时需要注意的问题

1）不同的变量类型要用不同的差异量数

定类变量只能用异众比率来度量其离散程度；定序变量主要用全距、四分位差来度量其离散程度；定距变量和定比变量主要用方差和标准差来度量其离散程度。在比较两个变量的离散程度时，如果单位不同或均值差异很大，要用变异系数，不能用标准差直接比较。

2）比较多个变量均值之间的差异必须辅以标准差

只有当标准差差异不大时，即两个变量分布的离散程度基本一样时，比较均值才有意义。反之，若标准差差异比较大，标准差大的一组，均值的代表性就差，就不能与另一个变量的均值进行比较。对于两个（或多个）变量，如何通过样本信息来推断各总体均值之间的差异将在第 5 章中介绍。

3）集中量数和差异量数的匹配问题

通常情况下，要将集中量数与差异量数结合在一起描述单变量分布的特征。因此，在使用中要注意二者的匹配：当集中量数用众数时，差异量数要用异众比率；当集中量数用中位数时，差异量数要用全距、四分位差；当集中量数用均值时，差异量数就要用方差或标准差。一般地说，如果定距数据或定比数据的分布是对称的，使用均值和标准差描述数据分布，代表性比较好。在数据分布为非对称、有极端值出现时，最好用中位数、最大值、最小值、上四分位数和下四分位数描述数据的分布，即采用五数综合的方法来描述。

3.2.3　偏度与峰度

对一组数据频数分布形态的描述，仅有集中量数和差异量数是不够的，事实上，对于连续型数据的频数分布曲线，除 J 形、反 J 形和 U 形（见图 3-8）外，我们经常见到的是频数分布曲线为对称曲线或钟形曲线，如图 3-9 所示，当均值、中位数和众数三者在频数分布曲线上合为一点时，即 $\bar{x}=M_{\mathrm{d}}=M_{\mathrm{o}}$，最常见的是正态分布曲线［见图 3-9（a）］。图 3-9（b）的曲线高峰出现在右侧，而长尾则从右侧逐渐延伸到左端，称频数分布曲线呈负偏态（Negative Skew）或左偏态。反之，图 3-9（c）的曲线高峰出现在左侧，而长尾则从左侧逐渐延伸到右端，称频数分布曲线呈正偏态（Positive Skew）或右偏态。

因此，对一组数据频数分布形态的描述，除集中量数和差异量数外，还必须有能描述分布曲线偏斜程度和峰态的特征量数，这就是偏度和峰度。

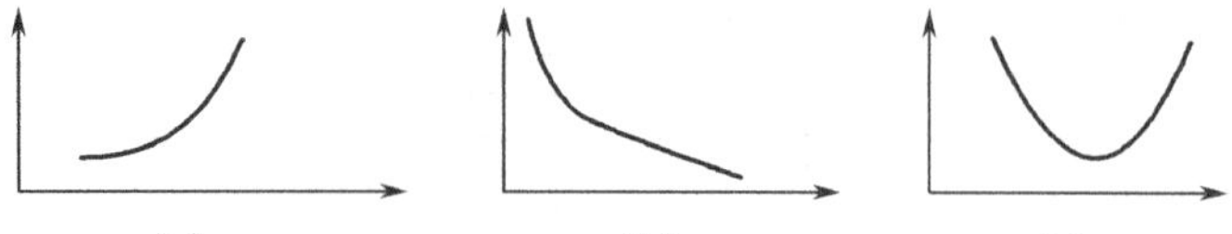

图 3-8　J 形、反 J 形与 U 形曲线

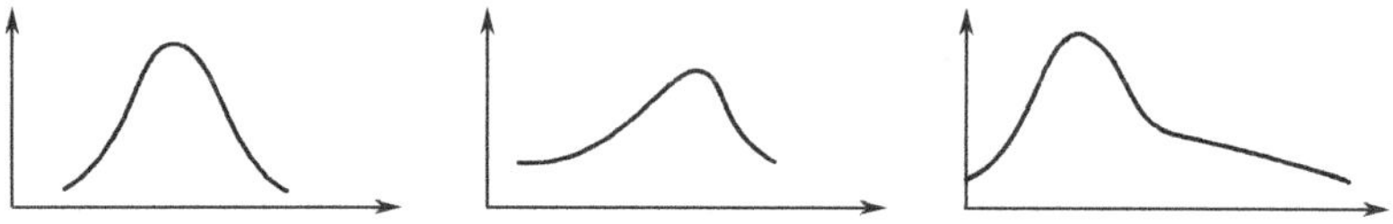

图 3-9　单峰曲线的形态

1. 偏度

偏度（Skewness）是描述频数分布相对于正态分布偏斜程度的量数，或者说是描述频数分布的对称性的量数，也称为偏态系数（Skewness Coefficient）。偏度大于 0 时，分布呈正偏态，频数分布曲线右侧会拖有一个长长的尾巴，数据主要集中在数值较低的一端；反之，偏度小于 0 时，分布呈负偏态，频数分布曲线左侧会拖一个长长的尾巴，数据主要集中在数值较高的一端。一般认为，在实际问题中，偏度为-0.5～+0.5，都可以认为分布是对称的。但要注意，只有在总频数大于 200 时，计算出的偏度才比较可靠①。

2. 峰度

峰度（Kurtosis）是描述频数分布峰态的相对量数，用以描述频数分布在均值附近密集的峰态高低与宽狭的程度，或者说峰度是表示数据分布集中于某一领域或者分散于整个分布上的程度，峰度也称为峰态系数（Kurtosis Coefficient）。

当峰度等于 0 时频数分布为正态分布；当峰度小于 0 时，频数分布曲线要比正态分布曲线的峰低，称频数分布是低阔峰，也称为平峰分布（Platykurtic）；当峰度大于 0 时，频数分布曲线要比正态分布曲线的峰高，称频数分布为高狭峰，也称为尖峰分布（Leptokurtic）（见图 3-10）。

对于峰度需要注意两点：第一，从上述判断法则可以看出，无论是高狭峰还是低阔峰，都是相对于正态分布而言的；第二，与偏度类似，只有在总频数大于 1000 时，计算出的峰度才比较可靠②。

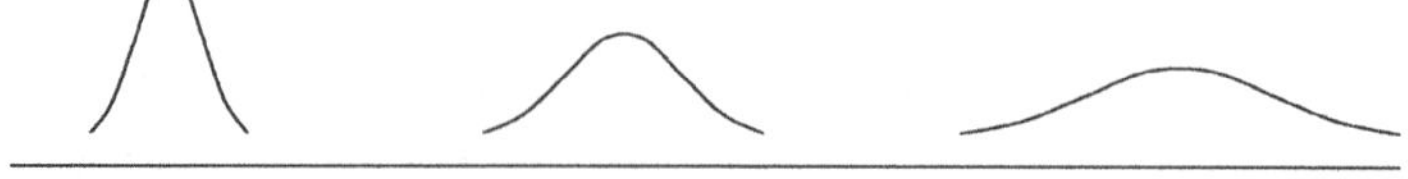

图 3-10　峰度不同的频数分布曲线

① 王孝玲. 教育统计学（修订第二版）[M]. 上海：华东师范大学出版社，2001：67.

② 王孝玲. 教育统计学（修订第二版）[M]. 上海：华东师范大学出版社，2001：70.

3. 对正态分布曲线的进一步描述

为了正确地理解偏度的含义，我们对正态分布曲线的特征再进行一些比较精确的描述。

（1）均值$\bar{x}$、中位数M_d和众数M_o相等：$\bar{x}=M_d=M_o$（见图 3-11）。

（2）均值对应曲线的最高点。

（3）曲线从最高点向左右延伸时，在均值左右 1 个标准差之内，曲线是凸的，之后曲线是凹的，也就是说，曲线的拐点在左右 1 个标准差处。

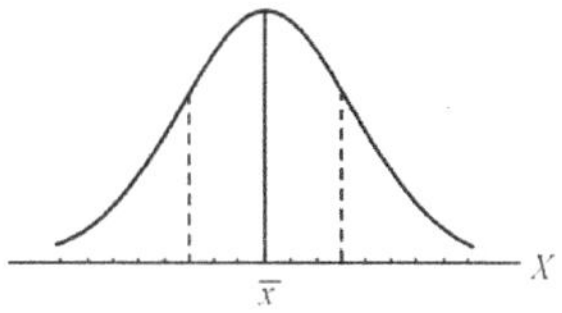

图 3-11　正态曲线

（4）正态分布曲线的形状取决于变量的两个参数：均值和标准差。均值决定了正态曲线的位置，而标准差决定了正态曲线的形态。当均值确定后，标准差越大，曲线就越低阔；标准差越小，曲线就越高越窄（见图 3-12）；当标准差确定后，随着均值越来越大，曲线就沿着 X 轴越往右移；随着均值越来越小，曲线就沿着 X 轴越来越往左移（见图 3-13）。

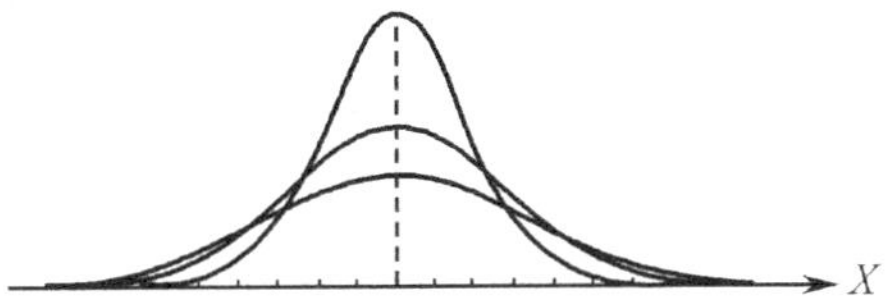

图 3-12　均值相同、标准差不同的正态曲线

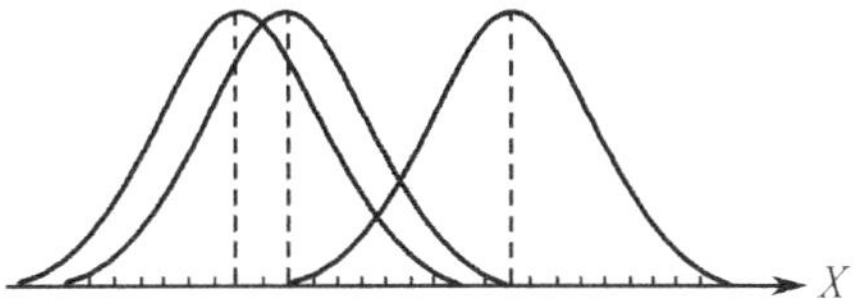

图 3-13　标准差相同、均值不同的正态曲线

如果正态分布的均值为 0，标准差为 1，就称该曲线为标准正态分布曲线。

对于服从正态分布的变量，其正态曲线可用两种形式加以描述：以各个数据的频数为纵轴或以各个数据的频率为纵轴。

3.2.4　相对量数

除描述一组调查数据分布特征外，有时我们还希望描述某一个数据在总体中的位置（如某个学生的高考成绩在所有考生成绩中的位置），相对量数可以实现这一要求。

调查问卷的卷面数据通常称为原始数据，而考试的卷面成绩称为原始分数（Raw Score）。为叙述方便，我们将它们统称为原始分数。

原始分数往往不具有可加性和可比性。例如，高考时，数学题目相对容易，考生普遍考得好，而物理题目难度较大，分数普遍低，这样数学的 80 分与物理的 80 分就不可比，正如 1 米与 1 厘米，两个“1”是不能相加的，所以用高考总分决定录取就不甚合理，目前会给每个考生一个“标准分”，这个标准分反映了每个人在所有考生中的相对位置，是居前、居中还是靠后。

一般地说，为了表明某个原始分数所处的相对位置，就必须依据某种规则将原始分数转化为一个新的分数，即要寻求一个具有一定的参照点和测量单位的量表。位置量数（Point Measure）就是表明一个原始分数在总体分数中所处位置的量数，也称为地位量数、相对量数。标准分和百分位数是经常用到的两个相对量数。

1. 标准分

标准分（Standard Score）是用原始分数与平均分之差，除以标准差所得的商数：

$$Z=\frac{X-\mu}{\sigma}$$

其中，X 为原始分数；μ 为总体原始分数的平均分；σ为总体原始分数的标准差。标准分也称为 Z 分数（Z-score）。如果是样本数据，则 μ 和σ分别用样本的均值 $\bar{X}$ 和标准差 S 代换。

标准分是以原始分数的平均分为相对零点，以标准差为单位来表示的定距量表分数。标准分没有量纲，它是以标准差来衡量某一原始分数与平均分的差，即刻画了原始分数在平均分以上 Z 个标准差（$Z>0$）或在平均分以下 Z 个标准差（$Z<0$）的位置上，从而表明了原始分数的相对位置。

例如，某班数学考试成绩的平均分为 72 分，标准差为 8 分，甲考了 88 分，那么甲的标准分为 $Z=(88-72)\div 8=2$。根据正态分布表（见表 3-10），可知在他的后面有 97.72%的人，或者说，他排在前 2.28%的位置。

表 3-10　标准正态分布表（节选）

Z	0	1	2	3	4	5	6	7	8	9
1.0	0.8413	0.8438	0.8641	0.8485	0.8508	0.8531	0.8554	0.8577	0.8599	0.8621
1.5	0.9332	0.9345	0.9357	0.9370	0.9382	0.9394	0.9406	0.9418	0.9430	0.9441
2.0	0.9772	0.9778	0.9783	0.9788	0.9793	0.9798	0.9803	0.9808	0.9812	0.9817

再如，表 3-11 给出了两名学生的研究生入学考试的成绩（专业考试成绩基本相当，不具有可比性，仅给出全国统一考试科目的成绩），现在只能有一人参加复试，从考试成绩看应该选择哪一位呢？如果我们按原始分数计算总分，应该选择考生乙参加复试。但如果按标准分计算总分，就会选甲。

表 3-11　两名学生参加研究生入学考试的成绩统计表

科　目	原始分数		全体考生		标准分	
	甲	乙	平均分	标准差	甲	乙
英语	62	53	50	8.10	1.500	0.370
数学	74	71	67	9	0.778	0.444
政治	76	90	74	10	0.200	1.600
总和	212	214	—	—	2.478	2.414

标准分不仅在评价学生的成绩上更为科学，而且可以判断在样本数据中是否存在异常值。例如，对于大样本来说，可认为变量服从正态分布，异常值通常为 3 个标准差之外的变量值，于是，可以通过对数据进行标准化处理，判断考试分数有无异常值，如将数组分为 3 组：$Z\leqslant -3$、$-3<Z<3$、$Z\geqslant 3$。如果数据在第一组或第三组的比例大于理论值的 0.3%，可以认为存在一定的异常值。

另外，在社会科学研究中所涉及的变量是多种多样的，不仅数量级有时会有很大的差别，而且量纲也不完全一样。例如，有人在研究国家财政收入的数学模型时，涉及的变量有 7 个，因变量为国家财政收入，自变量有工业总产值、农业总产值、建筑业总产值、社会商品零售总额、人口数和受灾面积。这些变量的单位分别为亿元、万人和万公顷，数量级相差也很大，只有将原始数据均转化为标准分之后，建立的回归模型才能说明哪个自变量对国家财政收入的影响更大。因此，许多统计分析方法的第一步就是对数据进行标准化处理，将原始数据转换为标准分。

2. 百分位数

百分位数（Percentile）是四分位数的扩展，正如有 25%的数据小于下四分位数一样，第 k 个百分位数是指在一组数据中有 k %的数据小于它，即在数轴上，它的左边有这组数据中的 k%

个数据。由此可知，上四分位数就是第 75 个百分位数，下四分位数就是第 25 个百分位数。百分位数是一个顺序量表，它所揭示的是一项分布中每个数据相对于其他数据的位置。对于任何一组定量数据，都可以求出第 5 个、第 10 个百分位数或任一指定的百分位数。

3.2.5　参数估计

根据调查数据计算得到的各种特征量数是样本的特征量数，而总体的特征量数（称为参数）仍为未知。在统计学中，将通过样本对总体的未知参数进行估计称为参数估计。参数估计一般有两种方法：点估计和区间估计。

1. 点估计

现实中我们经常会进行“点估计”，如测量一个桌子的边长，为得到一个比较精确的数值，可以多测量几次，然后计算测量的平均值。统计学的大数定律也表明，在足够多次的观察中，得到的随机变量的均值总会稳定在它的期望值附近。于是，只要通过大量的观察和试验，个别的偶然性在一定的程度上就会相互抵消、相互补偿，从而显示出总体的规律性。当调查总体的参数（如均值）未知时，我们用样本的相应统计量的值作为总体的未知参数的估计值，这就是通常所讲的“点估计”（Point Estimation）。

点估计的方法有许多种，用得最多的方法是矩法（Method of Moment），用样本的特征量数来估计总体相应的未知参数。例如，在全市随机抽取 1000 名 12 岁的男孩，如果平均身高 $\bar{x}$ 为 153 厘米，那么，就把 153 厘米作为全市 12 岁男孩的平均身高 μ 的估计值。

另一种用得比较多的方法是最大似然估计法（Maximum Likelihood Estimate，MLE），其基本思想是：一次试验就发生的随机事件应该是出现概率最大的事件。例如，一个袋子里装着大小、质地相同的几百个球，有红球、白球和黑球，如果我们从袋子里随机摸出一个球是黑球，就会认为这个袋子里的黑球最多；如果随机摸出 10 个球，其中有 7 个黑球、2 个红球、1 个白球，就会估计这个袋子里黑球最多，红球要比黑球少得多，白球最少；如果随机摸出 100 个球，有 70 个黑球、20 个红球、10 个白球，我们就会估计这个袋子里黑球、红球、白球的比例大概是 7∶2∶1。从数学上可以证明，样本的均值也是总体均值的最大似然估计值。

面对各种各样的估计量（Estimator），评价不同点估计方法优劣的标准有三个：

第一，无偏性。该估计量分布的均值是否等于总体相应的参数，如果等于，说明估计量除了随机误差（偶然性原因引起的误差），不会有系统误差。此时就称该估计量为无偏估计量（Unbiased Estimator）。

第二，有效性。抽样分布的方差越小，说明用样本计算出的估计值越集聚在总体未知参数附近，因此，要考虑该估计量分布的方差是不是比用其他方法得到的估计量分布的方差都小，如果是，则称该估计量为有效估计量（Efficient Estimator）。

第三，一致性。如果我们面对的是大样本，还要考察随着样本容量的增加，估计量的值是不是可以越来越接近总体参数，如果是，就称其为一致估计量（Uniformly Estimator）[①]。

样本的均值、中位数和众数都是一致最小方差无偏估计量，根据上述标准，我们可以分别用这些估计量来估计总体的均值、中位数和众数，用样本的比例来估计总体的比例。但是，从数学上可以证明，总体方差 σ^2 的无偏估计量（Unbiased Estimate of the Population Variance），不是样本的方差，而是

① 用严格的数学语言表述，应是“当样本容量趋于无穷大时，若估计量依概率收敛于总体待估参数，则称该估计量为一致估计量”。

$$\frac{\sum(X_i-\bar{X})^2}{N-1}$$

（分母为 N-1），仍记为 S^2，称为样本方差。相应地，总体标准差的估计量为

$$\sqrt{\frac{\sum(X_i-\bar{X})^2}{N-1}}$$

仍记为 S，称为样本标准差。因此，样本方差并不是样本的方差，样本标准差也不是样本的标准差。样本方差是总体方差的无偏估计量，样本标准差不是总体标准差的无偏估计量。

用点估计法对总体未知参数做出推断十分简单，可以不依赖于总体分布的具体形式，不论总体分布如何，总可以用样本的均值来估计总体的均值，用样本方差来估计总体的方差，而且只要样本量充分大，估计的精度也比较高，所以应用广泛。统计软件 SPSS 有多种途径来计算样本统计量的值，这些数值不仅是对样本数据特征的描述，也是对总体参数做出的估计。

2．区间估计

通过点估计，我们可以得到总体未知参数的一个估计值。但是，由于总体参数的真值是多少我们并不知道，估计值与真值到底相差多少也不清楚，或者说，不知道点估计值的精度如何。因此，希望能通过样本估计出总体未知参数真值所在的一个范围或一个区间，这就是区间估计（Interval Estimation），所给出的范围称为置信区间（Confidence Interval），对这个估计结果的把握性（或称之为可靠性），就是估计的置信水平或置信度（Confidence Level）。若要求有 95%的把握，就说要求置信水平为 95%，或者说，犯错误的概率只有 5%，记为α=0.05，并将置信水平记为 1−α。置信区间是根据所要求的置信水平计算出来的，因此，所谓区间估计，就是根据所给定的置信水平估计总体的未知参数 Q 的置信区间。

1）总体均值的区间估计

我们用一个例子来简要说明均值的置信区间是如何得出的。

已知某校学情调查中，被调查学生的总数为 n=415，在环境利用上的平均分 $\bar{X}$=25.06，标准差 S=4.57。现在要对全校学生的环境利用平均分μ做出区间估计，并要求置信水平为 95%，即要求所求的区间有 95%的把握覆盖住μ，或者说，犯错误的概率只有 5%。

求置信区间就是要求出区间的两个端点 $\hat{\mu}_1$、$\hat{\mu}_2$，使得

$$P(\hat{\mu}_1 \leqslant \mu \leqslant \hat{\mu}_2)=0.95$$

经推导可知[①]：

$$\hat{\mu}_1=\bar{X}-1.96\times\frac{S}{\sqrt{n}} \qquad \hat{\mu}_2=\bar{X}+1.96\times\frac{S}{\sqrt{n}} \tag{1}$$

将该校数据代入公式，得平均分μ的置信水平为 95%的置信区间是(24.62, 25.50)。24.62 为置信区间的下限，25.50 为置信区间的上限。如果将置信水平改为 99%，那么，就要将 1.96 改为 2.58，置信区间就会变为(24.50, 25.64)。由此可知，如果要求这个区间覆盖住μ的把握性很大，即概率比较高，我们估计的区间肯定就会相对宽一些，反之，如果要求不是很高，估计的区间就会相对窄一些。

在以后的讨论中还会涉及两个概念，即抽样分布（Sampling Distribution）和标准误（Standard Error）。仍以均值为例，我们每抽取一个容量为 n 的样本，就会有一个样本的均值，抽 200 个样本，就会有 200 个均值，如果一直抽下去，那么这些均值就会形成一个新的分布，这个分布

① 对推导过程感兴趣的读者可查阅相关的统计学书籍。

就称为抽样分布。更一般地说，统计量的分布称为抽样分布。显然，我们不可能一直抽下去，所以这个分布是一个理论上的分布。统计学研究表明，这个分布的均值就是总体的均值，其方差是总体方差的 n 分之一，而且随着 n 的增加，标准差 $\sigma/\sqrt{n}$ 会越来越小，统计学上将抽样分布的标准差称为标准误差（Standard Error），简称标准误。

2）总体比例的区间估计

在对调查数据进行统计分析时，常常需要估计总体中具有某种特征的单位占总体全部单位的比例。例如，新冠肺炎疫情严重时期对实施居家隔离措施持赞成态度的人所占比例，有近视眼的学生占全校学生的比例等。我们称总体中具有某种特征的单位占总体全部单位的比例为总体比例，记为 π（注意，这里 π 不是圆周率）；称样本中具有某种特征的单位占样本全部单位的比例为样本比例，记为 P。

（1）比例可以视为 0-1 变量的均值。

当考虑总体中某一类所占的比例时，实际上是将总体划分成两类，即所有不属于这一类的均归于另一类，我们可以分别赋值为 1 和 0。例如，假定某专业学生中有 85 人数学考试成绩及格，15 人数学考试成绩不及格，显然及格的比例是 0.85。如果成绩及格者赋值为 1（不是标记为 1），不及格者赋值为 0，对这 100 个数据求均值，有

$$\mu=\frac{1+1+\cdots+1+0+0+\cdots+0}{100}=\frac{85}{100}=0.85$$

均值与数值 1 在总体中所占的比例相等，均为 0.85。

显然，这个结果可以推广到一般的情况，即样本比例等于取自 0-1 总体的对应样本的均值，总体比例也等于 0-1 总体的均值。

（2）将计算样本比例转化为计算样本均值。

将计算样本比例转化为计算样本均值的步骤如下。

第一步：引进 0-1 变量，将要计算比例的一类赋值为 1，其他类赋值为 0。

第二步：求该变量的均值，便得到了对应于 1 的比例。

（3）求总体比例的区间估计转化为求均值的区间估计。

这个过程也是我们应用 SPSS 估计总体比例置信区间的过程（参见 3.4 节）。

3）正确理解置信区间和置信水平

对置信区间和置信水平的理解，应把握住以下四点：

第一，由公式可知，置信区间是随着样本方差、置信水平及样本容量的不同而不同的，其上、下限均是随机变量。总体未知参数（如均值 μ）是客观存在的数，是一个固定的值，不是随机变量。因此，把置信水平 $1-\alpha$ 理解为“总体参数落在某个区间内的概率是 $(1-\alpha)$，落在该区间外的概率是 α”是错误的。

第二，置信区间给出的是总体未知参数可能的范围，如果估计量有关的分布是对称的，则所求的置信区间是以点估计值为中心的对称区间，此时置信区间可表示为“点估计值±估计的误差范围”；如果估计量有关的分布是非对称的，则置信区间通常是非对称的。例如，正态分布总体方差的置信区间就是非对称区间。

第三，我们知道，做一次抽样调查是很不容易的，不可能重复进行多次调查，当我们对总体未知参数进行区间估计时，只能依据现有的样本进行，因此所得到的置信区间，要么覆盖了总体未知参数，要么总体未知参数位于置信区间之外，不能将置信水平 $1-\alpha$ 理解为“根据某次抽样所求的置信区间包含总体参数的概率是 $(1-\alpha)$”。我们讲置信水平为 95%，是指有 95%

成功的可能，即如果我们选取了容量相同的 100 个样本，那么在所估计的 100 个置信区间中，可能有 95 个置信区间覆盖了待估的总体未知参数，还有 5 个置信区间，总体未知参数没在其中（见图 3-14），或者说，犯错误的概率是 5%。这就好像我们平时玩“套圈”一样，我们玩 100 次，可能有 95 次将圈套在目标上，不同的是，玩套圈时目标是明确的，每次是否套上了我们都很清楚，但在估计置信区间时，总体参数是未知的（目标并不清晰），而且也不知道我们每次估计的区间是不是将总体参数真的覆盖了，但我们知道成功的可能性是 95%。

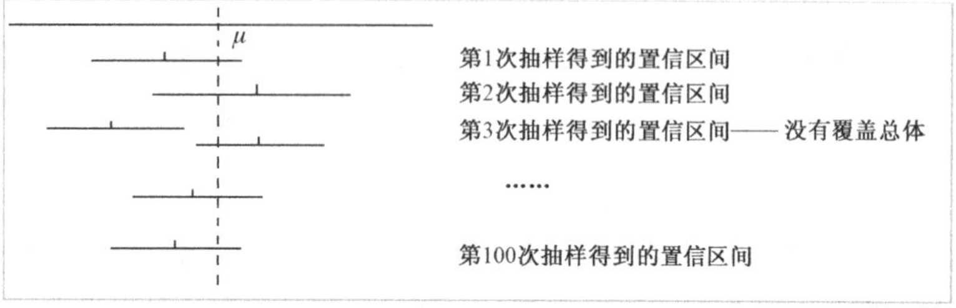

图 3-14　对置信区间的理解

第四，我们总是希望置信水平越高越好，因为置信水平高，对置信区间的估计的把握性就大，同时希望估计的置信区间越小越好，因为置信区间小，表明精确度高。但事实上置信水平与估计的精确度都高是不可能的，要想把握性大，置信区间必然要宽，置信区间窄，覆盖总体参数的把握性肯定会减小。故应根据具体情况来确定置信水平或估计的精确度。

3.3　利用 SPSS 进行单一题目的统计分析

利用 SPSS 进行单变量的描述统计分析，应用最多的是“分析（Analyze）”菜单下的“描述统计（Descriptive Statistics）”子菜单，包括“频率（Frequencies）”命令、“描述（Descriptives）”命令和“探索（Explore）”命令，我们通过案例说明具体的操作方法。

【案例 3.1　对“年级”变量与“焦虑”变量进行描述统计分析】

“学习焦虑”是《北京市大学生学习状况调查问卷》中的一个维度，用于了解大学生在学习中存在学习焦虑的程度。在数据文件“统计分析案例”中，将有关焦虑的题目合成为一个综合分数，变量名为“焦虑”。试对“年级”变量和“焦虑”变量进行描述统计分析。案例 3.1 的思维导图如图 3-15 所示。

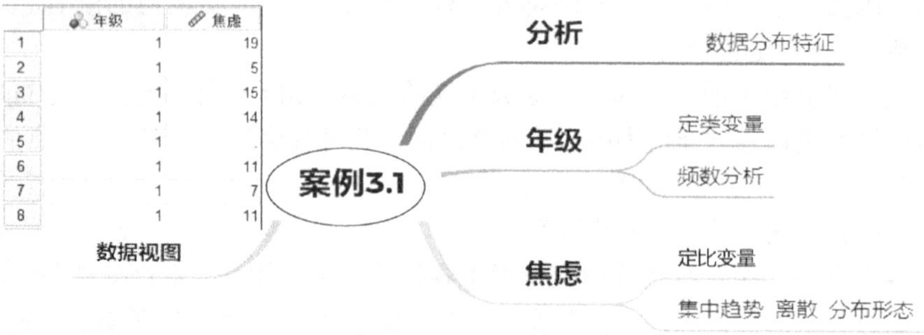

图 3-15　案例 3.1 的思维导图

由于“年级”为定类变量，“焦虑”为定比变量，使用的统计分析方法不同，要分别进行讨论。

3.3.1　利用“频率（Frequencies）”命令进行描述统计分析

1．对定性变量“年级”的频数分析

【操作步骤】

（1）打开数据文件“统计分析案例”。

（2）依次执行“分析（Analyze）”→“描述统计（Descriptive Statistics）”→“频率（Frequencies）”命令，弹出“频率”对话框（见图 3-16）。

该对话框中除源变量框外，还有“变量（Variable(s)）”框及五个功能按钮：“统计（Statistics）”“图表（Charts）”“格式（Format）”“样式（Style）”“自助抽样（Bootstrap）”。左下角的“显示频率表（Display frequency tables）”复选框用于输出频数分布表（当不需要输出频数分布表时可取消勾选该复选框）。

（3）将左侧源变量框中的“年级”变量通过单击向右的箭头按钮，移入“变量（Variable(s)）”框中。勾选“显示频率表（Display frequency tables）”复选框，以便输出频数分布表。

（4）单击“图表（Charts）”按钮，弹出“频率：图表”对话框（见图 3-17），在“图表类型（Chart type）”选项组中有四个单选按钮，因为“年级”为定类变量，故选中“条形图（Bar charts）”单选按钮［也可选中“饼图（Pie charts）”单选按钮］，下方的“图表值（Chart Values）”选项组被激活，选中“百分比（Percentages）”单选按钮［也可选中“频率（Frequencies）”单选按钮］。单击“继续（Continue）”按钮，回到“频率”对话框。

（5）按系统默认形式输出统计结果，不必单击“格式（Format）”按钮。

（6）单击“确定（OK）”按钮，提交系统运行。

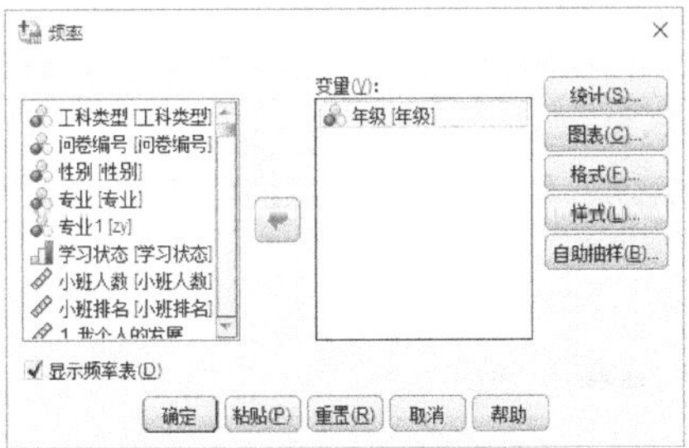

图 3-16　将“年级”移入“变量”框

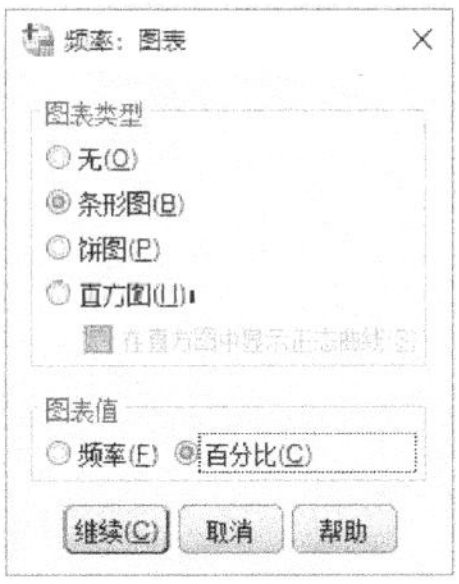

图 3-17　“频率：图表”对话框

【输出结果】

“输出（Output1-SPSS Viewer）”窗口给出了两个统计表和一幅统计图（见表 3-12、表 3-13 和图 3-18）。

（1）个案处理摘要表（见表 3-12）。表 3-12 表明，“年级”的有效人数为 446 人，缺失值为 0 个，说明学生都填写了自己所属的年级。

（2）“年级”变量频数分布表（见表 3-13）。表 3-13[①]依次给出了各年级的频数、百分比、有效百分比和累积百分比。其中“百分比”是按学生总数 446 人计算每个年级人数占总人数的

① 表 3-13 及此后凡在 SPSS 功能介绍、操作步骤、输出的图表中出现的“频率”二字均应为“频数”。

百分比，“有效百分比”是按有效人数 446 人计算的百分比，累积百分比是将有效百分比从上往下累加的，如三年级以下的学生占有效人数的 77.4%。

表 3-12 个案处理摘要表

统 计		
年 级		
个案数	有效	446
	缺失	0

表 3-13 “年级”变量频数分布表

年 级					
		频 率	百 分 比	有效百分比	累积百分比
有效	大一	125	28.0	28.0	28.0
	大二	105	23.5	23.5	51.6
	大三	115	25.8	25.8	77.4
	大四	101	22.6	22.6	100.0
	总计	446	100.0	100.0	

（3）“年级”变量的条形图。图 3-18 是“年级”变量未编辑的条形图，图 3-19 为“年级”变量经过编辑后的条形图。利用图形编辑窗口还可以将条形图转换为饼图（见图 3-20）或线图（见图 3-21）。

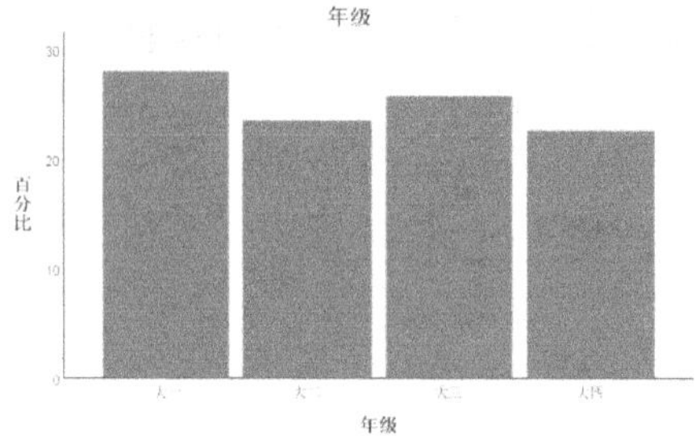

图 3-18 “年级”变量未编辑的条形图

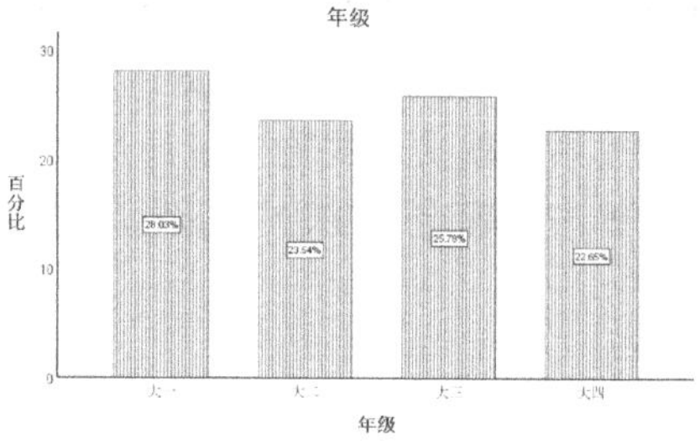

图 3-19 “年级”变量经过编辑后的条形图

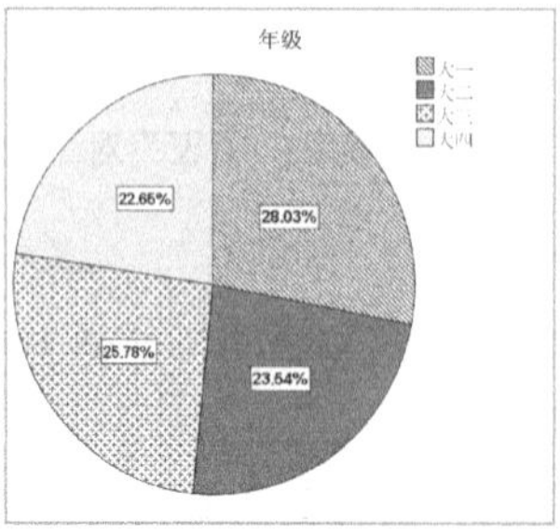

图 3-20 “年级”变量的饼图

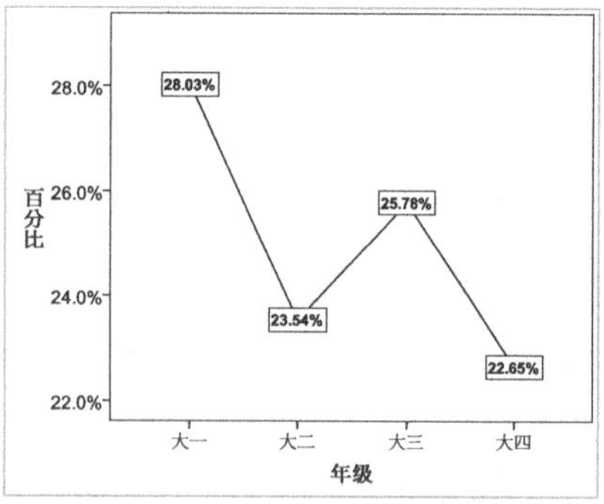

图 3-21 “年级”变量的线图

2. 对定量变量“焦虑”的统计分析

【操作步骤】

（1）打开数据文件后，依次执行“分析（Analyze）”→“描述统计（Descriptive Statistics）”→

“频率（Frequencies）”命令，弹出“频率”对话框。将“焦虑”变量移入“变量（Variable(s)）”框。“焦虑”为定比变量，如果勾选左下角的“显示频率表（Display frequency tables）”复选框，输出的频数分布表会很长，这里不勾选该复选框。

（2）单击“统计（Statistics）”按钮，弹出“频率：统计”对话框（见图 3-22）。“频率：统计”对话框中有四个选项组：“百分位值（Percentile Values）”“集中趋势（Central at Tendency）”“离散（Dispersion）”“表示后验分布（Characterize Posterior Distribution）”，另有“值为组的中点（Values are group midpoints）”复选框。

①“百分位值（Percentile Values）”选项组中有三个复选框。

- 四分位数（Quartiles）：输出第 25 个、第 50 个、第 75 个百分位数。
- 分割点□相等组（Cut points for□equal groups）：按参数框中给定的值，将数据等分，输出各分点的百分位数。如输入 10，则输出第 10 个、第 20 个、第 30 个、…、第 70 个、第 80 个、第 90 个百分位数。需要注意的是：参数框中设定的值要在 2～100 之间。
- 百分位数（Percentile(s)）：输出用户所要求的百分位数。在参数框内输入需要输出的数值（在 0～100 之间），单击“添加（Add）”按钮。如果需要输出多个百分位数，重复操作即可。如果要改变已定义的百分位数，就选中该百分位数，然后重新输入数据，单击“更改（Change）”按钮；如果要删除已定义的百分位数，就选中该百分位数，然后单击“除去（Remove）”按钮。

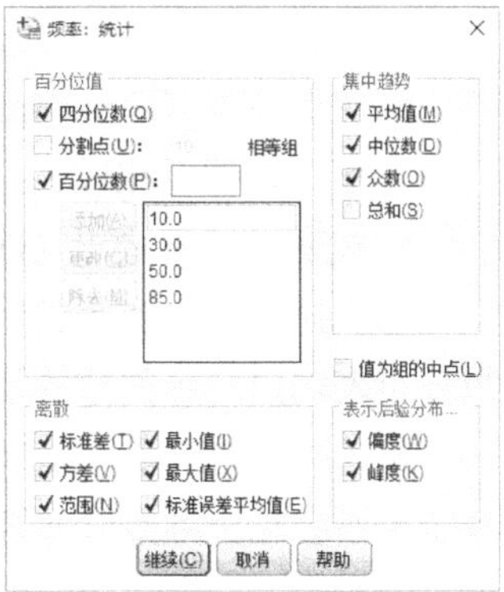

图 3-22　“频率：统计”对话框

②“集中趋势（Central at Tendency）”选项组：有“平均值”“中位数”“众数”“总和”四个复选框。

③“离散（Dispersion）”选项组：有“标准差”“方差”“范围”“最大值”“最小值”“标准误差平均值”六个复选框。

④“表示后验分布（Characterize Posterior Distribution）”选项组：有“偏度”与“峰度”两个复选框。

另外，如果数据已经分组，且用各组的组中值代表各组数据，则在计算百分位数和中位数时要勾选“值为组的中点（Values are group midpoints）”复选框。

我们的选择如图 3-22 所示。

（3）单击“继续（Continue）”按钮，返回“频率”对话框。再单击“图表（Charts）”按钮，弹出“频率：图表”对话框，在“图表类型（Chart type）”选项组中选中“直方图（Histograms）”单选按钮，并勾选下方的“在直方图中显示正态曲线（With normal curve）复选框”，参见图 3-17。单击“继续（Continue）”按钮，回到“频率”对话框。

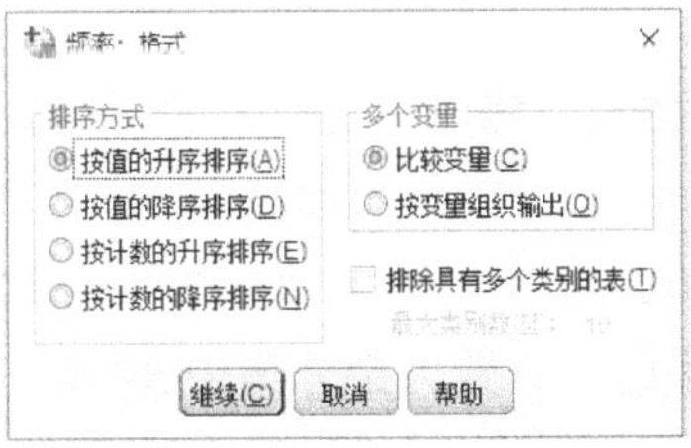

图 3-23　“频率：格式”对话框

（4）单击“格式（Format）”按钮，弹出“频率：格式”对话框（见图 3-23）。该对话框中有“排序方式（Order by）”和“多个变量（Multiple Variables）”两个选项组及一个“排除具有多个类别的表（Suppress tables with many categories）”复选框。

①“排序方式（Order by）”选项组提供了 4 种排列方式。

- 按值的升序排列（Ascending values）：此为系统的默认方式。
- 按值的降序排列（Descending values）：按变量取值降序排列。
- 按计数的升序排列（Ascending counts）：按变量各种取值发生的频数升序排列。
- 按计数的降序排列（Descending counts）：按变量各种取值发生的频数降序排列。

注意：如果没有选择排序方式，或选择了直方图，或在“频率：统计”对话框中勾选了“百分位数”复选框，则系统按变量值升序排列。

②“多个变量（Multiple Variables）”选项组提供了两种输出表格的方式。

- 比较变量（Compare variables）：将所有变量的相同统计项目的结果放在一个表格中输出，以便于比较。
- 按变量组织输出（Organize output by variables）：每一个变量的统计结果输出一个表。

③“排除具有多个类别的表（Suppress tables with many categories）”复选框：要求给出频数分布表输出的分类数的最大值，默认值为 10。如果勾选了该复选框，但变量的分类数超过 10，那么即使勾选了“显示频率表（Display frequency tables）”复选框，要求输出频数分布表，系统也不会输出频数分布表。当分类数不超过 10 时，可以在“最大类别数（Maximum number of categories）”后面的框中自行改变分类数，或者不勾选该复选框。

通常情况下，我们都按系统默认的格式输出统计图表，所以不必单击“格式（Format）”按钮。

（5）单击“确定（OK）”按钮，提交系统运行。

【输出结果】

输出窗口给出了统计量表（见表 3-14）和直方图（见图 3-24）。

（1）“焦虑”变量的特征量数。表 3-14 显示，有效个案数为 442 个，缺失值有 4 个，“焦虑”变量的最大值为 19，最小值为 4，平均值为 11.82，中位数（第 50 个百分位数）为 12.00，众数为 12，标准偏差（标准差）为 2.618，这些特征量数既是样本的特征量数，也是对学生总体在“焦虑”水平上的点估计。可以看出，学生的学习焦虑程度从总体上说是比较高的。

表 3-14 中还给出了平均值、偏度和峰度的标准误差（标准误），于是可以根据这些数值来估计总体的置信区间。例如，要求我们有 95%的把握，即置信水平为 95%，那么，根据平均值为 11.82，其标准误为 0.125，可得学生总体在“焦虑”变量上的置信区间为

$$\hat{\mu}_1 = \bar{X} - 1.96 \times \frac{S}{\sqrt{n}} = 11.82 - 1.96 \times 0.125 = 11.575 \approx 11.58$$

$$\hat{\mu}_2 = \bar{X} + 1.96 \times \frac{S}{\sqrt{n}} = 11.82 + 1.96 \times 0.125 = 12.065 \approx 12.07$$

置信区间为[11.58, 12.07]，即我们有 95%的把握说，学生总体在“焦虑”变量上的平均值在 11.58 到 12.07 之间。

（2）“焦虑”变量的直方图。表 3-14 中的偏度与峰度均在−0.5 与 0.5 之间，“焦虑”分数基本上服从正态分布，由图 3-24 可以更直观地看出这一点。“焦虑”分数大部分集中在 10～14 之间。将近有 40 名学生的“焦虑”分数在 15 分以上，我们需要特别关注。

表 3-14　“焦虑”变量的统计量

统计		
焦虑		
个案数	有效	442
	缺失	4
平均值		11.82
平均值标准误差		.125
中位数		12.00
众数		12
标准 偏差		2.618
方差		6.853
偏度		-.145
偏度标准误差		.116
峰度		-.116
峰度标准误差		.232
范围		15
最小值		4
最大值		19
百分位数	10	8.00
	25	10.00
	30	10.00
	50	12.00
	75	14.00
	85	14.00

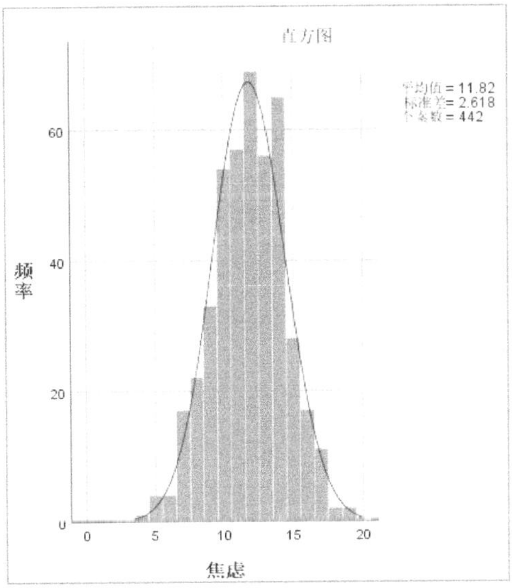

图 3-24　“焦虑”变量的直方图

3.3.2　利用“描述（Descriptives）”命令进行描述统计分析

对定量变量进行描述统计分析，还可以通过依次执行“分析（Analyze）”→“描述统计

（Descriptive Statistics）”→“描述（Descriptives）”命令来完成。我们仍以对“焦虑”变量进行描述统计分析来说明“描述（Descriptives）”命令的操作过程。

【操作步骤】

（1）打开数据文件“统计分析案例”。

（2）依次执行“分析（Analyze）”→“描述统计（Descriptive Statistics）”→“描述（Descriptives）”命令，弹出“描述”对话框（见图 3-25）。

该对话框中除源变量框外，还有“变量（Variable(s)）”框及三个功能按钮：“选项（Options）、“样式（Style）”“自助抽样（Bootstrap）”。在“描述”对话框左下角有一个“将标准化值另存为变量（Save standardized values as variables）”复选框，勾选该复选框后可以在数据文件中生成一个标准分的新变量，其变量名为“Z+原变量名”，如“Z 焦虑”。当需要计算某个变量的标准分时就要勾选该复选框。

我们将变量“焦虑”移入“变量（Variable(s)）”框，勾选“将标准化值另存为变量（Save standardized values as variables）”复选框。

（3）单击“选项（Options）”按钮，弹出“描述：选项”对话框（见图 3-26）。该对话框中有两个复选框和三个选项组。两个复选框为“平均值（Mean）”与“总和（Sum）”，系指算术平均值与算术和。三个选项组如下。

①“离散（Dispersion）”选项组：包括六个差异量数，即标准差（Std. Deviation）、方差（Variance）、范围（Range）、最小值（Minimum）、最大值（Maximum）和标准误差平均值（S.E.mean）

②“表示后验分布的特征（Characterize Posterior Distribution）”选项组：包括两个特征量数，即峰度（Kurtosis）和偏度（Skewness）。

③“显示顺序（Display Order）”选项组：对于统计量输出的顺序提供了四种选择。

- 变量列表（Variable list）：按变量移入“描述”对话框的“变量（Variable(s)）”框中的次序排列，为系统的默认项。
- 字母（Alphabetic）：按变量的字母顺序排列。
- 按平均值的升序排序（Ascending means）：按变量均值由小到大排列。
- 按平均值的降序排序（Descending means）：按变量均值由大到小排列。

我们从中选择的各项如图 3-26 所示，统计量输出顺序选择默认形式。单击“继续（Continue）”按钮，返回“描述”对话框。

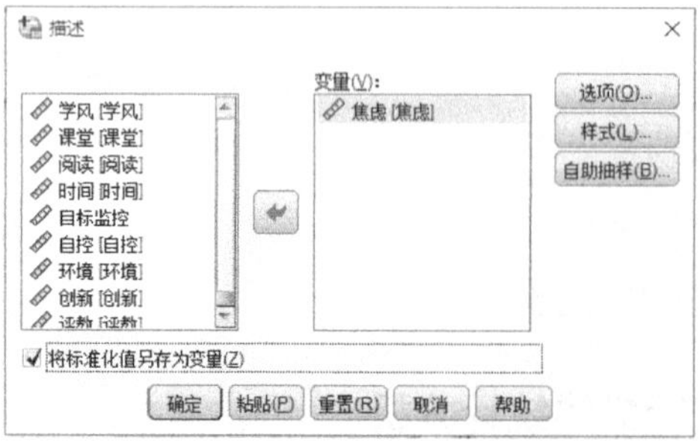

图 3-25　“描述”对话框

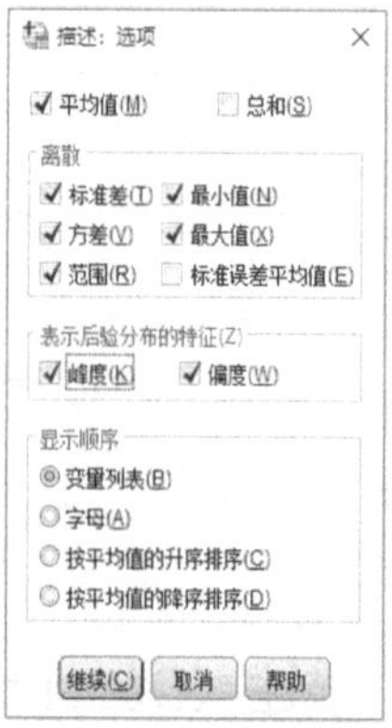

图 3-26　“描述：选项”对话框

（4）单击“确定（OK）”按钮，提交系统运行。

从“描述：选项”对话框中可以看出，统计量中除最大值、最小值和范围（全距）可应用于定序变量外，其他都是针对定量变量而言的。所以很多时候，对定量变量进行描述统计分析时，使用“描述（Descriptives）”命令即可。

【输出结果】

输出的统计表（见表 3-15）列出了所要求的统计量（表中的“范围”、“标准偏差”及“标准错误”应分别表述为“全距”、“标准差”及“标准误”）。同时，在 SPSS 的数据文件中最后一列给出了每个学生的焦虑标准分，即变量“Z 焦虑”（见图 3-27）。

表 3-15　“焦虑”变量的描述统计量

描述统计											
	N	范围	最小值	最大值	平均值	标准偏差	方差	偏度		峰度	
	统计	统计	统计	统计	统计	统计	统计	统计	标准错误	统计	标准错误
焦虑	442	15	4	19	11.82	2.618	6.853	-.145	.116	-.116	.232
有效个案数（成列）	442										

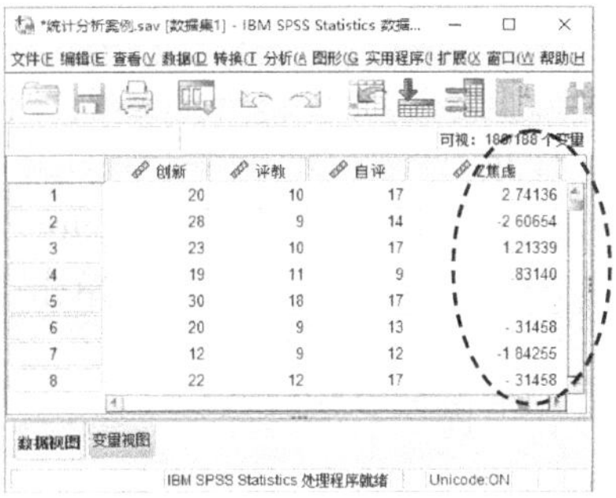

图 3-27　数据文件中的新变量“Z 焦虑”

3.3.3　利用“探索（Explore）”命令进行描述统计分析

我们在 2.3 节已经对如何利用“探索（Explore）”命令清理极端值进行了说明，这里仍结合变量“焦虑”，说明利用“探索：统计”对话框进行描述统计分析的操作方法。

“探索（Explore）”命令要求参与分析的变量为定距变量或定比变量，分组变量可为数值型变量或字符型变量。

【操作步骤】

（1）打开数据文件“统计分析案例”后，依次执行“分析（Analyze）→描述统计（Descriptive Statistics）→探索（Explore）”命令，弹出“探索”对话框。

（2）在该对话框中，将“焦虑”变量移入“因变量列表（Dependent List）”框内，单击“统计（Statistics）”按钮，弹出“探索：统计”对话框（见图 3-28）。在该对话框中有四个复选框：“描述（Descriptives）”、“M-估计量（M-estimators）”、“离群值（Outliers）”和“百分位数（Percentiles）”，其中“离群值

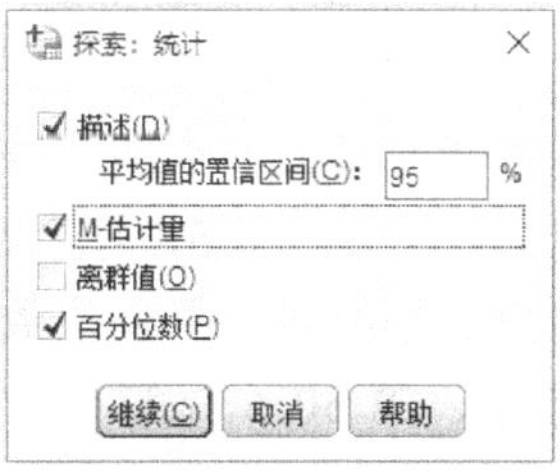

图 3-28　“探索：统计”对话框

（Outliers）”已在 2.3 节介绍，不再赘述。

① 描述（Descriptives）：计算基本描述统计量，包括均值及其标准误、中位数、众数、5%截尾平均；标准差、方差、最小值、最大值、全距、四分位差；偏度、峰度及其标准误。计算均值的置信区间，需要在“平均值的置信区间（Confidence Intervals for Mean）”参数框内输入置信水平，允许值范围为 1%～99%，通常选用的置信水平为 90%、95%和 99%，其中 95%为系统默认值。

② M-估计量（M-estimators）：给出类似于截尾平均的 4 个稳健估计量（M 估计量），即 Huber 的 M 估计值（$c = 1.339$）、Tukey 双权重估计值（$c = 4.685 \approx 4.7$）、Hampel 重复递减 M 估计值（a=1.7，b=3.4，c=8.5）和 Anderw 波形估计值（c= 1.34π）。这些统计量根据数据离中心部位的不同距离给出不同的权重，给予极端值的权重要比位于中心部位的数值的权重小，因此，这些统计量受极端值的影响要小，特别是当数据分布为偏态分布时，这些估计值要比均值、中位数的代表性好。

③ 百分位数（Percentile）：计算第 5 个、第 10 个、第 25 个、第 50 个、第 75 个、第 90 个及第 95 个百分位数，同时输出 Tukey's Hinges 第 25 个、第 50 个、第 75 个百分位数。

我们勾选“描述（Descriptives）”（并将置信水平设定为 95%）、“M-估计量（M-estimators）”和“百分位数（Percentile）”三个复选框，如图 3-28 所示。单击“继续（Continue）”按钮，返回“探索”对话框。

（3）单击“图（Plots）”按钮，打开“探索：图”对话框，如图 2-27 所示，在“箱图（Boxplots）”选项组中，我们选择系统默认形式“因子级别并置（Factor Levels together）”，在“描述图（Descriptive）”选项组中，我们勾选“茎叶图”复选框。单击“继续（Continue）”按钮，返回“探索”对话框。

（4）单击“确定（OK）”按钮，提交系统运行。

【输出结果】

输出（Output）窗口给出四张表（见表 3-16～表 3-19）和两个统计图（见图 3-29 和图 3-30）。

（1）个案处理摘要表。表 3-16 指出参与计算的个案有 442 个，缺失值有 4 个，所占百分比分别为 99.1%和 0.9%，个案总计 446 个。

表 3-16 个案处理摘要表

	个案					
	案例					
	有效		缺失		总计	
	N	百分比	N	百分比	N	百分比
焦虑	442	99.1%	4	0.9%	446	100.0%

（2）“焦虑”变量的描述统计量。与表 3-14 对照，我们可以看出，表 3-17 除给出对总体各种特征参数的点估计外，还给出了平均值的 95%置信区间估计（95% Confidence Interval for Mean），给出了 5%剪除后平均值（5% Trimmed Mean），即 5%截尾平均值。但表 3-14 没有给出百分位数。百分位数是在表 3-19 中给出的，在表 3-19 中给出了第 5 个、第 10 个、第 25 个、第 50 个、第 75 个、第 90 个和第 95 个百分位数的加权均值（权重=1）以及“图基枢纽（Tukey's Hinges）”的第 25 个、第 50 个、第 75 个百分位数的数值。

（3）M-估计量。表 3-18 列出 4 种不同加权方法计算出的 M-估计量，表注的 a、b、c、d 分别表示 4 种加权常数，与表 3-17 比较，4 种加权均值都比未加权的均值大。

（4）“焦虑”变量的茎叶图与箱图。图 3-29 及图 3-30 证实了“焦虑”变量基本上服从正态分布。而且从茎叶图中可以计算出“焦虑”分数在 10～14 分的共有 301 人。

表 3-17　“焦虑”变量的描述统计量

			统计量	标准错误
环境	平均值		11.82	.125
	平均值的 95% 置信区间	下限	11.58	
		上限	12.07	
	5% 剪除后平均值		11.84	
	中值		12.00	
	方差		6.853	
	标准偏差		2.618	
	最小值		4	
	最大值		19	
	全距		15	
	四分位距		4	
	偏度		-.145	.116
	峰度		-.116	.232

表 3-18　“焦虑”变量的 M-估计量

	M 估计量			
	休伯 M 估计量[a]	图基双权[b]	汉佩尔 M 估计量[c]	安德鲁波[d]
焦虑	11.89	11.90	11.87	11.90

a. 加权常量为 1.339。
b. 加权常量为 4.685。
c. 加权常量为 1.700、3.400 和 8.500
d. 加权常量为 1.340*pi。

表 3-19　“焦虑”变量的百分位数

		百分位数						
		百分位数						
		5	10	25	50	75	90	95
加权平均（定义 1）	焦虑	7.00	8.00	10.00	12.00	14.00	15.00	16.00
图基枢纽	焦虑			10.00	12.00	14.00		

```
焦虑 茎叶图

频率     Stem & 叶

  1.00    4 . 0
  4.00    5 . 0000
  4.00    6 . 0000
 17.00    7 . 00000000000000000
 22.00    8 . 0000000000000000000000
 33.00    9 . 000000000000000000000000000000000
 54.00   10 . 000000000000000000000000000000000000000000000000000000
 57.00   11 . 000000000000000000000000000000000000000000000000000000000
 69.00   12 . 000000000000000000000000000000000000000000000000000000000000000000000
 56.00   13 . 00000000000000000000000000000000000000000000000000000000
 65.00   14 . 00000000000000000000000000000000000000000000000000000000000000000
 28.00   15 . 0000000000000000000000000000
 17.00   16 . 00000000000000000
 11.00   17 . 00000000000
  2.00   18 . 00
  2.00   19 . 00

主干宽度:     1
每个叶:       1 个案
```

图 3-29　“焦虑”变量的茎叶图

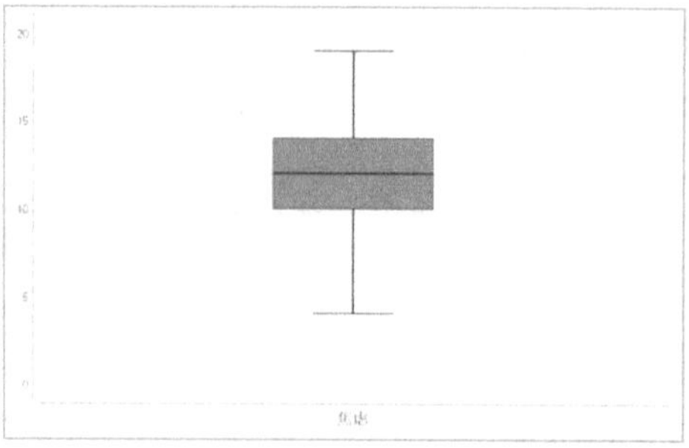

图 3-30 “焦虑”变量的箱图

3.4 利用“探索（Explore）”命令对总体比例进行估计

利用“探索（Explore）”→“统计”命令不仅可以对变量进行描述统计分析，而且在将变量变换为 0-1 变量之后，还可以估计总体比例的置信区间。现结合案例来说明如何利用该命令估计总体比例的置信区间。

【案例 3.2 大学生中独立完成考试的比例的区间估计】

调查学生对待考试的态度，设有四个选项：

（1）坚持独立完成　　（2）有时想作弊但不敢

（3）对没有把握的科目会冒险　　（4）只要有条件就会作弊

根据数据文件“统计分析案例”中 X18 的数据，取置信水平为 95%，估计学生在考试中“坚持独立完成”的比例的置信区间。

【操作步骤】

第一步：建立对应于 X18 的 0-1 变量。

可利用在第 2 章中所介绍的方法：利用“转换（Transform）”菜单中的“重新编码为不同变量（Recode into Different Variables）”命令或“计算变量（Compute Variable）”命令来完成，新变量名设为“X181”，当 X18=1 时，X181=1；当 X18>1 时，X181=0。我们采用第二种方法。

（1）打开数据文件“统计分析案例”。

（2）依次执行“转换（Transform）”→“计算变量（Compute Variable）”命令，弹出“计算变量”对话框［见图 3-31（a）］。

（3）在“目标变量（Target Variable）”框中输入新变量名“X181”，单击“类型和标签（Type&Label）”按钮，弹出“计算变量：类型和标签”对话框，输入变量名标签“坚持独立完成”并指定变量类型，单击“继续（Continue）”按钮，返回“计算变量”对话框。

（4）在“数字表达式（Numeric Expression）”框内输入“X181=1”，单击“如果（If）”按钮，弹出“计算变量：If 个案”对话框，选中“在个案满足条件时包括（Include if case satisfies condition）”单选按钮，输入“X18=1”［见图 3-31（b）］，单击“继续（Continue）“按钮，返回“计算变量”对话框。单击“确定（OK）”按钮，提交系统运行。在数据文件中产生新变量“X181”，且对 X18=1 的每个个案赋值 1，其他个案以缺失值形式出现。再次重复上述操作，在 X18>1 的个案处生成 X181=0。

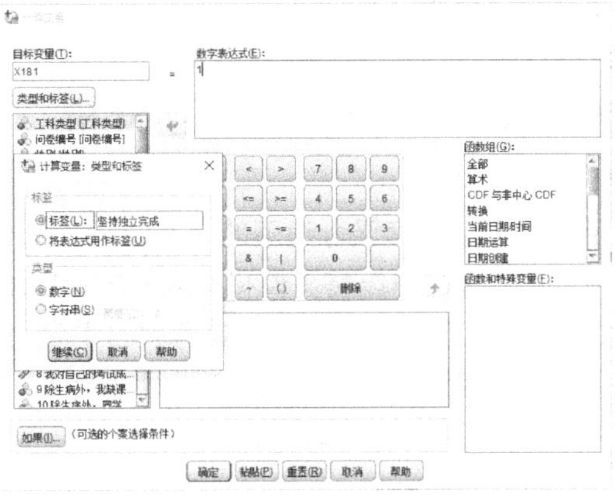

（a）

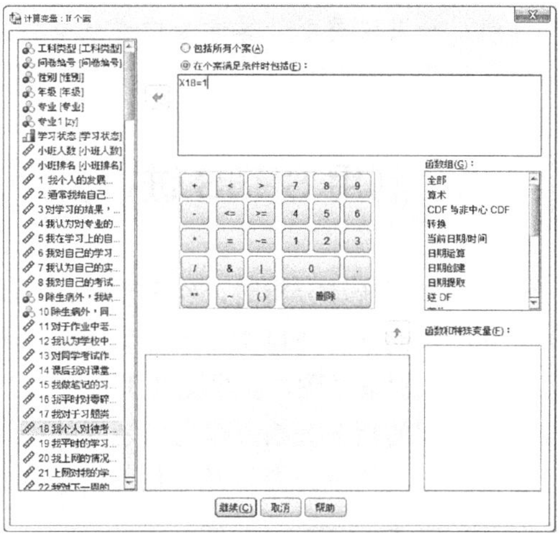

（b）

图 3-31 将 X18 转换为新变量 X181

至此完成了将 X18 转换成变量 X181 的工作。

第二步：对“独立完成”所占比例进行点估计和区间估计。

（1）依次执行“分析（Analyze）→描述统计（Descriptive Statistics）→探索（Explore）”命令，在“探索”对话框中将变量“X181”移入“因变量列表（Dependent List）”框内。

（2）单击“统计（Statistics）”按钮，弹出“探索：统计”对话框后，勾选“描述（Descriptives）”复选框，单击“继续（Continue）”按钮，返回“探索”对话框。

（3）单击“确定（OK）”按钮，提交系统运行。

【输出结果】

输出窗口给出表 3-20，由该表可知，独立完成的百分比为 62.8%（由表 3-20 中结果四舍五入后得到），置信水平为 95%的置信区间是(58.3%, 67.3%)（由表 3-20 中结果四舍五入后得到），即估计只有 58.3%到 67.3%的学生考试是独立完成的。表 3-20 中其他的统计结果非我们所需，可以不看。

表 3-20 变量 X181 的统计量

描述				
			统计	标准误
X181	均值		.6281	.02304
	均值的 95% 置信区间	下限	.5828	
		上限	.6734	
	5%剪除后平均值		.6424	
	中值		1.0000	
	方差		.234	
	标准差		.48386	
	极小值		.00	
	极大值		1.00	
	范围		1.00	
	四分位距		1.00	
	偏度		-.532	.116
	峰度		-1.725	.232

注意：如果仅要求计算学生中考试坚持独立完成的比例，可以不用“探索（Explore）”命令，但要计算具有 95%置信水平的置信区间，就需要用“探索（Explore）”命令。

3.5　利用 SPSS 进行多个单选题交叉分组下的交互分析

对问卷进行统计分析时，经常要考虑两个甚至多个单选题交叉分组下的交互分析。例如，探讨不同性别的学生在自主学习能力上的表现如何，需要通过制作交叉表和相应的统计图（复式条形图、堆积条形图、多线图及垂线图等）考察频数或百分比的分布，也要考察自主学习能力与性别之间的相关关系，即它们之间的密切程度。本节讨论如何利用 SPSS 进行变量之间的交互分析，相关的统计图以及对相关关系的介绍将分别安排在第 4 章和第 7 章。

3.5.1　交叉表

交叉表（Cross-tabulation）是两个或两个以上的变量交叉分组后形成的频数分析表，也称为列联表（Contingency Table）或交叉列联表。交叉表主要应用于定性变量的频数分析，变量可以是数值型的，也可以是字符型的。在进行抽样调查时，问卷中的大量题目涉及的变量属于定性变量，因此，在对调查结果进行统计分析时，交叉表成为一个十分重要的工具。

二维交叉表也称为双向表。如果表中行标题有 c 个栏目，列标题有 r 个栏目，便称为 $c \times r$ 的交叉表。以大学生“性别”与“目前学习状态”两个变量的二维交叉表（表 3-21）为例，说明 SPSS 输出的交叉表的结构。

（1）表 3-21 中行变量是“性别”，列变量是“学习状态”，行标题和列标题的栏目分别是两个变量的变量值（字符型）。

（2）表 3-21 中最后一列的数字 279、131 是“性别”的频数分布，称为交叉表的行边缘分布。

（3）表 3-21 中单元格的数据是观测频数和各种百分比，下面以男生对“学习状态”各项的选择为例，说明 4 行数据的含义。

第一行“计数”，表明男生在“学习状态”上各项的选择人数，或者说是在行变量取值为“男生”的条件下列变量的分布，称为条件分布。

第二行“占性别的百分比”，给出了男生在“学习状态”上各项的选择人数相对于男生总人数 279 的百分比，称为行百分比。一般来说，行百分比就是单元格中的频数占该行总频数的百分比，每行的百分比总和为 100.0%。

第三行“占学习状态的百分比”，给出了男生在“学习状态”上各项的选择人数相对于男女生选择该选项总人数的百分比。例如，男生选择“很好”的人数 23 占男女生选择“很好”的总人数 32 的百分比为 71.9%，称为列百分比。一般来说，列百分比就是单元格中的频数占该列总频数的百分比，每列的百分比总和为 100.0%（见表 3-21 中倒数第二行）。

第四行“占总计的百分比”，给出了每个单元格中的频数相对于总频数 410 的百分比，称为总百分比，所有单元格中的总百分比之和为 100.0%。

表 3-21 中最后部分“总计”是对样本总的情况的描述：其中计数行 32、97、206、60、15 给出了选择“学习状态”各选项的人数，称为交叉表的列边缘分布。不难理解，“总计”部分的第二行和最后一行均是各选项的人数占总人数的百分比，第三行是列百分比之和，均是 100%。

表 3-21 性别*目前学习状态交叉表

性别 * 学习状态交叉表								
			学习状态					总计
			很好	较好	一般	较差	很差	
性别	男	计数	23	56	139	47	14	279
		占 性别 的百分比	8.2%	20.1%	49.8%	16.8%	5.0%	100.0%
		占 学习状态 的百分比	71.9%	57.7%	67.5%	78.3%	93.3%	68.0%
		占总计的百分比	5.6%	13.7%	33.9%	11.5%	3.4%	68.0%
	女	计数	9	41	67	13	1	131
		占 性别 的百分比	6.9%	31.3%	51.1%	9.9%	0.8%	100.0%
		占 学习状态 的百分比	28.1%	42.3%	32.5%	21.7%	6.7%	32.0%
		占总计的百分比	2.2%	10.0%	16.3%	3.2%	0.2%	32.0%
总计		计数	32	97	206	60	15	410
		占 性别 的百分比	7.8%	23.7%	50.2%	14.6%	3.7%	100.0%
		占 学习状态 的百分比	100.0%	100.0%	100.0%	100.0%	100.0%	100.0%
		占总计的百分比	7.8%	23.7%	50.2%	14.6%	3.7%	100.0%

在对数据进行统计分析时，频数需要列在频数表上，以便了解各个单元格中的频数是否满足某些统计方法对频数的要求（频数都大于 5，甚至在 20 以上），如果不满足，就需要对变量的分类进行调整，适当合并单元格。但在统计分析报告中不一定需要将频数及所有类型的百分比都显示在交叉表上，也不能用频数进行交叉分组下分布的比较。例如，在表 3-21 中，男生有 279 人，女生只有 131 人，不能用频数及列百分比比较不同性别的学生在学习状态上的差异，只需要行百分比，表 3-21 中的列百分比是没有意义的，因此我们只需由表 3-21 中各行的百分比组成的表 3-22 就可以了。

表 3-22 性别* 目前的学习状态的二维交叉表

性别 * 学习状态 交叉表							
占 性别 的百分比							
		学习状态					总计
		很好	较好	一般	较差	很差	
性别	男	8.2%	20.1%	49.8%	16.8%	5.0%	100.0%
	女	6.9%	31.3%	51.1%	9.9%	0.8%	100.0%
总计		7.8%	23.7%	50.2%	14.6%	3.7%	100.0%

推而广之，还可以有三维交叉表，用以描述三个变量的各种交叉取值的频数和百分比。三维交叉表与二维交叉表的不同之处在于表中涉及了三个变量，不仅有行变量和列变量，还包括一个“层变量（Layer）”。通过对交叉表的分析，我们可获取更多的信息。例如，当我们考察不同性别、不同年级的学生对自己目前的学习状态的评价时，可以将“性别”作为层变量，制作三维交叉表。

3.5.2 利用“交叉表（Crosstabs）”命令对定性变量进行交互分析

【案例 3.3 不同年级的大学生中男女生独立完成作业的频数分析】

《北京市大学生学习状况调查问卷》中的第 36 题为

36 我总是独立完成作业

（1）非常符合　（2）比较符合　（3）有点符合　（4）不太符合　（5）不符合

其在数据文件“统计分析案例”中的变量名为 X36，试利用“交叉表（Crosstabs）”命令进行不同年级的学生中男女生独立完成作业的频数分析。案例 3.3 的思维导图如图 3-32 所示。

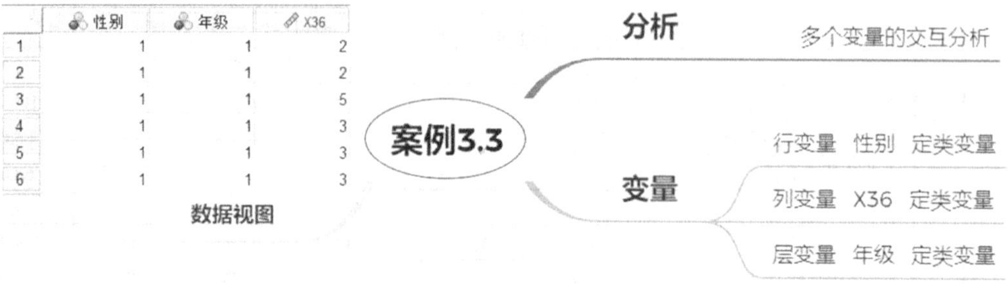

图 3-32　案例 3.3 的思维导图

【操作步骤】

（1）打开数据文件“统计分析案例”。

（2）依次执行“分析（Analyze）”→“描述统计（Descriptive Statistics）”→“交叉表（Crosstabs）”命令，弹出“交叉表”对话框（见图 3-33）。

在该对话框中，除源变量框外，还有三个变量框、三个复选框和六个功能按钮。

① 三个变量框如下。

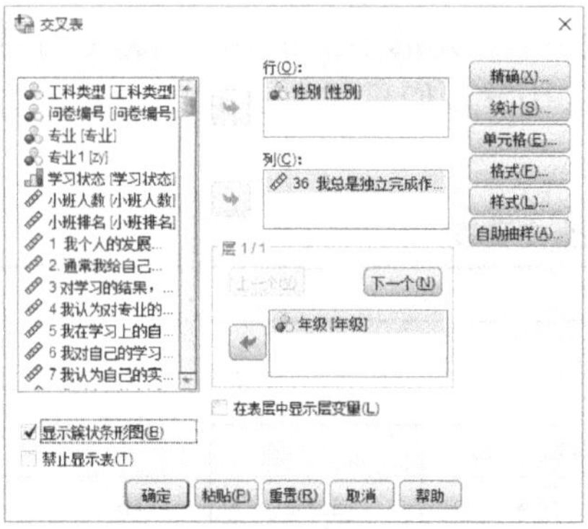

图 3-33　“交叉表”对话框

- “行（Row(s)）”框：指定交叉表的行变量。
- “列（Column(s)）”框：指定交叉表的列变量。
- 层变量框：指定交叉表的层变量。在制作三维以上的交叉表时，要用层变量框。例如，考察不同专业的学生中，男女生对待考试态度的差异，要制作以“专业”为层变量，性别为行变量，个人对待考试的态度为列变量的三维交叉表。如果要制作四维交叉表，需要将两个控制变量作为层变量，在第一个层变量移入层变量框后，单击“下一个（Next）”按钮，再将第二个层变量移入该框内。

②“显示簇状条形图（Display clustered bar charts）”复选框：绘制各变量交叉分组下频数分布的条形图，即通常所说的复式条形图。

③“禁止显示表（Suppress Tables）”复选框：只输出统计量，不输出交叉表，该项仅在分析行列变量关系时选择。例如，考察男女生在个人发展目标上的明晰程度是否存在统计意义上的显著性差异时，就不需要列出交叉表，此时勾选该复选框及“交叉表：统计”对话框中的“卡方（Chi-Square）”复选框即可。

④“统计（Statistics）”、“单元格（Cells）”和“格式（Format）”等六个按钮：单击这些按钮将打开相应的对话框。“统计（Statistics）”按钮开启的对话框包括卡方检验以及对行变量与列变量之间的相关分析等选项，将分别在第 6、7 章介绍。

（3）将“性别”变量移入“行（Row(s)）”框内，将“36 我总是独立完成作业”变量移入“列（Column(s)）”框内，将“年级”移入层变量框内。勾选“显示簇状条形图（Display clustered bar charts）”复选框，绘制各变量交叉分组下频数分布的簇状条形图。

（4）单击“单元格（Cell）”按钮，弹出“交叉表：单元格显示”对话框（见图 3-34）。该对话框中有“计数（Counts）”“百分比（Percentages）”“Z-检验（Test）“残差（Residuals）”“非整数权重（Noninteger Weights）”五个选项组。在编制交叉表时，主要用到的是“计数（Counts）”选项组和“百分比（Percentages）”选项组。对于非整数权重（Noninteger Weights）处理方法，只需选默认方法（对单元格权重四舍五入）即可。

①“计数（Counts）”选项组中有以下三个复选框。

- 实测（Observed）：输出实际频数，为系统默认项。如果不需要输出实际频数，就取消勾选该复选框。
- 期望（Expected）：输出期望频数，即理论频数。
- 隐藏较小的计数（Hide Small Counts Less Than）：在小于后面的参数框中给出具体数值，默认值为 5。

②“百分比（Percentages）”选项组中有以下三个复选框。

- 行（Row）：输出行百分比。
- 列（Column）：输出列百分比。
- 总计（Total）：输出总百分比，即单元格频数占样本总有效频数的百分比。

我们在“计数（Counts）”选项组中勾选“实测（Observed）”复选框；在“百分比（Percentages）”选项组中勾选“行（Row）”复选框，列百分比表示独立完成作业的各种状态所占的百分比，对分析男女生独立完成作业的情况没有实际意义，所以不选列百分比。单击“继续（Continue）”按钮，回到“交叉表”对话框。

（5）如果单击“格式（Format）”按钮，就会弹出“交叉表：表格式”对话框（见图 3-35），其功能是确定表中行的排列顺序（Row Order）。

- 升序（Ascending）：从左到右以升序方式显示各变量值，为 SPSS 的默认项。
- 降序（Descending）：从左到右以降序方式显示各变量值。

我们选择输出方式为默认方式，不必打开“交叉表：表格式”对话框。

（6）单击“确定（OK）”按钮，提交系统运行。

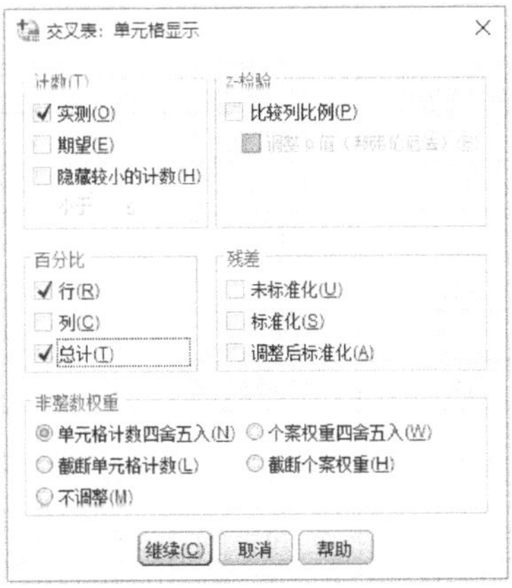

图 3-34 “交叉表：单元格显示”对话框

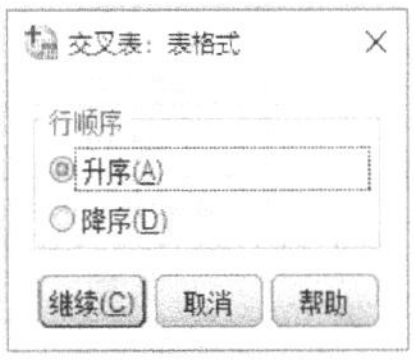

图 3-35 “交叉表：表格式”对话框

【输出结果】

在输出窗口给出两张统计表（见表 3-23、表 3-24）和四幅统计图。

（1）个案处理摘要表。由表 3-23 可知，参与统计的有效人数是 439 人，有 7 个缺失值，样本总人数为 446 人。

表 3-23 个案处理摘要表

个案处理摘要						
	个案					
	有效		缺失		总计	
	N	百分比	N	百分比	N	百分比
性别 * 36 我总是独立完成作业 * 年级	439	98.4%	7	1.6%	446	100.0%

（2）三维频数分布表。表 3-24 是性别、独立完成作业和年级各变量之间的三维频数分布表。由表 3-24 中选择“非常符合”与“比较符合”的百分比可以看出，在大一、大二年级，男生独立完成作业的情况比女生好，选择“非常符合”和“比较符合”的百分比都比女生高，但在大三、大四年级女生独立完成作业的情况比男生好，女生选择“非常符合”和“比较符合”的百分比都比男生高。从总的趋势上看，随着年级的升高，独立完成作业的百分比从 54.5%下降到 47.5%，但是男女生的趋势不同，男生独立完成作业的百分比从 58.2%下降到 41.5%，女生独立完成作业的百分比则从 47.8%上升为 58.9%，总的趋势是上升的。

表 3-24 性别、X36 及年级的三维交叉表

性别* 36 我总是独立完成作业* 年级交叉制表									
年级				36 我总是独立完成作业					合计
				非常符合	比较符合	有点符合	不太符合	不符合	
大一	性别	男	计数	21	25	20	11	2	79
			性别中的 %	26.6%	31.6%	25.3%	13.9%	2.5%	100.0%
		女	计数	9	12	13	9	1	44
			性别中的 %	20.5%	27.3%	29.5%	20.5%	2.3%	100.0%
	合计		计数	30	37	33	20	3	123
			性别中的 %	24.4%	30.1%	26.8%	16.3%	2.4%	100.0%
大二	性别	男	计数	10	29	18	7	6	70
			性别中的 %	14.3%	41.4%	25.7%	10.0%	8.6%	100.0%
		女	计数	4	10	8	10	0	32
			性别中的 %	12.5%	31.3%	25.0%	31.3%	.0%	100.0%
	合计		计数	14	39	26	17	6	102
			性别中的 %	13.7%	38.2%	25.5%	16.7%	5.9%	100.0%
大三	性别	男	计数	6	31	21	15	6	79
			性别中的 %	7.6%	39.2%	26.6%	19.0%	7.6%	100.0%
		女	计数	5	16	7	5	3	36
			性别中的 %	13.9%	44.4%	19.4%	13.9%	8.3%	100.0%
	合计		计数	11	47	28	20	9	115
			性别中的 %	9.6%	40.9%	24.3%	17.4%	7.8%	100.0%
大四	性别	男	计数	11	16	22	10	6	65
			性别中的 %	16.9%	24.6%	33.8%	15.4%	9.2%	100.0%
		女	计数	4	16	10	4	0	34
			性别中的 %	11.8%	47.1%	29.4%	11.8%	.0%	100.0%
	合计		计数	15	32	32	14	6	99
			性别中的 %	15.2%	32.3%	32.3%	14.1%	6.1%	100.0%

续表

性别* 36 我总是独立完成作业* 年级交叉制表

年级				36 我总是独立完成作业					合计
				非常符合	比较符合	有点符合	不太符合	不符合	
合计	性别	男	计数	48	101	81	43	20	293
			性别中的 %	16.4%	34.5%	27.6%	14.7%	6.8%	100.0%
		女	计数	22	54	38	28	4	146
			性别中的 %	15.1%	37.0%	26.0%	19.2%	2.7%	100.0%
	合计		计数	70	155	119	71	24	439
			性别中的 %	15.9%	35.3%	27.1%	16.2%	5.5%	100.0%

（3）四幅簇状条形图，每个年级一幅。这里仅给出大一、大四年级男女生的簇状条形图（见图 3-36、图 3-37）。由于条形图中的纵轴为频数，男生人数几乎是女生人数的一倍，因此不能用这些图来比较男女生在独立完成作业上的差别。比较男女生在独立完成作业上的差别，要用百分比为纵坐标的簇状条形图，该图可用“图形（Graphs）”菜单完成（参见第 4 章）。

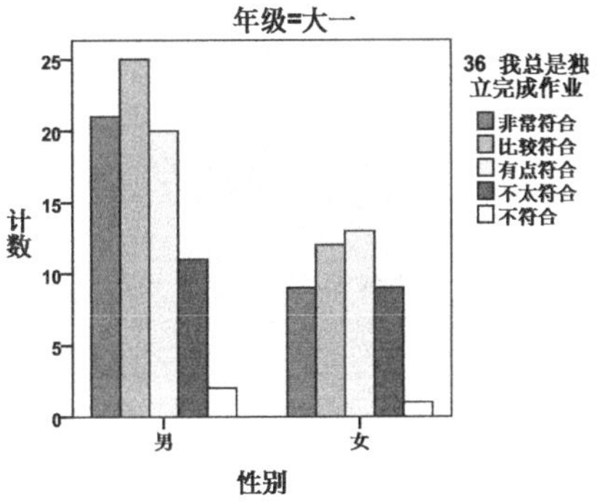

图 3-36 大一年级男女生独立完成作业的情况

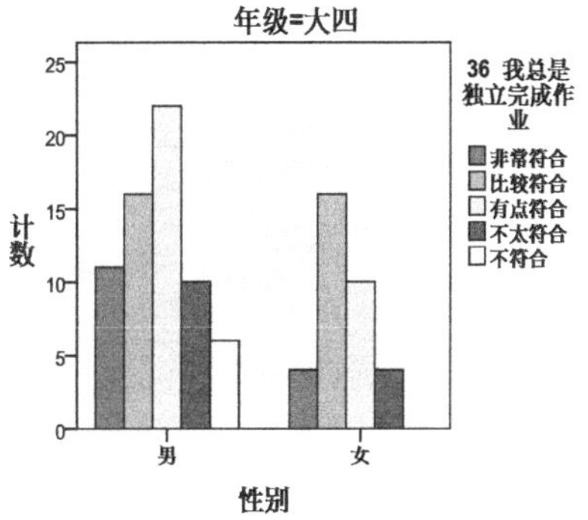

图 3-37 大四年级男女生独立完成作业的情况

3.5.3 利用 SPSS 计算定量变量分组数据的特征量数

通过分组数据计算不同群体（如不同性别、不同年级、不同职业等群体）的某个属性变量的特征量数，是对调查数据进行统计分析的重要内容。如果要对分组数据的特征量数进行差异检验，那么相应的模块都包含计算不同群体的特征量数，不必单独利用某些模块来计算。如果只进行描述统计分析，对于定量变量来说，交叉表已不能完全适应，如无法计算平均数、标准差等。为此，SPSS 除提供了“数据（Data）”→“拆分文件（Split File）”命令外（详见 2.4 节），还可以利用其他多种途径解决。这里仅就利用“描述统计（Descriptive Statistics）”→“探索（Explore）”命令和“比较平均值（Compare Means）”→“平均值（Means）”命令计算分组数据的特征量数进行说明。

【案例 3.4 考察不同性别及不同专业的大学生在时间管理上的情况】

《北京市大学生学习状况调查问卷》中有多题考察大学生时间利用情况，并将其综合为“时间”变量。试利用“统计分析案例”的数据，考察不同性别及不同专业（工科与经管，变量名为“专业 1”）的大学生在时间管理上的情况。

1．利用“探索（Explore）”命令计算分组数据的特征量数

【操作步骤】

（1）打开数据文件“统计分析案例”。

（2）依次执行“分析（Analyze）”→“描述统计（Descriptive Statistics）”→“探索（Explore）”命令，弹出“探索”对话框，将“时间”变量移入“因变量列表（Dependent List）”框中，将“性别”“专业1”移入“因子列表（Factor List）”框中（见图3-38）。

（3）单击“统计（Statistics）”按钮，弹出“探索：统计”对话框，勾选“描述（Descriptives）”复选框，单击“继续（Continue）”按钮，返回“探索”对话框。

（4）单击“图（Plots）”按钮，弹出“探索：图”对话框，选择“箱图（Boxplots）”选项组中的“因子级别并置（Factor levels together）”单选按钮（此为默认形式），即变量“时间”按不同性别与不同专业分组，各组的时间管理分数生成并列箱图；再在“描述图（Descriptive）”选项组中勾选“茎叶图（Stem-and-leaf）”复选框（见图3-39）。单击“继续（Continue）”按钮，返回“探索”对话框。

（5）单击“确定（OK）”按钮，提交系统运行。

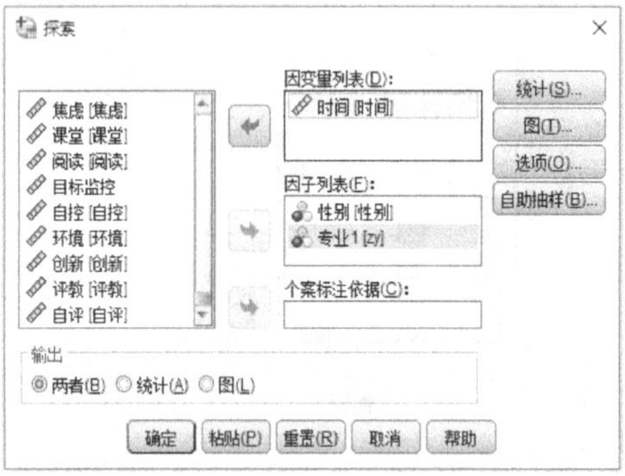

图3-38　在“探索”对话框中移入变量

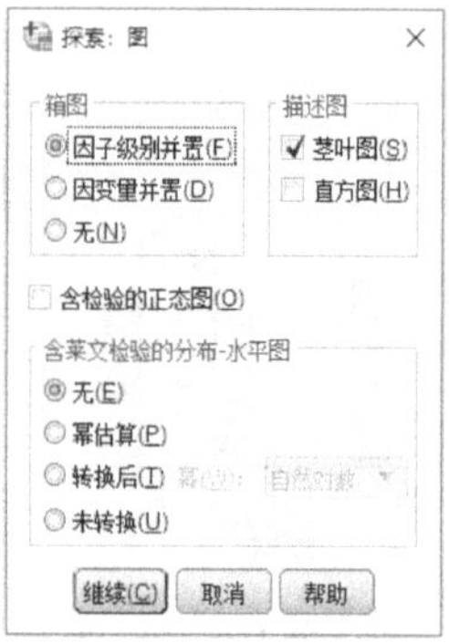

图3-39　在“探索：图”对话框中选择图形类型

【输出结果】

在输出窗口除给出个案处理摘要表外，还给出了不同性别、不同专业学生时间管理分数的箱图和茎叶图（见图3-40～图3-43）。为节省篇幅，我们仅给出不同专业的“时间”变量的特征量数表（见表3-25），不同性别的输出结果省略。这些统计表和统计图我们已经非常熟悉，不再赘述。

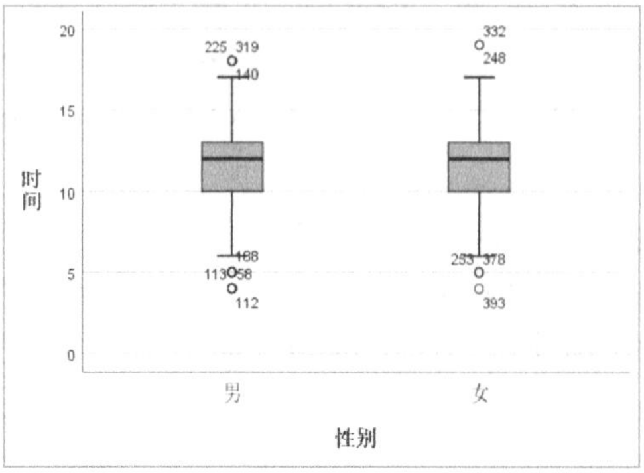

图3-40　不同性别学生时间管理分数的箱图

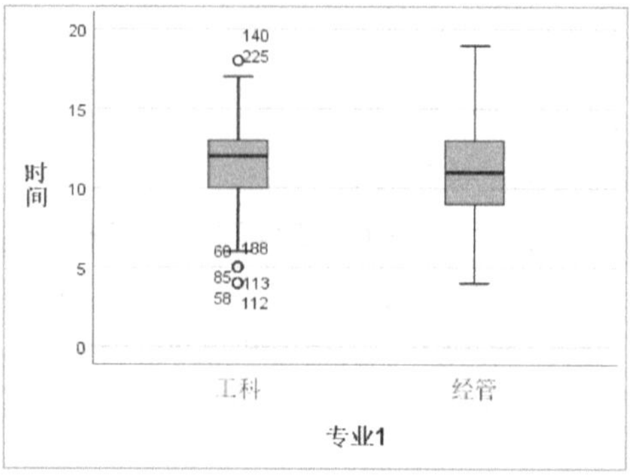

图3-41　不同专业学生时间管理分数的箱图

```
时间 茎叶图:
zy= 工科

频率      Stem & 叶

 6.00 Extremes    (=<5.0)
 2.00        6 . 00
 6.00        7 . 000000
16.00        8 . 0000000000000000
19.00        9 . 0000000000000000000
27.00       10 . 000000000000000000000000000
28.00       11 . 0000000000000000000000000000
40.00       12 . 0000000000000000000000000000000000000000
43.00       13 . 0000000000000000000000000000000000000000000
19.00       14 . 0000000000000000000
18.00       15 . 000000000000000000
 9.00       16 . 000000000
 2.00       17 . 00
 2.00 极值     (>=18.0)

主干宽度:       1
每个叶:      1 个案
```

图 3-42　工科专业学生时间管理分数的茎叶图

```
时间 茎叶图:
zy= 经管

频率      Stem & 叶

 1.00        4 . 0
 2.00        5 . 00
 1.00        6 . 0
 5.00        7 . 00000
20.00        8 . 00000000000000000000
21.00        9 . 000000000000000000000
31.00       10 . 0000000000000000000000000000000
20.00       11 . 00000000000000000000
31.00       12 . 0000000000000000000000000000000
31.00       13 . 0000000000000000000000000000000
 9.00       14 . 000000000
 9.00       15 . 000000000
 5.00       16 . 00000
 6.00       17 . 000000
 1.00       18 . 0
 2.00       19 . 00

主干宽度:       1
每个叶:      1 个案
```

图 3-43　经管专业学生时间管理分数的茎叶图

表 3-25　不同专业学生时间管理分数的特征量数表

描　述					
	专业 1			统　计	标 准 错 误
时间	工科	平均值		11.59	.171
		平均值的 95% 置信区间	下限	11.25	
			上限	11.93	
		5% 剪除后平均值		11.65	
		中位数		12.00	
		方差		6.912	
		标准 偏差		2.629	
		最小值		4	
		最大值		18	
		全距		14	
		四分位距		3	
		偏度		-.369	.158
		峰度		.206	.315
	经管	平均值		11.32	.192
		平均值的 95%置信区间	下限	10.94	
			上限	11.70	
		5%剪除后平均值		11.26	
		中位数		11.00	
		方差		7.210	
		标准 偏差		2.685	
		最小值		4	
		最大值		19	
		全距		15	
		四分位距		4	
		偏度		.286	.174
		峰度		.194	.346

2. 利用“平均值（Means）”命令计算分组数据的特征量数

“平均值（Means）”命令不仅可以用于分组计算，给出变量在各组中的特征量数，还可以用于假设检验，分组数在 3 以上时给出方差分析表和检验的结果。这里仍以对不同性别的学生进行时间管理分数的比较为例来说明其操作过程。

【操作步骤】

（1）打开数据文件“统计分析案例”。

（2）依次执行“分析（Analyze）”→“比较平均值（Compare Means）”→“平均值（Means）”命令，弹出“平均值”对话框，将“时间”变量移入“因变量列表（Dependent List）”框内，将“性别”变量移入“自变量列表（Independent List）”框（见图 3-44）。

（3）单击“选项（Options）”按钮，弹出“平均值：选项”对话框，在对话框的左侧“统计（Statistics）”框中列出了平均值、中位数等特征量数，将需要的统计量从左侧“统计”框通过单击按钮移入右侧的“单元格统计（Cell Statistics）”框中，如图 3-45 所示。在该对话框中，还有“第一层的统计（Statistics for First Layer）”选项组，其中有两个复选框：“Anova 表和 Eta（Anova Table and Eta）”和“线性相关度检验（Test for Linearity）”，要求指明是否进行分组第一层变量的方差分析和线性检验，我们不选择任何一项。

（4）单击“确定（OK）”按钮，提交系统运行。

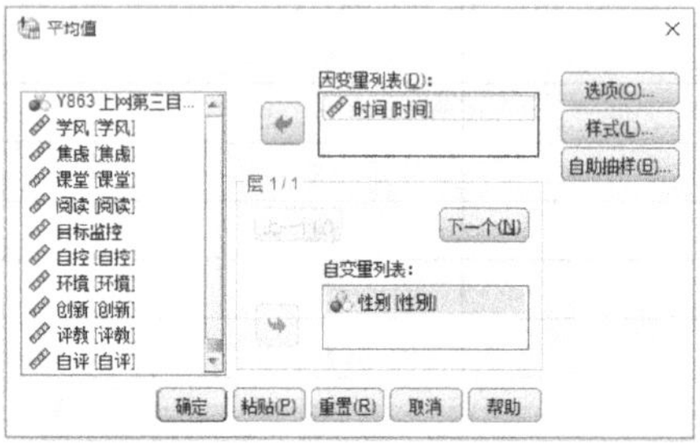

图 3-44　“平均值”对话框

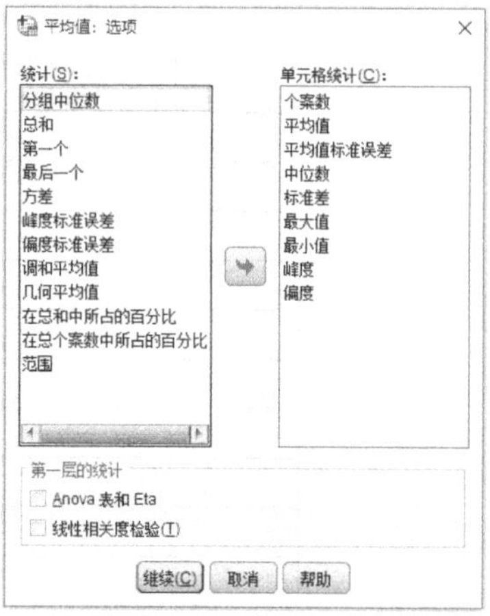

图 3-45　“平均值：选项”对话框

【输出结果】

输出窗口除给出了个案处理摘要表外，还以分组的形式给出了所选择的统计量计算结果（见表 3-26）。

表 3-26　不同性别学生时间管理分数的部分特征量数表报告

报　告									
时间									
性别	个案数	平均值	平均值标准误差	中位数	标准 偏差	最大值	最小值	峰度	偏度
男	288	11.39	.157	12.00	2.656	18	4	-.023	-.105
女	144	11.62	.221	12.00	2.655	19	4	.429	.012
总计	432	11.47	.128	12.00	2.655	19	4	.119	-.066

3.6　利用 SPSS 进行多项选择题的频数分析

3.6.1　多响应变量分析

【案例 3.5　大学生上网目的的频数分析与交互分析】

在调查问卷中经常会有多项选择题。例如，《北京市大学生学习状况调查问卷》中的 86 题是：

86. 我上网的三个主要目的是（用 1、2、3 标示并将排序填入括号内）

（1）课程学习需要（　）　（2）收发邮件（　）　（3）浏览各类信息（　）

（4）娱乐（　）　（5）发表个人观点（　）　（6）交友或聊天（　）

（7）查找有关资料或下载工具（　）　（8）处理个人事务（如购物、订票等）

（9）其他（　）

案例 3.5 的思维导图如图 3-46 所示。由 2.1 节可知，该题有两种编码方式。第一种是每个选项设为一个变量，共设 9 个变量：X8601～X8609。将选项的排序数作为相应的变量值：1=第一位，2=第二位，3=第三位，0=没有选择。第二种是将排序设定为三个变量 Y861～Y863，分别表示第一、二、三位的选项，相应的变量值为 1～9。对这两种方式，都可以利用 SPSS 中的“频率”命令对每个选项输出一张频数分析表。但是，如果希望将题目的所有选项放在一起进行分析，就需要产生一张表，并给出每个选项的频数占总有效人数的百分比及占总的选择频数的百分比，“频率”命令就无能为力了。另外，由于上网目的是由一组变量表示的，当讨论不同性别的学生上网目的有无差别时，就要用多张交叉表才能完成，这无疑增加了很多工作量。于是多响应变量分析应运而生，SPSS 中的“多重响应（Multiple Response）”命令就是针对调查问卷中的多项选择题所要进行的统计分析设计的。

要实现对多项选择题的多响应变量分析，首先要将多项选择题的若干个选项组成一个综合变量集，然后对综合变量进行频数及交互分析。相应地，SPSS 中的“多重响应”命令通过三个子命令实现了上述功能。

（1）定义变量集（Define Variable Sets）：建立多响应变量集。

（2）频率（Frequencies）：对多响应变量集进行频数分析。

（3）交叉表（Crosstabs）：对多响应变量集与其他变量集或原变量进行交互分析。

我们将以上述 86 题为例具体说明“多重响应”命令的操作过程。这里选择第二种编码方式，变量名为 Y861～Y863，取值为调查对象选择的选项序号。

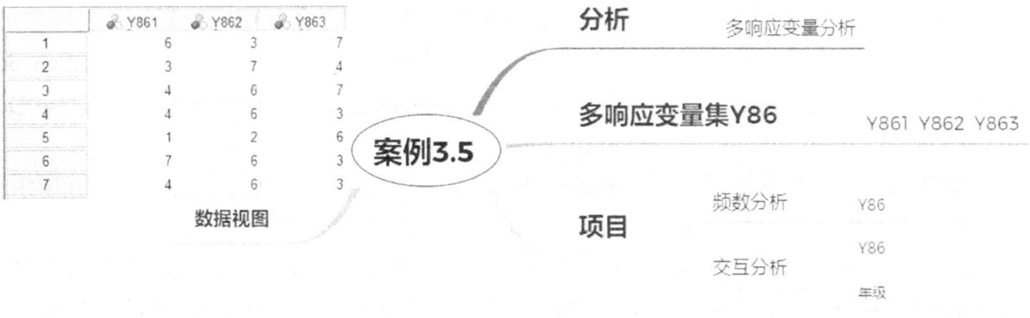

图 3-46　案例 3.5 的思维导图

3.6.2 利用“多重响应（Multiple Response）”命令进行多项选择题的频数分析

1．建立多响应变量集

【操作步骤】

（1）打开数据文件“统计分析案例”，依次执行“分析（Analyze）”→“多重响应（Multiple Response）”→“定义变量集（Define Variable Sets）”命令，弹出“定义多重响应集”对话框（见图 3-47）。

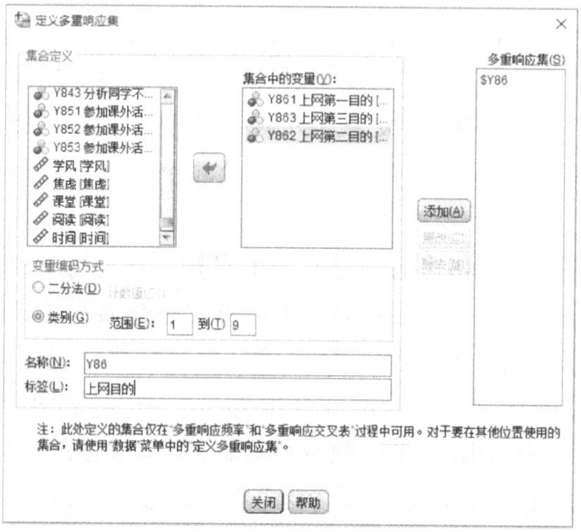

图 3-47 “定义多重响应集”对话框

（2）该对话框中有如下内容。

① “集合定义（Set Definition）”选项组：将多个变量定义为一个变量集，除有源变量框外，还有

- 集合中的变量（Variables in Set）”框：显示需要综合的变量。
- “变量编码方式（Variables Are Coded As）”选项组：给出“二分法（Dichotomies）”与“类别（Categories）”法两种编码方式。如果所选择的变量是用二分法编码的，就要选中“二分法”单选按钮，并给出计数值（Counted Value），即说明对哪组值进行分析，例如在参数框中输入“1”；否则选中“类别”单选按钮，同时指出选项的取值范围（Range）。
- “名称（Name）”文本框：用于输入新变量集的名称。
- “标签（Label）”文本框：用于输入新变量集的标签。

② “多重响应集（Multiple Response Sets）框”：显示新的变量集。

③ 注（Note）：此处定义的集合仅在“多重响应频率”和“多重响应交叉表”过程中可用。对于要在其他位置使用的集合，请使用“数据”菜单中的“定义多重响应集”（Note:Sets define here are only available in the Multiple Response Frequencies and Crosstabs procedures.Use Define Multiple Response Sets on the Data menu for sets used elsewhere）。

将要进入多响应变量集的变量 Y861～Y863 从“集合定义（Set Definition）”选项组中的源变量框移入“集合中的变量（Variables in Set）”框，由于所选择的每个变量的取值是表达赞同顺序的数字 1～9，故在“变量编码方式（Variables Are Coded As）”选项组中选中“类别（Categories）”单选按钮，并在“范围（Range）”后面的参数框中分别输入“1”和“9”。

（3）在“名称（Name）”文本框中将变量集命名为“Y86”。在“标签（Label）”文本框中输入命名变量集的标签“上网目的”。单击被激活的“添加（Add）”按钮，多响应变量集 Y86 出现在“多重响应集（Multiple Response Sets）”框中，变量名前的字符“$”是系统自动加上的。同时“集合中的变量（Variables in Set）”框中的变量消失，可以继续对另一个多选题进行定义。

如果发现有错误，需要修改，在单击“$Y86”之后，单击“更改（Change）”按钮；如果需要删除，可单击“除去（Remove）”按钮。

（4）单击“关闭（Close）”按钮，即完成了对多响应变量集的定义，回到数据编辑器窗口。

2. 多响应变量的频数分析

【操作步骤】

对多响应变量“上网目的”进行频数分析的具体步骤如下：

（1）依次执行“分析（Analyze）”→“多重响应（Multiple Response）”→“频率（Frequencies）”命令，弹出“多重响应频率”对话框，将多重响应变量集“上网目的[$Y86]”从“多重响应集（Multiple Response Sets）”框移入“表（Table(s) for）”框中（见图 3-48）。

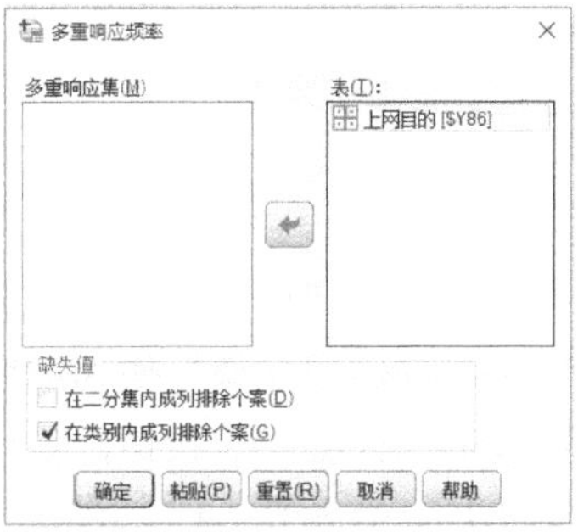

图 3-48 将“上网目的[SY86]”移入“表”框

（2）在“缺失值（Missing Values）”选项组中确定处理缺失值的方式。SPSS 规定，只要个案（Case）在多响应变量集中有一个变量上有缺失值，分析时就会把这个个案剔除。如果多响应变量集中的变量采用的是二分变量，应勾选“在二分集内成列排除个案（Exclude cases listwise within dichotomies）”复选框；如果多响应变量集中的变量采用的是依排序为变量值，应勾选“在类别内成列排除个案（Exclude cases listwise within categories）”复选框。由于个别变量有缺失值不会影响其他变量参与统计，也可以不选择任何项。在本案例中，多重响应变量集的变量采用的是依排序为变量值，勾选“在类别内成列排除个案”复选框。

（3）单击“确定（OK）”按钮，提交系统运行。

【输出结果】

（1）个案处理摘要表（见表 3-27）。表 3-27 指出有效个案数为 411，占总数的 92.2%。

（2）多响应变量集 Y86 的频数分布表（见表 3-28）。从表 3-28 可以看出：“查找有关资料或下载工具”（选项 7）和“浏览各类信息”（选项 3）是大多数学生上网的目的，均占总人数的 60%以上；以“交友或聊天”、“娱乐”和“收发邮件”为上网目的的占总人数的 40%左右；出于“课程学习需要”的仅占 29.2%。这说明从总的情况看，大学生上网情况是正常的，“查找有关资料或下载工具”和“浏览各类信息”是重要的学习途径，反映了大学生的学习自主性。因此可以得出大学生上网的主要目的是学习和人际交往。

表 3-27 个案处理摘要表

个案摘要						
	个案					
	有效		缺失		总计	
	个案数	百分比	个案数	百分比	个案数	百分比
$Y86[a]	411	92.2%	35	7.8%	446	100.0%

a. 组。

表3-28 Y86 频数分析表

$Y86 频率				
		响应		个案百分比
		个案数	百分比	
上网目的[a]	1	120	9.7%	29.2%
	2	161	13.1%	39.2%
	3	249	20.2%	60.6%
	4	167	13.5%	40.6%
	5	34	2.8%	8.3%
	6	183	14.8%	44.5%
	7	258	20.9%	62.8%
	8	17	1.4%	4.1%
	9	44	3.6%	10.7%
总计		1233	100.0%	300.0%

a. 组。

3. 多响应变量分组下的交互分析

【操作步骤】

对大学生“上网目的”与“年级”进行交互分析的具体操作步骤如下：

（1）依次执行“分析（Analyze）”→“多重响应（Multiple Response）”→“交叉表（Crosstabs）”命令，弹出“多重响应交叉表”对话框。

（2）将“年级”作为行变量移入“行（Row[s]）”框中，并单击“年级”，单击“定义范围（Define Ranges）”按钮，弹出“多重响应交叉表：定义变量范围”对话框后，给出年级的最小值“1”，最大值“4”，单击“继续（Continue）”按钮，行变量显示为“年级（1 4）”，再将多响应变量集$Y86作为列变量移入“列（Column[s]）”框中（见图3-49）。

（3）单击“选项（Options）”按钮，弹出“多重响应交叉表：选项”对话框（见图3-50）。该对话框中除一个复选框“在响应集之间匹配变量（Match variables across response sets）”外，还有三个选项组。

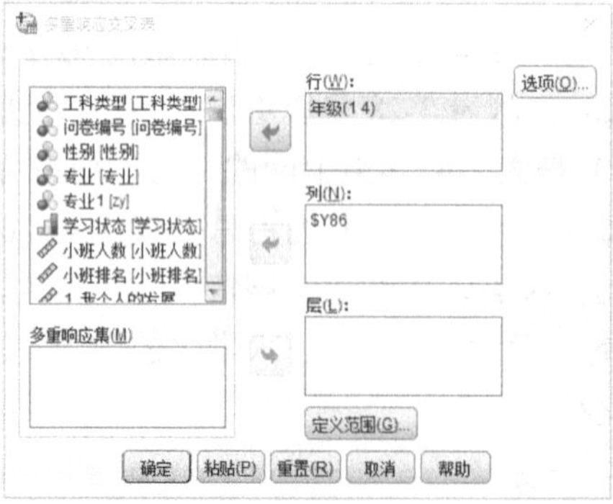

图3-49 选择行变量与列变量

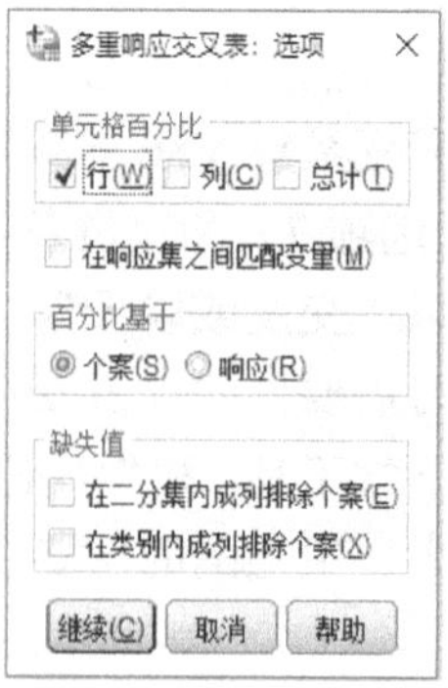

图3-50 “多重响应交叉表：选项”对话框

①“单元格百分比（Cell Percentages）”选项组：给出三种百分比，即行（Row）百分比、列（Column）百分比和总计（Total）百分比。

②“百分比基于（Percentages Based on）”选项组：百分比可基于个案（Cases）或者响应（Responses）变量。

③“缺失值（Missing Values）”选项组：给出对缺失值的处理方法，与“多重响应频率”对话框相同。

我们在“单元格百分比（Cell Percentages）”选项组中勾选“行（Row）”复选框。在“百分比基于（Percentages Based on）”选项组中选中“个案（Cases）”单选按钮。不选择对缺失值的处理方式。单击“继续（Continue）”按钮，回到“多重响应交叉表”对话框。

4）单击“确定（OK）”按钮，提交系统运行。

【输出结果】

输出窗口除个案处理摘要表外，还给出了“上网目的”与“年级”的交叉表（见表 3-29）。

在表 3-29 中，各年级的行百分比为选择该项的人数占该年级总人数的百分比，最下面一行“总计”为选择该项的总人数。例如，大一年级学生中选择“课程学习需要”的人数为 39，占大一年级总人数（117）的 33.3%；大二年级学生中选择“浏览各类信息”的人数为 64，占大二年级总人数（99）的 64.6%；各年级共有 120 人选择“课程学习需要”为上网目的。

表 3-29 年级*Y86 交叉表

年级*$Y86 交叉表

			上网目的 [a]									总计
			1	2	3	4	5	6	7	8	9	
年级	大一	计数	39	40	68	53	7	62	67	3	9	117
		占年级的百分比	33.3%	34.2%	58.1%	45.3%	6.0%	53.0%	57.3%	2.6%	7.7%	
	大二	计数	21	31	64	49	7	47	64	5	8	99
		占年级的百分比	21.2%	31.3%	64.6%	49.5%	7.1%	47.5%	64.6%	5.1%	8.1%	
	大三	计数	29	46	76	36	9	28	75	5	14	106
		占年级的百分比	27.4%	43.4%	71.7%	34.0%	8.5%	26.4%	70.8%	4.7%	13.2%	
	大四	计数	31	46	42	31	11	46	54	4	13	93
		占年级的百分比	33.3%	49.5%	45.2%	33.3%	11.8%	49.5%	58.1%	4.3%	14.0%	
总计		计数	120	163	250	169	34	183	260	17	44	415

a. 组。

注：百分比和总计基于响应者。各列数字含义：1—课程学习需要；2—收发邮件；3—浏览各类信息；4—娱乐；5—发表个人观点，6 交友或聊天，7 查找有关资料或下载工具，8 处理个人事务（如购物、订票等），9—其他。

根据表 3-29 的统计结果，可以得出以下的结论：

第一，从各个年级看，在大一、大二、大三年级的学生中，“查找有关资料或下载工具”和“浏览各类信息”所占百分比都居于第一、第二位，居第三位的分别为“交友或聊天”、“娱乐”和“收发邮件”；大四年级的学生中，“查找有关资料或下载工具”的百分比居第一位，但是“交友或聊天”和“收发邮件”的百分比并列第二位，这与大四年级学生正处于撰写毕业论文和找工作阶段有关。

第二，从上网目的的变化趋势上看，大一、大四年级学生中因“课程学习需要”上网的百分比要比大二、大三年级的百分比高；为“收发邮件”而上网的百分比随着年级的升高而升高；随着年级的升高，选择“浏览各类信息”的百分比逐年上升；在四个年级中，大二年级中选择“娱乐”为上网目的的学生所占百分比最高，大四年级最少。

第三，大一年级学生上网的目的比较分散，但在“娱乐”和“交友或聊天”两个选项上的百分比相对较高，甚至“交友或聊天”在四个年级中所占百分比最高，既反映出学生考入大学后有放松自己学习的倾向，也说明新的集体尚未建立起来，于是与高中同学在网上聊天较其他年级多。因此，对于新生一定要注意引导，使他们能够尽快适应大学生活，进入正常的学习状态，融入新的集体。

3.7　利用 SPSS 进行比率分析

在对调查数据的分析中，有时还会涉及对比率的分析。所谓比率分析，是指对两个定量变量间变量值比率变化的描述分析，即要计算比率的特征量数。例如，31 个省、市、自治区城镇居民收入中，经营收入与全部收入的比率的变化、工资收入与全部收入的比率的变化等。本节我们将以案例来说明如何利用 SPSS 中的“比率统计”对话框完成这一工作。

【案例 3.6　2018 年全国各类地区工资收入占人均可支配收入的比率分析】

案例 3.6 的思维导图如图 3-51 所示。根据国家统计局发布的 2018 年全国各地居民人均可支配收入来源（包括工资收入、经营收入、财产性收入和转移收入），建立了数据文件“3.1　2018 年全国各地居民人均可支配收入来源”，现按省、直辖市和自治区分类，考察各类地区工资收入占全部收入的比率的中位数、平均值、标准差、比率的平均绝对离差（AAD）、比率离散系数（COD）、中位数居中 COV 和平均值居中 COV。

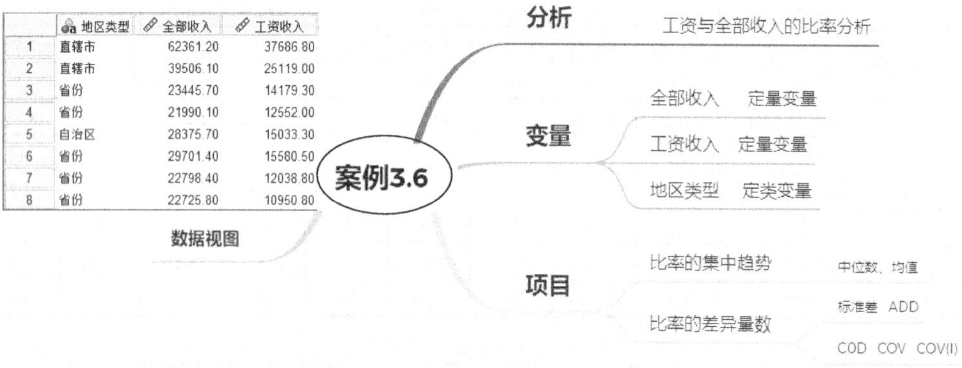

图 3-51　案例 3.6 的思维导图

【操作步骤】

（1）打开数据文件“3.1　2018 年全国各地居民人均可支配收入来源”。

（2）依次执行“分析（Analyze）”→“描述统计（Descriptive Statistics）”→“比率（Ratio）”命令，弹出“比率统计”对话框。在该对话框中除源变量框外，还有三个变量框、三个复选框和两个功能按钮（见图 3-52）。

①“分子（Numerator）”框：指定比率变量的分子。

②“分母（Denominator）”框：指定比率变量的分母。

③“组变量（Group Variable）”框：指定分组变量。

④“按组变量排序（Sort by group variable）”复选框：提供了两个单选按钮。

- 降序（Descending order）：按降序排列。
- 升序（Ascending order）：按升序排列。

⑤“显示结果（Display results）”复选框：输出统计分析结果。

⑥“将结果保存到外部文件（Save results to external file）”复选框：勾选此复选框后将激

活“文件（File）”按钮，单击该按钮后，弹出“比率统计：保存到文件”对话框，给出新的文件名，可将结果保存到该文件中。

⑦“统计（Statistics）”按钮：单击该按钮后，会打开“比率统计：统计”对话框。

（3）在“比率统计”对话框中，将“工资收入”变量移至“分子（Numerator）”框中，将“全部收入”变量移至“分母（Denominator）”框中，将“地区类型”变量作为分类变量移至“组变量（Group Variable）”框中，如图 3-52 所示。

（4）单击“统计（Statistics）”按钮，弹出“比率统计：统计”对话框。该对话框设有三个选项组（见图 3-53）。

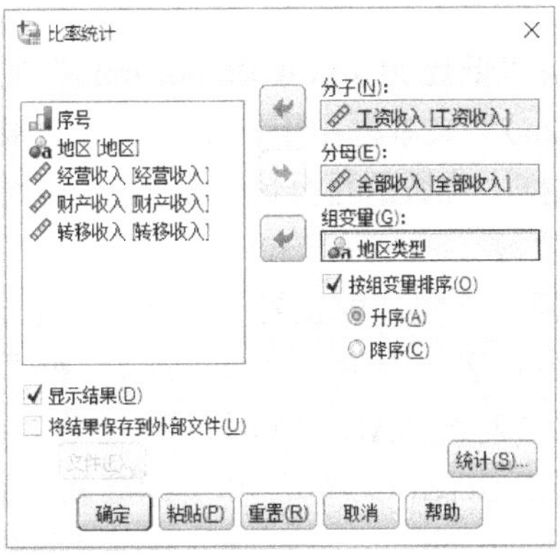

图 3-52　“比率统计”对话框

图 3-53　“比率统计：统计”对话框

①“集中趋势（Central Tendency）”选项组：输出比率的集中量数。该选项组包括以下四个复选框。

- 中位数（Median）：比率的中位数。
- 平均值（Mean）：比率的算术平均数。
- 加权平均值（Weighted mean）：用分子的算术平均数除以分母的算术平均数，即用分母加权的比率加权平均数。
- 置信区间（Confidence intervals）：输出比率的平均值、中位数、加权平均值的置信区间，将所要求的置信水平输入后面的方框内。

②“离散（Dispersion）”选项组：输出比率的差异量数。该选项组包括 9 个复选框。

- AAD：比率的平均绝对离差（Average Absolute Deviation），其计算公式为

$$\text{ADD}=\frac{\sum\left|R_i-M\right|}{n}$$

其中，R_i 为比率数；M 为比率的中位数；n 为样本容量。

- COD：比率离散系数（Coefficient of Dispersion），其计算公式为

$$\text{COD}=\left(\frac{\sum\left|R_i-\bar{R}\right|}{n}\right)/M$$

- PRD：比率价格相对差别（Price-Related Differential），即回归指数，是比率平均值与比率加权平均值之比。
- 中位数居中 COV（Median centered COV）：中位数-中心变异系数（Median-Centered Coefficient of Variation），是比率中位数的离差均方根与比率中位数之比。

- 平均值居中 COV（Mean centered COV）：平均值-中心变异系数（Mean-Centered Coefficient of Variation），是比率平均值的标准差与比率平均值之比，即通常意义下的变异系数。
- 标准差（Standard Deviation）：比率的标准差。
- 范围（Range）：比率的全距。
- 最小值（Minimum）：比率的最小值。
- 最大值（Maximum）：比率的最大值。

③“集中指标（Concentration Index）”选项组：输出比率的集中指数，即比率落在指定的区间的比例。

- “介于两个比例之间（Ratio Between）”选项组：“低比例（Low Proportion）”文本框用于指定比率的下限值，“高比例（High Proportion）”文本框用于指定比率的上限值。
- “中位数百分比之内（Ratio Within）”选项组：根据中位数的百分比指定一个隐含的区间：

$$(1\pm0.01\times a)\times 中位数$$

其中，a 为指定的数值，取值为 0～100，取负号为区间的下限，取正号为区间的上限。

我们在“集中趋势（Central Tendency）”选项组中勾选“中位数（Median）”和“平均值（Mean）”两个复选框，在“离散（Dispersion）”选项组内勾选 AAD、COD、“中位数居中 COV（Median Centered COV）”、“平均值居中 COV（Mean Centered COV）”和“标准差（Standard Deviation）”五个复选框，如图 3-53 所示。单击“继续（Continue）”按钮，返回“比率统计”对话框。

（5）单击“确定（OK）”按钮，提交系统运行。

【输出结果】

输出窗口给出了两个统计表：表 3-30 和表 3-31。

（1）个案摘要统计表。表 3-30 是对样本数据的摘要统计表，指出共有 31 个个案，其中有 23 个省、4 个直辖市和 4 个自治区。

（2）指定输出的统计量。表 3-31 给出了要求的统计量，各列从左到右依次是分组、均值（工资收入与全部收入比率的平均值）、中位数、标准偏差（标准差）、平均绝对偏差（比率的平均绝对离差，AAD）、离差系数（比率离散系数，COD）、平均值居中 COV 和中位数居中 COV。

表 3-30 个案摘要统计表

		计 数	百 分 比
地区类型	省份	23	74.2%
	直辖市	4	12.9%
	自治区	4	12.9%
总数		31	100.0%
排除的		0	
总计		31	

同样的操作，还可以得到其他收入与全部收入的比率统计量。表 3-32 给出了经营收入与全部收入的比率统计量。

通过比较表 3-31 和表 3-32，可以看出不同类型的地区收入结构是不同的。在工资收入占全部收入的比率均值方面，最高的是直辖市，中位数更是远远地超过省份与自治区；“省份”的比率均值最低，而标准差及差异系数最大，说明省份之间工资收入占全部收入的比率的离散程度比直辖市与自治区大。在经营性收入占全部收入的比率均值方面，直辖市最低，标准差与差异系数最大，即四个直辖市之间在经营性净收入所占比率离散程度最大；自治区的均值最高，且离散程度最小。

表 3-31　工资收入/全部收入的比率统计

工资收入/全部收入 的比率统计							
分　组	均　值	中　位　数	标 准 偏 差	平均绝对偏差	离 差 系 数	差 异 系 数	
						平均值居中	中位数居中
省份	.545	.540	.051	.040	.075	9.3%	9.5%
直辖市	.587	.591	.046	.033	.057	7.8%	7.8%
自治区	.547	.536	.037	.024	.045	6.8%	7.3%
总体	.551	.542	.049	.040	.074	9.0%	9.3%

表 3-32　经营收入 / 全部收入的比率统计（2018 年）

经营收入/全部收入 的比率统计							
分　组	均　值	中　位　数	标 准 偏 差	平均绝对偏差	离 差 系 数	差 异 系 数	
						平均值居中	中位数居中
省份	.188	.184	.037	.031	.168	19.7%	20.2%
直辖市	.074	.057	.066	.050	.887	89.7%	122.6%
自治区	.233	.246	.039	.025	.103	16.8%	17.0%
总体	.179	.184	.059	.044	.240	33.2%	32.4%

附录　利用“分析”菜单研究数据的分布特征

附表 1　利用“分析（Analyze）”菜单编制频数分布表与统计图的路径

题型	题数	统计图表	变量类型	在 SPSS 中的操作路径
单选题	一个	一维频数分布表 条形图、饼图与直方图	定性变量	描述统计（Descriptive Statistic）→频率（Frequencies）[*1]
			定量变量	描述统计（Descriptive Statistic）→频率（Frequencies） 用法：变量值较少时可直接采用；变量值较多时，先分组，再用；统计图，选择直方图
	多个	交叉列联表 复式条形图	定性变量	描述统计（Descriptive Statistic）→交叉表（Crosstabs）→单元格（Cells）
多选题	一个	一维频数分布表 条形图、饼图与直方图	*k* 个二分变量[*2]	描述统计（Descriptive Statistic）→频率（Frequencies）
			m 个定性变量[*3]	
			多响应变量集	分两步： 1. 建立多响应变量集 多重响应（Multiple Response）→定义变量集（Define Variable Sets） 2. 进行频数分析 多重响应（Multiple Response）→频率（Frequencies）
	多个	交叉列联表	*k* 个二分变量	描述统计（Descriptive Statistic）→交叉表（Crosstabs）→单元格（Cells）
			m 个定性变量	
			多响应变量集	分两步： 1. 建立多响应变量集（同上） 2. 进行交互分析 多重响应（Multiple Response）→交叉表（Crosstabs）

*1：可作条形图、饼图，不可作直方图。

*2：*k* 个二分变量是从一个多选题中选 *k* 项而产生的。

*3：*m* 个定性变量是从一个多选题中选择 *m* 项，并进行排序而得到的。

附表 2　利用"分析（Analyze）"菜单分析样本统计量及估计总体未知参数的途径及功能

途　径		功　能				特殊功能
		相对量数、百分比	集中量数	差异量数	形态	
描述统计（Descriptive Statistic）→	频率（Frequencies）→统计（Statistics）	四分位数 等间隔百分位数 自定义百分位数	M_o、M_d、$\bar{X}$、Sum	R、S、S^2、Min、Max、S. E. mean	偏度 Sk、峰度 Ku 及标准误	5% 截尾平均
	描述（Descriptives）*1→选项（Options）	标准分	$\bar{X}$、Sum	R、S、S^2、Min、Max、S. E. mean	偏度 Sk、峰度 Ku 及标准误	
	交叉表（Crosstabs）→单元格（Cells）	行百分比、列百分比和总百分比	—	—	—	
	探索（Explore）→统计（Statistics）	四分位数、第 5、10、90 及 95 百分位数，Tukey 四分位数	M_o、M_d、$\bar{X}$	R、S、S^2、Min、Max、S. E. mean、四分位差	偏度 Sk、峰度 Ku 及标准误	5% 截尾平均均值置信区间 M-估计量
	比率（Ratio）→统计（Statistics）	—	M_d、$\bar{R}$、比率的加权平均数	AAD、COD、PRD、COV、S、全距、Min、Max	—	比率的均值及中位数的置信区间
比较平均值（Compare Means）→	平均值（Means）→选项（Option）（有多层控制功能）	每组中观测量的数目占所有观测量数目的百分比、每组分数总和占整个样本总和的百分比	M_d、$\bar{X}$、Sum、分组中位数、几何平均数、调和平均数	S、Min、Max	偏度 Sk、峰度 Ku 及标准误	

*1：只适用于定距与定比数据。

第 4 章　统计图的制作与编辑

SPSS 25.0 中的“图形（Graphs）”菜单中有五个子菜单：“图表构建器（Chart Builder）”、“图形画板模板选择器（Graph Board Template Chooser）”、“威布尔图（Weibull Plot）”、“比较子组（Compare Subgroups）”及“旧对话框（Legacy Dialogs）”（见图 4-1）。作图功能十分强大，能够生成多种图形，包括条形图、折线图、饼图、箱图、直方图、面积图、盘高-盘低图、人口金字塔图、散点图/点图、三维条形图和误差条形图，还可以对输出的统计图进行多种形式的编辑和修改，以保证图形的质量和适用性。在 SPSS 25.0 中还增加了新的功能，即可以把大多数图表复制成微软办公软件可编辑的图形对象，这样就可以在 Microsoft Word、PowerPoint 或 Excel 中编辑标题、颜色、样式，甚至图表类型。

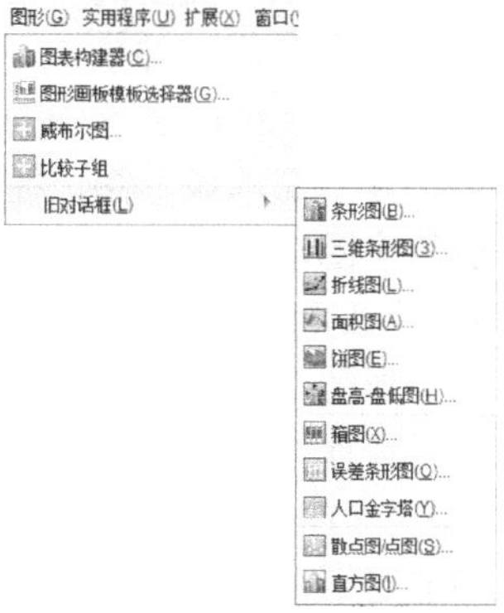

图 4-1　“图形”菜单

“图形（Graphs）”菜单中应用最多的仍是“旧对话框”子菜单。其作图方式是，以对话框设置的方式创建图形。本章主要通过案例介绍经常用到的条形图（Bar Charts）和折线图（Line），特别是簇状条形图（Clustered）和多线图（Multiple）的绘制，来说明利用“旧对话框”作图与编辑图形的具体操作方法。

4.1　簇状条形图的绘制

4.1.1　“条形图”对话框的功能与结构

依次执行“图形（Graphs）”→“旧对话框（Legacy Dialogs）”→“条形图（Bar）”命令，弹出“条形图”对话框（见图 4-2），它提供三类共 9 种条形图。

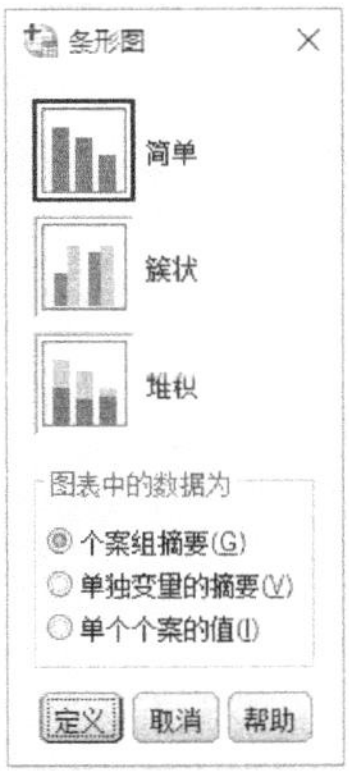

图 4-2　“条形图”对话框

三类条形图为简单条形图（Simple）、簇状条形图（Clustered）和堆积条形图（Stacked）。

簇状条形图（Clustered Bar Charts）也称复式条形图、分组条形图，是表示多个变量交叉分组频数分布特征的统计图，是由每两条或更多条组成的一组条形图，组与组之间有间隙，每组内条与条之间没有间隙。

堆积条形图（Stacked Bar Charts）也称分段条形图，是对简单条形图的一种复合，也可以看成将簇状条形图中的一个类别的条图堆积到另一个类别条图的上方，条形内部的各段长短代表各组成部分在各自组内所占的比例。在堆积条形图中，每一段之间没有间隙并用不同的线条或颜色表示，各条之间有间隙。这种图形在比较某个定类变量在相关变量内部所占的比例时经常用到。

在“图表中的数据为（Data in Chart Are）”选项组中提供了条形图中统计量的三种描述模式。

- 个案组摘要（Summaries for groups of cases）：个案分组模式，在这种模式下，条形图以某个分类轴变量作为个案分组的标准，然后根据分组后的个案数据创建条形图。
- 单独变量的摘要（Summaries of separate variables）：变量分组模式，在这种模式下，条形图可反映若干个变量或同一个变量的各种参数的情况。
- 单个个案的值（Values of individual cases）：个案取值模式，在这种模式下，条形图可反映某个变量的所有个案的取值情况。

由于在每一种模式下都可以绘制三种不同类型的条形图，因此由三种不同的描述模式与三种不同类型的条形图的不同组合，可以生成 9 种不同的条形图。

对于简单条形图，往往在利用“分析（Analyze）”菜单进行统计分析时，直接利用相关模块的作图功能来完成，如在利用“频率”对话框制作频数分布表的同时就可以制作条形图。因此，“条形图（Bar Charts）”模块更多的时候用于作交互条形图，即簇状（复式）条形图和堆积条形图。

在作图前，首先要在“条形图”对话框中指定条形图的类型和变量描述方式，然后单击“定义（Define）”按钮，进入相应的条形图对话框。定义简单条形图、簇状条形图与堆积条形图的对话框三者的结构基本相同，只是简单条形图对话框中没有“类别轴（Category Axis）”变量框。在按对话框中要求设置各种图形的参数之后，单击“确定（OK）”按钮，就可以生成相应的条形图。

4.1.2　“个案组摘要”模式下的条形图

对于“个案组摘要（Summaries for groups of cases）”模式下的三种条形图来说，单击“定义（Define）”按钮后，弹出的对话框几乎一样，所以我们以簇状条形图为基础进行介绍。

我们结合具体案例来说明如何绘制“个案组摘要”模式下的条形图。

【案例 4.1　绘制条形图：上网对不同性别的学生学习的影响】

案例 4.1 的思维导图如图 4-3 所示。《北京市大学生学习状况调查问卷》中的第 21 题是为考察上网对大学生学习的影响而设计的题目之一。试利用数据文件“统计分析案例”中 X21 及性别的数据，绘制不同性别的簇状条形图与堆积条形图，以考察上网对不同性别的学生学习的影响。

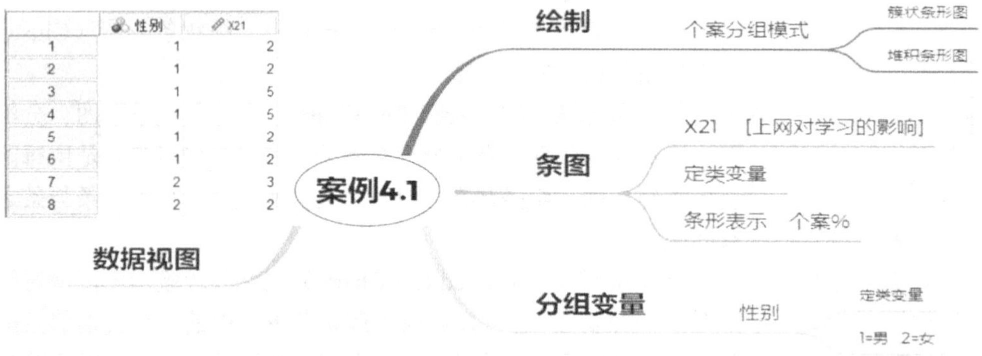

图 4-3　案例 4.1 的思维导图

我们将每个图的操作步骤与其输出结果一并给出，以便读者阅读理解。

【操作步骤】

第一步，打开数据文件“统计分析案例”，可见第 21 题的数据结构模式为个案组摘要结构。

第二步，绘制不同性别的簇状条形图。

（1）依次执行“图形（Graphs）”→“旧对话框（Legacy Dialogs）”→“条形图（Bar）”命令，弹出“条形图”对话框后，选中“个案组摘要（Summaries for groups of cases）”单选按钮，单击“簇状（Clustered）”图标。

（2）单击“定义（Define）”按钮，弹出“定义簇状条形图：个案组摘要”对话框。该对话框有两个变量框（除源变量框外）、三个选项组和两个功能按钮（见图 4-4）。

①“类别轴（Category Axis）”框：把要作条形图的变量移入该框。在将要制作出的条形图中，分类轴上的每个变量值对应一个条图，其位置将按数值的大小或字母的顺序排列，数值最小的排在最左侧，数值最大的排在最右侧，字母最靠前的排在最左侧，字母最靠后的排在最右侧。

②“聚类定义依据（Define Clusters by）”框：说明按哪个变量进行聚类，即要进行比较的变量。在将要制作出的条形图中，将会按分类轴的每个变量值，同时给出聚类变量的多个条图。

③“条形表示（Bars Represent）”选项组：提供了多种坐标系纵轴（条图的高）含义的表示方式。前四个是对定类变量的描述，第五个是对其他类型变量的描述。

- 个案数（N of Cases）：变量值的个案数，为系统默认项。
- 个案百分比（% of Cases）：变量值的个案数占变量值个案总数的百分比。
- 累积数量（Cum. N）：从第一个变量值到该变量值的累积个案数。
- 累积百分比（Cum. %）：从第一个变量值到该变量值的累积百分比。
- 其他统计（例如平均值）[Other Ctatistic（e.g.mean）]：变量的其他统计量。

④“面板划分依据（Panel by）”选项组：有“行”框和“列”框，用于子图网，子图网中包含多张条形图，这些子图类型相同，共享同一个坐标轴，只是每个图代表不同的组，这样可以直观地比较不同组中相同变量的数据。

如果一个变量的含义依赖于另一个变量，如“城市”是“国家”的下属集合，就要勾选“嵌套变量（无空行）[Nest Variables（no empty rows）]”复选框，否则会导致从属关系的颠倒。如果没有勾选“嵌套变量”复选框，则在子图网中输出各个变量的分组的组合。如果变量应建立从属关系而没有建立，可能会输出空白的图形。

⑤“模板（Template）”选项组，在勾选“要使用的图表指定项的来源（Use chart Specifications from）”复选框后，单击“文件（File）”按钮，弹出“从文件使用模板”对话框，在选定了一个模板之后，新生成的图形将按模板的格式生成，将使图形变为统一的格式，免除了许多编辑工作。

⑥“标题（Titles）”按钮与“选项（Options）”按钮：单击后进入相应对话框。

我们将“21 上网对我的学习”移入“类别轴（Category Axis）”框内，将“性别”移入“聚类定义依据（Define Clusters by）”框内，并在“条形表示（Bars Represent）”选项组中选中“个案百分比（% of cases）”单选按钮。

（3）单击“标题（Titles）”按钮，弹出“标题”对话框（见图 4-5），可设定图题和注释，该对话框中有图形“标题（Title）”选项组、“子标题（Subtitle）”框和“脚注（Footnote）”选项组。在“第 1 行”文本框中输入“上网对不同性别学生学习的影响”。

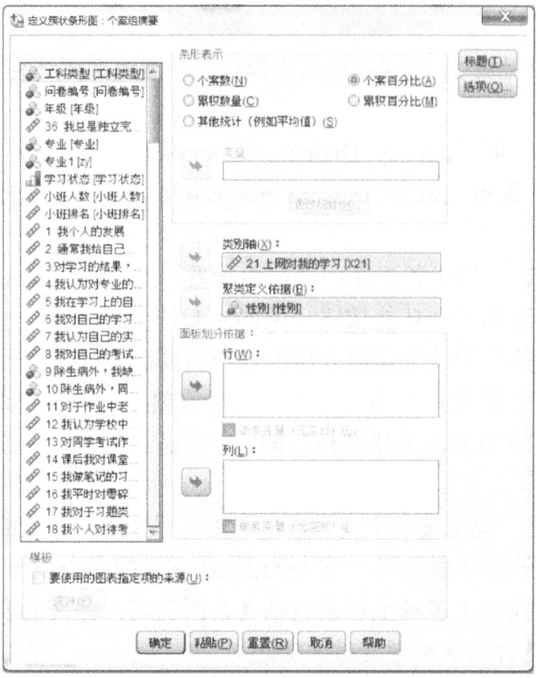

图 4-4　“定义簇状条形图：个案组摘要”对话框

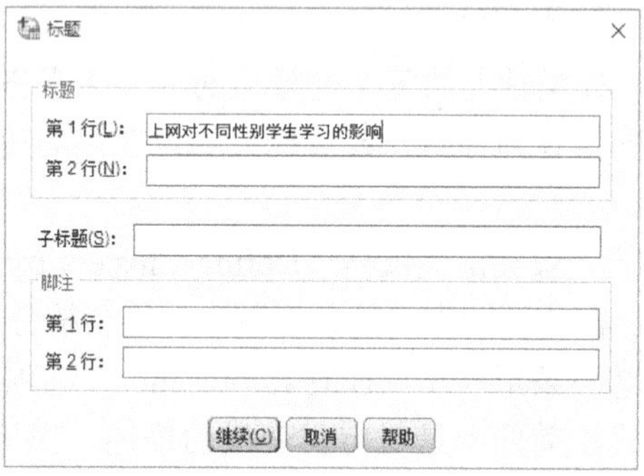

图 4-5　“标题”对话框

（4）单击“选项（Options）”按钮后，弹出“选项”对话框（见图 4-6）。该对话框的功能是设定缺失值的处理方式，其中有两个选项组和两个复选框。

①“缺失值（Missing Values）”选项组提供剔除缺失值的方式。

- 成列排除个案（Exclude Cases listwise）：如果某个个案有缺失值，那么在所有的变量中都要剔除这个个案。此为系统默认方式。
- 按变量排除个案（Exclude cases variable by variable）：如果某个变量存在缺失值，那么仅对这个变量删除含有缺失值的个案，并不影响这个个案的其他变量值，即不同的图形是根据不同的分组绘制的。
- “显示由缺失值定义的组（Display groups defined by missing values）”复选框：将类别轴（Category Axis）框的分类变量中含有缺失值的个案作为一个分类，即缺失值将作为一个独立的类显示在图形中。如果希望分类变量中含有缺失值的个案不参与作图，那么，就不要选择这一项。

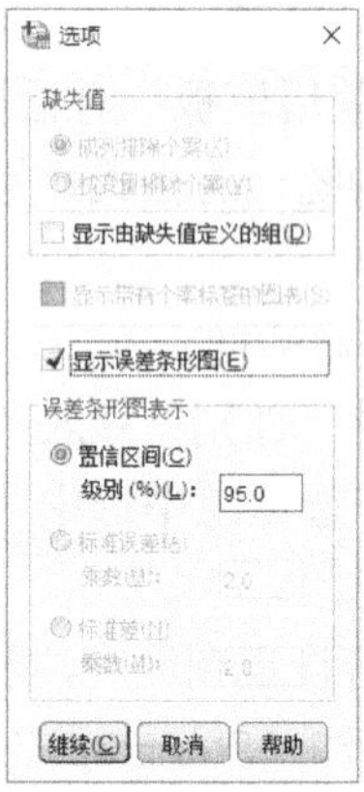

图 4-6　“选项”对话框

②“显示带有个案标签的图表（Display chart with case labels）”复选框：在图形中显示个案的标签值。

③“显示误差条形图（Display Error Bars）”复选框：显示误差有关统计量，勾选该复选框后，将激活“误差条形图表示（Error Bars Represent）”选项组。

④“误差条形图表示”选项组，从中选择误差条形图所要表达的统计量。

- 置信区间（Confidence Intervals）：在“级别（Level(%)）”后的框中指定置信水平，默认值为 95.0。
- 标准误差（Standard Error）：在“乘数（Multiplier）”后的框中给

出参数，默认值为 2.0。

- 标准差（Standard Deviation）：在“乘数（Multiplier）”后的框中给出参数，默认值为 2.0。

在对缺失值的处理上，由于主要是对比上网对不同性别学生学习的影响，所以不用将缺失值作为单独的一组显示在图形中，在“选项”对话框中不勾选“显示由缺失值定义的组（Display groups defined by missing values）”复选框。一般情况下，我们可以选取“选项（Options）”的默认方式，不必打开该对话框。单击“继续（Continue）”按钮，返回“定义簇状条形图：个案组摘要”对话框。

（5）单击“确定（OK）”按钮，提交系统运行。

输出窗口给出的簇状条形图如图 4-7 所示。

第三步：绘制堆积条形图。

重新回到“条形图”对话框，单击“堆积（Stacked）”图标，单击“定义（Define）”按钮，弹出“定义堆积条形图：个案组摘要”对话框。将“性别”变量移入“堆积定义依据（Define Stacked by）”框内，“21 上网对我的学习”移入“类别轴（Category Axis）”框内。后面的步骤与绘制簇状条形图的方式相同。

输出窗口给出的堆积条形图如图 4-8 所示。每个条形图的上半部分是男生中选择该选项所占的百分比，下半部分是女生中选择该选项所占的百分比。

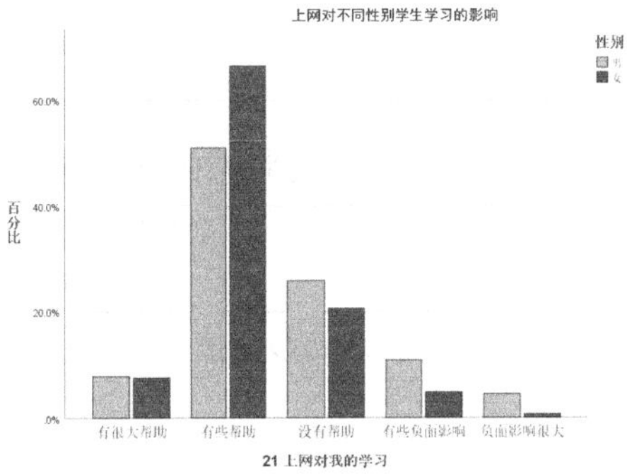

图 4-7　上网对不同性别学生学习的影响（簇状条形图）

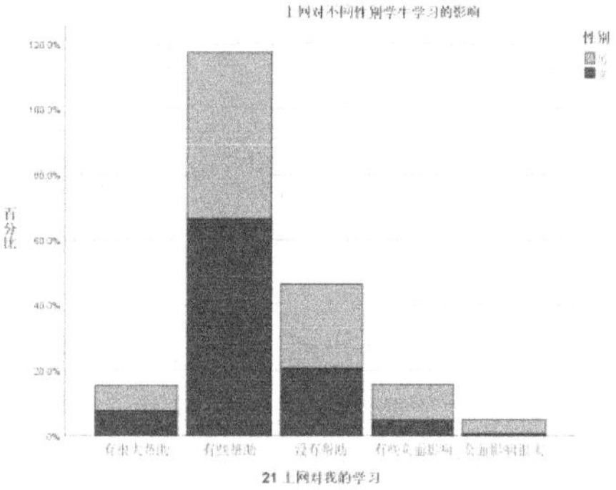

图 4-8　上网对不同性别学生学习的影响（堆积条形图）

【案例 4.2　绘制不同学习状态下环境利用平均分的条形图】

试利用数据文件“统计分析案例”中的“学习状态”变量与“环境”变量，绘制不同学习状态下环境利用平均分的条形图。

【操作步骤】

（1）打开数据文件“统计分析案例”。依次执行“图形（Graphs）”→“旧对话框（Legacy Dialogs）”→“条形图（Bar）”命令，弹出“条形图”对话框后，选中“个案组摘要（Summaries for groups of cases）”单选按钮，单击“简单（Simple）”图标。

（2）单击“定义”按钮，弹出“定义简单条形图：个案组摘要”对话框后，将“学习状态”移入“类别轴（Category Axis）”框内。

（3）由于要求生成的条形图是环境利用的平均分，因此在“条形表示（Bars Represent）”选项组内选中“其他统计（例如平均值）[Other Statistic（e.g.mean）]”单选按钮，将“环境”变量移入“变量（Variable）”框中，框中显示的是系统默认统计量的均值：“MEAN（环境[环境])”。如果希望纵轴表示其他的统计量，可以单击“更改统计（Change Statistic）”按钮，弹出“统计”对话框，在“选定变量的统计”选项组中提供了 3 组 17 个可供选择的统计量（见图 4-9）。

第一组包括 10 个统计量：值的平均值（Mean of values）、值的中位数（Median of values）、值的众数（Mode of values）、个案数（Number of cases）、值的总和（Sum of values）、标准差（Standard deviation）、方差（Variance）、最小值（Minimum value）、最大值（Maximum value）及累积求和（Cumulative sum）。

第二组包括 5 个统计量：如果选择本组统计量，要在“值（Value）”框中输入一个不大于 7 个字符的指定参数。上方百分比（Percentage above）和下方百分比（Percentage below）分别用于输出大于和小于指定参数的变量值数目占变量值总数的百分比；上方数目（Number above）和下方数目（Number below）分别用于输出大于和小于指定参数的变量值数；最后一个为百分位数（Percentile）。

第三组包括 2 个统计量：如果选择本组统计量，要在“低（Low）”框和“高（High）”框中各指定一个参数，这两个参数值要在移入“变量（Variable）”框内的变量的取值范围内，而且输入的字符数不要大于 7 个。区间内百分比（Percentage inside）和区间内数目（Number inside）分别用于输出在这两个参数范围内的变量值数目占变量值总数的百分比和变量值数目。

该对话框最下面是“值是分组中点（Values are grouped midpoints）”复选框：变量值以中点分组。注意：只有在选择了第一组的“值的中位数”或第二组的“百分位数”之后，才可以选择该项。

（4）单击“标题”按钮，在“标题”对话框内输入标题“不同学习状态的学生在环境利用上的平均分”，单击“继续（Continue）”按钮，返回“定义简单条形图：个案组摘要”对话框。

（5）对缺失值的处理采用系统默认方式，不用单击“选项（Options）”按钮。

（6）单击“确定（OK）”按钮，提交系统运行。

于是在输出窗口中生成了所要求的简单条形图（见图 4-10）。至此，我们完成了案例所要求的全部工作。

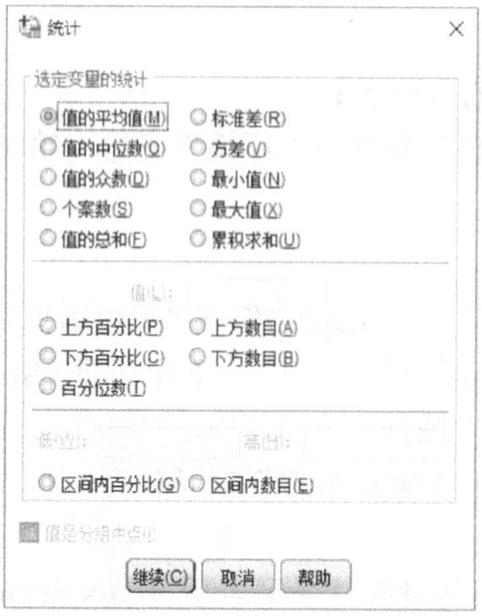

图 4-9　“统计”对话框

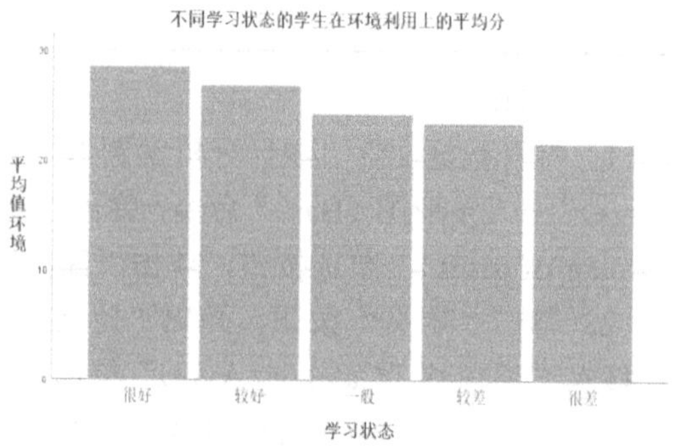

图 4-10　不同学习状态的学生在环境利用上的平均分

4.1.3 “单独变量的摘要”模式下的条形图

对于“单独变量的摘要（Summaries of separate variables）”模式下的条形图（简单条形图、簇状条形图和堆积条形图）的绘制，我们仍结合案例进行介绍。

【案例 4.3 绘制大一与大四学生在“目标监控”等四个变量上的条形图】

依据数据文件“统计分析案例”，试利用相应的对话框，绘制大一与大四学生在“目标监控”、“自评”、“环境”和“创新”4 个变量均值的简单条形图、簇状条形图和堆积条形图。

【操作步骤】

第一步：打开数据文件“统计分析案例”。

第二步：作简单条形图。

（1）打开“条形图”对话框后，单击“简单（Simple）”图标，选中“单独变量的摘要（Summaries of separate variables）”单选按钮，单击“定义（Define）”按钮，弹出“定义简单条形图：单独变量的摘要”对话框，由于其结构与“个案组摘要”模式基本相同，仅显示部分截图（见图 4-11）。

（2）将“目标监控”、“自评”、“环境”和“创新”移入“条形表示（Bars Represent）”框内。

（3）将“年级”变量移入“面板划分依据（Panel by）”选项组的“行”框中。

（4）单击“标题（Titles）”按钮，在“标题”对话框中输入标题“大一与大四学生在 4 个学习要素上均值的比较”，单击“继续（Continue）”按钮，返回“定义简单条形图：单独变量的摘要”对话框。

（5）单击“确定（OK）”按钮，提交系统运行。

在输出窗口给出了四个年级的子图网，利用图形编辑窗口中的“类别”选项卡去除大二与大三年级，得到了显示大一与大四学生在 4 个学习要素上均值的子图网（见图 4-12）。

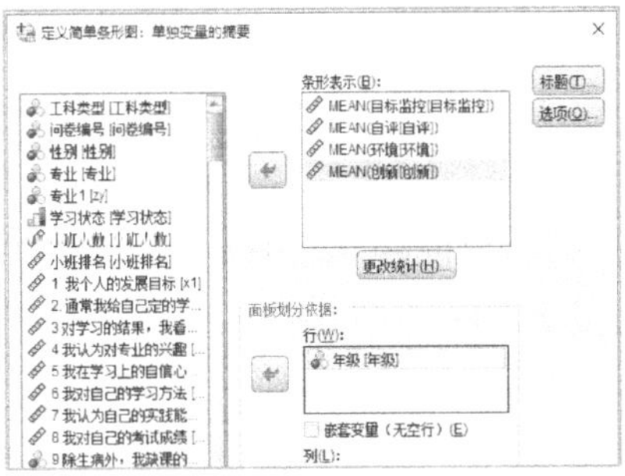

图 4-11 “定义简单条形图：单独变量的摘要”对话框

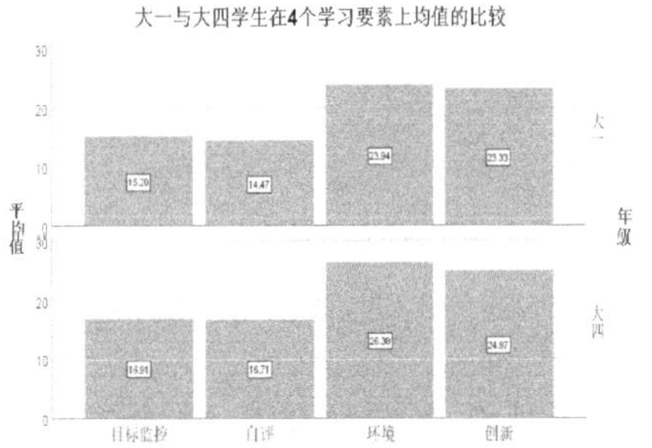

图 4-12 大一与大四学生在 4 个学习要素上均值的比较条形图

第三步：作簇状条形图。

图 4-13 为“定义簇状条形图：单独变量的摘要”对话框的部分截图，在“条形表示（Bars Represent）”框中至少要有两个或两个以上的变量移入，所选定的变量可以是不同的变量，也可以是相同的变量（同一个变量可能选择不同的统计量）。在变量选定之后，如果纵轴表示各个变量的均值，不必单击“更改统计（Change Statistics）”按钮，否则就要单击该按钮，在“统计”对话框中定义纵轴的含义。此处“统计”对话框与“个案组摘要”模式中的“统计”对话框完全相同，而且“模板（Template）”、“标题（Titles）”和“选项（Options）”的内容也与“个案组摘要”模式中的相同，这里不再赘述。

操作步骤与第二步基本相同，不同的是：①在重新回到“条形图”对话框后要选择簇状条形图。②弹出“定义簇状条形图：单独变量的摘要”对话框后，要将“年级”移入“类别轴（Category Axis）”框内（见图 4-13）。

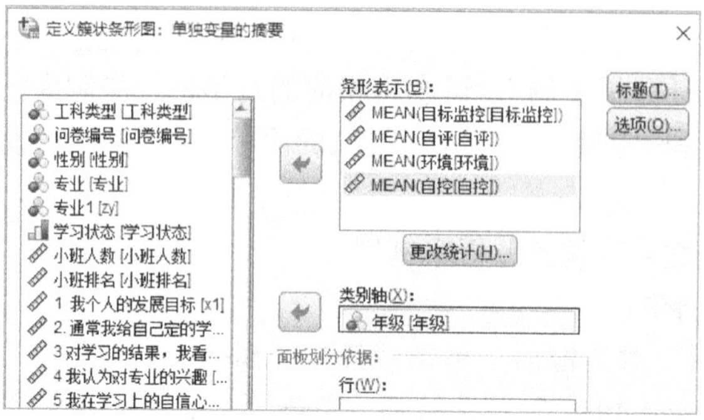

图 4-13 “定义簇状条形图：单独变量的摘要”对话框

输出窗口给出的簇状条形图经编辑之后，如图 4-14（a）所示。

第四步：作堆积条形图。

操作步骤与第三步类似，不同的只是在重新回到“条形图”对话框后要选择堆积条形图。弹出“定义堆积条形图：单独变量的摘要”对话框后，所有操作均与第三步相同。

在输出窗口给出的堆积条形图经编辑后如图 4-14（b）所示。

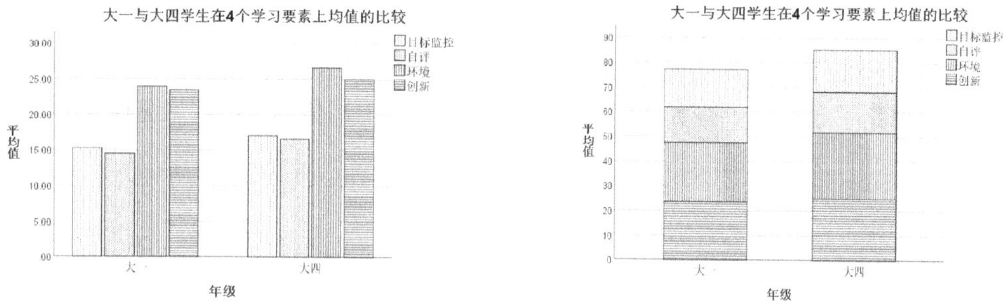

（a）簇状条形图　　（b）堆积条形图

图 4-14 大一与大四学生在 4 个学习要素上均值的比较

4.1.4 “单个个案的值”模式下的条形图

“单个个案的值”模式下的条形图的绘制方法与前面的过程完全类似，不再赘述。我们仅结合数据文件“4.1 我国电影片产量”（见图 4-15），通过截图来说明“单个个案的值”模式下的条形图具体的操作与输出的图形（见图 4-16～图 4-18）。

	年份	电影厂	故事片	美术片	科教片	纪录片	变量
1	1962	16	34	17	94	133	
2	1975	15	27	11	214	313	
3	1985	20	127	45	357	419	
4	1995	30	146	37	40	111	
5	2003	31	140	2	53	6	

图 4-15 数据文件“4.1 我国电影片产量”

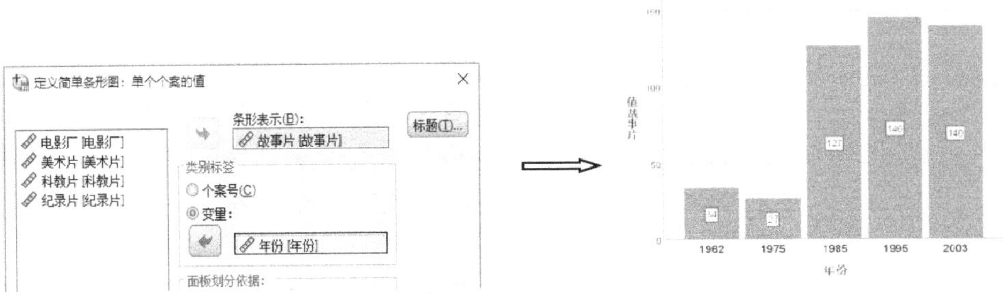

图 4-16　简单条形图的操作与输出的图形

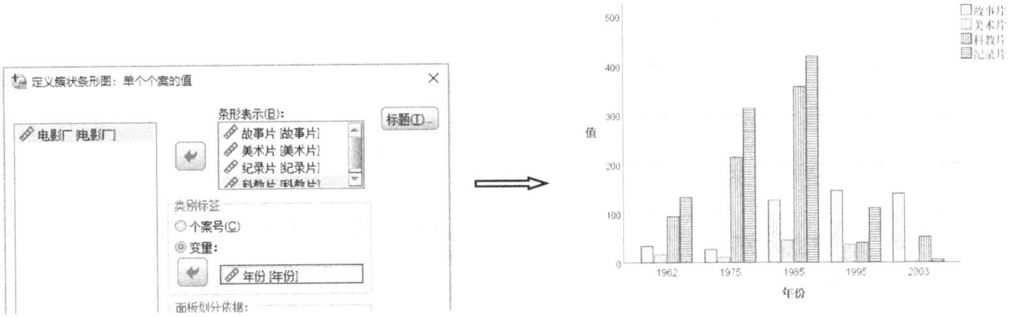

图 4-17　簇状条形图的操作与编辑后的图形

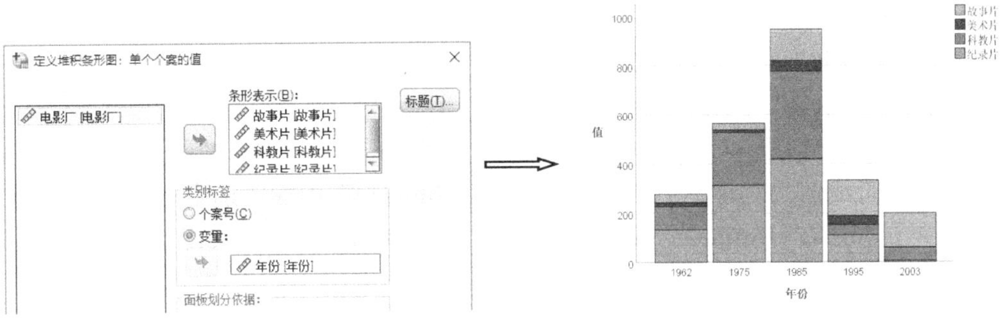

图 4-18　堆积条形图的操作与输出的图形

4.2　线图的绘制

4.2.1　“折线图”对话框的功能与结构

依次执行“图形（Graphs）”‣“旧对话框（Legacy Dialogs）”‣“折线图（Line）”命令，弹出“折线图”对话框（见图 4-19），与条形图（Bar Charts）类似，可以提供三类共 9 种折线图。

三种图式是：“简单（Simple）”（单线图）、“多线（Multiple）”（多线图）和“垂线（Drop-line）”（垂线图）。

三种数据文件的结构与条形图完全相同，即个案组摘要（Summaries for groups of cases）、单独变量的摘要（Summaries of separate variables）和单个个案的值（Values of individual cases）。

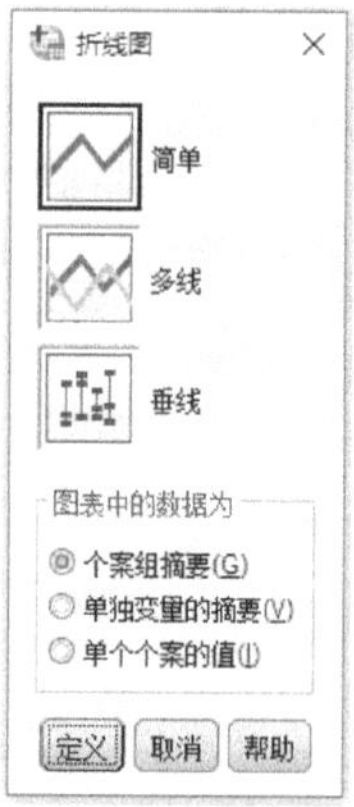

图 4-19 “折线图”对话框

在分析调查数据时，用得最多的是单线图和多线图。利用“图形（Graphs）”菜单绘制线图在操作上与绘制条形图类似：首先在“折线图”对话框中确定图式和数据结构模式，然后单击“定义（Define）”按钮，进入相应的折线图对话框。在该对话框中设定各种图形的参数后，单击“确定（OK）”按钮，于是生成相应的折线图。

各种数据结构模式下的图式对话框结构与条形图对话框的结构类似。读者可自行对照，除将“条形图（Bar）”替换为“折线图（Line）”外，结构完全一样。而且，在对话框中由“标题（Titles）”和“选项（Options）”按钮打开的两个对话框的结构也完全相同。

因此，我们不再详细介绍这些对话框，仅结合几个案例说明其操作过程。

4.2.2 “个案组摘要”模式下的线图

【案例 4.4 绘制上网对大学生学习影响的线图】

试根据数据文件“统计分析案例”中变量 X21 的数据，生成以下线图：

（1）各变量值的频数占总频数百分比的单线图；

（2）不同性别的多线图与垂线图。

【操作步骤】

第一步：打开数据文件“统计分析案例”。

第二步：作单线图。

（1）依次执行“图形（Graphs）”→“旧对话框（Legacy Dialogs）”→“折线图（Line）”命令，弹出“折线图”对话框后，单击“简单（Simple）”图标，选中“个案组摘要”单选按钮。单击“定义（Define）”按钮，弹出“定义简单折线图：个案组摘要”对话框（见图 4-20）。

（2）将“21 上网对我的学习”移入“类别轴（Category Axis）”框内，并在“折线表示（Line Represent）”选项组内选中“个案百分比（% of cases）”单选按钮。

（3）单击“标题（Titles）”按钮，在“标题”对话框内输入标题“上网对大学生学习的影响”，单击“继续（Continue）”按钮，返回“定义简单折线图：个案组摘要”对话框。

（4）对缺失值的处理采用系统默认方式，直接单击“确定（OK）”按钮，提交系统运行。

在输出窗口中生成的单线图如图 4-21 所示。

第三步：作多线图。

在“折线图”对话框中单击“多线（Multiple）”图标，单击“定义（Define）”按钮后，在弹出的“定义多线折线图：个案组摘要”对话框中，将“21 上网对我的学习”移入“类别轴（Category Axis）”框内，在“折线表示（Line Represent）”选项组内选中“个案百分比（% of Cases）”单选按钮，将“性别”移入“折线定义依据（Define Lines by）”框，其他操作完全同条形图的操作。

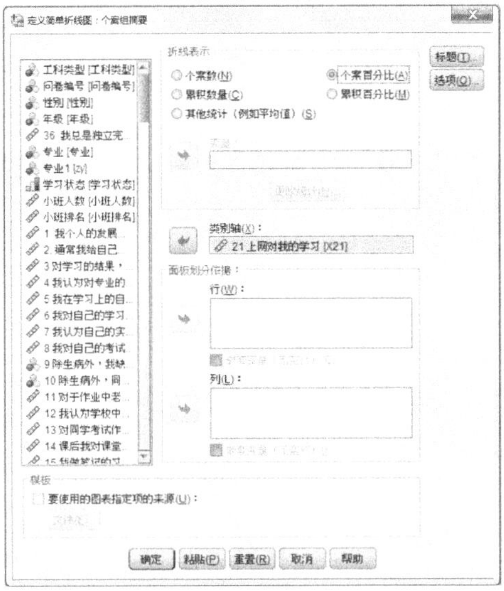

图 4-20　“定义简单折线图：个案组摘要”对话框

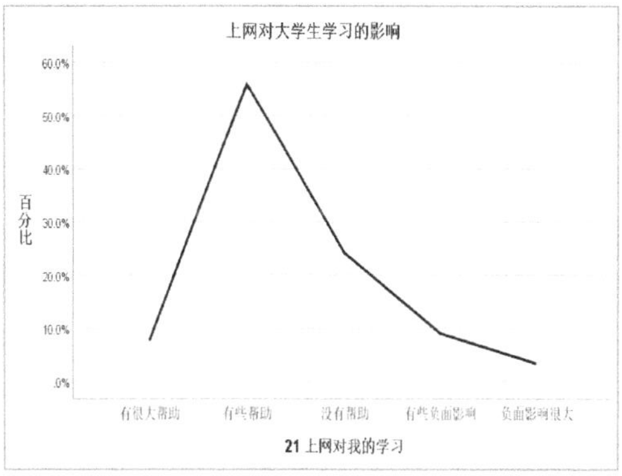

图 4-21　上网对大学生学习的影响（单线图）

在输出窗口中生成的多线图经编辑后如图 4-22 所示。

第四步：作垂线图。

在“折线图”对话框中单击“垂线（Drop-line）”图标，单击“定义（Define）”按钮，弹出“定义垂线图：个案组摘要”对话框。其他各步骤与第三步相同。

在输出窗口中生成的垂线图经编辑后如图 4-23 所示。垂线图中对应于每一个变量值（每一个选项），将男女生百分比的差异用一条垂线来表示。

从图 4-22 和图 4-23 可知，男女生中选择“有很大帮助”的百分比相差不大，两个点几乎重合，女生中选择“有些帮助”的百分比高于男生，在后三个选项上，女生的百分比低于男生。所以，上网对男生学习负面的影响更大一些。

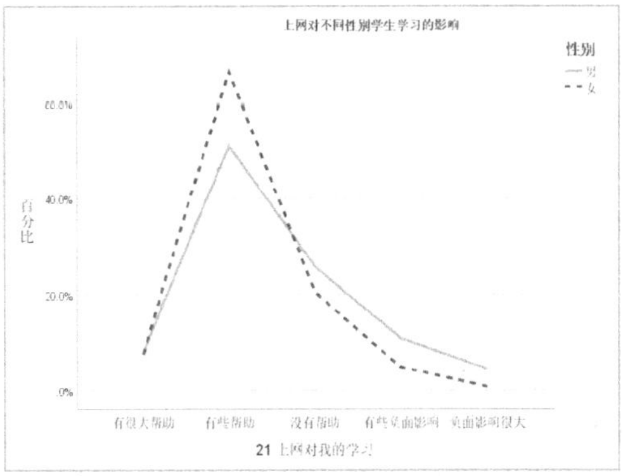

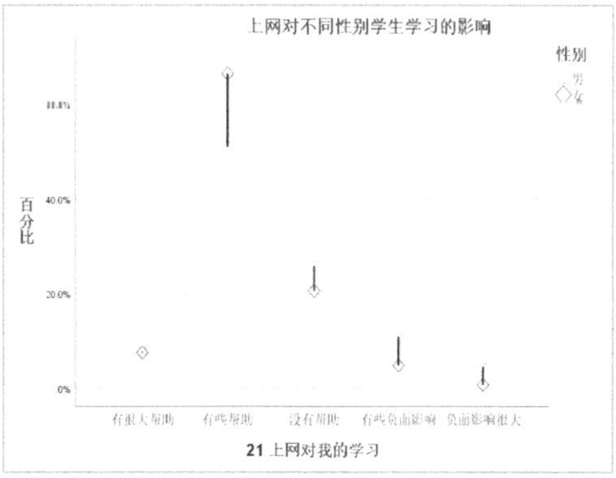

图 4-22　上网对不同性别学生学习的影响（多线图）　图 4-23　上网对不同性别学生学习的影响（垂线图）

4.2.3　“单独变量的摘要”模式下的线图

【案例 4.5　绘制我国电影片产量的线图】

以数据文件“4.1 我国电影片产量”中我国 1962—2003 年电影片产量的数据为例，绘制以下线图：

（1）各类产量的单线图。

（2）故事片、美术片和纪录片的多线图。

（3）故事片、美术片和纪录片的垂线图。

鉴于读者已经对各个线图图式的对话框比较熟悉了，这里仅对操作过程进行简要说明，并给出生成的各类线图（见图 4-24～图 4-28）。

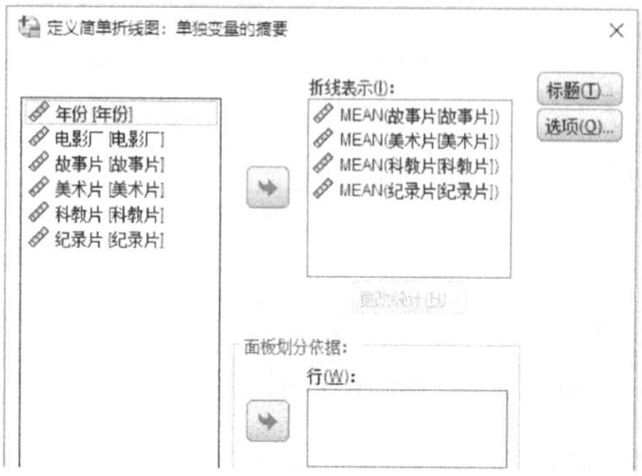

图 4-24　“定义简单折线图：单独变量的摘要”对话框

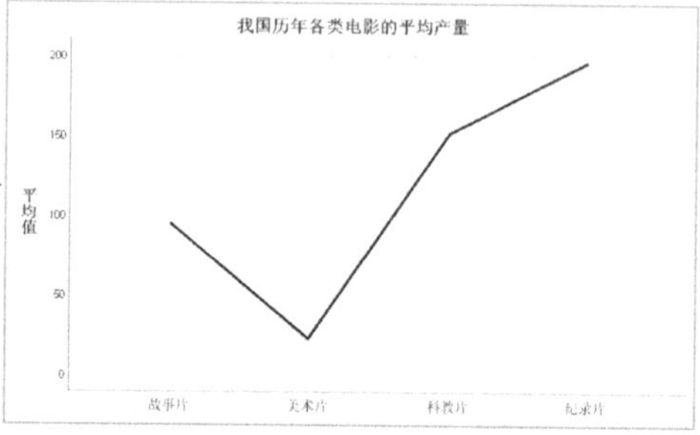

图 4-25　历年各类电影平均产量的单线图

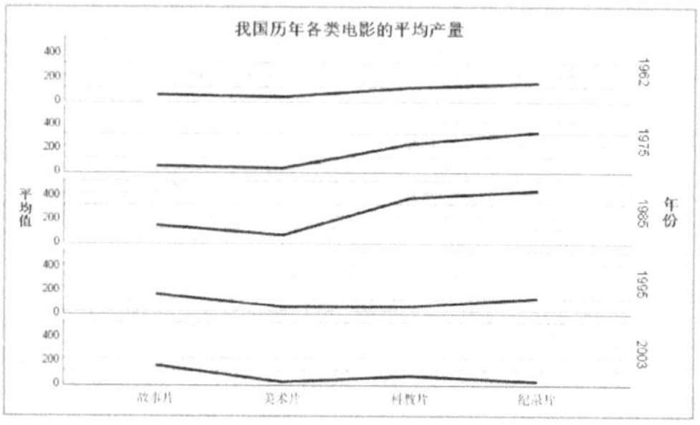

图 4-26　不同年份三类影片产量的子线图

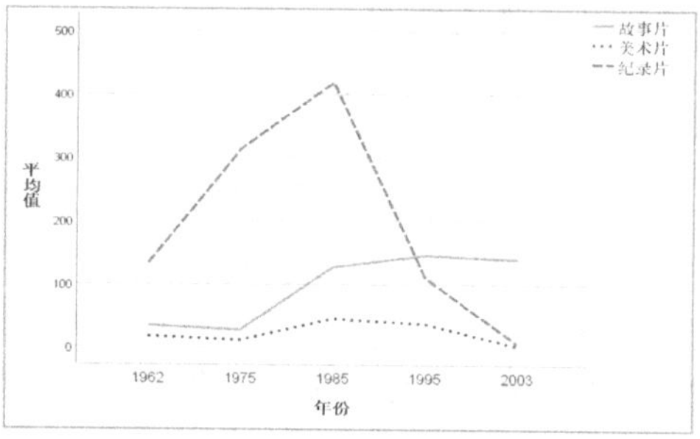

图 4-27　三类影片产量的多线图

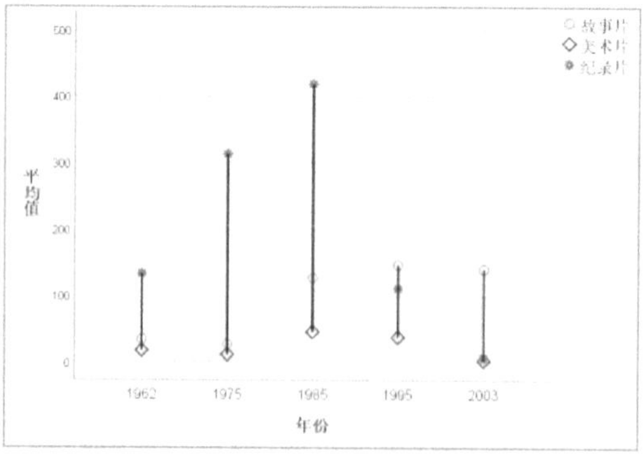

图 4-28　三类影片产量的垂线图

【操作步骤】

（1）打开数据文件“4.1　我国电影片产量”。

（2）依次执行“图形（Graphs）”→“旧对话框（Legacy Dialogs）”→“折线图（Line）”命令，弹出“折线图”对话框。

（3）选中“单独变量的摘要（Summaries of separate variables）”单选按钮，单击“简单（Simple）”图标，单击“定义（Define）”按钮，弹出“定义简单折线图：单独变量的摘要”对话框后，将“故事片”、“美术片”、“科教片”和“纪录片”四个变量移入“折线表示（Line Represent）”框（见图 4-24）。

（4）单击“标题（Titles）”按钮，在“标题”对话框内输入标题“我国历年各类电影的平均产量”。

（5）单击“确定（Ok）”按钮，提交系统运行。

于是，在输出窗口给出了历年各类电影平均产量的单线图（见图 4-25）。

如果在“定义简单折线图：单独变量的摘要”对话框中将“年份”变量移入“面板划分依据（Panel by）”选项组内，则输出图 4-26。在“折线图”对话框中分别单击“多线（Multiple）”图标和“垂线（Drop-line）”图标并执行相应操作，便得到图 4-27 和图 4-28。

需要说明的是，对于图 4-25 中的单线图，表示的是 5 年（1962 年、1975 年、1985 年、1995 年和 2003 年）各项指标的均值。如果需要其他的统计量，可以单击“更改统计（Change Statistic）”按钮，弹出的对话框与图 4-9 完全相同。

4.2.4　“单个个案的值”模式下的线图

【案例 4.6　绘制我国各类影片历年产量的线图】

利用数据文件“4.1　我国电影片产量”，完成下列线图：

（1）绘制故事片历年产量的单线图。

（2）绘制 1962—2003 年故事片、美术片和纪录片的多线图和垂线图。

【操作步骤】

对于（1），我们仅给出定义简单折线图图式对话框的主要界面部分和所生成的线图（见图 4-29、图 4-30）。对于（2），所要用到的定义多线图对话框的界面部分与图 4-29 相同，定义垂线图的对话框仅将“折线表示（Line Represent）”更换为“点表示（Points Represent）”，而绘制的多线图及垂线图与图 4-27、图 4-28 完全相同，不再重复。

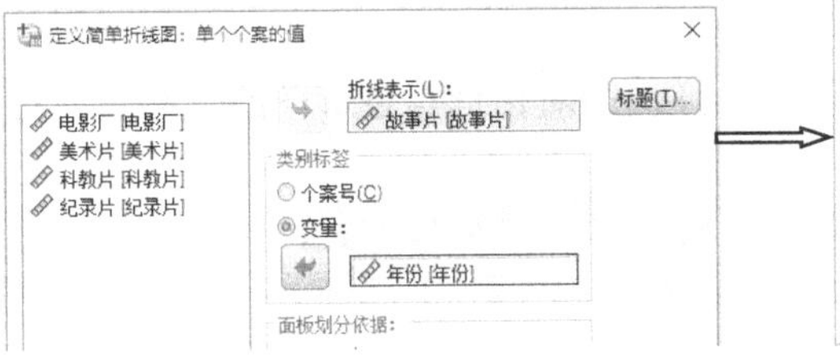

图 4-29　“单个个案的值”模式下定义简单单线图对话框（部分）

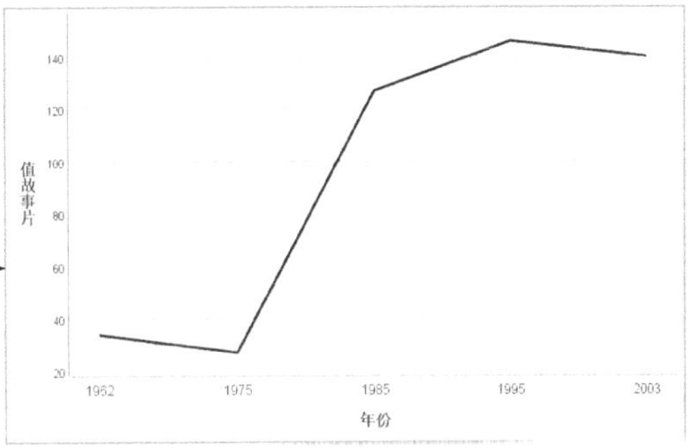

图 4-30　故事片历年产量的单线图

4.3　人口金字塔图的绘制

人口金字塔图（Population Pyramid）是根据不同的分类（群）来描述变量的频数分布的。如果对定量变量描述其分布，人口金字塔图是两个背对背的直方图。如果是对定类变量描述其分布，则人口金字塔图是两个背对背的条形图。

在图形中，这些条图是横向的，不是纵向的（见图 4-31）。金字塔的个数依赖于分类的数目，如果定类变量的取值个数大于 2，绘制出的金字塔就会不止一个。例如，如果定类变量有 4 个值（如年级变量取值为 1、2、3、4），就会有两个金字塔。

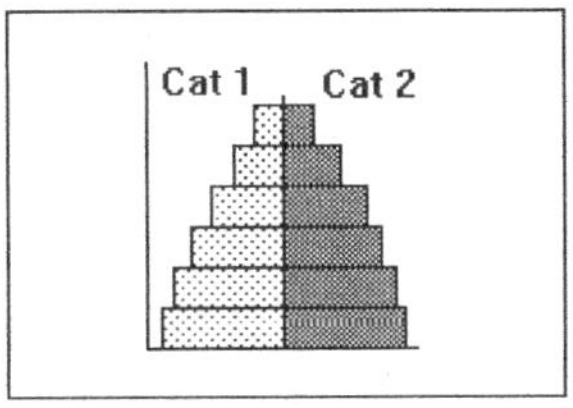

图 4-31　人口金字塔

在对问卷的统计分析中，我们可以将人口金字塔图用于描述样本的结构，如以年龄段为纵轴、以个案数或人口构成为横轴描述样本的年龄分布，应用人口金字塔图比较不同性别的学生在考试成绩分布上的差别。

4.3.1　“定义人口金字塔”对话框的功能与结构

依次执行“图形（Graphs）”→“旧对话框（Legacy Dialogs）”→“人口金字塔（Population Pyramid）”命令，将弹出“定义人口金字塔”对话框（见图 4-32）。该对话框除源变量框外，还有以下内容。

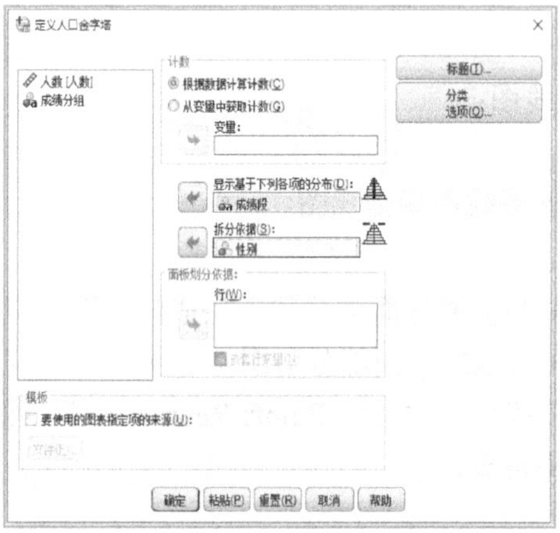

图 4-32　“定义人口金字塔”对话框

（1）计数（Counts）选项组：对移入的变量指定计算频数的方式，有两个单选按钮。

- 根据数据计算计数（Compute counts from data）：根据原始数据计算频数。
- 从变量中获取计数（Get counts from variable）：根据变量预先汇总的数据（已有了各个分类的频数的值）计算频数。

（2）“显示基于下列各项的分布（Show Distribution over）”框：指定对哪个变量绘制频数分布图。

（3）“拆分依据（Split by）”框：指定分类变量。

（4）面板划分依据（Panel by）选项组：指定固定样本分组作人口金字塔图，而不是一个人口金字塔图。

（5）“模板（Template）”选项组：设定图形模板格式，与条形图的功能相同，不再赘述。

（6）“标题（Titles）”按钮：设定图题和注释，弹出的对话框与条形图的“标题”对话框功能相同。

（7）“分类选项（Categorical Options）”按钮：设定缺失值处理方式，弹出的对话框与条形图的“选项”对话框功能相同。

4.3.2　“人口金字塔”对话框的使用

我们结合下面的案例来说明绘制人口金字塔图的操作步骤。

【案例 4.7　绘制某校男女生成绩频数分布的人口金字塔图】

数据文件“4.2 学生考试成绩”是某校学生期末数学考试成绩统计结果，试绘制以考试成绩为纵坐标的男女生成绩频数分布的人口金字塔图。

【操作步骤】

（1）打开数据文件“4.2 学生考试成绩”（见图 4-33），注意成绩段和成绩分组的数据类型为字符型。

（2）依次执行“图形（Graphs）”→“旧对话框（Legacy Dialogs）”→“人口金字塔（Population Pyramid）”命令，弹出“定义人口金字塔”对话框。

（3）在“计数（Counts）”选项组内，选中“根据数据计算计数（Compute counts from data）”单选按钮，在“显示基于下列各项的分布（Show Distribution over）”框内移入“成绩段”变量，在“拆分依据（Split by）”框内移入“性别”变量（见图 4-32）。

（4）单击“确定（OK）”按钮，提交系统运行。

图 4-34 为输出窗口给出的人口金字塔图。

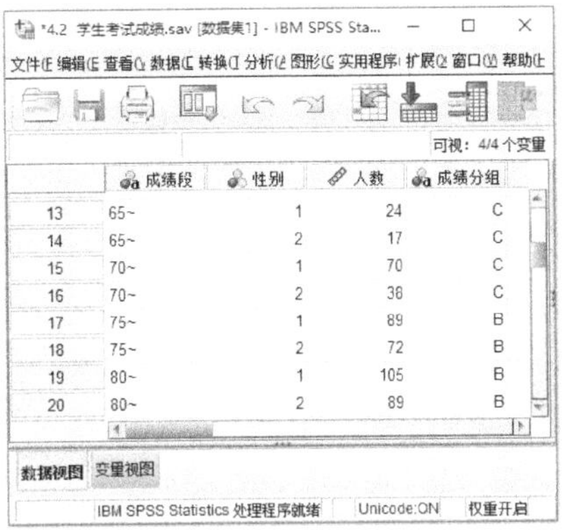

图 4-33　数据文件“4.2 学生考试成绩”

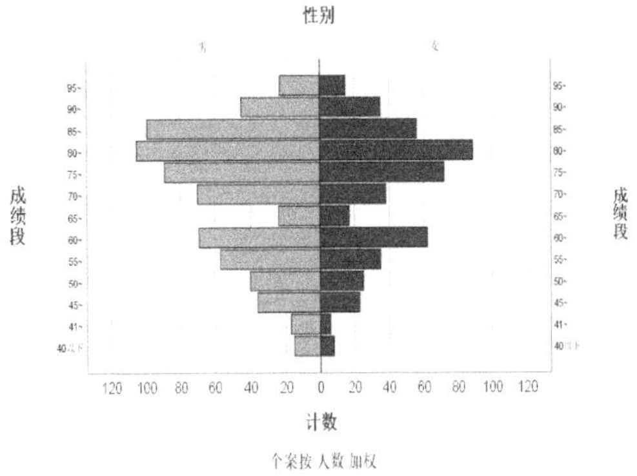

图 4-34　男女生考试成绩的人口金字塔图（1）

4.3.3　几点说明

第一，作人口金字塔图时，如果在“计数（Counts）”选项组中选中“从变量中获取计数（Get courts from variable）”单选按钮，并将“人数”移入“变量（Variable）”框中，系统输出的人口金字塔图在横轴的标记上将“计数（Count）”改为“总和人数（Sum 人数）”，坐标刻度也发生了改变（见图 4-35）。本案例应选中“根据数据计算计数（Compute counts from data）”单选按钮（见图 4-32）。

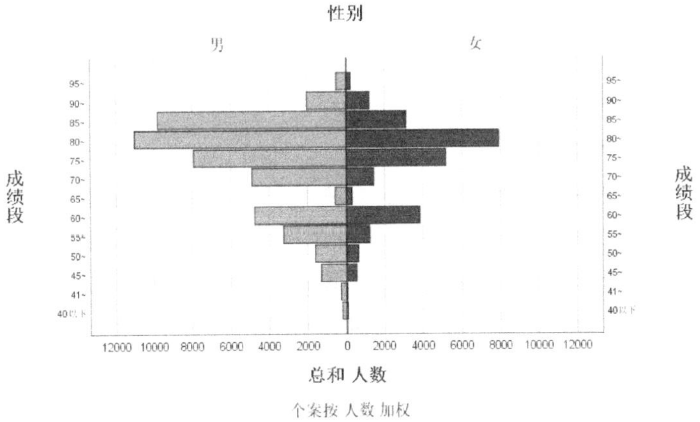

图 4-35　男女生考试成绩的人口金字塔图（2）

第二，在每个图中都标注了“个案按人数加权（Case Weight by 人数）”，说明系统已经进行加权处理。如果我们先利用“数据（Data）”菜单中的“个案加权（Weight Cases）”命令对数据文件进行加权处理，然后作金字塔图，其输出结果不变。

第三，如果设置新变量“成绩分组”：A=90 分以上，B =75 分以上 90 分以下，C=60 分以上 75 分以下，D=60 分以下。在作人口金字塔图时将“成绩分组”移至“面板划分依据（Panel by）”选项组的“行（Rows）”框中，即指定按“成绩分组”变量分组作人口金字塔图，其他操作不变，那么输出的人口金字塔图为 4 个（见图 4-36）。

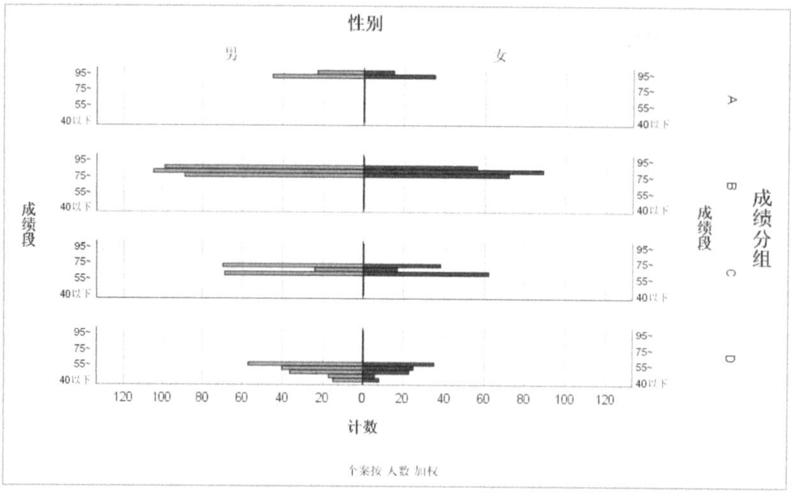

图 4-36　设置新变量“成绩分组”后的人口金字塔图

4.4　统计图的编辑

从前面的作图过程看到，在输出窗口生成统计图后，往往需要对所生成的图形进行编辑加工。例如，输出窗口给出的统计图是彩色的，在计算机屏幕上看得非常清楚，但打印出来的图不一定看得清楚，此时需要将“颜色”改为“图案”。再如，需要在图形中增加数据标签（频数或百分比），需要减少图形中分类变量的分类数，等等。在 SPSS 中，通过图形编辑窗口可以实现对图形的编辑。

4.4.1　图形编辑窗口

1. 图形编辑窗口的基本结构

进入图形编辑窗口最便捷、用得最多的方法是在输出窗口双击想要编辑加工的图形，便可进入。当然也可以在输出窗口右击想要编辑加工的统计图形，通过在弹出的菜单中选择“编辑内容（Edit Content）”→“在单独窗口中（In Separate Window）”命令，进入图形编辑窗口。

图形编辑窗口有六个功能菜单：文件（File）、编辑（Edit）、视图（View）、选项（Options）、元素（Elements）和帮助（Help），还有涉及编辑具体功能的 30 个功能按钮（见图 4-37）。

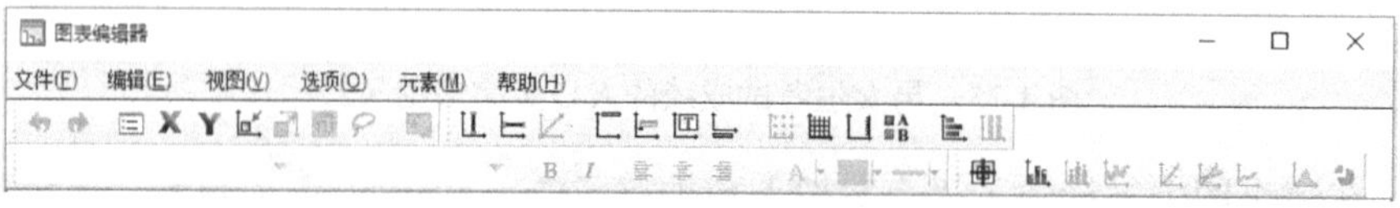

图 4-37　图形编辑窗口的菜单和功能按钮

2. 编辑图形的三种途径

利用图形编辑窗口进行图形的编辑，关键是打开“属性”窗口，对此有以下三种途径。

（1）利用图形编辑窗口的功能按钮。

单击功能按钮会弹出“属性”窗口相应的选项卡。例如，要给条形图添加数据标签，只需单击按钮，在条形图上即刻显示各条图的百分比［见图 4-38（a）］，同时弹出“属性”窗口，其中有“数据值标签”等七个选项卡［见图 4-38（b）］。

（2）利用图形编辑窗口的“编辑”菜单，打开“属性”窗口。

依次执行“编辑（Edit）”→“属性（Properties）”命令，弹出“属性”窗口，再单击要编辑的图形元素，“属性”窗口便会切换到相应的选项卡。

（3）通过右击待编辑的图形元素展开的右键菜单，可打开“属性”窗口。

右击待编辑的图形元素，弹出右键菜单［见图 4-39（a）］，选择相应的命令，就会弹出“属性”窗口［见图 4-39（b）］。

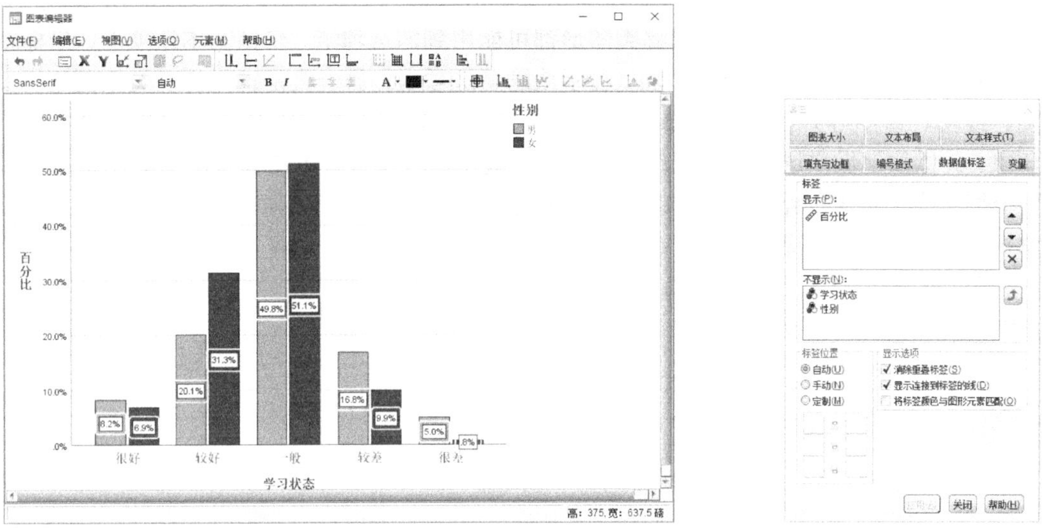

（a） （b）

图 4-38 利用功能按钮为条形图添加数据标签

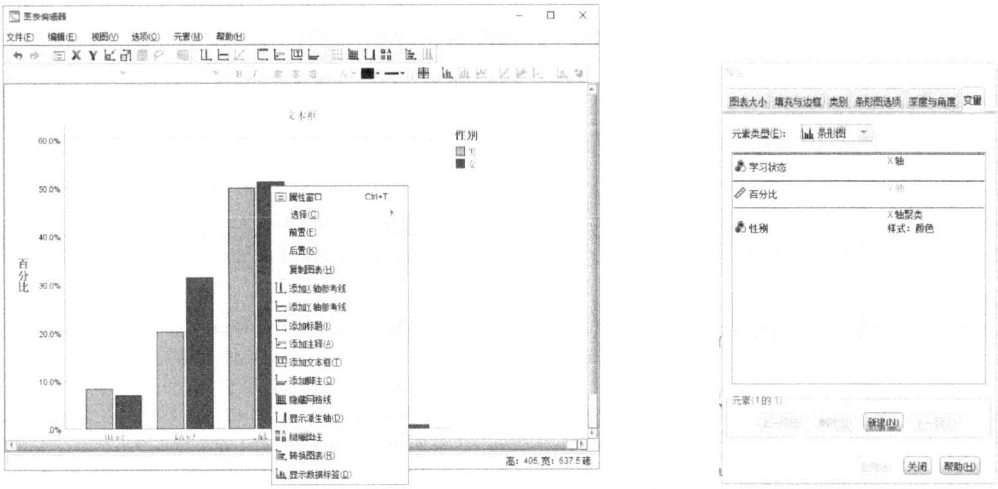

（a） （b）

图 4-39 编辑条形图过程中利用右键菜单打开“属性”窗口

3．图形编辑的基本步骤

激活图形编辑窗口后，对图形进行编辑的操作过程可分为以下几步：

（1）用鼠标指针指向图形中想要编辑的部分，双击后，将弹出“属性（Properties）”窗口。

（2）根据我们对图形的设计，针对所要编辑的内容，单击“属性（Properties）”窗口顶部相应的选项卡名称，便可显示编辑该特征的选项卡。

（3）对该图形进行具体的编辑操作。

（4）整个图形编辑完成后单击右上角的⊠按钮，返回输出窗口。

4.4.2　选项卡列表

由上面的介绍可知，图形的编辑工作基本上是依赖选项卡完成的。选项卡可以分为两大类，一类是通用选项卡，即无论编辑哪类图形都可能用到的选项卡，包括基本选项卡、坐标轴选项卡、文字编辑选项卡和图形的添加、显示或隐藏选项卡；另一类是针对特殊类型图形（如条形图、线图、饼图等）使用的选项卡。选项卡的具体分类如图 4-40 所示，以供读者有一个总的印象。具体如何操作选项卡编辑图形，我们将重点通过簇状条形图和线图的案例来加以说明。至于每一个选项卡的结构，只需打开就一目了然，具体功能一试便知，不必过多叙述。要真正掌握编辑方法，还要靠读者的不断实践。

- 选项卡
  - 基本选项卡
    - 图表大小（Chart Size）选项卡
    - 填充与边框（Fill & Border）选项卡
    - 变量（Variables）选项卡
  - 坐标轴选项卡
    - 线（Lines）选项卡
    - 标签与刻度（Labels &Ticks）选项卡
    - 编号格式（Number & Format）选项卡
    - 刻度(Scale ）选项卡
  - 文字编辑选项卡
    - 文本样式（ Text Style）选项卡
    - 文本布局（ Text Layout）选项卡
  - 图形的添加、显示或隐藏选项卡
    - 插入标题（Add Title）选项卡
    - 插入注释（Add Annotation）选项卡
    - 插入文本框（Add Text Box）选项卡
    - 插入脚注（Add Footnote）选项卡
    - 显示/隐藏（Show/Hide Legend）图例选项卡
    - 转换图表坐标系（Transpose Chart）选项卡
    - 显示/隐藏数据标签（Show/Hide Data Labels）选项卡
    - 添加/隐藏标记（Show/Hide Line Markers）选项卡
    - ……
  - 特殊类型图形编辑选项卡
    - 条形图编辑选项卡
      - 深度与角度(Depth & Angle）选项卡
      - 条形图选项（Bar Options）选项卡
      - 类别(Categories）选项卡
    - 线图编辑选项卡
      - 内插线（Interpolation Line）选项卡
      - 线选项(Line Options）选项卡
      - 标记(Marker）选项卡
    - 饼图编辑选项卡 —— 分区表示（Slices Represent）选项卡
    - 直方图编辑选项卡
      - 分布曲线（Distribution curve）选项卡
      - 分箱化（Binning）选项卡

图 4-40　选项卡的分类

4.4.3　条形图的编辑

【案例 4.8　绘制不同性别的学生对待作业的态度的簇状条形图】

图 4-41 是依据数据文件“统计分析案例”中 X36 与“性别”的数据，利用“条形图（Bar）”→“簇状条形图（Clustered）”命令绘制的条形图，试对此簇状条形图进行编辑。案例 4.8 的思维导图如图 4-42 所示。

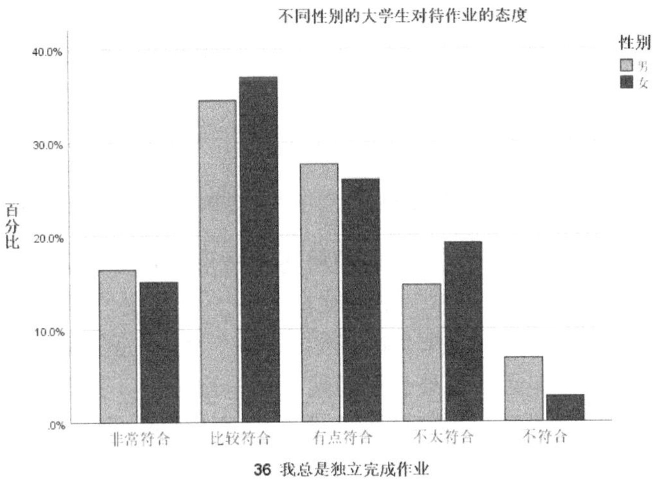

图 4-41　不同性别的大学生对待作业的态度条形图

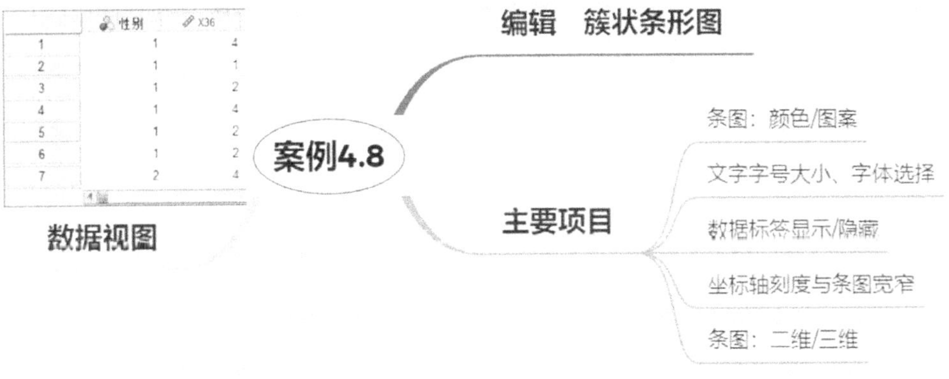

图 4-42　案例 4.8 的思维导图

【操作步骤】

（1）在输出窗口双击条形图的任何部分，进入图形编辑窗口。

（2）单击图标中“男”的图例，在弹出的“属性”窗口中选择“填充与边框（Fill & Border）”选项卡［见图 4-43（a）］，在“颜色”选项组中，将“填充（Fill）”色块中的蓝色改为白色。单击“模式（Pattern）”下的小三角按钮，打开“模式”中的图案列表，选择 ||||。单击“应用（Apply）”按钮，男生条图修改为细竖线图案［见图 4-43（b）］。类似地，将女生条图修改为横线图案。

（3）单击分类轴上的任一处文字或数字（如 20%），在“文本样式”选项卡中，将字号“8”调整为“11”（见图 4-44），于是图中纵坐标的数字放大到 11 号。依此方法可以对图形中的所有文字和数字进行字号调整。

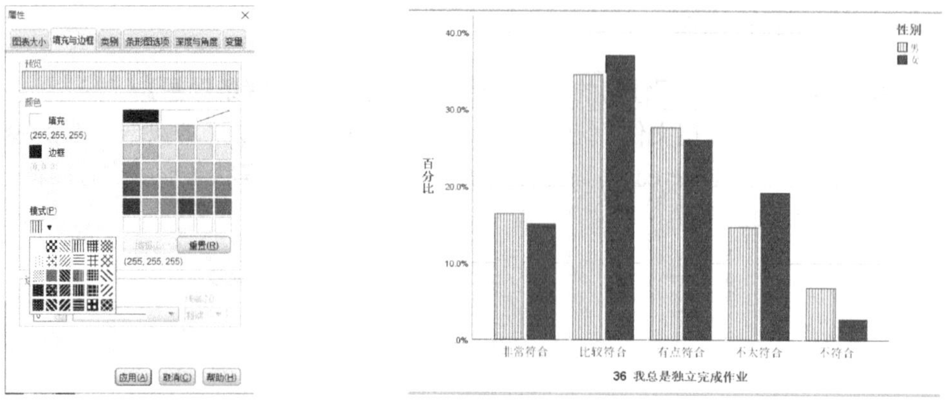

（a）　　　　（b）

图 4-43　利用“填充与边框”选项卡将条图的颜色修改为图案

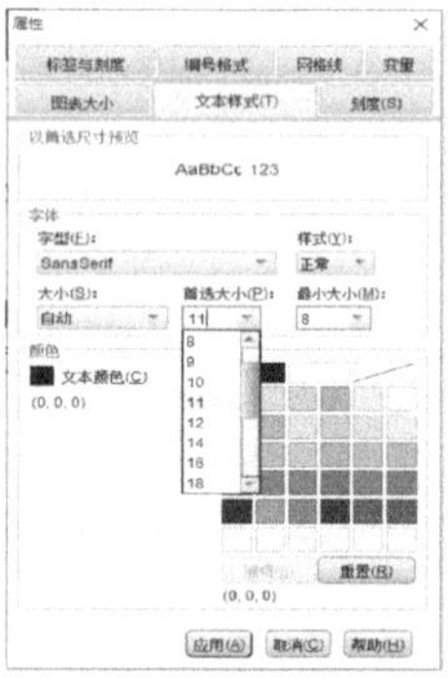

图 4-44　“文本样式”选项卡

（4）如果希望将每个条形的百分比显示出来，单击图形编辑窗口中的按钮或右击任一个条图，弹出快捷菜单［见图 4-45（a）］，选择“显示数据标签”命令，则数据在条图上显示出来。添加之后如果想要隐藏，可再次单击按钮，添加的数据标签就会消失。为了使数据显示得更加清晰，可以通过鼠标将其拉到每个条图的顶部［见图 4-45（b）］。

（5）如果在利用“条形图”对话框绘制簇状条形图时没有添加“标题”，可以单击按钮，然后在显示“标题”二字的文本框中输入“不同性别的学生对待作业的态度”，还可以利用“文本样式”选项卡进一步调整字号。

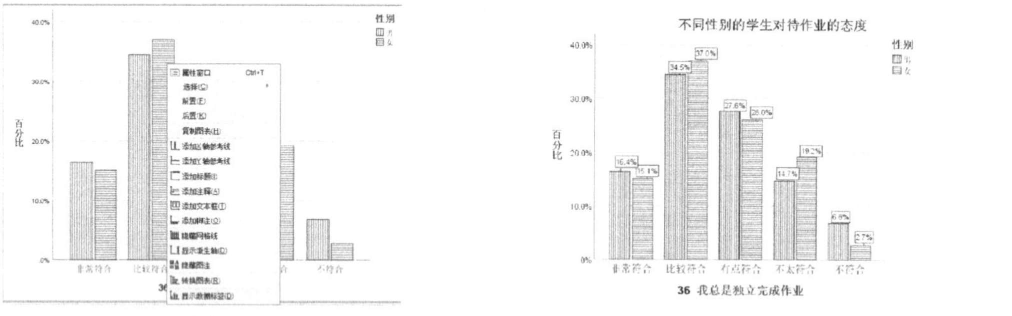

（a）　　　　（b）

图 4-45　在条图上显示数据标签

（6）如果要调整坐标轴线段的宽度（Weight）、样式（Style）（实线、虚线等）、线端（End Caps）和颜色（Color）等，可以选择“线”选项卡（见图 4-46）；如果要调整数值型坐标轴的刻度，可以选择“刻度”选项卡（见图 4-47）；如果要调整坐标轴的标记，可选择“标签与刻度”选项卡（见图 4-48）。我们不做处理。

（7）如果要改变图表的大小，可以利用“图表大小（Chart Size）”选项卡，成比例地调整图形的大小，或将图表宽度（高度）加长，高度（宽度）不变。我们不做调整，对此也可以在将图形复制到目的文档后再做调整。

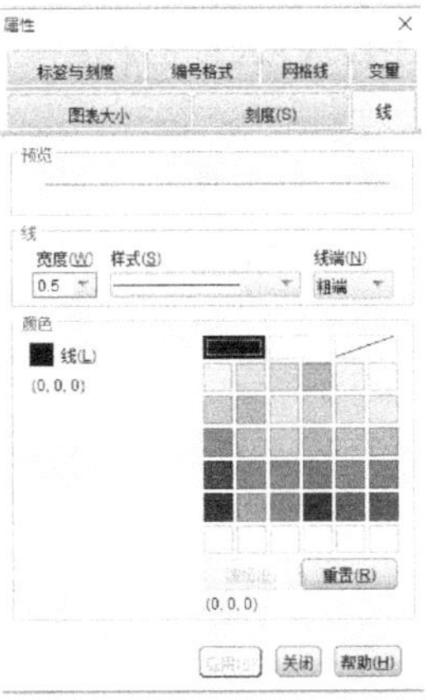

图 4-46　坐标轴“线”选项卡

图 4-47　坐标轴“刻度”选项卡

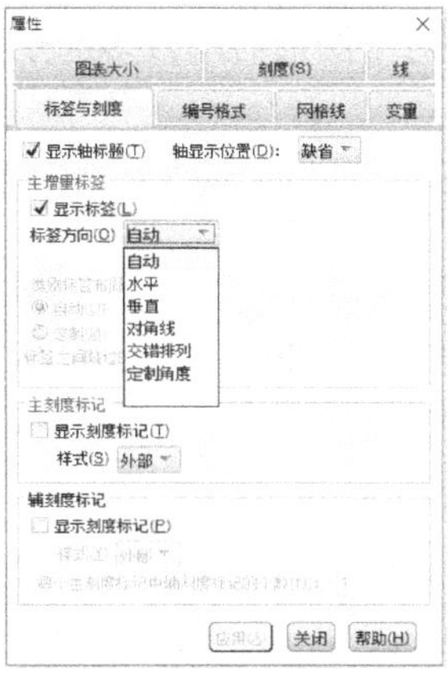

图 4-48　坐标轴“标签与刻度”选项卡

（8）如果要改变分类数，去掉“有点符合”一组条图，可以选择专为条形图设计的“类别”选项卡（见图 4-49），将“有点符合”从“顺序（Order）”框移到“已排除（Excluded）”框中，单击“应用”按钮，簇状条形图中从五类变为四类（见图 4-50）。我们不减少分类数。

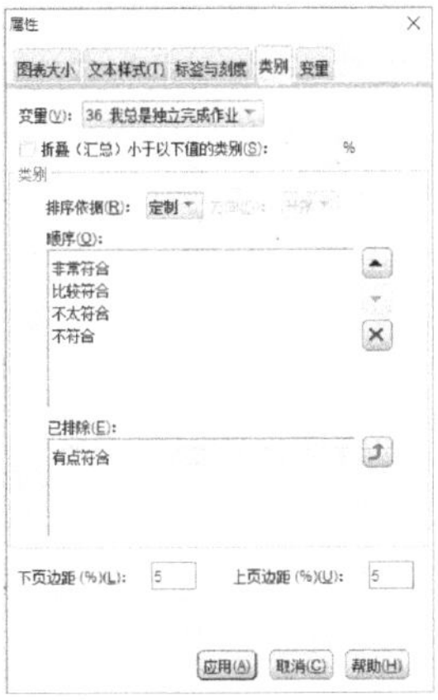

图 4-49　“类别”选项卡

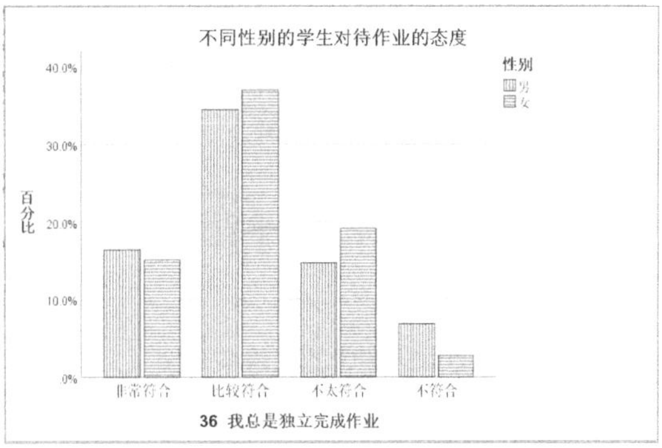

图 4-50　调整分类数后的簇状条形图

（9）如果要改变每个条形的宽度（Width），可以选择“条形图选项”选项卡（见图 4-51）来定义直条的宽度，其中“条形图（Bars）”选项用于确定简单条形图的所有直条的宽度之和占横轴长度的比例；“聚类（Clusters）”选项用于确定分组条形图各簇（Clusters）间距占条宽的百分比，参数框中的数值为条宽所占的百分比；“链接箱图、中位数线和误差条形图宽度（Link the box，median line，and error bar width）”和“基于计数的刻度箱图和误差条形图宽度（Scale boxplot and width based on count）”两个复选框只有在编辑箱图和误差条形图时才被激活。

（10）如果希望将二维条形图改为三维图形，可以选择“深度与角度”选项卡（见图 4-52）及“条形图选项”选项卡进行编辑，在“深度与角度”选项卡中选中“三维（3-D）”单选按钮，并可以利用右侧的“角（Angle）”选项组调节小长方体的角度。初步得到的三维条形图如图 4-53 所示（为清晰起见，我们将条图上的百分比隐藏）。我们发现横坐标的标记显示为两行，需要调整横坐标的刻度。于是利用“图表大小”选项卡，将图表宽度加长，高度不变，使其横坐标的标记为一行（见图 4-54）。

（11）单击右上角的 × 按钮，返回输出窗口，完成了对条形图的编辑。

对于图形右端较多的空白可在图形编辑窗口中或将图形复制到文档后，进行剪裁。

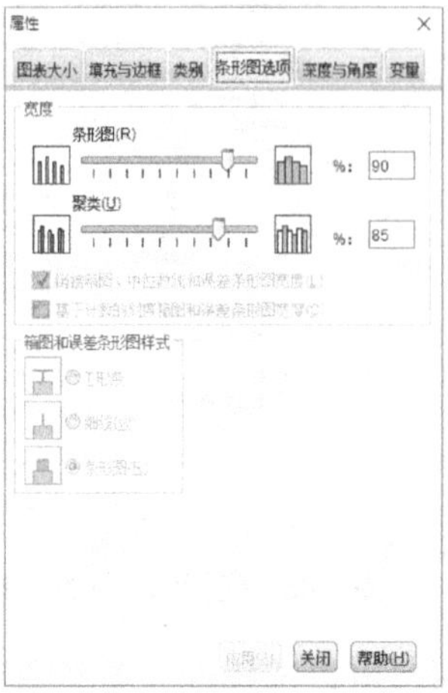

图 4-51　“条形图选项”选项卡

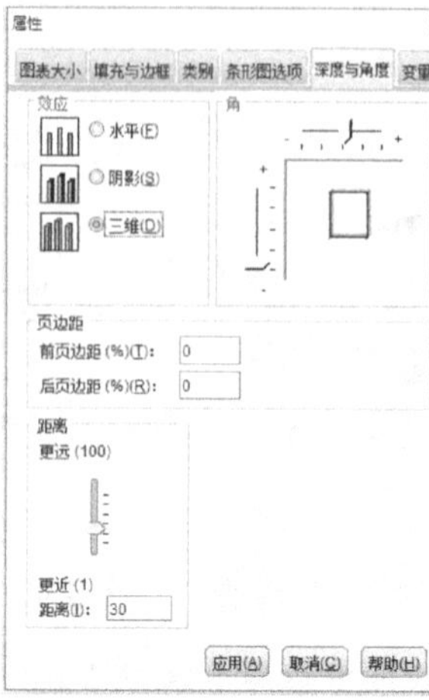

图 4-52　“深度与角度”选项卡

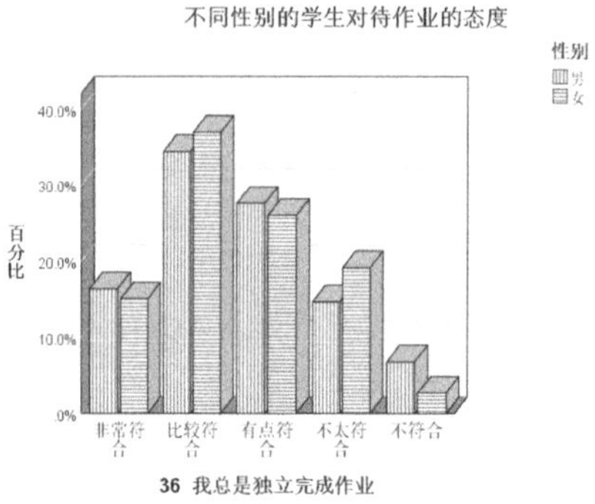

图 4-53　未编辑的三维条形图

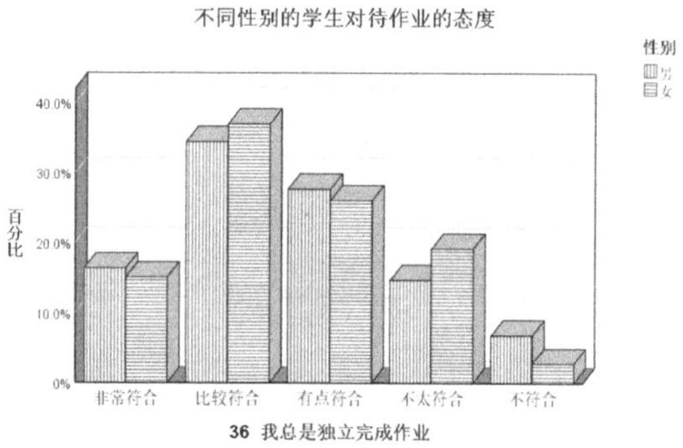

图 4-54　编辑后的三维条形图

【补充说明】

如果我们直接执行“图形（Graphs）”→“旧对话框（Legacy Dialogs）”→“三维条形图(3-D Bar)”命令，可以直接绘制如图 4-55 所示的三维条形图。显然，图 4-55 与图 4-54 是不一样的，而且图 4-55 中的 *Z* 轴不是百分比，而是“计数”，这幅图在本案例中是不可用的。

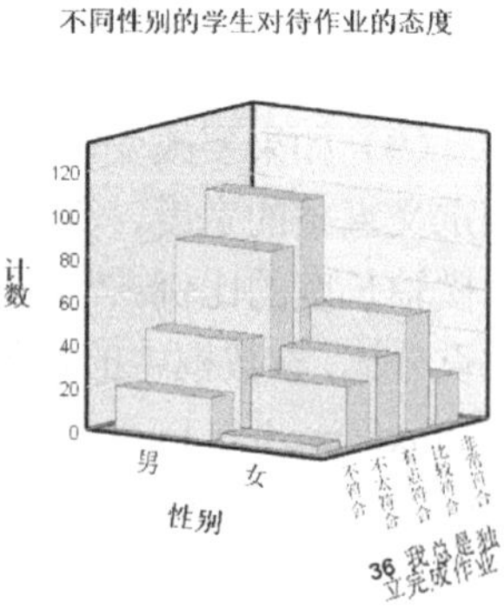

图 4-55　不可用的三维条形图

4.4.4　线图的编辑

在诸多的选项卡中，与线图直接关联的选项卡有三个：“内插线（Interpolation Line）”选项卡、“线选项（Line Options）”选项卡和“标记（Marker）”选项卡。这里仅结合案例就线图本身在编辑过程中的特殊问题做些说明。

【案例 4.9　编辑小班排名前后 5 名的学生对待教师答疑态度的线图】

《北京市大学生学习状况调查问卷》中的第 72 题是为考察学生对待教师答疑的态度而设计的题目之一。图 4-56 是根据数据文件“统计分析案例”中“小班排名”与 X72 绘制的多线图。打印后图中不同排名的折线难以分辨，为了比较小班前后 5 名学生的差异，试对该图进行编辑。

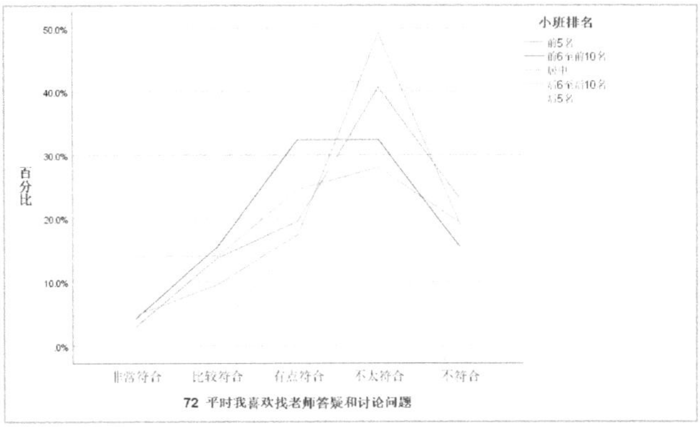

图 4-56　小班不同排名的学生对待教师课外答疑的态度

【操作步骤】

（1）在输出窗口双击条形图的任何部分，进入图形编辑窗口。

（2）单击图例中的分类，在弹出的“属性”窗口中选择“类别（Categories）”选项卡，在“顺序”框内仅保留“前 5 名”与“后 5 名”，其他三类从“顺序（Order）”框中移到“已排除（Excluded）”框中（见图 4-57）。单击“应用”按钮，图形中只显示前后 5 名学生的折线（见图 4-58）。

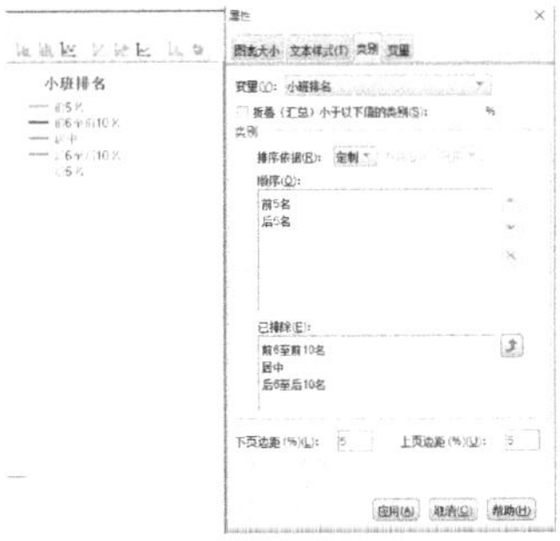

图 4-57　利用“类别”选项卡调整分类数

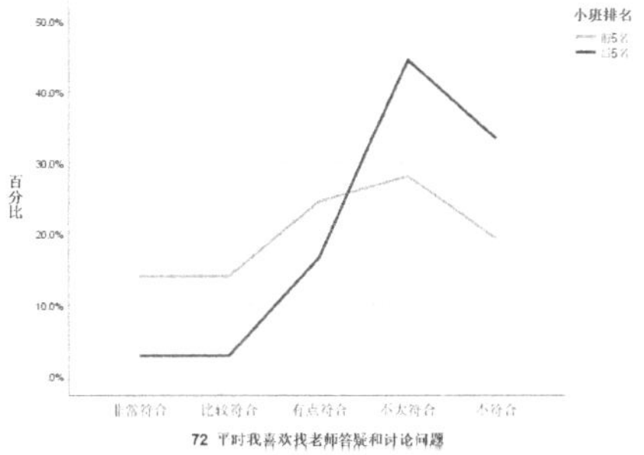

图 4-58　调整分类数后的多线图

（3）选择“内插线”选项卡（见图 4-59），该选项卡的功能是提供各点连接的四种线型：直线（Straight）、阶梯线（Step）、跳跃线（Jump）和平滑曲线（Spline）。对各种连线方式进行比较后，认为系统给出的连线最为合适，所以不做调整。

（4）选择“线”选项卡（见图 4-60），将“后 5 名”的折线线型改为虚线。或对前后 5 名学生的折线各个节点处应用不同的标记，可以通过单击按钮完成，也可以利用“标记”选项卡（见图 4-61）选择标记类型并将标记放人。我们在图形中同时给出了线型与标记，实际编辑时选一种即可。

（5）单击按钮，添加百分比数据标签；单击按钮，添加标题“前后 5 名的学生对待教师答疑的态度”。

（6）单击图中的任一文字或数字，选择“文本样式”选项卡，将图中文字、坐标的数字放大。

（7）单击右上角的 × 按钮，退出图形编辑窗口，返回输出窗口，完成了对折线图的编辑（见图 4-62）。

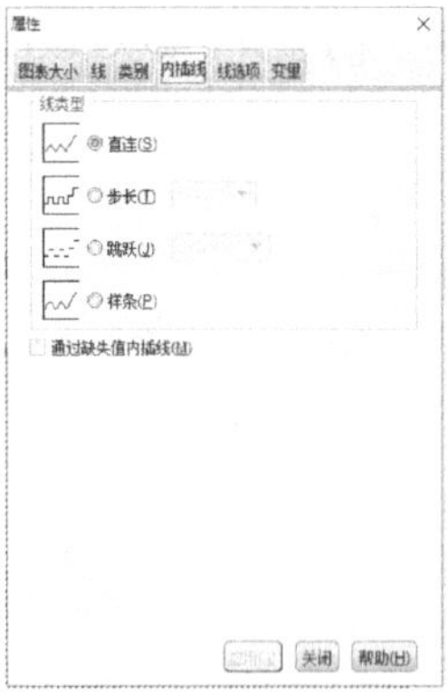

图 4-59　“内插线”选项卡

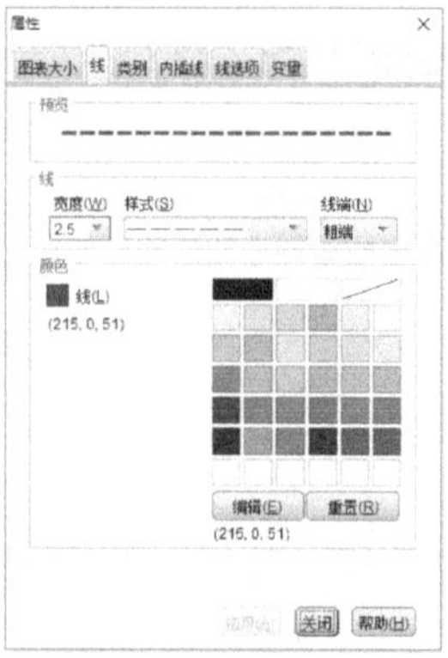

图 4-60　“线”选项卡

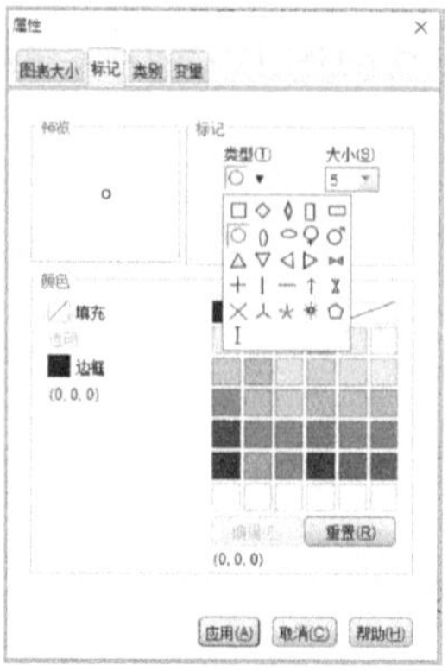

图 4-61　“标记”选项卡

【一点说明】

为了强调后 5 名学生平时不喜欢找老师讨论问题，可以单击从“不太符合”到“不符合”区间的线段，利用“线选项”选项卡（见图 4-63）将线条加粗。“线选项”选项卡中有两个复选框。

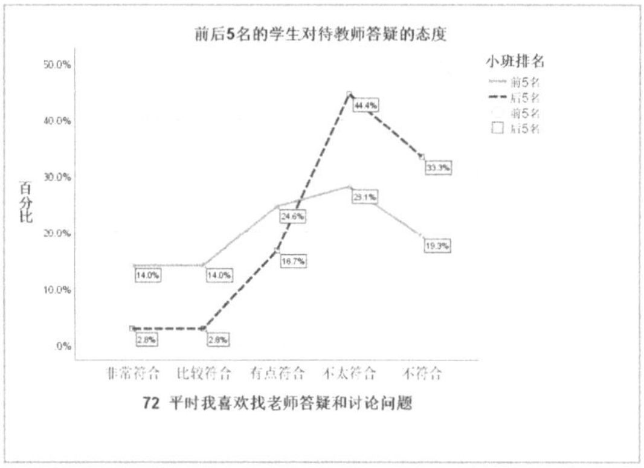

图 4-62　编辑后的多线图

图 4-63　“线选项”选项卡

- 显示类别范围条（Display category range bars）：在多线图中，用直线段将各分类变量值点加以连接，为系统默认形式。在我们没有对其进行修改时，所绘制的线图都采用这种形式。
- 显示投影线（Display projection line）：标出需要重点显示的区间。如果勾选此复选框，还要规定显示部分的起点［“起始（Star）”］和方向（之后/之前）［Direction（After/Before）］。

对线段加粗的工作我们没有做，读者可自行尝试。

4.4.5　饼图的制作与编辑

【案例 4.10　绘制上网对大学生学习影响的饼图】

试利用数据文件“统计分析案例”中 X21 的数据制作饼图并加以编辑。

绘制饼图有两种途径：一是利用“描述统计（Descriptive Statistics）”→“频率（Frequencies）”命令；二是利用“图形（Graphs）”→“旧对话框（Legacy Dialogs）”命令。第一种途径在第 3 章已介绍过，这里采用第二种途径。

【操作步骤】

（1）打开数据文件“统计分析案例”。

（2）依次执行“图形（Graphs）”→“旧对话框（Legacy Dialogs）”→“饼图（Pie）”命令，弹出“饼图”对话框，选中“个案组摘要（Summaries for groups of cases）”单选按钮，单击“定义（Define）”按钮，弹出“定义饼图：个案组摘要”对话框（见图 4-64）。

（3）在“分区表示（Slices Represent）”选项组中选中“个案百分比（% of Cases）”单选按钮，并将变量“21 上网对我的学习”移入“分区定义依据（Define Slices by）”框中。

（4）单击“确定（OK）”按钮，提交系统运行。

系统输出的饼图，如图 4-65 所示。

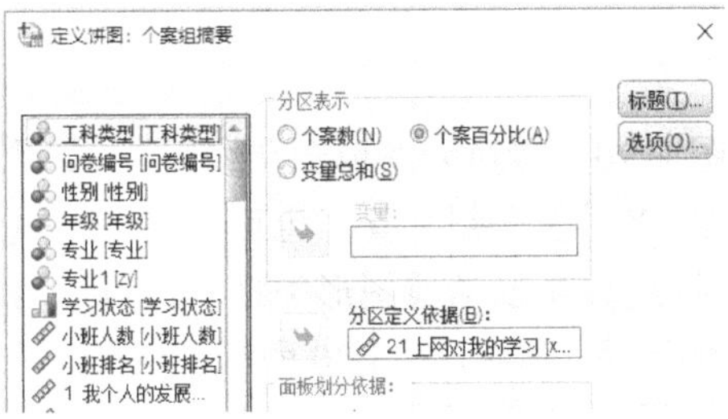

图 4-64　“定义饼图：个案组摘要”对话框

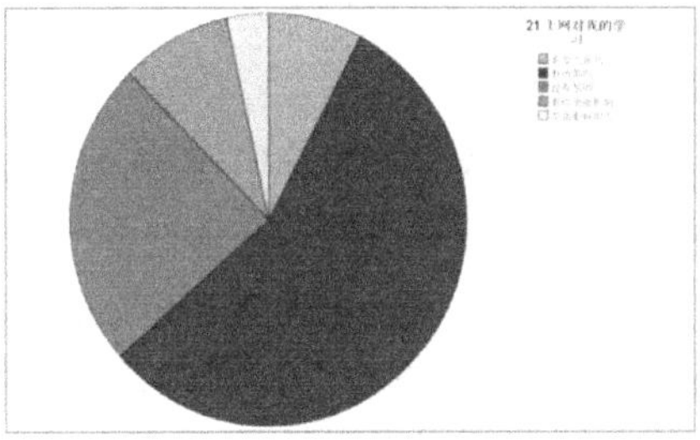

图 4-65　生成的饼图

（5）对饼图进行编辑。进入图形编辑窗口后，双击饼图，弹出“属性”窗口，选择“深度与角度”选项卡（见图 4-66），可看出其中增加了“确定分区位置（Position Slices）”选项组，其包括两项。

- 第一个分区（时钟位置）[First slice（clock position）]：以钟表的刻度为参照，通过下拉列表确定起始点位置，系统默认值为 12 点。
- 分区顺序（Order of Slice）：确定饼图中各个部分以顺时针（Clockwise）方向还是以逆时针（Counterclockwise）方向排序。

一般地说，选择起始点在 12 点处，并按顺时针排序。

经过对图形背景、文字大小、数据标签等的编辑，绘制出二维饼图（见图 4-67）和三维饼图（见图 4-68）。为突出某一部分，可以右击该部分，图 4-69 即利用右键菜单中“分解分区”命令将部分扇形分割出来的二维饼图。

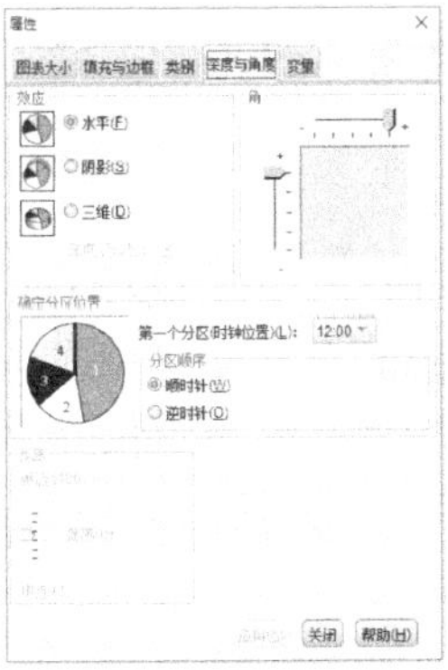

图 4-66　“深度与角度”选项卡

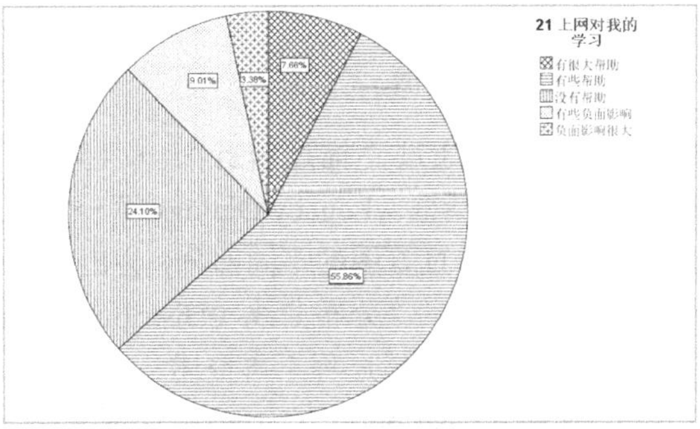

图 4-67　编辑后的二维饼图

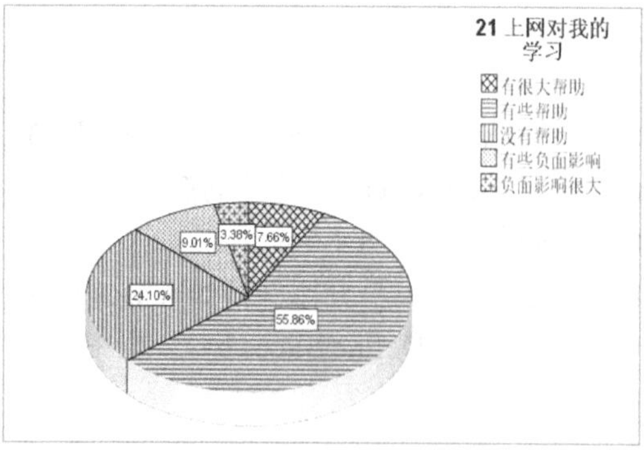

图 4-68 编辑后的三维饼图

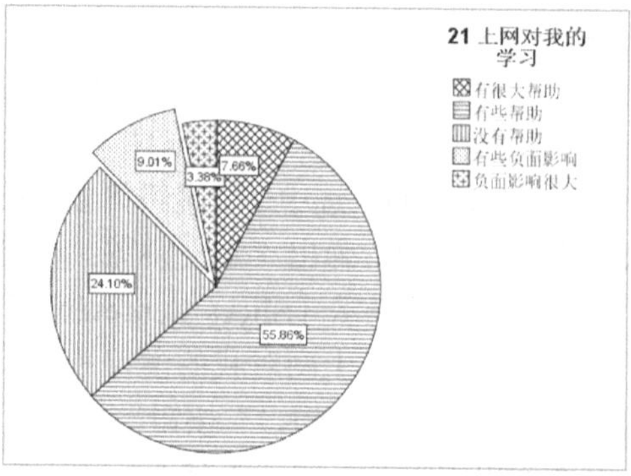

图 4-69 将部分扇形分割出来的二维饼图

【补充说明】

所作出的饼图还可以利用“变量”选项卡（见图 4-70）转换为条形图和线图。“变量”选项卡有两个功能：一是显示变量选择的情况，包括 *X*、*Y* 轴及分组变量，也可以对变量重新进行选择；二是通过“元素类型（Element Type）”下拉列表显示当前图形类型，还可以将图形进行转换，即将条形图转换为线图、饼图或其他类型的图形。例如，图 3-20 所示的饼图、图 3-21 所示的线图就是利用“变量（Variables）”选项卡编辑图 3-18 得到的。但要注意的是，对于条形图、折线图来说，该功能只适用于单变量图形的转换，不适用于多变量图形（如簇状条形图、多线图等）的转换。现在我们同样可以把饼图（见图 4-65）转换为条形图（见图 4-71）和线图（见图 4-72）。

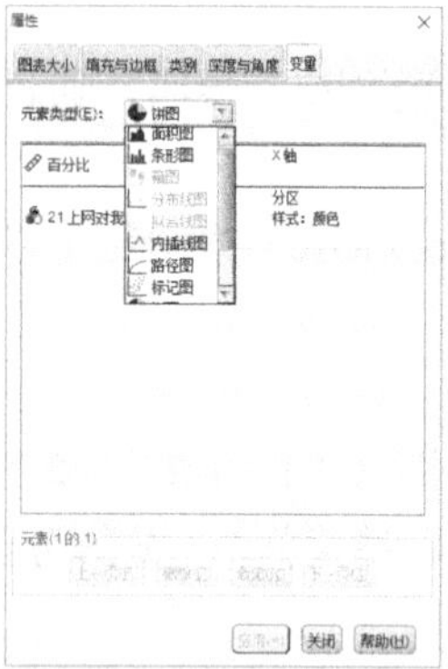

图 4-70 “变量”选项卡

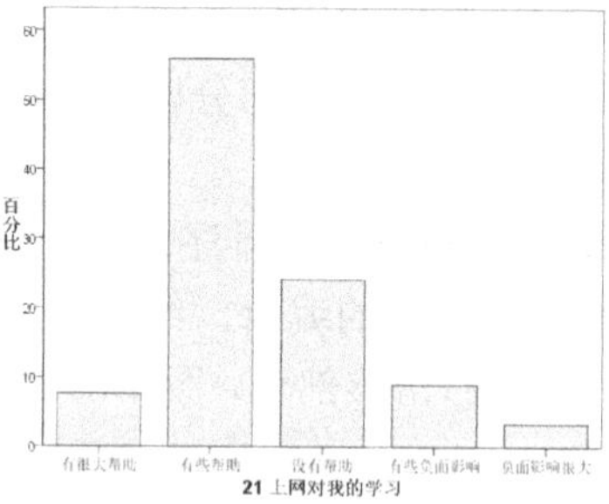

图 4-71 X21 的饼图转换为条形图

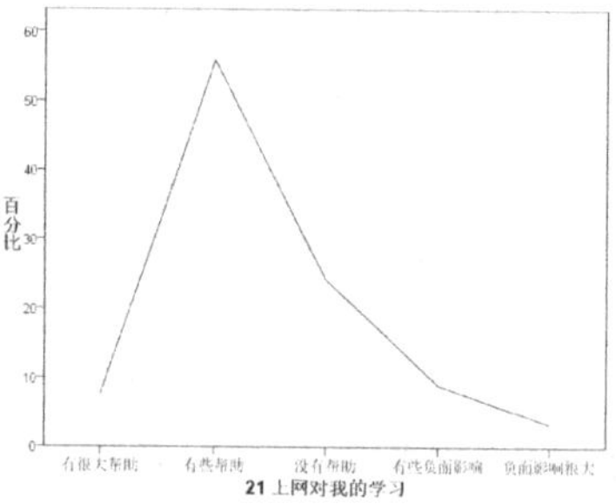

图 4-72 X21 的饼图转换为线图

4.4.6 对直方图的编辑

绘制直方图可以通过“描述统计”→“频率”→“图表”命令，也可以通过“图形（Graphs）”→“旧对话框（Legacy Dialogs）”→“直方图（Histogram）”命令来完成。同其他图形的编辑一样，单击直方图的不同部分，会出现不同的属性选项卡组合，这里仅介绍两个与直方图有关的选项卡——“分布曲线（Distribution Curve）”选项卡与“分箱化（Binning）”选项卡，对直方图的具体编辑过程不再赘述。

1）“分布曲线（Distribution Curve）”选项卡

该选项卡的功能是根据给定的信息绘制分布曲线，其中有两个选项组（见图 4-73）。

- 曲线（Curves）：选择数据的分布曲线，可绘制正态分布（“常规”，Normal）、均匀分布

（“相等”, Uniform）、指数分布（Exponential）、泊松分布（Poisson）或其他分布曲线（Other Curves），如果选中“其他曲线”单选按钮，那么在其后的下拉列表中又提供了 8 种分布。

- 参数（Parameters）：给定所选择的分布的参数，可由系统自动生成或自己界定。

2）“分箱化（Binning）”选项卡

该选项卡依据对坐标轴的信息来编辑 *X* 轴或 *Z* 轴或 *X*、*Z* 轴（见图 4-74），可由系统“自动（Automatic）”生成或自己“定制（Custom）”。如果选择自己界定，则要指定分成多少个小区间 [“区间数量（Number of intervals）”] 或每个小区间的宽度 [“区间宽度（Interval width）”]，即直条的数目和组距。“用于定位的定制值（Custom value for anchor）”复选框则要求给出从哪一点开始作直方图。

由上可知，SPSS 提供了非常丰富的绘图功能，面对各种选择，我们一定要根据变量的不同类型，选择合适的图形。同时，读者一定体会到作图的过程是一个反复“操作→选择”的过程，是一个不断探索的过程。尽管没有对作图的各种功能按钮全都予以介绍，但是我们认为，读者对“图形（Graphs）”菜单的功能已基本了解，可以满足对抽样调查数据进行分析和撰写报告的需要。

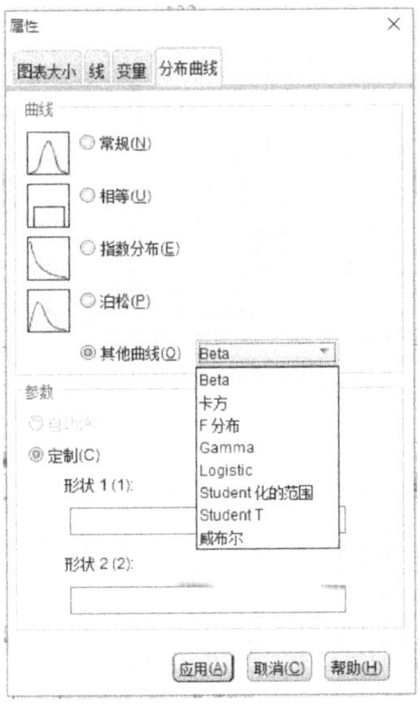

图 4-73　“分布曲线”选项卡

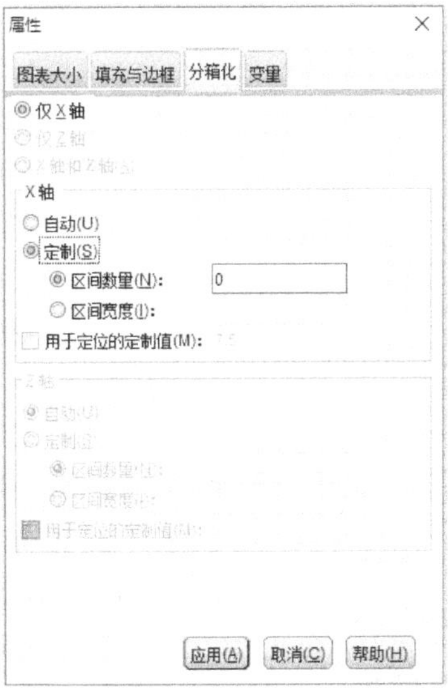

图 4-74　“分箱化”选项卡

4.5　作好用好统计图

我们呈现给人们的是一幅有关数据的统计图，不仅要针对变量的类型考虑选择怎样的图形，还要使所绘制的图形能反映数据的统计规律，能使读图者关注并理解图形的内涵。实践经验表明，制作统计图不难，但是要制作一幅好的统计图不易。

作好统计图要点有三：第一，掌握制作统计图的基本原则；第二，利用相关的软件作出原始统计图；第三，进行编辑，使统计图更加完美。我们已经介绍了利用 SPSS 绘制统计图的基本操作与编辑方法，这里着重说明第一点。

对统计图的利用，一是自己通过绘制统计图来探求、描述事物的规律，把研究成果展示给世人；二是研读别人制作的统计图，从中获取有用的信息。

因此，学会作图与读图就显得十分重要。

4.5.1　掌握制作统计图的基本原则

一幅好的统计图应该做到准确、简明、清晰、和谐。为此，要把握好以下基本的原则。

第一，明确统计图类型的应用范围和特点，选择最能表达统计规律的图形。

要根据不同的数据类型和不同的目的使用不同的统计图形。例如：定类变量的分布要使用饼图或条形图。饼图显示的是整体的各个部分，而条形图可以用来比较任何用同样单位度量的数据，当各部分的数据量相差悬殊时，最好用频率而不用频数。

说明定量变量的分布一般要用直方图、箱图或茎叶图，在观测值个数不多时，用茎叶图较好，但如果数据量很大，要用直方图或箱图，直方图比箱图更加细腻。说明定量变量如何随时间的变化而变化，可以用直方图，但最好用线图。考察两个变量的相关关系，就要用散点图。

例如，考察学生对教师的评价时，最想知道的是不同评价在学生中所占的百分比，可以作条形图、线图，也可以作饼图（见图4-75），其中饼图最能够给出一个总体的说明。

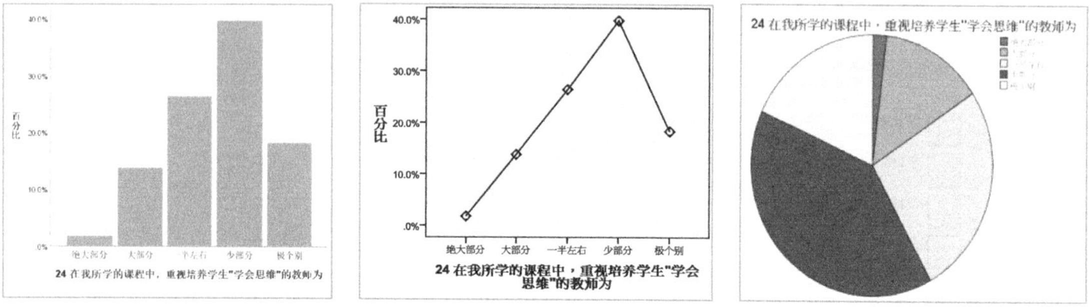

图4-75　选择最适宜的统计图——饼图

但是，如果用饼图来描述高等教育历年的在学规模（见图4-76），则犯了根本性的错误。2001—2005年的数据是时间序列数据，不是某个整体中各个部分的数据，不能采用饼图来描述。

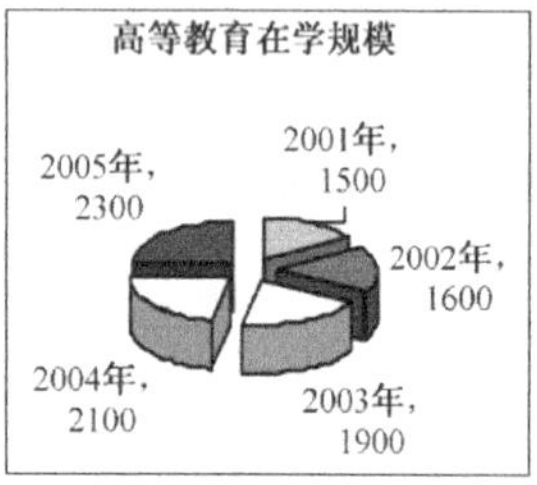

图4-76　错误的统计图

第二，遵守作图规范，不乱用图形软件的功能。

作统计图时要规范，坐标系要有原点，数值的尺度一定要从"0"开始，不可随意截取，坐标轴的刻度要等距。如果数据与"0"的间距过大，可在纵轴采用折断的符号（见图4-77）。作图时尽管图形软件功能十分丰富，但不能将太多的标记都放在图上，要处理好数据标记与图的关系，做到图形简明。

第三，作图前要制作频数分布表，认真分析数据，以便更好地显示数据变化的规律。

第四，尽可能不用象形图，更不要在图中画蛇添足（见图4-78）。人们的眼睛总是关注画面中最引人注目的东西，看直方图时关注的是面积，有实物形象时，关注的是所画的实物。因此，如果在图中添加一些不必要的东西，就会分散读图者的注意力。我们作统计图是用来向读者说明问题的，图形应该和谐、美观，绝不能让实物形象喧宾夺主，更不能在数据比例上出现错误。

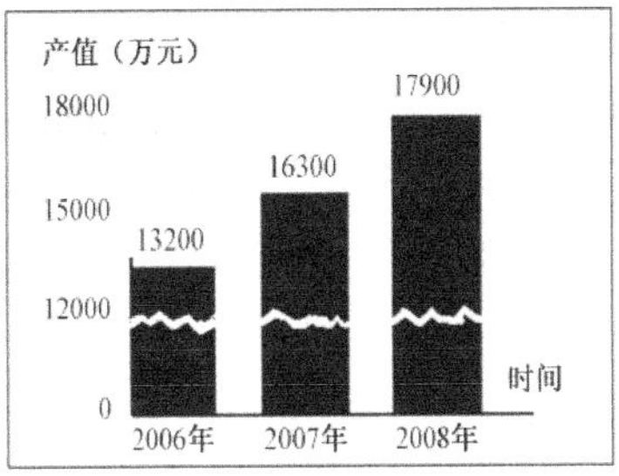

图 4-77　对大数据的处理图

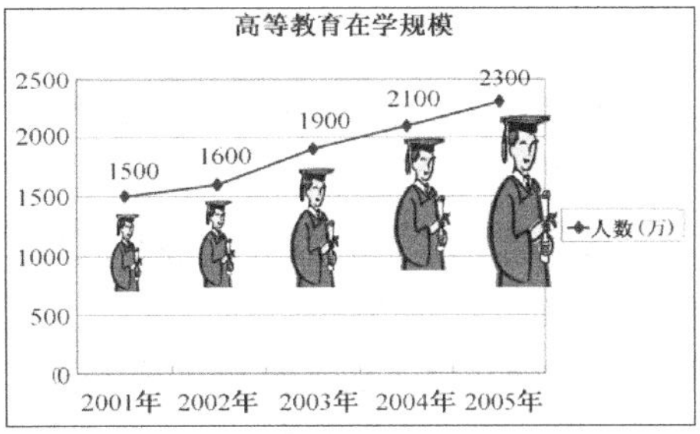

图 4-78　画蛇添足的统计图

4.5.2　学会审图，谨防统计图中的“陷阱”

统计图为人们了解事物的发展、对比不同变量在分布上的异同以及变量之间的依存关系提供了一个形象、直观的画面，深受人们喜爱，在各个领域都得到了广泛的应用。统计图的特点是它的直观效果显著，规范的统计图给人以真实感，但不规范的统计图就会给人以假象，利用统计图设置“陷阱”屡见不鲜。所以我们必须要学会审视统计图，在看别人作的统计图时，不要凭直观印象来判断，要看统计图是否规范，特别是坐标轴的刻度及原点的数据，以免落入某些统计“陷阱”。这里仅就坐标系与象形图举几个案例。

【案例 4.11　政府支出是平稳还是急剧上升？】

图 4-79 给出了 1937 年 6 月至 12 月美国政府支出的两幅统计图。左图是一幅广告中的统计图，图的标题是：“政府支出急剧上升！”图形中的折线从底部激增至顶端，与标题中的感叹号遥相呼应，将原本仅仅是 4%的增长（从 195 万美元到 202 万美元）描绘得仿佛是 400%。而右图是根据相同的数据绘制的另一幅图，标题是“政府支出保持平稳”。数据是同一组数据，两幅图给人的印象却是如此不同！其奥秘就在于左图采用的刻度单位是 50 万美元，而右图是以百万美元为单位的。

这是《统计学的世界》一书中给出的绝妙例子，它告诉我们，对于坐标系的任何一点修改，图形的客观性都会让人得出错误的结论！

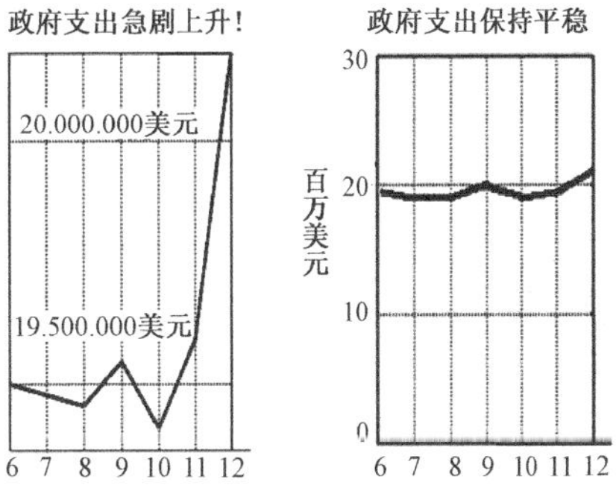

图 4-79　单位不同，视觉效果不同

【案例 4.12　三所院校年科研经费总额差异是否悬殊？】

图 4-80 的两幅图都是表达了 A、B、C 三所院校年科研经费总额（单位为万元）的统计图。

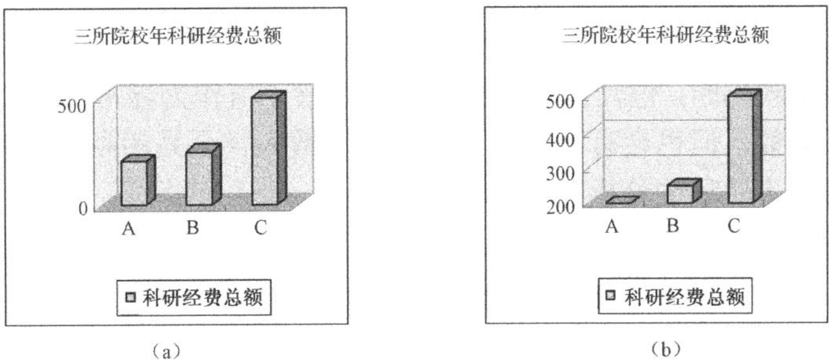

图 4-80　三所院校年科研经费总额的比较

由图 4-80（a）中的三维条形图知，A、B 两所院校科研经费总额相差不多，C 校科研经费总额为 B 校的 2 倍，总体上看相差不大。但图 4-80（b）中的三维条形图给人的感觉是 A、B、C 三所院校科研经费总额相差悬殊。实际上这两幅图反映的是同一个事实，图（a）的纵坐标刻度是从“0”开始的，图（b）的纵坐标刻度是从 200 开始的。仅仅是坐标的起点不同，给人的感觉却完全不同。

【案例 4.13　员工的工资涨了多少?】

员工的工资比 5 年前涨了一倍，为了更加形象地进行对比，老板希望用象形图的方式来表达。象形图是以各种实物形象的大小、高低表明数量关系的一种统计图。如果我们用图 4-81 来表达，可以说既生动又不失真。但是如果用图 4-82 来描述就错了，因为画中钱袋的长与宽各放大一倍，表明工资是原来的 4 倍而不是涨了一倍。所以当看到用象形图来表示统计数据时，就要加倍小心“陷阱”的出现。

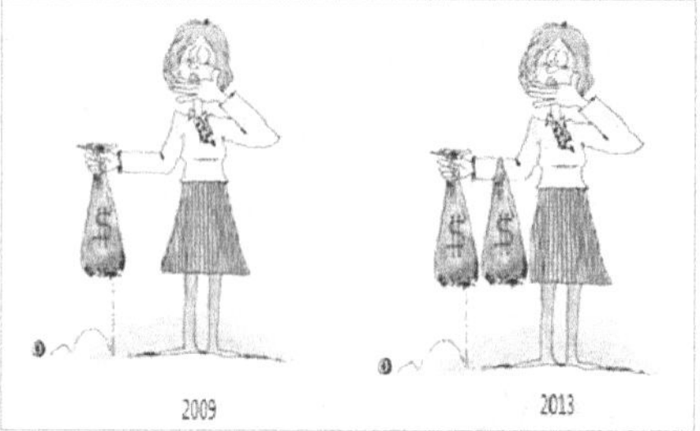

图 4-81　“工资涨一倍”象形图之一

图 4-82　“工资涨一倍”象形图之二

4.5.3　学会读图，抓住重点深入思考

看图是为了了解事物的特性和规律，所以，我们用“读图”而不用“看图”。读一幅图的时候，要寻找整体形态，以及是否有异于整个形态的偏差，即出现异常值。以读直方图为例，直方图（包括任何一个统计分布图）告诉我们一个变量都取了哪些值，这些值出现的频数或频率是多少，在读过图之后，至少要能回答下面的问题：

第一，变量分布的形态是什么？

例如，分布的中心点在哪里？数据分布是不是很分散？最大值与最小值之间的差距是不是很大？图形主要的尖峰（不是直方图中的小起伏）在哪里？有几个？如果只有一个，那么在中心点的两侧，图形是不是比较对称？如果是，我们可以说，分布基本是对称分布。如果右边延伸出去的比左边远得多，那么就说分布是右偏态分布；如果左边延伸出去的比右边远得多，那么就说分布是左偏态分布，等等。

第二，有没有异常值？

异常值就是非正常值，也就是说，异常值是落在图形一般形态之外的观测值。观测值是不是异常值往往靠主观判断，但注意不要把最大值和最小值作为异常值。例如人们的收入，收入一般的人显然是多数，但也会有高收入者，有极少数人甚至是超高收入者。

第三，需要进一步做哪些分析？

读统计图本身不是我们的目的，我们真正的目的是要通过统计图了解相关信息，促使进一步思考。当我们了解了整体形态后，要思考数据的分布为什么是这样的？是否符合实际？正常还是不正常？如果不正常，原因在哪里？例如，当考试成绩分布出现偏斜时，就要考察试题的难度是否合适，考试过程中有没有什么问题，评分标准是否合理等。当发现有异常值时，就要进一步考察，出现异常值的原因在哪里？如果考试成绩绝大多数分布在 75 分左右，却有两个 100 分，就要对这一现象寻求原因，进行解释。

附录　统计图的绘制及常用选项卡

附表 1　“个案组摘要（Summaries for groups of cases）”模式下绘制定类变量统计图

变量个数	绘图类型	在 SPSS 中操作的路径
单个变量	条形图	❖ 分析（ Analyze）→描述统计（Descriptive Statistic）→频率（Frequencies）→图表（Charts）→条形图（Bar） ❖ 图形（Graphs）→旧对话框（Legacy Dialogs）→条形图（Bar）→简单（Simple）
	饼图	❖ 分析（ Analyze）→描述统计（Descriptive Statistic）→频率（Frequencies）→图表（Charts）→饼图（Pie） ❖ 图形（Graphs）→旧对话框（Legacy Dialogs）→饼图（Pie）
	单线图	❖ 图形（Graphs）→旧对话框（Legacy Dialogs）→折线图（Line）→简单（Simple）
多个变量	条形图	❖ 分析（Analyze）→描述统计（Descriptive Statistic）→交叉表（Crosstabs）→显示簇状条形图（Display Clustered bar chart）。 ❖ 图形（Graphs）→旧对话框（Legacy Dialogs）→条形图（Bar）→簇状（Clustered）/堆积（Stacked）
	多线图	图形（Graphs）→旧对话框（Legacy Dialogs）→折线图（Line）→多线（Multiple）
	垂线图	图形（Graphs）→旧对话框（Legacy Dialogs）→折线图（Line）→垂线（Drop-line）

附表 2　“个案组摘要（Summaries for groups of cases）”模式下绘制定量变量统计图

绘图类型	在 SPSS 中操作的路径
直方图	❖ 分析（Analyze）→描述统计（Descriptive Statistic）→频率（Frequencies）→图表（Charts）→直方图（Histogram） ❖ 分析（Analyze）→描述统计（Descriptive Statistic）→探索（Explore）→图（Plots）*1 →描述图（Descriptive）→直方图（Histogram） ❖ 图形（Graphs）→旧对话框（Legacy Dialogs）→直方图（Histogram）
箱图	❖ 分析（Analyze）→描述统计（Descriptive Statistic）→探索（Explore）→图（Plots）→箱图（Boxplots） ❖ 图形（Graphs）→旧对话框（Legacy Dialogs）→箱图（Boxplots）→简单（Simple）
茎叶图	❖ 分析（Analyze）→描述统计（Descriptive Statistic）→探索（Explore）→图（Plots）→描述图（Descriptive）→茎叶图（Stem-and-leaf）
簇状箱图	❖ 分析（Analyze）→描述统计（Descriptive Statistic）→探索（Explore）→图（Plots）→箱图（Boxplot）*2 ❖ 图形（Graphs）→旧对话框（Legacy Dialogs）→箱图（Boxplot）→簇状（Clustered）
散点图*4	❖ 图形（Graphs）→旧对话框（Legacy Dialogs）→散点图/点图（Scatter/Dot）→简单散点图（Simple Scatter）/矩阵散点图（Matrix Scatter）/重叠散点图（Overlay Scatter）/三维散点图（3-D Scatter）/简单点图（Simple Dot）
曲线估计图	❖ 分析（Analyze）→回归（Regression）→曲线估算（Curve Estimation）

*1. 需要同时作多个分类的直方图、茎叶图时，要在相应对话框中将分类变量移入“因子列表”框中。

*2. 要在相应对话框中将分类变量移入“因子列表”框中。

*3. 散点图及曲线估计图将分别在第 7 章、第 8 章中介绍。

附表 3　常用选项卡及其功能

大　类	选　项　卡	功　能
基本选项卡	图表大小（Chart Size）	标注图形尺寸的大小
	填充与边框（Fill & Border）	对图形的空白处及其边框线条填充颜色与设置背景图案
	变量（Variables）	显示变量选择的情况或对变量重新进行选择以及对图形进行转换
对坐标轴编辑	线（Lines）	调整坐标轴线段的宽度（Weight）、样式（Style）、线端（End Caps）和颜色（Color）
	标签与刻度（Labels &Ticks）	调整坐标轴的标记
	编号格式（Number & Format）	定义坐标轴的数值格式
	刻度（Scale ）	定义数值型坐标轴的刻度，包括范围（Range）、类型（Type）、页边距（margin）（%）
文字的编辑	文本样式（Text Style）	对文字进行编辑，包括①字体（Font），②颜色（Color）
	文本布局（Text Layout）	对文字的布局进行编辑：①对齐方式（Justification）；②填充（Padding）；③方向（Orientation）
针对条形图编辑	深度与角度（Depth & Angle）	四个选项组：①效应（Effect）；②角（Angle）；③页边距（Margin）④距离（Distance）。后三项针对三维条形图设置
	条形图选项（Bar Options）	对条形图、箱图和误差条形图进行编辑。①宽度（Width）；②箱图和误差条形图样式（Boxplot and Error Bar Style）
	类别（Categories）	对分类变量轴进行编辑
针对线图编辑	内插线（Interpolation Line）	提供各点连接的四种线型：直线（Straight）、阶梯线（Step）、跳跃线（Jump）和平滑曲线（Spline）
	线选项（Line Options）	①显示类别范围条（Display category range bars）；②显示投影线（Display projection line）
	标记（Marker）	在折线的节点处标识各种类型的符号
针对饼图编辑	深度与角度(Depth &Angle)	增加“确定分区位置（Position Slices）”选项组，设定第一个分区（时钟位置）［First slice（clock position）］和分区顺序（Order of Slice）
针对直方图编辑	分布曲线（Distribution curve）	根据给定的信息绘制分布曲线。①曲线（Curves）：选择数据的分布曲线。②参数（Parameters）：给定所选择的分布的参数
	分箱化（Binning）	依据对坐标轴的信息来编辑 *X* 轴或 *Z* 轴或 *X*、*Z* 轴
对图形元素的添加、显示或隐藏（功能按钮）	：向 *X* 轴添加参考线(Add X Axis Reference Line)。：向 *Y* 轴添加参考线(Add Y Axis Reference Line)。：插入标题（Add Title）。：插入注释（Add Annotation）。：插入文本框（Add Text Box）。：插入脚注（Add Footnote）。：显示/隐藏网格线（Show/Hide Grid Lines）。：显示/隐藏派生轴（Show/Hide Derived Axis）。：显示/隐藏图注（Show/Hide Legend）。：转换图表坐标系（Transpose Chart）。：显示/隐藏数据标签（Show/Hide Data Labels）。：添加/隐藏标记（Show/Hide Line Markers）。：添加内插线（Add Interpolation Line）。：添加总计拟合线（Add Fit Line at Total）	

第 5 章　正态总体均值的差异检验
——不同群体差异比较之一

我们常说“没有比较就没有鉴别”。比较是我们生活中不可缺少的一部分，比较更是人类思维过程中重要的活动之一。没有比较的存在，就没有人类知识的存在。笛卡儿曾说：“只有通过比较，我们方能准确地了解真理。……所有知识，只要不是通过对孤立事物的简单而纯粹的直觉获得，那就必须通过对其中两个或多个事物的比较而获得。人类理智的几乎全部努力无疑就在使得这一操作变得可能。”歌德也讲：“自然史是基于比较之上的。”随着计算机的广泛应用，定量分析得以利用统计软件实现，使得对不同群体的比较成为社会科学研究中的重要内容和重要的分析策略。在《分组比较的统计分析》中，作者指出[①]：

在社会科学中，一种正在日益盛行的做法是比较社会群体间的人类行为。其关注的行为可以是经济的、政治的、心理的或社会的，关注的层面可以是个人的也可以是组织的，关注的群体往往有种族的、民族的、性别的或国家的。……对于众多领域的社会科学家来说，进行实质性的信息的统计比较已经成为一种重要的分析策略。

可以说，统计方法从根本上讲就是比较。比较的内容不仅包括通常所说的参数比较（如不同总体均值的比较），还包括对分布的比较、数据结构的比较、模型结构的比较以及模型参数的比较等。

比较同样是对抽样调查数据进行统计分析的重要内容，因为我们不仅需要通过样本数据对调查总体及各种不同群体的未知参数进行估计，还经常需要讨论这样两类问题：如果两个或多个样本在某个特征量数上有差异，怎样来推断这两个或多个总体在该特征量数上是否有差异？如何依靠样本中这两个或多个样本的相关性来推断两个或多个总体的相关性？这时，所使用的统计分析方法就是对不同总体的差异进行假设检验（Hypothesis Testing）。比较对于调查数据分析的另一个含义是，不要满足于一个统计模型、一种统计方法的使用，而是要对同一个问题进行多角度的审视，这样，我们才能够比较准确地对事物做出判断和解释。

在本章中，首先对假设检验的思路与方法加以介绍，然后说明如何根据不同的情况，选择适当的假设检验方法，并利用 SPSS 加以实现，具体内容上仅包括对正态总体进行的参数检验。如果样本来自非正态分布总体，就要用非参数检验，这将在第 6 章中介绍。

通过本章的学习，希望读者能够清楚地意识到在利用 SPSS 进行统计分析时，最重要的不是敲击键盘，而是理解并正确运用各种统计分析方法，正确解释统计分析结果。

5.1　假设检验概述

笛卡儿曾说，当我们不具备决定什么是真理的力量时，我们应遵从什么是最可能的，这是千真万确的真理。统计学中的假设检验充分体现了这样的思想。

---

① 廖福庭. 分组比较的统计分析[M]. 高勇译. 重庆：重庆大学出版社，2007：3.

5.1.1　假设检验的思路

1．对研究问题的解析

为了理解假设检验的基本思路，首先要对所研究的问题有一个明晰的认识。因此，我们以研究不同性别的大学生在环境利用分数上的差异为例，对针对研究目标所做的前期工作进行一次梳理。

如图 5-1 所示，在进行抽样时，我们将北京市大学生（调查对象）的全体称为调查总体，所抽出的部分大学生称为样本。当我们按性别特征对总体进行分类时，每一类称为一个群体，于是总体划分为男生和女生两个不同的群体，通过抽样得到了由男生和女生两个子样本组成的样本。为了进行统计分析，要把研究的问题转化为数学问题，于是将问卷中的有关环境利用的题目编码后通过 SPSS 的“计算变量”命令产生新变量“环境”。把所抽取的部分调查对象所对应的观测值组成的数据集合称为样本，而把所有大学生对应于“环境”变量的观测值组成的数据集合称为总体。对应于不同性别的群体，转化为对应于性别变量（XB）取不同值的子总体（XB=1，XB=2）。通过测试，我们得到了男生和女生在“环境”变量上的观测值，于是由调查对象组成的样本转化为由数据组成的样本，其中 XB=1（男生）和 XB=2（女生）的观测值构成了两个子样本。这就是我们在假设检验之前所做的全部工作。

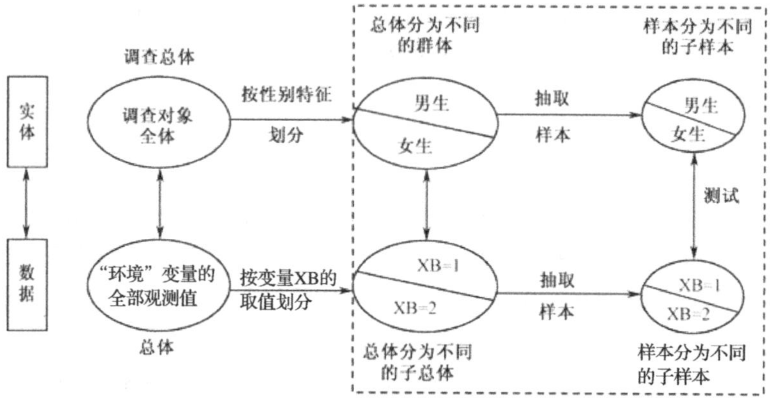

图 5-1　研究过程中大学生实体与“环境”变量取值的对应

在讨论男女生环境利用分数的差异时，我们的视线移到了图 5-1 中的虚线方框内。于是研究目标和途径是通过对男女生两个样本在环境利用分数上的比较，推断不同性别的学生群体在环境利用分数上的差异。当用数学语言叙述时，我们把 XB=1，XB=2 的两个子总体视为两个总体，研究目标和途径是“通过对 XB=1，XB=2 的两个样本的环境利用分数均值的比较，推断这两个样本所属的两个总体在环境利用分数均值上的差异是否显著”。为便于读者在进行统计分析时查找相关内容，下面每节的标题在使用相关统计学术语的同时，还针对调查对象实体，在副标题中采用了“群体”的说法。

对不同总体的差异进行假设检验与对总体的未知参数进行估计是不同的。参数估计是在总体分布形式已知的条件下，直接借助样本构造一个适当的统计量来估计总体的未知参数；假设检验则是先对总体的分布、总体的某种性质或分布中未知参数做出某种假设，在此基础上利用样本信息，依据一定的概率，对假设的正确性进行判断。当总体的分布已知时，对未知参数的假设进行判断，称为参数检验；对总体分布或某种性质的假设进行判断，称为非参数检验。

检验两个或多个总体差异的显著性要根据总体的不同特点采用不同的方法。当总体服从正态分布时使用参数检验（Parametric Test），如对两个正态总体均值的差异进行的 T 检验；但当总体不服从正态分布时则要用非参数检验（Non-Parametric Test），如对定性变量进行多个总体比例一致性检验的卡方检验。检验两个或多个总体差异的最基本的前提是，样本是通过概率抽样得到的，我们称之为随机样本。本章讨论的所有统计推断问题都基于这一前提条件。

于是假设检验中的三个关键问题是：怎样建立统计假设，根据什么做出判断以及用什么方法进行判断。下面我们结合案例来说明假设检验过程中是如何解决这三个问题的。

2．假设检验的一般思路

我们以检验两个总体均值差异的基本思路来说明假设检验的一般思路。

两个总体的均值μ_1、μ_2在数值关系上只有两种可能，$\mu_1=\mu_2$或者$\mu_1\neq\mu_2$，因此只能提出这两种假设。显然，直接证明$\mu_1\neq\mu_2$是不可能的。例如，一个人说他从来没有说过谎，要证明这件事，就必须证明他从出生到现在所说的每句话都是真实的，因为即使提供许多事实说明他没有说过谎，也不能证明他从来没说过谎，很可能在某件事上他说过谎，只是我们不知道而已。但要推翻他说的话，只需举出他曾经说过一次谎即可。现在讨论的问题也是如此：要推翻$\mu_1=\mu_2$，只要从无数个样本中找出一个随机样本能够否定$\mu_1=\mu_2$就可以。所以，我们采取大家熟知的反证法思路，即假设$\mu_1=\mu_2$，然后通过样本引出矛盾，推翻这个假设，从而证明$\mu_1\neq\mu_2$是对的。统计学中将假设$\mu_1=\mu_2$称为零假设（Null Hypothesis）或虚无假设或者原假设，将$\mu_1\neq\mu_2$称为备择假设或对立假设（Alternative Hypothesis），分别用H_0和H_1表示零假设与备择假设，即

H_0：两个总体的均值μ_1、μ_2相等，即$\mu_1=\mu_2$

H_1：两个总体的均值μ_1、μ_2不等，即$\mu_1\neq\mu_2$

如果还要考虑值的大小，类似地可以提出下面两种形式的假设：

H_0：均值μ_2大于或等于均值μ_1，即$\mu_2\geqslant\mu_1$

H_1：均值μ_2小于均值μ_1，即$\mu_2<\mu_1$

或

H_0：均值μ_2小于或等于均值μ_1，即$\mu_2\leqslant\mu_1$

H_1：均值μ_2大于均值μ_1，即$\mu_2>\mu_1$

第一种形式只对差异进行检验，称为双侧检验（Two-Tailed Test）。如果要检验的是μ_1、μ_2之间的不等关系，则采用第二或第三种形式，称为单侧检验（One-Tailed Test）。

零假设与备择假设是互斥的而且是穷尽的，因此两个假设中有且仅有一个是正确的。在建立假设时，将需要否定的假设作为零假设，把认为是正确的假设作为备择假设，这样做与假设检验所采用的反证法是分不开的。

需要注意的是，现在所用的反证法与一般的反证法有一点不同。一般的反证法要求在零假设下得到的结论是绝对成立的，如果零假设与事实矛盾，就真正推翻了零假设。由于现在使用的样本是随机抽取的，因此现在所用的反证法是一种带有概率性质的反证法，依据的原理是概率很小的事件在一次试验或观察中，几乎是不可能发生的，或者说，如果某个事件在一次试验或观察中就发生了，就不能说这个事件是小概率事件。实际上，小概率事件并非绝对不可能发生，只是发生的概率非常小。这种反证法的说服力是在一定概率意义下来说的。这就是说，我们假定零假设成立，如果仅仅通过一次抽样，两个样本的均值μ_1、μ_2就有很大的差异，便说明小概率事件发生了，或者说，$\mu_1\neq\mu_2$不是小概率事件，而$\mu_1=\mu_2$几乎是不可能的。

那么，概率小到怎样的程度才是小概率事件呢？这与我们所研究的问题有关，通常取小

概率的值$\alpha = 0.05$，有时也会取$\alpha = 0.01$，甚至$\alpha = 0.001$，当然在要求不高时，也可能取$\alpha = 0.1$。在统计学中，统计检验中所规定的小概率的标准，称为显著性水平（Significant Level），并记为α。所以，一般也称假设检验为显著性检验（Significance Test）。

在检验$\mu_1 = \mu_2$时，如果两个独立样本都是大样本，就考察两个样本均值的差，并把差变换为标准分——Z 分数，由于每当抽取两个随机样本，就有一个 Z 分数，因而 Z 分数就是一个统计量，Z 分数的分布就是一个抽样分布，数学上已证明，这个分布是一个正态分布。我们要做的工作就是在这个抽样分布上找到一个关键点（阈值），划出一个拒绝域，如果由两个样本得到的 Z 分数落到了这个域中，就要拒绝零假设，接受备择假设。

现在的问题是，如何根据小概率的值（显著性水平）划定拒绝零假设的范围呢？

在没有使用统计软件的条件下，是通过临界值（Critical Value）在数轴上划分出对零假设的接受域（Acceptance Regions）和拒绝域（Rejection Regions）的。临界值是根据检验的类型（单侧还是双侧）以及所给定的显著性水平α 确定的：统计量取该值及更极端的值的概率等于α。当所计算出的统计量的数值落在拒绝域里，便说明出现了小概率事件，应拒绝零假设，接受备择假设；否则，便说明没有出现小概率事件，不能拒绝零假设。类似地，根据显著性水平α，对应于单侧检验也有相应的拒绝域和接受域（见图 5-2）。

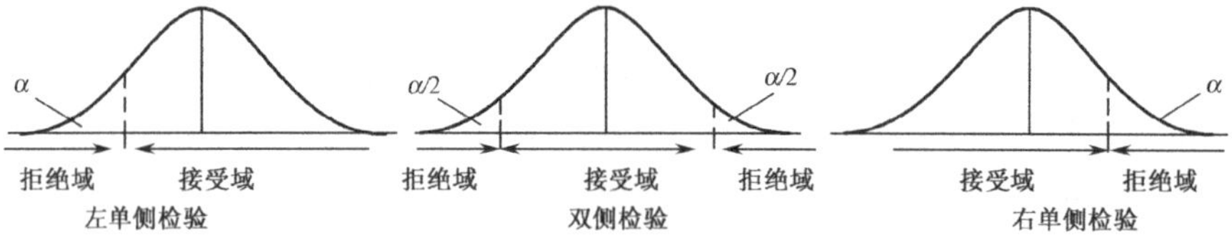

图 5-2　假设检验的拒绝域与接受域

5.1.2　假设检验的一般步骤

通过上述讨论，可以归纳出进行假设检验的一般步骤：

（1）根据研究问题的需要和所具备的条件，选择适合的检验方法。

（2）建立零假设 H_0 和备择假设 H_1，将需要否定的假设作为零假设，把认为是正确的结论作为备择假设。

（3）根据零假设的内容，选取适当的统计量，并在零假设成立的条件下，确定统计量的分布。

（4）根据问题的需要，给定显著性水平 α。

（5）利用样本数据计算统计量的值，确定临界值、接受域与拒绝域。

（6）做出统计决策。统计量的值落入零假设下小概率所确定的拒绝域，那么依据小概率原理，这个事件不是小概率事件，应拒绝零假设，转而接受备择假设。若统计量的值落入接受域，那就不能拒绝零假设，只好接受零假设。

（7）正确解释统计决策的实际意义。

由此可知，假设检验的问题都是在统计量的抽样分布上进行讨论的，不同的统计量就会有不同的抽样分布。例如，当进行两个正态总体均值的差异检验时，如果是独立的大样本，统计量 Z 服从正态分布，而对于两个配对样本来说，统计量 Z 则服从 t 分布；当进行多个正态总体均值的差异检验时，统计量 F 服从 F 分布。

5.1.3 关于假设检验的几点说明

1. 参数估计与假设检验的差异

对不同总体在某一特征上（如均值）的差异进行假设检验与对总体的未知参数（如均值）进行估计是不同的。参数估计是在总体分布形式已知的条件下，直接借助样本的统计量（如均值）来估计总体的未知参数（如均值）；假设检验则是先对总体的分布、总体的某种性质或分布中未知参数做出某种假设，在此基础上利用样本信息，依据一定的概率，对假设的正确性进行判断。当总体的分布已知时，对未知参数的假设进行判断，称为参数检验（Parametric Test）；对总体分布或某种性质的假设进行判断，称为非参数检验（Non-Parametric Test）。

2. 统计检验是通过样本对总体的差异进行检验

由于对总体差异的检验是根据样本的差异进行推断而得出的，所以往往会造成一种误解，以为其结论是针对样本的。事实上，所抽取的两个样本的差异是客观存在的，是多少就是多少，我们是根据小概率原理对总体进行推断：仅仅是对总体进行了一次抽样，两个样本的差异就超出了我们所给出的差异不显著的界限，显然小概率事件发生了，因此我们就不能说，这两个总体的均值没有差异。

3. 决策中可能出现的两类错误

1）两类错误

如前所述，假设检验所使用的反证法是在一定的概率意义下进行的，小概率事件并非绝对不可能发生，只是发生的概率非常小而已，因此拒绝零假设有可能犯错误，同样，当我们不拒绝零假设时也可能犯错误，因为仅仅是没有找到有力的证据而已。于是在假设检验的过程中我们可能会犯两类错误：

第一类错误（Type Ⅰ Error），错误的性质是零假设实际上是正确的，即命题真，我们本不该拒绝零假设却拒绝了零假设，因此这类错误也称弃真错误。犯第一类错误的概率等于显著性水平α，这就是说，犯第一类错误的概率是可以由我们主动控制的。

第二类错误（Type Ⅱ Error），错误的性质是零假设不正确，即命题假，我们本该拒绝零假设却没有拒绝零假设，因此这类错误也称取伪错误。用β表示犯第二类错误的概率。

事实上，零假设是否正确是客观存在的，这两类错误都源于抽样误差，因为统计量的值落入拒绝域的概率 p 是由统计量的值决定的，统计量的值是根据样本数据计算的，同一个问题，样本不同，p 值就可能不同，所得到的假设检验的结论就会不同。

一般地，可以将决策中的四种情况汇总于表 5-1。

表 5-1　统计决策结果的四种情况

		H_0的真实状态			
		H_0真（正确）		H_0假（错误）	
		决策结果	发生的概率	决策结果	发生的概率
统计	拒绝 H_0	第一类错误（弃真）	α	决策正确	$1-\beta$
决策	不拒绝 H_0	决策正确	$1-\alpha$	第二类错误（取伪）	β

2）控制两类错误发生的方法

我们希望能够同时减少犯第一类错误的概率α和犯第二类错误的概率β。但事实上是做不到的，α和β是在两个不同的背景下发生错误的概率，因此$\alpha+\beta\neq 1$。

那么，如何将犯两类错误的概率同时控制在相对最小的程度呢？采取的措施是：增加样本容量，或者在样本容量一定的条件下，选择合适的α，在此基础上尽可能减小β。

（1）选择α的原则。选择合适的α，就是在样本容量确定的条件下，根据“两利相权取其重，两弊相权取其轻”的原则，权衡两类错误所造成后果的严重程度，决定α的大小。如果犯第一类错误造成的后果比犯第二类错误所造成的后果严重，就要将α取得小一些；相反，如果犯第二类错误造成的后果比犯第一类错误所造成的后果严重，就要将α取得大一些。例如，用一种新的药品代替旧药品时，首先要比较两种药品的疗效，零假设是新旧药品疗效一样，此时就要将α取得小一些，缩小拒绝域，增加接受域，使疗效不达到一定的程度就不能投入生产，减少犯第一类错误的概率，保护患者的利益。再如，在考察教师进行教学改革实验的效果时，要对实验组与对照组的平均成绩进行差异检验，零假设是两个组的平均成绩没有差异，那么就应该将α取得大一些，扩大拒绝域，即增加接受备择假设的机会，说明实验是有一定成效的，减少犯第二类错误的概率，保护教师改革的积极性。

（2）在α确定的条件下，尽可能减小β。从表7-3可知，$1-\beta$是在零假设不正确时能够正确地拒绝零假设的概率，$1-\beta$越大，意味着当零假设不正确时，拒绝零假设的概率越大，犯第二类错误的概率就越小，检验的判别能力就越好；$1-\beta$越小，意味着当零假设不正确时，拒绝零假设的概率越小，犯第二类错误的概率就越大，检验的判别能力就越差。因此，$1-\beta$是反映统计检验判别能力大小的重要指标，我们称之为检验功效或统计检验力（Power）。由此可见，在α得到控制的条件下，$1-\beta$应尽可能增大，也就是说，β要尽可能地小。β值减小，统计检验力就会提高。

那么，$1-\beta$达到怎样的水平才认为统计检验力可以接受呢？比较公认的标准是$1-\beta$至少为0.80，也就是说，β不要超过0.2[①]。

（3）增大样本容量。一般地说，在正确使用抽样方法的前提下，样本容量大了，提供的信息量就会更多，显然犯错误的概率就会减小。即使α固定不变，样本容量大了，抽样误差即抽样分布的标准差$\sigma/\sqrt{n}$也会减小，抽样分布的形态变得高狭陡峭。

4．统计检验差异显著不等于实际差异显著

统计检验的差异显著性表示样本统计量的值落在了拒绝域中，因此差异具有显著性就表示零假设被拒绝。零假设被拒绝是由三个因素决定的：第一，置信水平的高低，置信水平为95%时差异显著，置信水平为99%时就不一定差异显著；第二，样本容量的大小，它将影响抽样误差的大小，对于同样的置信水平，样本容量越大，越容易得出差异显著的结论；第三，实际差异幅度的大小。只要其中有一个条件发生改变，统计检验是否显著的结论就可能改变。因此，统计检验的显著性并不表示实际意义上存在显著的差异。例如，当两个城市的居民年平均收入相差一元钱时，如果样本容量很大，也可能取得统计检验非常显著的结论，然而从实际上看，相差一元钱完全可以忽略不计，这样的差异显著性在实际中没有任何意义。

应该说，差异显著在实际中有没有意义，不是统计检验所能回答的问题，这是一个解释上的问题，或者说是一个价值判断问题。对于同一个数值，有人认为差异很大，但有的人可能认为微不足道。所以，在进行统计检验后，一定要把统计结果放到整个实际研究的理论框架中去考察其实际意义。

5．数据必须满足假设检验方法的前提条件

任何一种检验方法都有其使用的前提条件，只能应用于一定的范围。因此在进行统计检

① 吴明隆. SPSS统计应用实务[M]. 北京：中国铁道出版社，2000：65.

验时，首先要根据所研究的问题，考虑应该用什么方法，然后检查样本数据和所涉及的总体是否满足这种方法的前提条件，以确定能不能用这种方法。通常情况下，先看检验变量的类型，如果是定类变量，一般应用非参数检验中的卡方检验；如果是定序变量，则应用卡方检验或其他相关的非参数检验。对于定距变量或定比变量，如果总体服从正态分布，则用参数检验；如果总体不服从正态分布或根本不知道服从何种分布，则用非参数检验。

5.1.4　利用 SPSS 进行假设检验的步骤

在利用 SPSS 进行假设检验时，一旦确定了所使用的检验方法，那么建立假设、选取统计量并确定其分布、计算统计量的值，以及计算统计量的值大于临界值的概率值等一系列的工作均由 SPSS 完成[①]。SPSS 通常采用双侧检验，但有时也会采用单侧检验，具体采用哪种检验由我们自己确定。无论是双侧检验还是单侧检验，在输出结果中都会有所说明。因此，使用 SPSS 进行假设检验的工作流程如图 5-3 所示。

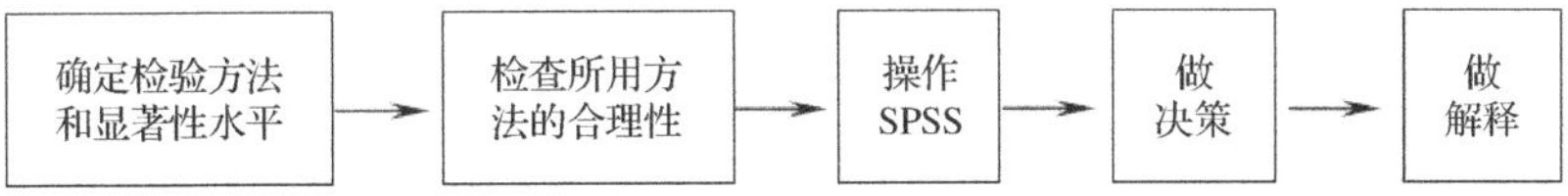

图 5-3　利用 SPSS 进行假设检验的工作流程

（1）根据研究的问题、数据类型及样本特点选择适当的检验方法，并确定显著性水平。

（2）进一步检查所涉及的总体是否满足检验方法所要求的条件。

（3）完成 SPSS 检验方法的具体操作。

（4）明确检验的零假设，根据输出窗口给出的结果，做出统计决策，拒绝零假设还是不能拒绝零假设：当 p 值小于或等于 α 时，拒绝零假设；当 p 值大于 α 时，不能拒绝零假设。

在看 SPSS 给出的检验结果时，一是一定要明确检验的零假设是什么，二是一定要区分 p 与 α 的不同含义：α 是我们设定的显著性水平，而 p 值（在输出的统计表中用 Sig.表示）是检验统计量的值所对应的概率值（见图 5-4）。一般地，当 $p<\alpha=0.05$ 时，称有显著性差异；当 $p<\alpha=0.01$ 时，称有极其显著性差异。

（5）正确解释统计决策的实际意义。

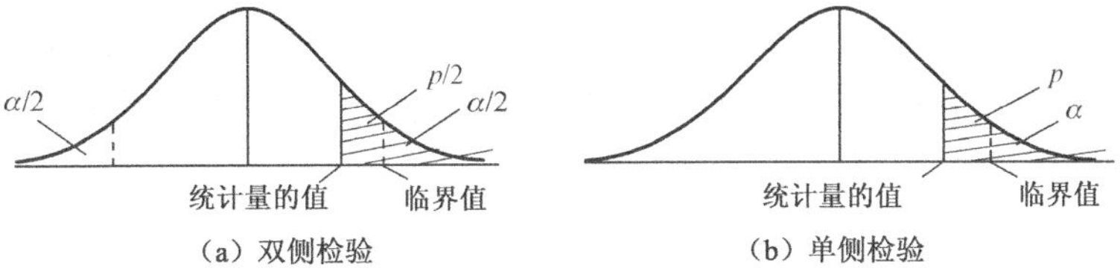

图 5-4　p 与 α 的不同含义

5.2　统计检验的前期工作——对数据分布特征的检验

考察不同群体的均值是否有差异，首先要做两项工作。第一，考察样本是否来自正态总

① 鉴于此，本书将不给出计算统计量的公式，有兴趣的读者可参见相关著作。

体，因为有些数据的统计结果只有当数据总体呈正态分布时才正确。但是在调查研究过程中所获得的数据，往往并不知道总体的分布，此时就需要对数据进行考察，以便判断样本是否来自正态总体。第二，检验各组样本的数据是否方差齐性，因为只有方差齐性，比较不同群体的均值才有意义。

在 SPSS 中，用于考察数据分布正态性的途径有两条：观察图形与进行假设检验。在观察图形这一途径上，已经介绍过的有：

- 利用“频率”对话框中的“图表（Charts）”按钮（3.3 节），便会得到诸如图 5-5 所示的直方图；
- 利用“直方图”对话框（见图 5-6），同样可以创建与图 5-5 完全相同的直方图。

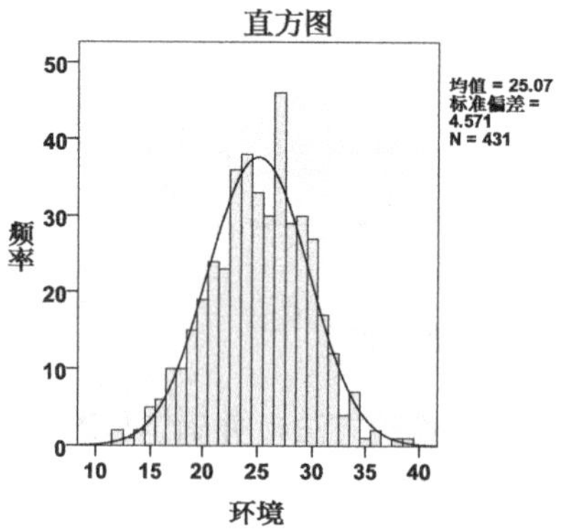

图 5-5　直方图

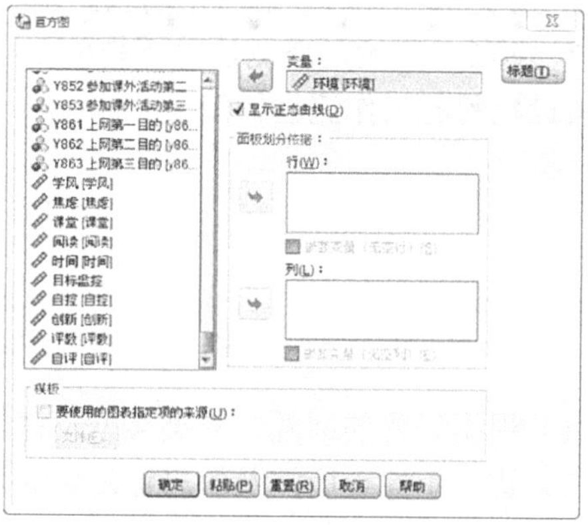

图 5-6　“直方图”对话框

此外，还可利用箱图、Q-Q 图和 P-P 图来考察数据的分布，本节主要介绍后两种方法。但对于正态性与方差齐性（方差没有显著性差异）的考察主要还是通过“分析（Analyze）”菜单中的“探索（Explore）命令来完成，另外还可以用非参数检验（Nonparametric Test）中的单样本 K-S 检验来完成。

5.2.1　利用“探索：图”对话框考察数据特征

【案例 5.1　男女分组环境利用分数的正态性检验】

为便于理解，我们以数据文件“统计分析案例”中男女大学生在环境利用分数上的分布为例说明如何考察数据分布的正态性，也就是考察男女两组数据的正态性分布特征。案例 5.1 的思维导图如图 5-7 所示。

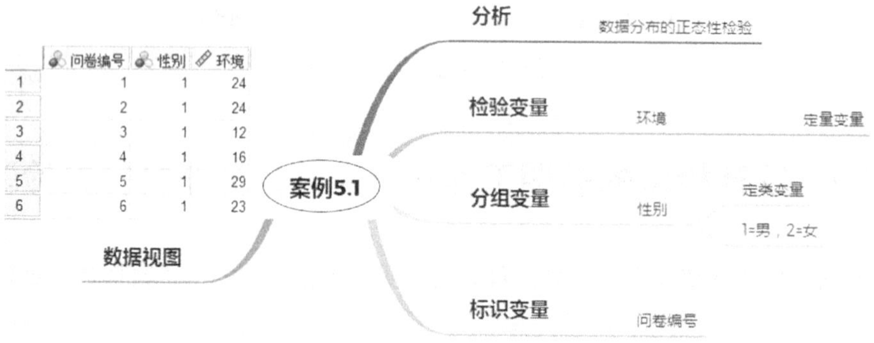

图 5-7　案例 5.1 的思维导图

【操作步骤】

（1）打开数据文件“5.1 男女分组环境利用分数的正态性检验”。

（2）依次执行“分析（Analyze）”→“描述统计（Descriptive Statistics）→“探索（Explore）”命令，弹出“探索”对话框（见图 5-8）。

（3）将变量“环境”移入“因变量列表（Dependent List）”框内，“性别”作为分类变量移入“因子列表（Factor List）”框中。将“问卷编号”移入“个案标注依据（Label Cases by）”框内。在“输出（Display）”选项组选中“两者”单选按钮。

（4）单击“图（Plot）”按钮，弹出“探索：图”对话框（见图 5-9），其中有以下内容。

①“箱图（Boxplots）”选项组，提供了三个单选按钮。

- 因子级别并置（Factor levels together）：输出分析变量分组后的并列箱图（复式箱图），以便比较不同组变量值的分布，此为系统默认项。
- 因变量并置（Dependents together）：输出所有参与分析的变量的并列箱图，以便比较同一组变量值的分布。
- 无（None）：不输出箱图。

②“描述图（Descriptive）”选项组，其中有两个复选框。

- 茎叶图（Stem-and-leaf）：输出茎叶图，此为系统默认项。
- 直方图（Histogram）：输出直方图。

③“含检验的正态图（Normality plots with tests）”复选框：输出标准 Q-Q 正态图（Normal Q-Q）和趋降标准 Q-Q 图（Detrended Normal Q-Q）。

④“含莱文检验的分布-水平图（Spread vs. Level with Levene Test）”选项组：对分组数据进行方差齐性检验，只有给出了分组变量后才可以使用，其中有四个单选按钮。

- 无（None）：不进行方差齐性检验，此为系统默认项。
- 幂估算（Power estimation）：为使每组中的数据方差齐性，要对数据进行幂变换，该项的功能是对转换的幂值进行估计。
- 转换后（Transformed）：对原始数据进行变换，在其后的“幂（Power）（W）”下拉列表中提供了六个选项：自然对数（Natural log）；1/平方根（1/ Square root），为平方根的倒数，即–1/2 次方；倒数（Reciprocal），为–1 次方；平方根（Square root），为 1/2 次方；正方形（Square），为二次方；立方（Cube），为三次方。
- 未转换（Untransformed）：不进行变换。

（5）本案例中，在“探索：图”对话框的“箱图（Boxplots）”选项组中，选中第一个单选按钮，以便按男女两组绘制箱图；为作茎叶图和直方图，将“描述图（Descriptive）”选项组中两个复选框均勾选；为了进行正态性检验，勾选“含检验的正态图（Normality plots with tests）”复选框；要对原始数据进行方差齐性检验，在“含莱文检验的分布-水平图（Spread vs. Level with Levene Test）”选项组中选中“未转换（Untransformed）”单选按钮（见图 5-9）。单击“继续（Continue）”按钮，返回“探索”对话框。

（6）为结合图形与统计量进行分析，单击“统计（Statistics）”按钮，弹出“探索：统计”对话框，勾选“描述（Descriptives）”复选框。单击“继续（Continue）”按钮，返回“探索”对话框。

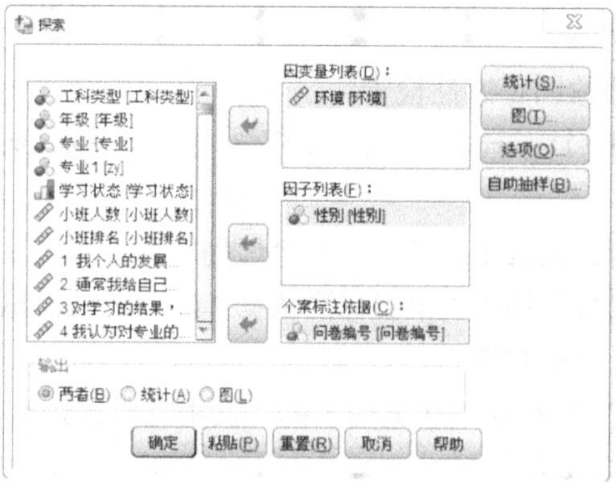

图 5-8　“探索”对话框

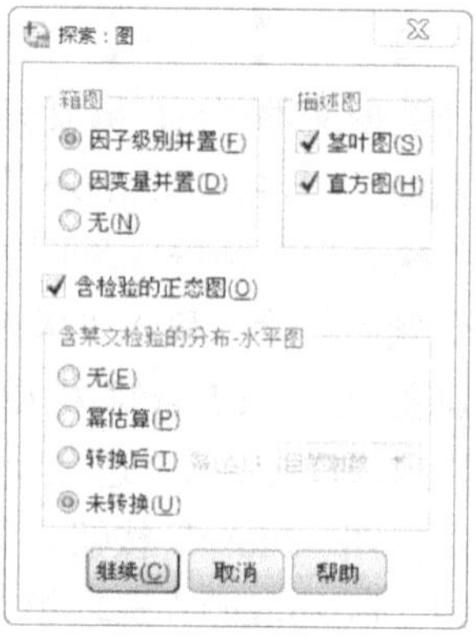

图 5-9　“探索：图”对话框

（7）单击“选项（Options）”按钮，弹出“探索：选项”对话框（见图 5-10）。其功能是设定对缺失值的处理方法，提供了三种选择。

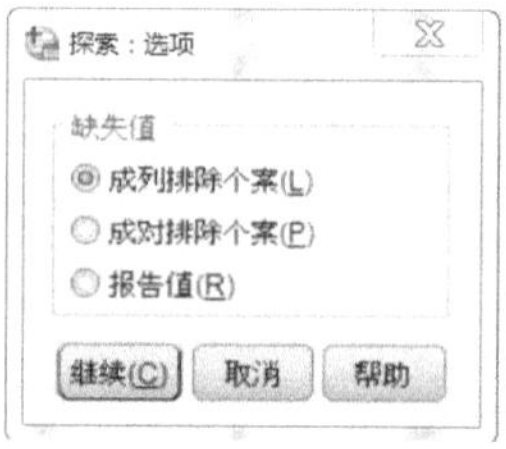

图 5-10　“探索：选项”对话框

- 成列排除个案（Exclude cases listwise）：剔除含有缺失值的全部个案。
- 成对排除个案（Exclude cases pairwise）：仅剔除那些与缺失值有成对关系的个案。
- 报告值（Report values）：分组变量中的缺失值将单独分为一组，输出统计结果时也将包括缺失组。

本案例取默认值，即“成列排除个案（Exclude cases listwise）”，因此也可以不用打开该对话框。

（8）单击“确定（OK）”按钮，提交系统运行。

【输出结果】

在输出窗口给出直方图、茎叶图、箱图、正态分布检验表、方差齐性检验表、Q-Q 图等统计表和统计图。在 2.3 节介绍查找数据的极端值时已经提到过箱图，箱图比茎叶图、直方图更加简洁。在具体解释输出结果之前，我们先对箱图再进行一些说明。

1）利用箱图考察分布的正态性

（1）箱图的基本结构。箱图的结构如图 5-11 所示。

- 箱体：中间的长方形，其边长=上四分位数-下四分位数，即由小于上四分位数且大于下四分位数的数据组成，包括了 50%的观测数据。箱体的长度表明了数据的分布幅度。长方形中的一条横线是中位数所在的位置。
- 上触须与下触须：在箱体上、下方的两条短横线，表示数据中将极端值和奇异值排除之后的最大值和最小值，并且箱体与顶端边界处至最大值之间、底部边界处至最小值之间都用线段连接起来。在这部分区域中，包含了除奇异值与极端值外的全部数值。

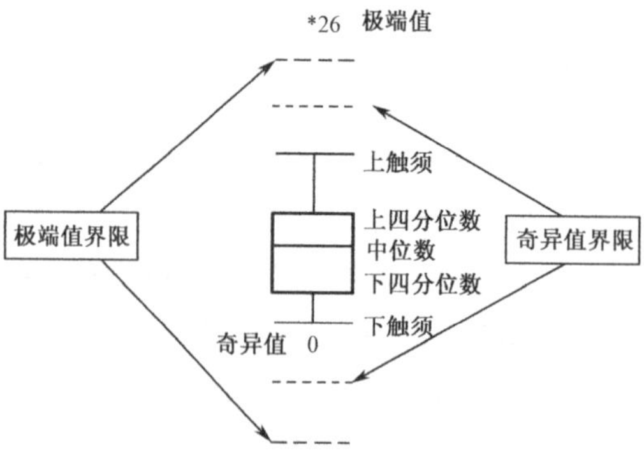

图 5-11　箱图的结构

- 上、下奇异值：其中

上奇异值≥（上四分位数-下四分位数）×1.5+上四分位数

下奇异值≤下四分位数-（上四分位数-下四分位数）×1.5

即上（下）奇异值与箱体顶部（底部）边界处之间的距离大于箱体长度的 1.5 倍。奇异值用“o”表示，并在“o”旁给出奇异值所在问卷的编号。

- 上（下）极端值：其中

上极端值≥（上四分位数-下四分位数）×3+上四分位数

下极端值≤下四分位数-（上四分位数-下四分位数）×3

即上、下极端值与箱顶（底部）边界处之间的距离大于箱体长度的 3 倍，用“*”表示，并在“*”旁给出奇异值所在问卷的编号。

（2）箱图的应用。根据箱图的形态，我们可以对数据是否为正态分布做出基本的判断。例如在图 5-12 中，左边的箱图以中位数为对称轴，而且上下触须之间的距离为箱体长度的 3 倍左右，可以判断数据基本服从正态分布。显然，图 5-12 中右边的箱图是不对称的，箱体不居中，当中位数偏离箱体的中心时，分布趋向于偏态：如果中位数靠近箱体的上部，为负偏态分布；如果靠近箱体的下部，为正偏态分布。

箱图的最大优点是利用复式箱图（在一幅统计图中绘出几个箱图）比较多个群体分布的差异，既清楚又简单，一目了然。图 5-13 给出了 3 个班学生数学考试成绩的箱图。从平均水平上看，二班最高，中位数最大，三班次之，一班最低；从学生学习成绩的差异看，一班的水平最不齐，离散程度大，三班尽管有离群值存在，但总体水平比较整齐。从成绩的分布形态上看，一班基本是正态分布，二班和三班都呈偏态分布，二班偏向上四分位数，是负偏态分布，而三班偏向下四分位数，为正偏态分布，相对地说，二班高分比较多，三班低分比较多。

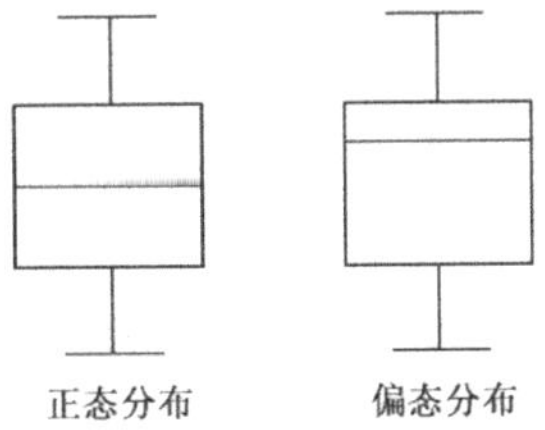

图 5-12　不同分布类型的箱图

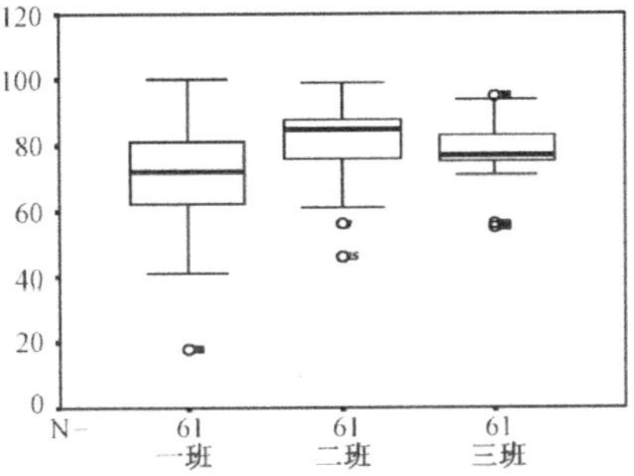

图 5-13　复式箱图

2）利用描述统计量输出结果考察分布的正态性

输出的统计量表中给出了男女生环境利用的平均分及其标准误、平均分的 95%置信区间、5%截尾均值、中位数、方差、标准差、最小值、最大值、全距、四分位数间距、偏度及其标准误和峰度及其标准误。

因为我们要考察数据的分布是否为正态分布，因此，需要重点看男女生环境利用分数偏度值及其标准误（见表 5-2）：男女生的偏度分别为-0.151 和-0.149，标准误分别为 0.144 和 0.204，因此偏度均在-0.5 与+0.5 之间，可以认为分布是对称的。也有人提出用偏度值小于±1，或偏度的绝对值除以标准误，所得到的值小于 2.5，即可认为数据的分布至少是近似正态分布。

表 5-2　男女生环境利用分数的描述统计量

描述				
	性别		统计	标准错误
环境	男	平均值	24.94	.285
		偏度	-.151	.144
		峰度	-.102	.287
	女	平均值	25.38	.345
		偏度	-.149	.204
		峰度	-.214	.406

3）利用图形考察分布的正态性

在输出窗口给出了直方图、茎叶图、箱图和 Q-Q 图。这些统计图，特别是 Q-Q 图可以给出数据分布是否为正态分布的大致结论。

（1）直方图。从直方图（见图 5-14）可以看出，男生的分数离散程度高于女生。女生的分数分布更近似于正态分布。

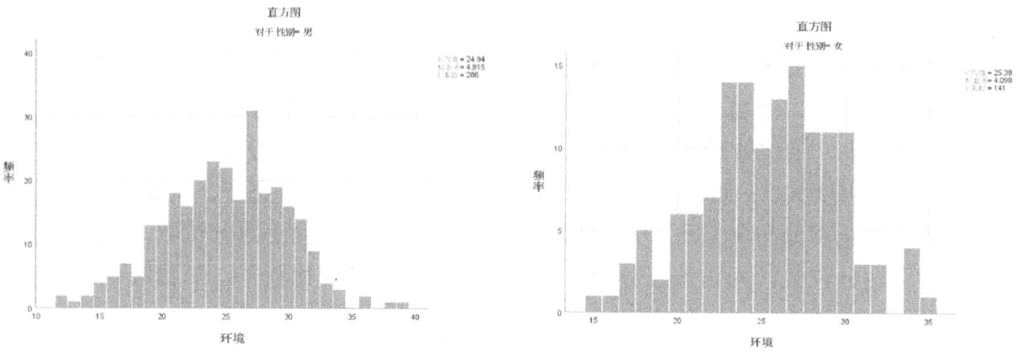

图 5-14　男女生环境利用分数的直方图

（2）茎叶图。图 5-15 是男女大学生环境利用分数的茎叶图，男生茎叶图中茎的宽度是 10，而女生茎叶图中茎的宽度为 1。由图可以看出，男生中有 2 个小于 12 分的极端值，2 个大于 38 分的极端值，女生中只有一人小于 15 分。

（3）箱图。图 5-16 为男女大学生环境利用分数的箱图，由图可看出，女生的中位数有些偏上，男生离散度比较大，极端值可能会影响分数分布的正态性。男生中，问卷编号分别为 327 和 266 的分数大于或等于 38 分，问卷编号分别为 3 和 138 的分数小于或等于 12 分。

（4）正态图。正态图（Normal Q-Q Plot）（见图 5-17）是采用变量的实际观测值作为横坐标，以变量的期望值作为纵坐标，绘制出的散点图。期望值来自根据原始变量的百分等级在标准正态分布下换算成的 Z 分数。例如，四分位数 25%、50%、75%转换为 Z 分数分别为–0.68、0、0.68。如果数据呈正态分布，以变量的实际值与期望值为坐标的点应该落在趋势线（从左下角延伸到右上角的对角线）附近，并且应该表现出一定的集中趋势，即均值附近应该聚集较多的落点，越靠近两端落点越少。从图 5-17 可看出，男生偏离对角线的点比女生多，因此正态性要比女生的分数分布的正态性差。

```
环境 茎叶图：
性别= 男

频率      Stem & 叶

  2.00 Extremes    (=<12)
  1.00       1 . 3
  6.00       1 . 445555
 12.00       1 . 666667777777
 18.00       1 . 888889999999999999
 31.00       2 . 0000000000000111111111111111111
 36.00       2 . 222222222222222223333333333333333333
 45.00       2 . 444444444444444444444444555555555555555555555
 48.00       2 . 666666666666666667777777777777777777777777777777
 37.00       2 . 8888888888888888889999999999999999999
 30.00       3 . 000000000000000001111111111111
 13.00       3 . 2222222223333
  3.00       3 . 444
  2.00       3 . 66
  2.00 极值     (>=38)

主干宽度：      10
每个叶：      1 个案
```

```
环境 茎叶图：
性别= 女

频率      Stem & 叶

  1.00 Extremes    (=<15.0)
  1.00      16 . 0
  3.00      17 . 000
  5.00      18 . 00000
  2.00      19 . 00
  6.00      20 . 000000
  6.00      21 . 000000
  7.00      22 . 0000000
 14.00      23 . 00000000000000
 14.00      24 . 00000000000000
 10.00      25 . 0000000000
 13.00      26 . 0000000000000
 15.00      27 . 000000000000000
 11.00      28 . 00000000000
 11.00      29 . 00000000000
 11.00      30 . 00000000000
  3.00      31 . 000
  3.00      32 . 000
   .00      33 .
  4.00      34 . 0000
  1.00      35 . 0

主干宽度：      1
每个叶：      1 个案
```

图 5-15　男女大学生环境利用分数茎叶图

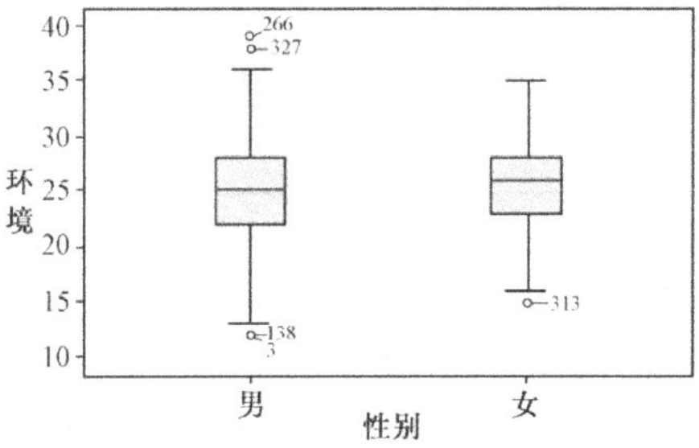

图 5-16　男女大学生环境利用分数箱图

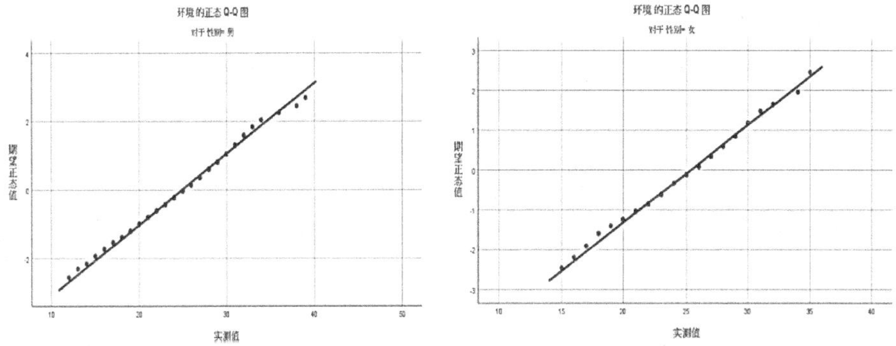

图 5-17　男女大学生环境利用分数分布的正态 Q-Q 图

去趋势正态图（Detrended Normal Q-Q Plot）或偏离正态图（Deviated normal plot）是以实际观测值为横坐标，以实际观测值与期望值之差为纵坐标的。当数据符合正态分布时，这些点应分布在纵坐标等于 0 的水平线的附近，甚至完全落在这条线上，并且没有任何规律，否则意味着数据的分布不是正态的。

从图 5-18 可知，男生有个别点的纵坐标超过了 0.2，女生相对好些。

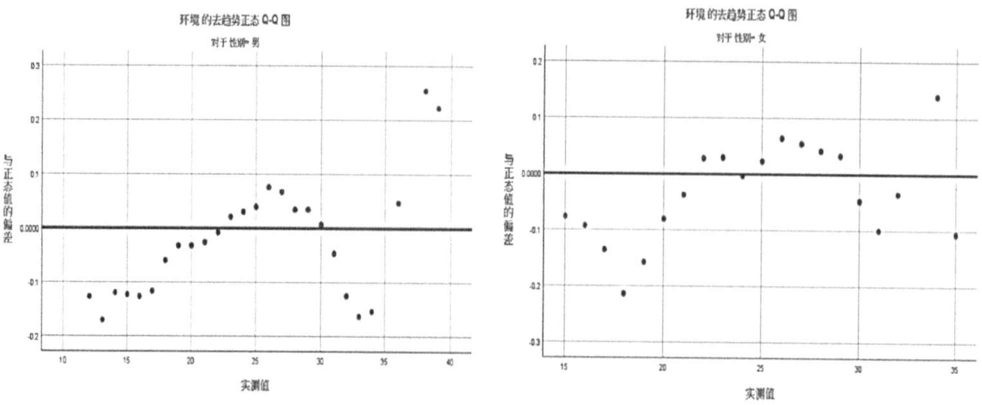

图 5-18　男女大学生环境利用分数的去趋势正态 Q-Q 图

4）利用假设检验考察正态性

表 5-3 给出了两种正态性检验的结果：柯尔莫戈洛夫-斯米诺夫（Kolmogorov-Smirnov，K-S）检验和夏皮洛-威尔克（Shapiro-Wilk）检验，零假设是数据服从正态分布。

表 5-3　正态性检验结果

	性别	柯尔莫戈洛夫-斯米诺夫 [a]			夏皮洛-威尔克		
		统计	自由度	显著性	统计	自由度	显著性
环境	男	.078	286	.000	.992	286	.107
	女	.073	141	.067	.987	141	.228

a. 里利氏显著性修正。

正如表 5-3 的表注所指出的，对于柯尔莫戈洛夫-斯米诺夫检验，实际上是里利氏（Lilliefors）检验法，后者对柯尔莫戈洛夫-斯米诺夫统计量进行了修正。表 5-3 中依次给出了统计量（Statistic）、自由度（df）和统计量对应的概率值 p(Sig.)（显著性）。从里利氏检验结果可以看出，对于男生的环境利用分数，$p = 0.000 < 0.05$，拒绝零假设，男生的环境利用分数不服从正态分布；而对于女生的环境利用分数，$p = 0.067 > 0.05$，所以不能拒绝零假设，可以认为环境利用分数服从正态分布。

夏皮洛-威尔克检验只有在样本量小于 50 且为特定的非整数加权样本时才使用，我们的样本量均在 100 以上，故不考虑这一检验结果。这里需要特别指出的是，对数据进行正态性检验时，结论几乎都是数据不服从正态分布，对于实际问题，只要样本容量足够大，就可以视为近似服从正态分布，而不必一定要完全服从正态分布。

综合以上的分析，我们可以认定男生环境利用分数近似服从正态分布，女生环境利用分数服从正态分布。

5）对方差齐性的检验

在进行方差齐性的莱文检验时，不要求两个样本的数据必须服从正态分布。SPSS 提供了四种指标进行判断：

- 依据平均值所得的各个统计量（Based on Mean）；
- 依据中位数所得的各个统计量（Based on Median）；
- 依据中位数及调整后的自由度所得的统计量（Based on Median and with adjusted df）；
- 依据截尾均值所得的统计量（Based on trimmed mean）。

一般情况下，如果所得的概率值小于 0.05，便可以拒绝方差齐性的零假设。

表 5-4 给出了男女大学生环境利用分数的稳健莱文（Levene）方差齐性检验的结果，即基于上述四种指标（平均值、中位数、中位数并具有调整后自由度、剪除后平均值）的检验结果。由于莱文方差齐性检验的零假设是方差具有齐性（$\sigma_{男}^2=\sigma_{女}^2$），表中所有统计量对应的概率值(Sig.)（显著性）为 0.042 或 0.044，即莱文统计量的值对应的概率值均在 0.05 以下，小概率事件发生，因此拒绝零假设，即两组数据的方差不齐。

表 5-4　稳健莱文方差齐性检验结果

		莱文统计	自由度 1	自由度 2	显著性
环境	基于平均值	4.158	1	425	.042
	基于中位数	4.153	1	425	.042
	基于中位数并具有调整后自由度	4.153	1	419.143	.042
	基于剪除后平均值	4.066	1	425	.044

5.2.2　利用“单样本 K-S（1-sample K-S）”命令考察数据分布

单样本 K-S 检验（One-sample Kolmogorov-Smirnov Test，单样本柯尔莫戈洛夫-斯米诺夫检验）属于非参数检验，不仅可以检验数据是否服从正态分布，还可以检验数据是否服从其他三种理论分布：均匀分布（Uniform）、泊松分布（Poisson）和指数分布（Exponential）。

单样本 K-S 检验的假设如下：

零假设 H_0：样本所属的总体与所指定的理论分布一致；

备择假设 H_1：样本所属的总体与所指定的理论分布不一致。

单样本 K-S 检验的思路是这样的：设由样本观测值计算出的累积百分比（累积的概率值）为 $S(x_i)$，在零假设成立的条件下计算的理论累积百分比为 $F(x_i)$，考察 $S(x_i)$与 $F(x_i)$之差的绝对值，如果最大的绝对值

$$D=\max\left|(S(x_i)-F(x_i)\right|$$

超出了我们所能接受的程度，那么就要拒绝零假设，认为样本所属的总体与所指定的理论分布有显著性差异，否则，样本所属的总体与指定的理论分布无显著性差异。

经进一步的研究，针对数据的特点将检验的统计量在上述 D 的基础上做出修正（公式略），仍用 D 表示，并分别给出了小样本和大样本两种情况下 D 的分布。在 SPSS 中，不论是小样本还是大样本，统计量均为 $Z=\sqrt{n}D$（n 为样本容量），并给出相应的概率值，设显著性水平为α，那么当 $p<\alpha$时，应拒绝零假设，接受备择假设，反之，不能拒绝零假设。

【案例 5.2　环境利用分数（不分组）的正态性检验】

以检验大学生环境利用分数是否服从正态分布为例，说明利用单样本 K-S 检验考察数据分布正态性的过程。案例 5.2 的思维导图如图 5-19 所示。

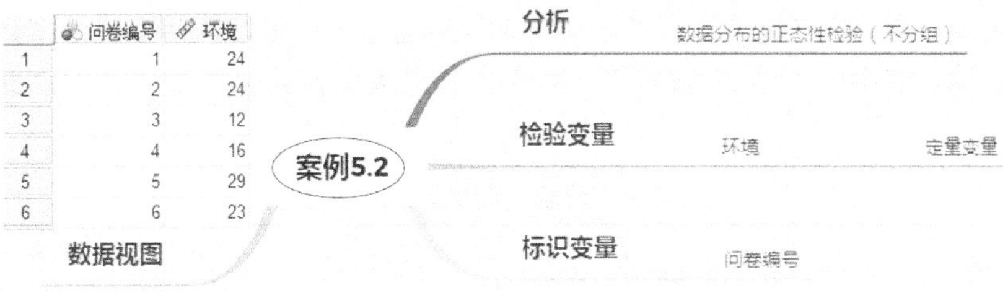

图 5-19　案例 5.2 的思维导图

【操作步骤】

（1）打开数据文件“5.2 环境利用分数（不分组）的正态性”。

（2）依次执行“分析（Analyze）”→“非参数检验（Nonparametric Test）”→“旧对话框（Legacy Dialogs）”→“单样本 K-S（1-sample K-S）”命令，弹出“单样本柯尔莫戈洛夫-斯米诺夫检验”对话框（见图 5-20）。

（3）在该对话框中，将“环境”变量移入“检验变量列表（Test Variable List）”框中，在“检验分布（Test Distribution）”选项组中有四个复选框：“正态（Normal）”，即正态分布；“均匀（Uniform）”，即均匀分布；“泊松（Poisson）”，即泊松分布；“指数（Exponential）”，即指数分布。我们勾选“正态（Normal）”复选框。单击右上角的“选项（Options）”按钮，弹出“单样本 K-S：选项”对话框（见图 5-21）。

（4）在该对话框中，有两个选项组。

①“统计（Statistics）”选项组中有两个复选框。

- 描述（Descriptive）：输出个案数、均值、标准差、极大值和极小值。
- 四分位数（Quartiles）：输出 25%、50%和 75%百分位数。

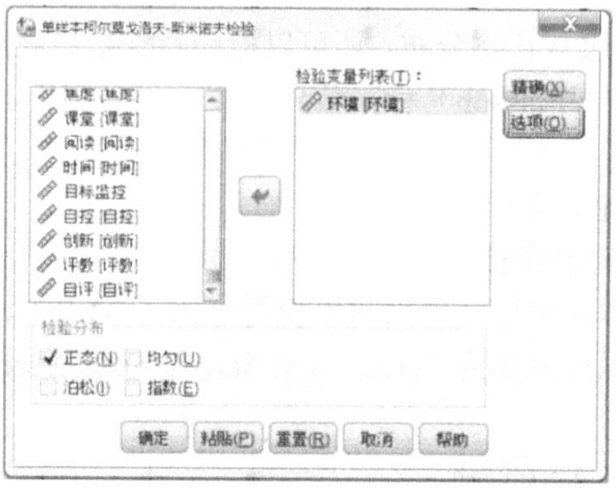

图 5-20　“单样本柯尔莫戈洛夫-斯米诺夫检验”对话框

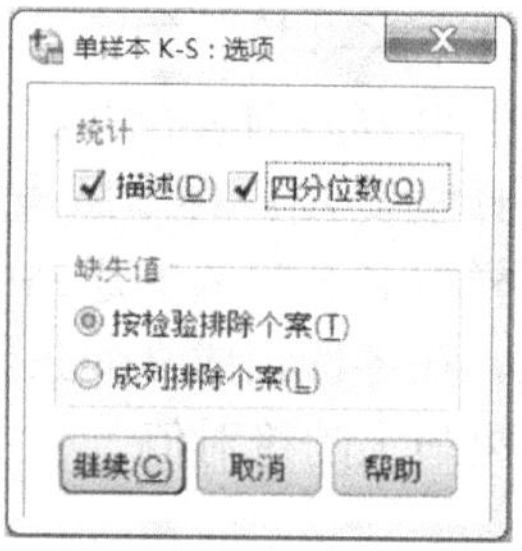

图 5-21　“单样本 K-S：选项”对话框

②“缺失值（Missing Values）”选项组，提供了处理缺失值的方式。

- 按检验排除个案（Export Cases Test-by-Test）：对每一个检验变量分别排除具有缺失值的个案，为系统默认方式。
- 成列排除个案（Export Cases Listwise）：只要数据中有变量值缺失就排除该个案。

我们勾选“统计（Statistics）”选项组中的两个复选框，对缺失值的处理，选择系统的默认方式。单击“继续（Continue）”按钮，返回“单样本柯尔莫戈洛夫-斯米诺夫检验”对话框。

（5）单击“确定（OK）”按钮，提交系统运行。

【输出结果】

（1）描述统计量。表 5-5 给出了“环境”变量的描述统计量，包括有效个案数、均值（“平均值”）、标准差（表中的“标准 偏差”）、最小值和最大值及四分位数（第 25、50、75 个百分位数）。

表 5-5　“环境”变量的描述统计量

	个案数	平均值	标准 偏差	最小值	最大值	百分位数		
						第 25 个	第 50 个（中位数）	第 75 个
环境	431	25.07	4.571	12	39	22.00	25.00	28.00

（2）单样本 K-S 检验结果。表 5-6 给出了对“环境”变量分布的单样本 K-S 检验结果。其中最重要的是由“检验统计（Kolmogorov-Smirnov Z）”和“渐近显著性（双尾）（Asymp. Sig. (2-tailed)）”给出的结果：K-S 统计量 Z=0.074，双侧检验 $p = 0.000 < 0.05$，因此应拒绝零假设，即“环境”利用分数的分布不是正态分布。

要注意的是，单样本 K-S 检验不能同时对男女大学生“环境”利用分数的分布进行检验，可以按性别变量通过拆分文件的方法（见 2.4 节）进行分组，再应用单样本 K-S 检验，便可同时给出检验结果（此处略去），男女生检验的 p 值分别为 0.000 和 0.067，后者大于 0.05，所以无法拒绝零假设，可以认为女生数据的分布是正态的，男生数据的分布不是正态的。

表 5-6　单样本 K-S 检验结果

		环　境
个案数		431
正态参数 [a,b]	平均值	25.07
	标准 偏差	4.571
最极端差值	绝对	.074
	正	.036
	负	-.074
检验统计		.074
渐近显著性（双尾）		.000[c]

a. 检验分布为正态分布。

b. 根据数据计算。

c. 里利氏显著性修正。

5.3　单个正态总体均值的检验——单个群体与其总体均值差异的比较

5.3.1　单样本 T 检验概述

让我们先看一个案例。根据对北京市大学生学情的调查，可估计大学生在时间利用上的平均分为μ_0 =11.66 分。A 大学利用本校的样本数据得出的平均分 $\bar{X}$=11.42，$\bar{X}$ 不等于北京市大学生总体的平均分μ_0，那么 $\bar{X}$ 与μ_0 的差距是出于偶然性（由随机抽样误差造成的），还是由于该校学生的平均分μ与μ_0 本来就有显著性差异？

我们知道，该校的样本是经过随机抽样得到的，样本的平均分 $\bar{X}$ 可以作为该校学生总体的平均分μ的估计值。从统计学的视角看，A 大学的学生在时间利用上的水平与总体的水平的差异是否具有统计意义，属于检验单个正态总体均值的问题，即通过样本检验正态总体的均值μ是否等于某一个指定的数值μ_0。事实上，在对问卷进行统计分析时，经常会遇到这类问题，即比较总体中的某一个群体与总体的差异问题。

使用单个正态总体均值的检验，其前提条件是检验的变量应是定量变量，总体服从正态分布，而且样本是随机选取的。

检验的零假设与备择假设分别为：

H_0：总体的均值μ与常数μ_0 相等，即$\mu=\mu_0$；

H_1：总体的均值μ与常数μ_0 不等，即$\mu\neq\mu_0$。

从中心极限定理可知，如果我们知道总体的标准差，那么统计量平均分的分布服从正态分布：$\bar{X} \sim \left(\mu,\ \sigma^2/n\right)$，统计量为

$$Z = \frac{\bar{X} - \mu}{\sigma/\sqrt{n}} \sim N(0,1)$$

但是，大多数的情况是不知道总体的标准差，于是用样本的标准差代替总体的标准差，此时统计量

$$t = \frac{\bar{X} - \mu}{S/\sqrt{n}}$$

的分布服从自由度为 n–1 的 t 分布：当自由度 df = n – 1 > 30 时，t 分布与正态分布近似，而且自由度越大近似程度越好。

在 SPSS 中是通过“单样本 T 检验（One-Samples T Test）”模块来完成的，使用的统计量是 t，其功能是检验单个变量的均值与给定的常数之间是否存在显著性差异。

下面，我们结合前述案例给出“单样本 T 检验（One-Samples T Test）”的操作步骤及其对输出结果的说明。

5.3.2　“单样本 T 检验”对话框的应用

【案例 5.3　A 大学“时间”得分与北京市总体平均水平的差异】

案例 5.3 的思维导图如图 5-22 所示。

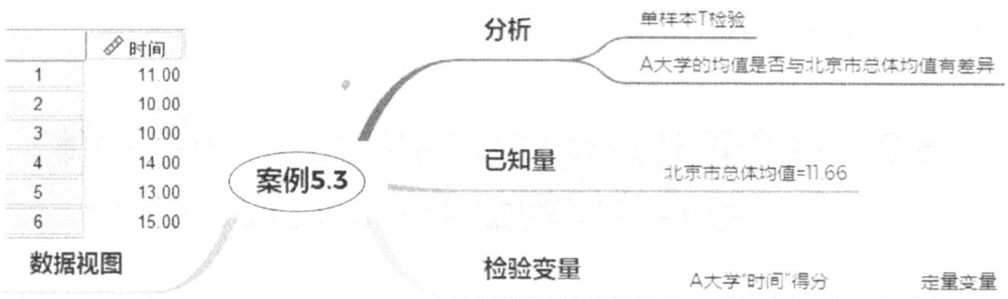

图 5-22　案例 5.3 的思维导图

【操作步骤】

（1）打开数据文件“5.3　单个总体（A 大学时间得分）的 T 检验”。

（2）依次执行“分析（Analyze）”→“比较平均值（Compare Means）”→“单样本 T 检验（One-Samples T Test）”命令，弹出如图 5-23 所示的对话框。

（3）将“时间”作为检验变量，移入“检验变量（Test Variable(s)）”框内，在“检验值（Test Value）”框中输入“11.66”（北京市总体的平均值），单击“选项（Options）”按钮，弹出“单样本 T 检验：选项”对话框（见图 5-24）。

（4）该对话框的功能是根据给定的置信水平（如 95%），给出样本均值与总体均值的置信区间（Confidence Interval），并确定缺失值的处理方式。我们选择系统给出的默认方式。单击“继续（Continue）”按钮，返回如图 5-23 所示对话框。

（5）单击“确定（OK）”按钮，提交系统运行。

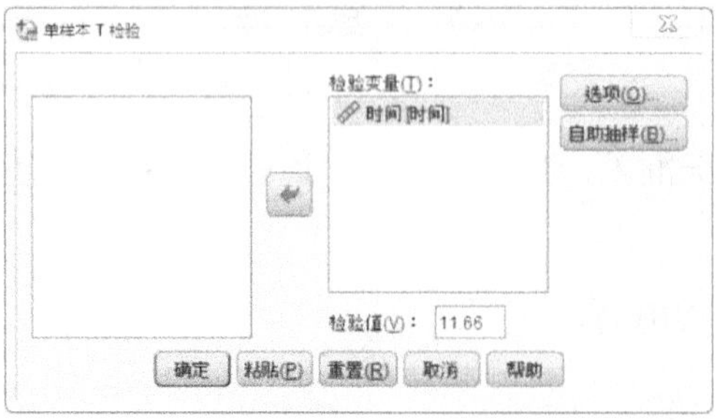

图 5-23　“单样本 T 检验”对话框

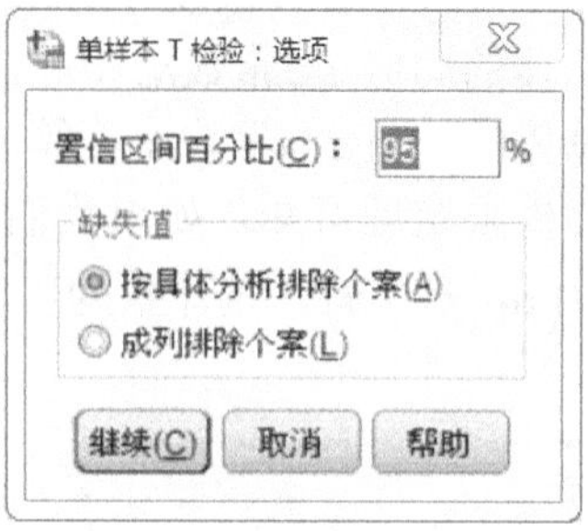

图 5-24　“单样本 T 检验：选项”对话框

【输出结果】

（1）变量的描述统计量。表 5-7 是时间变量的基本描述统计量表，有效个案数为 298（样本容量为 300）、时间利用的平均分为 11.4228，标准差（表中的“标准 偏差”）为 2.29824，平均分的标准误（表中的“标准 误差平均值”）为 0.13313。

表 5-7　时间变量的基本描述统计量

	个案数	平均值	标准 偏差	标准 误差平均值
时间	298	11.4228	2.29824	.13313

（2）单样本 T 检验结果。表 5-8 给出了 T 检验的具体结果，$t = -1.782$，自由度 df = 297，双侧检验的 p 值［表中的 Sig.（双尾）］为 0.076。正如前面所指出的，当选取显著性水平 $\alpha = 0.05$ 时，$p > \alpha$，我们无法拒绝零假设，学校的平均分与北京市大学生总体的平均分没有显著性差异。

另外，在表 5-8 的最后 3 列还给出了均值差（表中的“平均值差值”）(Mean Difference)，即样本均值与所给的常数之差，以及平均差的 95%置信区间的下限和上限。

表 5-8　单样本均值 T 检验结果

	检验值 = 11.66					
	t	自由度	Sig.(双尾)	平均值差值	差值 95% 置信区间	
					下限	上限
时间	-1.782	297	.076	-.23718	-.4992	.0248

在有些统计表中，用检验统计量值的右上角所标注的“*”的个数表示概率值的上限，“*”表示 $p < 0.05$，“**”表示 $p < 0.01$，“***”表示 $p < 0.001$，当没有“*”时，表示 $p > 0.05$。例如，3.566^{*}表示对应于统计量值 3.566 的概率值小于 0.05。

5.4　两个独立正态总体差异的检验——两个群体差异的比较之一

在对调查数据进行分析时，经常会讨论这样一类问题：两个群体在某个特征上的表现有没有差异？

例如，企业为了提高员工的工作满意度，进行了某项改革试点。在考核该项改革的效果时，可以采取以下两种方法进行：一种方法是在试点单位和非试点单位各抽取一个样本，进行工作满意度的问卷调查，然后通过两个样本在工作满意度上的差异，推断实施改革与不实施改革员工的工作满意度有没有显著性差异；另一种方法是在试点单位进行，试点前与试点后对员工各做一次工作满意度调查，然后通过考察试点前后员工工作满意度的差异，来推断这项改革的效果，即这种差异是一种随机误差造成的，还是这项改革真的起了作用。

对于工作满意度的调查，第一种方法所得到的两个样本彼此是独立的，即抽取其中的一个样本时不影响对另一个样本的抽取，或者说，两个样本的数据之间是相互独立的，没有对应关系，我们称它们是独立样本（Independent Samples）。对于两个独立样本来说，抽取的样本容量可以不等。

第二种方法所得到的两个样本彼此是有关系的，即两个样本的数据之间有一一对应的关系，称它们是配对样本（Paired-Samples）或相关样本（Related Samples）。一般地说，配对样本是调查对象某个特征在“前”“后”两种状态下所得到的数据，也可以是某个事物的两个不同侧面或方面的描述。例如，调查 150 对夫妻各自对婚姻的满意度，在此基础上研究婚后男女对家庭的态度有何差异。对于两个配对样本来说，样本容量是相等的。

本节主要介绍如何利用 SPSS 的有关功能，通过比较两个独立样本数据之间的差异，来推断对应的两个正态总体之间在某一特征上的差异是否具有统计意义上的显著性。

5.4.1 独立样本 T 检验的条件及思路

当我们需要比较调查总体中两个群体（如男生和女生、老板与雇员等）在某个特征上的平均水平有没有差异时，如果满足独立样本 T 检验的条件，就可以使用该检验来推断两个总体均值的差异是否显著。由于是对均值进行检验，因此 T 检验属于参数检验。

1. 使用独立样本 T 检验的前提条件

（1）样本数据为定量数据（定距数据或定比数据，在 SPSS 中测量等级为 Scale）。

（2）经检验，两个总体服从正态分布。

（3）两个样本为随机的独立样本。

（4）两个总体的方差齐性，这是确定统计量及其分布的基础。如果方差不等，在 SPSS 中，将通过修正公式来完成对均值差异的检验。

2. 独立样本 T 检验的思路

独立样本 T 检验的思路是将检验两个总体均值的差异是否显著转化为检验两个总体的均值之差是否为零。在 SPSS 中，检验两个独立样本所属的总体的均值是否有显著性差异，采用的是双侧检验。

设两个总体的均值分别为μ_1、μ_2，独立样本 T 检验的假设如下：

H_0：两个总体的均值相等，$\mu_1=\mu_2$；

H_1：两个总体的均值不等，$\mu_1\neq\mu_2$。

通常两个总体的方差是未知的，T 检验将依据方差齐性检验的不同结果（方差具有齐性和不具齐性）采用不同的检验统计量，因此在考察 T 检验的结果时要注意区分情况。

5.4.2 利用“独立样本 T 检验”对话框进行 T 检验

【案例 5.4 男女生“环境”得分的差异分析】

案例 5.4 的思维导图如图 5-25 所示。由 5.2 节知，利用数据文件“统计分析案例”计算出男女生环境利用上的平均分分别为 24.94、25.38，那么，这种差别是由随机因素造成的，还是真的具有统计意义上的显著性差异呢？要回答这一问题，需要对男女生环境利用平均分进行差异显著性检验。

【操作步骤】

第一步：检查数据是否符合 T 检验要求的条件。

男女生的环境利用分数是两个独立样本，分数属于定比数据，而且从 5.2 节可知，分数的分布均可视为正态分布。因此，我们可以利用两个独立样本差异的 T 检验。

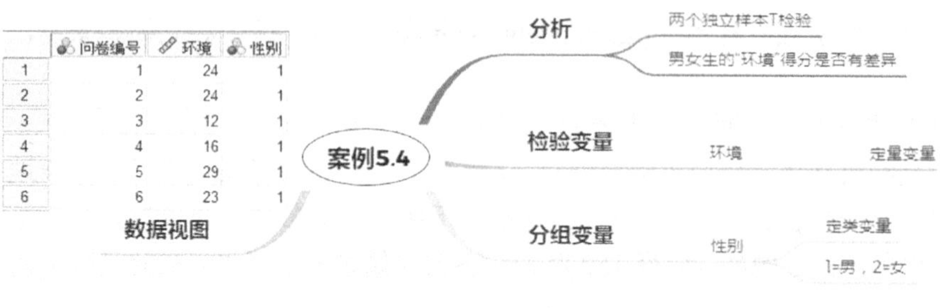

图 5-25 案例 5.4 的思维导图

第二步：利用“独立样本 T 检验”对话框进行检验。

（1）打开数据文件“5.4 男女生环境得分差异的 T 检验”。

（2）依次执行“分析（Analyze）”→“比较平均值（Compare Means）”→“独立样本 T 检验（Independent-Samples T Test）”命令，弹出“独立样本 T 检验”对话框（见图 5-26）。

（3）在该对话框中，将“环境”变量从源变量框中移入“检验变量（Test Variable(s)）”框中；“性别”作为分组变量，移入“分组变量（Grouping Variable）”框中，单击被激活的“定义组（Define Groups）”按钮，弹出“定义组”对话框。

（4）在“定义组”对话框（见图 5-27）中，给出分组变量的分组值。对“性别”进行编码时规定 1=男生，2=女生，因此在“使用指定的值”之下的“组 1（Group 1）”文本框中输入“性别”变量的变量值“1”，在“组 2（Group 2）”文本框中输入“2”。单击“继续（Continue）”按钮，返回图 5-26 所示对话框。

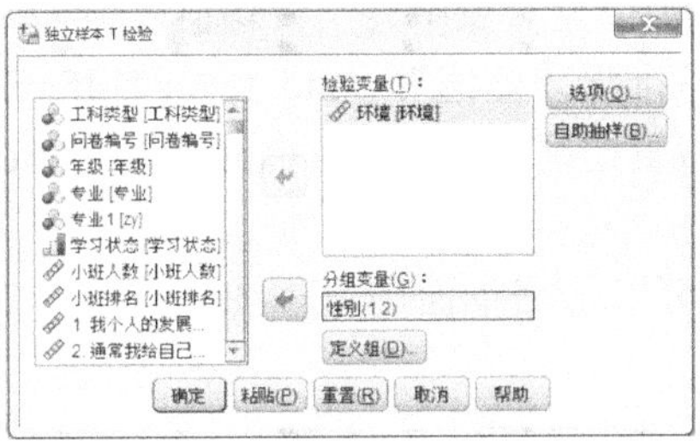

图 5-26　“独立样本 T 检验”对话框

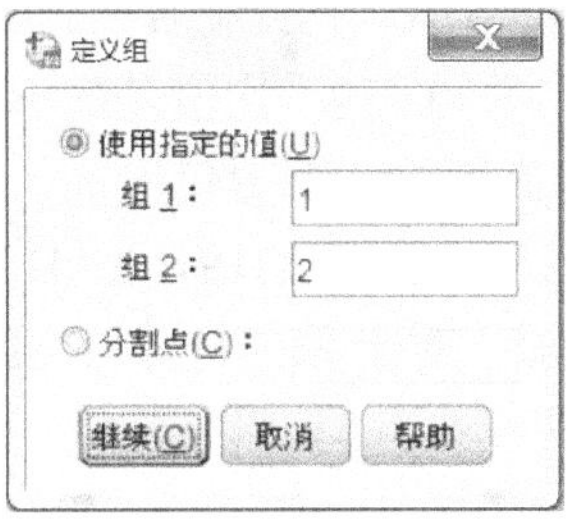

图 5-27　“定义组”对话框

（5）单击“选项（Options）”按钮，打开“独立样本 T 检验：选项”对话框。该对话框中有两项内容，即设置置信水平和选择对缺失值的处理方式。我们选择默认方式。单击“继续（Continue）”按钮，返回图 5-26 所示对话框。

（6）单击“确定（OK）”按钮，提交系统运行。

【输出结果】

（1）分组统计表。表 5-9 为男女生环境利用分数的分组统计表，表中给出了男女生的有效个案数、环境利用的均值（表中的“平均值”，Mean）、标准差（表中的“标准偏差”）和标准误（表中的“标准误差平均值”）。

（2）检验结果。表 5-10 给出了两个独立样本方差齐性检验和 T 检验的结果。

表 5-9　男女生环境利用分数的分组统计量

	性　别	个　案　数	平　均　值	标准偏差	标准 误差平均值
环境	男	286	24.94	4.815	.285
	女	141	25.38	4.098	.345

表 5-10　男女生环境利用分数的方差齐性检验和 T 检验结果

独立样本检验

		莱文方差等同性检验		平均值等同性 t 检验						
		F	显著性	t	自由度	Sig.(双尾)	平均值差值	标准误差差值	差值 95%置信区间 下限	差值 95%置信区间 上限
环境	假定等方差	4.158	.042	-.929	425	.353	-.439	.472	-1.367	.490
	不假设等方差			-.981	322.112	.327	-.439	.447	-1.319	.441

读表 5-10 时首先要看莱文方差齐性检验（表中为“莱文方差等同性检验”）（Levene's Test for Equality of Variances）的结果。如果设定显著性水平$\alpha = 0.05$，那么，当p值（Sig.）小于 0.05 时，检验结果为拒绝零假设，两个总体的方差存在显著性差异，即不具有齐性；当p值大于 0.05 时，检验结果为不能拒绝零假设，两个总体的方差差异不显著，即具有齐性。由表 5-10 可知，$p = 0.042 < 0.05$，因此，男女生两个总体的方差不具有齐性。

然后看均值相等的 T 检验（表中为“平均值等同性 t 检验”）（t-test for Equality of Means）结果。当两个总体的方差具有齐性时，要看表中的第一行数据。现在的结论是两个总体的方差不具齐性，因此要看表中的第二行数据，即修正后的t值、自由度 df 和p值（Sig.）。由表 5-10 可知，$t = -0.981$，$df = 322.112$，$p = 0.327$，如果设定显著性水平$\alpha = 0.05$，那么$p > \alpha$，因此不能拒绝零假设，即男女生尽管平均分相差了 0.44 分，但他们在 0.05 水平上差异不显著。

另外，表 5-10 中的最后三列给出了两个样本的均值差（表中为“平均值差值”）（Mean Difference），为-0.439；均值差的标准误（表中为“标准误差差值”）（Std. Error Difference），为 0.447；均值差的 95%置信区间（表中为“差值 95%置信区间”）（95% Confidence Interval of the Difference），为（-1.319，0.441）。

由上可知，对于独立样本 T 检验的输出结果，可以依据下面的流程图（见图 5-28）进行审读。

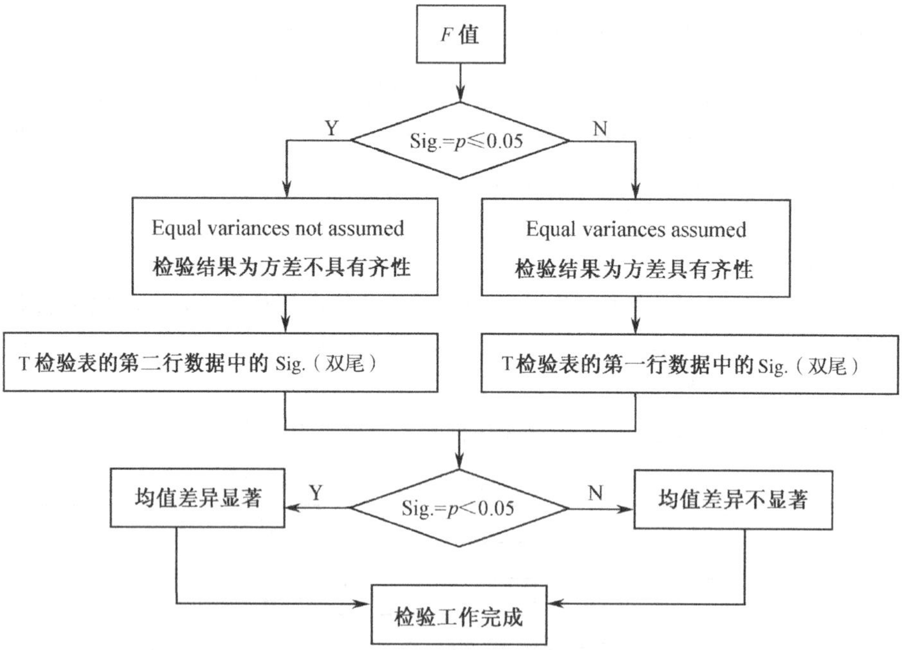

图 5-28　审读独立样本 T 检验输出结果的流程

5.4.3　对“定义组”对话框的说明

在“定义组”对话框中还有一个选项：分割点（Cut point）。当分类变量尚未分为两组时，就要选择此项，并输入分界点的值。

【案例 5.5　不同学习状态学生“环境”得分的差异分析】

案例 5.5 的思维导图如图 5-29 所示。例如，我们将数据文件“5.5 不同学习状态学生环境得分差异的 T 检验”中的“学习状态”变量作为分类变量，该变量有 5 个不同的值：1=很好，2=较好，3=一般，4=较差，5=很差。现将其值小于 4 的作为一组，大于或等于 4 的作为另一组，以便考察学习状态处于“较差”和“很差”的学生与处于其他学习状态的学生在环境利用上是否有显著性差异。此时就要选中“分割点（Cut point）”单选按钮，并输入分割点的值“4”（见图 5-30），其他操作与案例 5.4 的操作方法相同。

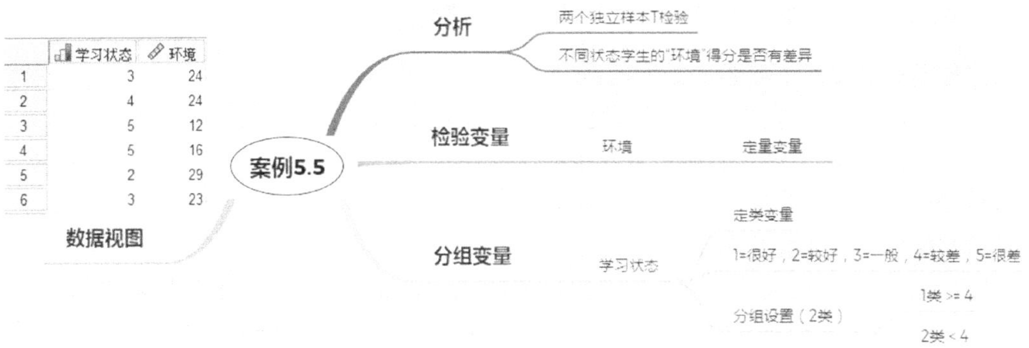

图 5-29　案例 5.5 的思维导图

此例的输出结果如表 5-11 和表 5-12 所示。

表 5-11 为两组学生分组统计量表，包括有效个案数、均值（表中的“平均值”）、标准差（表中的“标准偏差”）和均值的标准误（表中的“标准误差平均值”）。

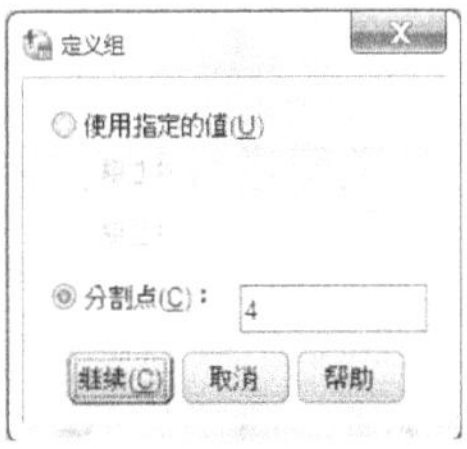

图 5-30　输入分割点的值“4”

表 5-11　两组学生的分组统计量表

	学习状态	个案数	平均值	标准 偏差	标准 误差平均值
环境	>= 4	74	23.04	4.492	.522
	< 4	324	25.40	4.487	.249

从表 5-12 可知，对于方差齐性检验的结果 $p = 0.649$，如果设定显著性水平 $\alpha = 0.05$，由于 $p > 0.05$，故不能拒绝零假设，即两个总体的方差具有齐性。继续看“平均值等同性 t 检验”部分的第一行数据，$t = -4.072$，$df = 396$，$p = 0.000$，如果设定显著性水平 $\alpha = 0.01$，由于 $p = 0.000 < 0.001$，所以应拒绝零假设，学习状态差的学生与其他学生相比，在环境利用水平上有极其显著的差异。

表 5-12　不同学习状态的学生环境利用分数均值差异的检验结果

独立样本检验										
		莱文方差等同性检验		平均值等同性 t 检验						
		F	显著性	t	自由度	Sig.（双尾）	平均值差值	标准误差差值	差值 95%置信区间	
									下限	上限
环境	假定等方差	.207	.649	-4.072	396	.000	-2.355	.578	-3.491	-1.218
	不假设等方差			-4.069	108.791	.000	-2.355	.579	-3.501	-1.208

5.5 两个配对正态总体差异的显著性检验——两个群体差异的比较之二

本节主要介绍如何利用SPSS的有关功能，通过比较两个配对样本在某一特征上的差异，来推断对应的两个总体之间在某一特征上的差异是否具有统计意义上的显著性。与5.4节类似，如果两个配对样本来自两个正态分布的总体，要用T检验来完成统计推断。

5.5.1 使用配对样本T检验的前提条件与思路

1. 使用配对样本T检验的前提条件

（1）样本数据为定量数据（定距数据或定比数据）。

（2）经检验，两个总体服从正态分布。

（3）两个样本均为随机样本，且是配对样本。

2. 配对样本T检验的思路

设两个配对样本的数据分别为 x_1，x_2，…，x_n；y_1，y_2，…，y_n，配对样本T检验的思路是将两个样本转化为每对之差所形成的样本：x_1-y_1，x_2-y_2，…，x_n-y_n，然后检验这个新的样本所来自的总体均值是否为0。于是对配对样本的T检验，实际上转化为对单个样本的T检验。

检验两个配对样本所属的总体均值是否有显著性差异，给出的假设如下：

H_0：新的总体均值等于零，$\mu=0$（实际等价于两个总体的均值相等，即$\mu_1=\mu_2$）；

H_1：新的总体均值不等于零，$\mu\neq0$，即$\mu_1\neq\mu_2$。

显然，检验仍为双侧检验。

5.5.2 利用"成对样本T检验"对话框进行T检验

"成对样本T检验"对话框的结构比较简单，我们结合案例来说明进行配对样本T检验的具体操作步骤。

【案例5.6 培训前后考评成绩的差异分析】

已知某企业对职工在技术培训前和培训后进行技术考评的成绩，请考察这次技术培训的效果。案例5.6的思维导图如图5-31所示。

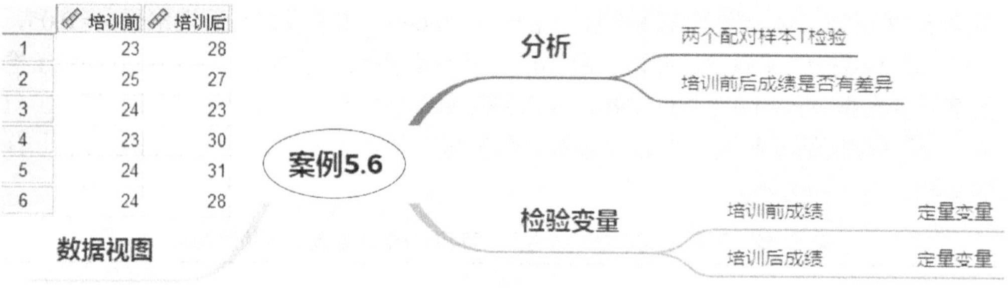

图5-31 案例5.6的思维导图

【操作步骤】

第一步：根据考评数据建立数据文件。

将技术培训前后的成绩数据视为两个配对样本，数据文件的结构与独立样本T检验不同，不再设分组变量，而是将“培训前”和“培训后”的分数各设为一个变量，在录入数据时要保持两个样本之间的对应关系，即一个职工在培训前和培训后的分数应在同一行。录入数据后，将数据文件命名为“5.6 培训前后考评成绩差异的 T 检验”。

第二步：检查数据是否符合 T 检验要求的条件。

职工在培训前后的分数是两个配对样本；分数属于定比数据；利用单样本的 K-S 检验功能做正态分布检验，得到表 5-13，“培训前”与“培训后”的 p 值分别为 0.088 和 0.200，均大于 0.05，表明可以认为数据服从正态分布。因此，我们能够利用“成对样本 T 检验”对话框对培训前后的分数均值差异进行 T 检验。

表 5-13　对两个样本数据正态性检验结果

单样本柯尔莫戈洛夫-斯米诺夫检验		培训前	培训后
个案数		78	77
正态参数[a,b]	平均值	23.74	25.55
	标准 偏差	4.887	4.503
最极端差值	绝对	.094	.089
	正	.052	.089
	负	-.094	-.072
检验统计		.094	.089
渐近显著性(双尾)		.088[c]	.200[c,d]

a. 检验分布为正态分布。
b. 根据数据计算。
c. 里利氏显著性修正。
d. 这是真显著性的下限。

第三步：利用“成对样本 T 检验”对话框进行 T 检验。

（1）依次执行“分析（Analyze）”→“比较平均值（Compare Means）”→“成对样本 T 检验（Paired-Samples T Test）”命令，弹出“成对样本 T 检验”对话框，如图 5-32 所示。

（2）在该对话框中，先将源变量“培训前”移入“配对变量（Paired Variables）”框中，“培训前”显示在“变量 1”的下面，再将源变量“培训后”移入“配对变量”框中，“培训后”显示在“变量 2”的下面（见图 5-32）。如果需要检验多对变量，可以同时将各对变量移入“配对变量”框中。

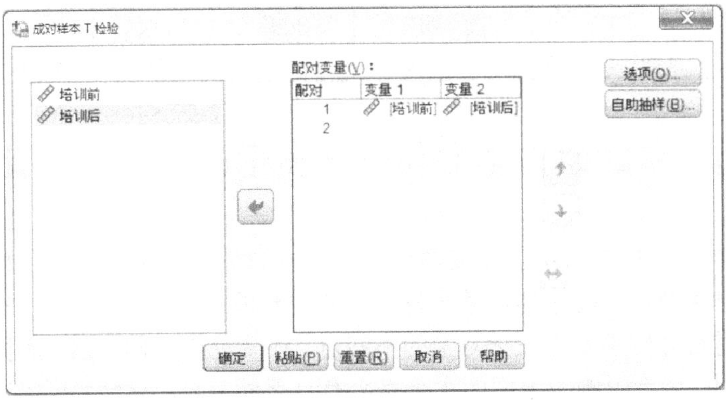

图 5-32　把要检验的配对变量移入“配对变量”框内

（3）单击“选项（Options）”按钮，打开“成对样本 T 检验：选项”对话框。我们选择系统默认形式。单击“继续（Continue）”按钮，返回“成对样本 T 检验”对话框。

（4）单击“确定（OK）”按钮，提交系统运行。

【输出结果】

（1）配对样本的统计量表。表 5-14 为配对样本统计量表，给出“培训前”和“培训后”两个变量的均值、有效个案数、标准差（表中的“标准偏差”）和均值的标准误（表中的“标准误差平均值”)。由表 5-4 可以看出，培训后技术考评分数的均值高于培训前技术考评分数的均值。

（2）相关系数表。表 5-15 给出了“培训前”和“培训后”两个变量的简单相关系数（0.463），以及相关系数检验的 p 值，如果设定显著性水平 $\alpha = 0.01$，由于 $p = 0.000 < 0.01$，说明“培训前”和“培训后”职工掌握技术的水平有密切的关系，呈正相关（关于相关系数的概念请参见第 7 章）。这个结论说明“培训前”分数高（低）的职工，“培训后”的分数也高（低），但并不能说明培训可以提高职工的技术水平。要考察技术培训的效果，需要看表 5-16。

表 5-14　配对样本统计量表

		平均值	个案数	标准 偏差	标准 误差平均值
配对 1	培训前	23.67	76	4.924	.565
	培训后	25.57	76	4.529	.520

表 5-15　配对样本的相关系数表

		个　案　数	相　关　性	显　著　性
配对 1	培训前 & 培训后	76	.463	.000

（3）配对样本 T 检验结果。表 5-16 给出了配对样本 T 检验的结果。$t = -3.363$，$df = 75$，$p = 0.001$，如果设定显著性水平 $\alpha = 0.01$，由于 $p < 0.01$，因此拒绝零假设，即培训前后技术考核分数的均值具有极其显著性差异。于是我们可以认为技术培训是有效果的。与独立样本 T 检验（Independent-Samples T Test）类似，在表 5-16 中还给出了配对差（Paired Differences）的均值（表中“平均值”，后同）、标准差（表中“标准偏差”，后同）、均值的标准误（表中“标准误差平均值”，后同）和均值差 95%置信区间的上限、下限。

表 5-16　配对样本 T 检验的结果

		配对差值					t	自由度	Sig.（双尾）
		平均值	标准 偏差	标准 误差平均值	差值 95%置信区间				
					下限	上限			
配对 1	培训前- 培训后	-1.895	4.911	.563	-3.017	-.772	-3.363	75	.001

5.6　单因素方差分析——多个群体差异的比较

在对调查数据的分析中，不仅需要通过两个样本的数据对相应的两个总体的差异进行检验，往往还需要对两个以上的总体在某一特征上的差异进行检验。例如，在对大学生的学情调查中，我们不仅需要分析男女生在学习上的不同点，还要分析不同年级、不同专业的学生在时间管理、环境利用、创新思维等方面的水平是否有显著性差异。显然，可以通过两两比较来进行，即两个独立样本的 T 检验可以完成这一任务，但是，这样会增加犯第一类错误（弃真错误）的概率。例如，我们要对 4 个年级的学生进行环境利用水平的比较，设定的显著性水平为 α，第一次比较一、二年级的差异时，犯第一类错误的概率为 α，不犯第一类错误的概率为 $1-\alpha$，接着比较一、三年级的差异，经过两次比较，不犯第一类错误的概率为 $(1-\alpha)(1-\alpha)=(1-\alpha)^2$，我们要对 4 个年级进行两两比较，就要做 6 次 T 检验，不犯第一类错误的概率为 $(1-\alpha)^6$，如果取 $\alpha = 0.05$，那么，犯第一类错误的概率为 $1-(1-0.05)^6 = 1-0.7351 = 0.2649$，比 0.05 大得多！一般地说，如果设定的显著性水平为 α，两个独立样本的 T 检验做了 N 次，那么，犯第一类错误的概率（实际的显著性水平）由 α 变成了 $1-(1-\alpha)^N$，大大地超过了 α！因此，需要寻求新的思路来解决这类问题。英国统计学家费希尔（Ronald Fisher）提出了方差分析（Analysis of Variance），用于检验多个方差齐性的正态总体的均值是否具有显著性差异。

正如对两个正态总体差异的检验一样，对于多个正态总体的差异，也要根据样本的情况、数据的类型和特点，采取不同的统计分析方法，当不满足方差分析的前提条件时，要用非参数检验。掌握如何通过样本对多个总体差异的显著性进行检验，是深入挖掘调查数据背后的统计规律的基础之一。本节将介绍对多个正态总体的差异进行检验的方法——单因素方差分析及如何利用 SPSS 加以实现。

5.6.1　单因素方差分析概述

1. 单因素方差分析的基本思路

为了理解单因素方差分析的基本思路，我们先举一个十分简单的例子。

学校为了改进教研室的工作，需要了解教师对所在教研室工作的评价，随机抽取了三个教研室的 15 位教师。经调查，三组教师对自己所在教研室的评分如下：

第一组	42	41	42	42	43
第二组	39	40	40	41	40
第三组	43	44	43	45	45

三个组平均分分别为 $\bar{X}_1=42$，$\bar{X}_2=40$，$\bar{X}_3=44$，15 个人评分的总平均分 $\bar{X}=42$，那么三个教研室的教师对自己教研室的评价是否有显著性差异？

显然，我们可以将三个教研室看成三个不同的总体，三组数据是来自这三个总体的样本，在抽样时相互之间没有关系，即样本是独立的。于是，这是一个通过独立样本均值的差异检验多个总体的均值是否存在显著性差异的问题。

首先，三组数据之间的差异来自两个方面。

1）组与组之间的差异

组与组之间的差异表现为各组的平均分不同，这种差异是由工作单位不同而产生的差异，称为组间差异（Between-class variation）。为了定量表示这种差异的大小，组间差异用组间离差（每组平均分与总平均分之差）平方和表示

$$5\times\sum(\text{小组的平均分}-\text{总的平均分})^2$$
$$=5\times[(42-42)^2+(40-42)^2+(44-42)^2]=5\times8=40$$

简称为组间平方和，记为 $SS_b=40$。SS_b 的自由度 df_b 等于组数 $k-1$，$df_b=3-1=2$。SS_b 除以 df_b，即 SS_b/df_b 称为组间均方差（或称为组间方差）。

2）组内个体之间的差异

组内个体之间的差异称为组内差异，表现为每个人的分数与小组平均分的差异，是由每个人的情况不同及测量误差造成的，用组内离差平方和表示

$$\sum(\text{小组每个人的分数}-\text{小组平均分})^2$$
$$=(42-42)^2+\cdots+(43-42)^2+(39-40)^2+\cdots+(40-40)^2+(43-44)^2$$
$$+\cdots+(45-44)^2=8$$

简称为组内平方和，记为 $SS_W=8$。类似地，组内均方差$=SS_W/df_W$，其中 df_W 是 SS_W 的自由度。设每个样本的容量均为 n（这里 $n=5$），则 $df_W=k(n-1)=3\times(5-1)=12$。组内均方差也称为组内方差。

组间均方差如果比组内均方差大很多，说明评分的差异主要是由工作单位不同引起的，

三个教研室的平均分应认为有很大的差别；如果组间均方差与组内均方差相比差异不大，不能说明平均分的差异主要是由工作单位不同引起的，三个教研室的平均分应认为没有大的差别。于是可以考虑将它们的比值

$$F=\frac{SS_b/df_b}{SS_w/df_w}$$

作为检验的统计量。

鉴于以上的分析，形成了对多个总体均值差异显著性检验的基本思路，即通过对组间均方差与组内均方差的比较来检验各个总体均值的差异是否显著。这就是单因素方差分析的基本思想。

其次，还可以计算每个数据与总平均分的离差平方和

$$\begin{aligned}&\sum(\text{每个分数}-\text{总平均分})^2\\&=(42-42)^2+\cdots+(43-42)^2+(39-42)^2+\cdots+(40-42)^2+(43-42)^2+\cdots+(45-42)^2\\&=48\end{aligned}$$

简称总离差平方和，并记为 $SS_t=48$，于是我们发现 48 = 40+8，那么这是不是一般的规律呢？

数学上可以证明：总离差平方和=组内平方和+组间平方和，即

$$SS_t=SS_w+SS_b$$

同时有，总的自由度为组内自由度与组间自由度之和，即

$$df_t=df_b+df_w$$

这两个关系式将在方差分析表中得到充分的体现。

2．单因素方差分析的要点

1）单因素方差分析的功能

设有 k 个正态总体，我们从每个总体中随机抽出一个容量为 n 的样本，于是有 k 个独立的样本，各样本的数据如表 5-17 所示。单因素方差分析的功能是通过这 k 个样本均值的差异检验 k 个独立的正态总体均值 μ_1、μ_2、…、μ_k 差异的显著性。

表 5-17　k 个样本数据表

样本 1	样本 2	样本 3	…	样本 k
x_{11}	x_{21}	x_{31}	…	x_{k1}
x_{12}	x_{22}	x_{32}	…	x_{k2}
…	…	…	…	…
x_{1n}	x_{2n}	x_{3n}	…	x_{kn}

2）单因素方差分析建立的假设

单因素方差分析建立的假设如下：

H_0：k 个总体的均值没有差异，$\mu_1=\mu_2=\cdots=\mu_k$；

H_1：μ_1、μ_2、…、μ_k 中至少有两个不等。

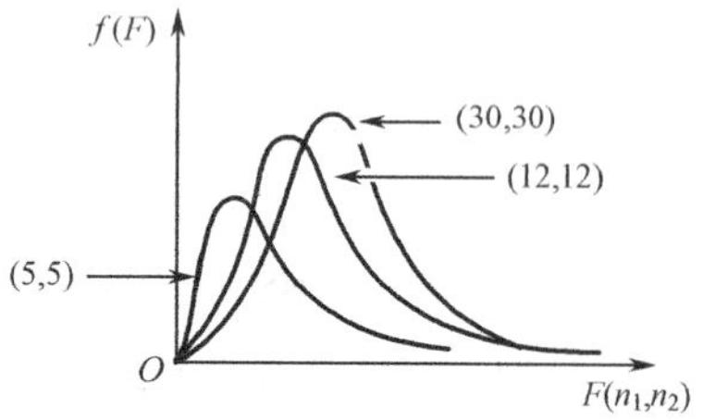

图 5-33　F 分布

3）单因素方差分析的统计量及其分布

如果 k 个样本分别来自 k 个服从正态分布且方差相等的总体，单因素方差分析的统计量 F 为

$$F=\frac{SS_b/df_b}{SS_w/df_w}$$

服从自由度为（df_b，df_w）的 F 分布（见图 5-33），其中，

$df_b = k-1$。当 k 个样本的容量均为 n 时，$df_w = k(n-1)$；当 k 个样本的容量分别为 n_1、n_2、…、n_k 时，$df_w = n_1+n_2+\cdots+n_k-k$。

4）统计决策

对于设定的显著性水平α，如果计算出的 F 值超出了由α所确定的临界值，或者对应于 F 值的概率值 $p<\alpha$，则拒绝 H_0，否则不能拒绝 H_0。

结合上面的例子，我们有

H_0：三个教研室的平均分没有差异，$\mu_1=\mu_2=\mu_3$；

H_1：三个教研室的平均分μ_1、μ_2、μ_3中至少有两个不等。

检验统计量的值为

$$F=\frac{SS_b/df_b}{SS_w/df_w}=\frac{40/2}{8/12}=30$$

F 服从自由度为（2，12）的 F 分布，取显著性水平$\alpha=0.01$，查表得 $F(2,12)=6.93$，30 已远远超过了这个临界值，落入拒绝域，所以应拒绝零假设，接受备择假设，三个教研室的教师对各自教研室的评价有极其显著性差异。

方差分析的检验结果由方差分析表给出（见表 5-18），$p<0.01$，拒绝零假设。

表 5-18　方差分析表

变差来源	平方和	自由度	均方差	F	p
组间	40	2	20	30	<0.01
组内	8	12	2/3		
总和	48	14			

3．使用单因素方差分析的前提条件及说明

1）使用单因素方差分析的前提条件

使用单因素方差分析对多个总体均值的差异进行检验，前提条件有四个：

（1）各个样本均来自服从正态分布的总体；

（2）各个总体的方差相等；

（3）各个样本是相互独立的；

（4）各个样本是随机抽取的。

2）对前提条件的说明

第一，要求各个总体为正态分布，是因为只有服从正态分布，比值 F 才能服从自由度为（df_b，df_w）的 F 分布。条件（1）中还蕴含了方差分析，仅适用于定距数据和定比数据，分组变量为定类变量。

有的书中指出[①]：如果违背了这一条件，较易犯第一类错误，即比较容易在事实上没有达到显著性差异时，却给出了差异具有显著性的结论。遇到这种情况，可考虑将α定得小一些。在研究中要注意两点：

（1）总体分布只要近似呈正态分布即可。在不是正态分布的情况下，只要分布对称，样本容量等于或大于 12，统计检验结论的正确程度仍很高。如果样本容量在 20 以上，除非总体分布呈偏态分布的情形特别严重，否则 F 检验仍具有相当的正确性。

（2）偏态分布对第一类错误的影响较小，但如果样本容量不大，对统计检验力的影响会

① 包括第二、三点说明中的观点，均取自于吴明隆所著的《SPSS 统计应用实务》，第 89 页。

较大。当总体分布呈高狭峰时，F 检验的结论较为保守，第一类错误（弃真）率会降低；总体分布呈低阔峰时，第一类错误率会增加。

第二，各个总体方差齐性是进行均值比较的基础，但在实际应用中，对此条件的要求比较宽容。学者 Box 在 1954 年曾指出，如果每个样本的容量相等、总体呈正态分布并且在各个总体的方差中，最大的方差与最小的方差之比不超过 3，那么即使违背了各个总体的方差相等的条件，F 检验的结论仍具有一定的正确性，但是如果最大的方差与最小的方差之比超过 3，则检验的结果值得怀疑。

如果严重违犯了各个方差相等的条件，则将导致严重的后果。此时需要对数据进行变换，通常使用的方法有平方根法、对数法、倒数法和反正弦法等方法。

第三，样本一定是独立样本，否则会影响第一类错误及 F 统计的检验力；样本必须是随机抽取的，否则会降低调查研究的内外效度。

5.6.2　利用“单因素 ANOVA（One-Way ANOVA）检验”命令进行检验

【案例 5.7　不同年级学生“环境”得分的差异分析】

案例 5.7 的思维导图如图 5-34 所示。根据数据文件“统计分析案例”，分析不同年级的学生在环境利用水平上是否存在显著性差异。注意：使用方差分析时，四个年级的环境利用分数不能定义为四个变量，数据文件的格式是将环境利用分数作为一个变量，年级作为分类变量。

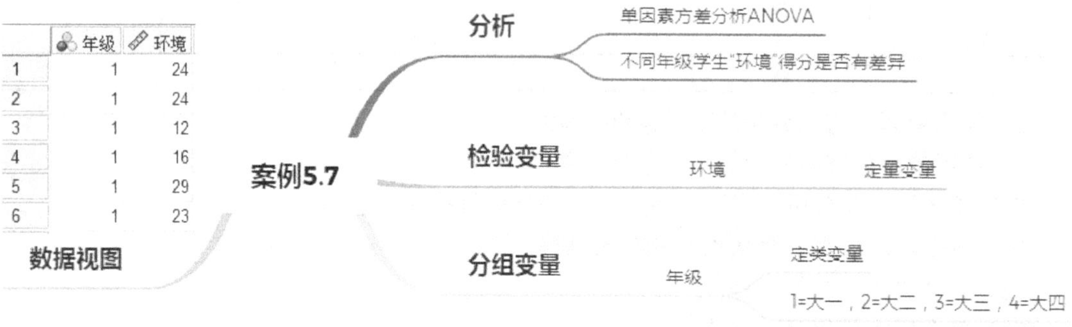

图 5-34　案例 5.7 的思维导图

【操作步骤】

第一步：打开数据文件“5.7 不同年级学生环境得分差异的单因素方差分析”。

第二步：检验各年级分数分布的正态性。

如果“单因素 ANOVA（One-Way ANOVA）检验”给出的结论是均值没有显著性差异，那么，对方差齐性的检验就没有必要做。所以，一般的做法是在看到均值差异显著的结论之后，再利用“单因素 ANOVA 检验”对话框中的“选项（Options）”按钮做方差齐性检验。又因为环境利用分数均为定比数据，而且四个年级的样本为独立样本，所以，检验四个年级的环境利用分数是否符合进行单因素方差分析的条件，主要是考察分数的分布是否服从正态分布。

对环境利用分数正态性的检验，用“探索（Explore）”命令或“单样本 K-S”命令（参见 5.2 节）均可以。从检验结果（此处省略）看，若取显著性水平 $\alpha = 0.05$，除大三年级学生的分数不服从正态分布（$p=0.005<0.05$）外，其他各个年级均有 $p > \alpha$。可以认为大一、大二、大四年级的环境利用分数服从正态分布。通过计算描述统计量可知，大三年级分数分布的偏度为

−0.088，样本量为 110，非正态性不影响方差分析的结果。从表 5-19 可知，各年级分数分布的方差具有齐性。根据以上分析，认为对四个年级的环境利用分数可以进行单因素方差分析。

表 5-19　各年级环境分数的方差齐性检验结果

		莱文统计	自由度 1	自由度 2	显著性
环境	基于平均值	.678	3	427	.566
	基于中位数	.680	3	427	.565
	基于中位数并具有调整后自由度	.680	3	414.038	.565
	基于剪除后平均值	.690	3	427	.558

第三步：利用“单因素 ANOVA（One-Way ANOVA）检验”命令进行均值差异检验。

（1）依次执行“分析（Analyze）”→“比较平均值（Compare Means）”→“单因素 ANOVA（One-Way ANOVA）检验”命令，弹出 “单因素 ANOVA 检验”对话框（见图 5-35），其中有以下两个变量框。

- “因变量列表（Dependent List）”框：指定检验变量。
- “因子（Factor）”框：指定分组变量。

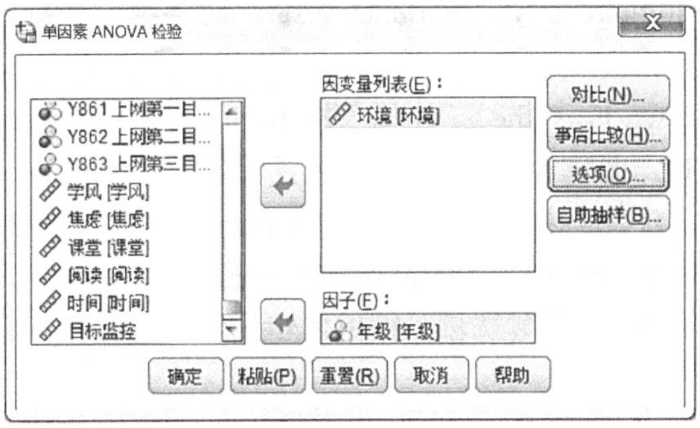

图 5-35　“单因素 ANOVA 检验”对话框

（2）在该对话框中，将“环境”变量移入“因变量列表（Dependent List）”框内，将“年级”变量移入“因子（Factor）”框中（见图 5-35）。单击“确定（OK）”按钮，提交系统运行。

在输出窗口给出方差分析表（见表 5-20），表中的三个行标题分别是组间（Between Groups）、组内（Within）和总计（Total），列标题为平方和（Sun of Squares）、自由度（df）、均方（Mean Square）、“F”（统计量 F 的值）及统计量 F 的值对应的概率值（“显著性”，Sig.）。由表 5-20 可知，$p = 0.002$，若取 $\alpha = 0.01$，由于 $p<\alpha$，所以应拒绝零假设，即四个年级在环境利用方面存在极其显著性差异。

表 5-20　四个年级环境利用分数的方差分析表

环境					
	平方和	自由度	均方	F	显著性
组间	316.816	3	105.605	5.202	.002
组内	8669.096	427	20.302		
总计	8985.912	430			

第四步：对年级之间的差异做一步的分析。

第一，做方差齐性检验。因为只有方差齐性，四个年级在环境利用方面存在极其显著性差异的结论才有意义，才能做多重比较分析。

第二，如果方差齐性不很明确，年级之间差异显著的结论还能不能成立？

第三，考察各个年级的环境利用分数均值、标准差等基本描述统计量，并通过各个年级均值的变化图，看年级之间的差异与趋势。

第四，做多重比较分析，考察到底哪两个年级之间的差异显著。

具体操作如下：

（1）再次打开“单因素 ANOVA 检验”对话框，为检查是否符合方差分析的前提条件和确定对缺失值的处理方式，单击“选项（Options）”按钮，弹出“单因素 ANOVA 检验：选项”对话框（见图 5-36），其中有以下内容。

①“统计（Statistics）”选项组包括了五个复选框。

- 描述（Descriptive）：输出基本的描述统计量，包括个案的数目、均值、标准差、均值的标准误、最大值、最小值以及各组中每个均值的 95%置信区间。
- 固定和随机效应（Fixed and random effects）：显示固定效应模型的标准差、标准误和 95%的置信区间，以及随机效应模型的标准误、95%的置信区间和方差成分间的估计值。一般情况不使用。
- 方差齐性检验（Homogeneity of variance test）：对各组方差进行齐性检验，以便决定在进行多重比较时选择哪一种方法。
- 布朗-福塞斯（Brown-Forsythe）：计算各样本均值相等的 Brown-Forsythe 统计量。当不能确定方差齐性时，此统计量比 F 统计量更优越。
- 韦尔奇（Welch）：计算各样本均值相等的 Welch 统计量。与 Brown-Forsythe 统计量一样，当不能确定方差齐性时，此统计量比 F 统计量更优越。

②“平均值图（Means plot）”复选框：输出各组的均值折线图，有利于我们观察各组均值的差异。

③“缺失值（Missing Values）”选项组：指定对缺失值的处理方式。

（2）在“单因素 ANOVA 检验：选项”对话框（见图 5-36）中，勾选“统计（Statistics）”选项组的“描述（Descriptive）”和“方差齐性检验（Homogeneity of variance test）”两个复选框，同时勾选“布朗-福塞斯（Brown-Forsythe）”和“韦尔奇（Welch）”两个复选框（如果方差齐性检验的结果，p 值在 0.05 附近，我们不太能肯定方差是否齐性，那么可以通过勾选这两个复选框来考察均值是否有显著性差异）。勾选“平均值图（Means plot）”复选框，对缺失值的处理采用系统默认方式。单击“继续（Continue）”按钮，返回“单因素 ANOVA 检验”对话框。

（3）进行多重比较。方差分析表只能从整体上告诉我们，各样本所属的总体之间是否具有显著性差异。当差异显著时，并不说明各个总体之间都具有显著性差异，因此需要进一步考察到底是哪些总体之间具有显著性差异。多重比较检验（Multiple Comparisons Test）就是统计学家为解决这一问题提出的方法。

为了进行多重比较，单击“事后比较（Post Hoc）”按钮，弹出相应的对话框（见图 5-37）。“事后多重比较（Post Hoc）”功能是在得出各样本所属的总体之间具有显著性差异之后，进行多重比较检验，给出两两配对比较的结果。在该对话框中，共给出了 18 种多重比较检验的方法，其中“假定等方差（Equal Variances Assumed）”选项组中有 14 种方法，均是针对方差齐性的情况进行多重比较；“不假定等方差（Equal Variances Not Assumed）”选项组中有 4 种方法，均是针对方差不齐的情况。显著性水平（Significance）的系统默认值为 0.05，也可以自定义。

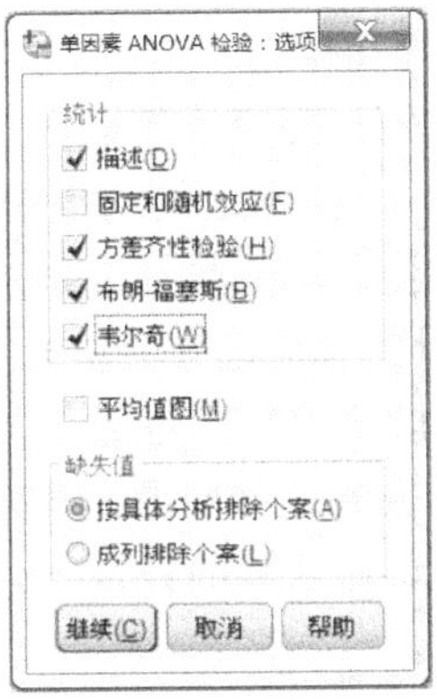

图 5-36　“单因素 ANOVA 检验：选项”对话框

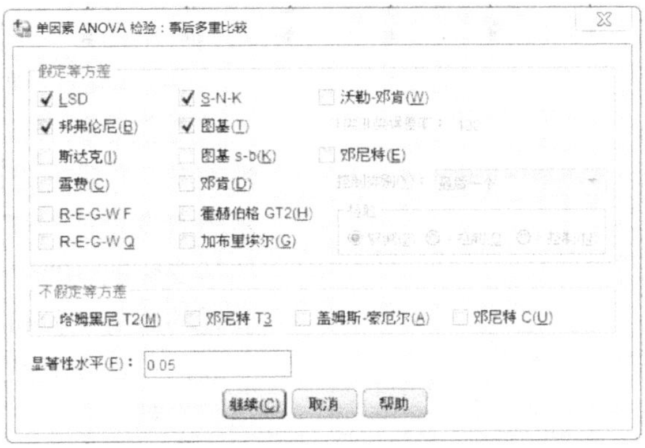

图 5-37　“单因素 ANOVA 检验：事后多重比较”对话框

按功能进行划分，可将这些方法分为三类。

第一类：进行均值多重比较，其中针对方差齐性的方法有 LSD、邦弗伦尼（Bonferroni）、斯达克（Sidak）、邓尼特（Dunnett）；针对方差不齐的方法有塔姆黑尼（Tamhane's）T2、邓尼特（Dunnett's）T3、盖姆斯-豪厄尔（Games-Howell）及邓尼特（Dunnett's）C。

第二类：划分相似子集，包括 R-E-G-W F、R-E-G-W Q、S-N-K、图基（Tukey）s-b、邓肯（Duncan）和沃勒-邓肯（Waller-Duncan）。

第三类：上述两个功能兼有，包括雪费（Scheffe）、图基（Tukey）、霍赫伯格（Hochberg's）GT2 和加布里埃尔（Gabriel）。

事实上，由于方差分析的前提是各总体方差相等，所以经常使用的是“假定等方差（Equal Variances Assumed）”选项组中的 LSD、邦弗伦尼、S-N-K、图基这几种方法。下面对这四种方法进行简介。

- LSD：最小显著性差异法（Least Significant Difference），它用 T 检验完成各样本均值间的配对比较，不同的是 LSD 用全部数据进行检验，而 T 检验仅仅用需要比较的两个样本的数据进行检验，检验的灵敏性高，缺点是对犯第一类错误的概率没有进行控制。
- 邦弗伦尼（Bonferroni）：也称修正最小显著性差异法（Modified LSD Test，LSDMOD）。该方法对 LSD 修正主要对犯第一类错误的概率进行了控制，在每次两两样本检验中，将显著性水平缩小到原来α的 N 分之一，其中 N 是进行两两检验的总次数。
- 图基（Tukey）：也称图基的最真实性显著差异检验法（Tukey's Honestly Significant Difference，HSD），采用了与 LSD 方法不同的统计量，在相同的显著性水平下，拒绝零假设的可能性比 T 检验低，从而从另一个角度使犯第一类错误的概率不增大。该方法不仅进行了成对均值的检验，还进行了相似子集的划分，但是它仅适用于各个样本的样本容量相等的情况。
- S-N-K：Student Newman-Keuls 法，此方法与图基方法类似，提供了划分相似子集的方法，并且仅适用于各个样本的样本容量相等的情况。

当方差不齐时，可以使用“不假定等方差”选项组中提供的方法，一般认为盖姆斯-豪厄尔（Games-Howell）方法好一些，推荐使用。但由于这方面的统计学尚无定论，建议读者最好在方差不齐时直接使用非参数检验的方法，对此将在第 6 章中介绍。

对于本案例，由于各样本方差齐性，勾选“LSD”“邦弗伦尼（Bonferroni）”“图基（Tukey）”“S-N-K”四个复选框（见图 5-37），显著性水平取默认值 0.05。单击“继续（Continue）”按钮，

图 5-38 “单因素 ANOVA 检验：对比”对话框

返回“单因素 ANOVA 检验”对话框。

（4）单击“确定（OK）”按钮，提交系统运行。

方差分析表仅仅告诉我们各个样本之间均值是否有显著性差异，并没有告诉我们这些均值之间的数量关系，也没有显示随着变量值的变化（如果分组变量是定序变量），应变量是如何变化的。由“单因素 ANOVA 检验：对比”对话框（见图 5-38）设置的趋势检验和对比检验能够回答这些问题。该对话框比较专业，一般应用得比较少。关于该对话框的设置，读者可参看相关文献。

【输出结果】

为使读者清楚各对话框输出的内容，我们按对话框分别解释输出的结果。方差分析表（见表 5-20）的含义已在前面说明，这里不再重复。

1）“选项（Options）”的输出结果

（1）各组的描述统计量。表 5-21 给出了四个年级学生在环境利用上的基本描述统计量——个案数、均值（表中第三列）、标准差（表中第四列）、均值的标准误（表中第五列）、均值的 95%置信区间（表中第六列和第七列）以及最小值和最大值。

（2）方差齐性检验结果。由表 5-19 可知，$p = 0.566$，取$\alpha = 0.05$，由于$p > \alpha$，所以不能拒绝零假设，即可以认为四个年级环境利用分数的方差具有齐性。

（3）均值相等的稳健检验。表 5-22 中韦尔奇（Welch）检验和布朗-福塞斯（Brown-Forsythe）检验属于对均值是否相等的一种稳健检验，当不能肯定四个年级的方差是否真的具有齐性时，给出检验结果：韦尔奇检验的概率值为 0.003，布朗-福塞斯检验的概率值为 0.002，即使我们取$\alpha = 0.01$，四个年级的学生在环境利用水平上仍有极其显著性差异。

（4）均值图。图 5-39 表明，大四年级学生环境利用平均水平要比其他三个年级的平均水平高。

表 5-21 四个年级的描述统计量表

环境								
	个案数	平均值	标准 偏差	标准 错误	平均值的 95% 置信区间		最小值	最大值
					下限	上限		
大一	119	24.12	4.789	.439	23.25	24.99	12	39
大二	102	24.96	4.436	.439	24.09	25.83	15	34
大三	110	24.90	4.120	.393	24.12	25.68	14	38
大四	100	26.50	4.633	.463	25.58	27.42	15	36
总计	431	25.07	4.571	.220	24.64	25.50	12	39

表 5-22 均值相等的稳健检验结果

环境				
	统计 a	自由度 1	自由度 2	显著性
韦尔奇	4.800	3	235.154	.003
布朗-福塞斯	5.215	3	420.283	.002

a. 渐近 F 分布.

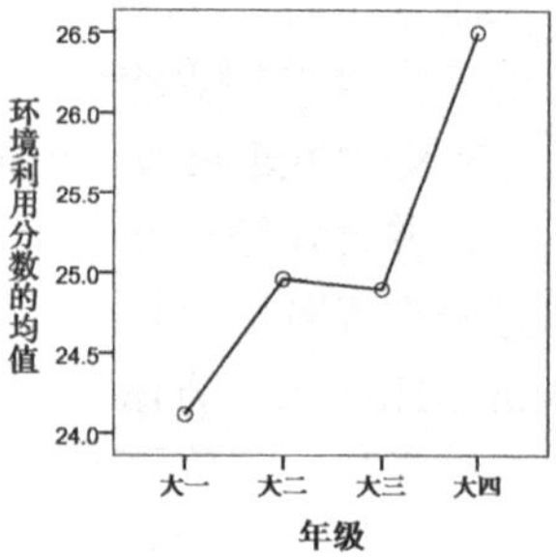

图 5-39 四个年级均值的折线图

2）“事后比较（Post Hoc）”的输出结果

（1）多重比较结果。表 5-23 给出了使用三种方法（见图基 HSD 法、LSD 法和邦弗伦尼法）进行多重比较的结果。由该表可知：图基 HSD 法与邦弗伦尼法检验的结果相同，仅大一、大四年级有显著性差异：平均差（Mean Difference（I-J））= −2.38*（一年级比四年级平均分低 2.38 分，“*”表示差值在显著性水平 0.05 上差异显著）。实际上，p = 0.001< 0.01，可以说大一、大四年级在环境利用水平上有着极其显著性差异。尽管图基 HSD 法与邦弗伦尼法检验的结论相同，但从对其他年级的比较检验结果可以看出，图基 HSD 方法得出的概率值（Sig.）小于或等于邦弗伦尼法的概率值，因此可以说，图基 HSD 法与邦弗伦尼法相比，更敏感些。

LSD 法检验的结果是大四年级学生的环境利用平均水平与大一、大二、大三年级的学生相比，在 0.05 水平上都有显著性差异，概率值分别为 0.000、0.016、0.011。由于 p =0.000<0.01，可以说大一、大四年级在环境利用水平上有着极其显著性差异。所以，三种方法相比，LSD 方法最为敏感，事实上 LSD 方法也是最经常采用的方法。

（2）相似子集的划分。表 5-24 是由 S-N-K 和图基 HSD 法提供的对四个年级划分为相似子集的结果。可以看出，在显著性水平为 0.05 的情况下（Subset for alpha = .05），两种方法划分的子集是不一样的：S-N-K 方法认为大一、大二、大三年级为一个相似子集（组内一致性检验的概率为 0.357），大四年级为一个子集（组内一致性检验的概率为 1.000），大四年级与其他三个年级的均值有显著的不同（相似的可能性小于 0.05），因此，可以划分为两个子集。用图基 HSD 方法划分相似子集时，大二年级既在第一个子集中（组内一致性检验的概率为 0.519），又在第二个子集中（组内一致性检验的概率为 0.061），显然，这种划分不理想，应采用 S-N-K 方法的结论。通常在划分相似子集时采用比较多的方法是 S-N-K 方法。

表 5-23　多重比较统计分析结果

因变量：环境

	(I) 年级	(J) 年级	均值差(I-J)	标准误	显著性	95% 置信区间	
						下限	上限
图基 HSD	大一	大二	-.843	.608	.508	-2.41	.72
		大三	-.782	.596	.555	-2.32	.75
		大四	-2.382*	.611	.001	-3.96	-.81
	大二	大一	.843	.608	.508	-.72	2.41
		大三	.061	.619	1.000	-1.54	1.66
		大四	-1.539	.634	.073	-3.17	.10
	大三	大一	.782	.596	.555	-.75	2.32
		大二	-.061	.619	1.000	-1.66	1.54
		大四	-1.600	.623	.051	-3.21	.01
	大四	大一	2.382*	.611	.001	.81	3.96
		大二	1.539	.634	.073	-.10	3.17
		大三	1.600	.623	.051	.00	3.21
LSD	大一	大二	-.843	.608	.166	-2.04	.35
		大三	-.782	.596	.190	-1.95	.39
		大四	-2.382*	.611	.000	-3.58	-1.18
	大二	大一	.843	.608	.166	-.35	2.04
		大三	.061	.619	.922	-1.16	1.28
		大四	-1.539*	.634	.016	-2.79	-.29

续表

因变量：环境							
	(I) 年级	(J) 年级	均值差(I-J)	标准误	显著性	95% 置信区间	
						下限	上限
LSD	大三	大一	.782	.596	.190	-.39	1.95
		大二	-.061	.619	.922	-1.28	1.16
		大四	-1.600*	.623	.011	-2.82	-.38
	大四	大一	2.382*	.611	.000	1.18	3.58
		大二	1.539*	.634	.016	.29	2.79
		大三	1.600*	.623	.011	.38	2.82
邦弗伦尼	大一	大二	-.843	.608	.997	-2.45	.77
		大三	-.782	.596	1.000	-2.36	.80
		大四	-2.382*	.611	.001	-4.00	-.76
	大二	大一	.843	.608	.997	-.77	2.45
		大三	.061	.619	1.000	-1.58	1.70
		大四	-1.539	.634	.094	-3.22	.14
	大三	大一	.782	.596	1.000	-.80	2.36
		大二	-.061	.619	1.000	-1.70	1.58
		大四	-1.600	.623	.063	-3.25	.05
	大四	大一	2.382*	.611	.001	.76	4.00
		大二	1.539	.634	.094	-.14	3.22
		大三	1.600	.623	.063	-.05	3.25

*. 均值差的显著性水平为 0.05.

表 5-24　对四个年级相似子集的划分结果

环境				
	年级	N	Alpha 的子集 = 0.05	
			1	2
S-N-K[a,b]	大一	119	24.12	
	大三	110	24.90	
	大二	102	24.96	
	大四	100		26.50
	显著性		.357	1.000
图基 HSD[a,b]	大一	119	24.12	
	大三	110	24.90	
	大二	102	24.96	24.96
	大四	100		26.50
	显著性		.519	.061

将显示齐性子集中各个组的平均值。

a. 使用调和平均值样本大小为 107.244。

b. 组大小不相等。使用了组大小的调和平均值。无法保证 I 类误差级别。

最后需要说明的是：当方差分析表（见表 5-20）给出 F=5.202，p=0.002 后，结论是拒绝零假设，四个年级在环境利用水平上有极其显著性差异。但是从方差分析过程可知，组内均方差的自由度与样本总容量关系密切，样本容量大，自由度就会变得很大，组内均方差就会变得很小，F 作为组间均方差与组内均方差的比值就会变得较大，于是很容易拒绝零假设，造成了统计检验得出有显著性差异可能与实际上确有显著性差异不一样。因此，当多个总体的差异具有显著性时，还需要采用其他方法来验证其结论。例如，考察环境分数与年级的关系是否密切，可利用“探索（Explore）”命令或“单变量”命令计算关联强度（strength of association）指数 η^2（Eta 系数的平方）（详见第 7 章）。

附录　对正态总体的参数检验

附表 1　对一个总体的检验

检验的任务	检验方法	零假设	SPSS 的路径（中英文版）	备注
样本所属的正态总体的均值μ是否等于给定的数值μ_0	单样本的 T 检验	双侧检验：$\mu_1=\mu_2$ 单侧检验：$\mu\geqslant\mu_0$或$\mu\leqslant\mu_0$	分析（Analyze）→比较平均值（Compare Means）→单样本 T 检验（One-samples T Test）	要对总体进行正态性检验，符合条件后才能运用单样本的 T 检验

附表 2　两个及多个总体均值差异的显著性检验

<table>
<tr><th></th><th colspan="2">样本与总体特征</th><th>检验的方法</th><th>零假设</th><th>SPSS 的路径（中英文版）</th><th>数据文件的结构</th><th>备注</th></tr>
<tr><td rowspan="2">两个总体均值差异的检验</td><td>独立样本</td><td>正态总体方差齐性</td><td>两个独立样本的 T 检验</td><td rowspan="2">双侧检验：$\mu_1=\mu_2$
单侧检验：$\mu\geqslant\mu_0$或$\mu\leqslant\mu_0$</td><td>分析（Analyze）→比较平均值（Compare Means）→独立样本 T 检验（Independent-Samples）</td><td>由检验变量与分类变量组成</td><td rowspan="2">SPSS 同时给出方差齐性与不齐时的检验结果；差异显著时可考虑计算η^2，以便考察差异是否有实际意义</td></tr>
<tr><td>配对样本（相关样本）</td><td>正态总体样本量相同</td><td>两个配对样本的 T 检验</td><td>分析（Analyze）→比较平均值（Compare Means）→成对样本 T 检验（Paired-Samples T Test）</td><td>针对每个样本设置一个变量（如实验前与实验后各设一个变量），每个个案有两个相应的数据</td></tr>
<tr><td rowspan="2">多个总体均值差异的检验</td><td rowspan="2">独立样本</td><td rowspan="2">正态总体方差齐性</td><td rowspan="2">单因素方差分析（One-way ANOVA）</td><td rowspan="2">双侧检验：$\mu_1=\mu_2=\cdots=\mu_k$</td><td>分析（Analyze）→比较平均值（Compare Means）→单因素 ANOVA（One-Way ANOVA）检验</td><td>由检验变量与分类变量组成</td><td>可做方差齐性检验、多重比较，差异显著时通过 GLM 或 Means 计算η^2，考察差异是否有实际意义</td></tr>
<tr><td>分析（Analyze）→比较平均值（Compare Means）→均值（Means）→选项（Options）</td><td>由检验变量与分类变量组成</td><td>不能做方差齐性分析和多重比较，仅给出方差分析表和η^2，对数量级数据计算 R 和 R^2</td></tr>
</table>

注：1．所有的样本必须是随机抽取的样本。

2．多个总体适用的方法也适用于两个总体，但其中的某些功能不能用。例如，在单因素方差分析中，若分类变量只有两个值（只有两个样本），不能用“事后多重比较”功能做多重比较。

第 6 章　非正态总体的差异检验
——不同群体差异比较之二

当两个总体所涉及的数据是定量数据（定距数据或定比数据）但不服从正态分布，甚至不清楚分布的形态，或者数据是定序数据、定类数据时，要比较两个总体的差异便不能用参数检验，而要用非参数检验。由于社会调查中涉及的大量数据为定类变量和定序变量，因此，非参数检验对于问卷的统计分析具有重要的作用。

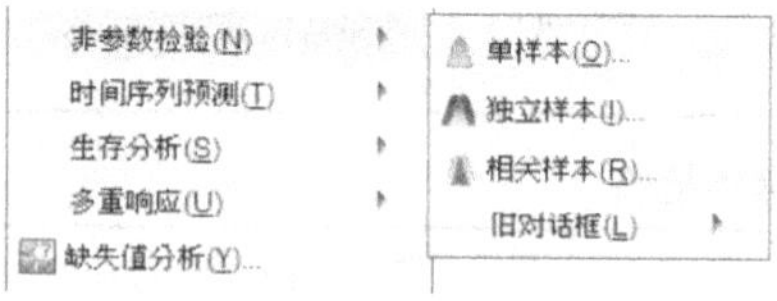

图 6-1　“分析”菜单中的非参数检验

在 SPSS 25.0 中，提供了两种途径进行非参数检验：一种是通过新版本中新增的“单样本”、“独立样本”和“相关样本”三个菜单命令（见图 6-1）；另一种是通过“旧对话框”命令，系统保留了 SPSS 18.0 之前的界面，以便供老用户使用。

为了方便老用户，我们主要结合“旧对话框”命令的使用，说明各种非参数检验的原理与操作方法。

6.1　两个独立样本的非参数检验

6.1.1　非参数检验概述

非参数检验不需要对总体分布做任何事先的假设，它是通过样本分布的差异来推断总体的分布是否相同，如果分布没有显著性差异，那么两个总体的集中量数和差异量数也应该差异不大。利用非参数检验还可以检验总体的某些性质，如两个变量之间的紧密程度如何，是不是相互独立的（详见第 7 章）。

非参数检验有许多优点，使用条件比较宽松，计算比较简单，所以应用范围比较广泛。对于正态分布总体，定量数据都可以使用非参数检验。非参数检验的思路有些看起来很平常，但能够想得到，就是一种创造性思维的体现，给了我们很好的启示。但非参数检验信息利用不充分，灵敏度不高，对于同样的问题，使用参数检验可能会得出拒绝零假设的统计决策，但用非参数检验则不能拒绝零假设，有时甚至影响结论的得出。所以，当能够使用参数检验时尽可能使用参数检验的方法。

6.1.2　SPSS 提供的四种检验方法

在 SPSS 中，对于两个独立样本的非参数检验（2 Independent-Samples）提供了四种检验方法：曼-惠特尼 U 检验（Mann-Whitney U）、两个独立样本的 K-S 检验（Kolmogorov-Smirnov Z）、两个独立样本的游程检验（Wald-Wolfowitz Runs）和莫斯极端反应检验（Moses Extreme Reactions）。

1．四种检验方法的共同点

（1）功能相同：通过两个独立样本来检验相应的两个总体的分布是否具有显著性差异。

（2）使用的前提条件相同：样本是随机抽取的；样本数据至少是定序数据（Ordinal），不能是定类数据（Nominal）；两个样本是独立样本。

（3）对数据文件格式的要求相同：设置两个变量，一个是需要检验的变量（如“环境”变量），另一个是分组变量（可以是定类变量）。

（4）在 SPSS 中，均采用双侧检验。

H_0：两个独立样本所属的总体分布相同；

H_1：两个独立样本所属的总体分布不同。

（5）总体思路相同：将两个样本混合排序为一个新的样本，然后以新的混合样本为基础，选择统计量，考察两个样本的分布是否有显著性差异。

（6）对于大样本，统计量均近似服从正态分布，因此将统计量变换为 Z 值后再进行检验。

2．四种检验方法的具体思路

为了对这四种方法的输出结果有比较好的理解，在具体介绍操作方法和解释输出结果之前，先说明各种方法的思路和采用的统计量。

1）曼-惠特尼 U 检验

曼-惠特尼 U 检验（Mann-Whitney U Test）中的一个重要概念是秩（Rank）。所谓“秩”，是指将两个样本的数据合在一起后，按升序排序，统一编号，于是每个数据在排列中所对应的序号就是该数据的秩（Rank）。对于相同的数值，则用它们序数的均值作为秩。例如，两个独立样本 A、B 的数据及其秩如表 6-1 所示。通过计算可知，A 样本的所有秩的和（称为秩和，Sum of Ranks）W_A=52.5，B 样本的秩和 W_B = 25.5。

表 6-1　两个独立样本数据及其秩

排序前	A 样本	13	24	56	17	26	45	42					
	B 样本	12	56	33	33	54							
排序后	混合排序	12	13	17	24	26	33	33	42	45	54	56	56
	所属样本	B	A	A	A	A	B	B	A	A	A	B	A
	秩	1	2	3	4	5	6.5	6.5	8	9	10	11.5	11.5

当两个样本的容量相等时，可以直接看两个样本的秩和，如果两个样本的分布没有显著性差异，那么，两个样本的秩和应该没有大的差异。或者说，不论是相对大的秩和还是相对较小的秩和，在给定的显著性水平下，应该在某个限定的范围内，这就是最初由维尔克松（Wilcoxon）提出的秩和检验。后来，曼-惠特尼将其应用到两个样本的容量不相等的情况，考虑到样本容量可能不同，所以不能用秩和来比较，那么，用什么进行比较呢？

想法之一是通过对两个样本的平均秩（Mean Rank）[①]的比较来推断两个总体的分布是否有显著性差异。显然，如果两个平均秩之间相差很大，零假设就很可能不成立。

想法之二是比较两个样本的秩：设第一个样本的每个秩比第二个样本的每个秩大的个数是 U_1，第二个样本的每个秩比第一个样本的每个秩大的个数是 U_2，将 U_1 和 U_2 进行比较，如果相差很大，显然零假设也很可能不成立。

假设第一、二个样本的容量分别为 m、n，秩和为 W_1、W_2，那么有

① 设两个样本的容量分别为 m、n，秩和为 W_A、W_B，则两个样本的平均秩分别为 W_A/m、W_B/n。

$$U_1 = W_1 - \frac{1}{2}m(m+1) \qquad U_2 = W_2 - \frac{1}{2}n(n+1)$$

在 SPSS 中，曼-惠特尼（Mann-Whitney）U 检验的输出结果既给出了两个样本的平均秩（没有对零假设进行检验），也给出了维尔克松（Wilcoxon）的 W 统计量和 U 统计量，并对零假设进行了检验，其中规定

$$U = \min(U_1,\ U_2)$$

即将 U_1 和 U_2 中数目小的取为统计量 U，而统计量 W 则取 U_1 和 U_2 中数目小的所对应的样本的秩和，当 $U_1 = U_2$ 时，W 取在“定义组”对话框中设定为第一组的样本的秩和①。对于小样本，U 服从曼-惠特尼分布；对于大样本，U 近似服从正态分布，将其变换为 Z 值，然后进行检验。

2）两个独立样本的 K-S 检验

两个独立样本的 K-S 检验（Two-Sample Kolmogorov-Smirnov Test）的基本思路是：在把两个样本混合按升序排序后，对两个样本的秩的累积频率进行比较。设第一个样本秩的累积频率为 f_1，f_2，…，f_n；第二个样本秩的累积频率为 g_1，g_2，…，g_n，令

$$D_i = f_i - g_i,\quad i = 1,\ 2,\ \cdots,\ n$$

取 D 为最大的绝对差值，那么，如果两个总体有相同的分布，最大的绝对差值不会太大，所以可以将 D 作为检验的统计量。根据统计量 D 的分布和不同的显著性水平，便可以确定其上限，如果超出这个上限，将拒绝零假设，两个总体的分布有显著性差异。

例如，我们依次执行“转换（Transform）”→“个案排秩（Rank Cases）”命令，得到对应于“环境”变量值的秩，并生成新变量“R 环境”，然后利用“频率（Frequencies）”命令计算男女生的秩的累积百分比，最后利用 Excel 制作男女生环境利用分数秩的累积百分比分布图（见图 6-2），由此图可以看出，两条分布曲线的差异并不大。绝对值极差和正极差均在秩为 106 处，D =30.1% −22% = 8.1% = 0.081，正极差（Positive）=0.081，负极差在秩等于 373 处，负极差（Negative）= 88.1%−92.2%= −0.041。

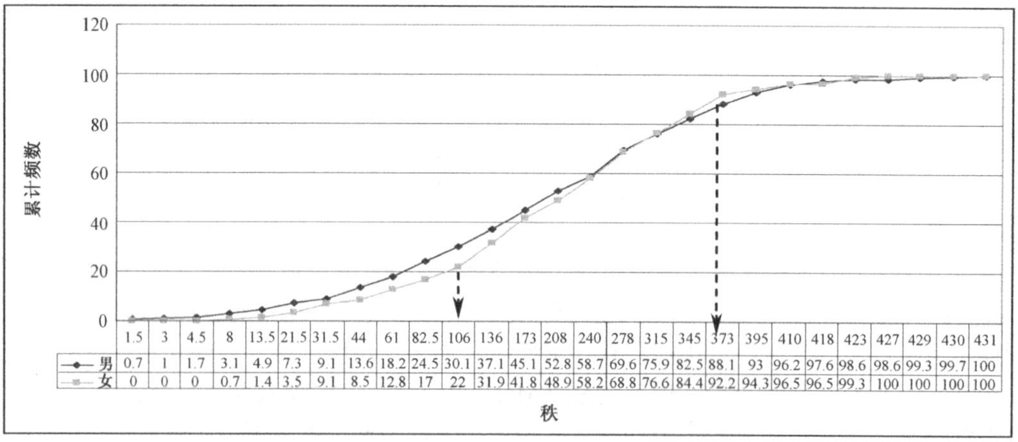

秩	1.5	3	4.5	8	13.5	21.5	31.5	44	61	82.5	106	136	173	208
男	0.7	1	1.7	3.1	4.9	7.3	9.1	13.6	18.2	24.5	30.1	37.1	45.1	52.8
女	0	0	0	0.7	1.4	3.5	9.1	8.5	12.8	17	22	31.9	41.8	48.9

秩	240	278	315	345	373	395	410	418	423	427	429	430	431
男	58.7	69.6	75.9	82.5	88.1	93	96.2	97.6	98.6	98.6	99.3	99.7	100
女	58.2	68.8	76.6	84.4	92.2	94.3	96.5	96.5	99.3	100	100	100	100

图 6-2　男女生环境利用分数秩的累积百分比分布图

3）两个独立样本的游程检验

游程检验也称瓦尔德-胡尔福维兹检验（Wald-Wolfowitz Runs Test），该检验涉及的一个关键概念是游程（Run）。当我们将两个样本 $x_1, x_2, \cdots, x_n$； $y_1, y_2, \cdots, y_m$ 合在一起进行升序排序时，

① 此为 SPSS“帮助”模块给出的规定，事实上可以证明，不论取哪一组样本的秩和，都不会影响最后的结论。

如果将第一个样本的数据都记为 x，第二个样本的数据都记为 y，便得到了一个仅由字母 x 和 y 组成的序列，于是将每个连续出现同一个字母的段称为游程，用 U 表示序列的总游程数。例如，若两个样本合成的序列为

$$\underline{x\ x}\ \ \underline{y}\ \ \underline{x}\ \ \underline{y\ y\ y}\ \ \underline{x}\ \ \underline{y}\ \ \underline{x}\ \ \underline{y\ y}\ \ \underline{x}\ \ \underline{y\ y\ y}\ \ \underline{x\ x\ x}$$

利用字母下面的横线可知，U=11。当其中一个样本的数据都能被另一个样本的数据隔开时，U 能取到最大值 $2\min(n, m)+1$；当其中一个样本的数据都比另一个样本的数据小时，U 能取到最小值 2。如果两个总体的分布没有太大的差异，那么这两个样本的数据应该充分的混合，就是说 U 应该比较大，反之，如果 U 太小，两个总体的分布就会有显著性差异。

基于上述想法，瓦尔德（Wald）和胡尔福维兹（Wolfowitz）将 U 作为检验的统计量，并对 U 的分布等进行了研究，给出了 U 的临界值表。对于大样本，U 的分布近似于正态分布，因此也会将 U 变换为 Z 值，再进行检验。

4）莫斯极端反应检验

莫斯极端反应检验（Moses Extreme Reactions Test）的思路同样是将两个样本混合在一起，然后排序，但是对两个样本的秩是从另一个角度进行考察的：将一组样本作为控制样本，另一组样本作为实验样本，检验实验样本相对于控制样本是否出现了极限反应。其含义是：如果控制样本的最小秩 $Q_{\min}$ 与最大秩 $Q_{\max}$ 之间的跨度（Span）

$$S = Q_{\max} - Q_{\min} + 1$$

很小，就说明两个样本很难充分混合，反映出一组样本值显著大于另一组样本值，于是便认为相对于控制样本，实验样本出现了极限反应，样本来自两个分布存在显著性差异的总体。相反，如果跨度很大，就说明两个样本的数据能够充分混合，反映出一组样本值与另一组样本值相差不大，于是便认为相对于控制样本，实验样本没有出现极限反应，即样本来自两个分布没有显著性差异的总体。因此，莫斯极端反应检验采用的统计量是

$$H = \sum_{i=1}^{m}(Q_i - \bar{Q})^2$$

其中，m 为控制样本的样本容量；Q_i 为控制样本在混合样本中的秩；$\bar{Q}$ 为控制样本的平均秩。对于小样本，H 服从 Hollander 分布；对于大样本，H 近似服从正态分布。

考虑到控制样本可能存在极端值，这样会影响统计量 H 的值，造成判断失误，因此莫斯极端反应检验同时给出了对控制样本进行截尾（通常为 5%）后的跨度及检验结果。

6.1.3 利用“2 个独立样本（2 Independent-Samples）”命令进行差异检验

【案例 6.1 男女生环境利用分数差异的非参数检验（大样本）】

我们仍以男女大学生的环境利用平均分的差异为例，说明“2 个独立样本（2 Independent-Samples）”命令的操作。也就是利用非参数检验来分析男女生环境利用分数的差异。案例 6.1 的思维导图如图 6-3 所示。

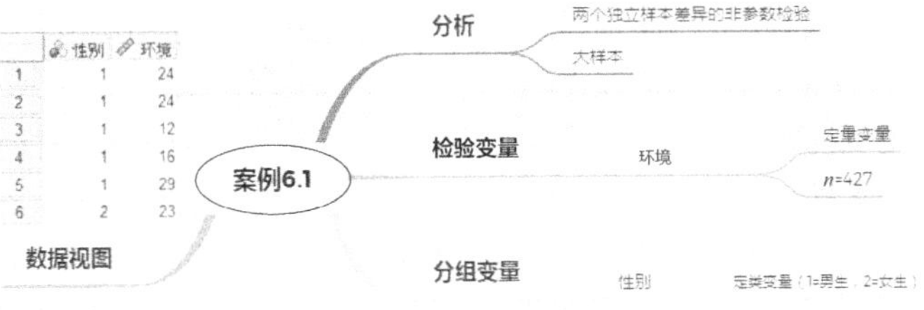

图 6-3 案例 6.1 的思维导图

【操作步骤】

（1）打开数据文件“6.1 男女生环境利用分数差异的非参数检验（两个独立大样本）”。

（2）依次执行“分析（Analyze）”→“非参数检验（Nonparametric Tests）”→“旧对话框（Legacy Dialogs）”→“2 个独立样本（2 Independent Samples）”命令，弹出“双独立样本检验”对话框（见图 6-4）。

（3）在该对话框中，将要检验的“环境”变量移入“检验变量列表（Test Variable List）”框中，将“性别”变量移入“分组变量（Grouping Variable）”框中。激活“定义组（Define Groups）”按钮，单击该按钮，弹出“双独立样本：定义组”对话框，将“1”“2”分别输入“组 1（Group 1）”与“组 2（Group 2）”后面的框中。单击“继续（Continue）”按钮，返回图 6-4 所示的对话框。

在“检验类型（Test Type）”选项组中，对所提供的 4 种检验方法至少要选择一种，作为练习，我们将 4 种检验方法全部加以选择。

（4）单击“选项（Options）”按钮，弹出“双独立样本：选项”对话框（见图 6-5），勾选“统计（Statistics）”选项组中的两个复选框，即要求给出描述统计量和四分位数，对于缺失值的处理选择系统默认方式，单击“继续（Continue）”按钮，返回图 6-4 所示的对话框。

（5）单击“确定（OK）”按钮，提交系统运行。

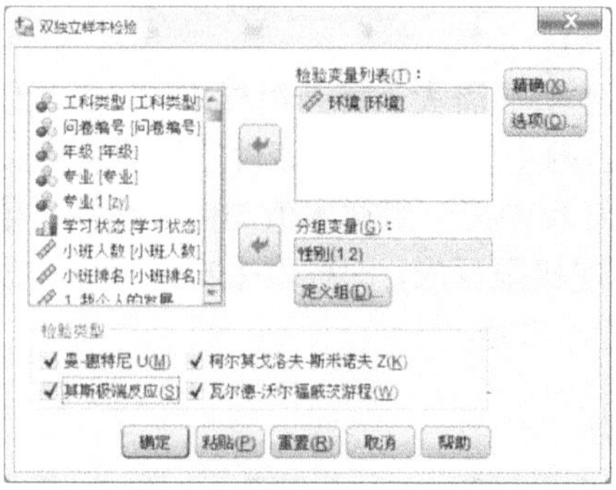

图 6-4　“双独立样本检验”对话框

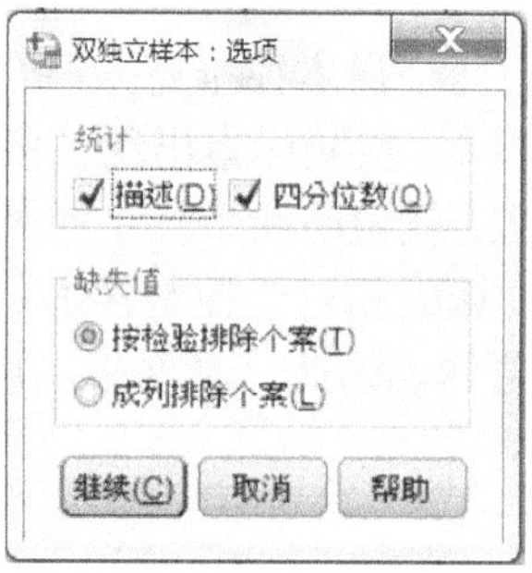

图 6-5　“双独立样本：选项”对话框

【输出结果】

（1）变量的描述统计量。表 6-2 给出了“环境”变量和“性别”变量的描述统计量：有效个案数、均值（“平均值”）、标准差（“标准 偏差”）、最小值、最大值和第 25、50、75 个百分位数。对于“性别”的均值实际上减去 1 之后是女生所占的比例 P=33%（因为对“性别”变量赋值时用的是“1”与“2”，而非“0”与“1”），标准差是 $\sqrt{P(1-P)}\approx 0.47$。

表 6-2　“环境”变量与“性别”变量描述统计量

	个案数	平均值	标准 偏差	最小值	最大值	百分位数		
						第 25 个	第 50 个（中位数）	第 75 个
环境	431	25.07	4.571	12	39	22.00	25.00	28.00
性别	442	1.33	.472	1	2	1.00	1.00	2.00

（2）曼-惠特尼 U 检验结果。对男女生环境利用分数分布的差异进行曼-惠特尼 U 检验的结果由表 6-3 和表 6-4 给出。表 6-3 给出了男女生的人数、秩平均值（平均秩）及秩的总和 $W_{男}$=60257.50、$W_{女}$=31120.50。在表 6-4 中，统计量 U=19216.500，威尔科克森 W 取值为男生的秩和 60257.500。由于为大样本，因此表中只给出 Z 值及其双侧检验的渐近概率值 $p=$

0.429。取$\alpha = 0.05$，由于$p>0.05$，所以无法拒绝零假设，即结论是男女生的环境利用分数的分布没有显著性差异。也就是说，不同性别的学生在环境利用水平上没有显著性差异，这一点与所做的 T 检验的结论是一致的。

表 6-3　曼-惠特尼 U 检验的秩统计表

秩				
	性别	个案数	秩平均值	秩的总和
环境	男	286	210.69	60257.50
	女	141	220.71	31120.50
	总计	427		

表 6-4　曼-惠特尼 U 检验的结果

检验统计 [a]	
	环境
曼-惠特尼 U	19216.500
威尔科克森 W	60257.500
Z	-.791
渐近显著性（双尾）	.429

a. 分组变量：性别。

（3）K-S 检验的结果。表 6-5 是男女生的环境利用分数的 K-S 检验结果，给出了 K-S 检验的有关统计量：男女生环境利用分数的累积概率差的极差，其中绝对值极差（Absolute）=0.081，正极差（Positive）=0.081，负极差（Negative）= −0.041，与图 6-2 显示的结果完全一致。由于是大样本，当转化为标准正态分布时，Z=0.786，对应的p值为 0.568，取$\alpha = 0.05$，由于$p >$ 0.05，所以不能拒绝零假设，即我们的结论是男女生的环境利用分数的分布没有显著性差异。

表 6-5　K-S 检验的结果 [a]

检验统计 [a]		
		环　境
最极端差值	绝对	.081
	正	.081
	负	-.041
柯尔莫戈洛夫-斯米诺夫 Z		.786
渐近显著性(双尾)		.568

a. 分组变量：性别。

（4）游程检验结果。表 6-6 是关于男女生环境利用分数的游程检验结果。首先我们看统计表 6-6 下面的注 c，注 c 指出当两个样本合在一起排序时，共包含 413 个数据，有 19 个“结”（Inter-group Ties），即在两个样本之间有 19 个数是一样的。这就很难准确指出每个“结”中前后两个相等的数据各属于哪一个样本，游程的总数就难以确定，因此在统计表中给出了游程可能取得的最小数目（21）和最大数目（281），以及对应的Z值（分别为−18.503，9.983）和相应取得单侧检验的概率值（表 6-6 中的“渐近显著性”），分别为 0.000 和 1.000，这两个值相差甚远，无法给出结论。这说明当两个样本中有许多的“结”（数据是互相重叠的）时，选择游程检验这一方法是不可取的。

表 6-6　游程检验结果

检验统计 [a,b]				
		游　程　数	Z	渐近显著性（单尾）
环境	最小可能值	21 [c]	-18.503	.000
	最大可能值	281 [c]	9.983	1.000

a. 瓦尔德-沃尔福威茨检验。

b. 分组变量：性别。

c. 存在 19 个组内绑定值，涉及 413 个个案。

（5）莫斯极端反应检验结果。关于男女生环境利用分数的莫斯极端反应检验（Moses Test），输出窗口给出表 6-7 和表 6-8。表 6-7 为男女生频数统计表，指出了男女生的人数，并且男生样本为控制样本（Control），女生样本为实验样本（Experimental）。

表 6-8 显示了莫斯极端反应检验结果。控制样本（男生）环境利用分数秩的跨度为 427，在控制样本两端截去 14 个数据后，跨度为 385，两种情况下的单侧检验的概率值分别为 1.000 和 0.589。如果设定$\alpha=0.05$，显然，我们不能拒绝零假设，男女生环境利用分数的分布没有显著性差异。

表 6-7　频数统计表

频　率		
	性　别	个 案 数
环境	男（控制）	286
	女（实验）	141
	总计	427

表 6-8　莫斯极端反应检验结果

检验统计 a,b		
		环境
实测控制组范围		427
	Sig.（单尾）	1.000
剪除后控制组跨度		385
	Sig.（单尾）	.589
在两端剪除了离群值		14

a. 莫斯极端反应检验。

b. 分组变量：性别。

6.1.4　需要注意的问题

1）小样本的曼-惠特尼 U 检验

如果两个独立样本是小样本，那么对于曼-惠特尼 U 检验的结果，要看 U 值及给出的精确概率值。例如，我们从“统计分析案例”中随机抽取 17 名学生的数据，考察不同性别的学生环境利用水平是否有差异。两个独立样本的数据如表 6-9 所示（数据文件为“6.1.1　两个独立小样本非参数检验”），曼-惠特尼 U 检验的结果如表 6-10 和表 6-11 所示。由于是小样本，所以要看检验统计表中给出的 U 值及精确显著性一行给出的概率值 $p=0.743$，如果所设定的显著性水平为$\alpha=0.05$，由于 $p>0.05$，所以不能拒绝零假设，即两个总体的分布没有显著性差异。

表 6-9　独立小样本数据表

环　境	24	24	12	16	29	23	20	26	17	18	18	28	20	28	31	27	23
性　别	1	1	1	1	1	2	2	2	2	2	1	2	2	1	1	2	1

表 6-10　曼-惠特尼 U 检验的秩统计表

秩				
	性别	个案数	秩平均值	秩的总和
环境	1	9	9.39	84.50
	2	8	8.56	68.50
	总计	17		

表 6-11　曼-惠特尼 U 检验的结果

检验统计 a	
	环　境
曼-惠特尼 U	32.500
威尔科克森 W	68.500
Z	-.338
渐近显著性(双尾)	.735
精确显著性[2*(单尾显著性)]	.743b

a. 分组变量：性别。

b. 未针对绑定值进行修正。

2）四种非参数检验方法的不同点

通过上面的讨论，我们可以看到四种非参数检验方法主要有两点不同：

（1）由于对样本考察的视角不同，从而形成了不同的统计量。相对于小样本，将根据各自统计量的分布进行检验。因此，同一个问题，可能有不同的结论，这将促使我们对问题进行更深入的思考。

（2）应用的范围有所差异。尽管四种方法均可用在两个独立样本的检验上，但是，样本的数据特征不同，也有适用与不适用之分。例如，曼-惠特尼 U 检验（Mann-Whitney U Tests）使用的前提条件是两个总体的分布有类似的形状，其他方法没有这样的要求；再如，对于社会调查，将定序变量划分得很细是不实际的，类似于“满意度”“努力程度”等有关态度、认识等问题，一般也只能分为 5 个等级。因此，在样本容量较大，等级划分又有限的情况下，两个样本在混合排序之后，必然会有许多重叠的数据搅在一起（称之为“结”），K-S 检验就显得十分有用，而游程检验几乎不可能给出确定的结论。

这里我们再给出两个独立样本，各包含 10 个数据（见表 6-12），数据之间没有重叠，即没有“结”，考察它们的分布是否有显著性差异（数据文件为“6.1.2 独立小样本非参数检验（数据无重叠）”）。四种检验的结果如表 6-13～表 6-16 所示。于是可以看出，四种方法的检验结果很不一样：曼-惠特尼 U 检验结果中，$p = 0.019$；莫斯极端反应检验（单侧检验）结果中，$p = 0.500$；两个样本的 K-S 检验结果中，$p = 0.055$；游程检验（单侧检验）结果中，$p = 0.414$。结合两组数据的实际情况，A、B 样本的均值分别为 23.46 和 28.42，可见曼-惠特尼 U 检验的结果更为可取。

表 6-12　两个独立样本数据表

A 样本	22.0	22.3	18.0	26.0	34.0	24.0	20.0	30.0	19.0	19.3
B 样本	23.0	26.5	25.0	34.5	22.6	31.0	31.7	27.9	27.0	35.0

表 6-13　曼-惠特尼 U 检验的结果

检验统计[a]	
	环　境
曼-惠特尼 U	19.000
威尔科克森 W	74.000
Z	-2.343
渐近显著性（双尾）	.019
精确显著性[2*(单尾显著性)]	.019[b]

a. 分组变量：性别。

b. 未针对绑定值进行修正。

表 6-14　双样本 K-S 检验的结果

检验统计[a]		
		环　境
最极端差值	绝对	.600
	正	.600
	负	.000
柯尔莫戈洛夫-斯米诺夫 Z		1.342
渐近显著性（双尾）		.055

a. 分组变量：性别。

表 6-15　游程检验的结果

检验统计[a,b]				
		游程数	Z	精确显著性（单尾）
环境	精确游程数	10[c]	-.230	.414

a. 瓦尔德-沃尔福威茨检验。

b. 分组变量：性别。

c. 未遇到任何组内绑定值。

表 6-16　莫斯极端反应检验的结果

检验统计[a,b]		
		环　境
实测控制组范围		18
	Sig.（单尾）	.500
剪除后控制组跨度		14
	Sig.（单尾）	.500
在两端剪除了离群值		

a. 莫斯检验。

b. 分组变量：性别。

因此，在应用上述四种方法进行假设检验时，如果各种方法得出的结论不一致，首先要想一想根据数据的特点哪一种方法更适合，其次要看哪个结论更符合客观实际，而不是从自己的主观意愿出发，选择“为我所需”的结论。

6.2　两个相关样本的非参数检验

当两个总体所涉及的数据是定距数据或定比数据，但不服从正态分布，或者是定序数据、定类数据时，要通过两个相关样本推断相应的两个总体的差异时，不能用参数检验，而要用非参数检验。

在 SPSS 中，由“2 个相关样本（2 Related-Samples）”完成对两个相关样本的非参数检验，共提供了四种非参数检验方法：威尔科克森符号秩次检验（Wilcoxon Signed-rank Test）、符号检验（Sign Test）、麦克尼马尔检验（McNemar Test）和边际齐性检验（Marginal Homogeneity Test）。

6.2.1　SPSS 提供的四种检验方法的比较

1. 四种检验方法的共同点

（1）使用前提条件相同：①样本是随机抽取的；②两个样本是相关样本。

（2）功能相同：检验两个相关样本所在的两个总体的分布是否具有显著性差异。

（3）均采用双侧检验：

H_0：两个相关样本所属的总体分布相同；

H_1：两个相关样本所属的总体分布不同。

（4）相对于大样本，统计量近似服从正态分布，故将统计量变换为 Z 值后再做检验。

2. 四种检验方法的不同点

1）对样本数据类型的要求不同

符号检验和威尔科克森符号秩次检验要求样本数据至少是定序数据，不能是定类数据；麦克尼马尔检验只适用于二分变量，边际齐性检验是麦克尼马尔检验的扩展，适用于分类数大于 2 的定类变量。

2）检验的思路不同

符号检验和威尔科克森符号秩次检验都利用样本是配对样本的特点，从考察每一对数据的差异入手推断两个总体的分布是否有显著性差异。麦克尼马尔（WcNemar）检验利用分类的差异进行判断，属于卡方检验中的一种情况，因此将在介绍卡方检验时再加以说明。

符号检验的关注点是考察前后两个样本数据大小的变化，数值是减少了还是增加了，因此将第二个样本的每个数减去第一个样本中对应的数，如果差值为正，则记为正号；如果差值为负，则记为负号，然后将正号的个数与负号的个数进行比较。如果两种符号的个数相差很多，说明样本数据的分布差异较大，就可以认为两个相关样本来自两个分布有显著性差异的总体。反之，如果两种符号的个数相差不大，便可以认为对应的两个总体的分布没有太大的差异。那么，个数相差多少才算差异大呢？正负号出现的随机性与硬币出现正反面的随机性是一样的，因此符号检验采用了二项分布的检验方法，即对正负号变量进行单样本二项分布检验，考察正负号个数的分布是否服从 p 为 0.5 的二项分布。

符号检验仅仅考虑了前后数据变化的方向，没有考虑数据变化的大小，即仅对差值做定性的描述，缺乏定量的考察。威尔科克森（Wilcoxon）符号秩次检验是对符号检验的改进，利用样本的信息要比符号检验用的信息多，即在检验两个总体的分布是否有显著性差异时，首先将差值的绝对值按升序排序，于是每个差值有一个对应的秩（差值为零的不参加排序），然后在秩数的前面放上对应差值的正负号，分别称为正秩和负秩。可以想象，如果正秩的和 W^+ 和负秩的和 W^- 基本相当，那就是说一个样本的数值比另一个样本对应的数值大的幅度与小的幅度差不多，那么，对应的两个总体的分布应该没有显著性差异。例如，考察职工技术水平在培训前后的变化，差值的绝对值越大，秩数就会越大，说明培训前后变化大。正秩说明职工的技术水平提高了，而负秩说明职工的技术水平降低了。如果正秩和与负秩和相差不多，显然说明从整体上看，培训前后的变化不大，两次技术考评的分数分布没有大的差异。因此，在零假设成立的条件下，对于小样本（样本容量不超过 50），取统计量为 $W=\min(W^+, W^-)$，并且 W 服从威尔科克森符号秩分布；对于大样本，与其他非参数检验一样，统计量近似服从正态分布，将其变换为统计量 Z 之后再进行检验。

6.2.2 利用“2 个相关样本（2 Related-Samples）”命令进行差异检验

【案例 6.2 技术培训效果差异的非参数检验（大样本）】

利用数据文件“6.2 技术培训效果差异的非参数检验（大样本）”，考察职工在技术培训前后考评分数的差异，进而推断技术培训的效果。案例 6.2 的思维导图如图 6-6 所示。

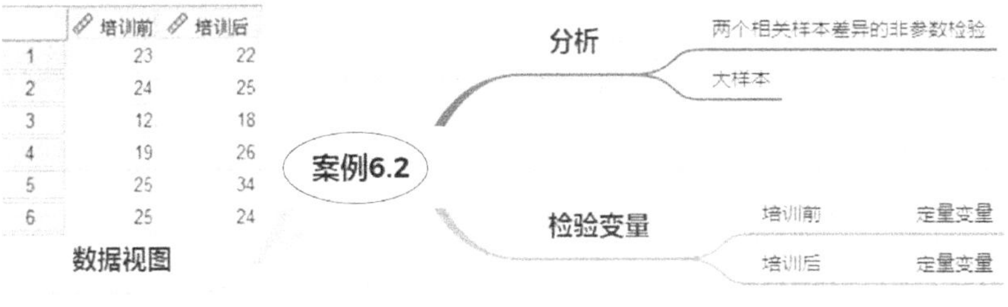

图 6-6 案例 6.2 的思维导图

【操作步骤】

（1）打开数据文件“6.2 技术培训效果差异的非参数检验（大样本）”，变量“培训前”和“培训后”分别为技术培训前后的考评分数。

（2）依次执行“分析（Analyze）”→“非参数检验（Nonparametric Tests）”→“旧对话框（Legacy Dialogs）”→“2 个相关样本（2 Related-Samples）”命令，弹出“双关联样本检验”对话框（见图 6-7）。

（3）在该对话框中，将源变量框中的“培训前”和“培训后”，移入“检验对（Test Pair(s) List）”框中（操作方法同相关样本的 T 检验）。

（4）在“检验类型（Test Type）选项组中，从所提供的四种检验方法中至少选择一种，由于“培训前”和“培训后”的分数不是定类变量，所以不能使用麦克马尼尔（McNemar）检验和边际齐性检验，只能选择前两种检验方法：威尔科克森符号秩次检验（Wilcoxon）和符号检验（Sign）。

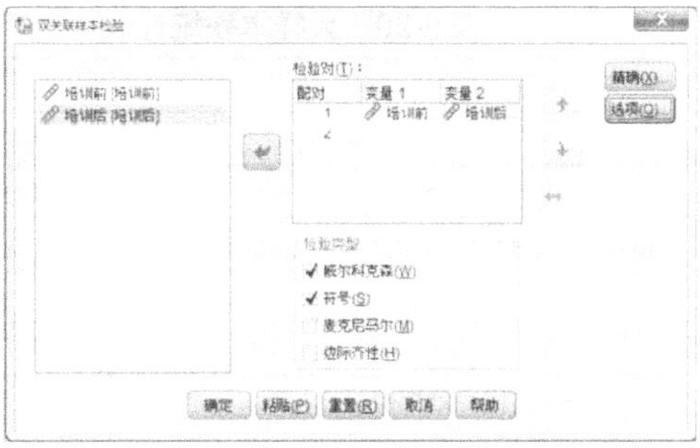

图 6-7 “双关联样本检验”对话框

（5）单击“选项（Options）”按钮，弹出“双关联样本：选项”对话框（结构同图 6-5），对“统计（Statistics）”选项组中的两个复选框均加以勾选，即要求给出描述统计量和四分位数，对于缺失值的处理选择系统默认方式，单击“继续（Continue）”按钮，返回“双关联样本检验”对话框。

（6）单击“确定（OK）”按钮，提交系统运行。

【输出结果】

（1）描述统计量表。表 6-17 为描述统计量表，分别给出了“培训前”和“培训后”两个变量的个案数、均值（“平均值”）、标准差（“标准 偏差”）、最小值、最大值和四分位数。

表 6-17　描述统计量表

	个案数	平均值	标准 偏差	最小值	最大值	百分位数		
						第 25 个	第 50 个（中位数）	第 75 个
培训前	428	21.51	4.341	8	32	19.00	22.00	24.00
培训后	423	26.06	5.406	9	42	23.00	26.00	30.00

（2）符号检验的结果。表 6-18 给出培训后与培训前考评成绩之差为负数、正数和“结”（绑定值）的个数。表 6-19 给出了针对大样本给出的符号检验结果。对于大样本，统计量近似服从正态分布，采用修正的 Z 统计量并给出对应的概率值（Asymp. Sig. (2-tailed)）。由表 6-19 可知，双侧检验的渐近概率为 $p = 0.000<0.05$，应拒绝零假设，即可以认为培训前后职工的技术水平有显著性差异，培训是有效的。

表 6-18　大样本正负差值频数统计表

		个案数
培训后 - 培训前	负差值[a]	50
	正差值[b]	338
	绑定值[c]	19
	总计	407

a. 培训后 < 培训前。

b. 培训后 > 培训前。

c. 培训后 = 培训前。

表 6-19　大样本符号检验结果

检验统计[a]

	培训后 - 培训前
Z	-14.570
渐近显著性(双尾)	.000

a. 符号检验。

（3）威尔科克森（Wilcoxon）符号秩次检验的结果。表 6-20 给出培训后与培训前考评成绩之差的负秩、正秩和“结”（绑定值）的个数，负秩、正秩的平均秩及秩和。表 6-21 中的“渐近显著性（双尾）（Asymp. Sig. (2-tailed)）”则给出了统计量 Z 所对应的概率 $p = 0.000$，由于 $p<0.001$，故应拒绝零假设，同样说明培训前后职工在技术水平上有显著性差异。

表 6-20　大样本秩统计表

秩

		个案数	秩平均值	秩的总和
培训后 - 培训前	负秩	50[a]	89.10	4455.00
	正秩	338[b]	210.09	71011.00
	绑定值	19[c]		
	总计	407		

a. 培训后 < 培训前。

b. 培训后 > 培训前。

c. 培训后 = 培训前。

表 6-21　大样本威尔科克森符号秩次检验结果

检验统计[a]

	培训后 - 培训前
Z	-15.071[b]
渐近显著性(双尾)	.000

a. 威尔科克森符号秩次检验。

b. 基于负秩。

6.2.3　关于小样本的一些说明

如果样本是小样本，那么对于符号检验，统计表中的检验结果将显示为二项分布的精确概率［Exact.Sig.（2-tailed)］。为了便于读者将小样本与大样本的统计结果进行比较，我们从大样本中抽出 25 个人组成一个小样本［数据文件："6.2.1 技术培训效果的比较（小样本)"］，对其进行符号检验。表 6-22 为小样本正负差值频数统计表。小样本的符号检验结果如表 6-23 所示。从表 6-23 可以看出，精确检验的概率值非常小，因此结论仍是拒绝零假设，培训前与培训后职工在技术水平上有极其显著性差异。

表 6-22　小样本正负差值频数统计表

频率		
		个案数
培训后 - 培训前	负差值 [a]	4
	正差值 [b]	20
	绑定值 [c]	1
	总计	25

a. 培训后 < 培训前。

b. 培训后 > 培训前。

c. 培训后 = 培训前。

表 6-23　小样本符号检验结果

检验统计 [a]	
	培训后 - 培训前
精确显著性检验(双尾)	0.002[b]

a. 符号检验。

b. 使用了二项分布。

对于威尔科克森符号秩次检验，给出的统计结果如表 6-24 和表 6-25 所示。表 6-25 中的统计检验结果仍为 Z 统计量，并给出对应的概率值 $p = 0.001<0.01$，应拒绝零假设，结论是培训前后职工在技术水平上有极其显著性差异。

表 6-24　小样本威尔科克森符号秩统计表

秩				
		个案数	秩平均值	秩的总和
培训后 - 培训前	负秩	4[a]	8.00	32.00
	正秩	20[b]	13.40	268.00
	绑定值	1[c]		
	总计	25		

a. 培训后 < 培训前。

b. 培训后 > 培训前。

c. 培训后 = 培训前。

表 6-25　小样本威尔科克森符号秩次检验结果

检验统计 [a]	
	培训后 - 培训前
Z	-3.379[b]
渐近显著性（双尾）	.001

a. 威尔科克森符号秩次检验。

b. 基于负秩。

6.3　多个独立样本的非参数检验

在利用对多个样本数据的差异来推断它们所属的总体是否有显著性差异的时候，并不能保证各个总体均服从正态分布，有时所要检验的变量是一个定序变量，甚至可能是一个二分变量。当各个样本来自非正态总体时，要用非参数检验的方法进行检验。本节和 6.4 节将根据样本是否独立，分别介绍多个独立样本的非参数检验和多个相关样本的非参数检验。

6.3.1　使用多个独立样本的非参数检验的前提条件

（1）各个样本为随机的、相互独立的样本。

（2）样本数据为定序、定距或定比数据，即至少为定序数据。

（3）数据文件由要检验的变量与分组变量构成。

6.3.2 SPSS 提供的三种检验方法

对多个独立样本的非参数检验与对两个样本的非参数检验一样，总体思路是将所有的样本混合为一个新的样本，然后考察各个样本在其中位置上的不同，由于考察的视角不同，形成了不同的检验方法。在 SPSS 中对多个独立样本的非参数检验提供了三种方法：中位数检验（Median）、克鲁斯卡尔-沃利斯（Kruskal-Wallis）检验和约克海尔-塔帕斯特拉（Jonckheere-Terpstra）检验。

1. 中位数检验

我们知道，定序变量的数据通常采用中位数作为集中量数，以四分位差或百分位差作为差异量数，因此，当考察多个独立样本所属的总体分布是否有显著性差异时，自然会想到检验这些总体的中位数是否有显著性差异。如果这些总体分布没有显著性差异，中位数应该相等。当将各个样本的数据混合排序后，所得到的中位数应该与各个样本的中位数相差不大，也就是说，这个中位数也应该位居各个样本的中间位置，即在每个样本数据中，比这个中位数大的数和比这个中位数小的数的个数应该相差不大。这是形成检验统计量的基本思路。

检验的零假设 H_0 是：多个独立样本所来自的多个总体的中位数没有显著性差异。

例如，将 40 名学生随机分成 4 组，每组 10 人，分别采用自学、听课、计算机辅助教学（CAI）和以自学为主、小组讨论为辅的教学方法。一个月后对学生进行测试，对 4 组学生的成绩一起排序后，得中位数为 78 分。将每组学生的分数在中位数以上及以下的人数制成如表 6-26 所示的列联表。

表 6-26 4 种教学方法教学效果的比较

	自　学	听　课	CAI	自学+讨论	合　计
高于 78 分	4（7）	7（7）	8（7）	9（7）	28
低于或等于 78 分	6（3）	3（3）	2（3）	1（3）	12
合　计	10	10	10	10	40

如果 4 组学生的成绩没有很大的差异，那么，从理论上讲各组人数的分布应如表 6-26 中括号内的数据一样（例如，高于 78 分的学生总计有 28 人，那么每个组就应有 7 人），于是我们希望通过考察观测频数（Observed Frequency）与理论上的期望频数（Expected Frequency）两组数据总的差异，来推断 4 种教学方法在教学效果上有没有显著性差异。如果直接用观测频数与期望频数相减再取和，显然因有正有负而使和数受影响，难以反映差异的大小，因此采用平方和的形式，又考虑到这是一种绝对量数，使用相对量数更为可取（正如相对误差与绝对误差一样），于是有

$$\chi^2=\frac{(4-7)^2}{7}+\frac{(7-7)^2}{7}+\frac{(8-7)^2}{7}+\frac{(9-7)^2}{7}+\frac{(6-3)^2}{3}+\frac{(3-3)^2}{3}+\frac{(2-3)^2}{3}+\frac{(1-3)^2}{3}\approx 6.67$$

χ^2 读作卡方（Chi-Square），统计量 χ^2 的分布由英国统计学家 Karl Person 于 1900 年提出。

一般地说，对于一个 $r\times n$ 的列联表，有统计量

$$\chi^2=\sum_{i}^{r}\sum_{j=1}^{n}\frac{(f_{ij}-e_{ij})^2}{e_{ij}}$$

服从自由度为 $(r-1)(n-1)$ 的卡方分布，其中，f_{ij} 表示列联表中第 i 行第 j 列单元格中的观测频数；e_{ij} 表示列联表中第 i 行第 j 列单元格中的期望频数。

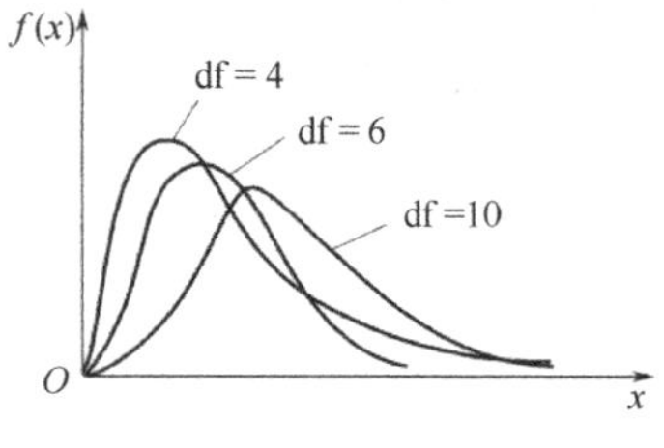

图 6-8 不同自由度的卡方分布

卡方分布具有两个特点（见图 6-8）：首先，卡方分布呈正

偏态，右侧无限延伸，但永远不与基线轴相交；其次，卡方分布随自由度的变化而变化，自由度越小，卡方分布的偏斜度越大，自由度越大，分布越趋于对称。

对于表 6-26 来说，χ^2 服从自由度为(2−1)×(4−1)=3 的卡方分布，如果取$\alpha = 0.05$，查卡方分布表，知临界值为 $\chi^2_{0.05}(3)=7.815$，由于 $6.67 < 7.815$，故我们不能拒绝零假设，只能认为 4 种教学方法的效果没有显著性差异。但是如果我们取$\alpha = 0.10$，查卡方分布表，知临界值为 $\chi^2_{0.10}(3)=6.251$，由于 $6.67 > 6.251$，故我们拒绝零假设，认为 4 种教学方法的效果具有显著性差异。为了肯定教师教学改革的积极性，我们取$\alpha = 0.10$ 更为合适。

在 SPSS 中，对于中位数检验，输出窗口将给出统计量χ^2的值、自由度以及对应的概率 p 值，当 p 值小于所给定的显著性水平α时，应拒绝零假设，即多个独立的样本所来自的多个总体的中位数具有显著性差异；当 p 值大于所给定的显著性水平α时，不能拒绝零假设，即多个独立的样本所来自的多个总体的中位数不存在显著性差异。

2．克鲁斯卡尔-沃利斯（Kruskal-Wallis H）检验

多个独立样本的克鲁斯卡尔-沃利斯检验是由克鲁斯卡尔（W.H.Kruskal）和沃利斯（W.A.Wallis）提出的。它综合了两个独立样本的曼-惠特尼 U 检验和单因素方差分析的思想，对各个样本在混合样本中的秩（不是均值）做单因素方差分析，但它不要求各个独立样本所属的对应总体服从正态分布及方差齐性。由于该检验是用秩进行分析的，因此为非参数方差分析，也称为克鲁斯卡尔-沃利斯单向方差秩次分析（Kruskal-Wallis One-Way analyze of variance-rank）。

克鲁斯卡尔-沃利斯检验的零假设 H_0 是：多个独立样本所来自的多个总体的中位数没有显著性差异。

克鲁斯卡尔-沃利斯检验的基本思路是将所有的样本混合为一个新的样本并排序，然后在计算每一个变量值秩的基础上，计算每个样本的平均秩，如果这些平均秩没有显著性差异，那么多个独立样本的数据一定是充分混合的，于是可以认为这些独立样本所来自的多个总体的分布应该没有显著性差异。如果这些平均秩有显著性差异，那么一定有的平均秩比较大，有的平均秩比较小，这说明数据没有充分混合，即多个总体的分布应该有显著性差异。在选择统计量上与单因素方差分析的 F 统计量类似

$$\text{K-W} = \frac{\text{秩的组间平方和}}{\text{秩的总平方和的平均值}}$$

（具体公式略）统计量 K-W 服从克鲁斯卡尔-沃利斯分布，但如果各样本容量 $n_i \geqslant 5$ 且样本数 $k \leqslant 4$，或总样本量 $N > 15$，则近似服从自由度为 $k-1$ 的卡方分布。

在 SPSS 中，输出窗口会给出各个样本的平均秩、K-W 统计量的值（或χ^2 值）以及对应的概率 p 值，如果 p 值小于所给定的显著性水平α，应拒绝零假设，即多个独立样本所来自的多个总体的分布具有显著性差异；如果 p 值大于所给定的显著性水平α，则不能拒绝零假设，即多个独立样本所来自的多个总体的分布不存在显著性差异。

3．约克海尔-塔帕斯特拉（Jonckheere -Terpstra）检验

约克海尔-塔帕斯特拉检验的零假设 H_0 同样是：多个独立样本所来自的多个总体的分布没有显著性差异。约克海尔-塔帕斯特拉检验的思路与两个独立样本的曼-惠特尼 U 检验类似，也是计算每一个样本中的数据小于其他样本的数据的个数。用 U_{ij} 表示第 i 个样本的数据小于第 j 个样本的数据的个数（当两个数相等，即出现“结”的情况时，计为 0.5）。例如，对 4 个年级的大学生，每个年级随机抽取 5 个人的环境利用分数（见表 6-27），考察一年级与二年级的

数据，12比二年级的5个数据都小；21比24、29、34小，与21相等；28比29、34小；32比34小；39比二年级的数据都大，因此一年级的数据小于二年级的数据的个数是U_{12}=5+3.5+2+1+0 =11.5。约克海尔-塔帕斯特拉检验设定的统计量为

$$\text{J-T}=\sum_{i<j} U_{ij}$$

并称为观测的J-T统计量（Observed J-T Statistic）。在大样本的情况下，该统计量近似服从正态分布。

计算J-T值的过程如表6-27的第3列与第4列所示。

表6-27　4个年级学生环境利用分数的约克海尔-塔帕斯特拉检验的J-T值计算过程

年级序号	排序后的分数	U_{ij}（$i<j$）	J-T值
1	12　21　28　32　39	U_{12}=11.5，U_{13}=10，U_{14}=12	11.5+10+12
2	15　21　24　29　34	U_{23}=10，U_{24}=15	+10+15
3	14　19　22　27　36	U_{34}=15.5	+15.5
4	15　24　27　31　35		=74

除计算观测的J-T统计量外，1，2，3，4作为4个样本的标志值，还要将（1，2，3，4）进行各种排列，再计算相应的J-T统计量，从而产生4!=4×3×2×1=24个J-T值。然后计算这些J-T值的均值、方差和标准差。如果观测的J-T值远远大于或远远小于J-T均值，就说明随着样本标志值的递增，样本数据有明显的上升或下降趋势，因此，样本所来自的多个总体的分布存在显著性差异。

当随着样本标志值的递增，样本数据有明显的上升或下降的趋势时，约克海尔-塔帕斯特拉检验要比中位数检验和克鲁斯卡尔-沃利斯检验更有力。

6.3.3　利用"K个独立样本（K Independent Samples）"命令进行检验

【案例6.3　不同年级学生环境利用分数差异的非参数检验】

我们仍以不同年级的大学生在环境利用上的差异分析作为案例，说明利用"K个独立样本"命令进行非参数检验的具体操作步骤，并对其结果给出解释。案例6.3的思维导图如图6-9所示。

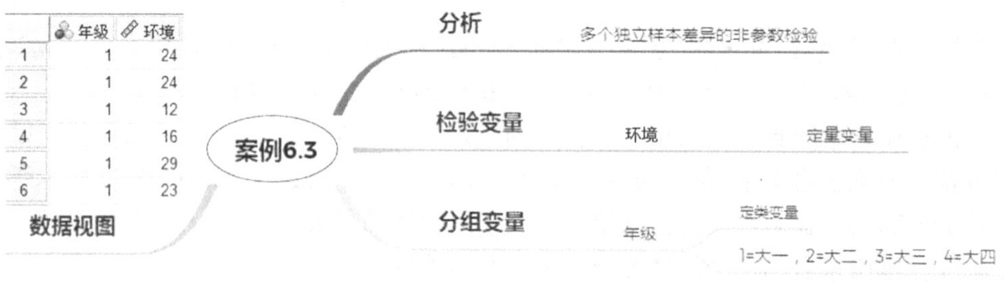

图6-9　案例6.3的思维导图

【操作步骤】

（1）打开数据文件"6.3 不同年级学生环境利用分数差异的非参数检验"。

（2）依次执行"分析（Analyze）"→"非参数检验（Nonparametric Tests）"→"旧对话框（Legacy Dialogs）"→"K个独立样本（K Independent Samples）"命令，弹出"针对多个独立

样本的检验”对话框（见图 6-10）。

（3）在该对话框中，将“环境”变量移入“检验变量列表（Test Variable List）”框中，将变量“年级”移入“分组变量（Grouping Variable）”框中；单击“定义范围（Define Range）”按钮，弹出对话框后，将“1”“4”分别输入“最小值（Minimum）”与“最大值（Maximum）”后面的文本框中。单击“继续（Continue）”按钮，返回“针对多个独立样本的检验”对话框。

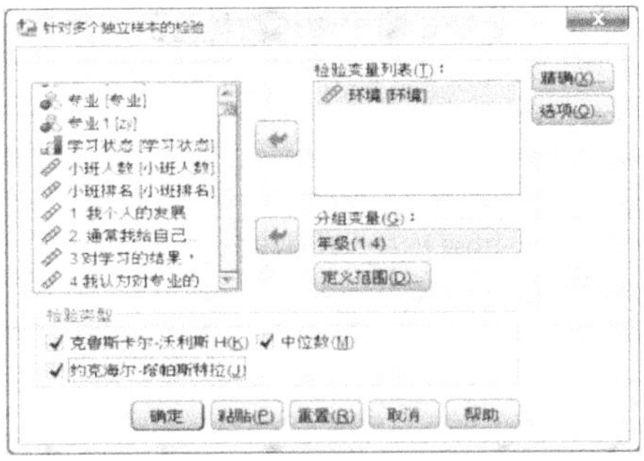

图 6-10 “针对多个独立样本的检验”对话框

（4）在“检验类型（Test Type）”选项组中，三种检验方法均选择。

（5）单击“选项（Options）”按钮，要求给出描述统计量和四分位数，缺失值的处理选择系统默认方式，单击“继续（Continue）”按钮，返回“针对多个独立样本的检验”对话框。

（6）单击“确定（OK）”按钮，提交系统运行。

【输出结果】

（1）描述统计量表。从表 6-28 可知，4 个年级学生环境利用分数的总平均分为 25.07，标准差为 4.571，最高分、最低分分别为 39 和 12，第 25、50、75 个百分位数分别为 22、25、28。年级是定类变量，因此表中给出的平均数、标准差等没有实际意义。

表 6-28 “环境”变量与“年级”变量的基本统计量表

描述统计量

	个案数	平均值	标准 偏差	最小值	最大值	百分位数		
						第 25 个	第 50 个（中位数）	第 75 个
环境	431	25.07	4.571	12	39	22.00	25.00	28.00
年级	446	2.43	1.123	1	4	1.00	2.00	3.00

（2）克鲁斯卡尔-沃利斯检验结果。表 6-29 给出 4 个年级的平均秩。表 6-30 给出克鲁斯卡尔-沃利斯（Kruskal-Wallis）检验结果，卡方值（Chi-Square）χ^2=15.635，自由度 df 为 3，对应的概率值 $p = 0.001$，并在注释中说明统计检验是克鲁斯卡尔-沃利斯检验，分组变量是年级。如果我们取显著性水平为 $\alpha = 0.01$，由于 $p < \alpha$，故拒绝零假设，即 4 个年级学生环境利用分数的分布有极其显著性差异。

表 6-29 克鲁斯卡尔-沃利斯检验的秩统计表

秩

	年 级	个 案 数	秩 平 均 值
环境	大一	119	192.03
	大二	102	210.23
	大三	110	210.25
	大四	100	256.74
	总计	431	

表 6-30 克鲁斯卡尔-沃利斯检验结果

检验统计 a,b

	环 境
克鲁斯卡尔-沃利斯 H(K)	15.635
自由度	3
渐近显著性	.001

a. 克鲁斯卡尔-沃利斯检验。

b. 分组变量：年级。

（3）中位数检验结果。在中位数检验（Median Test）的输出结果中，表 6-31 给出了每个年级大于及小于或等于中位数的频数；表 6-32 给出了中位数检验结果：χ^2=10.806，自由度 df=3，对应的概率值 p=0.013。如果我们取显著性水平为 $\alpha = 0.05$，由于 $p < \alpha$，故拒绝零假设，即 4

个年级学生环境利用分数的分布有显著性差异。

表 6-31　中位数检验的频数表

频率					
		年　级			
		大一	大二	大三	大四
环境	> 中位数	49	45	51	62
	<= 中位数	70	57	59	38

表 6-32　中位数检验的结果

检验统计 [a]	
	环　境
个案数	431
中位数	25.00
卡方	10.806[b]
自由度	3
渐近显著性	.013

a. 分组变量：年级。

b. 0 个单元格（0.0%）的期望频率低于 5。期望的最低单元格频率为 48.0。

（4）约克海尔-塔帕斯特拉检验结果。表 6-33 为约克海尔-塔帕斯特拉（Jonckheere-Terpstra）检验结果，由于 $p=0.000<0.01$，故 4 个年级环境利用分数的分布具有极其显著性差异。

由上述结果可以看出，约克海尔-塔帕斯特拉检验最敏感，克鲁斯卡尔-沃利斯检验次之，中位数检验敏感性相对弱一些。

表 6-33　约克海尔-塔帕斯特拉检验结果

约克海尔-塔帕斯特拉检验 [a]	
	环境
年级 中的级别数	4
个案数	431
实测 J-T 统计	39981.500
平均值 J-T 统计	34774.000
J-T 统计的标准差	1441.770
标准 J-T 统计	3.612
渐近显著性(双尾)	.000

a. 分组变量：年级。

6.4　多个相关样本的非参数检验

在实践中，往往会遇到诸如下面的一些问题：

调查学生对多位任课教师教学的满意度，然后分析比较学生对这些教师的评价，以便作为考核教师教学质量的一个方面；

在对各个学校的教学评估中，为了考察专家组成员对评价标准掌握得是否一致，需要抽取一定数量的学校，收集每位专家对这些学校的评分，然后进行分析比较；

通过配对的方法将条件相同的学生分为 4 组进行教学实验，在考察教学实验效果时，需要比较 4 组学生的学习成绩等。

对于多个相关样本的问题，要采用多个相关样本的非参数检验（Test for Several Related Samples），即对多个相关样本对应的多个总体之间的差异进行检验，以便给出结论。

在 SPSS 中，提供了三种对多个相关样本的非参数检验方法：傅莱德曼（Friedman）检验、肯德尔（Kendall）和谐系数检验和柯克兰（Cochran）Q 检验。

6.4.1　使用多个相关样本的非参数检验的前提条件

（1）各个样本为随机样本。

（2）各个样本的数据是配对的，即相关样本，各个样本的容量相同。

（3）在采用傅莱德曼（Friedman）检验和肯德尔（Kendall）和谐系数检验时，样本数据为定序、定距或定比数据，即至少为定序数据；柯克兰（Cochran）Q 检验仅适合于二分变量，即样本数据的值只能取两个值，如取 0 和 1。

6.4.2　三种非参数检验方法的思路

三种非参数检验方法的假设是相同的：

H_0：多个相关样本所来自的多个总体的分布相同；

H_1：多个相关样本所来自的多个总体的分布不完全相同。

但是，这三种非参数检验方法的思路不同，从而检验的统计量也不同。

1．傅莱德曼检验

傅莱德曼（Friedman）检验也称为双向方差秩次分析（Two-Way Analyze of Variance-rank）。我们以专家组 8 位专家对 5 所学校的教学评价（见表 6-34）为例来说明其思路。其中表 6-34 右侧的 5 列是将每位专家对 5 所学校评价的分数进行排序后，各个专家对每个学校给出的评分的秩。需要检验的问题是：对 5 所学校在教学上的评价是否有显著性差异。将此问题转化为数学问题的描述便是：有 5 个相关样本，每个样本的样本容量为 8，根据表 6-34 的数据，考察 5 个样本所来自的总体的分布是否有显著性差异。

需要注意的是，这里的排序，与前面独立样本的排序方法不同，不是将所有样本的数据混合排序，而是将每一位专家对 5 所学校的评分由低到高进行排序。

表 6-34　8 位专家对 5 所学校教学评价的结果

	学校 1	学校 2	学校 3	学校 4	学校 5	秩 1	秩 2	秩 3	秩 4	秩 5
专家 1	26.00	30.00	28.00	34.00	29.00	1	4	2	5	3
专家 2	28.00	40.00	35.00	32.00	26.00	2	5	4	3	1
专家 3	26.00	32.00	39.00	40.00	34.00	1	2	4	5	3
专家 4	30.00	36.00	31.00	35.00	29.00	2	5	3	4	1
专家 5	32.00	33.00	34.00	35.00	31.00	2	3	4	5	1
专家 6	32.00	27.00	36.00	40.00	38.00	2	1	3	5	4
专家 7	31.00	38.00	39.00	35.00	28.00	2	4	5	3	1
专家 8	29.00	37.00	36.00	38.00	39.00	1	3	2	4	5
秩和 R_i						13	27	27	34	19
平均秩 $\bar{R}_i$						1.63	3.38	3.38	4.25	2.38

傅莱德曼检验的思路是：如果对各所学校的评价没有显著性差异，那么在排序后，每所学校的秩对数值 1～5 都可能取到，因此，各所学校的秩和 R_i 应该相等，或者说平均秩 $\bar{R}_i$（$i=1, 2, \cdots, 5$）相等。由于 $R_1+R_2+\cdots+R_5=8\times(1+2+\cdots+5)=120$，所以秩和应为 120 或者平均秩为 120/8=15。反之，如果各所学校的评价存在显著性差异，那么在排序后，有的学校的秩为 1 的比较多，秩和就会比较小；有的学校秩为 5 的比较多，那么秩和就会比较大，于是各个学校的秩和（或平均秩）应该相差得比较大。

一般地说，设有 k 个样本，每个样本的容量为 n，如果 k 个样本所来自的总体分布没有差异，那么，每个样本的平均秩就应该不存在显著性差异，于是傅莱德曼检验采用方差分析的思想，确定了检验的统计量（计算公式略）。统计量的值越小，各个总体之间分布的差异就越小。

在 SPSS 中，输出窗口会给出各个样本的平均秩、检验统计量的值以及对应的概率值，如果概率值小于所给定的显著性水平 α，应拒绝零假设，即多个相关样本所来自的总体的分布具有显著性差异；如果概率值大于所给定的显著性水平α，则不能拒绝零假设，即多个相关样本所来自的总体的分布不存在显著性差异。

2．肯德尔和谐系数检验

如果利用傅莱德曼检验得出 5 所学校在教学评价上不存在显著性差异，那么 8 位专家的评分显然随意性太大，即专家们对评分标准的掌握很不一致，或者说，专家们对评分标准的掌握有显著性差异。那么，如果检验结果是各所学校在教学评价上有显著性差异，又怎么判断专家组成员在掌握评价标准上有没有差异呢？此时需要用肯德尔（Kendall）和谐系数检验，和谐系数也称为协同系数。

肯德尔和谐系数检验同样是利用方差分析的思想来考察专家组 8 位专家对 5 所学校教学评价的标准掌握得是否一致。一般地说，肯德尔和谐系数检验的统计量是秩的组间平方和与总平方和比的 $1/k^2$ 倍，其中 k 为样本数。当样本为大样本时，统计量 Kendall's W 服从自由度为 $k-1$ 的卡方分布。

肯德尔和谐系数取值在 0 与 1 之间，其值越接近 1，说明秩的组间平方和所占的比例就越大，样本之间的得分有显著性差异，即各位专家的评价标准具有一致性；反之，如果系数很小，接近 0，就说明秩的组间平方和所占的比例小，总的平方和主要是由组内的差异引起的，说明各位专家的评价标准有显著性差异。

在 SPSS 中，输出窗口会给出各个样本的平均秩、傅莱德曼（Friedman）检验和肯德尔和谐系数（Kendall's W）检验两个检验的统计量的值及其对应的概率值。如果概率值小于所给定的显著性水平α，应拒绝零假设，即各位专家的评价标准一致；如果概率值大于所给定的显著性水平α，则不能拒绝零假设，即各位专家的评价标准不一致。

3．柯克兰 Q 检验

柯克兰 Q（Cochran Q）检验与上述两个检验的不同点，首先是适用的数据类型不同，它仅适用于二分变量。例如，调查 20 位学生对 5 位教师的评价，用 1、0 分别表示对教学满意和不满意，建立的数据文件如表 6-35 所示。显然由于相同的数值太多，即“结”非常多，无法对这些数据进行排序，所以柯克兰 Q 检验不是从“秩”的视角考察各个样本所来自的总体的分布是否一样，而是另辟蹊径。

柯克兰 Q 检验的思路是，如果零假设成立，那么各位教师所在的列上出现 1 的概率应该相等。利用方差分析的思想，柯克兰 Q 检验是通过对组内、组间及总样本取 1 的个数来考察总体的分布是否一样，由此确定了统计量 Q（计算公式略）。当样本为大样本时，Q 服从自由度为 $k-1$ 的卡方分布。

表 6-35 学生对教师评价统计表

学 生 号	教师 1	教师 2	教师 3	教师 4	教师 5	学生给出 1 的频数
1	1	1	1	0	0	3
2	1	0	0	1	1	3
3	1	0	0	0	0	1
4	1	1	1	0	1	4
5	1	0	0	1	0	2
6	1	0	1	1	1	4
7	0	1	0	1	0	2
8	1	0	1	1	0	3

续表

学　生　号	教师 1	教师 2	教师 3	教师 4	教师 5	学生给出 1 的频数
9	1	0	0	1	1	3
10	1	1	0	0	0	2
11	1	0	0	0	1	2
12	1	1	0	0	0	2
13	0	0	0	0	0	0
14	0	1	0	1	1	3
15	0	1	0	0	0	1
16	1	1	0	0	0	2
17	0	0	0	0	1	1
18	1	1	0	0	0	2
19	1	0	1	1	0	3
20	0	0	0	0	1	1
教师评为 1 的频数	14	9	5	8	8	

在 SPSS 中，输出窗口将给出根据样本数据计算出的 Q 统计量的值及相应的 p 值。如果我们设定的显著性水平为 α，那么，当 $p>\alpha$ 时，不能拒绝零假设，各个样本所来自的总体中出现 1 的概率相等，即可以认为学生对 5 位教师的教学满意度无显著性差异；当 $p\leqslant\alpha$ 时，拒绝零假设，各个样本所来自的总体中出现 1 的概率不相等，即可以认为学生对 5 位教师的教学满意度有显著性差异。

6.4.3 利用“K 个相关样本（K Related Samples）”命令进行检验

我们仍结合案例来说明利用“K 个相关样本（K Related Samples）”命令进行非参数检验的具体操作步骤，并对输出结果给予解释。

【案例 6.4　5 所学校专家评分差异的非参数检验】

根据表 6-34 所给出的数据，考察 5 所学校的教学评价是否有显著性差异以及专家组在掌握评价标准上是否一致。案例 6.4 的思维导图如图 6-11 所示。

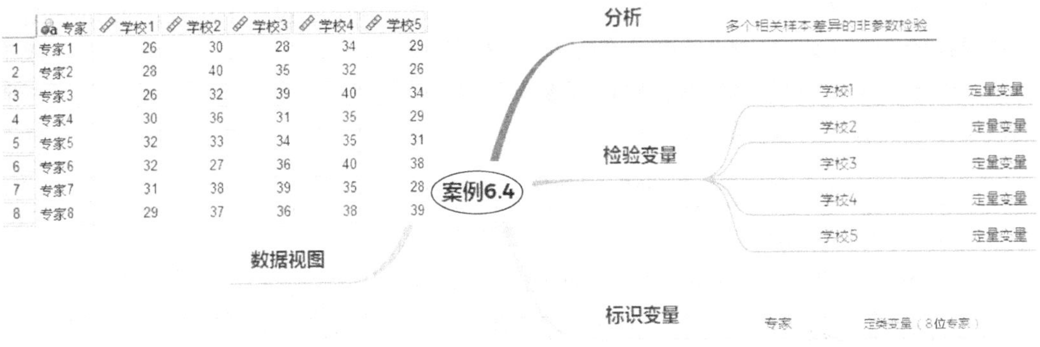

图 6-11　案例 6.4 的思维导图

【操作步骤】

第一步：建立数据文件“6.4　5 所学校专家评分差异的非参数检验”。

8 位专家对 5 所学校的评分，除“专家”变量外，还要设定 5 个变量，每个变量含有 8 个数据，相当于有 5 个相关样本，每个样本的容量为 8（见图 6-11）。

第二步：利用“K 个相关样本（K Related Samples）”命令进行检验。

（1）依次执行“分析（Analyze）”→“非参数检验（Nonparametric Tests）”→“旧对话框（Legacy Dialogs）”→“K 个相关样本（K Related Samples）”命令，弹出“针对多个相关样本的检验”对话框（见图 6-12）。

（2）在该对话框中，将变量“学校 1”“学校 2”直到“学校 5”移入“检验变量（Test Variables）”框中；在“检验类型（Test Type）”选项组中勾选“傅莱德曼（Friedman）”和“肯德尔（Kendall's）W”两个复选框。

（3）单击“统计（Statistics）”按钮，在弹出的对话框中将两个复选框都勾选上（本步可做可不做）（见图 6-13），单击“继续（Continue）”按钮，返回“针对多个相关样本的检验”对话框。

（4）单击“确定（OK）”按钮，提交系统运行。

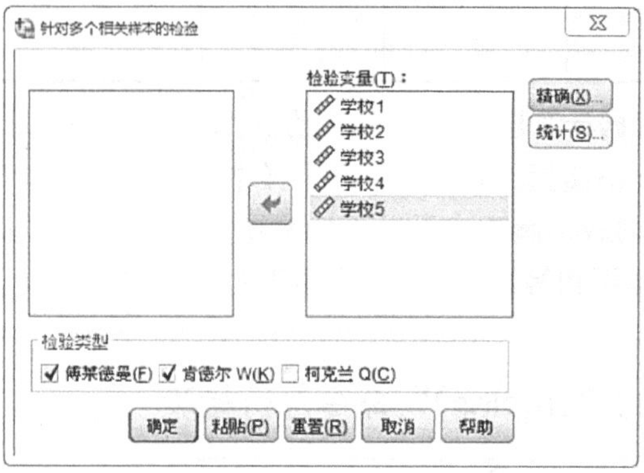

图 6-12 “针对多个相关样本的检验”对话框

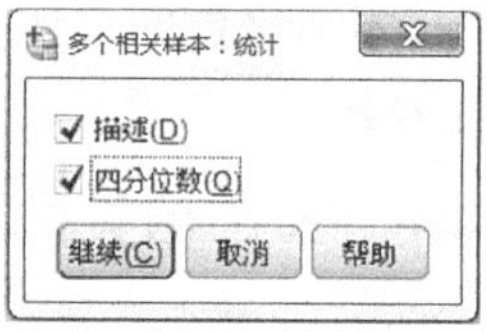

图 6-13 选择描述统计量

【输出结果】

（1）描述统计量表。表 6-36 给出了 5 所学校专家评分的均值、标准差、最低分和最高分，还给出了第 25、50 和 75 个百分位数（上、下四分位数和中位数）的值。

（2）傅莱德曼（Friedman）检验结果。表 6-37 给出了各所学校的平均秩，表 6-38 给出了傅莱德曼检验结果：χ^2=13.200，自由度 df = 4，对应的概率值 p=0.010。如果取显著性水平为 α=0.05，由于 $p<\alpha$，故应拒绝零假设，即 5 所学校的平均秩有显著性差异，也就是说 5 所学校的教学评价具有显著性差异。

表 6-36 5 所学校的描述统计量表

描述统计量								
	个案数	平均值	标准 偏差	最小值	最大值	百分位数		
						第 25 个	第 50 个（中位数）	第 75 个
学校 1	8	29.25	2.435	26	32	26.50	29.50	31.75
学校 2	8	34.12	4.390	27	40	30.50	34.50	37.75
学校 3	8	34.75	3.770	28	39	31.75	35.50	38.25
学校 4	8	36.12	2.900	32	40	34.25	35.00	39.50
学校 5	8	31.75	4.773	26	39	28.25	30.00	37.00

表 6-37　傅莱德曼检验的平均秩表

秩	
	秩 平 均 值
学校 1	1.62
学校 2	3.38
学校 3	3.38
学校 4	4.25
学校 5	2.38

表 6-38　傅莱德曼检验的结果

检验统计 [a]	
个案数	8
卡方	13.200
自由度	4
渐近显著性	.010

a. 傅莱德曼检验。

（3）肯德尔和谐系数（Kendall's W）检验结果。同样给出了秩表（见表 6-39）和统计检验表（见表 6-40），与傅莱德曼检验统计表相比，只是在统计检验表中多了一项：肯德尔 W 的值，其值为 0.412。

表 6-39　肯德尔和谐系数检验的平均秩表

秩	
	秩平均值
学校 1	1.62
学校 2	3.38
学校 3	3.38
学校 4	4.25
学校 5	2.38

表 6-40　肯德尔和谐系数检验的结果（1）

检验统计	
个案数	8
肯德尔 W[a]	.412
卡方	13.200
自由度	4
渐近显著性	.010

a. 肯德尔和谐系数。

如果采用另一数据文件“6.4.1 专家组（1）对学校教学的评价”（见图 6-14），操作步骤同上。从输出的结果（见表 6-41）可以看出，肯德尔和谐系数检验的χ^2=2.8，p=0.592。如果取α=0.05，由于 $p>\alpha$，故不能拒绝零假设，5 所学校的平均秩没有显著性差异，也就是说对 5 所学校的教学评价没有显著性差异。又从肯德尔 W 的值为 0.088 看出，其值接近 0，专家组成员在掌握评价标准上差异非常大，对同一所学校的评分相差悬殊。

	专家	学校1	学校2	学校3	学校4	学校5
1	专家1	34.00	30.00	28.00	31.00	29.00
2	专家2	38.00	40.00	35.00	32.00	26.00
3	专家3	26.00	32.00	39.00	40.00	34.00
4	专家4	30.00	36.00	31.00	35.00	29.00
5	专家5	32.00	33.00	34.00	29.00	31.00
6	专家6	32.00	27.00	36.00	40.00	38.00
7	专家7	40.00	38.00	39.00	35.00	28.00
8	专家8	29.00	37.00	40.00	25.00	39.00

图 6-14　数据文件“6.4.1 专家组（1）对学校教学的评价”

表 6-41　肯德尔和谐系数检验结果（2）

检验统计	
个案数	8
肯德尔 W[a]	.088
卡方	2.800
自由度	4
渐近显著性	.592

a. 肯德尔和谐系数。

【案例 6.5　学生对五位教师评价差异的非参数检验】

案例 6.5 的思维导图如图 6-15 所示。检验学生对 5 位教师的评价（见表 6-35）是否有显著性差异。

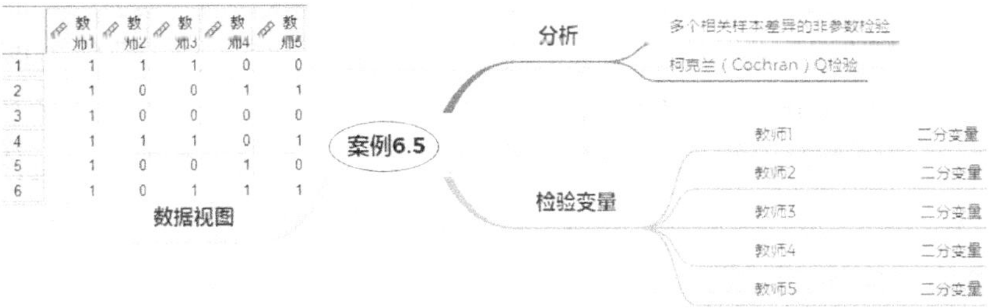

图 6-15　案例 6.5 的思维导图

打开数据文件“6.5 学生对五位教师评价差异的非参数检验”后，由于变量为二分变量，所以要在“针对多个相关样本的检验”对话框中选择柯克兰 Q（Cochran Q）检验，其他操作与前面的操作相同。输出结果如表 6-42、表 6-43 所示。其中表 6-42 给出了每位教师取值为 0 与 1 的频数，表 6-43 给出了样本量为 20，Q 统计量的值为 8.392，自由度 df 为 4，概率值 $p = 0.078$。当取显著性水平 $\alpha = 0.05$ 时，$p > \alpha$，故不能拒绝零假设，只能认为学生对 5 位教师的评价没有显著性差异。但是，如果取 $\alpha = 0.10$，由于 $p < \alpha$，应拒绝零假设，即可以认为学生对 5 位教师的评价有显著性差异。

表 6-42　教师取值为 0 与 1 的频数

频数		
	值	
	0	1
教师 1	6	14
教师 2	11	9
教师 3	15	5
教师 4	12	8
教师 5	12	8

表 6-43　柯克兰 Q 检验的结果

检验统计	
个案数	20
柯克兰 Q	8.392[a]
自由度	4
渐近显著性.	.078

a. 1 被视为成功。

6.5　对比例的一致性检验

在社会调查中，通过问卷得到的数据，大多是定类数据或定序数据。面对这些数据，经常问到的是：不同群体的人对某个问题或社会现象的看法是否一致？例如，在对大学生学情的调查中，有一个题目考察学生上大学的主要目的。经统计，男女生第一位的学习目的如表 6-44 所示，那么，男女生在第一位的学习目的上是否存在显著性差异？这就涉及两个总体比例的一致性检验。再如，不同年龄组的人对社会保障政策是否具有相同的态度；学校中不同职称的人对某项改革的态度是否一致等。这类问题与前几节讨论的问题的最大不同是变量的类型为定性变量（定类变量和定序变量）。这类问题可以从两个视角上分析：不同的群体对某一社会现象的看法是否一致或者说对某一事物的态度是否与群体的某一特征有关？第一个视角要考察的是，针对某个问题不同群体在各个选项上的比例（或百分比）是否有显著性差异，这属于卡方检验中的一致性检验；第二个视角则是探讨两个变量之间的关系，如“学习目标”变量与“性别”变量之间的关系，相关内容将在第 7 章中介绍。

表 6-44　男女生上大学的第一位学习目的上的差异比较（%）

	为国家做贡献	理想职业	不辜负父母	提高素质	进一步深造	其他	合计
男	22.5	21.3	21.0	26.2	6.7	2.2	100
女	10.7	23.6	20.7	34.3	10.0	0.7	100

本节将对定性数据分别介绍针对单个总体的比例和两个以上总体比例差异的假设检验。如果面对的是定距数据或定比数据，首先要将其转化为定性数据，然后使用本节所介绍的方法。

6.5.1　单个总体比例的检验

对单个总体比例的检验，是指通过样本数据检验总体中各类别所占的比例是否符合所设定的比例，也可以视为总体的分布是否与设定的分布一致。利用 SPSS 对单个总体的比例进行检验可以通过以下两个路径：非参数检验中的卡方检验（Chi-Square）和二项检验（Binomial）。

1. 卡方检验

1）卡方检验的基本思路

我们对卡方（χ^2）并不陌生，在中位数检验中选择的统计量就是χ^2，检验的基本思路是通过考察观测频数（Observed Frequency）与理论上的期望频数（Expected Frequency）两组数据总的差异，来推断不同总体分布的差异。当通过样本考察它所属的总体中各变量值的比例是否符合某种设定的比例时依然是这样的思路。

例如，学校为添置学生课外活动的体育器材，随机抽取了 102 个学生进行调查。调查学生喜爱球类活动的结果是：喜爱乒乓球的有 40 人，喜爱羽毛球的有 35 人，喜爱排球的有 27 人，那么学生对球类的喜爱有没有偏好？

显然，解决这个问题应取零假设 H_0 为学生对球类的喜爱没有偏好，即选择三种球类的人数各占总人数的 1/3，备择假设 H_1 为至少有一个比例超过 1/3。于是在零假设成立的条件下，选择三种球类的人数均为 34 人，此为期望频数。统计量χ^2 的值为

$$\chi^2=\frac{(40-34)^2}{34}+\frac{(35-34)^2}{34}+\frac{(27-34)^2}{34}=2.5294$$

如果取显著性水平α=0.05，由于临界值 $\chi^2_{0.05}(2)$=5.991>2.5294，因此不能拒绝零假设，即学生总体对乒乓球、羽毛球和排球没有偏好，各种球类的爱好者比例没有显著性差异。

一般地说，卡方检验的假设是：

H_0：样本所属总体中各变量值的频数等于设定的频数；

H_1：样本所属总体中各变量值的频数不完全等于设定的频数。

统计量

$$\chi^2=\sum_{k=1}^{r}\frac{(f_k-e_k)^2}{e_k}$$

服从自由度为（r–1）的卡方分布，其中，r 表示变量取值的个数；f_k 表示各变量值的观测频数；e_k 表示各变量值的期望频数。

如果根据观测频数与期望频数两组数据计算的χ^2 值，超过了由设定的显著性水平α确定的临界值，或者说落在了拒绝域，或者说χ^2 值所对应的概率 $p<\alpha$，则应拒绝零假设，接受备择假设；反之，则不能拒绝零假设。

2）利用“卡方（Chi-Square）”命令进行卡方检验

下面我们结合案例来说明利用“卡方”命令进行卡方检验的操作步骤。

【案例 6.6　年龄结构是否符合总体结构的卡方检验】

案例 6.6 的思维导图如图 6-16 所示。在对某市居民小区进行消费需求的抽样调查时，原始样本和加权后的样本的年龄结构如表 6-45 所示，调查报告称经加权处理，样本的年龄结构已与总体的年龄结构一致。已知小区居民总体的年龄结构（位于表 6-45 中的第 2 列），试审查调查报告所述是否真实。

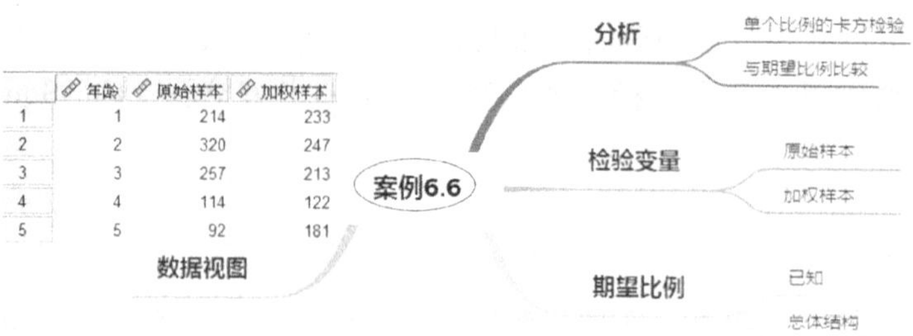

图 6-16　案例 6.6 的思维导图

表 6-45　样本与总体的年龄结构

	人　数		
	总　体	原始样本	加权样本
20~29 岁	744	214	233
30~39 岁	774	320	247
40~49 岁	669	257	213
50~59 岁	330	114	122
60 岁以上	474	92	181
合计	2991	997	996

【操作步骤】

第一步：建立数据文件。

根据表 6-45 中的数据，建立数据文件“6.6 年龄结构是否符合总体结构的卡方检验”，各年龄段的编码为：“20～29 岁”=1，“30～39 岁”=2，…，“60 岁以上”=5。

第二步：利用“个案加权（Weight Cases）”，将年龄数据还原为原始样本数据。仅给出图 6-17，具体操作参见 2.6 节。

第三步：利用“卡方（Chi- Square）”命令进行卡方检验。

（1）依次执行“分析（Analyze）”→“非参数检验（Nonparametric Test）”→“旧对话框（Legacy Dialogs）”→“卡方（Chi-Square）”命令，弹出“卡方检验”对话框（见图 6-18）。

（2）在该对话框中，将“年龄”变量移入“检验变量列表（Test Variable List）”框中。

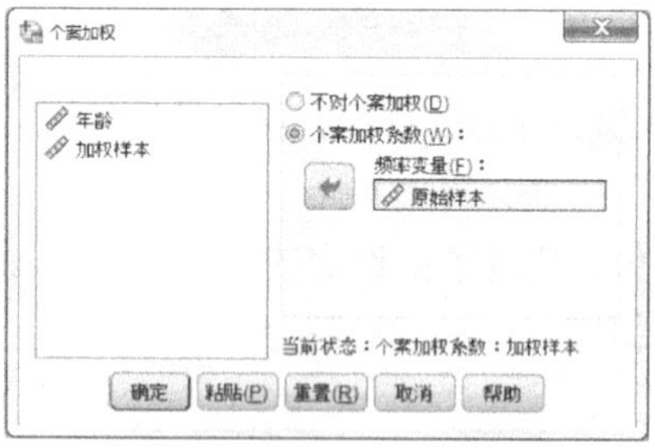

图 6-17　对样本加权

图 6-18　“卡方检验”对话框

（3）该对话框左下角的“期望范围（Expected Range）”选项组用于确定检验值的范围。如果将从最小值到最大值的所有数据作为检验值的范围，就选中“从数据中获取（Get from Data）”单选按钮，此为系统默认项；如果只选择一部分数据，就选中“使用指定范围（Use Specified Range）”单选按钮，并且在下面的参数框中给出检验范围的下限（Lower）和上限（Upper）。显然，本案例要求将所有的数据作为检验值的范围，因此选择默认项“从数据中获取（Get from Data）”。

（4）“期望值（Expected Values）”选项组，用于指定期望值。如果认为所有的组有相同的期望值，选中“所有类别相等（All Categories Equal）”单选按钮，此为系统默认项；如果所要检验的是自己设定的期望值，要选中“值（Values）”单选按钮，并在右面的参数框中依次输入设定的期望值（注意输入顺序）。由于本案例中总体中各年龄段的人数已知，即期望频数是给定的，所以要在“期望值（Expected Values）”选项组中选中“值（Values）”单选按钮，并在参数框中依次输入总体各年龄段的人数 744、774、669、330 和 474（注意：这些数据不是期望频数，期望频数是根据总体各年龄段人数的比例，计算出在原始样本的 997 人中各个年龄段应该有的人数，其结果分别为 248、258、223、110 和 158。因此，“期望值（Expected Values）”选项组用于给出总体的结构，即“期望值”，而非“期望频数”。

（5）单击“选项（Options）”按钮，弹出“卡方检验：选项”对话框。本案例中的数据为定序数据，计算均值与标准差无意义，两项均不选择。缺失值的处理选择默认方式。单击“继续（Continue）”按钮，返回“卡方检验”对话框。

（6）单击“确定（OK）”按钮，提交系统运行。

（7）将变量“加权样本”作为加权变量，利用“个案加权（Weight Cases）”命令进行加权，将年龄数据还原为加权样本数据。然后再次进入“卡方检验”对话框，由于该对话框与图 6-18 所示一样，所以只需单击“确定（OK）”按钮即可，不必重复上面的操作步骤。

【输出结果】

对于原始样本，输出结果为表 6-46 和表 6-47。表 6-46 中依次给出了各个年龄段的实测个案数（Observed N）、期望个案数（Expected N）和两者的差（Residual）；统计检验结果在表 6-47 中给出，$\chi^2 = 52.459$，自由度 df=4，对应的概率值 $p = 0.000$。取显著性水平 $\alpha = 0.05$，由于 $p < \alpha$，应拒绝零假设，即我们可以认为原样本各年龄段的结构与总体结构不符。

表 6-46　原始样本“年龄”频数统计表

年龄			
	实测个案数	期望个案数	残差
1	214	248.0	-34.0
2	320	258.0	62.0
3	257	223.0	34.0
4	114	110.0	4.0
5	92	158.0	-66.0
总计	997		

表 6-47　对原始样本的卡方检验结果

检验统计	
	年龄
卡方	52.459[a]
自由度	4
渐近显著性.	.000

a. 0 个单元格(0.0%)的期望频率低于 5。期望的最低单元格频率为 110.0。

对于加权后的样本，输出结果为表 6-48 和表 6-49。表 6-48 中依次给出了各个年龄段加权后的观测频数、期望频数和两者的差；表 6-49 给出了统计检验结果，$\chi^2 = 6.487$，自由度 df=4，对应的概率值 $p = 0.166$，取显著性水平 $\alpha = 0.05$，由于 $p > \alpha$，故不能拒绝零假设，即我们可以认为加权后的样本结构与总体的结构没有显著性差异。

表 6-48　加权样本“年龄”频数统计表

年龄			
	实测个案数	期望个案数	残差
1	233	247.8	-14.8
2	247	257.7	-10.7
3	213	222.8	-9.8
4	122	109.9	12.1
5	181	157.8	23.2
总计	996		

表 6-49　对加权样本的卡方检验结果

检验统计	
	年龄
卡方	6.487[a]
自由度	4
渐近显著性.	.166

a. 0 个单元格(0.0%)的期望频率低于 5。期望的最低单元格频率为 109.9。

综上分析可知，调查报告所述是真实的。

3）三点说明

（1）χ^2 值的大小取决于检验变量取值的个数 r 和样本容量 n，r 增加或减小将引起统计量 χ^2 的自由度的变化，于是卡方分布也就发生了改变，相应的 p 值也会改变；样本容量增加或减小，直接影响根据样本数据计算出的 χ^2 值的大小。在学生对球类偏好的例子中，如果我们将样本容量扩大 10 倍，取样本容量为 1020，设定的比例不变，计算 χ^2 时每个分式的分子扩大了 100 倍，分母扩大了 10 倍，于是 χ^2 值就会增加 10 倍。

$$\chi^2 = \frac{(400-340)^2}{340} + \frac{(350-340)^2}{340} + \frac{(270-340)^2}{340} = 25.294$$

如果仍取显著性水平 $\alpha = 0.05$，由于临界值 $\chi^2_{0.05}(2)$ =5.991<25.294，因此应拒绝零假设，即各种球类的爱好者比例有显著性差异，这里的结论与前面得出的结论完全不同。

（2）在表 6-49 中，统计检验表给出注释 a，指出没有比 5 小的期望频数，最小的期望频数是 109.9。给出这样注释的原因是，在统计学中，卡方检验要求每一个检验变量的值所具有的频数不能小于 5，因此这一注释的作用是当出现了频数小于 5 的情况，提示我们要将定类变量的取值重新划定，将频数小于 5 的一类合并到相邻的类别中去。对于社会调查，一般要求频数最好不要小于 20。

（3）对单个总体的卡方检验不仅适用于对比例的检验，还可检验某个变量的分布是否服从给定的分布，但由于需要给出期望频数，操作比较麻烦。因此，我们建议使用 5.2 节介绍的单样本的 K-S 检验等方法来检验定量数据的分布问题。

2. 二项检验

1）二项检验概述

在对问卷进行编码时，会将某些特征如性别、考试成绩、产品的质量等设置为二分变量：男=1，女=2；及格=1，不及格=2；正品=1，废品=0，等等。在抽样的过程中，这些变量都是随机变量，若其中一个值出现的概率为 p，则另一个值出现的概率为 $q=1-p$，而且这些二分变量都服从二项分布。在对调查数据进行分析时，往往采用二项检验的方法，通过样本来检验总体中每类所占的比例（如男女生人数的比例、及格与不及格人数的比例、正品与废品的比例）是否与认定的比例 p_0 一致。因为二项检验就是针对这类问题通过样本数据检验它所属的总体是否服从指定概率 p_0 的二项分布，所以二项检验属于非参数检验。

在 SPSS 中，二项检验是单侧检验，所建立的假设如下：

H_0：样本所属的总体中第一组所占的比例与指定的比例相同；

H_1：样本所属的总体中第一组所占的比例小于指定的比例。

根据样本容量 n 的大小，检验将采用不同的统计量。

如果是小样本，采用精确检验的方法，即根据给定的 p_0，按二项分布计算概率 $p(X \leqslant x)$；如果是大样本，则采用近似服从正态分布的 Z 统计量

$$Z = \frac{x \pm 0.5 - np_0}{\sqrt{np_0(1-p_0)}}$$

当 $x < n/2$ 时，取“+”号；当 $x > n/2$ 时，取“−”号。然后给出所计算出的 Z 值对应的概率 p。

如果设定的显著性水平为 α，当 $p<\alpha$ 时，应拒绝零假设而接受备择假设；否则，就不能拒绝零假设。

2）利用“二项（Binomial）”命令进行检验

下面结合案例介绍利用“二项”命令进行二项检验的操作方法。需要说明的是，如果数

据文件中给出的是检验变量的值及其频数，则一定要先对变量进行加权，再做二项检验。

【案例 6.7　单个总体的二项检验】

案例 6.7 的思维导图如图 6-19 所示。利用数据文件“6.7 二项检验”，对该校学生的状况做以下检验：

第一，北京市男女大学生的比例为 34∶15，该校男女生的比例是否与此一致；

第二，通过学情调查可知，北京市大学生环境利用分数在 22 分以下的占 26.8%，该校学生的环境利用分数在 22 分以下所占的比例是否与此一致。

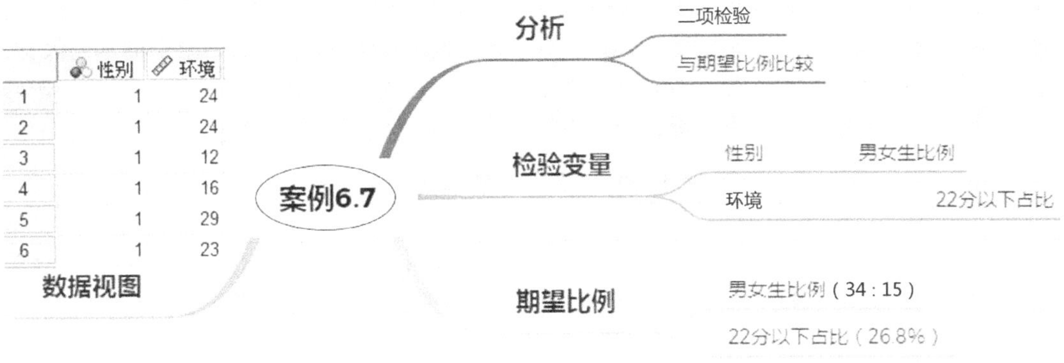

图 6-19　案例 6.7 的思维导图

【操作步骤】

（1）打开数据文件“6.7 二项检验”。

（2）依次执行“分析（Analyze）”→“非参数检验（Nonparametric Test）”→“旧对话框（Legacy Dialogs）”→“二项（Binomial）”命令，弹出“二项检验”对话框（见图 6-20）。

（3）在该对话框中，将“性别”变量移入“检验变量列表（Test Variable List）”框中。

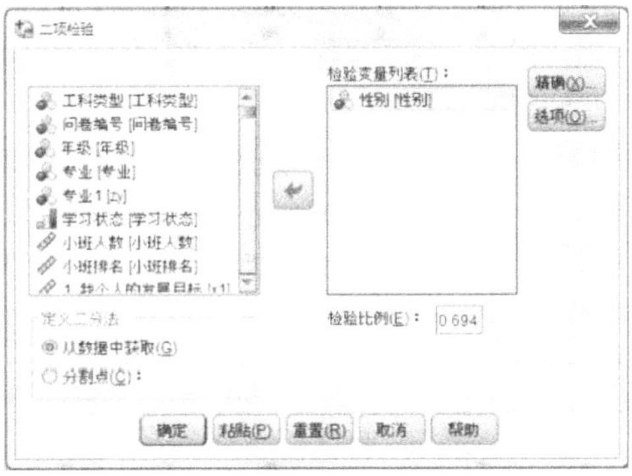

图 6-20　“二项检验”对话框

（4）该对话框中的“定义二分法（Define Dichotomy）”选项组，用于定义二分值。如果所有数据只有两个有效值，选中“从数据中获取（Get from data）”单选按钮，该项为系统默认项；如果指定的变量的有效值超过两个，选中“分割点（Cut Point）”单选按钮，并且在其后面的参数框中给出一个值，小于或等于该值的观测值构成第一组，大于该值的观测值构成第二组。显然，性别变量为二分变量，因此选择默认项“从数据中获取”。

（5）将指定检验的概率期望值输入“检验比例（Test Proportion）”后面的参数框内。由于北京市男女生的比例是 34∶15，男生的概率期望值应设定为 34 / (34+15) = 0.694，于是在参数框中输入“0.694”。

（6）单击“确定（OK）”按钮，提交系统运行。

至此，完成了第一个检验任务的操作。

对于第二个检验任务，操作与上面类似，只是要将“环境”变量移入“检验变量列表（Test

Variable List）”框中，在“定义二分法（Define Dichotomy）”选项组内选中“分割点（Cut Point）”单选按钮，并且在其后面的参数框中输入“22”，在“检验比例（Test Proportion）”后的参数框中输入“0.268”。由于“环境”变量为定比变量，如果希望得到“环境”变量的均值、标准差、最大值、最小值及四分位数，可以单击“选项（Options）”按钮，打开相应的对话框后，勾选“统计（Statistics）”选项组中的两个复选框。最后单击“确定（OK）”按钮，提交系统运行。

【输出结果】

（1）对性别比例检验的结果。表 6-50 中依次给出了男女生的人数、样本中男女生的比例（Observed Prop.）、需要检验的比例（Test Prop.），以及检验统计量单侧检验所对应的概率值。在表注 a 中指出“备用假设指出第一个组中的个案比例 <.694000”。另外，由于样本为大样本，因此检验基于近似的正态分布。当取显著性水平 $\alpha = 0.05$ 时，$p = 0.123 > 0.05$，不能拒绝零假设，即可以认为该校男女生的比例与北京市男女大学生的比例没有显著性差异。

表 6-50　对“性别”比例的二项检验结果

二项检验						
		类别	个案数	实测比例	检验比例	精确显著性（单尾）
性别	组 1	男	295	.667421	.694000	.123[a]
	组 2	女	147	.332579		
	总计		442	1.000000		
a. 备用假设指出第一个组中的个案比例 < .694000。						

（2）对环境利用分数检验的结果。输出窗口给出了两张检验统计表。表 6-51 为基本描述统计量表，不再解释；表 6-52 给出对环境利用分数进行二项检验的结果。样本中分数在 22 分以下的有 117 人，在 22 分以上的有 314 人，两组人数的实际观测概率分别为 0.271 和 0.729，对第一组检验的概率期望值为 0.268，单侧检验的结果为 $p = 0.454$。当取显著性水平 $\alpha = 0.05$ 时，$p = 0.454 > 0.05$，不能拒绝零假设，即可以认为该校学生环境利用分数在 22 分以下的比例与北京市大学生的比例没有显著性差异。

表 6-51　环境利用的基本描述统计量

描述统计量								
	个案数	平均值	标准 偏差	最小值	最大值	百分位数		
						第 25 个	第 50 个（中位数）	第 75 个
环境	431	25.07	4.571	12	39	22.00	25.00	28.00

表 6-52　对环境利用分数的二项检验结果

二 项 检 验						
		类 别	个 案 数	实 测 比 例	检 验 比 例	精确显著性（单尾）
环境	组 1	<= 22	117	.271	.268	.454
	组 2	> 22	314	.729		
	总计		431	1.000		

6.5.2　两个或多个群体比例差异的比较

在对调查数据特别是对定性数据进行分析时，多个群体比例差异的比较是一项不可或缺的工作，此时采用的方法是对多个总体比例的一致性检验，即卡方一致性检验，其本质是对多个总体分布的一致性检验。

1．卡方一致性检验的思路

下面结合一个简单的案例来说明卡方一致性检验的思路及相关计算过程。

根据数据文件“统计分析案例”制作的交叉列联表如表 6-53 所示，表中给出了男女大学生在“个人发展目标”各个选项上的频数分布，试考察男女大学生在个人发展目标明晰程度上的差异，即检验不同性别的大学生在“个人发展目标”上各个选项的比例是否一致。

表 6-53　男女大学生在“个人发展目标”各个选项上的频数

计数							
		1　我个人的发展目标					
		很明确	较明确	有点明确	不太明确	不明确	总计
性别	男	59	109	71	47	9	295
	女	23	55	38	29	2	147
	总计	82	164	109	76	11	442

卡方一致性检验的假设如下：

H_0：不同性别的学生在“个人发展目标”各个选项上的比例一致；

H_1：不同性别的学生在“个人发展目标”各个选项上的比例不一致。

表 6-53 显示的是样本观测值的观测频数，为进行检验，就要在零假设成立的条件下，计算期望频数，然后将χ^2作为检验的统计量。于是，计算期望频数成为解决问题的关键。试想，如果零假设成立，那么，在 295 个男生和 147 个女生中选择“很明确”的比例应该一样，现在在 442 个学生中有 82 人选择了“很明确”，男女生的期望频数 e_{11}、e_{21} 应分别满足

$$\frac{82}{442}=\frac{e_{11}}{295} \qquad \frac{82}{442}=\frac{e_{21}}{147}$$

于是有 e_{11}=54.7285，e_{21}=27.2715。一般地，如果我们将男生在第 j 个选项上的期望频数记为 e_{1j}，女生在第 j 个选项上的期望频数记为 e_{2j}，那么应该有

$$\frac{\text{选择第}j\text{项的总人数}}{442}=\frac{e_{1j}}{295} \qquad j=1,\ 2,\ \cdots,\ 5$$

于是

$$e_{1j}=(295\times\text{选择第}\,j\,\text{项的总人数})/442$$

同理，$e_{2j}=$（147×选择第 j 项的总人数）/442。表 6-54 中给出了所有的期望频数。

表 6-54　不同性别的学生在“个人发展目标”各个选项上的观测频数与期望频数

性别 *1　我个人的发展目标交叉制表								
			1　我个人的发展目标					
			很明确	较明确	有点明确	不太明确	不明确	总计
性别	男	计数	59	109	71	47	9	295
		期望计数	54.7	109.5	72.7	50.7	7.3	295.0
	女	计数	23	55	38	29	2	147
		期望计数	27.3	54.5	36.3	25.3	3.7	147.0
	总计	计数	82	164	109	76	11	442
		期望计数	82.0	164.0	109.0	76.0	11.0	442.0

于是，χ^2统计量为

$$\chi^2=\sum_{k=1}^{2}\sum_{j=1}^{5}\frac{(o_{kj}-e_{kj})^2}{e_{kj}}$$

其中，o_{kj}表示位于第 k 行第 j 列的单元格的观测频数；e_{kj}表示位于第 k 行第 j 列的单元格的期望频数，并且χ^2服从自由度为 $df=(2-1)\times(5-1)=4$ 的卡方分布。

对于给定的显著性水平α，当根据样本计算出的χ^2值对应的概率值$p>\alpha$时，不能拒绝零假设；当$p<\alpha$时，应拒绝零假设而接受备择假设。

2．利用“交叉表（Crosstabs）”命令进行卡方一致性检验

【案例 6.8　不同年级“个人发展目标”的卡方一致性检验】

试根据数据文件“统计分析案例”，检验不同年级的学生在个人发展目标明晰程度上是否具有显著性差异。案例 6.8 的思维导图如图 6-21 所示。

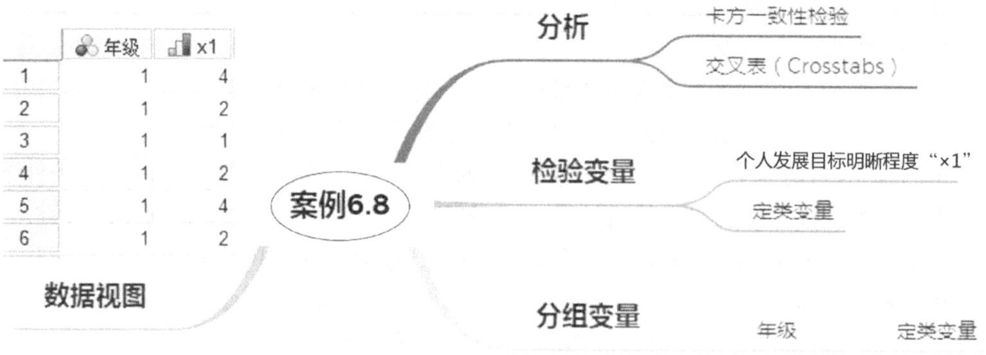

图 6-21　案例 6.8 的思维导图

【操作步骤】

（1）打开数据文件“6.8 不同年级个人发展目标的卡方一致性检验”。

（2）依次执行“分析（Analyze）”→“描述统计（Descriptive Statistics）”→“交叉表（Crosstabs）”命令，弹出“交叉表”对话框（见图 6-22）。

（3）在该对话框中，将“年级”变量作为行变量移入“行（Row(s)）”框内，将“1 我个人的发展目标”作为列变量移入“列（Column(s)）”框内。

（4）单击“统计（Statistics）”按钮，弹出“交叉表：统计”对话框（见图 6-23），勾选“卡方（Chi-square）”复选框。单击“继续（Continue）”按钮，返回“交叉表”对话框。

（5）单击“单元格（Cell）”按钮，弹出“交叉表：单元格显示”对话框（见图 6-24）。在“计数（Counts）”选项组中勾选“实测（Observed）”和“期望（Expected）”两个复选框，用以计算观测频数和期望频数。由于“年级”变量设为行变量，所以在“百分比（Percentages）”选项组中勾选“行（Row）”复选框。在“残差（Residuals）”选项组有三个复选框：未标准化（Unstandardized），给出单元格观测频数与期望频数之差，即非标准化残差；标准化（Standardized），对单元格观测频数与期望频数之差进行标准化处理，使其均值为 0，标准差为 1，故称为标准化残差或皮尔逊残差；调整后标准化（Adj.standardized），给出调整后的标准化残差，即单元格残差除以标准误的估计值所得的值。在本案例中，勾选前两个复选框。对于“非整数权重（Noninteger Weights）”选项组中的选项，按系统默认项处理即可。单击“继续（Continue）”按钮，返回“交叉表”对话框。

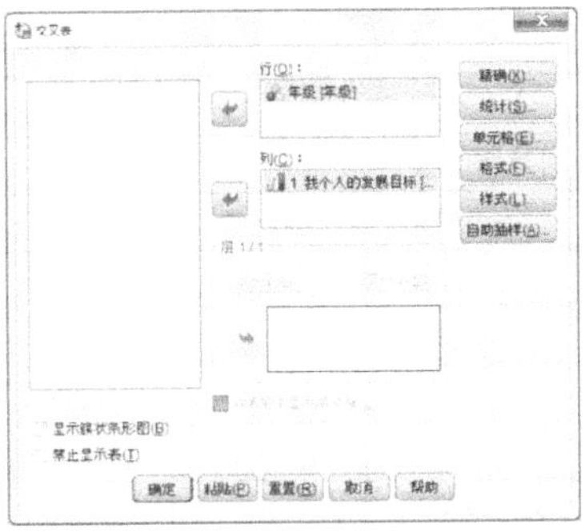

图 6-22　“交叉表”对话框

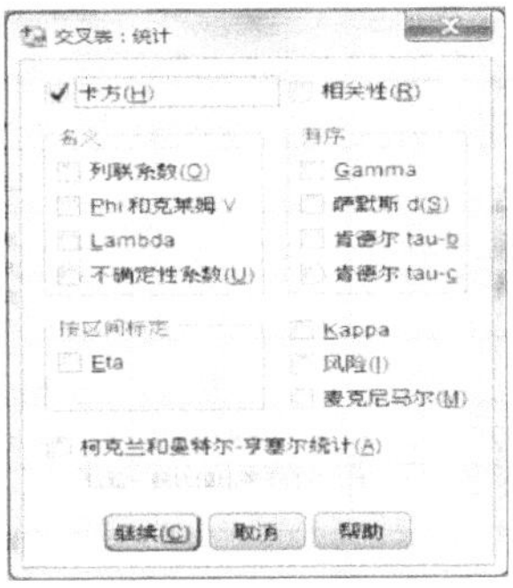

图 6-23　“交叉表：统计”对话框

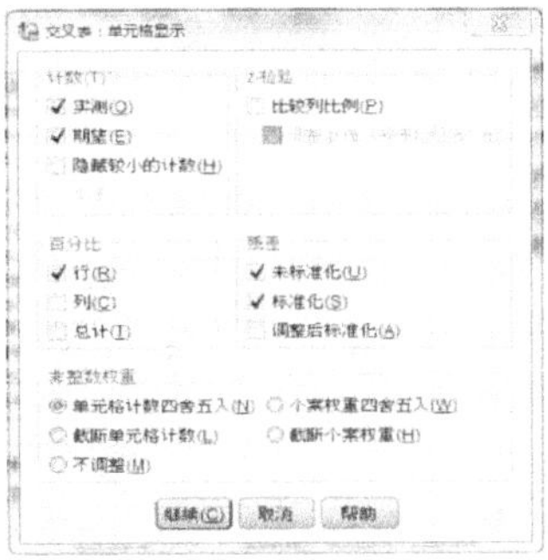

图 6-24　“交叉表：单元格显示”对话框

（6）单击“确定（OK）”按钮，提交系统运行。

【输出结果】

（1）个案处理摘要表。表 6-55 为个案处理摘要表，指出有效观测值为 446 个，没有缺失值。

表 6-55　年级*个人发展目标的个案处理摘要表

个案处理摘要						
	个　案					
	有　效		缺　失		总　计	
	N	百　分　比	N	百　分　比	N	百　分　比
年级 *1　我个人的发展目标	446	100.0%	0	0.0%	446	100.0%

（2）交叉列联表。表 6-56 为“年级”与“1 我个人的发展目标”的交叉列联表，表中给出了各个年级在各选项上的观测频数、期望频数、观测频数占年级总人数的百分比、非标准化残差和标准化残差；最后给出了总的统计结果，在 446 人中选择各选项的观测频数、期望频数及总观测频数占总人数的百分比；最右边给出了各个年级的总的统计结果。

表 6-56　年级*个人发展目标的交叉列联表

年级 *1　我个人的发展目标 交叉表								
			1　我个人的发展目标					
			很明确	较明确	有点明确	不太明确	不明确	总计
年级	大一	计数	18	42	29	32	4	125
		期望计数	23.0	46.2	30.8	21.6	3.4	125.0
		占 年级 的百分比	14.4%	33.6%	23.2%	25.6%	3.2%	100.0%
		残差	-5.0	-4.2	-1.8	10.4	.6	
		标准化残差	-1.0	-.6	-.3	2.2	.3	
	大二	计数	15	38	24	24	4	105
		期望计数	19.3	38.8	25.9	18.1	2.8	105.0
		占 年级 的百分比	14.3%	36.2%	22.9%	22.9%	3.8%	100.0%
		残差	-4.3	-.8	-1.9	5.9	1.2	
		标准化残差	-1.0	-.1	-.4	1.4	.7	
	大三	计数	23	41	37	13	1	115
		期望计数	21.1	42.5	28.4	19.9	3.1	115.0
		占 年级 的百分比	20.0%	35.7%	32.2%	11.3%	.9%	100.0%
		残差	1.9	-1.5	8.6	-6.9	-2.1	
		标准化残差	.4	-.2	1.6	-1.5	-1.2	

续表

年级 *1 我个人的发展目标 交叉表

			1 我个人的发展目标					
			很明确	较明确	有点明确	不太明确	不明确	总计
年级	大四	计数	26	44	20	8	3	101
		期望计数	18.6	37.4	24.9	17.4	2.7	101.0
		占 年级 的百分比	25.7%	43.6%	19.8%	7.9%	3.0%	100.0%
		残差	7.4	6.6	-4.9	-9.4	.3	
		标准化残差	1.7	1.1	-1.0	-2.3	.2	
	合计	计数	82	165	110	77	12	446
		期望计数	82.0	165.0	110.0	77.0	12.0	446.0
		占 年级 的百分比	18.4%	37.0%	24.7%	17.3%	2.7%	100.0%

（3）卡方检验结果。表 6-57 为卡方检验表，表中给出了三种不同检验方法的结果，每种方法都给出了统计量的值、自由度和双侧检验时统计量值的概率值。这三种检验方法如下：

- 皮尔逊卡方检验（Pearson Chi-Square），$p = 0.007$；
- 似然比卡方（Likelihood Ratio），$p = 0.006$；
- 线性关联卡方（Linear-by-Linear Association），$p = 0.000$。

表 6-57 卡方检验表

	值	自 由 度	渐进显著性（双侧）
皮尔逊卡方	27.126[a]	12	.007
似然比	27.996	12	.006
线性关联	15.761	1	.000
有效个案数	446		

a. 4 个单元格(20.0%)的期望计数小于 5。最小期望计数为 2.72。

由于案例中的样本是大样本，因此，皮尔逊卡方检验和似然比卡方检验的结果非常接近。如果取显著性水平为$\alpha = 0.05$，那么对于 $p = 0.007$ 和 $p = 0.006$，都应拒绝零假设，即可认为不同年级学生选择个人发展目标各选项的比例是有极其显著性差异的。

线性关联卡方并不是检验不同总体的比例的一致性，而是将整个数据作为一个样本，考察这个样本所属的总体中，“年级”变量与个人发展目标明晰程度之间是否有线性关系。零假设是“年级”变量与个人发展目标明晰程度之间没有线性关系，取$\alpha = 0.01$，可知 $p = 0.000<0.01$，应拒绝零假设，即“年级”变量与个人发展目标明晰程度之间具有线性关系。事实上，从表 6-56 也可以看出，随着年级的升高，个人发展目标明晰程度越来越高。对于变量之间的关系的讨论，将在第 7～9 章中进行，还会对卡方检验从新的视角加以介绍。另外，线性关联卡方只适用于定序变量，如果是定类变量，检验结果不可用。

3．卡方一致性检验的后续工作

1）单元格合并问题

在单个总体比例的卡方检验中，已经提到每一个检验变量的值所具有的频数不能小于 5，否则会影响检验的结论。对于一致性检验，同样有这样的要求，期望频数不应有 0 出现，不应有大量的期望频数小于 5 的单元格。如果有 20%的单元格中的期望频数小于 5，则一般不宜使用卡方检验。此时可以采用似然比卡方检验，也可以将单元格进行合并，将频数小于 5 的一类合并到相邻的类别中去。

在表 6-57 的注释中指出有 4 个单元格（20%）的期望频数小于 5，最小的期望频数为 2.72。为此，我们将“不太明确”与“不明确”两个选项合并为一个选项，利用“转换（Transform）”菜单下的“计算变量（Compute Variable）”命令，设新变量为“个人发展”：当“1 我个人的发展目标[x1]”≤3 时，新变量“个人发展”的值等于 x1 的值；当 x1≥4 时，“个人发展”的值等于 4。具体的操作方法已在 2.5 节中介绍，这里不再赘述。

重新做卡方检验，得到新的交叉表和检验结果。新的交叉表中全部单元格的期望频数都大于 5；卡方检验结果 $p = 0.002$，若取显著性水平 $\alpha = 0.05$，那么，应拒绝零假设，即认为不同年级学生选择个人发展目标各选项的比例是有极其显著性差异的。

2）差异显著时要做多重比较

我们已知在对多个正态总体均值差异进行单因素方差分析时，如果差异显著，并不能说明任何两个总体之间均值的差异都显著。在对多个总体的比例差异进行检验时同样有这样的问题。因此，还需要进行两两比较，考察到底哪些总体之间的差异是显著的。

例如，从上述案例可知四个年级之间在个人发展目标的明晰程度上差异显著。那么，哪些年级之间差异是显著的呢？可以通过选择数据子集的方法，每次选两个年级，一共需要做 6 次卡方检验。

4．2×2 列联表的卡方检验

当我们面对的是两个不同的群体，而且检验的是二分变量时，列联表是一个 2×2 的列联表。在进行卡方检验时，“交叉表（Crosstabs）”模块对 2×2 的列联表提供了两项特殊的检验：费希尔（Fisher）精确检验和麦克尼马尔（McNemar）检验。

1）费希尔精确检验

当样本是独立小样本时，“交叉表（Crosstabs）”模块自动提供费希尔（Fisher）精确检验。

【案例 6.9　男女生考试是否及格的费希尔精确检验】

案例 6.9 的思维导图如图 6-25 所示。打开数据文件“6.9　男女生考试成绩的费希尔精确检验”后，进行卡方检验：在“交叉表”对话框中，将“性别”移入“行（Row）”框内，将“成绩”移入“列（Column）”框内；单击“统计（Statistics）”按钮，在“交叉表：统计”对话框中勾选“卡方（Chi-square）”复选框，返回“交叉表”对话框后，单击“确定（OK）”按钮。输出窗口给出的统计结果有男女生考试成绩的列联表（见表 6-58）和卡方检验的结果（见表 6-59）。

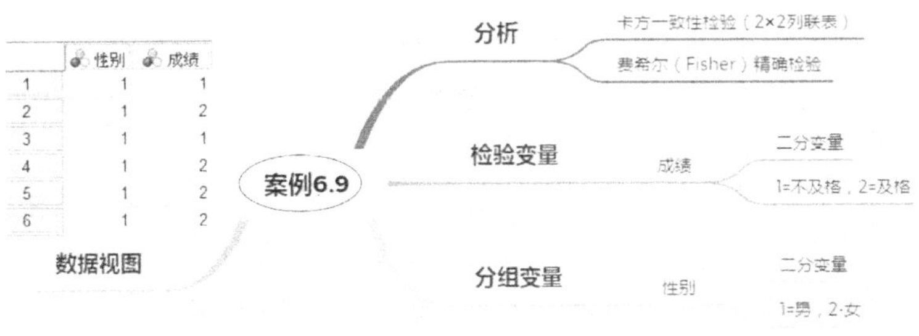

图 6-25　案例 6.9 的思维导图

表 6-58　男女生考试成绩统计

性别* 成绩 交叉表				
计　数				
		成　绩		总　计
		不 及 格	及　格	
性别	男	9	17	26
	女	5	15	20
总计		14	32	46

对照表 6-57，在表 6-59 中多了两项，一项是位于第二行的“连续性修正（Continuity Correction）”，它是专门针对 2×2 列联表（见注释 b）对皮尔逊卡方统计量进行了连续校正（Yates 校正），得出统计量的校正值为 0.144，概率值为 0.704；另一项是位于第四行的费希尔精确检验（Fisher’s Exact Test）的结果，双侧和单侧检验的精确概率值分别为 0.535 和 0.355。当我们取$\alpha = 0.05$时，这些概率值均大于 0.05，因此不能拒绝零假设，即男女生考试不及格的比例没有显著性差异。

表 6-59　对男女生成绩的卡方检验结果

卡方检验					
	值	自　由　度	渐进显著性(双侧)	精确显著性(双侧)	精确显著性(单侧)
皮尔逊卡方	.494[a]	1	.482		
连续性修正[b]	.144	1	.704		
似然比	.499	1	.480		
费希尔精确检验				.535	.355
线性关联	.483	1	.487		
有效个案数	46				

a. 0 个单元格(0.0%) 的期望计数少于 5。最小期望计数为 6.09。

b. 仅针对 2×2 列联表进行计算。

2）麦克尼马尔检验

在“交叉表：统计”对话框中，麦克尼马尔（McNemar）选项是专门针对两个相关样本设计的。

麦克尼马尔检验只适用于 2×2 的交叉列联表，即两个二分变量的情况。我们在 6.2 节介绍两个相关样本（2 Related-Samples）差异的非参数检验时，所提供的四种方法中就包括麦克尼马尔检验。

麦克尼马尔检验的假设如下：

H_0：两个相关样本所来自的两个总体分布没有显著性差异；

H_1：两个相关样本所来自的两个总体分布有显著性差异。

麦克尼马尔检验的基本思路是将关注点放在考察两个变量取值不同的单元格的变化上。例如，教学实验前与实验后的考试成绩（及格与不及格）由表 6-60 给出，要考察实验前后的变化，只需考察考试成绩有变化的人数。如果实验前不及格、实验后及格的人数与实验前及格而实验后不及格的人数都没有太大的变化，那么可以认为教学实验从总体上说没有使学生的成绩发生显著的变化；反之，如果实验前不及格、实验后及格的人数与实验前及格而实验后不及格的人数发生很大的变化，那么可以认为教学实验从总体上说使学生的成绩发生了显著的变化。

表 6-60　教学实验前与实验后的成绩（1）

实验前 * 实验后 交叉表				
		实　验　后		
		不及格	及　格	总　计
实验前	不及格	3	17	20
	及格	4	16	20
	总计	7	33	40

麦克尼马尔检验的方法是考察成绩变化的分布是否服从比例为$p_0 = 0.5$的二项分布。因此，完全与前面介绍的二项检验相同。对于小样本，给出二项分布的累积精确概率p；对于样本容量为n的大样本，则采用近似服从正态分布的Z统计量，计算出Z值所对应的概率p。如果设定的显著性水平为α，当$p < \alpha$时，应拒绝零假设；否则，不能拒绝零假设。

【案例 6.10　教学实验前后成绩差异的麦克尼马尔检验】

案例 6.10 的思维导图如图 6-26 所示。数据文件“6.10　实验效果 Mc 检验”给出了教学实验前与实验后的成绩，对其进行麦克尼马尔检验，大部分操作与案例 6.8 类似，只是在“交叉表：单元格显示”对话框中勾选“实测（Observed）”复选框，在“交叉表：统计”对话框中勾选“麦克尼马尔（McNemar）”复选框。在输出结果中，一是给出了实验前后的及格与不及格的观测频数（见表 6-60）；二是给出了麦克尼马尔检验结果（见表 6-61）。麦克尼马尔检验的双侧检验精确概率值为 0.007，并在注释 a 中指出“使用了二项分布（Binomial Distribution Used）”。当选择显著性水平为α=0.05 时，由于 0.007<0.05，故拒绝零假设，即实验前后的成绩有显著性差异。于是可以认为实验是有效果的，实验后学生的成绩比实验前成绩有了很大的提高。

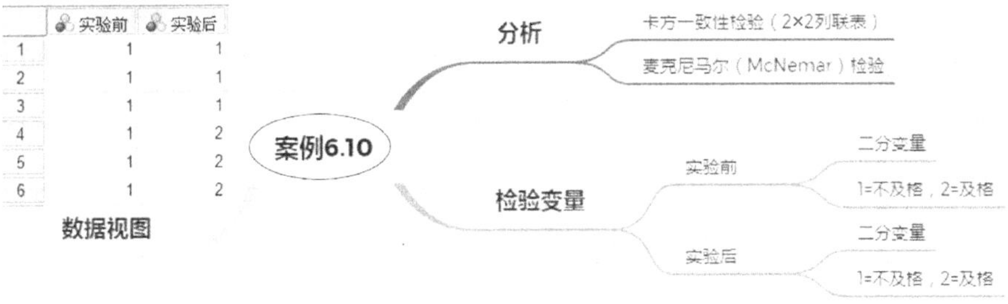

图 6-26　案例 6.10 的思维导图

需要说明的是，在建立数据文件时，两个检验变量的分类必须用相同的数字表示，否则，采用麦克尼马尔检验将无法给出检验结果。例如，在数据文件“6.11　实验效果 Mc 检验（卡方）（分类值不等）”中，用 1、2 分别表示“实验前”的成绩“及格”与“不及格”，用 1、0 分别表示“实验后”的成绩“及格”与“不及格”（见表 6-62）。在选择麦克尼马尔检验后，检验统计表中的数字是空的，只是在表注中提醒：“两个变量必须具有相同的类别值（Both variables must have identical values of categories）”（见表 6-63）。

表 6-61　麦克尼马尔检验的结果（1）

卡方检验		
	值	精确显著性(双侧)
麦克尼马尔检验		.007[a]
有效个案数	40	

a. 使用了二项分布。

表 6-62　教学实验前与实验后的成绩（2）

实验前* 实验后 交叉表				
计数				
		实验后		总计
		0	1	
实验前	1	4	16	20
	2	3	17	20
总计		7	33	40

表 6-63　麦克尼马尔检验的结果（2）

卡方检验		
	值	精确显著性(双侧)
麦克尼马尔检验		.[a]
有效个案数	40	

a. 两个变量必须具有相同的类别值。

附录 对总体的非参数检验

附表 1 对一个总体的非参数检验

检验的任务	检验方法	零假设	SPSS 的路径	备注
检验数据是否服从正态分布（Normal）、均匀分布（Uniform）、泊松分布（Poisson）、指数分布（Exponential）	单样本的柯尔莫戈洛夫-斯米诺夫检验（One-sample Kolmogorov-Smirnov Test）	H_0：样本所属的总体服从所指定的理论分布	分析（Analyze）→非参数检验（Nonparametric Test）→单样本 K-S（1-Sample K-S）	
针对多分类变量，对构成比例的检验：样本所属总体中各变量值的频数是否等于设定的频数	单样本的卡方检验	H_0：样本所属总体中各变量值的频数等于设定的频数	分析（Analyze）→非参数检验（Nonparametric Test）→旧对话框（Legacy Dialogs）→卡方（Chi-Square）	χ^2 值的大小取决于被检验的变量取值的个数 r 和样本容量 n 若存在频数小于 5 的单元格，要将定类变量的取值重新划定，将频数小于 5 的一类合并到相邻的类别中去。对社会调查，一般要求频数最好不要小于 20
针对二分变量对构成比例的检验：样本所属的总体是否服从指定的概率为 p 的二项分布	二项检验	单侧检验 H_0：样本所属的总体中第一组所占的比例与指定的比例相同	分析（Analyze）→非参数检验（Nonparametric Test）→旧对话框（Legacy Dialogs）→二项（Binomial）	小样本时，检验结果给出的是精确概率；大样本时，检验结果给出近似于正态分布的 Z 统计量的概率值

附表 2 两个总体分布差异的非参数检验

<table>
<tr><th colspan="2">样本与总体特征</th><th>检验的方法</th><th>零假设</th><th>SPSS 的路径</th><th>数据文件结构</th><th>备注</th></tr>
<tr><td rowspan="2">独立样本</td><td>非正态总体至少是定序数据（Ordinal）</td><td>曼-惠特尼 U 检验（Mann-Whitney U）
K-S 检验（Kolmogorov-Smirnov Z）
莫斯极端反应检验（Moses extreme reactions）
游程检验（Wold-Wolfowitz runs）</td><td>双侧检验：
H_0：两个总体的分布相同</td><td>• 分析（Analyze）→非参数检验（Nonparametric Test）→旧对话框（Legacy Dialogs）→2 个独立样本（2 Independent Samples）
• 游程检验还可以采用：分析（Analyze）→非参数检验（Nonparametric Test）→旧对话框（Legacy Dialogs）→游程（Runs）</td><td>由检验变量与分类变量组成</td><td>两总体分布类似时用曼-惠特尼 U 检验，“结”多时，用 K-S 检验，不用游程检验。不同检验方法得出的结论可能不同</td></tr>
<tr><td>定类变量
定序变量</td><td>χ^2 的一致性检验</td><td>双侧检验：
H_0：比例相同（分布相同）</td><td>分析（Analyze）→描述统计（Descriptive Statistics）→交叉表（Crosstabs）</td><td>由检验变量与分类变量组成</td><td>对于定距变量与定比变量，需要转化为定类或定序变量之后才能应用</td></tr>
<tr><td rowspan="3">配对样本（相关样本）</td><td>非正态总体至少是定序变量</td><td>符号检验（Sign test）
威尔科克森符号秩次检验（Wilcoxon Signed-rank test）</td><td rowspan="3">双侧检验：
H_0：两个总体分布相同</td><td rowspan="3">• 分析（Analyze）→非参数检验（Nonparametric Test）→旧对话框（Legacy Dialogs）→2 个相关样本（2 Related-Samples）
• 麦克尼马尔检验还可采用：分析（Analyze）→描述统计（Descriptive Statistics）→交叉表（Crosstabs）</td><td rowspan="3">每个样本设置为一个变量
每个个案有两个相应的数据</td><td rowspan="3">样本量要相同，变量值的编码规则必须相同</td></tr>
<tr><td>只能为二分变量，样本量相同</td><td>麦克尼马尔（McNemar）检验</td></tr>
<tr><td>多分类变量</td><td>边际齐性检验（Marginal Homogeneity test）</td></tr>
</table>

注：1. 所有的样本必须是随机抽取的样本；

2. 除个别方法（如两个配对样本的 McNemar 检验）外，正态分布总体一般也可以使用非参数检验。

附表 3　多个总体分布差异的非参数检验

<table>
<tr><th></th><th colspan="2">样本与总体特征</th><th>检 验 方 法</th><th>零 假 设</th><th>SPSS 的路径</th><th>数据的结构</th><th>备　注</th></tr>
<tr><td rowspan="4">多个总体差异的比较</td><td rowspan="2">独立样本</td><td>非正态总体至少是定序数据</td><td>中位数检验（Median Test）
克鲁斯卡尔-沃利斯（Kruskal-Wallis）检验（单向方差秩次分析）
约克海尔-塔帕斯特拉（Jonckheere-Terpstra）检验</td><td>双侧检验：
H_0：
各总体的分布相同</td><td>分析（Analyze）→非参数检验（Nonparametric Test）→旧对话框（Legacy Dialogs）→K 个独立样本（K Independent Samples）</td><td rowspan="2"></td><td>只有在 SPSS 软件中装有 Exact 时才能使用约克海尔-塔帕斯特拉检验</td></tr>
<tr><td>定类变量
定序变量</td><td>χ^2的一致性检验</td><td>双侧检验：
H_0：
各总体的比例相同（分布相同）</td><td>分析（Analyze）→描述统计（Descriptive Statistics）→交叉表（Crosstabs）</td><td>对于定距变量与定比变量，需要转化为定类变量或定序变量之后才能应用</td></tr>
<tr><td rowspan="2">相关样本（配对样本）</td><td>非正态总体，至少是定序数据，样本量相同</td><td>傅莱德曼（Friedman）检验（双向方差秩次分析）
肯德尔（Kendall）和谐系数检验</td><td rowspan="2">双侧检验：
H_0：
各总体的分布相同</td><td rowspan="2">• 分析（Analyze）→非参数检验（Nonparametric Test）→旧对话框（Legacy Dialogs）→K 个相关样本（K Related Samples）
• Q 检验还可以采用：分析（Analyze）→描述统计（Descriptive Statistics）→交叉表（Crosstabs）</td><td rowspan="2">针对每个样本设置一个变量（如 5 所学校的评分各设一个变量），每个个案有多个相应的数据</td><td rowspan="2">在列联表中进行柯克兰 Q 检验时，数据文件由一个分类变量和一个检验变量构成</td></tr>
<tr><td>二分变量，样本量相同</td><td>柯克兰（Cochran）Q 检验</td></tr>
</table>

注：1. 所有的样本必须是随机抽取的样本；

2. 除个别方法（如多个相关样本的柯克兰 Q 检验）外，正态总体一般也可以使用非参数检验。

3. 多个总体适用的方法也适用于两个总体，但其中的某些功能不能用，例如，在单因素方差分析中，若分类变量只有两个值（只有两个样本），不能用“事后多重比较”功能做多重比较。

第 7 章　事物间的相关关系

前面几章主要针对问卷中的一个题目或一个综合因素进行讨论，反映在统计分析上，是对一个随机变量的参数估计，对不同总体在均值、比例、分布等方面的差异检验。但是，任何事物都不是孤立的，客观世界的事物之间是相互联系、相互影响的。因此，不仅需要分析一个变量的情况，还需要对不同事物之间的关系做比较深入的探讨，用统计学的术语讲，就是讨论变量之间的相关关系，例如考察受教育水平与收入水平的关系等。本章将讨论如何分析不同事物之间的相关关系。

7.1　相关关系概述

7.1.1　函数关系与相关关系

谈到变量之间的关系，很自然地会想到函数关系。众所周知，函数关系是指变量之间所具有的严格的相依关系。以两个变量 x、y 为例，x、y 之间具有函数关系是指变量 y 的值随变量 x 的变化而变化，当变量 x 的值取定之后，变量 y 的值也随之确定。

但是，客观世界中不仅存在着确定性现象，还有不确定性现象。函数关系只能从量的角度反映确定性现象之间的关系，不能反映不确定性现象之间的关系。例如，人的身高与体重的关系是一种随机性、不确定性关系。通常情况下，随着身高的增加，体重也会越来越重，但相同身高的人体重不一定相同，因为体重不仅受身高的影响，还受遗传、健康状况、生活条件等其他因素的影响。当把每个人的身高、体重作为平面直角坐标系上的一个点（x，y）时，便会有如图 7-1 所示的图形。但该图形只能说明身高和体重有关系，却不能用一个函数表达式来确切地说明这种关系，对此我们就说身高和体重两个变量之间具有相关关系。

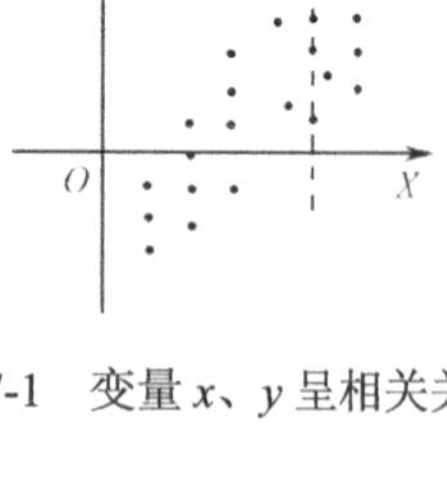

图 7-1　变量 x、y 呈相关关系

一般地说，对于两个变量 x、y，变量 x 的值发生变化时，变量 y 也会在数量上发生变化，但是当变量 x 的值取定之后，由于受其他因素的影响，变量 y 的值还可能在一定的范围内变化。由于这些因素的影响相比之下可能很小，而且具有随机性，因此这两个变量之间便具有相关关系。

相关关系是对两个或多个变量之间所具有的不确定性关系的一种描述。两个变量之间具有相关关系，就简称为两个变量是相关（Correlation）的。相关分析（Correlation Analysis）是指对变量之间的相关关系进行统计分析的方法或过程。

需要注意的是，两个变量具有相关关系不等于具有因果关系。例如，吸烟与患肺癌有很密切的关系，但是不能说“吸烟会得肺癌”。有些时候，也可能互为因果。以“自信心”与“学习成绩”的关系为例，两者具有相关关系，同样的学习水平，自信心强的学生考试时焦虑度适中，发挥正常，一般能够取得比较理想的成绩；但反过来，也有的学生，原来总认为自己“笨”，自我效能感较低，由于某一次的考试成绩比较好，发现了自己的潜能，就会增强学习的自信心。

对于社会调查来说，所涉及的变量大多是定性变量，可以先通过交叉列联表考察行变量和列变量之间的相关关系。例如，表 7-1 是根据大学生学情调查的数据制作的小班排名与独立完成作业的交叉列联表，可以看出排名越在前面，独立完成作业的情况越好，可见学习成绩在班上的名次与平时的学习态度是有关系的。由于对定类变量的相关分析主要通过列联表进行，因此，也称定类变量之间的相关为列联关系，而相关则特指定序、定距和定比变量之间的关系，本书全部采用“相关关系”一词。

表 7-1　排名与独立完成作业的交叉列联表

小班排名* 36　我总是独立完成作业 交叉表

小班排名中的 %

		36　我总是独立完成作业					合　计
		非常符合	比较符合	有点符合	不太符合	不 符 合	
小班排名	前 5 名	32.2%	33.9%	23.7%	6.8%	3.4%	100.0%
	前 6 至前 10 名	19.7%	38.0%	29.6%	5.6%	7.0%	100.0%
	居中	12.3%	37.3%	26.5%	20.1%	3.9%	100.0%
	后 6 至后 10 名	6.5%	37.1%	27.4%	25.8%	3.2%	100.0%
	后 5 名	13.9%	19.4%	27.8%	19.4%	19.4%	100.0%
合计		15.5%	35.4%	26.9%	16.7%	5.6%	100.0%

注：表中数据为四舍五入后的结果，故数据相加后的结果与“合计”数据可能有误差。

对于定量变量，一般先采用如图 7-1 所示的散点图（Scatter Plots，Scatter Chart）来考察变量间的相关关系。散点图是从图形上反映变量之间的相关关系的。然而要做比较精细的分析，需要采用两个变量之间的相关系数（Correlation Coefficient）来描述。相关系数反映了具有不确定性关系的变量之间的紧密程度和相关的方向，是本章讨论的主要内容之一。

7.1.2　散点图

1. 从散点图看相关关系

散点图又称为散布图（Scatter Diagram）或相关图，以两个变量为例，是以两个变量中的一个变量为横坐标，另一个变量为纵坐标，根据两个变量在平面直角坐标系中的分布情况，来描述两个变量之间的相关关系。散点图是以点的分布反映对同一个个体所测量的两个数量变量之间关系的统计图形，是考察两个变量相关关系的非常直观的统计图之一。在建立直角坐标系时，如果第一个变量的变化引起第二个变量的变化，那么就把第一个变量标示在 X 轴上，第二个变量标示在 Y 轴上。如果两个变量之间没有这样的差别（两个变量之间的关系是对称的），那么不论哪个变量标示在横轴上都可以。类似地，如果是探讨三个变量之间的相关关系，也可以作三维散点图。图 7-2 是根据大学生学情调查的数据制作的大学生的自我调控水平与时间利用水平关系的散点图，由图可以看出，随着自我调控水平的提高，时间利用水平也在提高。

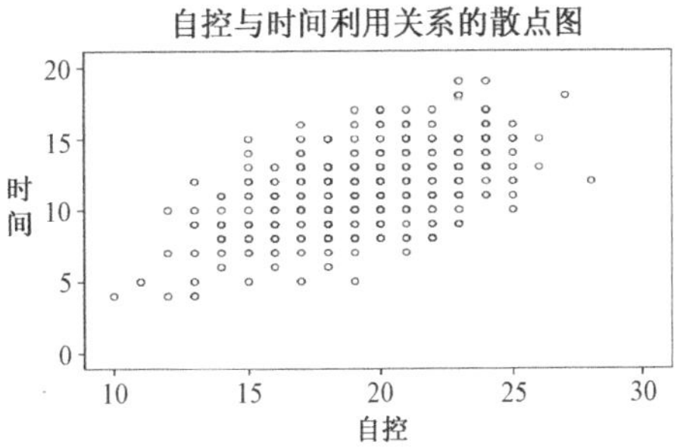

图 7-2　自我调控水平与时间利用水平关系散点图

一般地说，当一个变量的值随着另一个变量的值增加（减少）而增加（减少），即两个变量的变化方向相同［见图 7-3（a）］时，称这两个变量呈正相关（Positive Correlation）关系；如果一个变量的值随着另一个变量的值增加（减少）而减少（增加），即两个变量的变化方向相反［见图 7-3（b）］时，称这两个变量呈负相关（Negative Correlation）关系；也有些图形呈曲线的形状［见图 7-3（c）］，而当一个变量变化时，另一个变量的变化没有一定的规律或没有变化［见图 7-3（d）］，我们称这两个变量呈零相关（Zero Correlation）关系。

从图 7-3 可以看出，当两个变量具有相关关系时，有直线相关［见图 7-3（a）、（b）］和曲线相关（Curvilinear Correlation）［见图 7-3（c）］之分，直线相关也称为线性相关（Linear Correlation）。

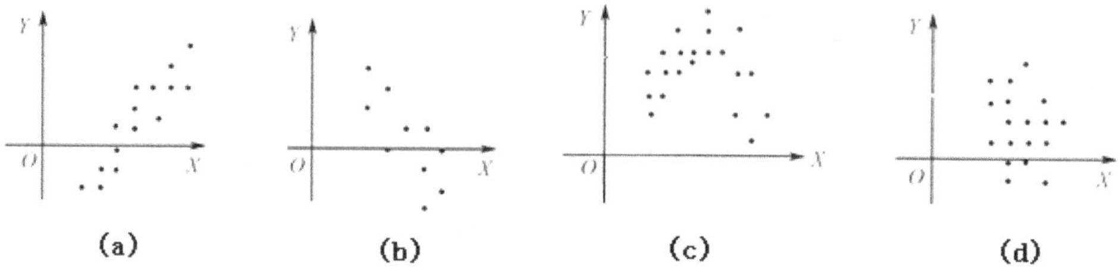

图 7-3　两个变量相关关系的散点图

2. 利用“散点图/点图（Scatter/Dot）”制作散点图

在 SPSS 中，通过“图形（Graphs）”→“散点图/点图（Scatter/Dot）”命令完成散点图的绘制。“散点图/点图”对话框（见图 7-4）提供了散点图的五种图式。

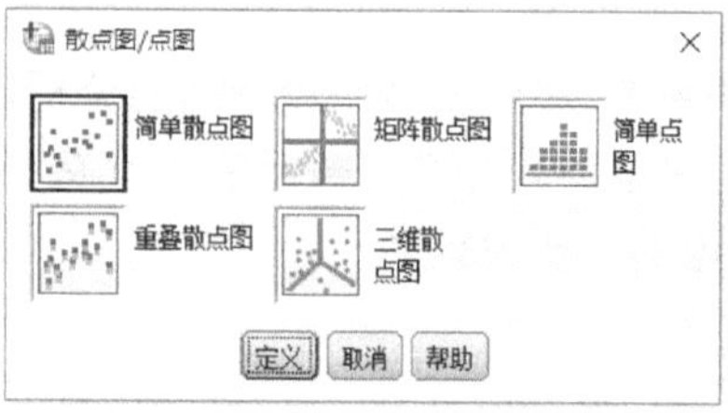

图 7-4　“散点图/点图”对话框

- 简单散点图（Simple Scatter）：显示两个变量之间的相关关系。
- 重叠散点图（Overlay Scatter）：显示多对变量之间的相关关系。
- 矩阵散点图（Matrix Scatter）：以矩阵形式显示多个变量之间的相关关系。
- 三维散点图（3-D Scatter）：在三维空间显示三个变量之间的相关关系。
- 简单点图（Simple Dot）。

对应五种图式的五个对话框的结构基本相同，我们仅对“简单散点图”进行比较详尽的介绍。下面以案例来说明利用“简单散点图（Simple Scatter）”图式绘制散点图的基本步骤。

【案例 7.1　时间利用水平与自我调控水平的散点图】

案例 7.1 的思维导图如图 7-5 所示。试根据“统计分析案例”中的数据，绘制大学生的时间利用水平与自我调控水平的散点图，并在图中将“性别”变量加以标示。

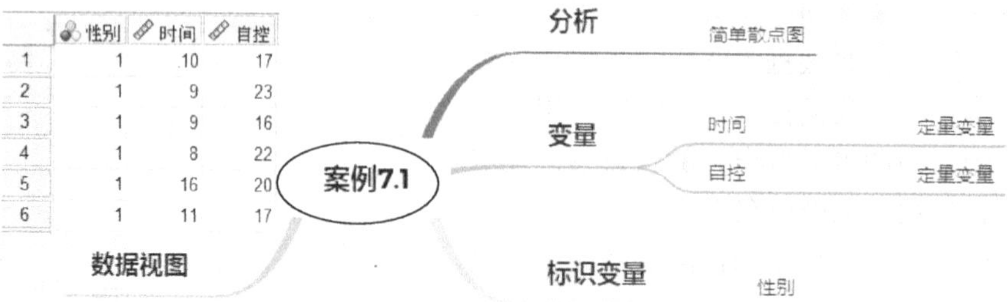

图 7-5　案例 7.1 的思维导图

【操作步骤】

（1）打开数据文件“7.1 时间利用与自我调控的散点图”。

（2）依次执行“图形（Graphs）”→“旧对话框（Legacy Dialogs）”→“散点图/点图（Scatter/Dot）”命令，弹出“散点图/点图”对话框。

（3）选择“简单散点图（Simple Scatter）”图式，单击“定义（Define）”按钮，打开“简单散点图”对话框（见图 7-6），其中有如下内容。

① 四个变量框。

- Y 轴（Y Axis）：设置 Y 轴变量。
- X 轴（X Axis）：设置 X 轴变量。
- 标记设置依据（Set Markers by）：散点标记框，设置散点的分类标志，即对不同群体（例如不同的性别）选择不同的颜色或符号进行标记，使散点图清晰地显示出不同群体之间两个变量的相关关系是否有所不同。
- 个案标注依据（Label Cases by）：标志观测值框，给出标志观测值的变量后，将会在每一个观测值上显示出变量的值。例如，取性别为标志变量，那么散点图中的每一个点都会标示出“男”或“女”的字样。但是，这样的散点图显得比较乱，一般地，不设置该框，只设置散点标记框就可以了。如果决定显示观测值的标志，那么在选择了标志变量之后，要单击“选项（Options）”按钮，打开相应对话框，并选择“显示带有个案标签的图表（Display chart with case labels）”选项。

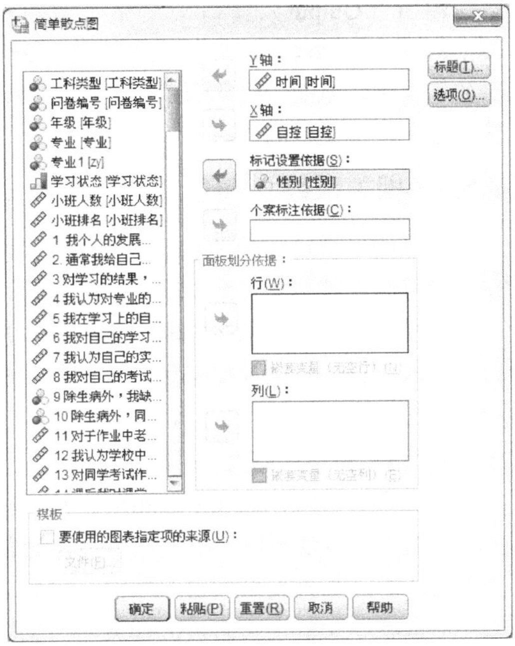

图 7-6　“简单散点图”对话框

②“面板划分依据（Panel by）”选项组：指定散点图分层方式，提供了两种选择。

- 行（Rows）：给出分层变量后，系统将对该变量的每个值绘制出一个散点图，这些散点图是横向平行的。例如，分层变量取“年级”，散点图如图 7-7（a）所示。
- 列（Columns）：给出分层变量后，系统将对该变量的每个值绘制一个竖向平行的散点图，如图 7-7（b）所示。

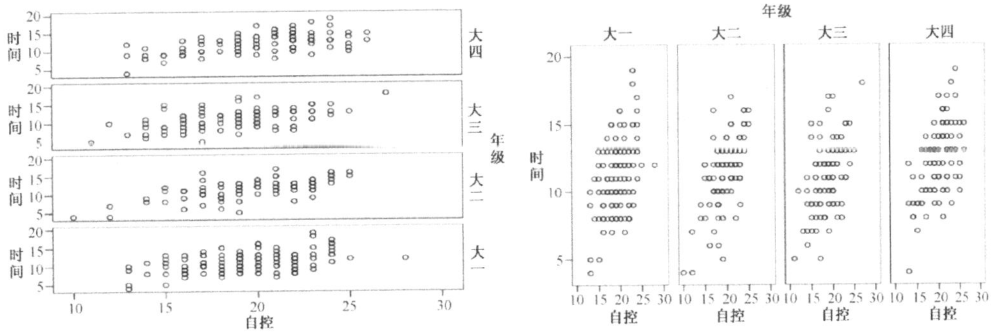

（a）“行”方式　　（b）列”方式

图 7-7　指定分层变量后的散点图

本案例中，将“时间”移入“Y 轴”框，将“自控”移入“X 轴”框，将“性别”移入“标记设置依据（Set Markers by）”框，其他项目不做设置（见图 7-6）。

（4）单击“标题（Titles）”按钮，在弹出的对话框中输入标题“自控与时间利用关系的散点图”后，单击“继续（Continue）”按钮，返回“简单散点图”对话框。

（5）单击“确定（OK）”按钮，提交系统运行。

【输出结果】

输出（Output）窗口中给出了散点图（见图 7-8，已经过编辑），图中“□”“△”分别表示男生和女生，既有“□”又有“△”标示的观测值点是男女生重合的点。

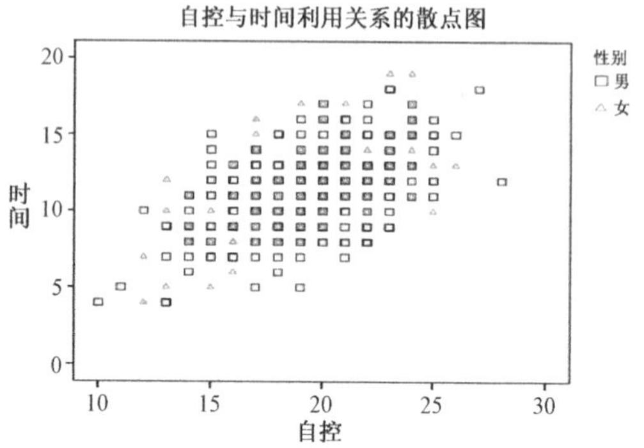

图 7-8　自我调控水平与时间利用水平关系散点图

7.1.3　相关系数

散点图对变量间的关系给出了直观的描述，使我们可以对其相关关系做出初步的判断。但是，它不能精确地反映变量之间相关的密切程度。那么，引入怎样的参数才能描述变量间的相关程度和方向呢？这便是相关系数。

1．相关系数的概念

相关系数（Correlation Coefficient）是表明两个变量之间或多个变量之间相关程度和方向的一个数值，取值范围一般为−1～+1，通常记为 r。当 $r>0$ 时，变量之间的变化方向一致，称变量之间呈正相关关系；当 $r<0$ 时，变量之间的变化方向相反，称变量之间呈负相关关系。r 的绝对值表示变量之间的紧密程度，r 的绝对值越接近 1，变量间的相关性越强，变量间的关系越密切，当 $r=1$ 时，变量之间呈完全正相关关系；当 $r=-1$ 时，变量之间呈完全负相关关系；r 的绝对值越接近 0，变量间的相关性越弱，$r=0$ 时，变量之间没有线性相关性。两个变量间的相关系数称为简单相关系数，在无特别说明时，我们讲的相关系数就是指简单相关系数。表示一个变量与多个变量间的线性相关关系的参数有偏相关系数（Partial Correlation Coefficient）和复相关系数（Multiple Correlation Coefficient）。

在运用相关系数讨论变量的关系时，需要注意以下两点：

第一，相关系数之间只可比较，不可做四则运算。

例如，变量 X 与 Y_1、Y_2、Y_3 的相关系数分别为 0.78、0.70 和 0.35，可以说 X 与 Y_1 最密切，与 Y_2 次之，与 Y_3 的相关关系最不密切。但不可以说，X 与 Y_2 的相关系数是 X 与 Y_3 的相关系数的 2 倍，也不能直接计算相关系数的平均数。

第二，样本的选取会影响相关系数的大小。

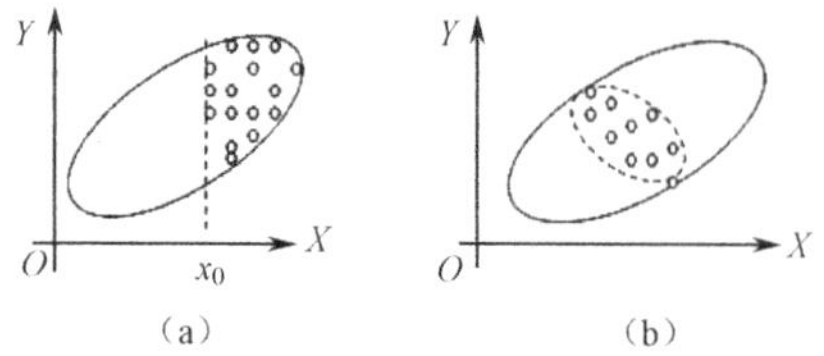

图 7-9　对总体没有代表性的样本

样本对总体的代表性（包括样本容量的大小）决定着相关系数的可信程度，样本容量太小，受抽样的偶然因素影响就会较大，可能使本来无关的两个变量计算出较大的相关系数。如图 7-9 所示，实线椭圆表示总体数据所在的区域，从总体中选取不同的样本，相关系数会有很大的差别。在图 7-9（a）中，仅取大于 x_0 的样本点，相关系数会很小，而在图 7-9（b）中，X、Y 之间却显示出负相关关系。实际上，两个变量呈正相关关系。因此，样本的选取是一项基础性工作。

2．相关系数的选择

在探讨各种变量的相关关系时，最重要的是要针对不同的情况选择不同的相关系数。在选择相关系数时，除了要注意该相关系数本身所要求的特殊条件，还要考虑以下三点：

1）变量的类型

不同类型的变量要使用不同的相关系数。例如，积差相关系数用于两个定量变量，而斯皮尔曼（Spearman）等级相关系数则用于两个定序变量。

2）变量间是否具有对称关系

对于变量 X、Y，如果认为 X 会影响 Y，而 Y 不会影响 X，就称 X、Y 具有不对称关系（Asymmetrical Relationship）；反之，如果我们不确定或不区分 X 影响 Y，还是 Y 影响 X，那么就称 X、Y 是对称关系（Symmetrical Relationship）。例如，Gamma 系数 γ 用于两个变量是对称的情况，而萨默斯（Somers's）d 系数则用于两个变量是非对称的情况。

3）相关系数是否具有消减误差比例的作用

如果某种社会现象 Y 与另一种社会现象 X 有关系，那么当利用 X 的信息来预测 Y 时，就会比不知道 X 的值来预测 Y 时减少一定的盲目性，从而减少一定的误差。而且，X 与 Y 的关系越密切，减少的误差就越多。所以，预测时能够减少多少误差，可以反映 X 与 Y 之间关系的强弱。鉴于此，1954 年古德曼（Goodman）提出了消减误差比例（Proportionate Reduction in Error）的概念：

$$\text{PRE} = \frac{E_1 - E_2}{E_1}$$

其中，E_1 为不知道 X 的值来预测 Y 时产生的误差；E_2 为知道 X 的值来预测 Y 时产生的误差。PRE 的值越大，用 X 值预测 Y 值时减少的误差所占的比例越大，即 X 与 Y 的关系越密切。

从 PRE 的定义可知，其值在 0 与 1 之间，当 $E_1=E_2$ 时，PRE=0，说明用 X 预测 Y 时，一点误差都没有减少，即 X 与 Y 没有关系；当 $E_2=0$ 时，PRE=1，说明用 X 预测 Y 时，误差减少了 100%，即 X 与 Y 具有完全相关关系。当 PRE = 0.54 时，说明用 X 预测 Y 时，减少了 54% 的误差，或者说能减少 54%的错误。因此，PRE 不仅给出了两个变量相关的强度，而且对于社会科学的研究来说具有实际意义。PRE 的数值表明用一个社会现象解释另一个社会现象时，能够消减百分之多少的误差。

综上所述，在实际选择用哪一个相关系数来考察两个变量的相关关系时，首先要看变量的类型，再看两个变量的关系是否为对称关系，最后看这个相关系数是否具有消减误差比例的作用。

3．样本相关系数与总体相关系数

当调查数据是对总体调查得到的数据时，两个变量的相关系数能够反映这两个变量的相关关系的密切程度乃至相关的方向，并且根据相关系数的大小将其划分为高度相关、中度相关、低度相关。但是，在调查研究过程中，我们收集的数据多是通过随机抽样得到的样本数据，由此得出的相关系数是样本的相关系数，如果重新抽取一次样本，在一般情况下，计算出的相关系数与先前计算的相关系数是不一样的。这就提示我们，不能轻易地将对样本进行相关分析的结论用到对总体的相关关系上。因此，如果需要通过样本的相关系数考察总体的相关性，在符合随机抽样条件的前提下，就要对两个变量的相关性进行假设检验。

通常采用双侧检验，建立的假设如下：

H_0：在总体中，两个变量之间是独立的，即相关系数为 0；

H_1：在总体中，两个变量之间是相关的，即相关系数不等于 0。

如果要检验两个变量是正相关还是负相关的，就要进行单侧检验，建立的假设如下：

H_0：在总体中，两个变量之间是不相关的，即相关系数为 0；

H_1：在总体中，两个变量之间是正（负）相关的，即相关系数大于（小于）0。

根据要求，在 SPSS 的输出结果中，会给出每个相关系数检验的结果。

7.1.4 有关相关分析的两个对话框的功能

计算两个变量的相关系数可以通过两条路径：一条是“分析（Analyze）”→“描述统计（Descriptive Statistics）”→“交叉表（Crosstabs）”→“统计（Statistics）”；另一条是“分析（Analyze）”→“相关（Correlate）”→“双变量（Bivariate）”。

1. “交叉表：统计”对话框所具有的相关分析功能

考察两个变量的相关关系的操作集中在“交叉表：统计”对话框中进行。该对话框的基本功能是计算与检验两个变量之间的相关关系。

在“交叉表：统计”对话框（见图 7-10）中，有三个选项组和六个复选框。

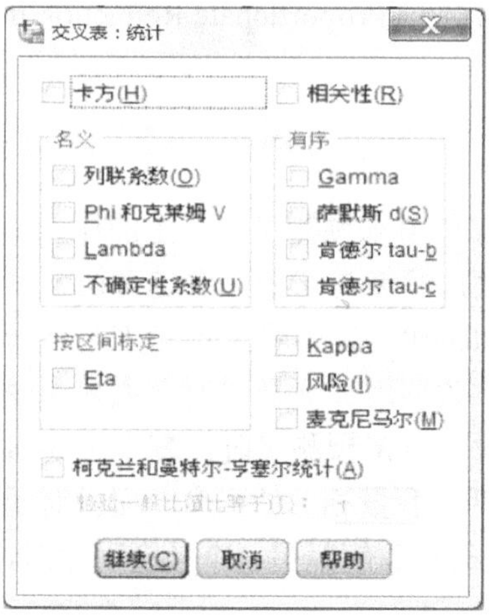

图 7-10 “交叉表：统计”对话框

- “卡方（Chi-square）”复选框：计算皮尔逊（Pearson）χ^2 值、似然比（Likelihood ratio）χ^2 值和进行费希尔精确概率检验（Fisher’s exact test）及亚茨连续性修正（Yate’s correction for continuity）。对于给出的线性关联检验（Linear-by-Linear Association，也称为 Mantel-Haenszel 卡方），只有当列联表中的两个变量均为定序变量时才可用。
- “相关性（Correlations）”复选框：对定量变量，计算皮尔逊积差相关系数 r；对于定序变量，计算斯皮尔曼等级相关系数。
- “名义（Nominal）”选项组：对定类变量进行相关分析，设有四个复选框，将提供六种相关系数的计算（详见 7.2.2 节）。
- “有序（Ordinal）”选项组：对定序变量进行相关分析，设有四个复选框，提供了四种相关系数的计算（详见 7.2.3 节）。
- “按区间标定（Nominal by Interval）”选项组：对一个定类变量与一个定距变量计算 Eat 相关系数，并给出检验结果（详见 7.4 节）。
- “Kappa”复选框：用于考察两个评估人对同一个评估对象进行评估时是否具有一致性。用 1 表示具有完全的一致性，用 0 表示两者没有一致性。Kappa 系数只能用于两个变量具有相同分类值和分类数相等的情况。
- “风险（Risk）”复选框：计算相对风险度（Relative Risk）和优势比（Odds Ratio）。对于 2×2 列联表，测量一个事件的发生与某因素之间的关联强度。例如，吸烟与患肺癌之间是否有关系。当相对风险度的置信区间包含 1 时，不能认为该因素与事件的发生有关联。当事件发生的概率很小时，优势比可以作为一个评价指标。

- “麦克尼马尔（McNemar）”复选框：6.5 节已经介绍过，只适用于 2×2 的交叉列联表，即两个二分变量，而且是专门针对配对样本设计的。
- “柯克兰和曼特尔-亨塞尔统计（Cochran’s and Mantel-Haenszel statistics）”复选框：计算柯克兰和曼特尔-亨塞尔统计量，用于检验在定义了一个以上分层变量的情况下的独立性和齐次性。要在“检验一般比值比等于（Test common odds ratio equals）”（公共优势比齐性检验）后面的参数框内输入零假设值，系统默认值为 1。

2. “双变量相关性”对话框所具有的相关分析功能

“交叉表：统计”对话框主要适用于定类变量和定序变量的相关分析，尽管它也可以用来分析两个定量变量的相关性，但是，由于变量值相对较多，制作交叉表很不方便。因此，对于两个定量变量，多采用“双变量相关性”对话框（见图 7-11）。

除源变量框外，该对话框中还有一个“变量”框、两个选项组、一个复选框和几个按钮。

- “变量（Variables）”框：指定参与相关分析的变量。
- “相关系数（Correlation Coefficients）”选项组：有三个复选框，分别计算皮尔逊（Pearson）积差相关系数、肯德尔（Kendall’s）tau-b 系数和斯皮尔曼（Spearman）等级相关系数。
- “显著性检验（Test of Significance）”选项组：进行显著性检验。该选项组提供了两种检验方式：双尾（Two-tailed），即双侧检验，此为系统默认的检验方式；单尾（One-tailed），即单侧检验，如果事先了解两个变量之间相关的方向，便可以选择此方式。
- “标记显著性相关性（Flag Significance Correlation）”复选框：在输出结果中将“*”（或“**”）号标注在相关系数的右上方，以表示其显著性水平。
- “选项（Options）”按钮：单击此按钮，会弹出相应的对话框。

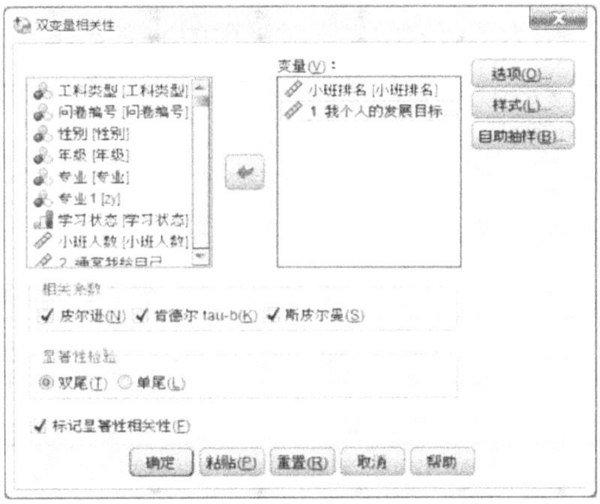

图 7-11 “双变量相关性”对话框

从上面的介绍可知，对相关分析模块的操作并不困难，关键是对所提供的各种相关系数的理解和使用，因此，我们重点介绍各种相关系数提出的思路、计算公式、在什么条件下能够使用以及如何解释相关系数的意义，以利于读者分析调查数据。对于计算公式本身不必记忆，只是为了更好地理解相关系数的意义。

7.2 两个定性变量的相关分析

抽样调查所得的数据，大部分是定类数据或定序数据，也就是说绝大多数是定性数据。因此探讨两个事物之间的关系主要体现在对两个定性变量所做的相关分析上。例如，不同职业的女性对化妆品的品牌是否有不同的偏好；大学生对待考试作弊的态度是否与年级有关，等等。对于这些问题，通过列联表可以得到定性变量的频数分布，因此对两个定性变量的相关分析往往是在列联表的基础上进行的。

一般地说，对两个定性变量进行相关性分析时，首先利用列联表进行独立性检验，如果否定了零假设，那么再计算相应的相关系数，进一步了解两个变量相关的方向和强度。

7.2.1　利用“交叉表（Crosstabs）”命令进行χ^2独立性检验

第 6 章曾介绍利用卡方检验考察不同群体在某一特征上的比例是否一致，如利用卡方一致性检验考察不同年级的学生对自己学习状态的评价是否有显著性差异。如果不是将每个年级视为一个总体，而是将所有学生视为一个总体，那么，当不同年级的学生对自己学习状态的评价有显著性差异时，就可以看成学生对自己学习状态的评价与年级变量有关系；反之，若不存在显著性差异，就可以认为两个变量之间没有关系，是独立的。所以，卡方检验可以用来分析两个变量之间的相关关系，即进行独立性检验。

χ^2独立性检验与卡方一致性检验既有共同点又有不同点：

第一，检验的目的不同。卡方一致性检验考察的是不同总体之间的分布是否一致，χ^2独立性检验考察的是两个变量是否独立，着眼点不同，结果的解释也不同。

第二，检验的思路不同。进行卡方一致性检验时，是从不同的总体中抽取样本的，而进行χ^2独立性检验时，是从一个总体中抽取样本的。

第三，计算期望频数的依据不同，但结果相同。运用 SPSS 中的“交叉表（Crosstabs）”命令进行检验的操作过程相同。

我们结合一个案例来说明如何运用 SPSS 中的“交叉表（Crosstabs）”命令进行独立性检验。

【案例 7.2　“冲突处理方式”与“玩暴力电子游戏”的卡方独立性检验】

为了研究学生平时采用的冲突处理方式（讲理或攻击）是否与玩有暴力倾向的电子游戏有关系，随机抽取了 20 名中学生进行调查。调查的数据如表 7-2 所示。数据编码的规则为：变量 F=“冲突处理方式”，其中，0=讲理，1=攻击；变量 X=“玩暴力电子游戏”，其中，0=否，1=是。试用“交叉表（Crosstabs）”命令考察变量 F 与 X 是否有关系。案例 7.2 的思维导图如图 7-12 所示。

表 7-2　20 名学生调查数据一览表

学 生 编 号	1	2	3	4	5	6	7	8	9	10	11	12	13	14	15	16	17	18	19	20
冲突处理方式（F）	1	1	1	0	0	1	0	0	1	1	1	0	0	0	1	1	0	0	0	0
玩暴力电子游戏（X）	1	1	0	1	0	1	0	0	1	0	1	0	0	1	1	1	0	0	0	1

数据来源：王保进. 英文视窗版 SPSS 与行为科学研究. 北京：北京大学出版社，2007：175.

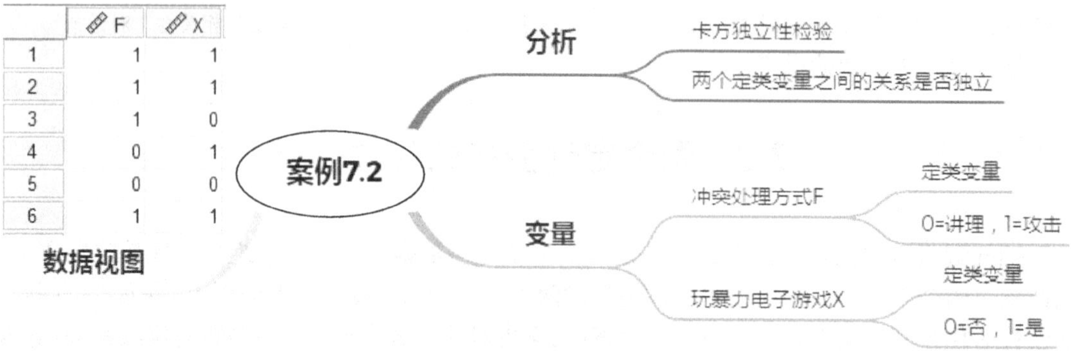

图 7-12　案例 7.2 的思维导图

【操作步骤】

第一步：根据表 7-2 中的数据与编码规则，建立数据文件“7.2 冲突处理方式与玩暴力电子游戏的卡方独立性检验”。

第二步：进行独立性检验。

(1)依次执行“分析(Analyze)”→“描述统计(Descriptive Statistics)”→“交叉表(Crosstabs)”命令，弹出“交叉表”对话框（见图 7-13）后，分别将变量“玩暴力电子游戏”“冲突处理方式”移入“行（Row(s)）”框与“列（Column(s)）”框中。

(2) 单击“统计（Statistics）”按钮，在弹出的对话框中勾选“卡方(Chi-square)”复选框，单击“继续(Continue)”按钮，返回“交叉表”对话框。

(3) 单击“确定（OK）”按钮，提交系统运行。

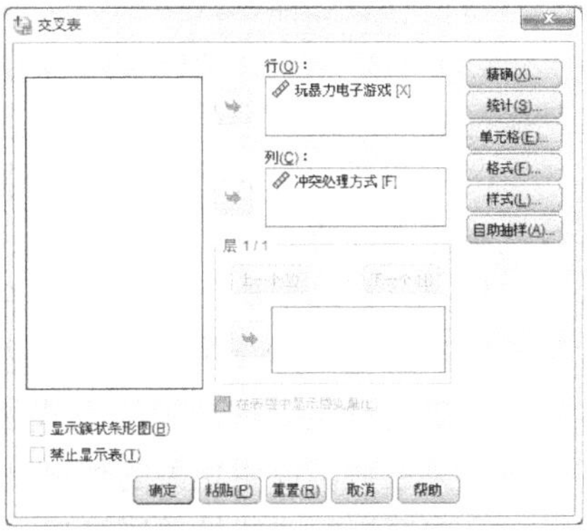

图 7-13 “交叉表”对话框

【输出结果】

输出窗口共给出三张统计表，除个案处理摘要表外，还有冲突处理方式与玩暴力电子游戏交叉列联表（见表 7-3）和卡方检验表（见表 7-4）。读者已经非常熟悉表 7-3，不再赘述。

表 7-4 是卡方独立性检验的结果。从表 7-4 可知，皮尔逊卡方值为 5.051，统计量的双侧检验的概率值 p = 0.025。如果取α=0.05，由于 p<0.05，应拒绝零假设，学生处理冲突的方式与是否玩暴力电子游戏有关系，相关性显著，即不玩暴力电子游戏的学生更多的是采取讲理的方式来处理冲突，而玩暴力电子游戏的学生容易采用攻击的方式处理冲突。但是，从表注 a 知，在列联表中有 50%（2 个单元格）的期望频数小于 5，最小的期望频数是 4.50，不能采用皮尔逊卡方检验的结论，需要看费希尔精确检验的结果。费希尔精确检验的双侧检验和单侧检验的 p 值分别为 0.07 和 0.035。由于我们知道玩暴力电子游戏会对学生有某种影响，所以取单侧检验，$p = 0.035 < 0.05$，上述结论仍然成立。

表 7-3 冲突处理方式与玩暴力电子游戏交叉列联表

玩暴力电子游戏*冲突处理方式 交叉表

计 数

		冲突处理方式		总计
		讲理	攻击	
玩暴力电子游戏	否	8	2	10
	是	3	7	10
总计		11	9	20

表 7-4 卡方检验表

卡 方 检 验

	值	自 由 度	渐进显著性（双侧）	精确显著性（双侧）	精确显著性（单侧）
皮尔逊卡方	5.051[a]	1	.025		
连续性修正[b]	3.232	1	.072		
似然比	5.300	1	.021		
费希尔精确检验				.070	.035
线性关联	4.798	1	.028		
有效个案数	20				

a. 2 个单元格 (50.0%) 的期望计数小于 5。最小期望计数为 4.50。

b. 仅针对 2×2 列联表进行计算。

表 7-4 中第二行给出了连续性修正卡方［Continuity Correction，即亚茨连续性修正（Yate's correction for continuity）］值 3.232，双侧检验的概率值 p=0.072。如果取α=0.05，那么 p>0.05，相关性不显著，不能拒绝零假设，也就是说，学生处理冲突的方式与玩暴力电子游戏没有关系。显然，这个结论与前面的结论是矛盾的。但从有期望频数小于 5 的单元格来看，又应采用连续性修正卡方所给出的结论。事实上，在通常情况下，对于小样本进行检验时会经常发生这种情况。那么，对于 2×2 列联表到底应该采用哪一个统计分析的结果呢？王保进所著《英文视窗版 SPSS 与行为科学研究》中介绍了柯克兰（Cochran）提出的三个原则：

（1）只要总样本数小于 20，就要采用费希尔精确检验的结果。

（2）若样本数在 20～40 之间，则当单元格的期望频数出现小于 5 的情况时，选择费希尔精确检验的结果；当单元格的期望频数未出现小于 5 的情况时，选择皮尔逊卡方值。

（3）若样本数大于 40，则不论是否出现单元格的期望频数小于 5 的情况，均采用亚茨连续性修正卡方值。

按照这样的原则，对于本案例应采用费希尔精确检验的结果，即学生处理冲突的方式与是否玩暴力电子游戏在 0.05 显著性水平下相关性显著。

在确定学生处理冲突的方式与是否玩暴力电子游戏有关系后，还可以计算两个定类变量间的相关系数，说明相关的程度到底有多大。

表中第五行"线性关联（Linear-by-Linear Association）"只适用于定序变量，本案例中的两个变量均为定类变量，所以不能使用该行的统计结果。

7.2.2　两个定类变量间的相关系数

两个定类变量之间的相关系数有列联系数、Φ相关系数、克莱姆（Cramer's）V 系数、tau-y 系数、Lambda 系数和不确定性系数。其中列联系数、Φ相关系数和克莱姆（Cramer's）V 系数是对χ^2 值的改进，适用于呈对称关系的两个定类变量，但不具有消减误差比例的作用；Lambda 系数、tau-y 系数和不确定性系数具有消减误差比例的作用，既适用于两个定类变量呈对称关系的情况，也适用于两个定类变量呈非对称关系的情况。

1. 适用于对称关系的相关系数

从第 6 章知，在进行卡方一致性检验时，χ^2 值的大小与样本容量 N 有关，而χ^2 的自由度与列联表的行数和列数有关，这些因素直接影响着检验的结果。为了消除这些影响，统计学家提出了不同的改进方法，于是产生了一系列的相关系数。这些相关系数的共同点是：第一，都建立在卡方检验的基础上；第二，都适用于呈对称关系的两个定类变量；第三，都不具有消减误差比例的作用。

1）Φ 相关系数

对于 r×c 列联表，Φ相关系数的着眼点是消除样本容量的影响，其计算公式是

$$\Phi=\sqrt{\frac{\chi^2}{N}}$$

Φ相关系数与χ^2 值之间的关系是

$$\chi^2=N\Phi^2$$

对Φ相关系数的检验是通过卡方检验来实现的。如果χ^2 值检验结果是拒绝零假设，那么，对Φ相关系数的检验也是拒绝零假设，两个变量之间没有相关关系。

由于只有在至少其中一个变量是二分变量时，Φ相关系数的值才能在 0 与 1 之间，否则，

随着列联表行数与列数的增加，χ^2值将会增加，故Φ值没有上限，自然，Φ值超过 1 就不足为怪了。因此，只有在两个变量都是二分变量时，才能使用Φ相关系数，其他情况下要使用列联系数或克莱姆（Cramer's）V 系数。

2）列联系数

由于Φ相关系数的值没有上限，因此系数之间不便于进行比较。为了能够将相关系数保持在 0 与 1 之间，Karl Pearson 对Φ相关系数进行了改进，提出了列联系数（Contingency Coefficient）：

$$C=\sqrt{\frac{\chi^2}{\chi^2+N}}$$

系数 C 的值最小为 0。由于系数 C 没有考虑列联表的行、列数对χ^2值的影响，C 的最大值与列联表的大小有关，对于 2×2 列联表，C 的最大值为 0.707；对于 3×3 列联表，C 的最大值为 0.816。表的行、列数越大，C 的最大值就越接近 1，但是，即使两个变量完全相关，C 也不能等于 1。因此，只有在几个列联表的行、列数相同的条件下，才能对列联系数进行比较；否则不能通过对多个列联系数值的比较，得出几对变量之间哪对相关程度强、哪对相关程度弱的结论。

对列联系数的假设检验与对Φ相关系数的假设检验一样，是通过卡方检验实现的。

3）克莱姆 V 系数

针对列联系数的问题，克莱姆（Cramer）在Φ相关系数的基础上提出了另一种改进方法，即克莱姆（Cramer's）V 系数：

$$V=\sqrt{\frac{\Phi^2}{k-1}}=\sqrt{\frac{\chi^2}{N(k-1)}}$$

其中，k 是行数 r 和列数 c 中的较小者，$k=\min(r, c)$。

同样，对克莱姆 V 系数的假设检验与对Φ相关系数的假设检验一样，是通过卡方检验实现的。

综上所述，对于测量对称关系的三种相关系数，Φ相关系数只适用于 2×2 的列联表，即两个变量均是二分变量的情况。若有一个变量是二分以上的，则可考虑列联系数和克莱姆 V 系数。列联系数适用于方形列联表，对长方形的列联表（行、列数不等），最好改用克莱姆 V 系数。另外，不确定性系数和 Lambda 系数也适合变量之间是对称关系的情况。

2. 适用于非对称关系的相关系数

不确定性系数（Uncertainty Coefficient）和 Lambda 系数既适合两个变量呈对称关系的情况，也适合两个变量呈不对称关系的情况，它们都具有消减误差比例的作用。

1）Lambda 系数

Lambda 系数又称格特曼的可预测度系数（Guttmann'scoefficient of predictability），用希腊字母λ表示。其基本思路是以众数为准则，考察用一个定类变量的值来预测另一个定类变量的值时，可以消减多少误差。

表 7-5 是利用 SPSS 中的“交叉表（Crosstabs）”命令计算出的年级（x）与学习状态（y）的 Lambda 系数和 tau-y 系数（Goodman and Kruskal tau）。由表 7-5 可知，λ、λ_x、λ_y 的概率值分别为 0.067、0.017、0.710。如果取显著性水平为 0.05，那么只有用学习状态去预测学生的年级时，概率值小于 0.05，能够拒绝零假设，其他两种情况都不能拒绝零假设。所以，可以认为“年级”与“学习状态”两个变量之间不是对称关系，用学习状态去预测学生的年级约能消减 8.8%的误差。

表 7-5　年级与学习状态的 Lambda 系数和 tau-y 系数

定向测量						
			值	渐近标准误差[a]	近似 T[b]	渐进显著性
名义到名义	Lambda	对称	.058	.031	1.831	.067
		年级 因变量	.088	.036	2.390	.017
		学习状态 因变量	.015	.039	.372	.710
	古德曼和克鲁斯卡尔 tau	年级 因变量	.026	.009		.001[c]
		学习状态 因变量	.030	.011		.000[c]

a. 未假定原假设。

b. 在假定原假设的情况下使用渐近标准差。

c. 基于卡方近似值。

由于 Lambda 系数在计算过程中是以众数为准则的，其他的频数不考虑，所以对变量之间关系的敏感性要差一些。特别是当众数都在同一行或同一列时，λ就会等于 0，导致渐近标准误差等于零。此时无法进行检验，在 SPSS 输出的统计表的表注中会给出相应的注释：“不能计算，因为渐近标准误差等于 0（Cannot be computer because the asymptotic standard error equals zero）。”此时要用古德曼和克鲁斯卡尔（Goodman and Kruskal）给出的 tau-y 系数。

2）tau-y 系数

tau-y 系数是针对两个变量具有不对称关系的情况给出的相关系数，具有消减误差比例的作用。tau-y 系数比 Lambda 系数敏感的原因是，在计算 E_1、E_2 时将全部频数都考虑在内（具体计算公式略）。

从表 7-5 的“古德曼和克鲁斯卡尔 tau”可以看出，经检验，不论以年级或以学习状态为自变量，tau-y 系数的概率值 $p = 0.001 < 0.05$，应拒绝“年级”与“学习状态”两个变量独立的零假设。也就是说，两个变量之间的相关关系显著，尽管消减的误差比例比较小，只有 2.6%或 3.0%。

3）不确定性系数

不确定性系数（Uncertainty Coefficient）同样表示当用变量 x 去预测另一个变量 y 时，相对于不知道 x 去预测变量 y 时能够减少百分之几的误差，具有消减误差比例的作用。不确定性系数越接近其上限 1，x 与 y 的关系越密切，用 x 预测 y 的效果越好；反之，不确定性系数越接近其下限 0，x 与 y 的关系越疏远，用 x 预测 y 时能够减少的误差越少。

利用 SPSS 中的“交叉表（Crosstabs）”命令计算不确定性系数的输出结果，如表 7-6 所示，表中给出两个变量具有对称关系、不对称关系（“年级”为因变量或“学习状态”为因变量）时的 3 种计算结果，分别为 0.030、0.029、0.031。如果取显著性水平为 0.05，经检验，统计量的概率值 $p = 0.001 < 0.05$，应拒绝零假设，即“年级”变量与“学习状态”变量之间的相关关系显著。

表 7-6　年级与学习状态的不确定性系数

定向测量						
			值	渐近标准误差[a]	近似 T[b]	渐进显著性
名义到名义	不确定性系数	对称	.030	.010	2.916	.001[c]
		年级 因变量	.029	.010	2.916	.001[c]
		学习状态 因变量	.031	.011	2.916	.001[c]

a. 未假定原假设。

b. 在假定原假设的情况下使用渐近标准误差。

c. 似然比卡方概率。

3. 利用“交叉表（Crosstabs）”命令进行定类变量间的相关分析

【案例 7.3　定类变量“冲突处理方式”与“玩暴力电子游戏”的相关系数】

我们仍以学生玩暴力电子游戏与冲突处理方式之间的关系为例，说明如何利用“交叉表（Crosstabs）”命令来进行定类变量之间的相关分析。案例 7.3 的思维导图如图 7-14 所示。

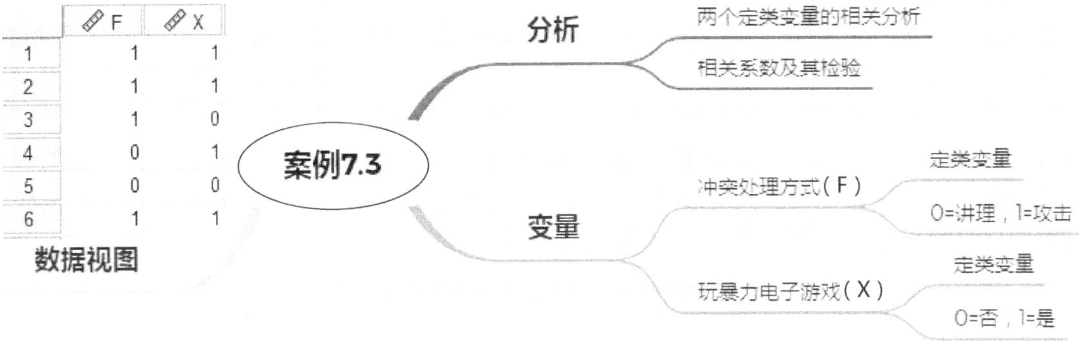

图 7-14　案例 7.3 的思维导图

【操作步骤】

（1）打开数据文件“7.3 冲突处理方式与玩暴力电子游戏”。

（2）依次执行“分析（Analyze）”→“描述统计（Descriptive Statistics）”→“交叉表（Crosstabs）”命令，打开“交叉表”对话框后，分别将变量“玩暴力电子游戏（X）”“冲突处理方式（F）”移入“行（Row(s)）”框与“列（Column(s)）”框中。

（3）单击“统计（Statistics）”按钮，由于两个变量都是定类变量，故在弹出的对话框中勾选“名义”选项组中的所有复选框（见图 7-15）。单击“继续（Continue）”按钮，返回“交叉表”对话框。

（4）单击“确定（OK）”按钮，提交系统运行。

图 7-15　勾选“名义”选项组中复选框

【输出结果】

1）对称关系的相关系数及其检验

表 7-7 中的 Phi（Φ相关系数）、克莱姆（Cramer's）V 系数和列联系数（Contingency Coefficient）的检验结果与皮尔逊卡方检验结果一样，p=0.025。为什么会这样呢？因为它们都建立在卡方的基础上，以Φ相关系数为例，$\chi^2=N\Phi^2=20\times0.503^2=5.051$。但由于存在期望频数小于 5 的单元格，所以不能应用其结论。

表 7-7　两定类变量呈对称关系时的相关系数与检验

对称测量			
		值	渐进显著性
名义到名义	Phi	.503	.025
	克莱姆 V	.503	.025
	列联系数	.449	.025
有效个案数		20	

2）非对称关系的相关系数及其检验

由冲突处理方式与玩暴力电子游戏交叉列联表（见表 7-3）知，众数不在列联表的同一行上，也不在同一列上，所以 Lambda 系数有效。在表 7-8 中，Lambda 系数λ、λ_x、λ_y分别为 0.474、0.500 和 0.444，统计量对应的概率值 p 分别为 0.094、0.072 和 0.187，如果我们取显著性水平 $\alpha = 0.05$，则概率值均大于α，都不能拒绝零假设，所以，可以认为冲突处理方式与玩暴力电子游戏没有显著的相关性。另外，表注 c 指出对 tau-y 系数的检验结果是基于卡方近似分布的，而表注 d 说明，对不确定性系数的检验结果为似然比卡方概率，都与卡方检验有关系。当用学生处理冲突的方式来预测他是否玩暴力电子游戏时，比不知道这个学生处理冲突的方式时可以减少 50%的误差。不存在显著的相关性的结论与前面的连续修正卡方值的结论是一致的，与费希尔精确检验结果不一致（见表 7-4）。看来，要想得到比较理想的结论，还是要扩大样本容量，仅仅抽取 20 个学生，样本容量确实过于小了。

表 7-8　两变量呈非对称关系时的相关系数及检验

定向测量						
			值	渐近标准误差[a]	近似 T[b]	渐进显著性
名义到名义	Lambda	对称	.474	.227	1.673	.094
		玩暴力电子游戏 因变量	.500	.212	1.796	.072
		冲突处理方式 因变量	.444	.262	1.319	.187
	古德曼和克鲁斯卡尔 tau	玩暴力电子游戏 因变量	.253	.193		.028[c]
		冲突处理方式 因变量	.253	.193		.028[c]
	不确定性系数	对称	.192	.154	1.242	.021[d]
		玩暴力电子游戏 因变量	.191	.154	1.242	.021[d]
		冲突处理方式 因变量	.193	.155	1.242	.021[d]

a. 未假定原假设。

b. 在假定原假设的情况下使用渐近标准误差。

c. 基于卡方近似值。

d. 似然比卡方概率。

7.2.3　两个定序变量间的相关系数

两个定序变量的相关关系显然可以利用定类变量的各种相关系数进行分析，但这样做忽略了定序变量可以比较大小的特性，降低了分析的精确性。另外，有时尽管两个变量是定比变量或定距变量，但是在考察相关关系时，会将其降低为定序变量以便于寻求规律。所以，统计学家针对两个定序变量的相关性做了大量的研究，仅在 SPSS 中，两个定序变量的相关系数就包括了斯皮尔曼（Spearman）等级相关系数、Gamma 系数、萨默斯（Somers'）d 系数、肯德尔（Kendall's）tau-b 和肯德尔（Kendall's）tau-c。

为了了解这些相关系数的含义，首先需要引入同序对与异序对的概念。

1. 同序对与异序对

定序变量与定类变量相比，最大的特点是定序变量的值可以比较大小，可以进行排序。两个定序变量之间是否相关体现在两个变量值的排序上是否存在相关关系。因此，在研究两个定序变量的相关关系时，首先要做的工作是将其中的一个变量 X 的值按升序（或降序）进行排序，然后看另一个变量 Y 的值是否也是升序（或降序）的。如果两个变量 X、Y 正相关，那么，当将个案按其中一个变量 X 的值升序排序后，对应的 Y 值也应该是升序的。事实上这很难做到，于是为了研究两个定序变量的相关性，引入了同序对与异序对的概念。

先看一个具体的例子。表 7-9 给出了 5 名学生数学和物理的成绩，当我们将学生按数学成绩排好名次（X）后，对物理成绩也进行了相应的排名（Y）。5 名学生可以组成 10 对个案：（A，B）、（A，C）、（A，D）、（A，E）、（B，C）、（B，D）、（B，E）、（C，D）、（C，E）和（D，E）。学生 A 和 B 的数学排名是第一、第二名，物理排名分别是第二、第三名，即 X 的值 1、2 是升序的，Y 的值 2、3 也是升序的，于是称 A 和 B 构成了一个同序对（Same-Ordered Pair 或 Concordant Pair）。再看学生 B 和 C，数学排名是第二、第三名，物理排名是第三、第一名，即 X 的值 2、3 是升序的，而 Y 的值 3、1 是降序的，就称 B 和 C 构成了一个异序对（Different-Ordered Pair 或 Discordant Pair）。同序对只要求 X 的变化方向与 Y 的变化方向相同，异序对只要求 X 的变化方向与 Y 的变化方向相反。

表 7-9　5 名学生的数学和物理成绩的排名

学　生	数　学		物　理	
	成　绩	排名（X）	成　绩	排名（Y）
A	98	1	83	2
B	90	2	79	3
C	85	3	85	1
D	82	4	75	4
E	76	5	68	5

通常，同序对与异序对的数目分别记为 N_s、N_d。显然，N_s 与 N_d 相差越大，两个变量的相关关系越密切。如果 $N_s-N_d>0$，即同序对的数目大于异序对的数目，两个变量的相关关系为正相关；如果 $N_s-N_d<0$，即同序对的数目小于异序对的数目，两个变量的相关关系为负相关。例如，对于表 7-9 中的 5 个个案，同序对有 8 个（$N_s=8$）：（A，B）、（A，D）、（A，E）、（B，D）、（B，E）、（C，D）、（C，E）和（D，E），异序对有 2 个（$N_d=2$）：（A，C）和（B，C），由于 $N_s-N_d>0$，因此数学成绩排名与物理成绩排名呈正相关关系。

在一般情况下，变量的秩与变量的排序是一样的，但是，还可能出现两个或多个变量值相等的情况，即出现“结”（Tie）。此时这些变量值的秩取这些变量值序数的均值。例如，在表 7-10 中，有 3 名学生（D、F、H）的数学成绩都是 82 分，排序应为 4、5、6，因此取它们所占的位次的均值作为它们的秩：(4+5+6)/3=5，即这三名学生的数学排名并列第 5 名；有 2 名学生（E、G）的数学成绩为 76 分，排序应为 7 和 8，取其均值为 7.5，即 E 和 G 两人的数学成绩的秩均为 7.5。通常，若某对个案在某个变量上或者某两个变量上得分相同，就称这对个案为同分对，并且将只在 X 变量上同分的对数记为 T_X，将只在 Y 变量上同分的对数记为 T_Y，将 X、Y 两个变量上都是同分的对数记为 T_{XY}。在考察 X、Y 之间的相关性时，对这些同分对的数目采用不同的处理方式进行处理，便形成了不同的相关系数。

表 7-10　8 名学生的数学与物理成绩的排名

学　生	数　学		物　理	
	成　绩	排名（X）	成　绩	排名（Y）
A	98	1	83	3
B	90	2	79	5
C	85	3	85	1.5
D	82	5	75	7
E	76	7.5	68	8
F	82	5	78	6
G	76	7.5	85	1.5
H	82	5	80	4

2．适用于对称关系的相关系数

在 SPSS 中，当两个定序变量呈对称关系时，可使用的相关系数有 Gamma 系数、肯德尔（Kendall’s）tau-b、肯德尔（Kendall’s）tau-c 和斯皮尔曼（Spearman）等级相关系数。

1）Gamma 系数

Gamma 系数 γ 是由古德曼和克鲁斯卡尔（Goodman and Kruskal）提出的，该系数不考虑同分对数，定义为同序对的对数 N_s 与异序对的对数 N_d 之差占总对数（不包括同分对数）的比例。一般情况下，γ 取值在−1 与 1 之间，绝对值越大，两个变量之间的相关性越强。当 $\gamma>0$ 时，两个变量呈正相关关系；当 $\gamma<0$ 时，两个变量呈负相关关系。根据 Gamma 系数的定义，可计算出表 7-9 给出的数学成绩与物理成绩之间的相关系数 $\gamma=0.60$。这说明数学成绩与物理成绩呈正相关关系，同序对的对数大于异序对的对数，两者相差 60%。

Gamma 系数 γ 具有消减误差比例的作用。例如，数学成绩与物理成绩之间的相关系数 $\gamma=0.60$，说明当我们从样本中任意抽取两个个案甲与乙时，如果知道了甲的数学成绩比乙的数学成绩高（是升序的），那么可以估计在物理成绩上甲也比乙高（也是升序的），而且与不知道数学成绩是升序的情况相比，误差可以减少 60%。

正如我们所说，当通过样本数据对总体的相关关系进行统计推断时，要进行假设检验。如果要检验在总体中两个定序变量是否相关，则使用双侧检验，建立的假设如下：

H_0：样本所来自的两个总体的 Gamma 系数为 0，即$\gamma=0$；

H_1：样本所来自的两个总体的 Gamma 系数$\gamma\neq 0$。

如果要检验的是$\gamma>0$ 或$\gamma<0$，则用单侧检验，建立的假设如下：

H_0：样本所来自的两个总体的 Gamma 系数$\gamma=0$；

H_1：样本所来自的两个总体的 Gamma 系数$\gamma>0$（或$\gamma<0$）。

2）肯德尔（Kendall’s）tau-b

从 Gamma 系数的定义可知，该系数没有考虑两个变量有“结”的情况，即在对变量值进行排序时，出现变量值相等的情况。肯德尔 tau-b 系数（也称肯德尔等级相关系数）则考虑了有“结”的情况。tau-b 适宜在 $r=c$ 的情况下使用。另外，tau-b 不具有消减误差比例的作用。

如果要通过样本相关系数 tau-b 对总体的相关系数τ进行检验，则使用双侧检验。建立的假设如下：

H_0：样本所来自的两个总体的相关系数$\tau=0$；

H_1：样本所来自的两个总体的相关系数$\tau\neq 0$。

3）肯德尔（Kendall’s）tau-c

肯德尔 tau-c 系数与肯德尔 tau-b 系数相比有两点不同：第一，tau-b 系数考虑有“结”的情况，tau-c 系数不考虑有“结”的情况，即不考虑同分对；第二，tau-b 系数对于行列数不相等的列联表不适用，tau-c 系数则考虑了行列数不等的情况。

tau-c 的取值范围为−1～+1，绝对值表示两个变量相关性的强弱，tau-c＞0，表示两个变量呈正相关关系；tau-c＜0，表示两个变量呈负相关关系。

在进行假设检验的问题上，tau-c 系数与 tau-b 系数类似，不再赘述。

4）斯皮尔曼（Spearman）等级相关系数

斯皮尔曼等级相关系数（Spearman’s Rank Correlation Coefficient）是由英国心理学家、统计学家斯皮尔曼根据积差相关系数计算公式推导出的。斯皮尔曼等级相关系数通常用 r_s 表示，定义为

$$r_s = 1 - \frac{6\sum_{i=1}^{n} D_i^2}{n(n^2-1)}$$

其中，n 是两个变量数据对的个数，$D_i=x_i-y_i$ (i=1，2，…，n)，x_i 与 y_i 是每个个案在两个变量 X、Y 上的值的序数。由上述公式可以看出，r_s 不仅考虑了每个个案在两个变量上序数数值的高低，还要计算两个序数数值的差异到底有多大。可以说，在考察两个定序变量的相关关系时，斯皮尔曼等级相关系数是以序数差的平方为基础的。

斯皮尔曼等级相关系数的取值范围是−1～+1。当两个变量每对数据被赋予的序数 x_i 与 y_i 完全相同时，D=0，r_s=1；如果两个变量每对数据的排序完全相反，r_s=−1。当 r_s>0 时，表示两个变量呈正相关关系；当 r_s<0 时，表示两个变量呈负相关关系。r_s 的绝对值越大，说明两个变量的相关性越强。另外，斯皮尔曼等级相关系数的平方 r_s^2 具有消减误差比例的作用，这也是人们较多使用斯皮尔曼等级相关系数的原因。

斯皮尔曼等级相关系数的适用范围：两个变量是定序变量且呈线性关系。

例如，10 名学生的数学成绩（百分制）和逻辑推理能力（从高到低划分为 1～10 个等级）如表 7-11 所示，现考察数学成绩与逻辑推理能力的相关性。

表 7-11　10 名学生的数学成绩与逻辑推理能力一览表

学生序号		1	2	3	4	5	6	7	8	9	10
原始	数学成绩	97	67	88	87	76	76	93	88	75	88
	逻辑推理能力	2	8	3	5	7	6	1	4	9	4
等级	数学成绩排名	1	10	4	6	7.5	7.5	2	4	9	4
	逻辑推理能力	2	9	3	6	8	7	1	4.5	10	4.5
等级差|D|		1	1	1	0	0.5	0.5	1	0.5	1	0.5

虽然数学成绩是定距数据，但逻辑推理能力的等级是定序数据，因此要将数学成绩经排序转化为定序数据，从散点图（见图 7-16）可知，两个变量相应的序数之间呈线性关系，所以可以用斯皮尔曼等级相关系数。

在表 7-11 中，对 D 取了绝对值，原因是在公式中 D 是以平方的形式出现的。

在本例中，$n = 10$，故有

$$r_s = 1 - \frac{6\sum D^2}{n(n^2-1)} = 1 - \frac{6\times 6}{10\times(100-1)} \approx 0.9636$$

$$r_s^2 = 0.9286$$

即从样本上看，数学成绩与逻辑推理能力是正相关的，而且相关关系比较紧密。当用数学成绩去预测逻辑推理能力，或用逻辑推理能力去预测数学成绩时，会消减 92.86%的误差。但从总体上数学成绩与逻辑推理能力是否真的具有相关关系，还要进行统计检验。

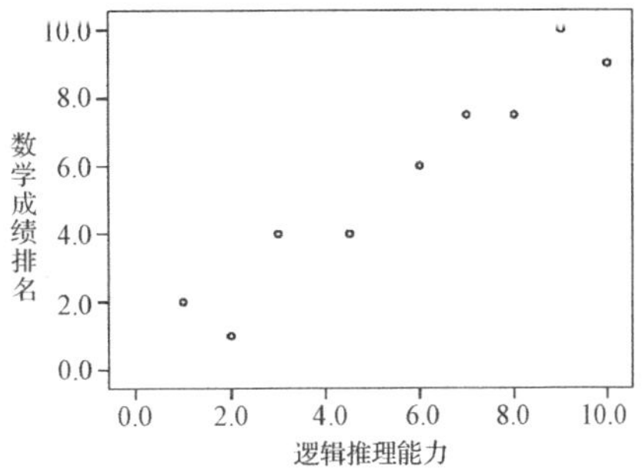

图 7-16　数学成绩排名与逻辑推理能力的散点图

对斯皮尔曼等级相关系数进行检验时，建立的假设如下：

H_0：两个变量独立，即样本所来自的两个总体的相关系数$\rho_s = 0$；

H_1：两个变量不独立，即样本所来自的两个总体的相关系数$\rho_s \neq 0$。

研究表明，在零假设成立的条件下，当 n≥10 时，统计量

$$t = r_s\sqrt{\frac{n-2}{1-r_s^2}} \sim t(n-2)$$

即 t 服从自由度 $df = n - 2$ 的 t 分布。当 $n \geqslant 30$ 时，近似服从正态分布。

最后需要指出的是，在社会调查中，如果使用的是 5 级利克特量表，通常有较多的个案在两个变量上的序数相等，计算斯皮尔曼等级相关系数时，就会出现多个 $D=0$ 的情况，此时使用斯皮尔曼等级相关系数不太合适，往往将其视为定距变量，采用积差相关系数。

3．适用于非对称关系的相关系数

在 SPSS 中，适用于非对称关系的相关系数是萨默斯（Somers'）d。d 的取值范围为–1～+1，绝对值越大，两个变量的相关性越强，绝对值越接近 0，两个变量的相关性越小，$d>0$，说明两个变量呈正相关关系；$d<0$，说明两个变量呈负相关关系；d 不仅指明了两个变量相关的方向、关系的紧密程度，而且具有消减误差比例的作用。例如，$d=0.58$，说明两个变量之间呈正相关关系；而且用 X 预测 Y 时，将比不知道 X 预测 Y 时减少 58%的误差。

4．利用“交叉表（Crosstabs）”命令进行定序变量间的相关分析

【案例 7.4　两个定序变量的相关系数】

我们以学生的数学成绩与逻辑推理能力为例（见表 7-11），系统说明如何利用 SPSS 来计算两个定序变量的相关系数。案例 7.4 的思维导图如图 7-17 所示。

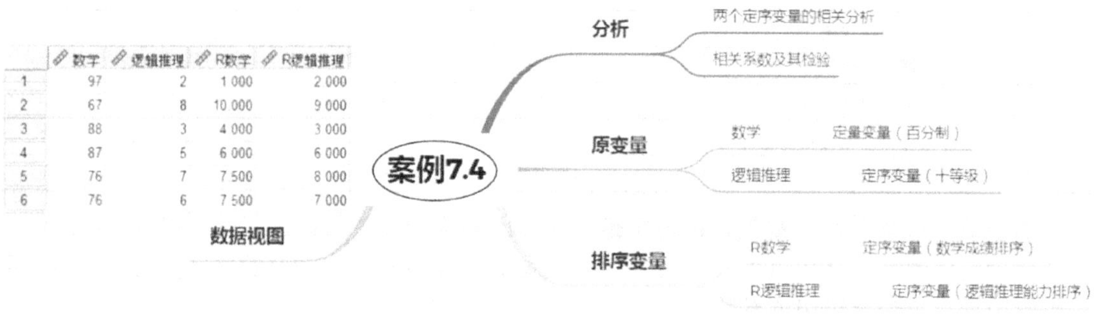

图 7-17　案例 7.4 的思维导图

【操作步骤】

第一步：根据表 7-11 中的原始数据，建立数据文件“7.4 数学与逻辑推理-两个定序变量的相关系数”。

第二步：对数学成绩与逻辑推理能力排秩（排序数）[①]。

（1）依次执行“转换（Transform）”→“个案排秩（Rank Cases）”命令，弹出“个案排秩”对话框（见图 7-18）。

（2）在该对话框中，将变量“数学”移入“变量（Variable(s)）”框中，并在“将秩 1 赋予（Assign Rank 1 to）”选项组中选择秩的排序方式，“最小值（Smallest Value）”是将最小数值的秩定为 1；“最大值（Largest Value）”是将最大数值的秩定为 1，我们选择后者。

（3）单击“绑定值（Ties）”按钮，弹出“个案排秩：绑定值”对话框（见图 7-19），其中给出了四种确定“绑定值（结）”排序的方式，每次只能选择一种方式：

① 对分数排秩的工作可以不做，直接使用数据文件中的原始数据，但此时散点图的方向与图 7-16 相反，斯皮尔曼相关系数为负数：–0.963。

- 平均值（Mean）：相同值的秩取均值，为系统的默认方式。例如，数学成绩为 88 分的共有三个，排序位置为 3，4，5，均值为 4，于是三个 88 分的秩均为 4。
- 低（Low）：相同值的秩取最小值，若选择此项，三个 88 分的秩均为 3。
- 高（High）：相同值的秩取最大值，若选择此项，三个 88 分的秩均为 5。
- 顺序秩到唯一值（Sequential ranks to unique value）：相同值的秩取第一个出现的秩值，其他观测值的秩顺序排列。此时取三个 88 分的秩均为 3，但 87 分的秩不再是 6，而是 4。

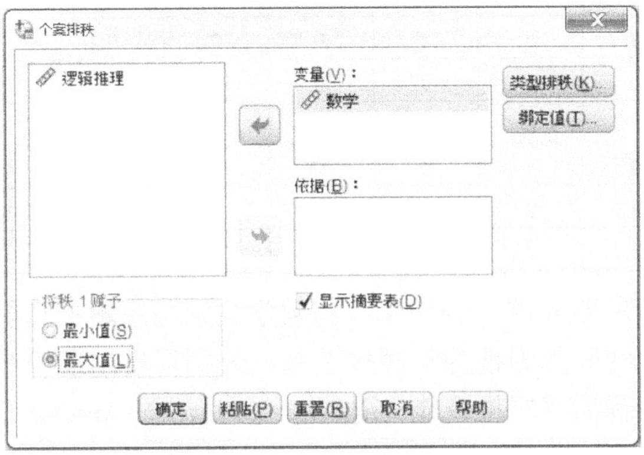

图 7-18　“个案排秩”对话框

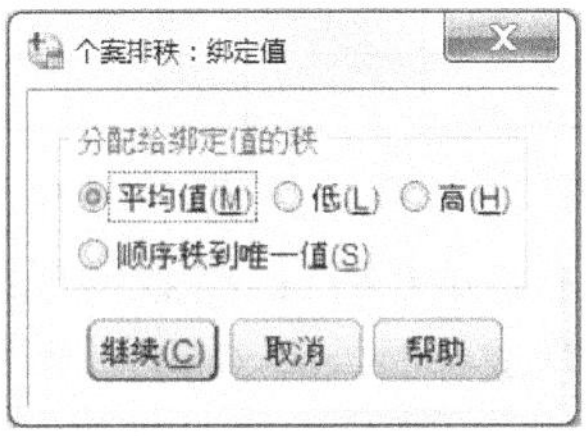

图 7-19　“个案排秩：绑定值”对话框

我们选择第一种方式来确定“绑定值”的排序，即取“平均值（Mean）”，形成新变量“R 数学”。单击“继续（Continue）”按钮，返回“个案排秩”对话框。

（4）再将变量“逻辑推理”移入“变量（Variable(s)）”框中，由于逻辑推理能力从高到低划分为等级 1～10，所以在“将秩 1 赋予（Assign Rank 1 to）”选项组中选择秩的排序方式为“最小值（Smallest Value）”。“绑定值（结）”的秩处理方式同数学成绩，于是形成新变量“R 逻辑推理”。

第三步：作“R 数学”与“R 逻辑推理”的散点图（方法见 7.1 节，输出图形如图 7-16 所示），两个变量相应的秩之间呈线性关系，符合计算斯皮尔曼等级相关系数的条件。

第四步：计算两个定序变量的相关系数。

（1）依次执行“分析（Analyze）”→“描述统计（Descriptive Statistics）”→“交叉表（Crosstabs）”命令，弹出“交叉表”对话框（参见图 7-13）。

（2）分别将“R 数学”和“R 逻辑推理”移入“行（Row(s)）”和“列（Column(s)）”框内；单击“统计（Statistics）”按钮，弹出“交叉表：统计”对话框（见图 7-20）后，勾选“相关性（Correlations）”复选框，由于数据中含有“结”，而且两个变量取值的个数不等，即交叉列联表的行数与列数不等（参见表 7-12），因此不勾选“肯德尔 tau-b”复选框和“肯德尔 tau-c”复选框，只能勾选“有序（Ordinal）”选项组中的“Gamma”复选框和“萨默斯（Somers'）d”复选框。单击“继续（Continue）”按钮，返回“交叉表”对话框。

（3）单击“确定（OK）”按钮，提交系统运行。

图 7-20　“交叉表：统计”对话框

【输出结果】

（1）交叉列联表。SPSS 输出结果除个案处理摘要表外，还给出了交叉列联表（见表 7-12）。

表 7-12 数学成绩排名与逻辑推理能力的交叉列联表

Rank of 数学*Rank of 逻辑推理 交叉表

		Rank of 逻辑推理									
		1	2	3	4.5	6	7	8	9	10	总计
Rank of 数学	1	0	1	0	0	0	0	0	0	0	1
	2	1	0	0	0	0	0	0	0	0	1
	4	0	0	1	2	0	0	0	0	0	3
	6	0	0	0	0	1	0	0	0	0	1
	7.5	0	0	0	0	0	1	1	0	0	2
	9	0	0	0	0	0	0	0	0	1	1
	10	0	0	0	0	0	0	0	1	0	1
总计		1	1	1	2	1	1	1	1	1	10

（2）萨默斯 d 系数。表 7-13 中给出了萨默斯 d 的三种结果，将数学成绩与逻辑推理能力视为对称关系，d=0.871；将数学成绩与逻辑推理能力视为非对称关系，分别得出用逻辑推理能力预测数学成绩时，d_x=0.841；用数学成绩预测逻辑推理能力时，d_y=0.902，与 Gamma 系数 γ 相同。三种相关系数检验统计量的概率值 p=0.000<0.01，应拒绝零假设，即数学成绩与逻辑推理能力具有极其显著的相关性。

表 7-13 萨默斯 d 系数

定 向 测 量

			值	渐近标准误差[a]	近似 T[b]	渐进显著性
有序到有序	萨默斯 d	对称	.871	.055	17.639	.000
		Rank of 数学 因变量	.841	.046	17.639	.000
		Rank of 逻辑推理 因变量	.902	.071	17.639	.000

a. 未假定原假设。

b. 在假定原假设的情况下使用渐近标准误差。

（3）对称关系的相关系数。表 7-14 中的皮尔逊 R 不能采用，因为积差相关系数只适用于两个定量变量的情况，应采用“Gamma（γ）”以及“斯皮尔曼相关性（Spearman Correlation）”。由于这些相关系数的检验统计量的概率值 p=0.000<0.01，应拒绝零假设，即可以认为数学成绩与逻辑推理能力具有极其显著的相关性。

表 7-14 对称关系的相关系数表

对 称 测 量

		值	渐近标准误差[a]	近似 T[b]	渐进显著性
有序到有序	Gamma	.902	.071	17.639	.000
	斯皮尔曼相关性	.963	.021	10.112	.000[c]
区间到区间	皮尔逊 R	.963	.005	10.112	.000[c]
有效个案数		10			

a. 未假定原假设。

b. 在假定原假设的情况下使用渐近标准误差。

c. 基于正态近似值。

从消减误差比例的作用上看，当两个变量的关系为对称关系时（见表 7-14），斯皮尔曼等

级相关系数 r_s=0.963，r_s^2=0.927，可知用其中一个变量来预测另一个变量时，可以消减的误差比例为 92.7%；Gamma 系数 γ=0.902，说明可以消减的误差比例为 90.2%；萨默斯 d 系数 d=0.871，说明可以消减的误差比例为 87.1%（见表 7-13）。当两个变量为非对称关系时，如果用数学成绩预测逻辑推理能力，可以消减的误差比例为 90.2%，用逻辑推理能力预测数学成绩时，可以消减的误差比例为 84.1%。从以上的数据可以看出，采用不同的相关系数，给出的结果有所不同，斯皮尔曼等级相关系数最为灵敏，但彼此相差的不是很多，用其中一个变量来预测另一个变量时，至少可以减少 84.1%的误差，而且用数学成绩预测逻辑推理能力比用逻辑推理能力预测数学成绩的效果要好。

5. 利用“双变量（Bivariate）命令计算定序变量的相关系数

我们还可以利用“双变量（Bivariate）”命令计算数学成绩与逻辑推理能力的斯皮尔曼等级相关系数（变量仍取为“R 数学”与“R 逻辑推理”）。依次执行“分析（Analyze）”→“相关（Correlate）”→“双变量（Bivariate）”命令，在打开的对话框中勾选“斯皮尔曼（Spearmen）”和“标记显著性相关性（Flag Significance Correlation）”复选框，单击“确定（OK）”按钮，即完成全部操作。输出结果如表 7-15 所示，对总体相关系数的检验采用双侧检验。

表 7-15　“双变量”给出的数学与逻辑推理能力的相关系数

相关性				
			Rank of 数学	Rank of 逻辑推理
斯皮尔曼 Rho	Rank of 数学	相关系数	1.000	.963**
		Sig.（双尾）	.	.000
		N	10	10
	Rank of 逻辑推理	相关系数	.963**	1.000
		Sig.（双尾）	.000	.
		N	10	10

**. 在 0.01 级别（双尾），相关性显著。

7.3 定量变量的相关分析

在分析两个事物之间的关系时，也会遇到两个定量变量的情况，如分析产品的广告费与销售额之间的关系、分析智力水平与学习成绩的关系、分析问卷的信度与效度等，都会涉及两个定量变量的相关分析。

考察两个定量变量的相关性时，如果两个变量 X、Y 不是对称关系，可以通过建立一元线性回归方程来考察它们的相关程度，并能够依据 X 的值来预测 Y 的值，对此将在第 8 章中加以介绍。如果两个变量呈对称关系，则可以通过计算皮尔逊积差相关系数来测定两个变量之间的相关程度和方向。在 SPSS 中，“交叉表（Crosstabs）”命令和“双变量（Bivariate）”命令都具有计算积差相关系数的功能，但通常我们利用后者。

7.3.1 两个定量变量的相关分析

1. 两个定量变量的协方差

设 X、Y 为两个定量变量，其样本观测值分别为 x_1，x_2，…，x_n 和 y_1，y_2，…，y_n，均值分别为 $\bar{x}$、$\bar{y}$（见图 7-21）。如果当 $x_i>\bar{x}$ 时，$y_i>\bar{y}$；当 $x_i<\bar{x}$ 时，$y_i<\bar{y}$，则离差乘积之和

$$\sum_{i=1}^{n}(x_i-\bar{x})(y_i-\bar{y})>0$$

说明两个变量的变化方向是一致的，并且其值越大，两个变量的相关关系越密切；反之，如果当 $x_i<\bar{x}$ 时，$y_i>\bar{y}$；当 $x_i>\bar{x}$ 时，$y_i<\bar{y}$，则离差乘积之和小于 0，说明两个变量的变化方向是相反的；如果 $x_i>\bar{x}$ 时，y_i 可能大于 $\bar{y}$，也可能小于 $\bar{y}$，在这种情况下，离差乘积之和就可能接近 0，说明两个变量之间没有关系。但离差乘积之和的值与数据对的个数 n 有关，因此，在考察 X、Y 两个定量变量的相关性时，将离差乘积之和除以 $n-1$，并将计算结果称为 X、Y 的样本协方差（Covariance），记为 COV (X，Y):

$$\mathrm{COV}(X,Y)=\frac{\sum_{i=1}^{n}(x_i-\bar{x})(y_i-\bar{y})}{n-1}$$

我们知道，样本方差的定义是

$$S_x^2=\frac{\sum_{i=1}^{n}(x_i-\bar{x})(x_i-\bar{x})}{n-1}$$

将方差与协方差加以比较，主要区别在分子的乘积上，方差是离差的自乘积，而协方差是两个变量离差的交叉乘积（Cross-product）。方差表示变量分布的离散程度，而协方差表示两个变量之间关系的紧密程度，两个概念仅相差一字，但其含义截然不同。

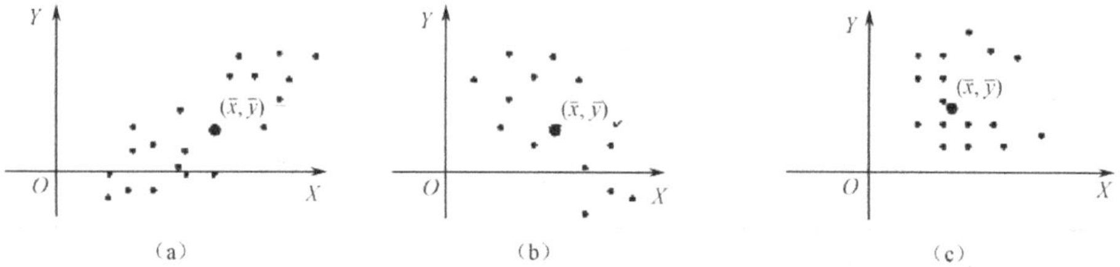

图 7-21　散点图中各点与点（ $\bar{x},\bar{y}$ ）的位置关系

2. 皮尔逊（Pearson）积差相关系数

1）积差相关系数的界定

协方差能够反映两个变量相关关系的紧密程度和方向，但是，它是一个有量纲的绝对量数，不利于比较和判断变量间相关关系的强弱。英国统计学家皮尔逊在协方差的基础上，将每个变量的观测值标准化，化为标准分，使其不再有量纲，形成了一种新的计算相关系数的方法，这就是应用十分广泛的积差相关系数（Product Correlation Coefficient），也称皮尔逊相关系数（Pearson's Correlation Coefficient）或皮尔逊积差相关系数。

设 x_1，x_2，…，x_n 和 y_1，y_2，…，y_n 为变量 X、Y 的样本数据，S_X、S_Y 为样本标准差，$\bar{x}$、$\bar{y}$ 为样本均值，样本相关系数 r 的计算公式为

$$r=\frac{1}{n-1}\sum_{i=1}^{n}Z_{Xi}Z_{Yi}$$

其中，$Z_{Xi}=\dfrac{x_i-\bar{x}}{S_X}$，$Z_{Yi}=\dfrac{y_i-\bar{y}}{S_Y}$，$i$=1，2，…，$n$。

于是，可以得到如下结论：

（1）变量与自身的相关系数为 1。

（2）协方差与积差相关系数的关系是

$$r = \frac{\mathrm{COV}(X, Y)}{S_X S_Y}$$

特别地，当 X、Y 的标准差均为 1 时，协方差与积差相关系数相等。

作为样本的积差相关系数 r 的正负号表示相关的方向，当 $r>0$ 时，呈正相关关系；$r<0$ 时，呈负相关关系。r 的绝对值大小表示变量之间相关的紧密程度，r 的绝对值越接近 1，变量的关系越密切。当 $|r|<0.3$ 时，表示具有较低的线性相关性；当 $|r|>0.8$ 时，表示具有较强的线性相关性；当 $r=1$ 时，呈完全正相关关系；当 $r=-1$ 时，呈完全负相关关系；r 越接近 0，变量之间的关系就越不密切，$r=0$ 时，变量之间没有线性相关关系。但是，要想从样本推断到总体，还需要进行统计检验。

2）对总体积差相关系数的检验

通常情况下，由于抽样误差等原因，样本的相关系数并不能反映总体中两个变量之间的相关性是否显著，所以，当我们研究总体中两个变量是否具有显著的线性相关性时，就要利用根据样本数据计算出的积差相关系数，对总体中两个变量之间的积差相关系数进行检验。

用 ρ 表示两个变量之间线性关系的紧密程度，建立的假设如下：

H_0：在样本所来自的总体中，两个变量之间是独立的，即 $\rho=0$；

H_1：在样本所来自的总体中，两个变量之间是相关的，即 $\rho\neq0$。

检验的统计量是

$$t = r\sqrt{\frac{n-1}{1-r^2}}$$

并且 t 服从自由度为 $n-2$ 的 t 分布。

3）使用积差相关系数需要注意的问题

（1）要审查变量是否满足积差相关系数的使用条件。

第一，两个变量必须是由测量得到的连续变量，如学生的数学成绩和英语成绩，人的身高和体重，产品的销售额和广告费等。

第二，两个变量均服从正态分布，或近似服从正态分布，至少应是单峰对称分布。判断变量是否服从正态分布，可以利用已有的相关资料或经验，也可以利用茎叶图、箱图、直方图，或做卡方检验等。

第三，两个变量之间呈线性相关关系，可根据散点图加以判断。

第四，两个变量的观测值要成对出现，数据对个数 $n\geqslant30$。

当这些条件得不到满足时，就要将变量的测量水平降低，转化为定序变量，再选择相关系数。例如，不满足正态性要求，或 $n<30$ 时，可以计算斯皮尔曼等级相关系数。但如果两个变量满足积差相关系数的条件，除非降为定序变量更宜于解释统计结果，否则不要用斯皮尔曼等级相关系数，因为在转换为定序变量的过程中，会丢失许多信息，使其精度下降。

（2）检查数据中是否有极端值存在。由积差相关系数的计算公式可以看出，数据中的极端值对积差相关系数的影响极大。因此，在计算相关系数之前，要通过图形[如散点图、箱图、茎叶图及极端值的查找（Outliers）]，审视是否有极端值存在，如果有极端值存在，要探明是正常情况，还是存在某种错误，以便于修正。

（3）对结果要有正确的解释。

第一，积差相关系数 r 只表示两个变量相关性的强弱和方向，两个变量的关系为对称关系。

第二，r^2称为决定系数，反映了当用一个变量去预测另一个变量（如用X预测Y）时，可以减少的误差比例是多少。因此r越大，表明预测的能力越强。在研究两个定量变量的相关性时，最好先计算积差相关系数，然后决定是否建立一元线性回归方程，以便于进行预测。

第三，从积差相关系数产生的过程可知，积差相关系数反映的是两个定量变量的线性相关关系，当r=0时可能两个变量具有曲线相关关系。

7.3.2 利用"双变量（Bivariate）"命令计算两个定量变量的相关系数

【案例7.5 两个定量变量的相关系数】

数据文件"7.5 学习中四个维度的关系-定量变量的相关系数"中是大学生在时间利用（"时间"）、环境利用（"环境"）、学习态度（"学风"）及自我调控（"自控"）四个维度上的分数，试分析两两维度之间的相关关系。案例7.5的思维导图如图7-22所示。

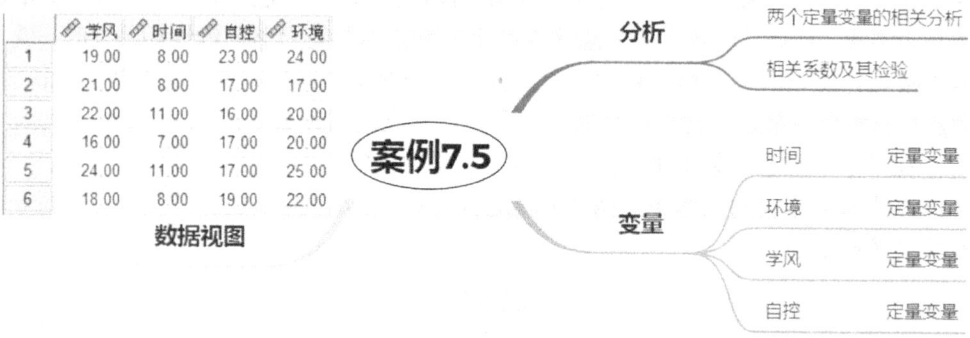

图7-22 案例7.5的思维导图

【操作步骤】

第一步：打开数据文件"7.5 学习中四个维度的关系-定量变量的相关系数"。

第二步：审查4个变量是否满足计算积差相关系数的条件。

（1）样本容量N=4123>30，为大样本。

（2）4个变量均为定量变量。

（3）作散点图，考察两两变量之间是否呈线性关系。在"散点图/点图"对话框中，选择"矩阵散点图（Matrix）"图式，以矩阵形式显示4个变量之间的相关关系。输出结果如图7-23所示，变量之间呈线性关系。

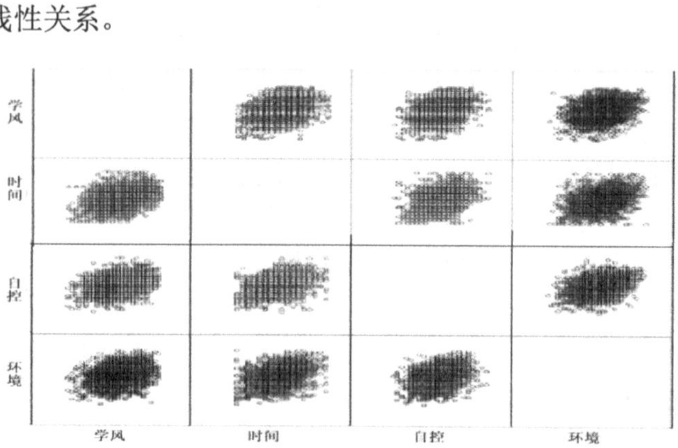

图7-23 "时间"等四个变量之间的散点图

（4）检验变量是否服从正态分布。我们通过“探索（Explore）”命令（也可以用非参数检验）来考察。具体步骤参见 5.2 节，不再赘述。

总体上，4 个变量基本满足积差相关系数所要求的条件。

第三步：计算积差相关系数并进行检验。

（1）打开“双变量相关性”对话框后，将 4 个变量移入“变量（Variables）”框内，勾选“皮尔逊（Pearson）”复选框，选中“双尾（Two-tilled）”单选按钮，勾选“标记显著性相关性（Flag Significant Correlation）”复选框。事实上，这三项都是系统默认项（见图 7-24）。

（2）单击“确定（OK）”按钮，提交系统运行。

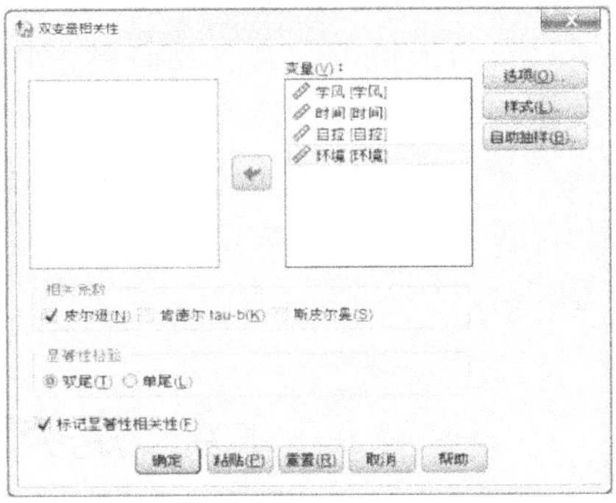

图 7-24　“双变量相关性”对话框

【输出结果】

表 7-16 给出了两两变量之间的皮尔逊积差相关系数、双侧检验的概率值和参与计算的个案数。

首先，皮尔逊积差相关系数是将两个变量视为具有对称关系的变量，反映在表 7-16 上，表格是以对角线为对称轴的，时间变量与自控变量的相关系数为 0.407，自控变量与时间变量的相关系数也为 0.407；对角线上的相关系数均为 1，即各变量与自身的相关系数为 1。

表 7-16　4 个变量的相关系数表

相　关　性					
		学　风	时　间	自　控	环　境
学风	皮尔逊相关性	1	.360**	.407**	.302**
	Sig.（双尾）		.000	.000	.000
	个案数	4028	3999	3944	3939
时间	皮尔逊相关性	.360**	1	.407**	.351**
	Sig.（双尾）	.000		.000	.000
	个案数	3999	4090	3992	3993
自控	皮尔逊相关性	.407**	.407**	1	.410**
	Sig.（双尾）	.000	.000		.000
	个案数	3944	3992	4024	3939
环境	皮尔逊相关性	.302**	.351**	.410**	1
	Sig.（双尾）	.000	.000	.000	
	个案数	3939	3993	3939	4024

**. 在 .01 水平（双侧）上显著相关。

如果我们仅将相关系数抽取出来列表，就可以用一个 4×4 阶的矩阵（一个包含 4 行 4 列的数表）表示，称其为 4 个变量的相关系数矩阵，并记为 $\boldsymbol{R}$：

$$\begin{array}{cccc} \text{学风} & \text{时间} & \text{自控} & \text{环境} \end{array}$$

$$\boldsymbol{R}=\begin{bmatrix} 1.000 & 0.360 & 0.407 & 0.302 \\ 0.360 & 1.000 & 0.407 & 0.351 \\ 0.407 & 0.407 & 1.000 & 0.410 \\ 0.302 & 0.351 & 0.410 & 1.000 \end{bmatrix}\begin{array}{l} \text{学风} \\ \text{时间} \\ \text{自控} \\ \text{环境} \end{array}$$

多个变量之间的相关系数采用矩阵的形式表示，变量之间的相关关系表达得更为简洁、看得更为清楚。矩阵是今后进行多变量统计分析的一个有力工具。

其次，正如表 7-16 的表注中所指出的，相关系数右上角的标记“**”，表明 4 个变量是在 $\alpha = 0.01$ 的显著性水平上两两相关。也就是说，如果我们取显著性水平为 $\alpha = 0.01$，由于检验统计量的概率值 $p = 0.000 < 0.01$，所以应拒绝零假设，可以认为 4 个变量两两之间具有极其显著的相关关系。

最后，在计算各相关系数时，每对变量的观测值数目必须相同，因此在计算过程中剔除了具有缺失值的个案，这就是为什么时间变量的有效观测值数目是 4090，而计算时间与自控变量的相关系数时，有效观测值数目变成了 3992。但从总体上看，参与计算的各个变量的有效观测值数目相差不大，所以不会产生大的偏误（bias）。一般地说，如果变量之间的有效观测值数目相差比较大，就说明缺失值比较多，产生的偏误会比较大，对结果进行解释时就要格外谨慎。

7.4 定类变量与定量变量的相关分析

在研究两个变量的相关性时，不仅会遇到同一测量水平的变量，还会遇到不同测量水平的变量，一般的方法是将具有高级测量水平的变量视为（或转化为）低一级测量水平的变量。案例 7.4 中进行数学成绩与逻辑推理能力相关性的研究时，就是将定距变量转化为定序变量。

反映定类变量和定量变量间相关性的相关系数有点二列相关系数、二列相关系数和多列相关系数。

7.4.1 点二列相关系数

当一个变量是二分变量，另一个变量至少是定距变量时，考察这两个变量的相关性应使用点二列相关系数（Point Biserial Correlation Coefficient），记为 r_{pq}。点二列相关系数的一个重要应用是作为测验的鉴别度指标（Discrimination Index）。

在 SPSS 中没有设计计算点二列相关系数的专门程序，但可以利用皮尔逊相关系数来进行计算。例如，利用数据文件“统计分析案例”，通过在“双变量相关性”对话框中勾选“皮尔逊（Pearson）”复选框，可以计算大学生创新能力与性别的点二列相关系数（见表 7-17）。

由表 7-17 可知，$r_{pq} = -0.174$，$p=0.000<0.01$，说明创新能力与性别有极其显著的相关性。由于在性别变量中，男生=1，女生=2，点二列相关系数为负数说明男生的创新能力要比女生强。如果我们将女生设定为 1，男生设定为 2，那么，点二列相关系数就会为正数 0.174。所以，在解释统计结果时，一定要结合二分变量的设定规则来说明。

表 7-17　性别与创新能力的点二列相关系数

相　关　性			
		性别	创新
性别	皮尔逊相关性	1	-.174**
	Sig.（双尾）		.000
	个案数	442	428
创新	皮尔逊相关性	-.174**	1
	Sig.（双尾）	.000	
	个案数	428	432

**. 在 0.01 级别（双尾），相关性显著。

7.4.2　Eta 系数

1. Eta 系数的概念

点二列相关中的二分变量是一个真正的二分变量，如男、女，吸烟、不吸烟等。但在对两个正态连续变量进行统计分析时，有时将其中的一个变量转化为定类变量，可能更便于得出规律性的结论。在统计学中，将其中的一个正态连续变量人为地划分为二分变量时，需要使用二列相关系数表示两个变量的相关程度；人为地划分为多分类变量时，要使用多列相关系数表示两个变量的相关程度。在 SPSS 中，只要一个是定类变量（可为多分类变量，不考虑是否为人为分类），另一个是定量变量，就可用 Eta 系数作为两个变量相关性的指标。

Eta 系数也称为相关比（Correlation Ratio），还可作为曲线相关的指标。也就是说，如果从变量观测值的分布或散点图上看，两个变量间呈曲线趋势，就不能计算积差相关系数，而要将其中的一个变量转化为定类变量，用 Eta 系数作为曲线相关程度的指标。

Eta 系数用 E（或记为η）表示，E^2（或记为η^2）称为关联强度指数。E=1 时，两个变量完全相关；E=0 时，两个变量零相关。E 的取值范围在 0 与 1 之间，E^2 具有消减误差比例的作用。

2. 利用“交叉表（Crosstabs）”命令计算 Eta 系数

在 SPSS 中，计算 Eta 系数有两个路径，其中之一是“分析（Analyze）”→“描述统计（Descriptive Statistics）”→“交叉表（Crosstabs）”→“统计（Statistics）”→“Eta”。

【案例 7.6　定类变量与定量变量的相关分析】

利用数据文件“统计分析案例”，分析大学生环境利用分数与年级的关系。案例 7.6 的思维导图如图 7-25 所示。

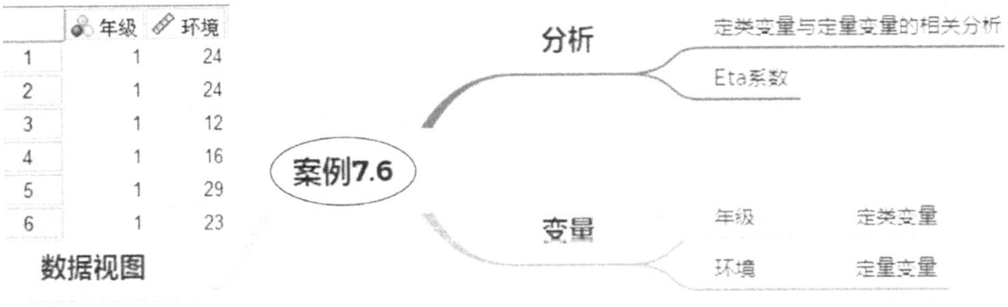

图 7-25　案例 7.6 的思维导图

打开数据文件“7.6 年级与环境利用分数的相关分析”，通过上述操作，系统输出结果如表 7-18 所示。由表 7-18 知，当将环境利用分数作为因变量时，E=0.188，因此 E^2=0.035344，说明用年级预测环境利用分数时，与不知道年级信息的情况下，预测环境利用分数可以减少 3.5%的误差；当将年级作为因变量时，E=0.285，E^2=0.081225，即用环境利用分数预测年级时，与不知道环境利用分数的情况下，预测年级可以减少 8.12%的误差。

表 7-18　年级与环境利用分数的 Eta 系数

定向测量			
			值
按区间标定	Eta	年级 因变量	.285
		环境 因变量	.188

我们建议，当考察一个定量变量与一个定类变量的相关性时，如果定类变量为二分变量，

则先做 T 检验；如果定类变量的分类在 2 个以上，则先做单因素方差分析，当确定差异具有显著性之后，再计算 Eta 系数，考察相关的程度。

3. 利用“平均值（Means）”命令计算 Eta 系数

在 5.3 节中我们曾利用“平均值（Means）”命令计算调查总体中不同群体的基本描述统计量，利用“平均值（Means）”命令还可以对多个总体的均值差异进行检验和计算 Eta 系数。

利用“平均值（Means）”命令计算 Eta 系数的具体操作方法是：依次执行“分析（Analyze）”→“比较平均值（Compare Means）”→“平均值（Means）”→“选项（Options）”命令，在“第一层的统计（Statistics for First Layer）”选项组中，勾选两个复选框之一，系统就会输出相应的 η 值。

以分析大学生环境利用水平与年级的关系为例，利用“平均值（Means）”命令计算 Eta 系数时，将“环境”作为因变量，分类变量“年级”作为第一控制层，给出的结果为 η=0.188（Eta 系数），η^2=0.035（关联强度指数）。

4. Eta 系数作为曲线相关程度指标

【案例 7.7　Eta 系数作为曲线相关程度指标】

表 7-19 给出了不同年龄的学生焦虑测验分数的频数分布，考察焦虑度与学生年龄的关系。

表 7-19　不同年龄学生焦虑测验分数的频数分布

焦虑度（分数）	年　龄								
	10	11	12	13	14	15	16	17	18
57					3	1			
52			1	4	8	2	1	1	
47		1	2	5	4	6	4		
42			3	7	2	4	5	3	1
37		1	7	3	1	2	2	6	1
32	1	5	4		1	1	1	4	2
27	1	3		1		1	2	1	5
22	2	1	1					1	1
17	4								2
12	1								

数据来源：顾明远. 教育 17 大辞典（第 7 卷）[M]. 上海：上海教育出版社，1990：108.

由表 7-19 可知，测验得到的焦虑度（分数）的分布为类似于抛物线的曲线分布。因此，考察焦虑度（分数）与年龄的关系要采用 Eta 系数。案例 7.7 的思维导图如图 7-26 所示。

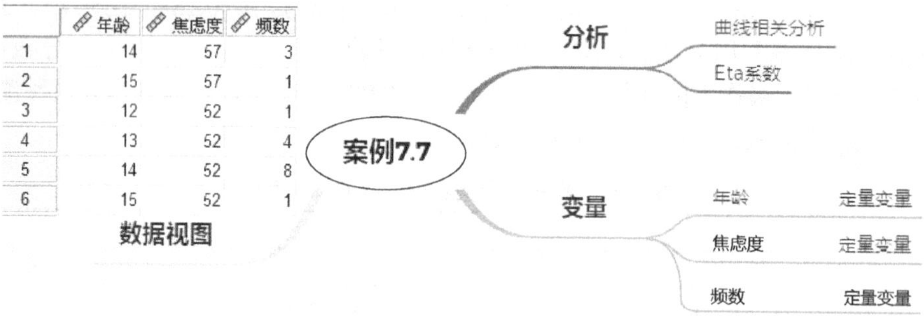

图 7-26　案例 7.7 的思维导图

【操作步骤】

（1）根据表 7-19 建立数据文件“7.7 年龄与焦虑度”，设置三个变量：年龄、焦虑度和频数（见图 7-26）。

（2）对个案加权（见图 7-27，具体操作方法见 2.6 节）。

（3）将焦虑度变量作为 Y 轴，年龄作为 X 轴，利用“散点图/点图（Scatter/Dot）”命令作散点图（具体操作方法见 7.1.2 节），进一步考察数据分布。输出窗口给出如图 7-28 所示的年龄与焦虑度的散点图，可以看出具有曲线趋势。

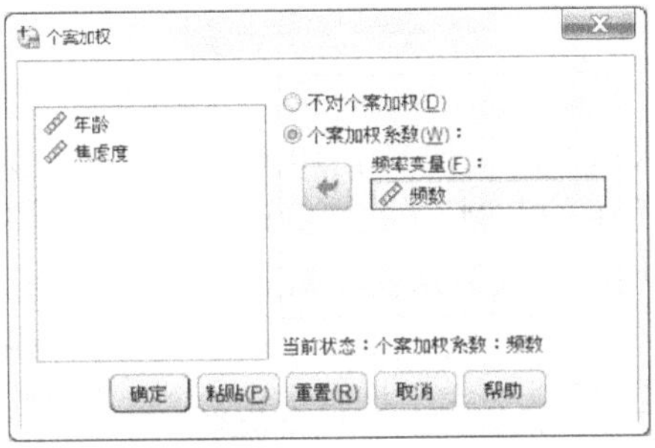

图 7-27 对个案加权

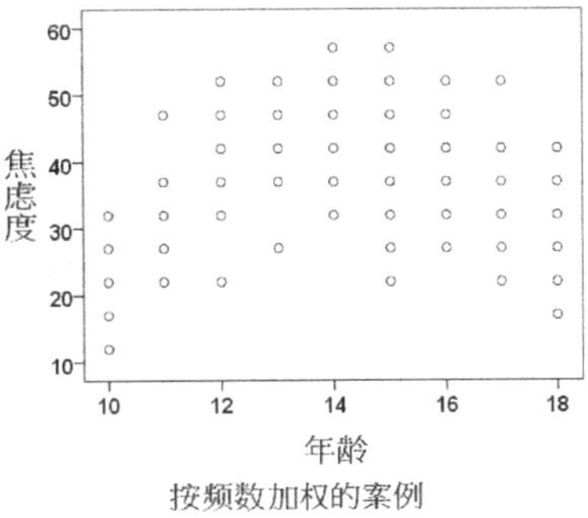

图 7-28 年龄与焦虑度的散点图

（4）计算 Eta 系数［利用“交叉表（Crosstabs）”命令，操作步骤略］。

【输出结果】

输出结果为表 7-20。当以年龄为自变量、焦虑度为因变量时，Eta 系数为 0.737，也就是说，依据年龄来预测焦虑度时，可以消减的误差比例为 54.3%（0.737^2=0.543169），可见两个变量的相关性是很强的。

表 7-20 年龄与焦虑度的 Eta 系数

定向度量			
			值
按区间标定	Eta	年龄 因变量	.274
		焦虑度 因变量	.737

7.5 两个事物之间关系的进一步分析

7.5.1 详析分析的提出和目的

当通过相关分析得出两个变量具有相关关系时，就可以根据某些理论或实际经验判定这两个变量之间的因果关系。例如，当得出逻辑思维能力与数学成绩具有相关关系时，就会认为逻辑思维能力是因，数学成绩是果，其统计规律应该是逻辑思维能力越强，数学成绩越好。但是，现实是错综复杂的，脱离了环境背景孤立地讨论两个变量 X、Y 之间的因果关系，往往会发生错误。事实上，在引入第三个变量 Z 之后，可能会出现以下几种情况：

第一种，X、Y 的相关性不变，即 X、Y 之间确实真的相关或真的独立；

第二种，X、Y 的相关性相反，即原来的结论为 X、Y 相关，现在的结论为 X、Y 独立，此时称原来的结论为伪相关。类似地，原来的结论是相互独立，现在的结论却是彼此相关，称原来的结论为伪独立。

第三种，X、Y的相关性有一定的改变，表现在与原来的结论相比，相关性增强或减弱，或者对应于Z的不同取值，X、Y的相关性不一样。

这些变化都说明第三个变量 Z 在起作用。因此，有必要对两个变量的相关关系做进一步的研究。为了使读者确信，在孤立地讨论两个变量的相关性时，这些问题真的会发生，本节首先对上述各种现象给出相应的案例，然后介绍如何利用 SPSS 的功能，在引入第三个变量甚至更多个变量的情况下，讨论两个变量X、Y的相关性，在统计学中称之为进行详析（Elaboration）分析。

1. 伪相关案例

为考察文化程度、收入与家庭是否拥有空调的关系，随机抽取了1000人，根据样本数据建立数据文件“7.8.1 伪相关案例”（此案例选自史希来著《属性数据分析引论》第169页），其数据视图如图7-29所示。

	文化程度	空调	收入	人数
1	1	1	1	560
2	1	2	1	140
3	2	1	1	80
4	2	2	1	20
5	1	1	2	30
6	1	2	2	20
7	2	1	2	90
8	2	2	2	60

图7-29 伪相关案例的数据视图

对个案加权后，利用“交叉表（Crosstabs）”命令，做文化程度与家中拥有空调数、收入与家中拥有空调数，以及以收入为层变量，文化程度与家中拥有空调数的卡方检验，共输出9个统计表，我们选取三个列联表（仅给出行百分比，见表7-21～表7-23），并将卡方检验的结果归纳为一张表（见表7-24）。

表7-21 文化程度与拥有空调数的二维列联表

文化程度* 空调 交叉表

文化程度 中的 %

		空调 无	空调 有	总计
文化程度	低	78.7%	21.3%	100.0%
	高	68.0%	32.0%	100.0%
总计		76.0%	24.0%	100.0%

表7-22 收入与拥有空调数的二维列联表

收入* 空调 交叉表

收入 中的 %

		空调 无	空调 有	总计
收入	低	80.0%	20.0%	100.0%
	高	60.0%	40.0%	100.0%
总计		76.0%	24.0%	100.0%

表7-23 文化程度、家中拥有空调数与收入三维交叉列联表

文化程度* 空调* 收入 交叉表

文化程度 中的 %

收入			空调 无	空调 有	总计
低	文化程度	低	80.0%	20.0%	100.0%
		高	80.0%	20.0%	100.0%
	合计		80.0%	20.0%	100.0%
高	文化程度	低	60.0%	40.0%	100.0%
		高	60.0%	40.0%	100.0%
	合计		60.0%	40.0%	100.0%
总计	文化程度	低	78.7%	21.3%	100.0%
		高	68.0%	32.0%	100.0%
	总计		76.0%	24.0%	100.0%

表 7-24　卡方检验结果

卡方检验						
	皮尔逊卡方			连续性修正[b]		
	值	自由度	渐进显著性（双侧）	值	自由度	渐进显著性（双侧）
文化程度* 空调	11.696[a]	1	.001	11.118	1	.001
收入* 空调	35.088	1	.000	34.00	1	.000
文化程度* 空调* 收入						
低　文化程度* 空调	.000	1	1.000	.000	1	1.000
高　文化程度* 空调	.000	1	1.000	.000	1	1.000

a. 0 单元格(0%)的期望计数少于 5。最小期望计数为 60.00。

b. 仅对 2×2 列联表计算。

表 7-21、表 7-22 表明，文化程度高的家庭要比文化程度低的家庭拥有空调的比例高，收入高的家庭要比收入低的家庭拥有空调的比例高。经卡方独立性检验，均有 $p<0.05$，故拒绝零假设而接受备择假设，即家庭是否拥有空调与文化程度有关，与收入也有关。

但是，当将收入作为层变量重新制作列联表时发现，不论从收入高的家庭还是从收入低的家庭看，不同的文化程度中有空调与无空调所占的比例都一样（见表 7-23）。而且经检验，文化程度与拥有空调的比例之间是完全独立的。也就是说，在引入了“收入”变量之后，表 7-21 所表明的相关关系完全不成立，是一种伪相关。

那么，这种现象是如何造成的呢？当我们考察文化程度与收入的关系时发现，文化程度越高，收入高的比例越高。经检验，文化程度与收入之间呈正相关关系。表 7-24 表明收入越高，有空调的比例也越高，收入与有空调的比例之间也呈正相关关系。于是，文化程度、收入和拥有空调的比例之间的关系如图 7-30 所示，如果对中间变量“收入”不考虑，孤立地讨论文化程度与有空调的比例的关系时，便出现了两者正相关的假象。

图 7-30　文化程度、收入和拥有空调的比例之间的关系

2. 伪独立案例

数据文件“7.8.2 伪独立案例”是对 1000 人调查后得到的年龄、性别和对旅游有无欲望的数据（选自史希来著《属性数据分析引论》第 170 页），如图 7-31 所示。人们对旅游的欲望并不完全相同，那么作为旅游公司应该把哪些群体列为自己的主要客源呢？

	年龄	性别	欲望	人数
1	1	1	1	120
2	1	1	2	180
3	1	2	1	130
4	1	2	2	70
5	2	1	1	180
6	2	1	2	120
7	2	2	1	70
8	2	2	2	130

图 7-31　伪独立案例的数据视图

在对个案加权之后，制作年龄与旅游欲望、性别与旅游欲望的交叉列联表。表 7-25 表明，旅游欲望与年龄、性别没有关系。经检验，年龄变量与旅游欲望变量之间是完全独立的（p=1.000）。类似地，性别变量与旅游欲望变量之间也是完全独立的（见表 7-26）。

表 7-27 表明，当将性别变量作为层变量时，在男性组中，低年龄段比高年龄段想外出旅游的比例高；在女性组中，低年龄段比高年龄段想外出旅游的比例低。经检验，无论男性组或女性组，年龄变量与旅游欲望变量之间有极其显著的相关性（p= 0.000）。从 Lambda 系数或 tau-y（古德曼和克鲁斯卡尔 tau）系数上看（见表 7-28），也说明年龄变量与旅游欲望变量之间的相关关系极其

显著。综合表 7-27 和表 7-28，女性组年龄变量与旅游欲望变量之间呈正相关关系，男性组年龄变量与旅游欲望变量之间呈负相关关系，鉴于以上分析，两个变量呈独立的关系是一种伪独立。

表 7-25 年龄与旅游欲望的交叉列联表

年龄* 旅游欲望 交叉表				
年龄 中的 %				
		旅游欲望		总计
		无	有	
年龄	低	50.0%	50.0%	100.0%
	高	50.0%	50.0%	100.0%
总计		50.0%	50.0%	100.0%

表 7-26 性别与旅游欲望的交叉列联表

性别* 旅游欲望 交叉表				
性别 中的 %				
		旅游欲望		总计
		无	有	
性别	男	50.0%	50.0%	100.0%
	女	50.0%	50.0%	100.0%
总计		50.0%	50.0%	100.0%

表 7-27 年龄、旅游欲望与性别的三维交叉列联表

年龄* 旅游欲望* 性别 交叉表					
年龄 中的 %					
性别			旅游欲望		总计
			无	有	
男	年龄	低	40.0%	60.0%	100.0%
		高	60.0%	40.0%	100.0%
	合计		50.0%	50.0%	100.0%
女	年龄	低	65.0%	35.0%	100.0%
		高	35.0%	65.0%	100.0%
	合计		50.0%	50.0%	100.0%
总计	年龄	低	50.0%	50.0%	100.0%
		高	50.0%	50.0%	100.0%
	总计		50.0%	50.0%	100.0%

表 7-28 性别为层变量分组计算相关系数

定向测量							
性别				值	渐近标准误差[a]	近似 T[b]	渐进显著性
男	名义到名义	Lambda	对称	.200	.045	4.201	.000
			年龄因变量	.200	.052	3.499	.000
			旅游欲望因变量	.200	.052	3.499	.000
		古德曼和克鲁斯卡尔 tau	年龄因变量	.040	.016		.000[c]
			旅游欲望因变量	.040	.016		.000[c]
女	名义到名义	Lambda	对称的	.300	.055	4.804	.000
			年龄因变量	.300	.059	4.341	.000
			旅游欲望因变量	.300	.059	4.341	.000
		古德曼和克鲁斯卡尔 tau	年龄因变量	.090	.029		.000[c]
			旅游欲望因变量	.090	.029		.000[c]
总计	名义到名义	Lambda	对称的	.000	.000	.[d]	.[d]
			年龄因变量	.000	.000	.[d]	.[d]
			旅游欲望因变量	.000	.000	.[d]	.[d]
总计	名义到名义	古德曼和克鲁斯卡尔 tau	年龄因变量	.000	.000		1.000[c]
			旅游欲望因变量	.000	.000		1.000[c]

a. 未假定原假设。

b. 在假定原假设的情况下使用渐近标准误差。

c. 基于卡方近似值。

d. 由于渐近标准误差等于零，因此无法进行计算。

综上所述，对于年龄、性别和旅游欲望来说，只有同时考虑性别和年龄，对旅游欲望的有或无才能做出比较准确的判断，丢掉年龄或性别中的任何一个信息，所得出的结论都是错误的。

3．相关关系发生变化

我们再举一个定量变量的例子，说明在引入第三个变量时，原来的两个变量的相关程度会有所改变。

为了确定书的售价与书的页数是否有关系，从教科书、科学专著、小说中随机抽取了 15 本书，书的页数、价格及装订情况均在数据文件“7.8.3 书价与页数”（见图 7-32）中。

如果只计算页数与价格的相关系数，有 $r=-0.185$，双侧检验的概率值 $p=0.510>0.05$，两者之间的相关关系不显著（见表 7-29），其散点图如图 7-33 所示。但当对精装本与平装本分别统计时（可先利用“拆分文件（Split File）”命令将“装订”作为分组变量进行分组，然后用“双变量（Bivariate）”命令计算相关系数；或直接利用“交叉表（Crosstabs）”命令，将“装订”作为层变量），精装本的价格与页数的相关系数为 0.825，平装本的价格与页数的相关系数为 0.722，且两个相关关系均在 0.05 的水平上达到显著（见表 7-30）。

	序号	页数	价格	装订
1	1	104	32.95	1
2	2	188	24.95	1
3	3	220	49.95	1
4	4	264	79.95	1
5	5	336	10.90	2
6	6	342	68.85	1

图 7-32　文件“7.8.3 书价与页数”的数据视图

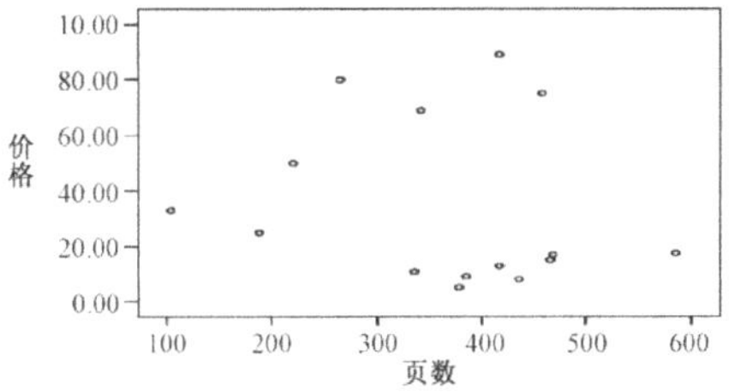

图 7-33　页数与价格的散点图

表 7-29　页数与价格的相关系数

相关性			
		页数	价格
页数	皮尔逊相关性	1	-.185
	Sig.（双尾）		.510
	个案数	15	15
价格	皮尔逊相关性	-.185	1
	Sig.（双尾）	.510	
	个案数	15	15

表 7-30　不同装订方式下页数与价格的相关系数

相关性				
装订			页数	价格
精装	页数	皮尔逊相关性	1	.825*
		Sig.（双尾）		.022
		个案数	7	7
	价格	皮尔逊相关性	.825*	1
		Sig.（双尾）	.022	
		个案数	7	7
平装	页数	皮尔逊相关性	1	.722*
		Sig.（双尾）		.043
		个案数	8	8
	价格	皮尔逊相关性	.722*	1
		Sig.（双尾）	.043	
		个案数	8	8

*. 在 0.05 级别（双尾），相关性显著。

4．详析分析的目的

以上案例表明，在研究两个变量的因果关系时，适时引入第三个变量甚至更多的变量，然后进一步讨论自变量与因变量原有关系的变化情况，可以澄清与深化对原有关系的认识，揭示两个变量之间的真实关系。在统计学中，通过统计控制（Statistical Control）的方法进行分析的过程称为详析（Elaboration）分析，所引入的变量称为控制变量或者层变量。

具体地说，详析分析的主要目的是对两个变量的相关关系做进一步的审视：

第一，这种相关关系的真实性如何？是真的相关还是伪相关？是真的独立还是伪独立？

第二，引起这种相关关系的内部原因是什么？是两个变量本来就有这种相关关系（直接相关），还是由其他变量引起的间接相关？

第三，这种相关关系是否随着环境的改变而改变？即对于控制变量的不同取值，相关性是否也会有所不同？

7.5.2　对定性变量做详析分析

在 SPSS 中，对定性变量做详析分析主要通过“交叉表（Crosstabs）”命令完成。即在分析过程中除将两个需要分析相关关系的变量分别移入对话框的“行（Rows）”框和“列（Columns）”框中外，还要把引入的第三个变量移入分层变量“层 1/1（Layer）”框中。如果设置的控制变量有多个，则可单击“下一张（Next）”按钮，再将第二个控制变量移入，以此类推。

【案例 7.8　性别和专业与学习动机的关系】

现以大学生学情调查中对不同性别、不同专业以及在学习动机方面是否选择“贡献国家”为例（数据文件为“7.8　性别、专业与学习动机”），说明对定性变量做详析分析的操作过程以及如何解释统计分析的结果。案例 7.8 的思维导图如图 7-34 所示。

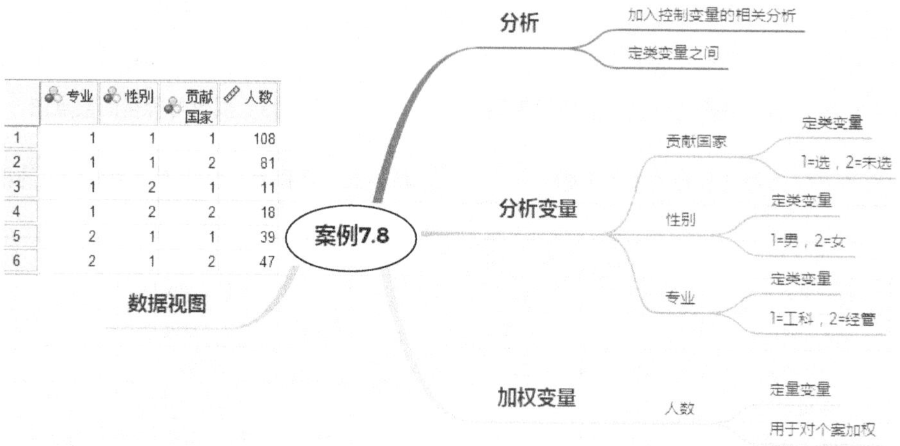

图 7-34　案例 7.8 的思维导图

【操作步骤】

（1）对数据的处理。对数据文件“7.8　性别、专业与学习动机”进行统计分析前的预处理：实施个案加权，依次执行“数据（Data）→个案加权（Weight Case）”命令，并取加权变量为“人数”。

（2）打开“交叉表”对话框后，分别制作“性别”和“贡献国家”、“专业”和“贡献国家”的交叉列联表，并进行独立性检验。

（3）以“专业”为层变量（见图 7-35），制作“性别”与“贡献国家”两个变量的交叉列联表，并进行独立性检验；再以“性别”为层变量，制作“专业”与“贡献国家”两个变量的交叉列联表，并进行独立性检验。

（4）考虑到样本容量对卡方值的影响，同时计算 tau-y 系数，即在“交叉表：统计”对话框中除勾选“卡方（Chi-Square）”复选框外，同时勾选“名义（Nominal）”选项组中的“Lambda”复选框（见图 7-36）。

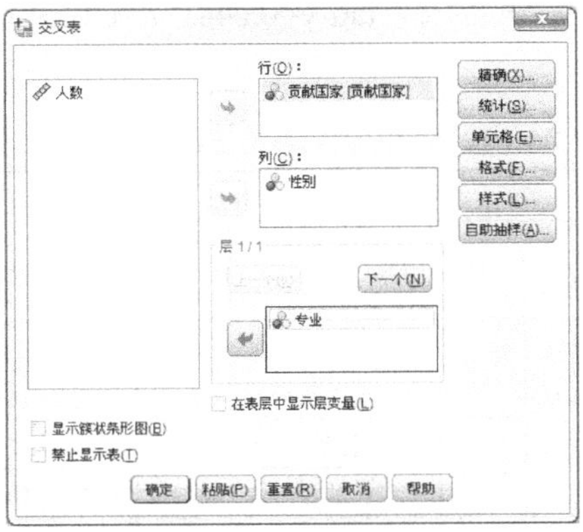

图 7-35　设置层变量

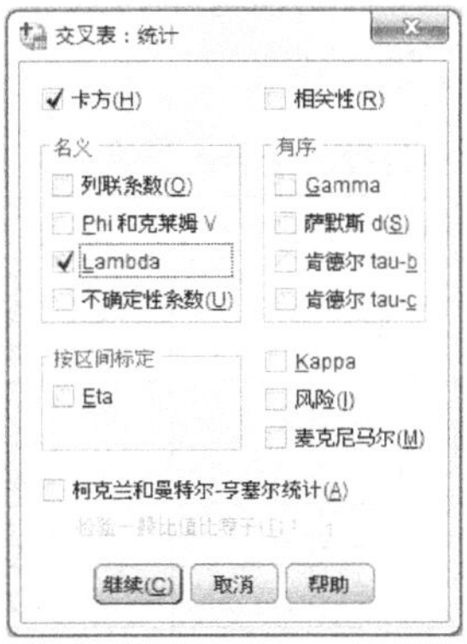

图 7-36　选择统计项

【输出结果】

输出窗口给出的结果如表 7-31～表 7-35 所示，其中表 7-35 是将卡方独立性检验和计算相关系数的结果归并而成。

（1）性别与是否选择贡献国家的相关性。由表 7-31 可知，男生选择贡献国家的比例比女生高 25.6%。独立性检验的结果及 tau-y 系数为χ^2=24.578，tau-y=0.059，p=0.000，取α=0.01，$p<\alpha$（见表 7-35），表明性别与是否选择为国家做贡献的相关性极其显著。

（2）专业与是否选择贡献国家的相关性。由表 7-32 可知，工科专业学生选择贡献国家的比例比经管专业学生高 20.6%。独立性检验的结果及 tau-y 系数为χ^2=17.717，tau-y= 0.043，p=0.000，取α=0.01，$p<\alpha$（见表 7-35），表明学生所学专业与是否选择贡献国家的相关性极其显著。

表 7-31　性别与贡献国家交叉列联表

性别* 贡献国家 交叉表

			贡献国家		总计
			选	未选	
性别	男	计数	147	128	275
		占性别的百分比	53.5%	46.5%	100.0%
	女	计数	39	101	140
		占性别的百分比	27.9%	72.1%	100.0%
总计		计数	186	229	415
		占性别的百分比	44.8%	55.2%	100.0%

表 7-32　专业与贡献国家交叉列联表

专业* 贡献国家 交叉表

			贡献国家		总计
			选	未选	
专业	工科	计数	119	99	218
		占专业的百分比	54.6%	45.4%	100.0%
	经管	计数	67	130	197
		占专业的百分比	34.0%	66.0%	100.0%
总计		计数	186	229	415
		占专业的百分比	44.8%	55.2%	100.0%

（3）专业作为控制变量时，性别与是否选择贡献国家的相关性。表 7-33 显示，当将专业作为控制变量时，在工科学生中，男生选择贡献国家的比例比女生高出近 20 个百分点；由表 7-35 第三行可知，独立性检验χ^2=3.743，而 tau-y = 0.017，p=0.054>0.05，均不能拒绝零假设，只能认为性别与是否选择贡献国家无关。但是在表 7-34 中数据是不平衡的，最大的数值为 108，最小的数值只有 11，因此，需要采用费希尔（Fisher）单侧检验的结果（费希尔检验的结果要比皮尔逊卡方检验结果更为精确），p=0.042<0.05，拒绝零假设，结论应是在工科学生中，性别与是否选择贡献国家在 0.05 水平上相关。由表 7-34 可知，经管专业的学生，在选

择贡献国家的比例上，男生比女生高出 20.1%，而且在女生中，未选择贡献国家的比例约为选择贡献国家的比例的 3 倍。经检验（见表 7-35），χ^2=8.743，$p = 0.003<0.01$，应拒绝零假设，即在经管专业中，性别与是否选择贡献国家的相关性极其显著，tau-y=0.044，p=0.003<0.01，tau-y 也证实了这一结论。

表 7-33　专业为控制变量的三维交叉表（部分）

性别* 贡献国家* 专业 交叉表

专业				贡献国家		总计
				选	未选	
工科	性别	男	计数	108	81	189
			占性别的百分比	57.1%	42.9%	100.0%
		女	计数	11	18	29
			占性别的百分比	37.9%	62.1%	100.0%
	总计		计数	119	99	218
			占性别的百分比	54.6%	45.4%	100.0%
经管	性别	男	计数	39	47	86
			占性别的百分比	45.3%	54.7%	100.0%
		女	计数	28	83	111
			占性别的百分比	25.2%	74.8%	100.0%
	总计		计数	67	130	197
			性别中的 %	34.0%	66.0%	100.0%

表 7-34　性别为控制变量的三维交叉表（部分）

专业* 贡献国家* 性别 交叉表

性别				贡献国家		总计
				选	未选	
男	专业	工科	计数	108	81	189
			占专业的百分比	57.1%	42.9%	100.0%
		经管	计数	39	47	86
			占专业的百分比	45.3%	54.7%	100.0%
	总计		计数	147	128	275
			占专业的百分比	53.5%	46.5%	100.0%
女	专业	工科	计数	11	18	29
			占专业的百分比	37.9%	62.1%	100.0%
		经管	计数	28	83	111
			占专业的百分比	25.2%	74.8%	100.0%
	总计		计数	39	101	140
			占专业的百分比	27.9%	72.1%	100.0%

表 7-35　卡方独立性检验及相关系数表

		卡方独立性检验		费希尔精确检验		tau-y 系数	
		χ^2	p	双侧	单侧	tau-y	p
性别*贡献国家		24.578	0.000			0.059	0.000
专业*贡献国家		17.717	0.000			0.043	0.000
性别*贡献国家*专业	工科	3.743	0.053	0.071	0.042	0.017	0.054
	经管	8.743	0.003	0.004	0.003	0.044	0.003
专业*贡献国家*性别	男	3.304	0.069	0.090	0.046	0.012	0.070
	女	1.847	0.174	0.244	0.131	0.013	0.176

（4）当将性别作为控制变量时，专业与是否选择贡献国家的相关性。表 7-34 表明，男生在选择贡献国家的比例上，工科专业的学生仅比经管专业的学生高出近 12 个百分点，经检验（见表 7-35），$p = 0.069 > 0.05$，不能拒绝零假设，只能认为专业与是否选择贡献国家无关。tau-y 系数的 p 值也证实了这一结论。女生的情况是，$p = 0.174 > 0.05$，也不能拒绝零假设，只能认为专业与是否选择贡献国家无关。

认真研究表 7-35，我们发现，引入控制变量与没有引入控制变量的结论是相反的，即专业与是否选择贡献国家具有极其显著的相关性是伪相关。尽管专业对是否选择贡献国家具有一些影响，但是尚未达到显著相关的程度。造成这种伪相关的原因是工科专业中女生所占的比例只有 13.3%，而经管专业中女生所占的比例要大得多，达到了 56.3%（见表 7-36）。经检验，χ^2=85.764，$p = 0.000 < 0.01$，因此应拒绝零假设，即工科专业与经管专业的男女生比例具有极其显著性差异，也就是说，性别与专业的相关性极其显著。正是由于性别与是否选择贡献国家、性别与专业都具有显著的相关性，才造成了专业与是否选择贡献国家具有显著的相关性。将三个变量的关系用图表示，如图 7-37 所示。

表 7-36　专业与性别的交叉列联表

专业 * 性别 交叉表					
			性别		总计
			男	女	
专业	工科	计数	189	29	218
		占专业的百分比	86.7%	13.3%	100.0%
	经管	计数	86	111	197
		占专业的百分比	43.7%	56.3%	100.0%
总计		计数	275	140	415
		占专业的百分比	66.3%	33.7%	100.0%

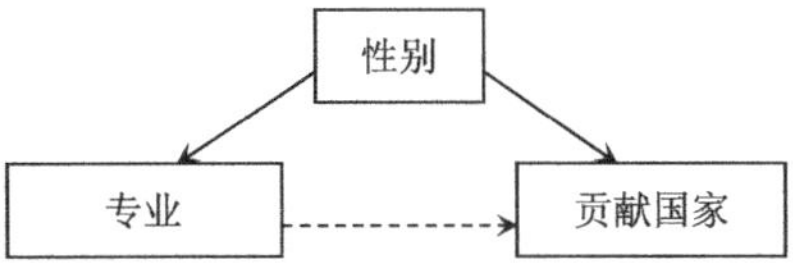

图 7-37　性别、专业与贡献国家三个变量的关系

7.5.3　对定量变量做偏相关分析

研究两个定量变量的相关性同样需要做详析分析。例如，当研究工资收入与受教育程度的关系时，需要将工龄和业绩等与工资有关的变量作为控制变量。事实上，引入控制变量的本质是：将这些变量的影响排除在外，以便在相对纯净的环境下讨论两个变量之间的关系。对定量变量做详析分析主要是通过偏相关分析（Partial Correlation Analysis，或称为净相关分析）完成的。这里首先对偏相关分析做一简单介绍，然后结合案例说明如何在 SPSS 中进行操作，以及如何解释所得到的统计结果。

1．偏相关分析与偏相关系数

由 7.1 节可知，简单相关分析是在不考虑其他变量影响的条件下，对两个变量 X、Y 的相关关系进行研究，通过相关系数来描述这两个变量的相关程度和方向。偏相关分析是在考虑其他变量对 X、Y 影响的条件下，将这些变量的影响加以控制，再分析 X、Y 之间的相关关系。

偏相关分析主要通过偏相关系数（Partial Correlation Coefficient）来表示剔除其他变量影响之后，两个变量的相关程度和方向。如果只有一个控制变量，称为一阶偏相关（First-order Correlation）；如果有两个控制变量，则称为二阶偏相关（Second-order Correlation）；如果有 k 个控制变量，则称为 k 阶偏相关；简单相关称为零阶偏相关（Zero-order Correlation）。例如，研究语文成绩与数学成绩的相关关系，如果不考虑智力对两门课程成绩的影响，直接计算积差相关系数，得到的是简单相关系数，如果将智力因素作为控制变量，此时计算的就是一阶偏相关系数。

两个定量变量的偏相关系数的定义建立在积差相关系数的基础上。设三个变量为 X、Y、Z，分析变量 X 与 Y 间的关系时，将 Z 作为控制变量，X 与 Y 的一阶偏相关系数定义为

$$r_{XY.Z}=\frac{r_{XY}-r_{YZ}r_{XZ}}{\sqrt{(1-r_{YZ}^2)(1-r_{XZ}^2)}}$$

其中，r_{XY}、r_{YZ}、r_{XZ} 分别表示 X 与 Y、Y 与 Z 以及 X 与 Z 的积差相关系数。$r_{XY.Z}$ 下标中的“.Z”表示控制变量为 Z。偏相关系数的取值范围在−1 与+1 之间，表示在控制了变量 Z 之后 X 与 Y 之间的相关程度和方向，而且其平方值具有消减误差比例的作用。

如果在研究变量 X 与 Y 之间的关系时，将两个变量 Z、W 作为控制变量，X 与 Y 的二阶偏相关系数定义为

$$r_{XY.ZW}=\frac{r_{XY.Z}-r_{YW.Z}r_{XW.Z}}{\sqrt{(1-r_{YW.Z}^2)(1-r_{XW.Z}^2)}}$$

可见二阶偏相关系数是建立在一阶偏相关系数之上的。类似地，三阶偏相关系数是建立在二阶偏相关系数之上的，以此类推，k+1 阶偏相关系数是建立在 k 阶偏相关系数之上的。

如果数据是样本数据，当需要推断样本所来自的两个总体之间是否存在显著的偏相关关系时，做偏相关分析除需要计算样本的偏相关系数外，还需要进行假设检验。

建立的零假设是：两个总体的偏相关系数为零。取显著性水平为α，那么，当 $p<\alpha$时，应拒绝零假设，偏相关系数与零有显著性差异，即剔除了控制变量的影响后，两个变量具有相关关系；当 $p>\alpha$时，不能拒绝零假设，只能认为偏相关系数与零没有显著性差异，即两个变量不具有相关关系。

在使用偏相关分析时有两个问题需要注意：

第一，由于计算偏相关系数涉及积差相关系数，因此只有当各个变量都满足积差相关系数的条件时，才能计算偏相关系数。这些条件包括：每个变量必须是由测量得到的连续变量；每个变量均服从正态分布，或近似服从正态分布，至少应是单峰对称分布；每对变量之间呈线性相关关系；每对变量的观测值要成对出现，数据对个数 $n\geqslant30$。

第二，积差相关系数适用于研究两个变量之间的对称关系，因此，偏相关系数同样适用于两个变量呈对称关系的情况，并不刻意区分自变量与因变量，可以利用已有的经验或理论对统计结果做出解释。如果需要区分自变量与因变量，则可采用多元回归分析，我们将在第 8 章中对此加以介绍。

2．利用“偏相关（Partial）”计算偏相关系数

在 SPSS 中，对两个变量的偏相关分析由“相关（Correlate）”→“偏相关（Partial）”命令完成。这里，结合分析大学生学习策略中某些维度的相关关系，说明如何利用“偏相关”命令完成偏相关分析。

【案例 7.9　偏相关分析】

在利用学情调查数据计算学习策略各个维度之间的积差相关系数时，发现课堂学习策略水平（“课堂”）与时间利用（“时间”）、目标监控、学风的相关性极其显著。但是，这些相关系数是在没有排除其他变量影响的条件下得出的，那么，如果排除了变量之间的相互影响，课堂学习策略水平与这几个变量中的哪个变量关系更密切？案例 7.9 的思维导图如图 7-38 所示。

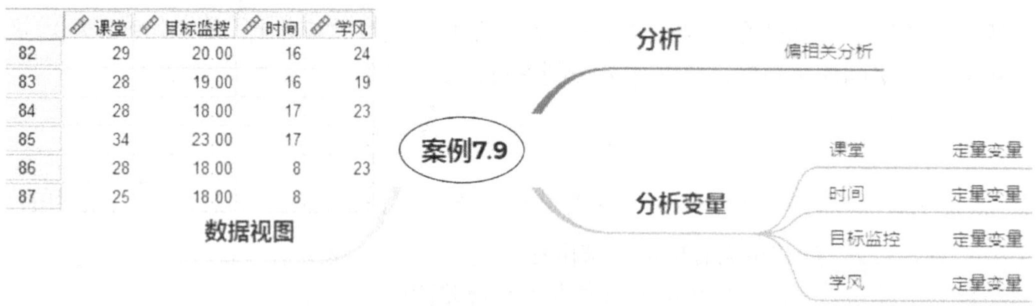

图 7-38　案例 7.9 的思维导图

【操作步骤】

第一步：将数据文件“统计分析案例”中的变量“目标监控”、“时间”、“课堂”及“学风”的数据，通过复制和粘贴建立数据文件“7.9 偏相关分析案例”。

第二步：对课堂学习策略水平与时间利用、目标监控、学风做偏相关分析。

要分析哪个变量对课堂学习策略水平的影响最大，需要在考察课堂学习策略水平与一个变量的相关性时控制其他变量的影响，因此要对课堂学习策略水平与 3 个变量分别求偏相关系数，然后按偏相关系数的大小进行排序。

（1）检查 4 个变量是否满足积差相关系数的条件（略），答案是肯定的。

（2）依次执行“分析（Analyze）”→“相关（Correlate）”→“偏相关（Partial）”命令，弹出“偏相关性”对话框（见图 7-39），将“课堂”“目标监控”移入“变量（Variables）”框内，“时间”和“学风”作为控制变量移入“控制（Controlling）”框内；“显著性检验”采用系统默认值“双尾（Two-tailed）”；勾选“显示实际显著性水平（Display actual significance level）”复选框，以显示实际的显著性概率值。

（3）单击“选项（Options）”按钮，打开“偏相关性：选项”对话框，在“统计（Statistics）”选项组中有两个复选框（见图 7-40）。

- 平均值和标准差（Means and standard deviations）：输出各变量的均值和标准差。
- 零阶相关性（Zero-order correlations）：显示各变量的零阶积差相关系数。

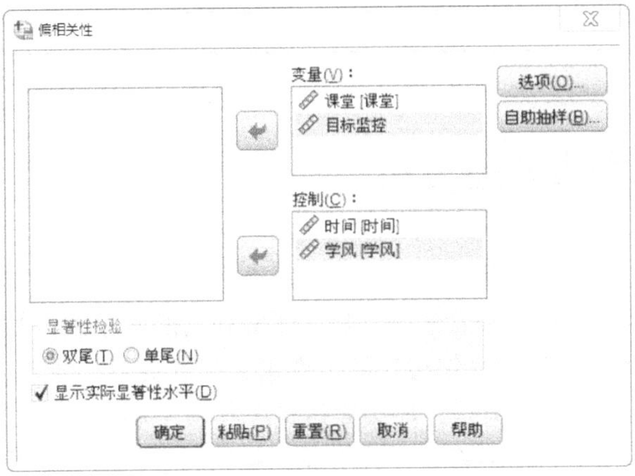

图 7-39　“偏相关性”对话框

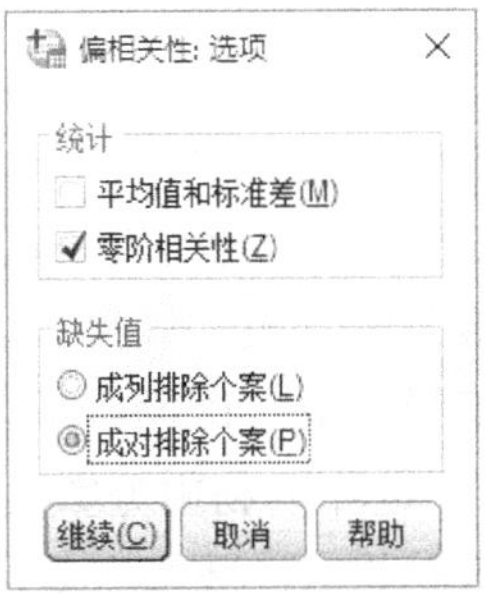

图 7-40　“偏相关性：选项”对话框

在“缺失值”选项组中有两个单选按钮。

- 成列排除个案（Exclude cases listwise）：剔除所有带有缺失值的个案，为系统默认方式。
- 成对排除个案（Exclude cases pairwise）：成对剔除带有缺失值的个案。

我们勾选“零阶相关性（Zero-order correlations）”复选框，并且为了保留更多的信息，对缺失值的处理选择第二种方式。单击“继续（Continue）”按钮，返回“偏相关性”对话框。

（4）将“目标监控”与“学风”作为控制变量，计算“课堂”与“时间”的偏相关系数，最后将“目标监控”与“时间”作为控制变量，计算“课堂”与“学风”的偏相关系数。

（5）单击“确定（OK）”按钮，提交系统运行。

【输出结果】

我们将输出结果整理和简化为表 7-37。从表 7-37 给出的零阶积差相关系数可以看出，课堂学习策略水平（“课堂”）与目标监控、时间利用（“时间”）及学风的零阶积差相关系数分别为 0.606、0.568 和 0.605，p 均为 0.000，在 0.01 水平上显著相关，应该说，这三个变量与课堂学习策略水平具有极其显著的线性相关关系。课堂学习策略水平与目标监控、时间利用及学风的二阶偏相关系数分别为 0.303、0.274 和 0.406，均在 0.01 水平上显著相关，从大到小依次为：学风、目标监控和时间利用。

表 7-37　4 个变量的零阶积差相关系数及二阶偏相关系数

相关性						
控制变量			课堂	目标监控	时间	学风
-无-[a]	课堂	相关性	1.000	.606	.568	.605
		显著性（双尾）	.	.000	.000	.000
		自由度	0	415	411	405
时间&学风	目标监控	相关性	.303			
		显著性（双尾）	.000			
		自由度	403			
学风&目标监控	时间	相关性	.274			
		显著性（双尾）	.000			
		自由度	403			
时间&目标监控	学风	相关性	.406			
		显著性（双尾）	.000			
		自由度	403			

a. 单元格包含零阶（皮尔逊）相关性。

7.6　多因素方差分析

在第 5 章中，为比较不同年级的学生在环境利用的平均水平上是否有显著性差异，曾介绍了单因素方差分析。事实上，还可以从另一个视角来看这一问题：环境利用的水平是否与学生所在的年级有关？即问题的本质是讨论“环境”和“年级”两个变量之间的关系，或者说，“年级”是否是环境利用分数变化的一个影响因素。但是，如果要讨论“年级”和“性别”两个分类变量是否对“环境”变量存在交互作用时，单因素方差分析就无能为力了，就需要采用多因素方差分析。

7.6.1　多因素方差分析概述

1．基本概念

在具体介绍多因素方差分析之前，我们先来介绍方差分析中一些常用的术语。

1）因素与水平

因素（Factor）是指可能对因变量有影响的分类变量，也称为因子。有时将影响因变量的客观条件称为因素，而人为条件称为处理（Treatment）。分类变量的不同取值等级（类别）称为水平（Level）。例如，在分析“年级”和“性别”两个变量对“环境”变量的影响时，“年级”和“性别”各为一个因素，“年级”因素有 4 个水平，而“性别”因素有 2 个水平，所使用的方差分析称为 4×2 的方差分析。

2）单元与元素

单元（Cell）系指各因素各水平的组合。例如，年级与性别就可组成 4×2=8 个单元。从数据表上看，有 8 个单元格（见表 7-38）。单元格中的每个数据称为元素（Element），也就是说，在一个单元格中，可以有多个元素，也可以只有一个元素，甚至可能没有元素。

3）均值与边际均值

每个单元格内的观测量均值称为单元均值。每一行（列）的观测量均值称为该行（列）的样本均值。如在表 7-38 的最右边一列分别为表中男、女生学风分数的均值；倒数第二行分别为各个年级学风分数的均值。当我们讲“均值”时，是指用样本数据计算出的均值。

边际均值（Marginal Mean）是指基于所选定的方差分析模型，在控制了其他因素的作用之后，根据样本数据计算出的用于比较的各水平的均值估计值，如表 7-38 中的最后一行。

表 7-38　不同年级不同性别学生学风分数统计表

	一 年 级	二 年 级	三 年 级	四 年 级	均　值
男	32 … 16	21 … 24	8 … 22	17 … 10	21.28
女	18 … 23	11 … 24	15 … 21	15 … 18	21.92
均值	22.43	21.35	20.97	21.12	21.51
边际均值	21.97	21.03	20.40	20.65	

4）协变量

协变量（Covariable）指对因变量可能有影响，需要在分析时对其作用加以控制的连续变量。

5）固定因素与随机因素

判断一个因素（一个分类变量）是固定因素（Fixed Factor）还是随机因素（Random Factor），与我们的研究设计有关。例如，在考察不同城区的居民对治安状况的满意度有无差异时，如果对全市 8 个城区都进行了抽样，那么在样本中“城区”的 8 个分类都会出现，“城区”是一个固定因素。如果仅仅在 4 个城区进行抽样，研究的问题是这 4 个城区的满意度有无差异，“城区”因素仍然是一个固定因素。但如果把 4 个城区作为分层抽样时的第一层抽样结果，想要将调查结论外推到全市的 8 个城区，那么“城区”就是一个随机因素。

2. 基本思路

1）单因素方差分析思路的回顾

首先让我们来回忆一下单因素方差分析的思路。由第 5 章可知，单因素方差分析是将因素 A 的 k 个水平所对应的观测值视为从 k 个总体中抽取的样本，然后通过这些样本来检验 k 个总体的均值是否有显著性差异。提出的假设如下：

H_0：k 个总体的均值没有差异：$\mu_1=\mu_2=\cdots=\mu_k$；

H_1：μ_1，μ_2，…，μ_k 中至少有两个不等。

检验统计量形成的基础是总离差平方和 SS_t（也称为总变异），可以分解为组内平方和 SS_w 与组间平方和 SS_b，即

$$SS_t=SS_w+SS_b$$

如果样本数据是定距数据，k 个总体服从正态分布且方差相等，那么统计量 F

$$F=\frac{SS_b/df_b}{SS_w/df_w}$$

的值所对应的概率 $p<0.05$ 时就认为各个总体的均值具有显著性差异。

如果将组间平方和 SS_b 视为因素 A 对因变量作用的结果，而将组内平方和 SS_w 视为随机

因素 E 所造成的，那么就可以将总变异分解为

$$SS_t = SS_E + SS_A$$

其中，SS_A 是因素 A 独立作用下因变量所产生的变异；SS_E 是随机因素 E 引起的因变量的变异。

2）多因素方差分析的思路

现在，我们以双因素方差分析为例来说明多因素方差分析的思路。

设影响因变量的因素有 A 和 B，那么因变量的总变异 SS_t 可以分解为

$$SS_t = SS_E + SS_A + SS_B + SS_{A\times B}$$

其中，SS_A、SS_B 是因素 A、B 独立作用下因变量所产生的变异，通常称为 A、B 的主效应（Main Effects）；$SS_{A\times B}$ 是因素 A、B 交互作用产生的变异，称为交互效应；SS_E 是随机因素引起的因变量的变异，称为剩余（Residual）。

双因素方差分析相应的检验统计量有三个：

$$F_A = \frac{SS_A / df_A}{SS_E / df_E} = \frac{MS_A}{MS_E} \qquad F_B = \frac{SS_B / df_B}{SS_E / df_E} = \frac{MS_B}{MS_E} \qquad F_{A\times B} = \frac{SS_{A\times B} / df_{A\times B}}{SS_E / df_E} = \frac{MS_{A\times B}}{MS_E}$$

双因素方差分析设定的假设有三组，分别针对因素 A、因素 B 和 A、B 的交互作用。例如对于因素 A 来说，设 A 有 k 个水平，零假设就是因素 A 对因变量的变化没有产生影响，或者说 A 的各个水平所对应的总体的均值相等：

H_0：k 个总体的均值没有差异：$\mu_1 = \mu_2 = \cdots = \mu_k$；

H_1：μ_1，μ_2，…，μ_k 中至少有两个不等。

类似地，对于三因素方差分析，设影响因素为 A、B、C，则总变异的分解式为

$$SS_t = SS_E + SS_A + SS_B + SS_C + SS_{A\times B} + SS_{A\times C} + SS_{B\times C} + SS_{A\times B\times C}$$

检验统计量也会相应地增加到 7 个。

由上可知，多因素方差分析既可以用于对变量之间的关系进行探讨，也可以在多因素条件下同时对不同群体的差异进行显著性检验。

3. 使用多因素方差分析的条件

使用多因素方差分析的条件与使用单因素方差分析的条件相同，即仍将每个因素的不同水平对应的观测量视为从不同总体中抽取的样本。使用多因素方差分析的理想条件如下：

（1）各个样本来自服从正态分布的总体；

（2）各个总体的方差齐性；

（3）各个样本是相互独立的；

（4）各个样本是随机抽取的。

在 SPSS 中用于多因素方差分析的命令是“单变量（Univariate）”，我们用两个案例来说明如何进行操作。

7.6.2 利用“单变量（Univariate）”命令进行多因素方差分析

【案例 7.10 “学风”的多因素方差分析】

利用大学生学情调查的样本数据分析年级、性别及专业对学风的影响，并比较不同年级的学生在学风上的差异。对于本案例，我们将随着操作的过程及时给出输出结果和具体的解释。案例 7.10 的思维导图如图 7-41 所示。

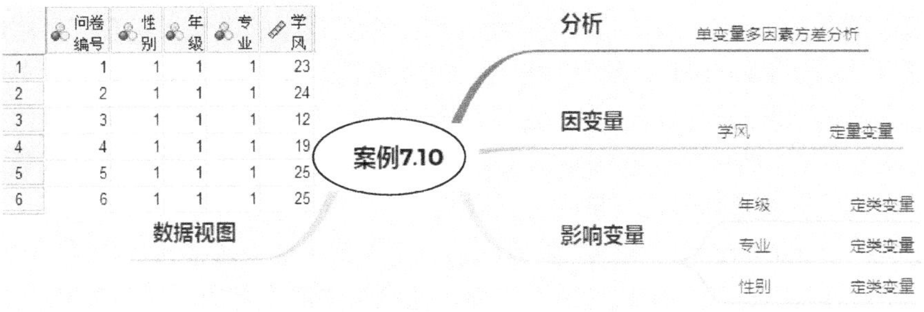

图 7-41　案例 7.10 的思维导图

1. 考察因素间的交互作用，确定方差分析的模型

【操作步骤】

（1）打开数据文件“7.10　年级、性别及专业对学风的影响”，依次执行“分析（Analyze）”→“一般线性模型（General Linear Model）”→“单变量（Univariate）”命令，弹出“单变量”对话框（见图 7-42）。除源变量框外，该对话框还有如下内容。

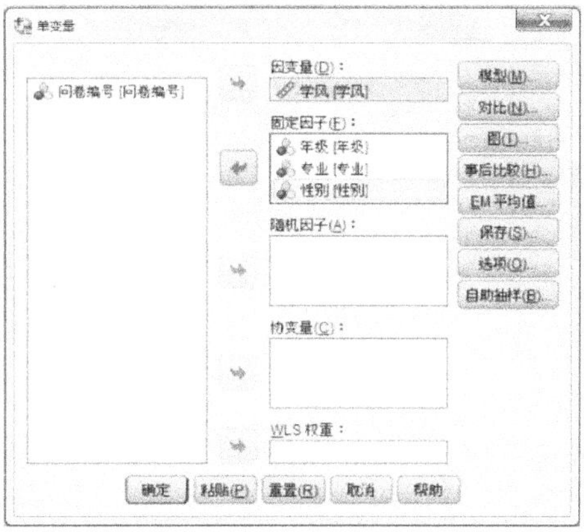

图 7-42　“单变量”对话框

①“因变量（Dependent Variable）”框。

②“固定因子（Fixed Factor）”框：固定因素变量框。

③“随机因子（Random Factor）”框：随机因素变量框。

④“协变量（Covariate）”框。

⑤“WLS 权重（WLS Weight）”框：加权变量框，用于加权的最小平方分析。

本案例中，将“学风”移入“因变量（Dependent Variable）”框内，将“年级”、“性别”和“专业”移入“固定因子（Fixed Factor(s)）”框内。

（2）单击“模型（Model）”按钮，打开“单变量：模型”对话框［见图 7-43（a)］，用于选择进行多因素方差分析的模型。该对话框有如下内容：

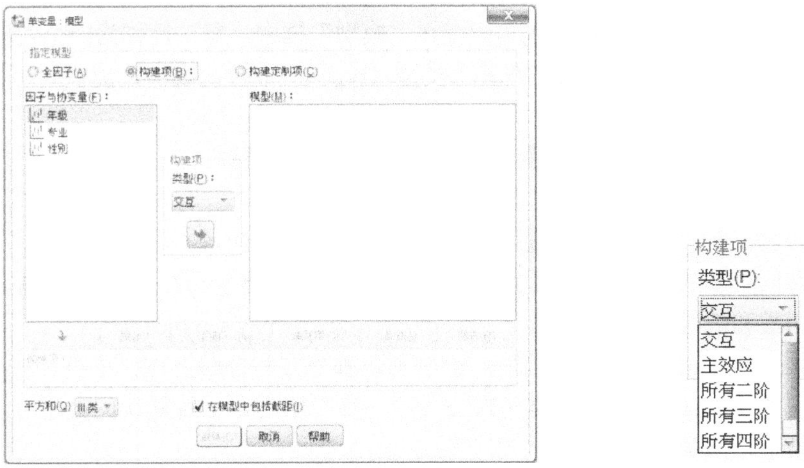

（a）　（b）

图 7-43　“单变量：模型”对话框

①“指定模型（Specify Model）”选项组：用于指定模型的类型，包含三个单选按钮。

a. 全因子（Full Factorial）：建立全模型，为系统的默认模型。如果选中此单选按钮，则此对话框的其他选项均呈不可用状态，直接单击“继续（Continue）”按钮，返回“单变量”对话框。在输出结果中将包括所有因素的主效应、所有协变量的主效应、所有因素之间的交互效应，但是不包括协变量与其他变量的交互效应。

b. 构建项（Build Terms）：构建模型效应项。如果选中此单选按钮，“因子与协变量”框、“模型”框、“构建项”选项组均被激活，以便构建模型中的主效应、交互效应类型。

c. 构建定制项（Build Custom Terms）：自定义模型效应项。如果选中此单选按钮，“因子与协变量（Factors & Covariates）”框、“模型（Model）”框，以及其下方的一排按钮和“构建项（Build Term）”框被激活，但中间的“构建项（Build Term）”选项组未被激活。此时，可以通过下方的按钮来自定义进入模型的效应项。比如，先选中“专业”，单击向下的箭头按钮，可将其移入下方的“构建项”框；再单击“按（By）*”按钮，之后选中“年级”并单击按钮，就可以在下方的“构建项”框生成“专业*年级”交互项，如图 7-44 所示；此时单击“添加（Add）”按钮就可将自定义的交互项加入“模型（Model）”框内。采用同样的方法，可以在模型中加入其他自定义的效应项。

图 7-44 “专业*年级”交与项

②“因子与协变量（Factors & Covariates）”框：系统自动列出可以作为因素的变量名，并根据各变量在“单变量”对话框的定义，分别在变量名前面用图标表示，表示固定因素或随机因素，表示协变量。

③“模型（Model）”框：效应框，可以通过两种途径将一个要分析主效应的因素移入本框。一种途径是通过“构建项（Build Term）”选项组中的箭头按钮移入本框，但每次只能选择一个因素；另一种途径是通过选择“类型”下拉列表中的“主效应（Main effects）”，此时可选择多个因素，单击向右的箭头按钮便可移入本框。在“模型”框中，每一行称为一个效应项。

④“构建项（Build Terms）”选项组：在其“类型（type）”下拉列表中，提供了可构建的六种类型［见图 7-43（b）］。

交互（Interaction）：建立所有被选变量最高水平的交互效应项目。

主效应（Main effects）：建立每个被选变量的主效应。

所有二阶（All 2-way）：建立被选变量所有可能的双向交互效应。

所有三阶、所有四阶和所有五阶（All 3-way、All 4-way、All 5-way）：分别建立被选变量所有可能的三维、四维和五维的交互效应。

⑤“平方和（Sum of Squares）”下拉列表：给出了四种平方和分解方法：Ⅰ类（Type Ⅰ）、Ⅱ类（Type Ⅱ）、Ⅲ类（Type Ⅲ）和Ⅳ类（Type Ⅳ），其中Ⅲ类是系统默认的处理方法，Ⅰ类、Ⅱ类所适用的模型，Ⅲ类都适用。

⑥“在模型中包括截距（Include intercept in model）”复选框：在回归模型中包括截距，为系统默认项。如果能假设数据通过原点，则可以不勾选此复选框。

本案例中，为了考察三个因素之间的交互作用，在“单变量：模型”对话框中选择默认方式（全因子），所以可以不打开“模型”对话框。单击“确定（OK）”按钮，提交系统运行。

【输出结果 1】

输出结果中包含了两张表，表 7-39 给出了男女生、各年级及各专业的人数。表 7-40 为全模型方差分析表，由该表可知，性别与专业、年级与专业的交互效应不显著（$p>0.05$），性别、年级与专业三者的交互作用也不显著（$p = 0.502 > 0.05$），只有性别与年级两因素交互作用显著（$p = 0.020 < 0.05$）。

表 7-39　因素统计表

主体间因子			
		值标签	个案数
性别	1	男	282
	2	女	143
年级	1	大一	121
	2	大二	100
	3	大三	108
	4	大四	96
专业	1	工科	233
	8	经济	115
	9	管理	77

表 7-40　全模型方差分析表

主体间效应检验 因变量:学风					
源	III类平方和	自由度	均方	F	显著性
修正模型	791.306[a]	21	37.681	2.106	.003
截距	53034.762	1	53034.762	2964.793	.000
性别	43.039	1	43.039	2.406	.122
年级	24.864	3	8.288	.463	.708
专业	110.549	2	55.274	3.090	.047
性别 * 年级	178.697	3	59.566	3.330	.020
性别 * 专业	48.712	2	24.356	1.362	.257
年级 * 专业	157.964	6	26.327	1.472	.186
性别 * 年级 * 专业	59.923	4	14.981	.837	.502
误差	7208.939	403	17.888		
总计	204392.000	425			
修正后总计	8000.245	424			

a. R 方 = .099（调整后 R 方 = .052）。

根据表 7-40 中的输出结果，我们继续进行如下操作：

（1）在“单变量：模型”对话框中选择自定义模式。重新打开“单变量”对话框，单击“模型”按钮，弹出“单变量：模型”对话框。在该对话框中选中“构建项（Build Terms）”单选按钮。在界面中间“构建项（Build Term(s)）”选项组的“类型”下拉列表中选择“主效应（Main effects）”，将“因子与协变量（Factors & Covariates）”框中的“性别”、“年级”和“专业”通过箭头按钮一并移入“模型（Model）”框中；再在“构建项（Build Term(s)）”选项组的“类型”下拉列表中选择“交互（Interaction）”，然后将“因子与协变量（Factors & Covariates）”框中的“性别”和“年级”通过箭头按钮移入“模型（Model）”框中，显示为“年级*性别”（见图 7-45）。单击“继续（Continue）”按钮，返回“单变量”对话框。

（2）单击“图（Plots）”按钮，打开 “单变量：轮廓图”对话框（见图 7-46），该对话框用于绘制边际均值的轮廓图，以便比较边际均值及显示因素间是否有交互效应。

- “因子（Factors）”框：系统自动显示“单变量”对话框中所选择的因素变量名。
- “水平轴（Horizontal Axis）”框：横坐标框。如果只看一个因素各水平的边际均值分布，将该因素移入本框后，单击“添加（Add）”按钮，所选的因素便会移到“图（Plots）”框中；在做单因素方差分析时，分布图是以该因素为横轴、以因变量均值为纵轴的线图，可以看到对应于因素各水平的因变量均值的差异。

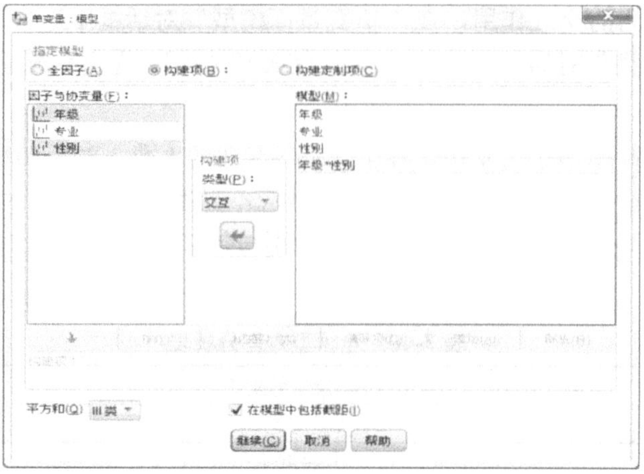

图 7-45　自定义模型

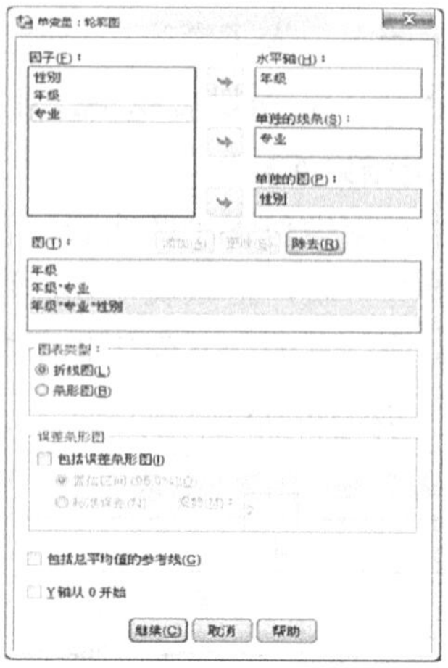

图 7-46　“单变量：轮廓图”对话框

- “单独的线条（Separate Lines）”框：针对两个因素的轮廓图而设计的分割线。如果需要考察两个因素变量是否有交互效应，或者想看两个因素组合的各个单元格中因变量的均值分布，可使用此框。对于双因素方差分析，轮廓图仍然是以一个因素（A）为横轴，以因变量均值为纵轴的线图，此时对应于另一个因素（B）的每个水平有一条折线。当将 A 移入“水平轴”框，将 B 移入“单独的线条”框后，单击“添加”按钮，在“图（Plots）”框中便会出现“$A*B$”。
- “单独的图（Separate Plot）”框：针对三个因素的分布图而设计的分图框。如果除 A、B 因素外，还有 C 因素，则将 C 因素移入本框，单击“添加”按钮，在“图（Plots）”框中便会出现“$A*B*C$”，系统将分别生成对应于 C 因素每个水平的轮廓图。
- “更改（Change）”按钮与“除去（Remove）”按钮：用于改变或撤销“图（Plots）”框中的作图项。

本案例中，作年级及各交互项的轮廓图（“年级”与“性别”；“年级”与“专业”；“年级”、“专业”与“性别”），在作交互项的轮廓图时，将水平数较多的因素移入“水平轴”框，将水平数较少的因素移入“单独的线条”框或“单独的图”框，可使图形更简洁。单击“继续（Continue）”按钮，返回“单变量”对话框。

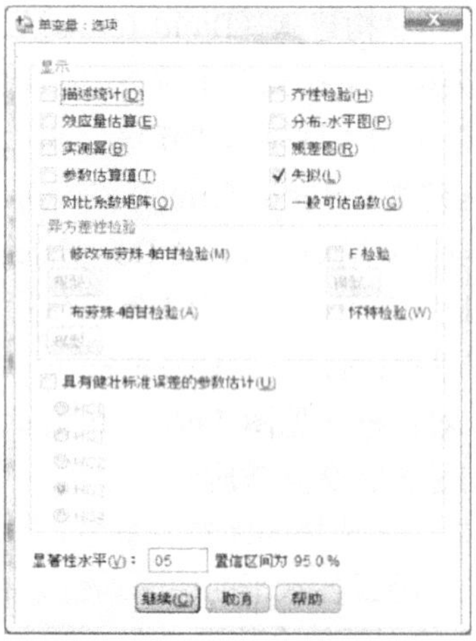

图 7-47　“单变量：选项”对话框

（3）单击“选项（Options）”按钮，弹出“单变量：选项”对话框（见图 7-47），用于选择需要输出的项目，主要有如下内容。

①“显示（Display）”选项组中有如下复选框。

- 描述统计（Descriptive statistics）：输出观测值的均值、标准差和每个单元格中的观测值数。
- 效应量估算（Estimates of effect size）：输出关联强度指数 E^2 的估计值。
- 实测幂（Observed power）：输出统计检验力，即不犯第二类错误的概率（$1-\beta$）。
- 参数估算值（Parameter estimates）：输出各因素的参数估计、标准误、T 检验的 t 值、相应的概率值 p

（sig）、95%的置信区间以及每种检验的功效。

- 对比系数矩阵（Contrast Coefficient matrix）：输出对比系数矩阵 ***L***。
- 齐性检验（Homogeneity tests）：对每个因变量针对所有因素进行莱文（Levene）方差齐性检验，但并不对因素之间各个水平的组合进行方差齐性检验。
- 分布-水平图（Spread vs. level plot）：输出以各因素不同水平组成的单元格的观测值均值为横坐标，分别以观测值的标准差、方差为纵轴的散点图。
- 残差图（Residuals plot）：以矩阵方式给出观测值、预测值和标准化残差之间的散点图。
- 失拟（Lack of fit）：对当前模型（自定义模型）与全模型的效果进行比对的拟合劣度检验（失拟检验），如果无效假设被拒绝，则说明因变量与自变量之间的关系通过当前模型还不能充分地描述出来，可能还有交互作用未被发现，或者还有其他因素需要引入模型。
- 一般可估函数（General estimable function）：输出一般估计函数，可以基于一般估计函数构造自定义的假设检验，对比系数矩阵中的行是一般估计函数的线性组合。

②“异方差性检验（Heteroskedasticity Tests）”选项组，用于检验误差（errors）的方差是否全相等。如果不全相等，即存在异方差，应设法消除异方差，以优化线性无偏估计。提供的异方差检验方法有“修改布劳殊-帕甘检验（Modified Breusch-Pagan test）”“F 检验（F test）”“布劳殊-帕甘检验（Breusch-Pagan test）”“怀特检验（White's test）”。

对于本案例，为了考察采用自定义模型的效果，需要做与上述全模型相比对的拟合劣度检验。在“显示（Display）”选项组中勾选“失拟（Lack of fit）”复选框。然后返回“单变量”对话框。

（4）单击“确定（OK）”按钮，提交系统运行。

【输出结果 2】

（1）方差分析表。表 7-41 为自定义模型方差分析表，与全模型方差分析表相比，在自定义模型中，性别、年级、专业的偏平方和都有所增加，而性别与年级的交互项的平方和减小，经检验，交互作用不显著。

表 7-41　自定义模型方差分析表

主体间效应的检验					
因变量:学风					
源	Ⅲ类平方和	自由度	均方	F	显著性
修正模型	517.685[a]	9	57.521	3.190	.001
截距	153192.974	1	153192.974	8496.435	.000
性别	152.379	1	152.379	8.451	.004
年级	125.170	3	41.723	2.314	.075
专业	208.441	2	104.221	5.780	.003
性别 * 年级	110.420	3	36.807	2.041	.107
误差	7482.560	415	18.030		
总计	204392.000	425			
修正后总计	8000.245	424			

a. R 方= .065（调整后 R 方 = .044）。

（2）拟合劣度检验表。在表 7-42 中，“失拟（Lack of Fit）”的平方和（Sum of Squares）为 273.621，实际上就是表 7-41 中“误差（Error）”的平方和与表 7-40 中“误差（Error）”的

平方和之差，即自定义模型的误差项的平方和与全模型误差项的平方和之差：

$$7482.560-7208.939=273.621$$

表 7-42　拟合劣度检验表

失拟检验					
因变量:学风					
源	平方和	自由度	均　方	F	显著性
失拟	273.621	12	22.802	1.275	.231
纯误差	7208.939	403	17.888		

而表 7-42 中“纯误差（Pure Error）”的平方和就是全模型误差项的平方和（见表 7-40）。经 F 检验得 p=0.231，如果取显著性水平为 0.05，则不能拒绝零假设，表明采用自定义模型与采用全模型没有统计学意义上的差异，自定义模型已经包含了数据的主要信息，不需要再纳入更多的交互项了。当然，如果从决定系数看，无论是全模型还是自定义模型，对因变量变异的解释都很小（分别为 9.9%和 6.5%），说明用年级、性别和专业来解释学风的变化是远远不够的。

（3）边际均值轮廓图。图 7-48 为不同年级学生的学风的边际均值轮廓图，可以看出，总的趋势是学风的边际均值估计值随着年级的升高而下降，中间大三年级稍有好转。注意：这里的边际均值不是由样本观测值直接计算出的均值，而是通过模型计算出来的。

图 7-49 反映了不同年级的男女生在学风上的边际均值，由图可知，男女生在学风上的表现有很大的不同。对于大一、大二年级，女生的学风边际均值比男生高，但相差不多，大三年级的女生的学风边际均值不仅没有下降，反而提高了很多，边际均值远远高于男生。说明性别与年级对学风有一定的交互作用，但是不显著。

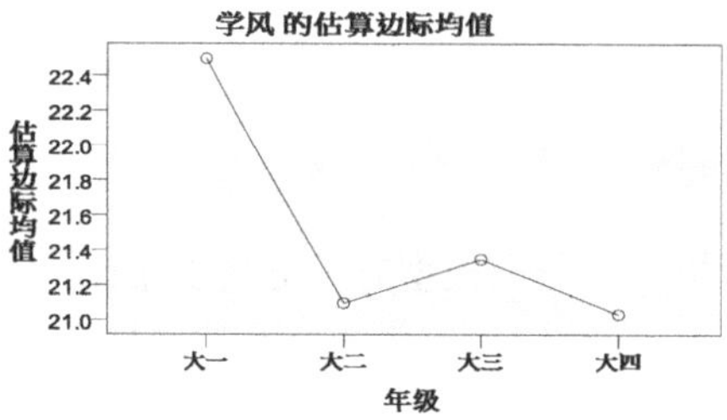

图 7-48　不同年级学生的学风的边际均值轮廓图

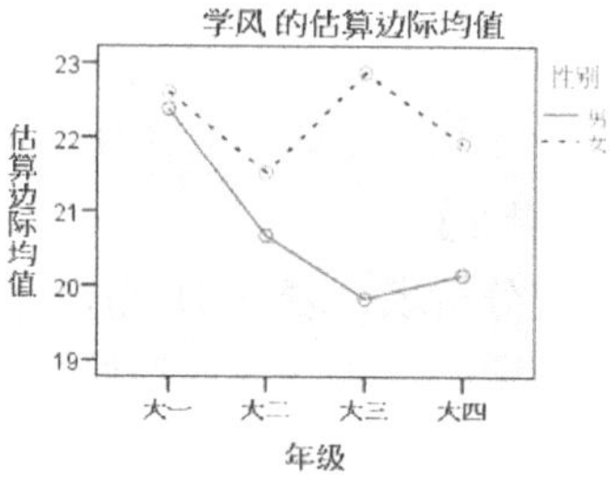

图 7-49　不同年级与不同性别学生的学风的边际均值轮廓图

在图 7-50～图 7-52 中，所有的图形都是平行的，表明专业与性别、专业与年级以及专业、年级与性别三者之间的交互作用都不存在。

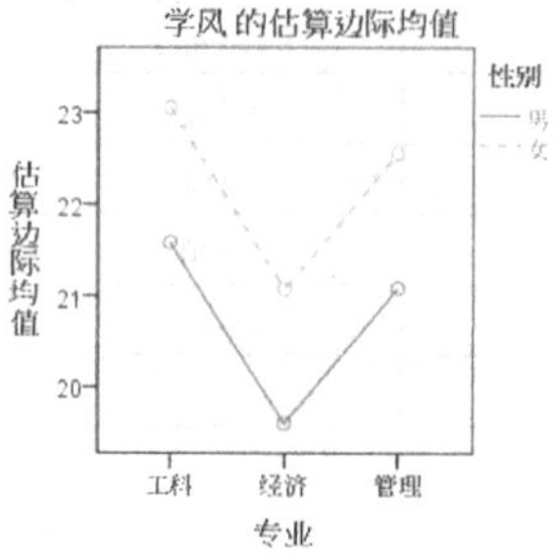

图 7-50　不同专业与不同性别的学风的边际均值轮廓图

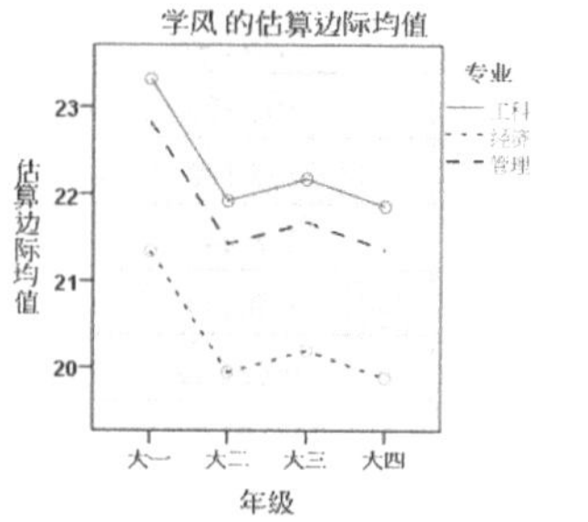

图 7-51　不同年级与不同专业的学风的边际均值轮廓图

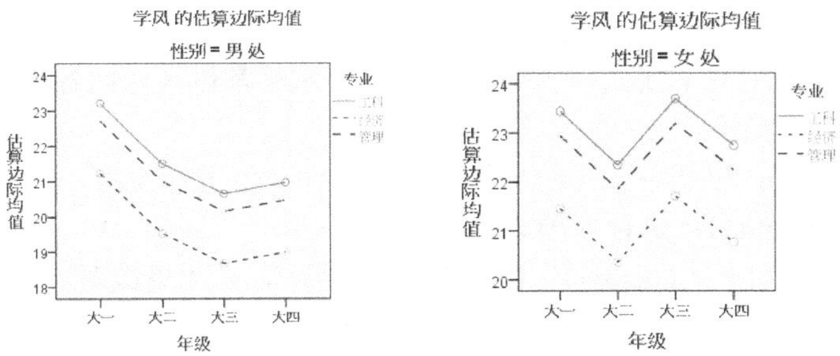

图 7-52　不同年级、不同专业、不同性别的学风的边际均值轮廓图

2. 考察不同年级的学生群体在学风均值上的差异

显然，这一问题可以用“单因素 ANOVA 检验”命令来解决，也可以利用“单变量（Univariate）”命令来解决。但前提条件是各个年级学生的学风的方差应具有齐性。因此，事前要利用“探索（Explore）”命令检验各个年级学生的学风的方差是否齐性。

利用“单变量（Univariate）”命令考察不同年级的学生群体在学风均值上的差异，可采用三个途径：一是利用“事后比较（Post Hoc）”功能，进行多重比较；二是利用“对比（Contrasts）”功能，与选择的某一个检验值进行比较，这种比较往往需要通过多次操作才能完成对各个年级的多重比较，但比较的内容更加丰富；三是利用“EM 平均值”中的“估算边际均值（Estimated Marginal Means）”功能，这里比较的均值不是由样本观测值直接计算出的均值，而是通过模型计算出的边际均值。

【操作步骤】

（1）利用“探索（Explore）”命令检验各个年级学生学风分数的方差是否齐性（具体操作方法参见 5.2 节），检验结果为方差具有齐性。

（2）打开“单变量”对话框，单击“对比（Contrasts）”按钮，弹出“单变量：对比”对话框（见图 7-53）。该对话框用于检验一个因素各水平间的差异，基本思想是将各个水平的观测值看作来自不同总体的样本，依次检查这些总体的均值是否与某个指定的检验值存在显著性差异。该对话框中有“因子”框与“更改对比”选项组。

①“因子（Factors）”框：系统自动列出所有在该对话框中选中的因素，并在该因素后面的括号内说明当前选择的对照方法。

②“更改对比（Change Contrast）”选项组，在“对比（Contrast）”下拉列表中提供了如下确定检验值的方法。

图 7-53　“单变量：对比”对话框

- 无（None）：不进行差异检验。
- 偏差（Deviation）：参照的检验值是观测值的均值。选择此项后，“对比（Contrast）”下面的“参考类别（Reference Category）”被激活，可以选择忽略最后一个水平（此为默认方式）或第一个水平，然后对所选择因素的其他各个水平的均值与观测值的均值进行比较。
- 简单（Simple）：以最后一个水平（Last）或第一个水平（First）作为参照的检验值，将所选择的因素的其他各个水平的均值与参照的检验值进行比较。
- 差值（Difference）：除第一个水平外，每个水平都以其前面各水平的均值为参照的检验值进行差异检验。

- 赫尔默特（Helmert）：除最后一个水平外，每个水平都以其后面各水平的均值为参照的检验值进行差异检验。
- 重复（Repeated）：以相邻水平的均值为参照的检验值进行检验。
- 多项式（Polynomial）：进行多项式比较。

对于本案例，在“因子（Factors）”框中选择“年级”，在“更改对比（Change Contrast）”选项组的“对比”下拉列表中选择“偏差（Deviation）”，并选中“第一个（Fist）”单选按钮，即将一年级作为忽略的水平，单击“变化量（Change）”按钮，“年级”后的括号内“无”改为“偏差（第一个）[Deviation（fist）]”。然后返回“单变量”对话框。

（3）单击“事后比较（Post Hoc）”按钮，打开“单变量：实测平均值的事后多重比较”对话框（见图 7-54），与在“单因素 ANOVA 检验”对话框中单击“事后比较（Post Hoc）”按钮弹出的对话框的结构与功能基本是一样的，即在得出各样本所属的总体之间具有显著性差异之后，进行多重比较检验，给出两两配对比较的结果。只是由于考虑的因素不止一个，因此增加了“因子（Factor）”和“下列各项的事后检验（Post Hoc Tests for）”两个变量框。具体的内容，读者可参阅 5.6.2 节的介绍。

注意，当模型中协变量或者因素水平数小于 3 时，“事后比较（Post Hoc）”功能不可用。

本案例中，将“年级”因素移入“下列各项的事后检验（Post Hoc Tests for）”框中，在“假定等方差（Equal Variances Assumed）”选项组中勾选“LSD”复选框（见图 7-54），然后返回“单变量”对话框。

（4）单击“EM 平均值（EM Means）”按钮，弹出“单变量：估算边际平均值”对话框（见图 7-55），用于估测边际均值，其中有以下内容。

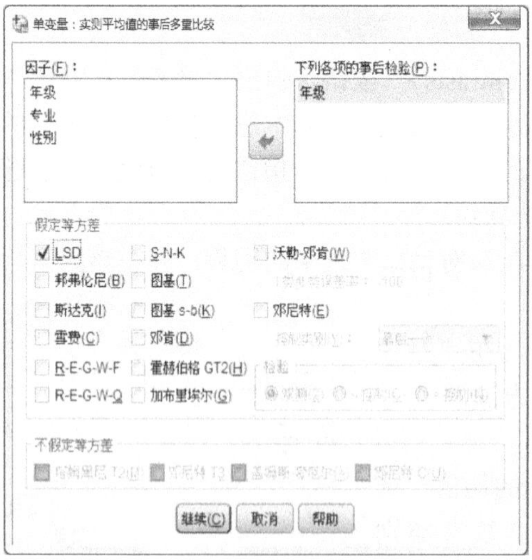

图 7-54 “单变量：实测平均值的事后多重比较”对话框

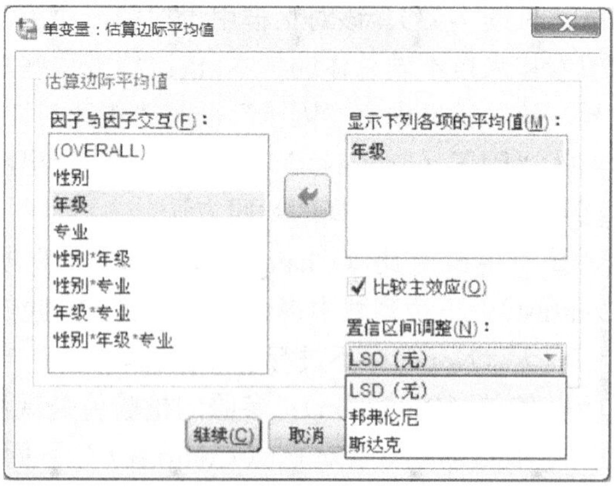

图 7-55 “单变量：估算边际平均值”对话框

- “因子与因子交互（Factor(s) and Factor Interactions）”框：系统自动列出在“单变量：模型”对话框中所指定的效应项。
- “显示下列各项的平均值（Display Means for）”框：将左侧框中的各效应项移入本框后，对于主效应项，产生估计的边际均值表；对于二维或三维的交互效应项，产生各个单元的均值表。如果将左侧框中的“OVERALL”移入本框，则产生边际均值的均值。

- “比较主效应（Compare main effects）”复选框：当“显示下列各项的平均值”框中包含主效应项时被激活，其功能是对主效应的边际均值进行组间的配对比较。勾选该复选框后，会激活“置信区间调整（Confidence interval adjustment）”下拉列表，其中提供了进行多重组间比较时调整置信区间的三种方法：LSD（不进行调整）、邦弗伦尼（Bonferroni）法和斯达克（Sidak）法。一般地，我们采用 LSD。

本案例中，将“年级”因素移入“显示下列各项的平均值（Display Means for）”框，并勾选“比较主效应（Compare main effects）”复选框。然后返回“单变量”对话框。

（5）单击“确定（OK）”按钮，提交系统运行。

【输出结果】

（1）对比结果。表 7-43 是利用“单变量：对比”对话框完成的对各年级（一年级忽略）均值与总边际均值的比较结果，表明各年级的均值与总边际均值没有显著性差异。

表 7-43　各年级与总边际均值的比较

对比结果（K 矩阵）			
年级 偏差对比[a]			因变量 学风
级别 2 与平均值	对比估算		-.397
	假设值		0
	差值（估算 - 假设）		-.397
	标准误差		.398
	显著性		.319
	差值的 95% 置信区间	下限	-1.179
		上限	.385
级别 3 与平均值	对比估算		-.146
	假设值		0
	差值（估算 - 假设）		-.146
	标准误差		.388
	显著性		.706
	差值的 95% 置信区间	下限	-.908
		上限	.616
级别 4 与平均值	对比估算		-.461
	假设值		0
	差值（估算 - 假设）		-.461
	标准误差		.396
	显著性		.245
	差值的 95% 置信区间	下限	-1.239
		上限	.317

a. 省略的类别 = 1。

（2）主效应检验。表 7-44 是对年级主效应进行检验的结果，与表 7-41 中“年级”和“误差”两行的结果相同。

（3）边际均值。表 7-45 是根据样本计算出的各年级学风的均值，表 7-46 是各年级学风的边际均值，显然，边际均值与样本均值是不一样的。于是，在进行各个年级的比较时，结果也就不一样。

（4）多重比较和成对比较结果。表 7-47 是利用“事后对比（Post Hoc）”功能对各年级学风均值进行多重比较的结果。由表 7-47 可知，大一年级与大三、大四年级的均值都具有显著性差异，大一年级的学风明显好于大三、大四年级。表 7-48 是利用“EM 平均值”功能对各年级学风的边际均值差异进行配对比较的结果，表明大一年级与大二、大四年级的均值都具有显著性差异，一年级的学风明显好于大二、大四年级。总体上，大一年级与大二、大三、大四年级具有明显差异，而大二、大三、大四年级之间没有差异。尽管在某些年级之间学风均值存在着显著性差异，但年级因素对学风的效应并不显著，经年级主效应检验得 $p = 0.075 > 0.05$。

表 7-44　对年级主效应的检验结果

检验结果					
因变量:学风					
源	平方和	自由度	均方	F	显著性
对比	125.170	3	41.723	2.314	.075
误差	7482.560	415	18.030		

表 7-45　各年级学风的样本均值

平 均 值				
因变量:学风				
年级	均值	标准误差	95% 置信区间	
			下限	上限
大一	22.37	.350	21.68	23.06
大二	21.35	.434	20.49	22.21
大三	20.97	.424	20.13	21.81
大四	21.14	.485	20.17	22.10

表 7-46　各年级学风的边际均值

估 算 值				
因变量:学风				
年级	均值	标准误差	95% 置信区间	
			下限	上限
大一	22.498	.447	21.620	23.376
大二	21.096	.465	20.182	22.011
大三	21.347	.440	20.482	22.212
大四	21.033	.472	20.105	21.961

表 7-47　各年级学风的多重比较结果（基于样本均值）

多 重 比 较						
学风						
LSD						
(I) 年级	(J) 年级	平均值差值 (I-J)	标 准 误 差	显 著 性	95% 置信区间	
					下 限	上 限
大一	大二	1.02	.574	.076	-.11	2.15
	大三	1.40*	.562	.013	.29	2.50
	大四	1.24*	.580	.034	.10	2.38
大二	大一	-1.02	.574	.076	-2.15	.11
	大三	.38	.589	.522	-.78	1.54
	大四	.21	.607	.724	-.98	1.41
大三	大一	-1.40*	.562	.013	-2.50	-.29
	大二	-.38	.589	.522	-1.54	.78
	大四	-.16	.596	.784	-1.33	1.01
大四	大一	-1.24*	.580	.034	-2.38	-.10
	大二	-.21	.607	.724	-1.41	.98
	大三	.16	.596	.784	-1.01	1.33

基于实测平均值。

误差项是均方（误差）= 18.030。

*. 平均值差值的显著性水平为 .05。

表 7-48　各年级学风的配对比较结果（基于边际均值）

成对比较						
因变量：学风						
(I) 年级	(J) 年级	平均值差值 (I-J)	标准误差	显著性[a]	差值的 95% 置信区间[a]	
					下限	上限
大一	大二	1.402*	.646	.031	.131	2.672
	大三	1.151	.625	.066	-.077	2.379
	大四	1.465*	.637	.022	.213	2.717
大二	大一	-1.402*	.646	.031	-2.672	-.131
	大三	-.251	.640	.696	-1.510	1.008
	大四	.064	.649	.922	-1.211	1.339
大三	大一	-1.151	.625	.066	-2.379	.077
	大二	.251	.640	.696	-1.008	1.510
	大四	.315	.645	.626	-.953	1.582
大四	大一	-1.465*	.637	.022	-2.717	-.213
	大二	-.064	.649	.922	-1.339	1.211
	大三	-.315	.645	.626	-1.582	.953

基于估算边际平均值。

*. 平均值差值的显著性水平为 .05。

a. 多重比较调节：最低显著差异法（相当于不进行调整）。

7.6.3　应用方差分析过程中的几点说明

1. 对不同问题选择的方法不同

方差分析广泛应用于各类研究工作中，特别是医学、心理学、教育的实验研究中，在对抽样调查数据的分析中往往也要涉及方差分析。在具体操作中，一定要针对不同类型的问题和不同的数据结构，选择不同的方差分析方法。

例如，调查“网络对中学生的影响”时，在 A、B 两所学校各抽取一个实验班、一个普通班。显然，学校、班级是两个因素，每个因素有两个水平。但是班级的两个水平是在学校的水平之下细化的，是一个嵌套模型，即所涉及的因素之间存在层次结构或主次之分。对于嵌套模型，调用“单变量（Univariate）”命令时，在打开“单变量：模型”对话框之后，要按因素的重要程度将各因素依次移入“模型（Model）”框中，最重要的因素首先移入。交互项要放在各因素之后。对于平方和的分解方法可以采用 I 类或系统默认方式III类，如果有的单元格中没有任何数据（空格），就要选择IV类，即针对不同的情况选择不同的平方和分解方法：I 类适用于平衡模型和嵌套模型；II 类不适用于有交互作用的方差分析和嵌套模型，只适用于仅牵涉主效应的设计以及纯粹的回归分析；III类适用 I 类、II 类所列范围和没有缺失单元格的不平衡模型；IV类则是专门针对有缺失数据的单元格设计的，也可用于 I 类、II 类所列的模型。

2. 轮廓图与所设定的模型有关

我们往往会以为利用“单变量：轮廓图”对话框所给出的轮廓图，是系统根据样本数据绘制出来的，并将其作为两个或三个因素之间是否有交互作用的判据。事实上轮廓图的形状是由边际均值决定的，而边际均值与所选择的模型有关。如上面的案例，由于在自定义模型中，选择了专业与年级无交互作用，即不论哪个专业，各年级学风的均值差异应该完全相同，所以图 7-51 中的折线都是平行的。如果选择全模型，即设定模型存在交互作用，此时的边际均值实际上就是各单元格样本数据的均值，年级与专业的轮廓图（见图 7-56）中有的折线就是相交的，同样地，专业、年级与性别三因素的轮廓图也体现了它们之间存在交互作用，图 7-57 是男生的年级与专业的轮廓图，只是交互作用不太明显。

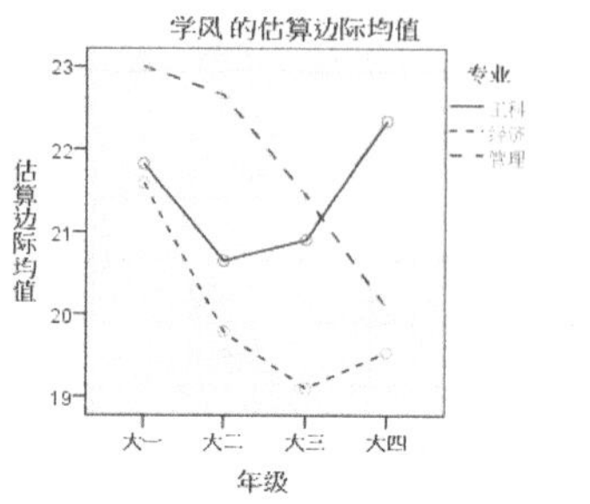

图 7-56　年级与专业的轮廓图

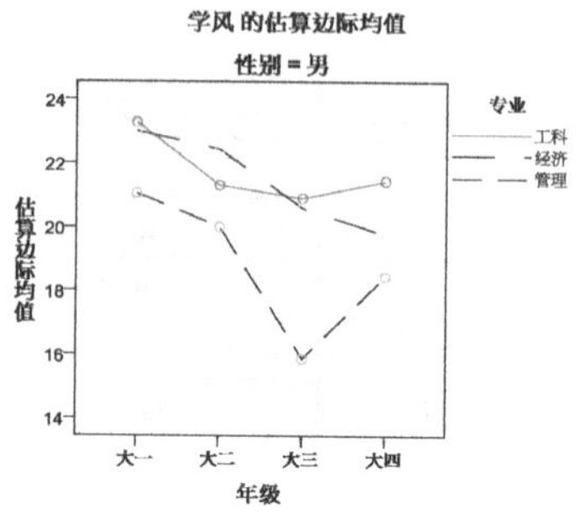

图 7-57　男生的年级与专业的轮廓图

3. 关联强度指数的计算

第 5 章曾指出，当利用方差分析得出多个总体的差异具有显著性时，还需要计算关联强度（Strength of Association）指数 E^2，它的含义是在因变量（如环境变量）的总的变异中，可以由自变量（如年级变量）解释的百分比是多少，以便补充说明假设检验的结果，并了解变量之间的关系（如环境变量与年级变量之间的关系）。如果 F 值达到了显著的程度，但是 E^2 很小，说明自变量对因变量的影响不大，这种结果只存在统计显著的意义，而缺乏应用价值。

在实际研究过程中，如何判断 E^2 的大小呢？Cohen 提出了如下的标准①：E^2<6%时，表明变量间关系较弱；6%<E^2<16%时，表明变量间具有中度关系；E^2>16%时，表明变量间具有较强的关系。这就是说，当总的变异中能够用自变量解释的百分比超过 16%时，方差分析给出的具有显著性差异的结论具有实际意义。

【案例 7.11　多因素方差分析中计算关联强度指数】

以“环境”为因变量，以“年级”和“发展目标明晰度”为自变量（分类变量），说明如何利用“单变量（Univariate）”命令计算关联强度指数。案例 7.11 的思维导图如图 7-58 所示。

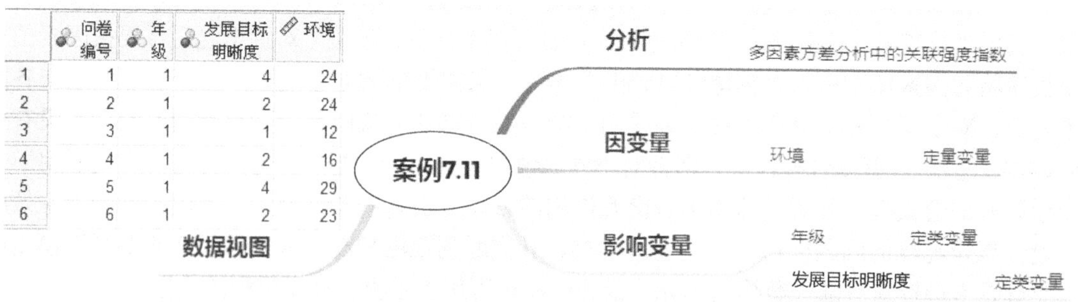

图 7-58　案例 7.11 的思维导图

【操作步骤】

（1）利用数据文件“统计分析案例”建立新数据文件“7.11　关联强度指数之案例”。

（2）依次执行“分析（Analyze）”→“一般线性模型（General Linear Model）”→“单变

① 吴明隆. SPSS 统计应用实务：问卷分析与应用统计（原著，非科学出版社出版的由谢法田等改编的版本）：94.

量（Univariate）”命令，弹出“单变量”对话框。

（3）在该对话框中，将“环境”变量移入“因变量(Dependent Variable)”框中，将“年级”和“发展目标明晰度”两个变量移入“固定因子（Fixed Factor[s]）”框中，选择全模型，因此不必打开“单变量：模型”对话框。

（4）单击“选项（Options）”按钮，弹出相应的对话框后，在“显示（Display）”选项组中勾选“效应量估算（Estimates of effect size）”复选框（输出 Eta 平方值的估计量，即关联强度指数）和“实测幂（Observed power）”复选框［显示统计检验力（$1-\beta$）］（参见图 7-47）。返回“单变量”对话框。

（5）单击“确定（OK）”按钮，提交系统运行。

【输出结果】

输出窗口给出了组间效果检验表（Tests of Between-Subjects Effects）（见表 7-49），第 7 列“偏 Eta 平方（Partial Eta Squared）”为“年级”和“发展目标明晰度”及二者交互效应的关联强度指数，分别为 1.5%、14.1%和 3.9%，说明年级变量只能解释环境利用分数（“环境”变量）变化的 1.5%，由于 1.5%<6%，因此，年级与环境利用分数之间呈微弱关系，不同年级环境利用分数的显著性差异只具有统计意义，不具有实际意义。“发展目标明晰度”与“环境”的关联强度指数表明它们之间具有中度关系，如果再考虑到在交互中的作用，那么，“发展目标明晰度”与“环境”之间具有强关系。“发展目标明晰度”的“实测幂（Observed Power）”（表中最后一列），$1-\beta=1.000$，即统计检验力达到了 100%，说明在将犯第一类错误的概率控制在 0.05 的条件下，犯第二类错误（取假）的概率为$\beta=0.000$。

表 7-49　组间效果检验表

主体间效应的检验								
因变量:环境								
源	III类平方和	自由度	均方	F	显著性	偏 Eta 平方	非中心参数	实测幂 [b]
修正模型	2008.703[a]	19	105.721	6.228	.000	.224	118.325	1.000
截距	89672.305	1	89672.305	5282.244	.000	.928	5282.244	1.000
年级	106.897	3	35.632	2.099	.100	**.015**	6.297	.536
发展目标明晰度	1148.493	4	287.123	16.913	.000	**.141**	67.653	1.000
年级 * 发展目标明晰度	286.908	12	23.909	1.408	.159	**.039**	16.901	.774
误差	6977.209	411	16.976					
总计	279863.000	431						
修正后总计	8985.912	430						

a. R 方 = .224（调整后 R 方 = .188）。

b. 使用 Alpha= .05 进行计算。

如果在操作上仅将变量“发展目标明晰度”移入“固定因子（Fixed Factor[s]）”框中，其他操作与上面的步骤相同，则输出结果如表 7-50 所示。

表 7-50　发展目标明晰度不同的学生在环境利用水平上差异的检验

主体间效应的检验								
因变量:环境								
源	III类平方和	自由度	均方	F	显著性	偏 Eta 平方	非中心参数	实测幂 [b]
修正模型	1573.310[a]	4	393.328	22.604	.000	.175	90.418	1.000
截距	115211.923	1	115211.923	6621.195	.000	.940	6621.195	1.000

续表

主体间效应的检验								
因变量:环境								
源	Ⅲ类平方和	自由度	均方	F	显著性	偏 Eta 平方	非中心参数	实测幂 b
发展目标明晰度	1573.310	4	393.328	22.604	.000	.175	90.418	1.000
误差	7412.602	426	17.400					
总计	279863.000	431						
修正后总计	8985.912	430						

a. R 方 =.175（调整后 R 方 =.167）。

b. 使用 Alpha= .05 进行计算。

由统计结果可知，发展目标明晰度不同的学生，在环境利用水平上有极其显著性差异（其概率值已达到 0.000），关联强度指数 E^2=17.5%>16%，表明“发展目标明晰度”与“环境”两个变量间具有强关系，即“环境”变量总的变异中能够用自变量“发展目标明晰度”解释的百分比超过了 16%，因此具有显著性差异的结论具有实际意义。而且再次给出了在将犯第一类错误的概率控制在 0.05 水平的条件下，统计检验力达到了 100%，即 $1-\beta=1$，$\beta=0$，犯第二类错误的概率为 0，可见“发展目标明晰度”对环境利用水平的影响有多大！

综上可知，尽管年级与发展目标明晰度不同的学生在环境利用水平上的均值有显著性差异，但是，这两个因素对环境利用水平的影响是不同的，真正影响环境利用水平的因素是发展目标明晰度，而不是年级，这个结论完全符合学生的实际情况。

附录　两个变量之间的相关系数

附表　两个变量之间的相关系数

<table>
<tr><th>变量类型</th><th>关系</th><th>相关系数</th><th>适用范围</th><th>特　点</th><th>SPSS 的路径</th></tr>
<tr><td rowspan="6">定类变量</td><td rowspan="3">对称</td><td>Φ（Phi）</td><td>2×2 列联表</td><td rowspan="3">共同点：
• 建立在卡方基础上；
• 不具有消减误差比例的作用；
• 不表示相关的方向。
不同点：
• Φ值没有上限；
• $0\leqslant C<1$，C 与列联表行列数有关</td><td rowspan="3">分析（Analyze）→描述统计（Descriptive Statistics）→交叉表（Crosstabs）→统计（Statistics）→名义（Nominal）</td></tr>
<tr><td>列联系数 C</td><td>• $r\times c$ 列联表（$r=c$）
• 均为 $r\times c$ 的列联表，才能对列联系数进行比较</td></tr>
<tr><td>克莱姆 V</td><td>$r\times c$ 列联表</td></tr>
<tr><td rowspan="3">非对称</td><td>Lambda</td><td>众数不能在同一行或列上（λ=0）
也适用于对称关系</td><td rowspan="3">共同点：
• 具有消减误差比例的作用
不同点：
• λ只考虑众数的频数
• tau-y 考虑全部频数</td><td rowspan="3">路径同上。
选择 Lambda，同时给出λ的三种形式及 tau-y 的两种形式</td></tr>
<tr><td>tau-y</td><td>不适用于对称关系</td></tr>
<tr><td>不确定性系数</td><td>也适用于对称关系</td></tr>
<tr><td rowspan="3">定序变量</td><td rowspan="3">对称</td><td>Gamma 系数 G</td><td></td><td rowspan="3">共同点：取值在−1 与+1 之间
不同点：
• G 和肯德尔 tau-c 不考虑同分对，肯德尔 tau-b 考虑同分对
• G 具有消减误差比例的作用；肯德尔 tau-c 和肯德尔 tau-b 都不具有消减误差比例的作用</td><td rowspan="3">分析（Analyze）→描述统计（Descriptive Statistics）→交叉表（Crosstabs）→统计（Statistics）→有序（Ordinal）</td></tr>
<tr><td>肯德尔 tau-b</td><td>$r=c$ 时适用</td></tr>
<tr><td>肯德尔 tau-c</td><td>$r\neq c$ 也适用</td></tr>
</table>

续表

变量类型	关系	相关系数	适用范围	特点	SPSS 的路径
定序变量	对称	斯皮尔曼等级相关系数 r_s	• 定序变量呈线性关系 • 将不满足积差相关系数条件的两个定比变量或定距变量，转换为定序变量，且两个变量呈线性关系 • 对于利克特 5 级量表，通常有较多的个案在两个变量上的序数相等，此时往往视为定距变量，采用积差相关系数	• $-1 \leqslant r_s \leqslant 1$ • r_s^2 具有消减误差比例的作用	• 分析（Analyze）→描述统计（Descriptive Statistics）→交叉表（Crosstabs）→统计（Statistics）→相关性（Correlations） • 分析（Analyze）→相关（Correlate）→双变量（Bivariate）
	非对称	萨默斯 d		• $-1 \leqslant d \leqslant 1$ • 具有消减误差比例的作用	同 Gamma 系数
定量变量	对称	皮尔逊积差相关系数	• 连续变量 • 服从正态分布 • 两个变量呈线性关系 • 数据成对且对数大于或等于 30	• $-1 \leqslant r \leqslant 1$ • 决定系数 r^2 具有消减误差比例的作用 • $r=0$ 时不能排除两个变量曲线相关	同斯皮尔曼等级相关系数
定类与定量变量		Eta 系数	不必区分定类变量是否是对定量变量人为划定的	• $0 \leqslant E \leqslant 1$ • E^2 有消减误差比例的作用 • Eta 系数可作为曲线相关程度的指标	• 分析（Analyze）→描述统计（Descriptive Statistics）→交叉表（Crosstabs）→统计（Statistics）→Eta • 分析（Analyze）→比较平均值（Compare Means）→平均值（Means）→选项（Options）→Anova 表和 Eta（Anova table and eta）
		点二列相关系数	二分变量与定量变量		分析（Analyze）→相关（Correlate）→双变量（Bivariate）→皮尔逊

第 8 章　线性回归——事物间的非确定性因果关系之一

第 7 章，我们通过对变量之间相关系数的讨论，研究了事物间的相关关系，本章将进一步探讨事物之间的非确定性因果关系（由于因变量与自变量之间的关系是利用样本数据推断的，使用不同的样本其结果也会有所不同，因此将其称为非确定性因果关系）。涉及探讨事物之间关系的统计分析方法有很多，如相关分析、回归分析、对应分析、方差分析、时间序列分析、典型相关分析和协方差结构方程等。本章我们只是从探讨事物之间的非确定性因果关系的视角，选择最基本的、在对调查数据分析时最常用的方法加以介绍，包括线性回归和曲线估算（也称曲线回归）。

在本章的开始处，我们要强调一点：无论怎样的统计分析方法，都不可能推导出或发现事物之间的因果关系。事物之间的不确定性因果关系只能根据相关专业的理论分析而得出。统计分析方法只能把人们依据理论假设给出的变量之间的关系等定性信息和相关统计量（如相关系数等）的定量信息尽可能地结合起来，以便给出对因果关系的一个定量的解释。只有将定量分析与定性分析有机地结合起来，才能正确地运用统计学中所提供的分析方法。

8.1　一元线性回归分析

在各类回归分析中，应用最为广泛的是线性回归分析。究其原因，一是到目前为止，人们对线性回归分析研究得比较深入；二是对于变量间的非线性关系，很多时候可以通过变换转化为线性关系。

一元线性回归分析是多元线性回归分析的特殊情况，通过对一元线性回归分析的学习，可以比较容易地理解和把握回归分析的基本思想、基本概念，读懂 SPSS 给出的统计结果，为后面的学习奠定基础。至于如何利用 SPSS 进行线性回归分析，将在 8.3 节中加以介绍。

8.1.1　回归分析概述

回归分析（Regression Analyze）的基本思想和“回归”名称的由来与英国统计学家高尔顿（F.Galton）分不开。高尔顿和他的学生皮尔逊（K.Pearson）在研究父母身高与其子女身高的遗传问题时，观察了 1078 对夫妇。每对夫妇的平均身高作为自变量 x，他们的一个成年儿子的身高作为因变量 y，然后作 x、y 的散点图。发现其趋势近乎一条直线，这条直线的方程为

$$\hat{y} = 33.73 + 0.516x$$

该方程给出的统计规律是：当父母的平均身高增加 1 个单位时，其成年儿子的身高平均增加 0.516 个单位。这说明子代的身高有回到同龄人平均身高的趋势。于是，高尔顿引入了“回归”这一名词来描述父辈身高 x 与子代身高 y 的关系。后来人们将研究变量之间统计关系的数量分析方法称为回归分析。回归分析是研究因变量 y 与自变量 x_1，x_2，…，x_k 之间非确定性因果关

系的一种统计分析方法。

对回归分析的概念需要注意三点：

（1）回归分析的基本任务是根据具体的样本数据建立经验回归方程，对此将在一元线性回归分析中做进一步的分析。

（2）回归分析是相关分析的拓展，具体表现为：

第一，相关分析研究的是两个变量之间关系的紧密程度，变量之间具有相关关系并不一定具有因果关系；回归分析则是在具有相关关系的基础上进一步讨论变量之间的非确定性因果关系。

第二，相关分析讨论的是两个变量之间线性相关的关系，回归分析不仅可以进行两个变量之间的简单回归（Simple Regression），还可以探讨一个因变量与多个自变量之间的关系，即进行多元回归（Multiple Regression）；不仅可以探讨线性关系，还可以刻画非线性关系。

第三，回归分析不仅给出两个变量相互影响程度的大小，还能根据回归方程进行预测和控制：已知自变量的值来预测因变量的值，或为使因变量保持在某一个范围内，对自变量进行一定的控制，这些功能相关分析是没有的。

（3）回归分析与相关分析对变量的要求不同。

第一，在相关分析中，变量之间的关系可以是对称关系，也可以是非对称关系；而在回归分析中，变量之间的关系是非对称关系，必须明确哪些是自变量（或称为解释变量），哪个是因变量（或称为被解释变量）。

第二，在相关分析中，两个变量都是随机变量；而在回归分析中，因变量是随机变量，自变量是非随机的（Non-stochastic），即样本在重复取样时，每一个样本中自变量的值具有固定的数值，或者说，自变量是可精确测量与控制的变量。

8.1.2　一元线性回归方程的建立

第 7 章曾指出，当两个具有相关关系的定量变量 x、y 为非对称关系时，需要通过一元线性回归分析对变量间的相关关系做进一步的描述。这里，我们结合案例来介绍一元线性回归分析，并希望读者能够从中掌握线性回归分析的基本思路、建立回归方程的具体步骤以及读懂 SPSS 给出的统计结果。

【案例 8.1　“工龄”与“年薪”的一元线性回归】

某高校对最近毕业的 MBA 进行了一项调查，得到了 51 名研究生工作第一年的年薪（单位：千元）和读 MBA 之前工龄的数据（数据文件为“8.1 工龄与年薪”）。根据这些数据，建立年薪 y 与工龄 x 之间的线性回归方程。案例 8.1 的思维导图如图 8-1 所示。

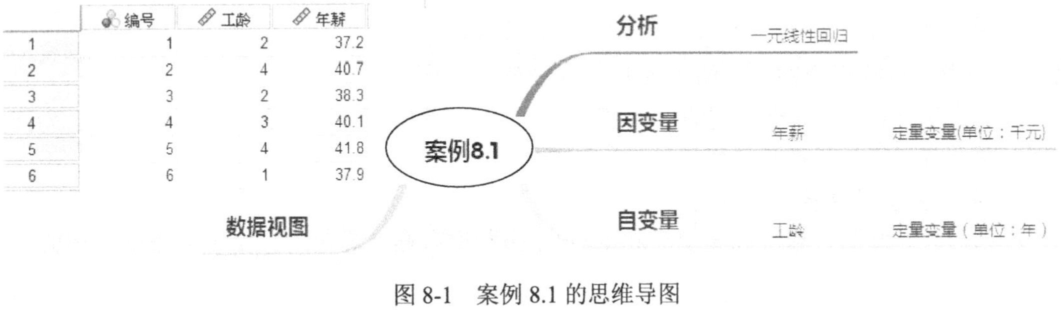

图 8-1　案例 8.1 的思维导图

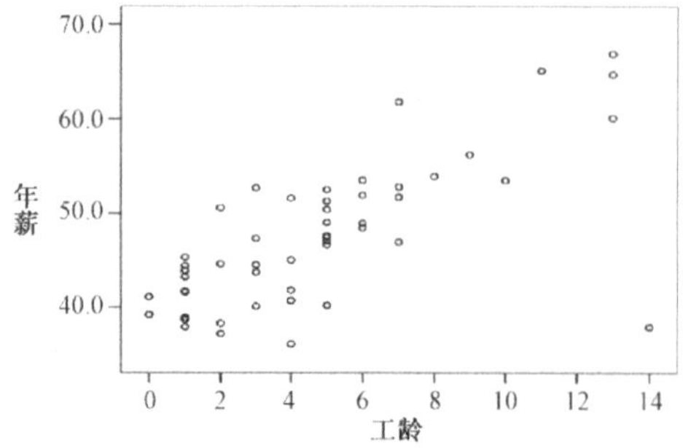

图 8-2 年薪与工龄的散点图

1. 回归分析中所涉及的三个方程

由年薪与工龄的散点图（见图 8-2）可以看出，年薪与工龄的相关关系确实为线性关系，随着工龄 x 的增加，年薪 y 也在增加。但是当工龄 x 的值取定之后，由于受其他因素的影响，年薪 y 的值并不完全确定，还可能在一定的范围内变化，因此 y 是一个随机变量。

我们将 x、y 之间的相关关系用方程

$$y = \beta_0 + \beta_1 x + \varepsilon \tag{8-1}$$

来表示，其中，β_0、β_1 是待定参数；ε是不可观测到的随机误差。显然，这个方程完全是从数学理论的视角给出的，所以称式（8-1）为年薪与工龄的理论回归方程。

为了能够估计出回归系数β_0、β_1 的值，除要求变量为定量变量以及样本数据是随机抽样的结果外，统计学家还对随机误差ε提出了以下理论假设：

（1）对应于 x 的每一个固定的值 x_i，随机误差ε_i的均值为 0，即没有系统误差；

（2）所有ε_i的方差均相等，即方差齐性，记方差为σ^2；

（3）ε_i服从正态分布，结合（1）与（2），有ε_i的分布是以均值为 0、方差为σ^2的正态分布，即$\varepsilon_i \sim N(0,\sigma^2)$；

（4）随机误差ε_1，ε_2，…，ε_{51}相互独立。

在这样的理论假设下，利用概率统计知识对上述理论回归方程两边取平均值，得

$$\overline{y} = \beta_0 + \beta_1 x \tag{8-2}$$

该方程称为一元线性回归方程或称为简单回归方程，表示的是 MBA 毕业生群体第一年平均年薪 $\overline{y}$ 与工龄 x 之间理论上的关系。从几何上看，该方程对应的是通过点（x_i，$\overline{y}_i$）的直线，其中 $\overline{y}_i$ 是所有工龄为 x_i 的人的平均年薪［见图 8-3 中的（a）］。但是，β_0、β_1 的值仍无法求得，只能利用随机抽样所得到的 51 个学生的数据（x_i，y_i）（i=1，2，…，51），求出β_0、β_1 的估计值 $\hat{\beta}_0$、$\hat{\beta}_1$。因此，我们最终求得的方程不是式（8-2），而是

$$\hat{y} = \hat{\beta}_0 + \hat{\beta}_1 x \tag{8-3}$$

式（8-3）称为**经验回归方程**。对应于自变量 x 的每个值 x_i，代入式（8-3）得到 $\hat{y}_i$，$\hat{y}_i$ 是 $\overline{y}_i = \beta_0 + \beta_1 x_i$ 的点估计值，也称为对应于 x_i 的预测值。从图 8-3 中看，经验回归方程所对应的是以 $\hat{\beta}_0$ 为截距、以 $\hat{\beta}_1$ 为斜率的直线［见图 8-3 中的直线（b）］，称其为经验回归线。显然，估计值 $\hat{\beta}_0$、$\hat{\beta}_1$ 与样本有关，不同的样本就会得出不同的 $\hat{\beta}_0$、$\hat{\beta}_1$，因此我们说经验回归方程给出的是一种非确定性因果关系。所有利用回归分析得到的方程都是经验回归方程，只是为简便起见，直接称之为回归方程，对于这一点，读者必须牢记。

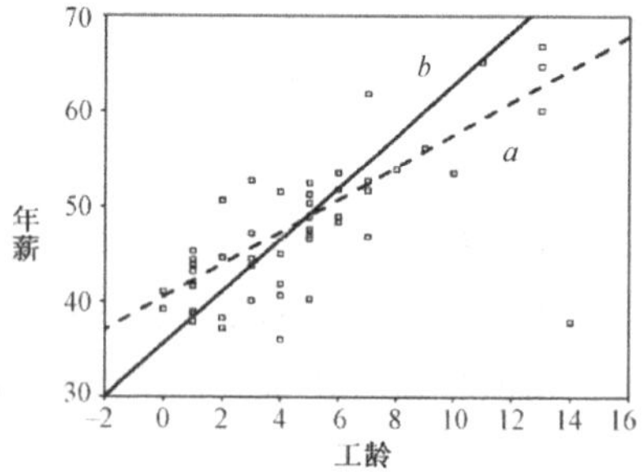

图 8-3 回归线（a）与经验回归线（b）

2. 回归系数的估计及其意义

理想的经验回归方程应该是使实际年薪 y_i 与利用方程计算出的年薪预测值 $\hat{y}_i$ 之间的全部误差之和 $\sum_{i=1}^{51}|y_i - \hat{y}_i|$ 最小，从几何上看，就是要使各个样本点到经验回归线的铅直距离之和最

小（见图 8-4）。为了避免绝对值运算，转化为要求 51 个差数（称为残差）$e_i = y_i - \hat{y}_i$ 的平方和

$$Q = \sum_{i=1}^{51}(y_i - \hat{y}_i)^2 = \sum_{i=1}^{51} e_i^2$$

达到最小。这就是估计回归系数时通常使用的最小二乘估计方法（Ordinary Least Square Estimation，OLSE），简称最小二乘法。利用 SPSS 得出的具体计算结果如表 8-1 所示。根据表 8-1 中的非标准化系数（Unstandardized Coefficients）的 B 列给出的 $\hat{\beta}_0$、$\hat{\beta}_1$ 值，得经验回归方程

$$\hat{y} = 40.507 + 1.470x$$

该方程表明，工龄 x 每增加 1 年，平均年薪将增加 1.470 千元，即 1470 元。

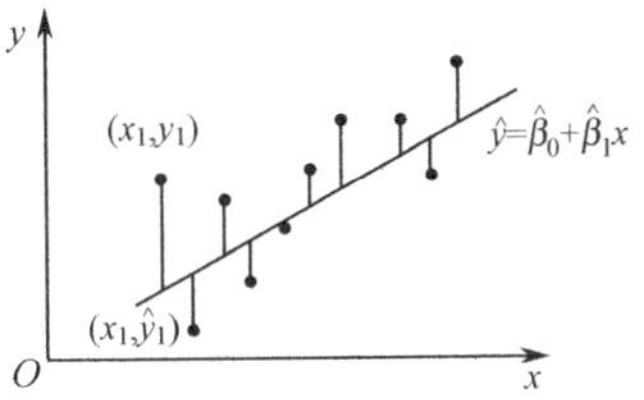

图 8-4　要求 $\sum_{i=1}^{51}|y_i - \hat{y}_i|^2$ 最小

表 8-1　年薪与工龄的经验回归方程的系数

系数 [a]

模型		未标准化系数		标准系数	t	显著性
		B	标准错误	Beta		
1	(常量)	40.507	1.257		32.219	.000
	工龄	1.470	.213	.703	6.916	.000

a. 因变量：年薪。

表 8-1 中的"标准系数（Standardized Coefficients）"列给出了方程的标准化回归系数（Beta），即将原始数据转化为标准分之后，再对回归系数进行估计的结果。标准化回归方程为

$$\hat{y} = 0.703x$$

其含义是：当工龄增加 1 个标准差时，平均年薪增加 0.703 个标准差。由于工龄的标准差等于 3.595 年，年薪的标准差为 7.5177 千元，这就是说，当工龄增加 3.595 年时，年薪平均增加 $7.5177 \times 0.703 \approx 5.2850$（千元）。

3. 对经验回归方程的检验

建立经验回归方程后，我们不能马上对变量之间的关系给出结论，也不能将其用于对实际问题的分析或预测，还要对方程进行各种检验，以便确定该方程是否可用。检验的内容包括对经验回归方程的显著性检验、回归系数的显著性检验、方程拟合优度检验以及对方程的适宜性做出评价等。

在具体介绍检验方法之前，我们先介绍经验回归方程的一个重要性质。

1）总离差平方和的分解

我们把 y 的 n 个观测值所产生的差异，用观测值 y_i 与其均值 $\overline{y}$ 之差的平方和来表示，并称为总离差平方和，记为 $S_{总}$，通过数学推导可以将 $S_{总}$ 分解为两个部分：

$$S_{总} = \sum_{i=1}^{n}(y_i - \overline{y})^2 = \sum_{i=1}^{n}(y_i - \hat{y}_i)^2 + \sum_{i=1}^{n}(\hat{y}_i - \overline{y})^2 = S_{残} + S_{回} \tag{8-4}$$

$S_{回}$称为回归平方和，反映了由自变量 x 的变化引起的 y 的变化，$S_{残}$称为残差平方和，表明了随机因素对 y 的影响，于是将式（8-4）简写为

$$S_{总} = S_{残} + S_{回}$$

可表述为总离差平方和等于回归平方和与残差平方和之和。为便于理解回归平方和的作用，可以将 $\sqrt{S_{总}}$、$\sqrt{S_{回}}$ 和 $\sqrt{S_{残}}$ 三者视为直角三角形的三个边（见图 8-5），$\sqrt{S_{总}}$ 的值是不变的，$\sqrt{S_{回}}$ 越大就说明自变量 x 对 y

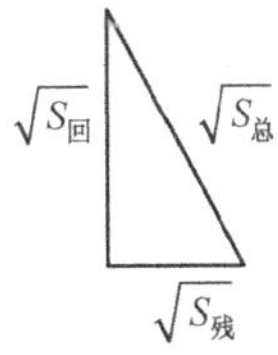

图 8-5　$S_{总}$、$S_{回}$和 $S_{残}$三者的关系

的影响越大。

2）对经验回归方程的显著性检验

对经验回归方程进行显著性检验的目的是检验采用线性回归方程探讨年薪与工龄的关系是否恰当，或者说因变量与自变量之间的线性关系是否显著。通常采用以下两种方法进行检验。

第一种方法：进行年薪与工龄相关系数的显著性检验。由表 8-2 可知，积差相关系数为 0.703，并在 0.01 水平上显著相关。

表 8-2　年薪与工龄的积差相关系数

相关性			
		工龄	年薪
工龄	皮尔逊相关性	1	.703**
	Sig.（双尾）		.000
	个案数	51	51
年薪	皮尔逊相关性	.703**	1
	Sig.（双尾）	.000	
	个案数	51	51

**. 在 0.01 级别（双尾），相关性显著。

第二种方法：对回归系数β_1进行检验，零假设是$H_0{:}\beta_1=0$，如果不能拒绝H_0，那么经验回归方程是一个常数β_0，与x无关，所得到的经验回归方程没有实际意义。反之，如果能够拒绝H_0，说明β_1与 0 有显著性差异，y与x确实有线性关系，所得到的经验回归方程有意义。具体地，对回归系数β_1进行检验有两种方法：

（1）对回归系数做 T 检验。如表 8-1 最后两列所示的t值及其概率，对于β_1，有t=6.916，p = 0.000，说明系数β_1在α = 0.01 水平上与 0 有显著性差异。

（2）对方程进行F检验。由于在总离差平方和的构成中，回归平方和越大，说明自变量对因变量的影响越大，因此可以将回归平方和与残差平方和之比作为统计量。为了消除样本容量n的影响，故确定统计量为

$$F=\frac{S_{回}/1}{S_{残}/(n-2)}$$

F服从第一自由度为 1，第二自由度为n−2 的F分布，即$F\sim F(1,n-2)$，其中n为样本容量。统计结果以方差分析表的形式给出。

利用 SPSS 对年薪与工龄的经验回归方程进行F检验，得到表 8-3。表 8-3 中第一列［“模型（Model）”］中的行标题分别为回归（Regression）、残差（Residual）和总计（Total），从第二列开始依次是平方和（Sum of Squares）、自由度（df）、均方（Mean Squares）、F值和对应于F的概率值。因此，在给定显著性水平α=0.01 的条件下，由于p = 0.000<α，应拒绝零假设，即x与y具有显著的线性关系，采用线性回归方程来探讨年薪与工龄的关系是恰当的。

表 8-3　对年薪与工龄的经验回归方程的F检验

Anova[b]						
模　　型		平　方　和	自　由　度	均　　方	F	显　著　性
1	回归	1395.959	1	1395.959	47.838	.000[a]
	残差	1429.868	49	29.181		
	总计	2825.827	50			

a. 因变量：年薪。

b. 预测变量：（常量），工龄。

3）对方程进行拟合优度检验

对方程进行拟合优度检验的目的是检验样本数据点聚集在经验回归线周围的程度，样本数据点聚集得越密集，说明方程对样本数据点拟合得越好，即回归模型的效果越好。

考察拟合优度的统计指标是决定系数（Coefficient of Determination）R^2：

$$R^2=S_{回}/S_{总}$$

R^2 表明了回归平方和在总离差平方和中所占的比例，即由自变量建立的经验回归方程能够解释的因变量的总变异中所占的比例。显然，R^2 的值在 0 与 1 之间，一般地说，R^2 越接近 1，线性回归模型的效果越好。对于年薪与工龄的经验回归方程，利用 SPSS 计算出的决定系数 R^2=0.494（见表 8-4），说明在年薪的变化上，有 49.4%可以通过工龄来解释。

表 8-4　年薪与工龄的经验回归方程的决定系数

模型摘要				
模　　型	R	R 方	调整后 R 方	标准估算的错误
1	.703[a]	.494	.484	5.4019

a. 预测变量：（常量），工龄。

b. 因变量：年薪。

另外，根据第 7 章消减误差比例的概念，通过数学推导可得出 R^2 的另一种解释是：利用回归模型通过自变量 x 来预测因变量 y 比不用 x 来预测 y 时所消减的误差比例。

从表 8-4 还可以看到，一元线性回归方程的决定系数是因变量年薪与自变量工龄的积差相关系数 0.703 的平方。一般而言，经验回归方程的显著性与决定系数的大小是一致的，检验结果越显著，决定系数也越大。但是，这种关系并不是完全确定的，在样本容量很大时，对高度显著的检验结果仍然可能得到一个很小的决定系数。导致决定系数小的可能原因有以下两点：一是线性关系不成立，y 与 x 之间是曲线关系；二是 y 与 x 之间确实符合线性模型，但是误差项的方差σ^2 太大，导致决定系数过小。

4．对经验回归方程的诊断——残差分析

从上可知，我们所建立的关于年薪与工龄的经验回归方程通过了显著性检验，而且拟合优度也不错，但是仍不能利用该方程做分析和预测。因为在建立经验回归方程的过程中，对随机误差项ε做了一系列的前提假设，如果这些理论假设不满足，所得到的方程就没有基础，甚至完全没有意义。

例如，Pedhazur 在 1997 年曾提出一个假设的例子（见表 8-5），在表 8-5 中例 A 有 7 组观测值，例 B 删除了例 A 中的最后一组数据（8，8）。对例 A 和例 B 分别进行回归分析，结果表明，例 A 的回归系数为 1.01，F=10.25，且通过了显著性检验，决定系数 R^2=0.67，说明自变量可以解释因变量总离差平方和的 67%。例 B 的回归系数、F 值及决定系数却均为 0，两个变量之间毫无关系！从例 A 的散点图（见图 8-6）还可以看出，例 A 的最后一组数据（8，8）是一个极端值！它的存在，造成对应的回归方程违反前提假设，方程没有使用价值。因此，如果对前提条件不进行检验，就用这个方程做各种分析和预测，其结果很可能是毫无意义的。本例说明对这些理论假设是否成立做出判断有多么重要！考察经验回归方程对理论假设的适宜性，也称为回归模型诊断（Model Diagnosis），其方法是对残差的图形和数值进行分析，即进行残差分析。

表 8-5　两个例子的回归分析数据

	例 A	例 B
x	2　3　3　4　4　5　8	2　3　3　4　4　5
y	2　3　1　1　3　2　8	2　3　1　1　3　2

续表

	例A	例B
样本数	7	6
回归常数	−1.34	2
回归系数	1.01	0.00
决定系数 R^2	0.67	0.00
F 检验	$F = 10.25 \quad p = 0.024 < 0.05$	0.00

资料来源：王保进. 英文视窗版SPSS与行为科学研究. 北京：北京大学出版社，2007：368～369。

由前面分析可知，残差（Residual）就是实际观测值与通过经验回归方程计算出的预测值之差 $e_i = y_i - \hat{y}_i$，我们将残差与回归模型中的随机误差项ε做一个对比

$$e_i = y_i - \hat{y}_i = y_i - (\hat{\beta}_0 + \hat{\beta}_1 x_i)$$

$$\varepsilon = y - (\beta_0 + \beta_1 x)$$

其中，ε是随机变量；e_i是一个具体的数值，可以计算出来，因此，将残差作为随机误差ε的估计值：$\hat{\varepsilon}_i = e_i$，考察$\varepsilon$是否满足理论假设转化为对残差 e 的考察。残差分析的主要内容便是考察残差的均值是否为0，是否是等方差的，是否服从正态分布，残差序列是否相互独立。

1）残差均值为0的判断

残差的均值是否为0可通过作残差散点图进行判断。散点图的横坐标为自变量 x，纵坐标为残差 e。如果残差的均值为0，那么散点图中的残差点应在直线 e=0 的附近随机分布。图8-7是工龄与标准化残差的散点图，从图中可以看出，大多数的点都在±2 个标准差内，但是工龄为14（编号为11）的残差点远离所有的点，标准差已达到–4.5，这是一个异常值（称为奇异值），从而造成了残差的均值不等于0。在删除这个点之后需要重新进行回归分析。

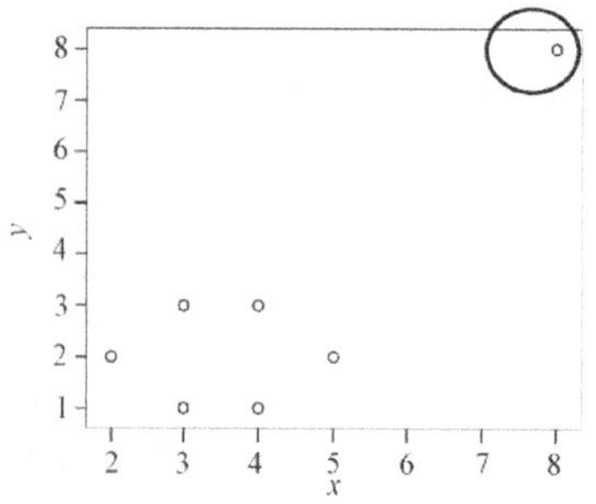

图8-6　例A的散点图

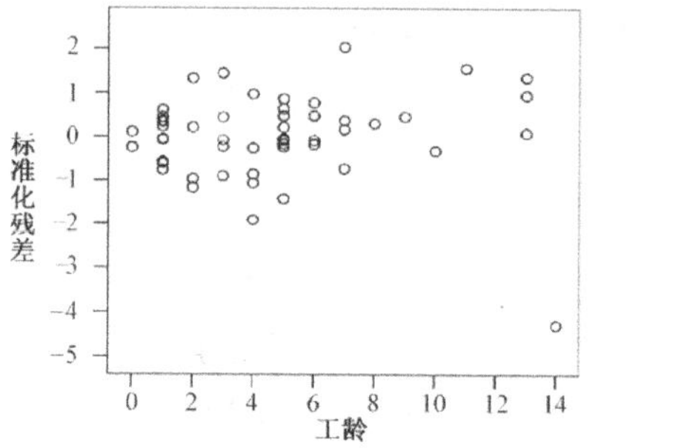

图8-7　工龄与标准化残差散点图

由上可知，残差散点图不仅可以考察残差的均值是否为0，还可以帮助我们考察有哪些数值是奇异值，考察方程拟合的程度如何。在残差标准化后，如果残差点绝大部分落在±2 个标准差内，说明模型对数据的拟合效果比较好；反之，如果有残差点落在±2 个标准差外，就需要质疑模型对数据的拟合效果。

2）残差正态性检验

残差是否服从正态分布，可以通过绘制标准化残差的正态累加概率分布图（Normal Probability Plot，P-P 图）或标准化残差的直方图来判断。P-P 图的设置与在5.2节介绍的 Q-Q 图相似，只是纵横坐标分别变成了累积百分比：横坐标为观测值的累积百分比，纵坐标为假定正态分布下的累积百分比，是否为正态分布的判断标准与 Q-Q 图的判断标准相同。图8-8和图8-9分别给出了案例中标准化残差的直方图和P-P图。如果删除了编号为11的非正常点，

那么残差基本上是服从正态分布的。这里要注意的是，在现实中对残差正态性的要求不可能完全达到，只能是近似服从正态分布。

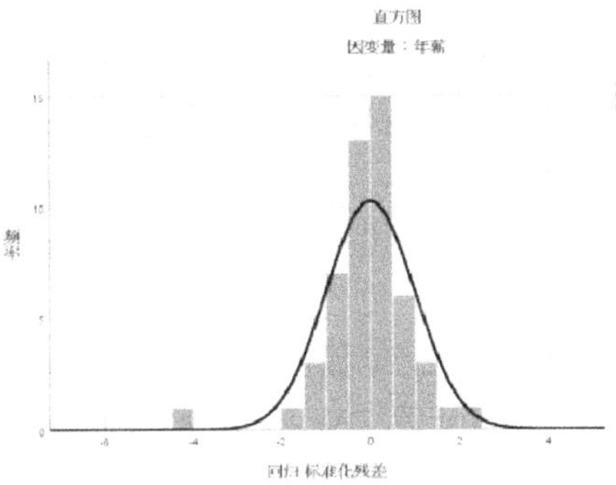

图 8-8　标准化残差的直方图

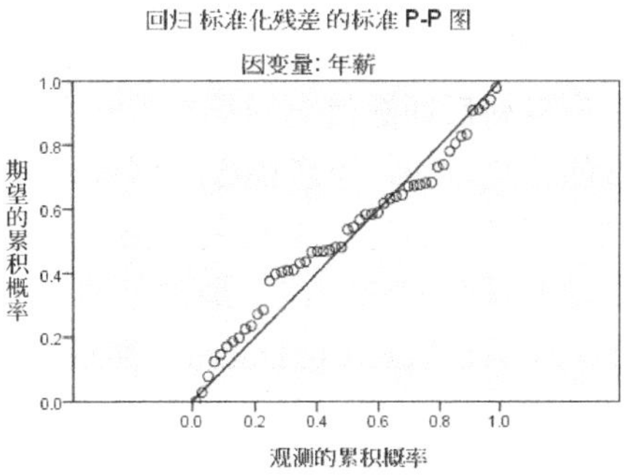

图 8-9　标准化残差的 P-P 图

3）残差方差齐性的判断

理论假设的重要内容之一是随机误差的方差齐性，均等于常数σ^2，即不论自变量如何变化，对应残差的方差都应该相等。如果残差随着自变量或因变量的变化而变化，就破坏了方差齐性的假定，产生异方差性，造成回归系数估计过高，影响经验回归方程的使用效果。

判断残差方差齐性的方法很多，通常使用的方法有两种：

（1）残差图分析法。以残差 e 为纵坐标，横坐标可以选择 $\hat{y}$ 或 y 或 x。如果残差散点图上的点的分布是随机的，则可认为随机误差的方差齐性；如果点的分布呈现某种规律（见图 8-10），那么可以认为随机误差的方差是非齐性的。在应用 SPSS 进行判断时，通常是作因变量的标准化回归值与学生化残差（Studentized Residual）的散点图。所谓学生化残差，就是将标准化残差变换为 t 分布后的残差值（残差除以残差的标准差的点估计值）。图 8-11 是本案例的标准化回归值与学生化残差的散点图，图中点的分布是随机的，因此可以认为随机误差的方差齐性。

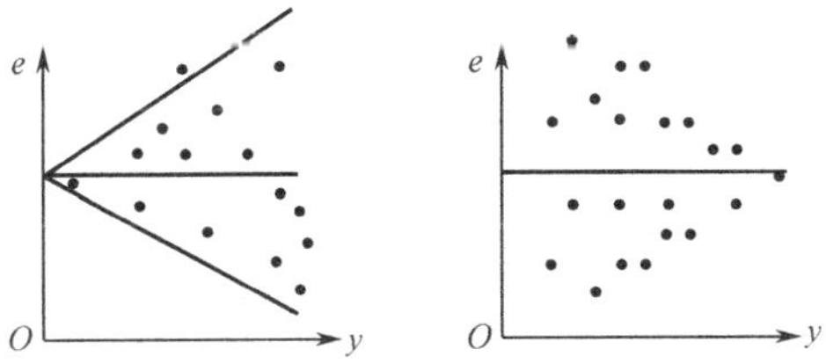

图 8-10　随机误差的方差非齐性的表现

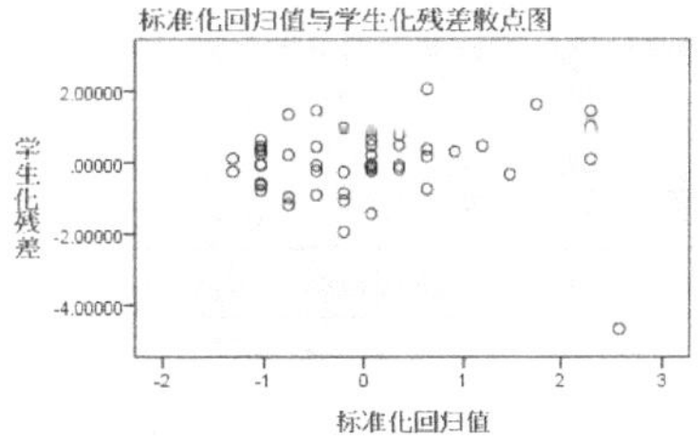

图 8-11　标准化回归值与学生化残差的散点图

（2）等级相关分析。先利用“转换（Transform）”→“计算变量（Compute Variable）”命令将残差取绝对值后，再利用“转换（Transform）”→“个案排秩（Rank Cases）”命令分别计算绝对值残差和自变量的秩，然后计算斯皮尔曼（Spearman）等级相关系数，如果存在显著的相关关系，则方差是非齐性的。在本案例中，等级相关系数 r_s=0.168，p=0.238，取显著性水平α=0.05，由于$p>\alpha$，因此不能拒绝零假设，残差与工龄没有显著的相关关系，可以认为残差的方差是齐性的。

4）残差序列独立性的判断

随机误差ε_1，ε_2，…，ε_n相互独立，是对回归模型的另一个重要前提假设。当残差不独立时，就会使得用最小二乘法计算出的回归系数估计值不再具有最小方差无偏估计的性质，使 F 检验失效，于是会造成对经验回归方程检验显著但实际上并不显著的错误。

（1）样本数据为时间序列数据。当样本数据为时间序列数据（数据的变化与时间有关，如 12 个月的销售额等）时，残差序列独立，就表明不存在自相关关系。所谓自相关关系，是指一个变量前后期数值之间存在的相关关系。若存在自相关关系，说明回归方程没能充分反映因变量的变化规律，可考虑改用时间序列分析来重新建立模型。

判断残差是否存在自相关关系，可以通过绘制残差序列的序列图、计算残差的自相关系数以及做 DW 检验来完成，最常用的是 DW 检验。

DW 检验是德宾（J . Durbin）和沃特森（G . S .Watson）于 1951 年提出来的一种检验方法，要求样本容量在 15 以上。DW 取值在 0 与 4 之间，SPSS 具有计算 DW 的功能。判断是否存在自相关关系的方法是：先根据样本容量 n 和自变量的数目（包括常数项）k，从 DW 临界值分布表中查出对应于（n，k）的临界值 d_L 和 d_U。然后依据下列准则给出结论：

① 若 $0 \leqslant DW \leqslant d_L$，则存在正相关关系；

② 若 $d_L < DW \leqslant d_U$，则不能判断是否存在自相关关系；

③ 若 $d_U \leqslant DW < 4-d_U$，则不存在自相关关系；

④ 若 $4-d_U \leqslant DW < 4-d_L$，则不能判断是否存在自相关关系；

⑤ 若 $4-d_L \leqslant DW \leqslant 4$，则存在负相关关系。

为便于记忆，我们用数轴上的区间来表述上面的准则（见图 8-12）。从图 8-12 可以看出，在 DW ≈ 2 时，不必查表，可以认为不存在自相关关系。

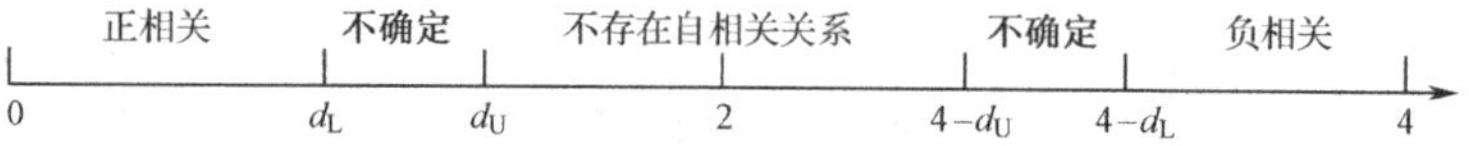

图 8-12　自相关关系判断准则图解

（2）样本数据为非时间序列数据。对于非时间序列数据，采用非参数的游程检验，考察残差是否随机。表 8-6、表 8-7 给出了本案例游程检验的输出结果：$p=0.000<0.05$，残差不是随机的，也就是说，残差序列不满足相互独立的前提假设。

表 8-6　以中位数为界点的游程检验

游程检验 1		
	标准化残差	学生化残差
检验值 [a]	.08977	.09600
个案数<检验值	25	25
个案数>= 检验值	26	26
总个案数	51	51
游程数	5	5
Z	-6.082	-6.082
渐近显著性（双尾）	.000	.000

a. 中位数。

表 8-7　以平均值为界点的游程检验

游程检验 2		
	标准化残差	学生化残差
个案数<检验值	.0000000	-.0025569
个案数>=检验值	25	25
总个案数	26	26
游程数	51	51
Z	5	5
渐近显著性（双尾）	-6.082	-6.082
个案数<检验值	.000	.000

a. 平均值。

5．对案例进行回归分析的总结

通过以上分析，我们对年薪 y 与工龄 x 之间的经验回归方程有了初步的结论：

（1）根据 51 个样本点建立的一元线性回归方程为 $\hat{y}=40.507+1.470x$。

（2）该方程通过了显著性检验，作为自变量的工龄可以解释因变量（年薪）变化的 49.4%。

（3）通过残差分析知，残差的方差具有齐性，但相互不独立，有一个奇异值（编号为 11）。

现在将奇异值删除，然后重新利用最小二乘法估计回归系数，建立新的回归方程，并对新方程进行检验和残差分析。得到的主要结果如下。

- 新方程为 $\hat{y}=39.188+1.842x$。
- 标准回归方程为 $\hat{y}=0.842x$。
- F 检验结果：$F=116.906$，$p=0.000<0.05$，年薪与工龄的相关关系显著。
- 决定系数：$R^2=0.709$，新方程可以解释总离差平方和的 70.9%，比原方程提高许多。
- 残差分析：均值等于 0，方差具有齐性，服从正态分布（见图 8-13、图 8-14），残差不独立，p=0.000<0.01（见表 8-8）。

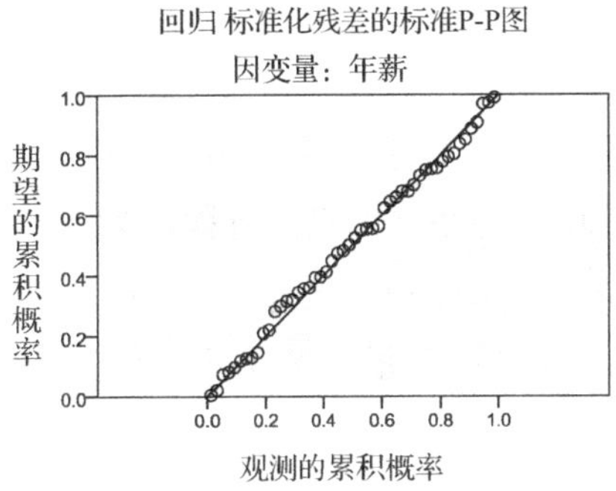

图 8-13　删除奇异值后的 P-P 图

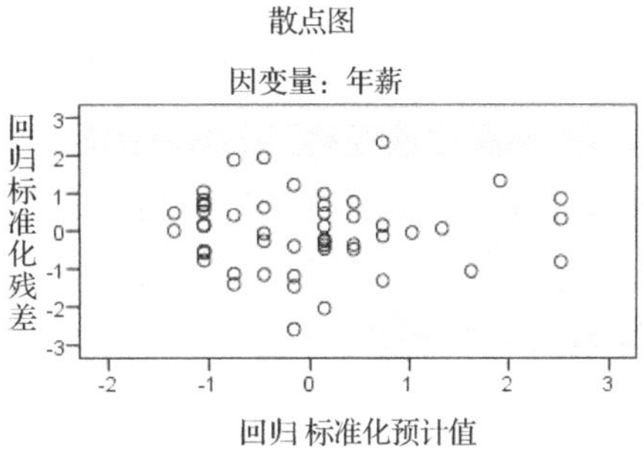

图 8-14　删除奇异值后的残差图

那么，残差不满足独立性假设的原因在哪里？结合本案例可从两个方面进行分析：

第一，选择的回归模型是否正确？从图 8-2 可以看出，年薪与工龄具有线性相关关系，用线性方程是正确的。为慎重起见，我们利用 SPSS 的曲线估算功能选择了各种模型进行实验，其决定系数比较大的除线性方程外，还有二次方程和三次方程：

$$y=40.1258+1.3773\,x+0.0398x^2$$

$$y=41.1029+0.3288\,x+0.2609\,x^2-0.0116\,x^3$$

这两个方程的决定系数分别为 0.715、0.719。但是，经过对方程的检验，尽管 F 值通过了检验，但这两个方程的二次项系数、三次项系数均没有通过检验。这就说明，采用线性回归方程是较好的选择，应该说在模型选择上没有问题。

表 8-8　删除奇异值后的游程检验

游程检验	
	标准化残差 2
检验值 [a]	.09975
个案数<检验值	25
个案数>= 检验值	25
总个案数	50
游程数	5
Z	-6.001
渐近显著性(双尾)	.000

a. 中位数。

第二，对影响年薪的变量是否有遗漏？这里仅考虑了工龄，事实上，决定一个员工年薪的重要因素是其工作能力和工作业绩。由于没有将这两个因素作为自变量考虑在方程中，这些变量的影响便都包含在随机误差中，必然造成随机误差随着这些变量的变化而变化，从而造成残差不满足独立性。由此可见，在采用回归分析做一项研究时，恰当地选择变量是一项最基础的工作。某些重要变量没有考虑到，残差就可能不独立。

8.2　多元线性回归分析

多元线性回归分析与一元线性回归分析从表现形式、理论假设前提条件直到对回归方程的诊断，都是类似的。设自变量的个数为 k，多元线性回归分析的理论方程为

$$y=\beta_0+\beta_1x_1+\beta_2x_2+\cdots+\beta_kx_k+\varepsilon$$

于是可以看出，一元线性回归分析是多元线性回归分析的特殊情况：k=1。同时，由于自变量个数的增加（$k\geqslant 2$），多元线性回归分析必然产生一些新的问题。本节将在比较一元线性回归分析与多元线性回归分析的过程中，重点对多重共线性进行讨论，同时对影响点问题给予关注，最后说明在应用线性回归模型时需要注意与处理的几个问题。

8.2.1　一元线性回归模型与多元线性回归模型的比较

1. 对多元线性经验回归方程的解释

我们已知，一元线性回归方程 $\hat{y}=\hat{\beta}_0+\hat{\beta}_1x$，是 XOY 坐标系下的直线方程，该直线以 $\hat{\beta}_0$ 为截距、以 $\hat{\beta}_1$ 为斜率。对于多元线性回归方程 $\hat{y}=\hat{\beta}_0+\hat{\beta}_1x_1+\hat{\beta}_2x_2+\cdots+\hat{\beta}_kx_k$，当 k=2 时，表示三维空间中的一个平面 $\hat{y}=\hat{\beta}_0+\hat{\beta}_1x_1+\hat{\beta}_2x_2$（见图 8-15），$\hat{\beta}_1$ 是该平面与 X_1OY 平面交线 AC 的斜率，同样，$\hat{\beta}_2$ 是该平面与 X_2OY 平面交线 AB 的斜率。当 k 大于 2 时，可以想象为在 k+1 维空间中的一个平面。$\hat{\beta}_0$，$\hat{\beta}_1$，$\hat{\beta}_2$，…，$\hat{\beta}_k$ 称为偏回归系数。

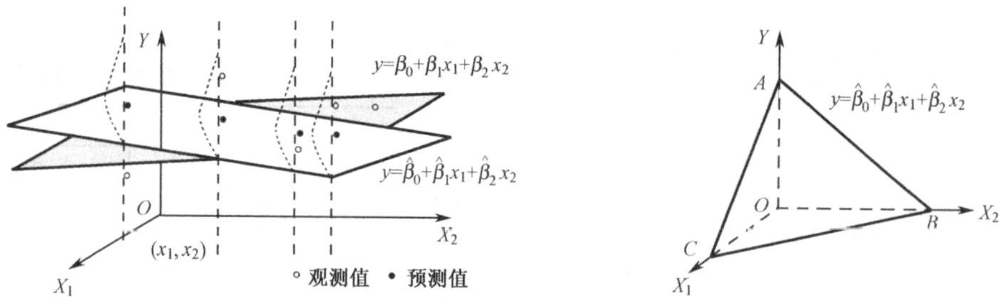

图 8-15　二元线性回归方程的几何意义

一元线性回归方程 $\hat{y}=\hat{\beta}_0+\hat{\beta}_1x$ 表明当 x 增加一个单位时，$\hat{y}$ 增加 $\hat{\beta}_1$ 个单位。标准化方程 $\hat{y}=bx$ 为过坐标原点的一条直线，表示当 x 增加一个标准差时，$\hat{y}$ 增加 b 个标准差。而多元线性回归方程表明，对于 x_i 来说，在其他变量不变的情况下，x_i 增加一个单位，$\hat{y}$ 增加 $\hat{\beta}_i$ 个单位。由于各个变量的单位不一定相同，不能通过比较系数的大小来判断哪一个变量对 y 的影响更大。标准化方程 $\hat{y}=b_1x_1+b_2x_2+\cdots+b_kx_k$ 表示，对于变量 x_i 来说，在其他变量不变的情况下，x_i 增加一个标准差，$\hat{y}$ 增加 b_i 个标准差，通过比较标准回归系数的大小可以判断哪一个变量对 y 的影响更大。

2. 筛选进入经验回归方程的变量

建立一元线性回归方程时，仅有一个自变量，在建立多元线性回归方程时，自变量往往很多，有些自变量对因变量影响很大，有些影响很小，于是存在一个自变量的选择问题。自变量选择的方法不同，所建立的回归模型也不同，总体上可分为全模型和选模型。全模型是指所

有的自变量都进入回归方程，这种自变量的选择方法称为强迫进入法（Enter）。选模型是指根据一定的准则选择符合条件的部分自变量进入回归方程，通常给出的准则是对回归系数进行 F 检验，并设定变量进入与被剔除方程的量化指标 $F_{进}$与 $F_{出}$。在 SPSS 中给出的选模型方法有向前法（Forward）、向后法（Backward）、逐步回归法（Stepwise）和消去法（Remove）。

向前法是在给出 $F_{进}$后，先对每个自变量与因变量建立一元线性回归方程，并进行 F 检验，如果其中最大的 $F \geqslant F_{进}$，便选择该方程中的自变量（假设为 x_1）进入方程；然后在这一基础上，对因变量 y 与（x_1, x_2）、（x_1, x_3）、…、（x_1, x_k）建立二元线性回归方程，再进行 F 检验，并选择对应于最大的 F 值（且 $F \geqslant F_{进}$）的自变量（假设为 x_2）进入方程；以此类推，直到所有被引入方程的自变量的 F 值均小于 $F_{进}$时为止。这时得到的回归方程就是最终确定的方程。由此可知，向前法引入的变量由少到多，每次增加一个变量，直到再没有满足 F 值大于 $F_{进}$的自变量为止。向后法与向前法相反，先将所有自变量引入方程，然后根据 $F_{出}$，每次剔除一个最小的且 $F \leqslant F_{出}$的自变量，直到没有可剔除的变量为止。这两种方法的缺点是一旦被选中或被剔除，无论之后发生怎样的变化都“终身不变”，因此又提出了“有进有出”的逐步回归法，它成为应用最广泛的选择自变量的方法。

3．对经验回归方程及回归系数的检验

在一元线性回归分析中，对系数的检验与对方程（模型）的检验是一致的，零假设均为 $\beta_1 = 0$。但是对于多元线性经验回归方程而言，除常数项外，还有 k 个自变量，于是对方程的检验与对回归系数检验的目的是不一样的。对方程的检验，所设的假设如下：

H_0：$\beta_1=\beta_2=\cdots=\beta_k=0$；

H_1：β_1，β_2，…，β_k 至少有一个不等于 0。

目的是从总体上考察所有自变量对随机变量 y 是否有明显的影响，检验对于给定的样本点设定为线性模型是否合适。但是，经验回归方程是恰当的，并不说明每个自变量对 y 的影响都显著，对回归系数的检验，就要分别检验每一个自变量前面的系数是否为零：

H_0：$\beta_i= 0$；

H_1：$\beta_i \neq 0$，$i= 1$，2，…，k

如果某个系数与零没有显著性差异，那么，所对应的自变量对于因变量 y 的作用不显著，在方程中此系数为零，即方程中不应出现该变量。在上述零假设下，可以进行 F 检验或者 T 检验。SPSS 中对回归系数的检验采用 T 检验，并同回归方程的系数显示在同一表中。

4．决定系数与调整后的决定系数

多元线性回归分析与一元线性回归分析一样，可以用决定系数来考察方程的拟合优度，R^2 表明在因变量的总变异中可以由自变量的变异解释的比例。但是，一般地说，R^2 的值会随着方程中自变量个数的增加而增加，为了消除自变量个数及样本容量对 R^2 值的影响，将 R^2 调整为

$$\text{Adjusted R}^2 = 1 - \frac{\sum (y-\hat{y})^2 / (n-k-1)}{\sum (y-\overline{y})^2 / (n-1)}$$

称为调整后的决定系数（Adjusted R Square），而 R 称为复相关系数（Multiple Correlation Coefficient）或多元相关系数，表示模型中所有自变量与因变量之间相关关系的密切程度。

需要说明的是，当某个自变量进入方程后，如果调整后的决定系数不但没有增加，反而减少，那么这个自变量对于回归模型是不重要的。因此，调整后的决定系数为我们选择自变量提供了一条重要的判据。

8.2.2　多重共线性的诊断

在对经验回归方程是否满足理论假设前提条件的诊断上，多元线性回归方程除要对残差的正态性、均值等于零、方差齐性、独立性做出诊断外，还要对自变量 x_1，x_2，…，x_k 是否存在多重共线性（Multi-Collinearity）做出诊断。

1．多重共线性的含义

自变量 x_1，x_2，…，x_k 存在多重共线性，是指在这组变量中，至少有一个变量可以由其他变量线性表达出来，或者说这些变量之间具有线性相关性。例如，如果有

$$x_2 = a_1x_1 + a_3x_3 + \cdots + a_kx_k$$

就说明 x_2 不是独立的，x_1，x_2，…，x_k 存在多重共线性。

事实上，在对社会现象、经济问题等进行研究时，往往会因为担心遗漏重要的信息而选择了过多的自变量。多数情况下由于涉及的变量数目比较多，会存在程度不同的多重共线性。例如，在我们研究大学生的消费水平时，如果自变量设定为家庭的年平均收入、每年家庭所给的生活费、亲友的馈赠、勤工俭学的收入以及每个月的平均收入，那么，这些变量就存在多重共线性：每个月的平均收入可以通过每年家庭所给的生活费、亲友的馈赠和勤工俭学的收入计算出来。

2．多重共线性造成的危害

从理论上看，多重共线性造成的直接后果是我们无法使用最小二乘法对回归系数做出估计。通常情况下变量之间往往近似具有多重共线性，尽管可以计算出回归系数，却使得估计的精度降低，甚至无法找出回归系数在实际中的意义；多重共线性还可能造成决定系数趋向 1 的假象，使人误以为回归的效果很好。

3．对多重共线性的诊断

SPSS 提供了 4 种诊断变量 x_1，x_2，…，x_k 是否存在多重共线性的方法：容许度法、方差扩大因子法、条件指数法和方差比例法。

1）容许度（Tolerance）法

为了诊断 x_1，x_2，…，x_k 是否存在多重共线性，将每个自变量视为因变量，分别建立与其他自变量的线性回归方程，然后计算各个方程的决定系数 R_1^2，R_2^2，…，R_k^2。如果某个决定系数的值接近 1，就说明其所对应的变量与其他自变量具有线性关系，即 x_1，x_2，…，x_k 存在多重共线性。为此，引入容许度（Tolerance）的概念

$$\text{Tolerance} = 1-R_i^2 \qquad i=1，2，\cdots，k$$

容许度的值越小，R_i^2 就越大，共线性就越强。

值得注意的是，当样本容量比较小而且只有两个自变量时，决定系数接近 1，可能存在共线性，但也可能不存在共线性。当样本容量比较大时，决定系数接近 1，可以肯定存在共线性。

2）方差扩大因子法

方差扩大因子（Variance Inflation Factor）的定义是

$$\text{VIF}_i = \frac{1}{1-R_i^2} \qquad i=1，2，\cdots，k$$

显然，方差扩大因子与容许度本质上是一致的。经验表明，当 $\text{VIF} \geqslant 10$ 时，自变量之间存在严重的多重共线性。由此也可以得出，当容许度 $1-R_i^2 \leqslant 0.1$ 时，自变量之间存在严重的多重共线性。

另外，还可以用所有自变量的 VIF 值的均值

$$\overline{\text{VIF}} = \frac{\sum_{i=1}^{k} \text{VIF}_i}{k}$$

作为诊断的标准：如果均值远远大于 1，则存在严重的多重共线性。

3）条件指数法

贝尔斯利（Belsley）在《回归诊断》中提出条件指数（Condition Index）的定义为

$$\text{CI}_i = \sqrt{\text{最大特征值} / \text{第}i\text{个特征值}} \qquad i = 1, 2, \cdots, k$$

当条件指数为 30～100 时，有中度的多重共线性；条件指数在 100 以上时，多重共线性严重。SPSS 会直接给出特征值（Eigenvalue）[①]及条件指数。

4）方差比例法

我们知道，变量标准化后的方差等于 1。方差比例（Variance Proportion）是指每个特征值在自变量标准化后的方差中所占的比例有多大。如果某个特征值在两个甚至多个自变量的方差中所占的比例都很大（如 0.7 以上），则这几个自变量之间可能存在较强的线性相关性。

4．消除多重共线性的方法

常用的消除多重共线性的方法有以下几种。

1）利用已知的信息消除多重共线性

例如，如果我们根据已有的文献资料或实际经验知道，在自变量 x_1、x_2、x_3 中有 $x_1=5x_2+8x_3$，就没有必要将 x_1 作为自变量放入回归方程。

2）根据专业知识进行处理

对于存在共线性问题的自变量，可根据相关的专业知识从中剔出不重要的自变量，或者剔出缺失值比较多、测量误差比较大的变量。

3）增加新的样本或重新抽样

无论是增加样本还是重新抽样，对于小型的抽样调查还可能做到，但是对于大型的抽样调查来说往往不容易实施。

4）利用逐步回归等方法建立回归方程

由于自变量存在多重共线性时不能直接利用最小二乘法来估计回归系数，因此人们提出了多种改进的方法来解决这一问题。例如：

（1）采用逐步回归的方法建立回归方程，可以排除多重共线性，但被排除的变量与因变量的关系不能反映出来。

（2）通过主成分分析，提取公因子代替原变量或对原变量进行筛选，再做回归分析。

（3）利用岭回归，放弃最小二乘法的无偏估计，改用有偏估计，以损失部分信息、降低精度为代价来寻求效果稍差但回归系数更符合实际的回归方程。

（4）将变量间的关系进一步细化，采用建立在多元回归模型基础上的路径分析。

8.2.3 奇异值与影响点的诊断与处理

奇异值和影响点，都是样本观测值过大或过小的现象，对建立回归方程影响比较大，往往会造成残差的非正态性和方差的非齐性。但奇异值和影响点的含义是不同的。以智商与学业

① 特征值的概念将在本书 11.4 节做介绍，这里读者只要知道如何根据条件指数判断多重共线性即可。

成绩的关系为例，一般地说，智商越高的学生，学业成绩也会越高；反之，智商低的学生，学业成绩也会低。在建立智商与学业成绩的回归方程时，如果样本中某个学生的智商很低而学业成绩超乎寻常的高，那么，这肯定是一个奇异值。但如果某个学生的智商超常（远远高于智商的常模），学业成绩也出众，那么，这是一个影响点，不是奇异值。此外，奇异值的标准化残差绝对值往往以超过3个标准差为标志，但影响点的标准化残差不一定很大。所以，影响点有的是奇异值，有的却不是奇异值。在图8-16中，A为奇异值，不是影响点，而B、C则是影响点。

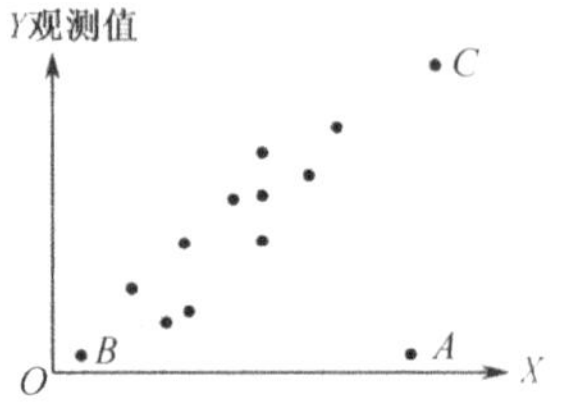

图8-16　影响点与奇异值的差别

奇异值和影响点除可以通过残差图（残差与预测值的散点图以及残差与因变量观测值的散点图）进行判断外，在SPSS中专门设置了两个模块对影响点进行判断。所以，利用SPSS进行回归分析时，可以通过给出的多个统计量进行诊断。

1．奇异值的诊断

出现以下情况之一，观测值可能是一个奇异值：

（1）标准化残差（Standardized Residual）的绝对值超过3个（或2个）标准差。

（2）学生化残差（Studentized Residual）的绝对值超过3个（或2个）标准差。

（3）学生化剔除残差（Studentized Deleted Residual）的绝对值超过3个标准差。所谓学生化剔除残差是指将某个观测值剔除后建立回归方程，再用这个回归方程来预测该观测值时所得到的学生化残差。学生化剔除残差要比标准化残差及学生化残差更为敏感，因为当数据出现奇异值时，会把回归线拉向自己，使奇异值本身的残差缩小，其余的观测值的残差加大，造成标准差也会增大，于是用这个观测值的标准化残差或学生化残差的绝对值超过3个（或2个）标准差来判断就会不够准确。而剔除了这个奇异值之后所建立的回归方程不受其值的影响，因此计算出的残差（剔除残差）就可以比较如实地反映这个观测值的奇异性。

2．影响点的诊断

诊断某个观测值A是否可能是一个影响点，基本方法是首先建立两个回归方程，一个是包含所有观测值的回归方程（简称为方程1），另一个是将观测值A剔除后建立的回归方程（简称为方程2），然后比较与这两个方程有关的某些指标：

（1）考察Cook's距离。Cook's距离是指当观测值A被剔除后，其他所有观测值在方程1与方程2中的预测值之差，即残差的变化量。其值越大，观测值A的影响力越大。其值小于0.5时可认为对应的观测值不是影响点，其值大于1时，可能为强影响点①。

（2）考察协方差比（Covariance Ratio）。协方差比是指剔除一个观测值的协方差矩阵的行列式与包含全部观测值的协方差矩阵的行列式之比。其值接近1时，可认为对应的观测值不是影响点。国外有学者建议②，当$|\text{协方差比}-1| \geqslant 3k/n$（$k$为自变量个数，$n$为观测值数目即样本容量）时，可认为该观测值是影响点。

（3）考察杠杆值（Leverage Value）。其值大于$2k/n$时，此观测值可能是一个具有很大影响力的奇异值。其值等于0时，此观测值对回归方程没有影响。SPSS中给出的是中心杠杆值，当其值大于0.2时，此观测值有可能是影响点③。杠杆值反映了对应的自变量x的值与x均值之间的差异。因此，杠杆值只能检测出在自变量上有很大影响力的奇异值，无法检测出在因变

① 何晓群. 应用回归分析[M]. 北京：电子工业出版社，2005：258.

② 卢纹岱. SPSS for Windows统计分析（第2版）[M]. 北京：电子工业出版社，2005：234.

③ 苏金明等. 统计软件SPSS系列应用实战篇[M]. 北京：电子工业出版社，2002：279.

量上具有影响力的奇异值[①]。

（4）考察方程 1 与方程 2，如果两个标准化回归系数之差的绝对值大于 $2/\sqrt{n}$，可认为该观测值可能是一个影响点。

（5）考察方程 1 与方程 2，如果该观测值的两个标准化预测值之差的绝对值大于 $2/\sqrt{k/n}$（这里的 k 为自变量数加 1），可认为该观测值可能是一个影响点。

需要注意的是，在通常情况下，采用各种判断方法得出的结论可能不一致，因此在进行诊断时最好多用几种方法，再结合经验做出最后的综合判断。

3．对奇异值与影响点的处理

在建立回归方程的过程中，一旦发现奇异值，要慎重考虑建模时保留它还是剔除它。一般的做法是，首先检查数据录入或相关计算是否有误，如果是录入错误或计算错误，自然要修正或剔除；如果两者都不是，则分别建立包含奇异值和剔除奇异值的两个回归方程，然后将两者进行比较。当两个方程差异不大时，建议将奇异值剔除；当两个方程变化很大时，不要轻易剔除奇异值。出现奇异值很可能是因为在研究过程中我们对某些信息掌握得不够，例如，遗漏了重要的自变量或自变量存在多重共线性等。如果能够解决这些问题当然要解决，如果解决不了，最好的处理办法是说明情况，并将两个回归方程都保留在研究报告中。

8.2.4　应用线性回归方程过程中的若干问题

1．自变量的选取要“少而精”

建构回归模型的关键是对自变量的选取。我们不能遗漏某些重要的自变量，否则回归方程的效果不会好。但是，也并非自变量越多越好，变量越多，数据采集的工作量就会越大，也很容易产生多重共线性。统计学家已经证明，将一些不重要的自变量剔除出方程后，会提高方程回归系数和预测的精度。因此，在进行调查设计时，要结合专业知识、先前研究的成果和经验，通过定性研究选好自变量，尽可能地减少多重共线性现象的发生。只有在这样的前提下，才能比较准确地选择模型的类型和形式。

2．正确理解建构的模型

根据样本数据所建立的线性回归模型是经验回归方程，不是将理论回归方程两端取数学期望之后得到的回归方程；经验回归方程反映的是因变量与自变量之间的不确定性因果关系，不能将其理解为函数关系。这就要求我们一定要保证样本数据的质量，没有质量好的数据，经验回归方程将无任何意义；同时，由于选取不同的样本，经验回归方程可能有不同的回归系数，在做预测时就不能只给出一个预测值，一定要同时给出预测值的具有确定置信水平的置信区间。

3．预测的范围要有一定的限制

确认线性模型可用之后，在进行预测时应保证自变量取值范围仍在观测值取值范围之内，否则预测的结果就可能有问题。这里需要注意的是对观测值取值范围的理解。以二元线性回归模型为例，如果两个自变量的取值范围分别为 $a<x_1<b$，$c<x_2<d$，但点(x_1,x_2)的取值范围是图 8-17 中的椭圆形部分，那么对于点 $A(m,n)$来说，尽管满足 $a<m<b$，$c<n<d$，点 A 仍然超出了观测值取值范围。

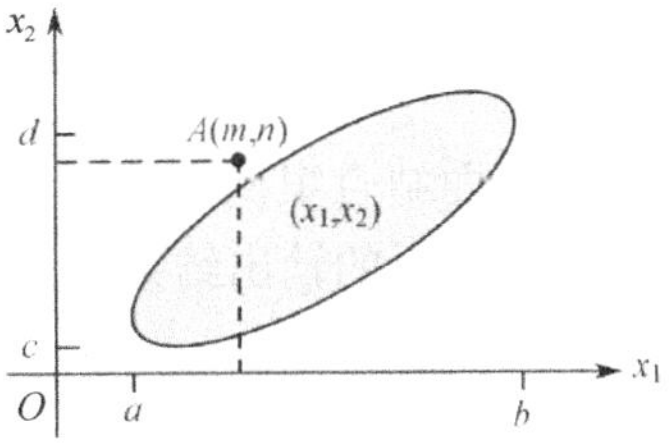

图 8-17　(x_1,x_2)的取值范围

① 王保进. 英文视窗版 SPSS 与行为科学研究[M]. 北京：北京大学出版社，2007：371.

4. 虚拟变量的设置

使用线性回归模型的前提条件是因变量与自变量都是定量变量，但是，有时候自变量中会存在定类变量，此时对自变量的编码仅仅是一个标号，没有大小关系。即使是定序变量，数与数之间也不具有等距的性质。如果要建立线性回归方程，就必须先将定类变量转换为虚拟变量（Dummy Variable，也称为哑变量），再进行线性回归分析，参见8.3节。

5. 变量间的交互作用

在自变量个数多于 2 个时，可能存在自变量之间的交互作用，此时就要在方程中增加若干个变量，以反映自变量联合的额外效应或交互效应。

例如，在回归分析中，自变量 x_1、x_2 有交互效应，最常用的方法是在回归模型中增加 x_1、x_2 的乘积项

$$\hat{y} = \hat{\beta}_0 + \hat{\beta}_1 x_1 + \hat{\beta}_2 x_2 + \hat{\beta} x_1 x_2$$

设 $x_3 = x_1 x_2$，于是有

$$\hat{y} = \hat{\beta}_0 + \hat{\beta}_1 x_1 + \hat{\beta}_2 x_2 + \hat{\beta} x_3$$

即转换为三元线性回归方程来处理。

判断自变量中是否含彼此有交互作用的变量，主要靠专业知识，有时也可以利用多因素方差分析来考察两个变量之间的交互效应。一般情况下，如果不清楚是否有交互作用，应首先按没有交互作用来构建回归方程。

8.3　利用“线性回归”对话框进行线性回归分析

依次执行“分析”→“回归”→“线性”命令（见图8-18），即可弹出“线性回归”对话框。

图8-18　执行“分析”→“回归”→“线性”命令

下面结合案例来说明利用“线性回归”对话框进行线性回归分析的操作步骤以及如何解释回归分析的输出结果，同时对“线性回归”对话框的结构和功能进行介绍。

8.3.1　普通线性回归方程

【案例8.2　“服装销售”的多元线性回归】

对某商场的16个品牌的服装进行调查的结果见数据文件“8.3　服装销售”。试利用多元线性回归分析考察销售额与广告费、营业厅的面积（经营面积）及销售人员人数的关系，并预

测某品牌服装投入广告费 400 万元、营业厅面积为 45 平方米，销售人员为 6 人时的销售额。案例 8.2 的思维导图如图 8-19 所示。

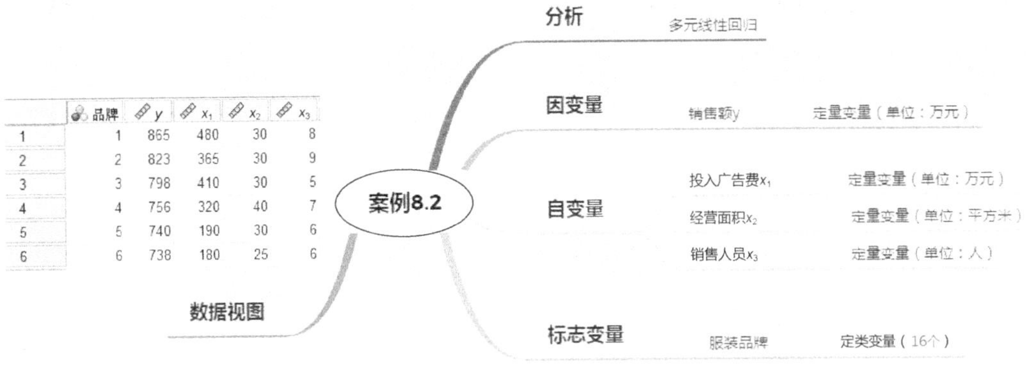

图 8-19　案例 8.2 的思维导图

【操作步骤】

第一步：打开数据文件。

数据文件“8.3　服装销售”中包括因变量销售额 y；自变量为投入广告费（x_1）、经营面积（x_2）及销售人员（x_3），这些变量均为定量变量；标志变量“品牌”为定类变量。

第二步：作 y 与 x_1、x_2、x_3 的散点图。

依次执行“图形（Graphs）”→“旧对话框（Legacy Dialogs）”→“散点图/点图（Scatter/Dot）”命令，在弹出的对话框中选择“矩阵散点图（Matrix Scatter）”图式，单击“定义”按钮，在弹出的对话框中将变量 y、x_1、x_2、x_3 移入“矩阵变量（Matrix Variables）”框中，单击“确定”按钮，在输出窗口中给出矩阵形式的散点图（见图 8-20）。由图 8-20 可知，y 与 x_1、x_2、x_3 基本呈线性关系，可建立线性回归方程。

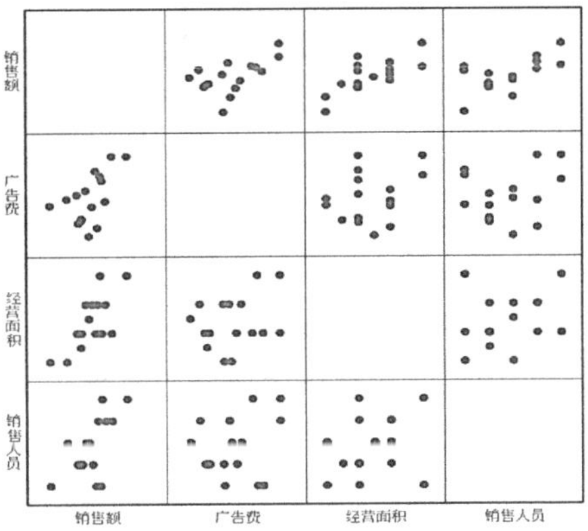

图 8-20　y、x_1、x_2、x_3 间的散点图

第三步：建立 y 与 x_1、x_2、x_3 的回归方程。

依次执行“分析（Analyze）”→“回归（Regression）”→“线性（Linear）”命令，弹出“线性回归”对话框（见图 8-21）。

在该对话框中，除源变量框外，还有以下内容。

（1）“因变量（Dependent）”框：因变量框。

（2）“块（B）1 的 1（Block 1 of 1）”选项组：用于指定自变量并界定自变量进入方程的方式，该选项组包括以下内容。

- “自变量（Independent(s)）”框：指定一个或多个自变量。
- “方法（Method）”下拉列表：提供了 5 种自变量进入方程的方式（见图 8-22），即“输入（Enter）”（强迫进入法）、“步进（Stepwise）”（逐步回归法）、“除去（Remove）”（消去法）、“后退（Backward）”和“前进（Forward）”。
- “下一个（Next）”按钮：同时研究不同自变量集合与一个因变量之间的关系时或要改变回归方法时，在输入第一组自变量之后，可以单击该按钮，“块 1 的 1（Block 1 of 1）”

变为“块 2 的 2（Block 2 of 2）”，然后在“自变量”框中输入新的自变量集合，或选择新的方法。

- “上一个（Previous）”按钮：单击该按钮，“自变量”框恢复到前一组自变量集合。

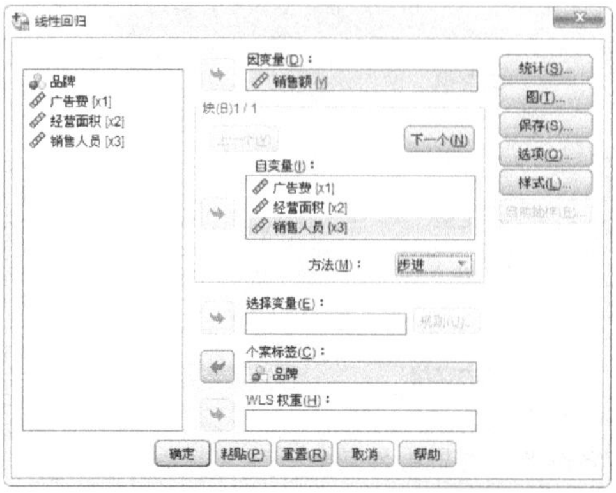

图 8-21 “线性回归”对话框

图 8-22 “方法”下拉列表

（3）“选择变量（Selection Variable）”框：确定输入框中的自变量对哪些个案的数据进行回归分析。当输入变量名（不能是已进入“自变量”框中的自变量）后，会激活“规则（Rule）”按钮。单击该按钮，弹出“线性回归：设置规则”对话框，用以确定参与回归分析的数据范围。

（4）“个案标签（Case Labels）”框：输入变量名后，用该变量的值作为标签进行标注。

（5）“WLS 权重（WLS Weight）”框：将权变量移入该框后，将会对观测值给予不同的权重。当存在异方差时，便可以用加权最小二乘法来代替普通的最小二乘法。

本案例在“线性回归”对话框中，将因变量“销售额（y）”移入“因变量（Dependent）”框内，将自变量“广告费（x_1）”、“经营面积（x_2）”及“销售人员（x_3）”移入“自变量（Independent）”框内，将“品牌”作为标志变量移入“个案标签（Case Labels）”框。在“方法（Method）”下拉列表中选择“步进（Stepwise）”（逐步回归），作为对自变量的选择方法。

如果此时单击“确定”按钮，系统将输出 4 张统计表，给出回归方程中的自变量、相关系数与决定系数、方差分析表及回归系数表。我们继续选择其他选项，不单击“确定”按钮。

第四步：选择输出的统计量。

（1）单击“统计（Statistics）”按钮，打开“线性回归：统计”对话框（见图 8-23）。该对话框的功能是输出有关的统计量，共有两个选项组和五个复选框。

①“回归系数（Regression Coefficients）”选项组，包括有关回归系数统计量的三个复选框：

- 估算值（Estimates）：输出回归系数（或偏回归系数）及其标准误、标准化回归系数、对回归系数进行 T 检验所得的 t 值及其概率 p 值，各自变量的容许度。此为系统默认项。
- 置信区间（Confidence Intervals）：输出每一个非标准化回归系数的 95%置信区间。
- 协方差矩阵（Covariance Matrix）：输出非标准化回归系数的方差-协方差矩阵（矩阵的对角线元素是方差，其他元素是协方差）和相关系数矩阵。

②“残差（Residuals）”选项组，包括有关残差分析的两个复选框。

- 德宾-沃森（Durbin-Watson）：输出 DW 检验结果、可能是奇异值的观测值诊断表以及残差和预测值的综述统计。
- 个案诊断（Casewise Diagnostics）：输出残差分析表和观测值诊断表，其下面有两个单选按钮。

- 离群值□标准差（Outliers outside □standard deviations）：在方框中输入一个正数（系统默认值为 3），则仅输出标准化残差绝对值大于或等于该值的观测值诊断表。
- 所有个案（All Cases）：输出所有观测值的诊断表。

③ 与模型拟合及拟合效果有关的五个复选框如下。

- 模型拟合（Model）：输出引入与剔除方程的变量，给出复相关系数、决定系数及其修正值、估计值的标准误和方差分析表。此为系统默认项。
- R 方变化量（R Squared Chang）：输出引入或剔除一个自变量后决定系数的变化量，其值越大，说明该变量对因变量的影响越大，可能是一个较好的回归变量。
- 描述（Descriptives）：输出有效观测值的数目及基本统计量，如均值、标准差、相关系数矩阵及单侧检验的显著性水平矩阵。
- 部分相关性和偏相关性（Part and partial correlations）：输出部分相关系数（当一个变量进入方程后，决定系数增加了多少）、偏相关系数及零阶相关系数（简单相关系数）。
- 共线性诊断（Collinearity Diagnostics）：输出对变量之间多重共线性的诊断，包括特征值、条件指数、方差比例。

（2）对于本案例，在“回归系数（Regression Coefficients）”选项组中勾选“估算值（Estimates）”和“置信区间（Confidence Intervals）”两个复选框，以便输出非标准化和标准化回归系数、T 检验的结果以及非标准化回归系数的 95%置信区间等。

（3）勾选“残差（Residuals）”选项组中的两个复选框（这里作为练习，勾选了“德宾-沃森”复选框，但由于样本不是时间序列数据，因此由 DW 值并不能判断残差的独立性）。

（4）勾选该对话框中的 5 个复选框[“模型拟合（Model Fit）”……“共线性诊断（Collinearity Diagnostics）”]（见图 8-23）。

（5）单击“继续”按钮，返回“线性回归”对话框。

第五步：作残差图。

（1）单击“图（Plots）”按钮，打开“线性回归：图”对话框。该对话框的功能是绘制有关残差图，其中有源变量框、两个选项组和一个复选框（见图 8-24）。

图 8-23　“线性回归：统计”对话框

图 8-24　“线性回归：图”对话框

① 源变量框供设置坐标系时使用，其中的变量如下。

- DEPENDNT：因变量。
- ZPRED：标准化预测值。

- ZRESID：标准化残差。
- DRESID：剔除残差，即利用剔除某个观测值后其他 n-1 个观测值建立的回归方程计算出的该观测值的残差。
- ADJPRED：修正后预测值。
- SRESID：学生化残差，即将标准化残差变换为 t 分布后的残差值（残差除以残差的标准差的点估计值）。
- SDRESID：学生化剔除残差，即利用将该观测值剔除后其他 n-1 个观测值建立的回归方程，所得到的该观测值的学生化残差。

②“散点图 1/1（Scatter 1of 1）”选项组：选择坐标轴变量，可从左面的源变量框中选择两个变量，通过按钮分别移入“X”“Y”框中作为 X、Y 轴，“上一个（Previous）”按钮和“下一个（Next）”按钮的功能同“线性回归”对话框的“上一个”按钮和“下一个”按钮，不再赘述。

③“标准化残差图（Standardized Residual Plots）”选项组，提供了两种类型的标准化残差图。

- 直方图（Histogram）：输出带有正态曲线的标准化残差直方图。
- 正态概率图（Normal Probability Plot）：输出 P-P 图，用于检查残差的正态性。

④“生成所有局部图（Produce all partial plots）”复选框：输出每个自变量的偏图（Partial Plot）。所谓偏图，是分别建立每个自变量与其余自变量的回归方程和因变量与其余自变量的回归方程之后，以每个自变量的残差为 X 轴，以因变量的残差为 Y 轴所作的散点图，也称为偏残差图。因此，输出的图形数与自变量的个数相同。选择此项的前提条件是在所建立的回归方程中至少有两个自变量。

（2）为考察方差齐性，以预测值 DEPENDNT 为 X 轴，以标准化残差 ZRESID 为 Y 轴作散点图（见图 8-24）。

（3）为考察残差的正态性，勾选“标准化残差图（Standardized Residual Plots）”选项组中的两个复选框，以便输出标准化残差的直方图和 P-P 图。

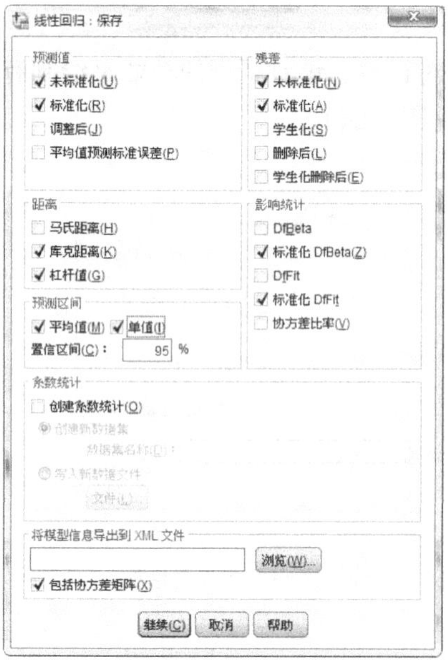

图 8-25 “线性回归：保存”对话框

（4）勾选“生成所有局部图（Produce all partial plots）”复选框，输出偏残差图。

（5）单击“继续”按钮，返回“线性回归”对话框。

第六步：选择在数据文件中需要保存的新变量。

（1）单击“保存（Save）”按钮，打开“线性回归：保存”对话框（见图 8-25）。

该对话框的功能是将指定的新变量保存到当前数据编辑器窗口的数据文件中，其中有以下选项组。

①“预测值（Predicted Values）”选项组，设有四个复选框。

- 未标准化（Unstandardized）：非标准化预测值。
- 标准化（Standardized）：标准化预测值。
- 调整后（Adjusted）：调整后的预测值（由该观测值被剔除后建立的回归方程所计算出的预测值）。
- 平均值预测标准误差（S.E. of mean prediction）：均值预测值的标准误。

②“残差（Residuals）”选项组，设五个复选框。

- 未标准化（Unstandardized）：非标准化残差值。
- 标准化（Standardized）：标准化残差值。
- 学生化（Studentized）：学生化残差。
- 删除后（Deleted）：剔除后标准化残差。
- 学生化删除后（Studentized Deleted）：学生化剔除残差。

③“距离（Distances）”选项组，设三个复选框：马氏距离（Mahalanobis）、库克距离（Cook's）、杠杆值（Leverage Values）。

④“预测区间（Prediction Intervals）”选项组，对应于自变量 x_1，x_2，…，x_k 的每组值（x_{10}，x_{20}，…，x_{k0}），有两个复选框。

- 平均值（Mean）：给出因变量均值 $\overline{y}_0$ 的置信区间（对于一元线性回归方程，见图 8-26）；
- 单值（Individual）：给出预测值 $\hat{y}_0$ 的置信区间（对于一元经验回归方程，见图 8-27）。

置信区间的置信水平可在“置信区间（Confidence Interval）”后面的方框内给出，默认值为 95%。

⑤“影响统计（Influence Statistics）”选项组，用于指定影响点的统计量，设有五个复选框。

- DfBeta（s）：剔除该观测值之后回归系数的变化量。
- 标准化 DfBeta（Standardized Dfbeta）：标准化的 DfBeta 值。
- DfFit：剔除该观测值之后预测值的变化量。
- 标准化 DfFit（Standardized DfFit）：标准化的 DfFit 值。
- 协方差比率（Covariance Ratio）：协方差比，剔除该观测值与包含该观测值的因变量的方差-协方差矩阵的行列式值之比。

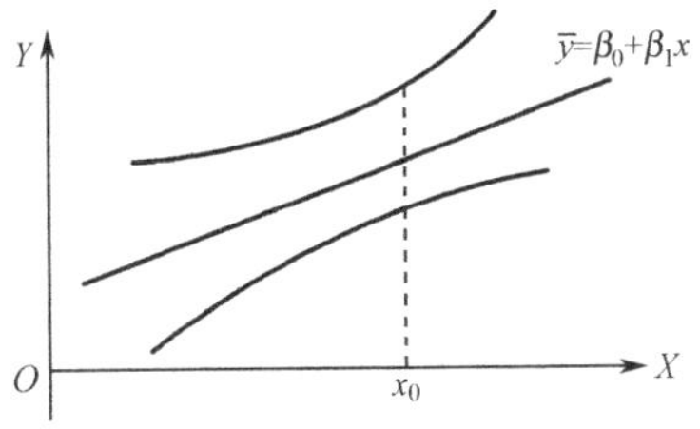

图 8-26　$\overline{y}_0$ 的置信区间

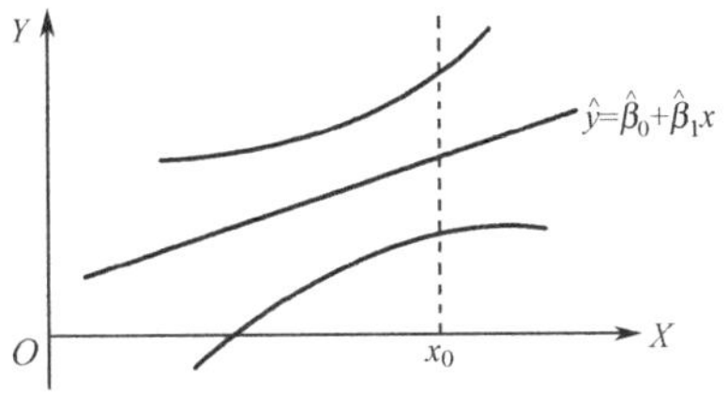

图 8-27　$\hat{y}_0$ 的置信区间

⑥ 系数统计（Coefficients Statistics）选项组，用于指定保存回归系数的统计量，仅设一个复选框“创建系数统计（Create Coefficients Statistics），其下设有两个单选按钮。

- 创建新数据集（Create a new dataset）：创建一个新的数据集，将新数据集名输入下面的文本框中。
- 写入新数据文件（Write a new data file）：保存为新的 SPSS 格式的数据文件，选择此项后会激活下面的“文件（File）”按钮，单击此按钮，弹出“线性回归：保存到文件”对话框，便可将模型参数保存到指定的新文件中。

⑦“将模型信息导出到 XML 文件（Export model information to XML file）”选项组，用于将回归模型的信息保存在指定的 XML 文件中，并设有一个复选框：

- 包括协方差矩阵（Include the covariace matrix），此为系统默认项。

（2）本案例中为进行预测，勾选“预测值（Predicted Values）”选项组中的“未标准化（Unstandardized）”和“标准化（Standardized）”两个复选框及“预测区间（Prediction Intervals）”选项组中的两个复选框，置信水平取默认值 95%。

（3）考察残差的独立性要进行游程检验，为此要用到残差，所以勾选“残差（Residuals）”选项组中的“未标准化（Unstandardized）”和“标准化（Standardized）”两个复选框。

（4）为确定影响点，勾选“库克距离（Cook's）”、“杠杆值（Leverage values）”、“标准化 DfBeta（Standardized Dfbeta）”和“标准化 DfFit（Standardized DfFit）”四个复选框。

（5）单击“继续”按钮，返回“线性回归”对话框。

第七步：确定“线性回归：选项”对话框中的选择项，提交系统运行。

单击“选项”按钮，打开“线性回归：选项”对话框（见图 8-28）。该对话框的功能是确定自变量进入与被剔除方程的判断标准以及缺失值的处理方式，设有两个选项组和一个复选框。

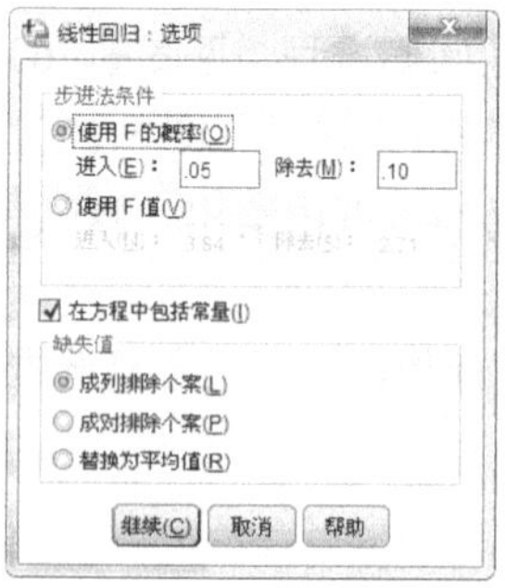

图 8-28　“线性回归：选项”对话框

（1）“步进法条件（Stepping Method Criteria）”选项组：提供两种将自变量引入模型或从模型中剔除自变量的判据表达方式。

- 使用 F 的概率（Use probability of F）：采用 F 检验的概率（Sig）作为自变量引入或剔除的判据。系统默认值是 $F_{进}$=0.05，即当一个自变量的概率值小于或等于 0.05 时，该自变量被引入方程；$F_{出}$= 0.10，即当一个自变量的概率值大于或等于 0.10 时，该自变量被剔除方程。如果改用其他值，可以在“进入（Entry）”和“除去（Removal）”后面的文本框中输入自定义的值，“进入（Entry）”的值必须要小于“除去（Removal）”的值。
- 使用 F 值（Use F value）：采用 F 值作为自变量引入或剔除的判据。系统默认值是 $F_{进}$=3.84，即当一个自变量的 F 值大于或等于 3.84 时，该自变量被引入方程；$F_{出}$ = 2.71，即当一个自变量的 F 值小于或等于 2.71 时，该自变量被剔除方程。如果改用其他值，可以在“进入（Entry）”和“除去（Removal）”后面的文本框中输入自定义的值，“进入（Entry）”的值必须要大于“除去（Removal）”的值。

（2）“在方程中包括常量（Include constant in equation）”复选框：在回归方程中包括常数项，为系统默认项。

（3）“缺失值（Missing Values）”选项组提供了三种缺失值处理方式。

- 成列排除个案（Exclude cases listwise）：凡具有缺失值的个案均予以剔除。
- 成对排除个案（Exclude cases pairwise）：剔除计算相关系数时配对变量中含有缺失值的个案。
- 替换为平均值（Replace with mean）：利用变量的均值代替缺失值。

本案例中，对自变量进入方程的判据及缺失值处理方式按系统默认方式处理，因此不必打开“线性回归：选项”对话框，直接单击“确定”按钮，提交系统运行。

第八步：利用游程检验对残差进行独立性诊断。

由于变量不是时间序列变量，不能用 DW 检验，所以要对标准化残差（Standardized Residual）（或非标准化残差）进行游程检验：依次执行“分析（Analyze）”→“非参数检验（Nonparametric Tests）”→“旧对话框（Legacy Dialogs）”→“游程（Runs Test）”命令，弹出“游程检验”对话框（见图 8-29），将已保存在数据文件中的标准化残差移入“检验变量列表（Test Variable List）”框，“分割点（Cut Point）”

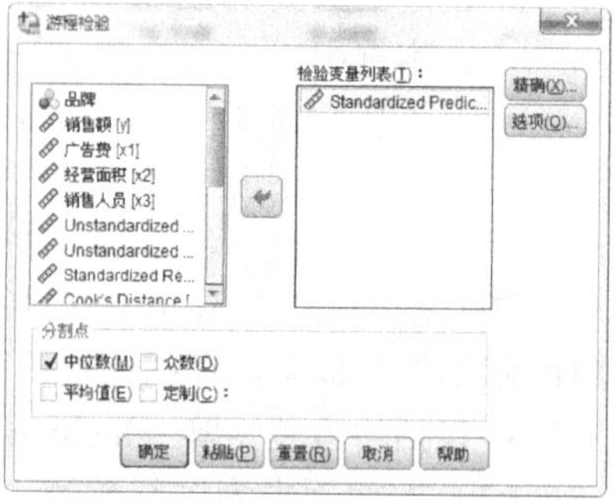

图 8-29　“游程检验”对话框

选项组中勾选“中位数（Median）”复选框。单击“确定”按钮，提交系统运行。

【输出结果】

在输出窗口给出了 9 个统计表和 6 幅统计图，在数据编辑器窗口保留了我们要求保留的新变量。

（1）新变量。每个新变量的标签都显示在变量视图（见图 8-30）中。变量名后面的“_1”表示是第一个模型的统计量。各变量名的含义如下：

- PRE　非标准化预测值
- RES　非标准化残差
- ZPR　标准化预测值
- ZRE　标准化残差
- COO　库克距离
- LEV　中心杠杆值
- SDF　标准化 DfFit
- SDB0　截距的标准化 Dfbeta
- SDB1　x_1 的标准化 Dfbeta
- SDB2　x_2 的标准化 Dfbeta
- SDB3　x_3 的标准化 Dfbeta
- LMCI　y 均值 $\bar{y}$ 的 95%置信区间下限
- UMCI　y 均值 $\bar{y}$ 的 95%置信区间上限
- LICI　预测值 $\hat{y}$ 的 95%置信区间下限
- UICI　预测值 $\hat{y}$ 的 95%置信区间上限

	名称	类型	宽度	小数位数	标签
5	x3	数字	8	0	销售人员
6	PRE_1	数字	11	5	Unstandardized Predicted Value
7	RES_1	数字	11	5	Unstandardized Residual
8	ZPR_1	数字	11	5	Standardized Predicted Value
9	ZRE_1	数字	11	5	Standardized Residual
10	COO_1	数字	11	5	Cook's Distance
11	LEV_1	数字	11	5	Centered Leverage Value
12	SDF_1	数字	11	5	Standardized DFFIT
13	SDB0_1	数字	11	5	Standardized DFBETA Intercept
14	SDB1_1	数字	11	5	Standardized DFBETA x1
15	SDB2_1	数字	11	5	Standardized DFBETA x2
16	SDB3_1	数字	11	5	Standardized DFBETA x3
17	LMCI_1	数字	11	5	95% L CI for y mean
18	UMCI_1	数字	11	5	95% U CI for y mean
19	LICI_1	数字	11	5	95% L CI for y individual
20	UICI_1	数字	11	5	95% U CI for y individual

图 8-30　变量视图中的新变量名及其标签

（2）变量的描述统计量。表 8-9 给出了各个变量的均值、标准差和有效个案数。

（3）变量间的相关系数。表 8-10 给出各个变量之间的简单相关系数及其检验结果，从中可以看出，销售额与经营面积的相关系数（0.731）最高，销售额与销售人员的相关系数（0.625）次之，而销售额与广告费的相关系数（0.548）最小，对应于三个相关系数的概率 p 值分别为 0.001、0.005 和 0.014，均小于 0.05，单侧检验通过，说明存在显著的相关关系。而广告费、经营面积、销售人员之间的相关系数经检验，其概率值都大于 0.05，只能认为不存在相关关系。

（4）逐步回归的过程。表 8-11 给出了逐步回归的过程，表中第一列“模型（Model）”为回归模型的编号，第二列“输入的变量（Variables Entered）”列出了进入模型的变量，第三列“除去的变量（Variables Removed）”是被剔除的变量，最后一列“方法（Method）”指出了自变量进入方程的方式为“步进（Stepwise）”（逐步回归），判别标准是 F 值的概率 $p \leqslant 0.050$ 时进入，$p \geqslant 0.100$ 时剔除。于是可知，第一个进入方程的是经营面积（x_2），第二个是销售人员（x_3），最后进入方程的是广告费（x_1）。

表 8-9　各变量的描述统计量

描述统计			
	均　值	标准偏差	个案数
销售额	774.69	75.250	16
广告费	286.56	114.120	16
经营面积	33.75	9.037	16
销售人员	6.75	1.342	16

表 8-10　变量间的相关系数及其检验

相关性					
		销售额	广告费	经营面积	销售人员
皮尔逊相关性	销售额	1.000	.548	.731	.625
	广告费	.548	1.000	.279	.242
	经营面积	.731	.279	1.000	.275
	销售人员	.625	.242	.275	1.000
显著性（单尾）	销售额	.	.014	.001	.005
	广告费	.014	.	.148	.183
	经营面积	.001	.148	.	.151
	销售人员	.005	.183	.151	.
个案数	销售额	16	16	16	16
	广告费	16	16	16	16
	经营面积	16	16	16	16
	销售人员	16	16	16	16

表 8-11　变量的进入与剔除

输入 / 除去的变量[a]			
模型	输入的变量	除去的变量	方　法
1	经营面积	.	步进（条件: 要输入的 F 的概率<= .050，要除去的 F 的概率>= .100）
2	销售人员	.	步进（条件: 要输入的 F 的概率<= .050，要除去的 F 的概率>= .100）
3	广告费	.	步进（条件: 要输入的 F 的概率<= .050，要除去的 F 的概率>= .100）

a. 因变量: 销售额。

（5）回归模型拟合结果。表 8-12 给出了回归模型拟合结果。各列从左到右依次是回归模型的编号、模型的复相关系数 R、决定系数 R^2（R Square）、调整后的决定系数“调整后 R 方”（Adjusted R Square）、估计的标准误 [“标准估算的错误（Std.Error of the Estimate）”]，统计改变量 [“更改统计量（Change Statistics）”] 下面有 5 列，指出三个模型 R^2 以及方差分析表中的 F 改变量的值、自由度、F 改变量的概率值的变化情况，最后一列是用于检验残差是否自相关的统计量 DW 的值。

由表 8-12 第二列知，三个模型的复相关系数 R 分别为 0.731、0.854 和 0.900，决定系数分别为 0.535、0.729 和 0.809，拟合优度越来越好，第三个模型已能够解释因变量变异的 80.9%；估计的标准误越来越小，由 53.134 下降到 36.727。由于本案例中的数据并不是时间序列数据，因此不能用 DW 来判断残差的独立性问题。

表 8-12 回归模型拟合结果

模型摘要 d										
模型	R	R 方	调整后 R 方	标准估算的错误	更改统计量					德宾-沃森
					R 方变化量	F 变化量	自由度 1	自由度 2	显著性 F 变化量	
1	.731[a]	.535	.501	53.134	.535	16.086	1	14	.001	
2	.854[b]	.729	.687	42.105	.194	9.295	1	13	.009	
3	.900[c]	.809	.762	36.727	.081	5.086	1	12	.044	2.413

（6）对残差独立性的游程检验。游程检验结果如表 8-13 所示，在中位数上下各有 8 个观测值，出现 11 个游程，z=0.776，双侧检验的概率 $p = 0.438 > 0.05$，所以不能拒绝零假设，可以将残差视为随机的，即残差序列是独立的。

（7）对回归模型的 F 检验。表 8-14 是对三个方程进行 F 检验的方差分析表。三个方程的 F 值分别为 16.086、17.456 和 16.990，对应的概率值分别为 0.001、0.000、0.000，取显著性水平 α=0.05，所有的 p 值均小于 0.05，全部通过了 F 检验，表明自变量与因变量之间的线性关系显著，可设计为线性模型。

表 8-13 对残差独立性的游程检验结果

游程检验	
	标准化残差
检验值 a	.10909
个案数<检验值	8
个案数>= 检验值	8
总个案数	16
游程数	11
Z	.776
渐近显著性(双尾)	.438

a. 中位数。

（8）回归方程的系数。表 8-15 各列从左到右依次是模型编号、非标准化回归系数（Unstandardized Coefficients）的估计值（B）和标准误（Std.Error）、标准化回归系数（Standardized Coefficients）Beta、对各个系数进行 T 检验所得的 t 值、t 值所对应的概率值、B 的 95%置信区间（95% Confidence Interval for B）的下限（Lower Bound）和上限（Upper Bound），在相关系数（Correlation）列中依次为零阶相关系数（Zero-order）即简单相关系数、偏相关系数（Partial）和部分相关系数（Part），最后一列（Collinearity Statistics）用于进行多重共线性诊断，包括容许度（“容差”，Tolerance）和方差扩大因子 VIF。

表 8-14 方差分析表

ANOVA[d]						
模 型		平 方 和	自 由 度	均 方	F	显 著 性
1	回归	45414.654	1	45414.654	16.086	.001[a]
	残差	39524.783	14	2823.199		
	总计	84939.438	15			
2	回归	61892.761	2	30946.380	17.456	.000[b]
	残差	23046.677	13	1772.821		
	总计	84939.438	15			
3	回归	68752.712	3	22917.571	16.990	.000[c]
	残差	16186.725	12	1348.894		
	总计	84939.438	15			

a. 因变量: 销售额。

b. 预测变量: (常量), 经营面积。

c. 预测变量: (常量), 经营面积, 销售人员。

d. 预测变量: (常量), 经营面积, 销售人员, 广告费。

表 8-15　回归系数及共线性诊断

系数[a]

模型		未标准化系数		标准化系数	t	显著性	B 的 95.0%置信区间		相关性			共线性统计	
		B	标准错误	Beta			下限	上限	零阶	偏	部分	容差	VIF
1	(常量)	569.191	52.930		10.754	.000	455.668	682.715					
	经营面积	6.089	1.518	.731	4.011	.001	2.833	9.345	.731	.731	.731	1.000	1.000
2	(常量)	431.149	61.720		6.986	.000	297.811	564.488					
	经营面积	5.040	1.251	.605	4.028	.001	2.337	7.743	.731	.745	.582	.924	1.082
	销售人员	25.694	8.428	.458	3.049	.009	7.487	43.902	.625	.646	.440	.924	1.082
3	(常量)	414.124	54.364		7.618	.000	295.675	532.573					
	经营面积	4.464	1.121	.536	3.983	.002	2.022	6.907	.731	.755	.502	.876	1.141
	销售人员	22.674	7.472	.404	3.034	.010	6.393	38.955	.625	.659	.382	.895	1.118
	广告费	.198	.088	.301	2.255	.044	.007	.390	.548	.546	.284	.893	1.120

a. 因变量：销售额。

由表 8-15 中的数据和表注可知，第一个模型为销售额与经营面积的一元线性回归方程，第二个模型是销售额与经营面积、销售人员的二元线性回归方程，第三个模型则是销售额与经营面积、销售人员及广告费的三元线性回归方程。由表 8-15 可知，三个模型的经验回归方程分别为

$$\hat{y}= 569.191 + 6.089\,x_2$$
$$\hat{y} = 431.149 + 5.040\,x_2 + 25.694\,x_3$$
$$\hat{y} = 414.124 + 0.198\,x_1 + 4.464\,x_2 + 22.674\,x_3$$

我们仅以第三个方程为例说明各个系数的含义。x_1 的系数表明当广告费增加一万元，而营业厅面积、销售人员人数不变时，销售额增加 0.198 万元；当营业厅面积增加一平方米，而广告费、销售人员人数不变时，销售额增加 4.464 万元；当增加一个销售人员，而营业厅面积和广告费不变时，销售额增加 22.674 万元。由于自变量的单位不同，我们不能断定增加人员对增加销售额的作用最大。

又由表 8-15 知，三个标准回归方程分别为

$$\hat{y}= 0.731\,x_2$$
$$\hat{y} = 0.605\,x_2 + 0.458x_3$$
$$\hat{y} = 0.301x_1 + 0.536\,x_2 + 0.404\,x_3$$

标准回归方程的含义仍以第三个方程为例，每个变量前的系数都表明当其他两个变量不变时，该变量增加一个标准差，会使销售额增加多少个标准差。如当经营面积（x_2）增加一个标准差而广告费（x_1）、销售人员（x_3）不变时，销售额将增加 0.536 个标准差。因此可以断定，经营面积的增加对销售额的影响最大。

（9）根据容许度（“容差”）和方差扩大因子 VIF 进行共线性诊断。由表 8-15 最后一列可知，容许度接近 1，而 VIF 均小于 10，说明各个方程中的自变量之间不存在共线性。

（10）各模型中被剔除的变量。表 8-16 给出了被剔除的变量的基本情况，表中各列的含义依次是模型编号、被剔除的变量、标准化回归系数（Beta In）、进行 T 检验的 t 值及其概率值、偏相关系数、共线性统计结果（包括容许度、方差扩大因子 VIF 和最小容许度）。

表 8-16　被剔除变量的回归系数与共线性诊断

排除的变量[c]

模型		输入 Beta	t	显著性	偏相关	共线性统计		
						容差	VIF	最小容差
1	广告费	.373[a]	2.228	.044	.526	.922	1.084	.922
	销售人员	.458[a]	3.049	.009	.646	.924	1.082	.924
2	广告费	.301[b]	2.255	.044	.546	.893	1.120	.876

a. 因变量：销售额。

b. 模型中的预测变量：(常量)，经营面积。

c. 模型中的预测变量：(常量)，经营面积，销售人员。

（11）根据条件指数和方差比进行多重共线性诊断。表 8-17 给出了各个方程的条件指数和方差比，用于诊断自变量之间是否存在多重共线性。各列的含义依次是模型编号（Model）和维度（Dimension）、特征值（Eigenvalue）、条件指数（“条件指标”，Condition Index）和方差比（“方差比例”，Variance Proportions），方差比之下分为常数的和每个自变量的方差比。由表 8-17 可知，对于第 3 个模型，3 个自变量全部进入方程，有 4 个特征值，条件指数最大为 14.750，而且从各个特征值在各自变量上的方差比来看，位于同一行的方差比至多只有一个大于 0.7，这说明在方程中自变量之间不存在多重共线性。

表 8-17　多重共线性诊断（条件指数）

共线性诊断[a]

模型	维	特征值	条件指标	方差比例			
				(常量)	经营面积	销售人员	广告费
1	1	1.968	1.000	.02	.02		
	2	.032	7.842	.98	.98		
2	1	2.942	1.000	.00	.01	.00	
	2	.040	8.590	.08	.96	.20	
	3	.018	12.885	.92	.03	.80	
3	1	3.854	1.000	.00	.00	.00	.01
	2	.088	6.609	.03	.05	.03	.99
	3	.040	9.832	.07	.92	.19	.00
	4	.018	14.750	.90	.03	.78	.00

a. 因变量：销售额。

（12）残差统计量表。表 8-18 给出了有关残差分析的统计量，需要重点关注的是表中的最后四项，以便考察观测值中是否有影响点。学生化剔除残差的绝对值均小于 3，可认为没有异常值（在操作过程中我们曾选择了“统计（Statistics）”中的“离群值：□标准差（Outliers outside: □standard deviations）”，即输出标准化残差绝对值大于或等于 3 的观测值诊断表，但输出结果中并没有该表，也说明了数据中没有异常值）；Cook's 距离（“库克距离”）最大值为 0.403，小于 0.5，可以认为没有影响点，但是最大的中心杠杆值（“居中杠杆值”）为 0.485，远远大于界值 0.2，又说明自变量中可能有影响点。对于影响点，可以通过数据编辑器窗口中的有关新变量再进一步做出判断。

（13）残差图分析。输出窗口给出的 6 幅统计图分别是：标准化残差的直方图、标准化残差的 P-P 图、标准化残差与销售额预测值的散点图及 3 幅偏残差图。

图 8-31 为标准化残差的直方图，图 8-32 为判断残差正态性的 P-P 图。根据这两幅图，可以得出残差近似服从正态分布的结论：直方图与正态曲线比较吻合，而 P-P 图中的各点基本是

在正方形的对角线上。

表 8-18　残差统计量表

残差统计 a					
	最小值	最大值	平均值	标准偏差	个案数
预测值	666.37	936.62	774.69	67.702	16
标准预测值	-1.600	2.392	.000	1.000	16
预测值的标准误差	11.329	27.166	17.772	4.777	16
调整后预测值	688.14	946.16	774.40	68.706	16
残差	-58.891	55.249	.000	32.850	16
标准残差	-1.603	1.504	.000	.894	16
学生化残差	-1.807	1.831	.005	1.029	16
剔除残差	-78.142	81.822	.289	43.902	16
学生化剔除残差	-2.028	2.065	-.002	1.108	16
马氏距离	.490	7.269	2.813	1.974	16
库克距离	.000	.403	.087	.125	16
居中杠杆值	.033	.485	.187	.132	16

a. 因变量: 销售额

图 8-33 是以标准化残差为 Y 轴，以因变量为 X 轴所作的残差图，可以看出，残差基本上是随机分布的，并在±2 个标准差之内，因而方程满足残差齐性的前提假设。

图 8-34、图 8-35 和图 8-36 是在“线性回归：图”对话框中勾选“生成所有局部图（Produce all Partial Plots）”复选框的输出结果，分别给出了销售额与广告费、销售额与经营面积、销售额与销售人员的偏残差图。

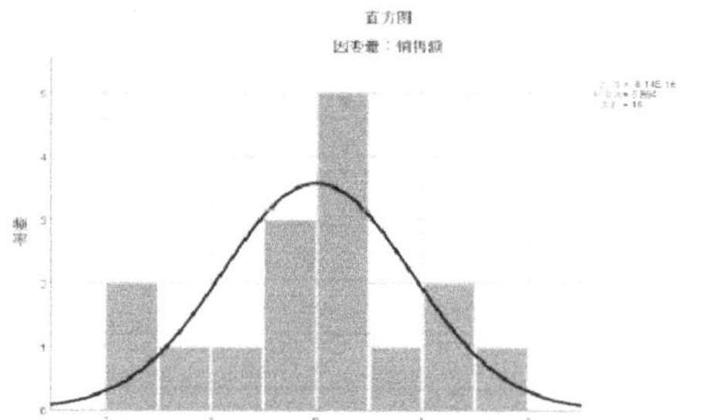

图 8-31　标准化残差的直方图

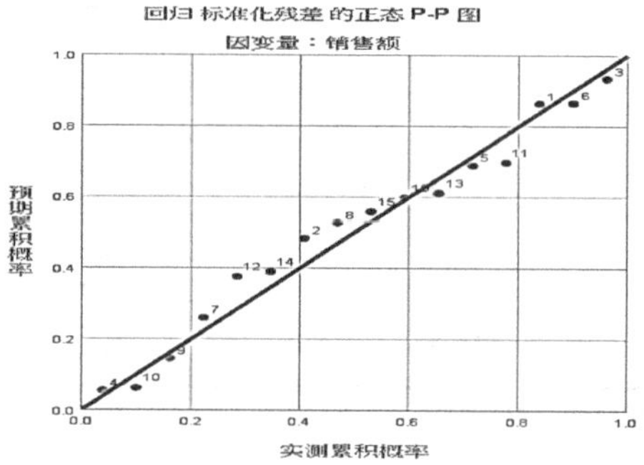

图 8-32　判断残差正态性的 P-P 图

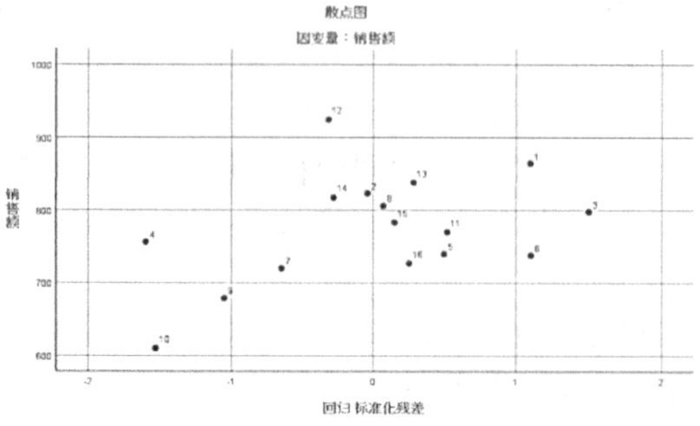

图 8-33　标准化残差与销售额预测值的散点图

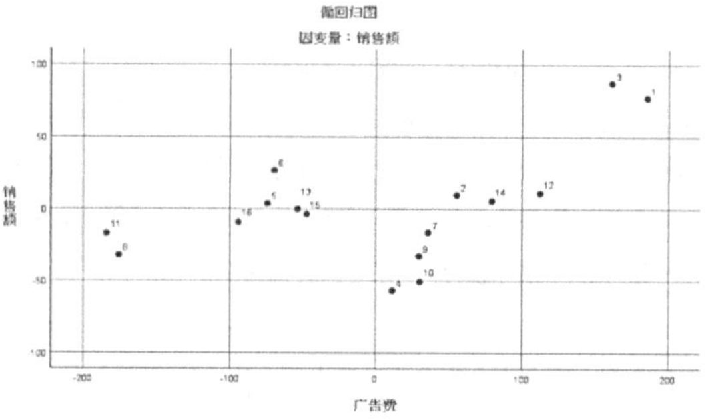

图 8-34　销售额与广告费的偏残差图

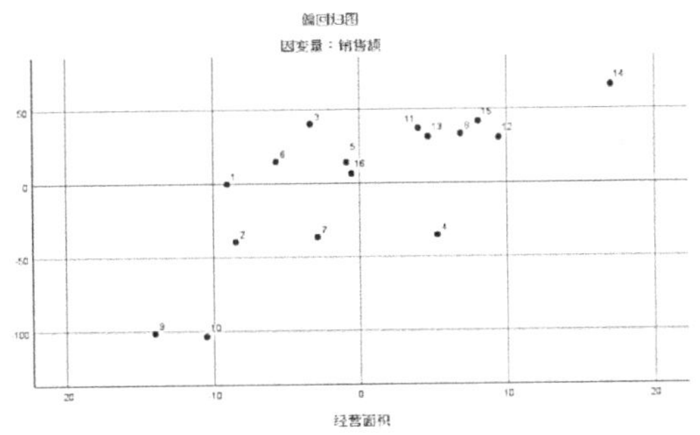

图 8-35　销售额与经营面积的偏残差图

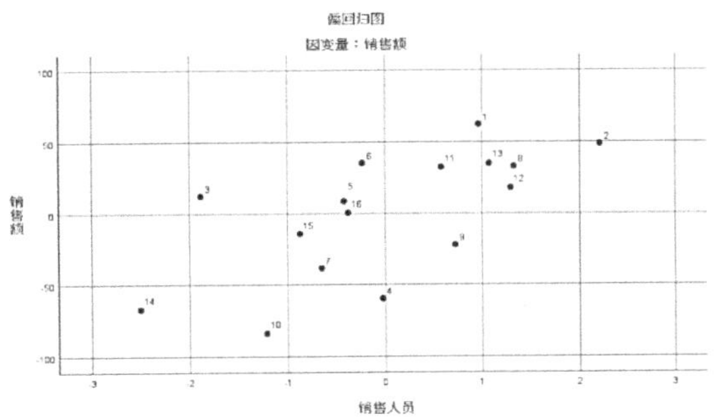

图 8-36　销售额与销售人员的偏残差图

图 8-34 是以销售额为因变量并且以经营面积、销售人员为自变量的二元线性回归方程的残差为 Y 轴，以广告费为因变量且以经营面积、销售人员为自变量的二元线性回归方程的残差为 X 轴所作的偏残差图。如果目标模型确定，图 8-34 中应显示线性特性。但在图 8-34 中存在一些观测值（编号为 1、3、4、10）影响了偏残差图的线性特性，说明这些观测值掩盖或错误地增强了广告费的预测能力。下面通过偏相关系数再做一些分析。利用所有观测值计算出销售额与广告费的偏相关系数为 0.5456；分别删除 1、3 号观测值，偏相关系数降为 0.3826 和 0.3949；分别删除 4、10 号观测值，偏相关系数上升为 0.6056 和 0.6303；如果将 4 个观测值都删除，偏相关系数为 0.3313。这说明 1、3 号观测值会增强广告费的预测能力，4、10 号观测值则掩盖了广告费的预测能力。

图 8-35、图 8-36 中的散点都具有线性特征，可以认为观测值对模型没有掩盖或错误地增强经营面积和销售人员两个自变量的预测能力。

由上可以得出下面的结论：

（1）采用逐步回归的方法，得出的经验回归方程及标准化回归方程分别为

$$\hat{y} = 414.124 + 0.198\ x_1 + 4.464\ x_2 + 22.674\ x_3$$

$$\hat{y} = 0.301 x_1 + 0.536\ x_2 + 0.404\ x_3$$

根据逐步回归的过程和标准化回归方程可知，三个自变量中，经营面积 x_2 对销售额影响最大，广告费 x_1 对销售额影响最小。如果仅考虑广告费对销售额的影响，就要建立销售额与广告费的一元线性回归方程：

$$\hat{y} = 671.079 + 0.362\ x_1$$

但是要注意，在所抽取的样本中，有 4 个观测值掩盖或错误地增强了两者的相关性，对每增加一万元的广告费可以增加 0.362 万元的销售额要慎重对待。

（2）方程通过了 F 检验和对系数的 T 检验，y 与 x_1、x_2、x_3 的线性关系显著，适于建立线性回归方程。

（3）方程的决定系数为 0.809，可以解释因变量总变异的 80.9%，说明方程的拟合优度很好。

（4）对于方程的前提假设条件，可以比较肯定的是：残差的均值为 0，没有系统误差；残差基本服从正态分布；残差的方差齐性。由游程检验可知，残差序列是独立的。

（5）对于多重共线性，由容许度接近 1，VIF 均小于 10，条件指数最大为 14.750 及方差比结果来看，方程中自变量之间不存在多重共线性。

（6）由于选择了以 3 个标准差为准则判断奇异值是否存在，而输出的统计表中没有给出

奇异值诊断表，说明在观测值中不存在奇异值。

（7）可以根据数据编辑器窗口给出的预测值做出预测：当广告费为 400 万元、经营面积为 45 平方米，拥有 6 个营业人员的情况下，销售额可能达到 830.41 万元，有 95%的把握估计销售额在 740.115～920.7 万元之间（见图 8-37 中的最后一行）。

	品牌	y	x_1	x_2	x_3	PRE_1	LICI_1	UICI_1
12	12	925	480	50	9	936.61966	840.23053	1033.00879
13	13	838	270	40	8	827.64719	741.81068	913.48370
14	14	817	386	50	5	827.27885	727.74476	926.81294
15	15	783	246	40	6	777.53894	691.81151	863.26637
16	16	727	170	30	6	717.81984	632.40929	803.23039
17	17	.	400	45	6	830.40761	740.11522	920.70000

图 8-37　数据编辑器窗口保存的新变量

8.3.2　含有虚拟变量的线性回归方程

当自变量中存在定类变量时，需要先将定类变量转换为虚拟变量（Dummy Variable，也称为哑变量），才能建立线性回归方程。下面结合案例对定类变量的转换进行介绍，在 9.1 节还会进行更详尽的介绍。

【案例 8.3　将定类变量“年级”转换为虚拟变量】

案例 8.3 的思维导图如图 8-38 所示。

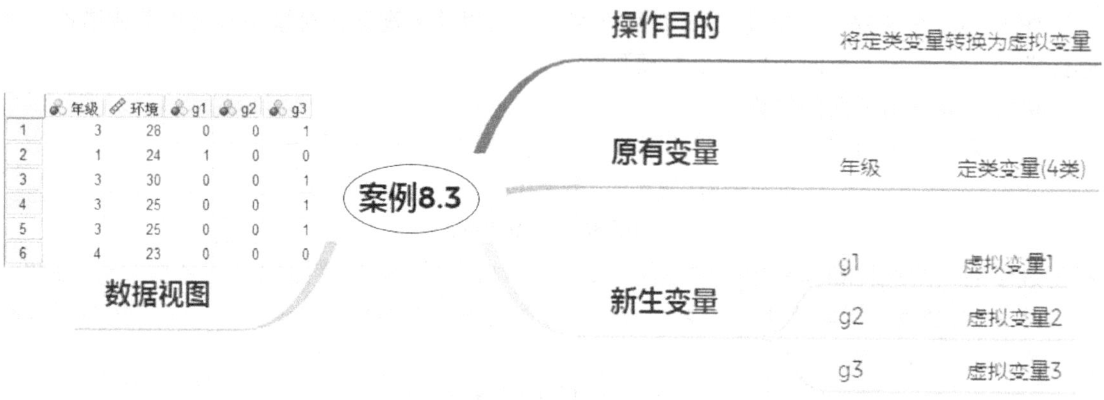

图 8-38　案例 8.3 的思维导图

在数据文件“8.3 定类变量转换为虚拟变量”中，四个年级分别用 1、2、3、4 表示，如果用虚拟变量表示年级，则需要设置三个虚拟变量 g1、g2、g3。

一年级：g1=1，g2=0，g3=0。二年级：g1=0，g2=1，g3=0。

三年级：g1=0，g2=0，g3=1。四年级：g1=0，g2=0，g3=0。

注意：四年级不能用 g1=1，g2=1，g3=1 来表示，否则四年级就成为前三个年级的线性组合了，即当用向量表示各个年级时，有(1,1,1)=(1,0,0)+(0,1,0)+(0,0,1)。在数据文件中建立新变量 g1、g2、g3，可以利用“转换（Transform）”菜单中的“计算变量（Compute Variable）”命令或“重新编码为不同变量（Recode into Different Variables）”命令实现，操作过程如图 8-39 和图 8-40 所示，更具体的操作方法参见 2.4 节）。

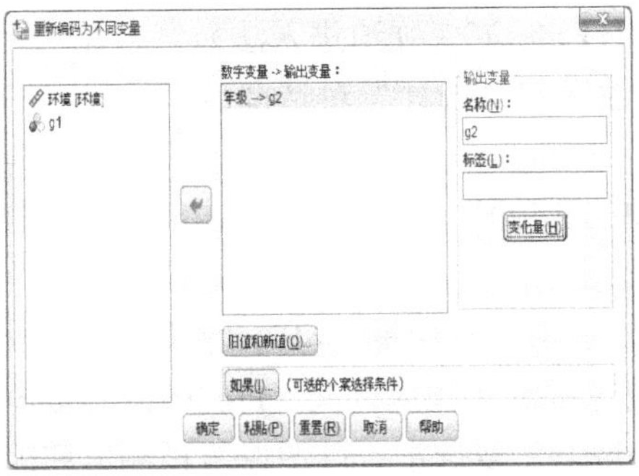

图 8-39　“重新编码为不同变量”对话框

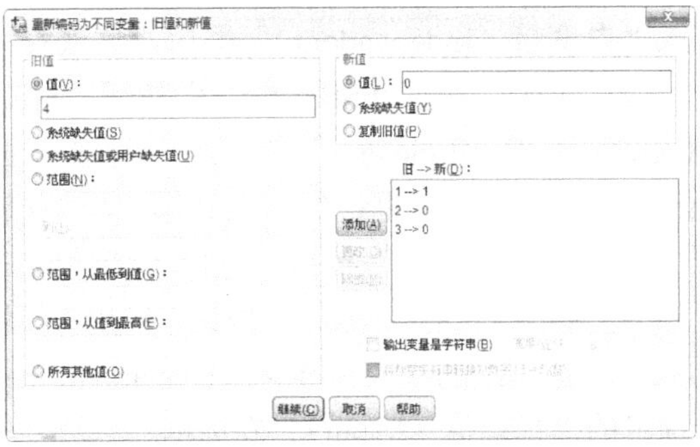

图 8-40　为虚拟变量 g1 设置转换值

【案例 8.4　“药物影响红细胞”的线性回归（含虚拟变量）】

为研究 A、B 两种药物对缺铁性贫血患者的治疗效果，研究人员随机选取了 12 个患者并将其分为 4 组，给以不同的治疗：第一组使用一般性疗法；第二组使用一般性疗法外加药物 A；第三组使用一般性疗法外加药物 B；第四组在一般疗法外加用药物 A 和药物 B。一个月后观察红细胞增加数 Y（百万/立方毫米）（见表 8-19）。试分析两种药物的疗效。案例 8.4 的思维导图如图 8-41 所示。

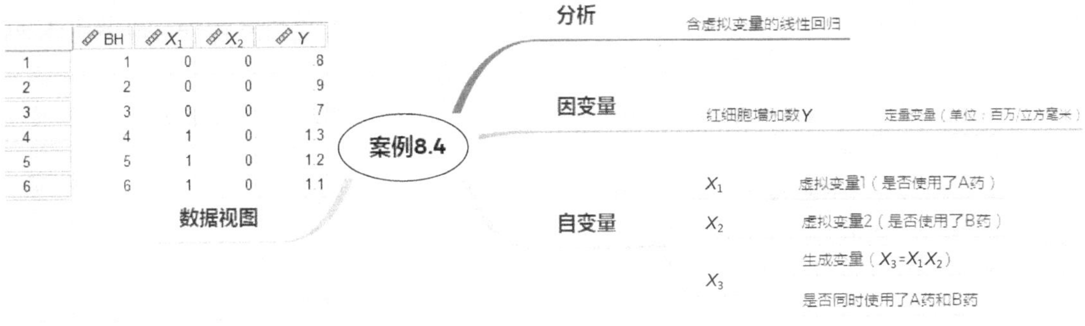

图 8-41　案例 8.4 的思维导图

【操作步骤】

第一步：打开数据文件“8.4　药物对红细胞的影响”。其中，X_1 和 X_2 是事先存在的虚拟变量。因此不需要进行将定类变量转换为虚拟变量的操作。X_1 代表“是否使用了 A 药”，$X_1=0$ 时表示没有使用 A 药；$X_1=1$ 时表示使用了 A 药。X_2 的含义与此类似。

表 8-19　药物疗效统计表

		A 药(X_1)	
		不用 (X_1=0)	用 (X_1=1)
B 药 (X_2)	不用 (X_2=0)	0.8	1.3
		0.9	1.2
		0.7	1.1
	用 (X_2=1)	0.9	2.1
		1.1	2.2
		1.0	2.0

第二步：设置新变量 X_3。

依次执行“转换（Transform）”→“计算变量（Compute Variable）”命令，设置反映 X_1、X_2 交互作用的新变量 $X_3=X_1X_2$。X_3 代表“是否同时使用了 A 药和 B 药”。

第三步：建立回归模型。

（1）依次执行“分析（Analyze）”→“回归（Regression）”→“线性（Linear）”命令，在弹出的“线性回归”对话框中将因变量 Y 移入“因变量（Dependent）”框内，将 X_1、X_2、X_3

移入“自变量（Independent）”框内，并选择“输入（Enter）”（强迫进入法）。

（2）单击“统计（Statistics）”按钮，弹出“线性回归：统计”对话框后，在“回归系数（Regression Coefficients）”选项组中勾选“估算值（Estimates）”和“置信区间（Confidence intervals）”两个复选框；保留默认项“模型拟合（Model fit）”，以便输出决定系数等信息。单击“继续（Continue）”按钮，返回“线性回归”对话框。

（3）单击“保存（Save）”按钮，弹出“线性回归：保存”对话框，勾选“预测值（Predicted Values）”选项组的“未标准化（Unstandardized）”复选框和“预测区间（Prediction intervals）”选项组的“平均值（Mean）”复选框、“单值（Individual）”复选框，以便保留预测值和因变量均值的95%置信区间。单击“继续（Continue）”按钮，返回“线性回归”对话框。

（4）单击“确定（OK）”按钮，提交系统运行。

【输出结果】

表 8-20～表 8-22 是输出的主要表格，从这些表中可以得出如下结论。

（1）由表 8-22 可知，红细胞增加数 Y 与药物 A、B 的线性回归模型为

$$Y=0.800+0.400X_1+0.200X_2+0.700X_3$$

方程的决定系数为 0.974，回归方程可解释因变量 97.4%的变异，拟合优度很高（见表 8-20）；取显著性水平 $\alpha=0.05$，由 $F=98.750$，$p=0.000<0.05$，方程通过 F 检验（见表 8-21）；经对各个回归系数的 T 检验，p 值均小于 0.05，应拒绝零假设，说明用 A 药和 B 药都会对增加红细胞起作用，而且 A、B 两种药一起用时对增加红细胞具有交互作用（见表 8-22）。

表 8-20　模型摘要表

模型摘要[b]

模型	R	R 方	调整后 R 方	标准估算的错误
1	.987[a]	.974	.964	.1000

a. 预测变量: (常量), x3, 药 B, 药 A。

b. 因变量: 红细胞增数。

表 8-21　方差分析表

ANOVA[b]

模型		平方和	自由度	均方	F	显著性
1	回归	2.963	3	.988	98.750	.000[a]
	残差	.080	8	.010		
	总计	3.043	11			

a. 预测变量: (常量), X3, 药 B, 药 A。

b. 因变量: 红细胞增数。

表 8-22　回归模型系数表

系数[a]

模　型		未标准化系数		标准化系数	t	显　著　性	B 的 95.0% 置信区间	
		B	标 准 错 误	Beta			下限	上限
1	(常量)	.800	.058		13.856	.000	.667	.933
	药 A	.400	.082	.397	4.899	.001	.212	.588
	药 B	.200	.082	.199	2.449	.040	.012	.388
	X3	.700	.115	.602	6.062	.000	.434	.966

a. 因变量: 红细胞增数。

（2）由方程可知，各组红细胞增加数的均值估计值（预测值）分别为 0.8（第一组 $X_1=0$、$X_2=0$）、1.2（第二组 $X_1=1$，$X_2=0$）、1.0（第三组 $X_1=0$，$X_2=1$）和 2.1（第四组 $X_1=X_2=1$）。同时，我们可以计算出在不用 A 药的情况下，B 药的平均疗效即红细胞增加数的均值估计值为 0.9(称为列边际均值)；用 A 药的情况下，B 药的平均疗效即红细胞增加数的均值估计值为 1.650，类似地还可以计算出用或不用 B 药情况下 A 药的行边际均值（见表 8-23）。

在数据文件中保存的新变量如图 8-42 所示。我们不仅看到各组的预测值（PRE_1），还得

到了预测值的 95%置信区间（LIC1-1,UIC1-1）。

表 8-23　均值及边际均值的估计值

		A 药 不用	A 药 用	行边际均值
B 药	不用	0.800	1.200	1.000
	用	1.000	2.100	1.550
列边际均值		0.900	1.650	1.275

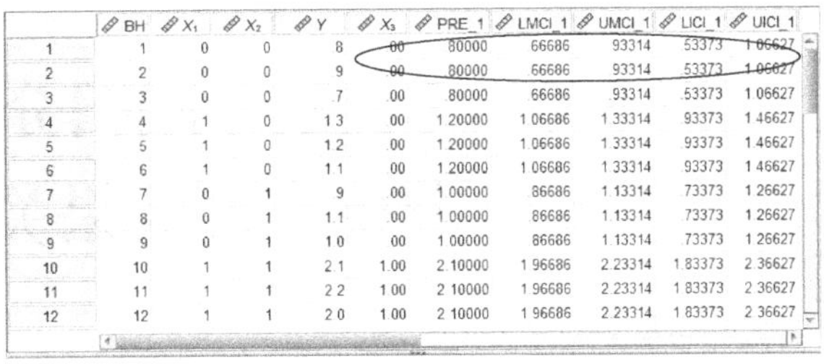

	BH	X_1	X_2	Y	X_3	PRE_1	LMCI_1	UMCI_1	LICI_1	UICI_1
1	1	0	0	.8	.00	.80000	.66686	.93314	.53373	1.06627
2	2	0	0	.9	.00	.80000	.66686	.93314	.53373	1.06627
3	3	0	0	.7	.00	.80000	.66686	.93314	.53373	1.06627
4	4	1	0	1.3	.00	1.20000	1.06686	1.33314	.93373	1.46627
5	5	1	0	1.2	.00	1.20000	1.06686	1.33314	.93373	1.46627
6	6	1	0	1.1	.00	1.20000	1.06686	1.33314	.93373	1.46627
7	7	0	1	.9	.00	1.00000	.86686	1.13314	.73373	1.26627
8	8	0	1	1.1	.00	1.00000	.86686	1.13314	.73373	1.26627
9	9	0	1	1.0	.00	1.00000	.86686	1.13314	.73373	1.26627
10	10	1	1	2.1	1.00	2.10000	1.96686	2.23314	1.83373	2.36627
11	11	1	1	2.2	1.00	2.10000	1.96686	2.23314	1.83373	2.36627
12	12	1	1	2.0	1.00	2.10000	1.96686	2.23314	1.83373	2.36627

图 8-42　数据文件中保存的新变量

附录　进行多重共线性与残差的有关诊断

附表　利用“线性（Line）”命令进行多重共线性与残差的有关诊断

	诊 断 方 法	SPSS 操作	解决问题的措施
多重共线性	存在共线性： • 容许度≤0.1 • 方差扩大因子≥10 • 条件指数≥30 • 方差比：某个特征值在两个甚至多个自变量的方差中所占的比例都很大（如 0.7 以上）	操作： “线性回归：统计”对话框中勾选“共线性诊断（Collinearity diagnostics）”复选框，查看： * 回归系数表（coefficients）的最后一列有容许度和方差扩大因子的统计结果 * 共线性诊断表（Collinearity diagnostics）中有条件指数和方差比的统计结果	• 利用已知的信息消除多重共线性 • 剔出不重要的自变量，或者是缺失值比较多、测量误差比较大的变量 • 增加新的样本或重新抽样 • 利用逐步回归、岭回归等方法或做主成分分析后再建立回归方程
残差的方差齐性	• 以残差 e 为纵轴，以 y 的观测值或预测值为横轴作残差图，有规律者，方差不等； • 将残差取绝对值后做与自变量的等级相关分析，p>0.05，方差具有齐性	• 在“线性回归：图”对话框中选择相应变量作残差图，输出窗口中为图形 ① 转换（Transform）→计算变量（Compute Variable），将残差取绝对值； ② 分析（Analyze）→相关（Correlate）→双变量（Bivariate）→斯皮尔曼（Spearman）	• 利用加权最小二乘法回归 • 先对因变量做变换，常用的有 $z=\sqrt{y}$； $z=\log y$； $z=\frac{1}{y}$
残差的独立性	• 当样本数据为时间序列数据时可作残差序列图或进行 DW 检验：DW ≈ 2 时，不存在自相关； • 当样本数据为非时间序列数据，用非参数的游程检验，当 p>0.05 时，残差序列独立	• 在“线性回归：统计”对话框中勾选“德宾-沃森”复选框 • 分析（Analyze）→非参数检验（Nonparametric Tests）→旧对话框→游程（Runs）	• 一阶差分法 • 迭代法 可参阅何晓群编著的《现代统计分析方法与应用》（中国人民大学出版社出版）
残差的正态性	• 作 P-P 图 • 作残差的直方图	• 在“线性回归：图”对话框中勾选“标准化残差图（Standardized Residual Plots）”选项组中的两个复选框	考察是否有影响点或奇异值，再进行处理

第 9 章　Logistic 回归分析——事物间的非确定性因果关系之二

9.1　Logistic 回归分析概述

9.1.1　Logistic 回归分析的提出

在调查问卷中大多数题目对应的是分类变量（定类变量或定序变量），因此在探讨各种因素之间的不确定性因果关系时，就会经常遇到因变量是分类变量的情况。例如，学习成绩是否及格，会受学习基础、学习态度、学习方法等多种因素的影响，但其结果只能是及格或不及格，分别用 y=0 和 y=1 表示；再如，对某一观点的赞同程度往往会分别用 1～5 表示完全不同意到完全同意，调查对象的态度也会受个人的经历、经济地位、受教育的程度、政治倾向等多种因素的影响。在自变量（影响因素）均为分类变量，而且在自变量的个数及分类数均较小的情况下，尚可使用交叉表来进行分析与检验。但当自变量为连续的定量变量，或尽管是定类变量，但变量个数很多或分类数很多时，就会出现分层较多、单元格中的频数过小等问题，以至于统计检验结果不可靠。

当因变量是分类变量（定类变量或定序变量）时利用线性回归模型，也会出现问题：线性回归模型要求因变量 y 是定量变量，而且对应于自变量的值 y 服从正态分布，但现在因变量是分类变量，只取有限的几个值；线性回归模型要求因变量 y 与自变量呈线性关系，但实践证明此时的因变量与自变量往往呈非线性关系，违背了线性回归模型使用的前提条件，也不满足各项前提假设，如模型的残差不服从正态分布、残差的均值不为 0、方差不齐等，从而对方程难以进行检验。

因此希望能够找到当因变量是分类变量时，探讨变量之间不确定性关系的较好的方法。如果希望用线性方程来分析一个或多个变量对一个分类变量的影响，可使用应用比较广泛的 Logistic 回归分析①，该方法主要有如下三种类型：

（1）二项 Logistic 回归分析，用于因变量是二分变量的情形。比如，将是否购买、是否及格、有无旷课等仅有两个取值的变量作为因变量的时候。

（2）多项 Logistic 回归分析，用于因变量有三个或三个以上取值类别的情形。比如，将购买哪个电器品牌、采用哪种方式记笔记等有多个取值的分类变量作为因变量，且认为因变量的不同取值没有内在的顺序关系的时候。

（3）多项有序回归分析，用于因变量有三个或三个以上取值类别，且不同取值之间存在

---

① Logistic 回归分析，与在曲线回归中提到的 Logistic（LGS）逻辑函数模型不同，如果需要拟合的是 Logistic 曲线模型，在使用 SPSS 时应选择“曲线估计（Curve Estimation）”。

内在顺序关系的情形。比如，将病情的等级、学习的状态等取值存在某种内在次序的分类变量作为因变量的时候。

9.1.2　Logistic 回归的基本思路

下面以二项 Logistic 回归方程为例说明 Logistic 回归的思路。

如果对二分因变量采用线性回归方程模型直接拟合，很自然地会想到

$$\hat{y}=\hat{\beta}_0+\hat{\beta}_1x_1+\hat{\beta}_2x_2+\cdots+\hat{\beta}_kx_k \tag{9-1}$$

从数学上可以证明，$\hat{y}$ 实际上是对其发生的概率的拟合（如成绩及格的概率），应将方程左端改为 $\hat{P}$：

$$\hat{P}=\hat{\beta}_0+\hat{\beta}_1x_1+\hat{\beta}_2x_2+\cdots+\hat{\beta}_kx_k \tag{9-2}$$

$\hat{P}$ 的取值范围应在[0, 1]区间内，但对应于各个自变量的变化并不能保证这一点，同时根据大量的观察，因变量 P 与自变量的关系通常不是线性的，于是考虑是否可以经过数学变换解决这两个问题。1970 年考克斯（Cox）引入了人口学中的 Logit 变换，成功地解决了上述问题。所谓 Logit 变换，就是对出现某种结果的概率 P 与不出现的概率 $1-P$ 之比 $\frac{P}{1-P}$ 取自然对数：

$$\text{Logit}(P)=\ln\frac{P}{1-P} \tag{9-3}$$

其中，$\frac{P}{1-P}$ 称为相对风险或发生比（odds，国内也有人译为比值、优势、比数）。通过 Logit 变换，当 P=0 时，Logit（P）为$-\infty$（负无穷大）；当 P=0.5 时，Logit（P）=0；当 P=1 时，Logit（P）为$+\infty$（正无穷大），实现了 Logit（P）取值范围为（$-\infty$，$+\infty$）的整个实数区间。而且实践证明，Logit（P）往往与自变量呈线性关系，即这样的变换使概率 P 与自变量的 S 形曲线关系直线化。于是，探讨一个二分因变量与多个自变量的关系就可以以 Logit（P）为因变量建立包含 k 个自变量的二项 Logistic 回归经验方程：

$$\text{Logit}(P)=\beta_0+\beta_1x_1+\beta_2x_2+\cdots+\beta_kx_k \tag{9-4}$$

该方程与下列两个方程相互等价：

$$P=\frac{\exp(\beta_0+\beta_1x_1+\cdots+\beta_kx_k)}{1+\exp(\beta_0+\beta_1x_1+\cdots+\beta_kx_k)} \tag{9-5}$$

或

$$1-P=\frac{1}{1+\exp(\beta_0+\beta_1x_1+\cdots+\beta_kx_k)} \tag{9-6}$$

对于回归系数的估计往往采用最大似然法，而不是线性回归中的最小二乘法。

9.1.3　Logistic 回归方程中的虚拟变量

在 8.3 节，我们已经介绍了线性回归方程中的虚拟变量，这里更加具体地说明为什么要引入虚拟变量。

在多元线性回归方程中，某个自变量前的回归系数表示在其他自变量不变的情况下，该自变量变化一个单位时所引起的因变量的变化。但是，如果我们将描述事物“质”的特征的定类变量，如“职业”作为一个自变量（1=教师，2=工人，3=农民，……）构建年消费额的线性回归方程，那么对应于“职业”类型的回归系数的含义是：职业类型每增加一个单位，所引

起的因变量的变化量，这样的解释显然毫无意义。同时，由于受到“质”的影响，回归方程中变量“职业”前面的系数不再是固定不变的，而是根据职业类型的不同而不同。显然，如果忽略了这个质的因素，不分是教师还是农民，仍把“职业”变量前的系数看作不变的，得到的参数估计量就不能正确描述由于“职业”的变化，消费额所产生的变化。因此，在建立方程的过程中，如果某个自变量是分类变量，且有两个以上的分类，此时，为了避免将其默认为定距数据，最后造成更大的误差，就要采用设置虚拟变量的方法，将该变量进行转换后再进行回归分析。对于 Logistic 回归方程，对于自变量是分类变量的情况需要做同样的处理。

设置虚拟变量的方法在 8.3 节中已经给出，就是用 0/1 二值对分类变量的各类别进行编码。比如性别有两个类别，可以用 1 个虚拟变量 x（如是否为男性）对性别的两个类别进行编码，x 取值 1 表示是男性，x 取值 0 表示不是男性，即女性。再如，年级有三个类别：高一、高二、高三，可以用 2 个虚拟变量 x_1（是否是高一年级）、x_2（是否是高二年级）对年级的三个类别进行编码。$x_1=1$，$x_2=0$ 表示高一年级；$x_1=0$，$x_2=1$ 表示高二年级；$x_1=0$，$x_2=0$ 表示高三年级。推广来说，当分类变量有 n 个类别时，需要用 $n-1$ 个虚拟变量对这 n 个类别进行编码。各虚拟变量均取值为 0 的那个类别称为参照类别，如上述的女性和高三。在 Logistic 回归分析中，有专门的模块进行虚拟变量的设置，因此不需要像 8.3 节那样生成。

下面通过一个案例来说明设置虚拟变量的作用：考察人们的性别、收入与是否购买汽车的关系。对性别，设虚拟变量 x（这里表示是否为女性），男取 $x=0$（参照类别），女取 $x=1$。对收入，设两个虚拟变量 x_1（是否为中等收入）、x_2（是否为高收入），低收入为参照类别 $x_1=0$，$x_2=0$；中等收入为 $x_1=1$，$x_2=0$；高收入为 $x_1=0$，$x_2=1$。因变量为 y，$y=0$ 表示不购买，$y=1$ 表示购买。所建立的二项 Logistic 回归方程有三个[①]：

$$\text{Logit}（P）=-1.11+0.504x \tag{9-7}$$

$$\text{Logit}（P）=-1.11+0.504x+0.096x_1 \tag{9-8}$$

$$\text{Logit}（P）=-1.11+0.504x+0.761x_2 \tag{9-9}$$

方程（9-7）反映了性别在购买上的差异，女性较男性使 Logit（P）平均增长了 0.504 个单位；方程（9-8）反映了中等收入者与低收入者在购买上的差异，相同性别的顾客中，中等收入者较低收入者使 Logit（P）平均增长了 0.096 个单位；方程（9-9）则表明高收入者与低收入者在购买上的差异，相同性别的顾客中，高收入者较低收入者使 Logit（P）平均增长了 0.761 个单位。显然，这样的解释对我们理解性别、收入对购买汽车的影响并不直观，需要进一步探讨各个系数的直观意义。

设置虚拟变量时需要注意以下问题：首先，选择的参照类别要有实际意义，否则得出方程后对回归系数难以解释；其次，参照类别的频数不能太小，有人提出至少应在 30 甚至 50 以上，否则会使与之对比的类别对应的回归系数估计的标准误增大，降低了精确度。

9.1.4 Logistic 回归方程中系数的直观解释

为了便于理解，我们将一般表达式与方程（9-7）结合起来说明 x 系数的直观意义。

首先，将相对风险 $\dfrac{P}{1-P}$ 记为 odds，于是当性别为女性（自变量 $x=1$）时，购买汽车的方程为

$$\text{Logit}（P（y=1））=\ln（\text{odds}（x=1））=\beta_0+\beta_1\times 1=\beta_0+\beta_1=-1.11+0.504$$

① 方程建立的过程参见薛薇编著的《SPSS 统计分析方法与应用（第 3 版）》（电子工业出版社出版），2013：228-229。

当性别为男性（自变量 x=0，参照类别）时，购买汽车的方程为

$$\text{Logit}(P(y=1))=\ln(\text{odds}(x=0))=\beta_0+\beta_1\times 0=\beta_0=-1.11$$

于是，

$$\frac{\text{odds}(x=1)}{\text{odds}(x=0)}=\frac{e^{\beta_0+\beta_1}}{e^{\beta_0}}=e^{\beta_1}=e^{0.504}$$

女性的发生比是男性发生比的 $e^{0.504}$=1.656 倍，说明女性比男性更倾向于购买汽车。

一般地说，对于方程

$$\text{Logit}(P)=\beta_0+\beta_1x_1+\beta_2x_2+\cdots+\beta_kx_k$$

$$\text{OR}=\frac{\text{odds}(x_i=1)}{\text{odds}(x_i=0)}=e^{\beta i}$$

两个发生比之比 OR 称为相对风险比或优势比（Odds Ratio）。x_i 的系数 β_i 的更为直观的解释是通过相对风险比 OR 即 e^{β_i} 来说明的。例如，对于方程（9-8），根据中等收入的发生比是低收入发生比的 $e^{0.096}$=1.101 倍，表明中等收入者在购买汽车的倾向性上略高于低收入者，但差异不大，经过检验也确实证明了这一点。方程（9-9）表明高收入的发生比是低收入的发生比的 $e^{0.761}$=2.139 倍，表明高收入者在购买汽车的倾向性上高于低收入者。

鉴于以上分析，在解释回归系数时，一定要注意所选择的参照类别是哪一类，否则就会解释错了。

9.1.5　Logistic 回归方程的检验

与多元线性回归分析一样，在建立了 Logistic 回归方程之后，必须对回归方程、回归方程的系数及回归方程的拟合度进行检验，之后才能决定该方程是否可用。但由于因变量不再服从正态分布，因此多元线性回归分析所用的方法不再适用。这里仅提出各种相关的检验方法，对于其原理、统计量等，有兴趣的读者可参考相关的教材。

1．对回归方程的显著性检验——似然比检验

对回归方程的显著性检验的假设如下：

H_0：方程中的所有回归系数等于 0；

H_1：方程中的回归系数不全为 0。

似然比检验（Likelihood Ratio Test）的统计量为似然比卡方，似然比的值小于 1，习惯上用“–2 对数似然值（–2 log likelihood）”（记为–2ll）表示。似然比的值反映了自变量 x_i 引入回归方程前后对回归系数估计产生的影响，其值越大，–2ll 越小，x_i 引入回归方程后模型的预测效果越好，如果模型 100%完美，似然比的值为 1，–2ll=0。当似然比卡方的观测值对应的概率值小于给定的显著性水平时，拒绝零假设，建立的 Logistic 回归方程有意义。

2．对回归系数的显著性检验——瓦尔德（Wald）检验

对回归系数的显著性检验的目的是考察自变量 x_i 与 Logit（P）是否有线性关系，对解释 Logit（P）是否有重要贡献。假设如下：

H_0：方程中的回归系数 β_i=0；

H_1：方程中的回归系数 $\beta_i\neq$0。

在 SPSS 的输出结果中，关于 β 的所有检验及置信区间的估计都基于瓦尔德检验（Wald Test）。当 Wald_i 的观测值对应的概率值小于给定的显著性水平时，拒绝零假设，认为 β_i 与零有显著性差异，与 Logit（P）有线性关系，应保留在 Logistic 回归方程中。

需要注意的是，当各个自变量之间具有共线性时，瓦尔德检验结果不可靠，在回归系数的绝对值较大时，Wald 统计量的值减小，无法拒绝零假设，造成应进入方程的变量不能进入，所以，此时不应采用瓦尔德检验。建议的做法是建立包含和不包含要检验变量的两个回归方程，并在建模过程中采用“向后：LR（Backward：LR）”方法作为选择变量的方法，利用对数似然比的变化值进行检验。也有人建议在建立方程的过程中，筛选变量时最好采用比分检验（Score Test）。比分检验的意义是向当前模型中引入某个变量（如性别）时，该变量的回归系数是否为零，如果对应系数比分检验的概率值大于给定的显著性水平，该变量就不应引入方程中。

3．模型的拟合优度检验

对模型的拟合优度检验除应用“–2 对数似然值（–2 log likelihood）”外，还有以下几种方法：

（1）伪决定系数。伪决定系数与线性回归分析中的决定系数的作用相同，反映的是当前模型中的自变量能够解释因变量变异的程度，即能解释的因变量变异占因变量总变异的比例。具体地，对二项 Logistic 回归方程给出了两种伪决定系数：考克斯-斯奈尔（Cox & Snell）R^2 和内戈尔科（Negelkerke）R^2，后者是对前者的改进，前者取值范围不易确定，后者取值范围在 0 与 1 之间，越接近 1，说明模型的拟合度越好；越接近 0，拟合度越差。对于多项 Logistic 回归方程，还给出了麦克法登（McFadden）R^2，其理想取值范围在 0.3～0.5 之间。但是，就 Logistic 回归而言，通常模型的伪决定系数都不高，有人在网上提出，达到 0.3 就可以了。

（2）模型预测的正确率。对因变量预测结果的准确程度反映了模型的拟合程度。将 Logistic 回归方程预测的分类结果与原始的分类结果组成列联表，就可以非常直观地看出模型的拟合程度，在 SPSS 中以“分类表（Classification Table）”展示结果，给出了预测的正确率。

（3）霍斯默-莱梅肖（Hosmer-Lemeshow）检验。该检验是将所有的观测值根据模型预测概率的大小分为样本数大致相等的 10 组，如果模型拟合得好，那么每组的观测值与期望值的差异应该比较小，于是该检验的零假设是观测频数的分布与期望频数的分布无显著性差异。当卡方值对应的概率值小于给定的显著性水平时，拒绝零假设，说明模型拟合得不好；反之，则接受零假设，模型拟合得比较好。

使用霍斯默-莱梅肖（Hosmer–Lemeshow）检验时要求样本量相当大，以确保在大多数组别中至少有 5 个以上的样本点，同时所有组别的预测值大于 1。这种检验方法比较多地应用于自变量很多，或自变量中包含连续变量的情况，以及各自变量组合样本量足够大的情况。

最后需要指出的是，在建立回归方程之后，需要进行残差分析和多重共线性诊断。实际中用得比较多的残差是学生化（Studentized）残差和偏差，当残差的绝对值大于 2 个标准差时，提示该样本点可能是多维空间中的一个异常点。如果在进行 Logistic 回归分析中，特别是在引入变量间的交互作用后方程出现了反常的结果，就要考虑是否有多重共线性的问题。

9.2　二项 Logistic 回归分析

9.2.1　二项 Logistic 回归分析的适用范围与步骤

1．二项 Logistic 回归的适用范围

进行二项 Logistic 回归分析时，对变量的要求如下：

（1）因变量为取值为 1 或 0 的二分变量；

（2）自变量可以为数值型连续变量、定序变量以及将定类变量转换成的虚拟变量；

（3）Logit(P)与自变量之间为线性关系，但因变量与自变量之间不呈线性关系；

（4）残差合计为 0，且服从二项分布；

（5）各自变量间应相互独立。

另外，有研究表明，在建立 Logistic 回归方程时，样本量不能太小，如果小于 200，模型中回归系数的估计将是有偏的。

2．建立二项 Logistic 回归方程的步骤

第一步，建立模型之前对自变量进行筛选。

第一，需要从专业角度筛选对因变量的变化具有影响的自变量；第二，要通过相关分析，将从相关系数在 0.8 以上的两个变量中选一个；第三，对缺失数据少、测量误差低的变量优先选择。

第二步，对自变量中的分类变量设置虚拟变量。

第三步，采用强迫进入法建立回归方程并进行相关检验。

第四步，采用逐步回归等其他方法建立回归方程，从中选出最佳的回归模型。

第五步，结合实际对回归模型进行解释。

9.2.2 二项 Logistic 回归分析的应用

下面通过案例来说明二项 Logistic 回归分析的操作步骤，并对分析的输出结果进行解释。

【案例 9.1 “考试是否挂科”的二项 Logistic 回归】

试利用二项 Logistic 回归分析来考察是否有科目挂科与性别、所在年级、学习状态和焦虑的关系。相关数据见数据文件“9.1 考试是否挂科”（数据来自数据文件“统计分析案例”），其中，变量 X82 表示是否存在科目挂科的情况，属于二分变量［0=考试及格（没有挂科），1=考试不及格（有挂科）］，将它作为二项 Logistic 回归分析的因变量。自变量包括：性别（1=男生，2=女生）、年级（1=大一，2=大二，3=大三，4=大四）、学习状态（1=很好，2=较好，3=一般，4–较差，5=很差）和焦虑，前三个自变量为定类变量，焦虑为定比变量。案例 9.1 的思维导图如图 9-1 所示。

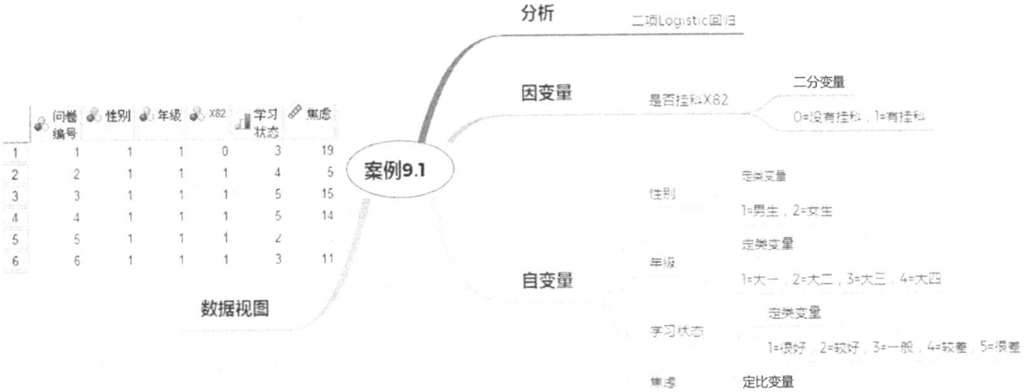

图 9-1 案例 9.1 的思维导图

【操作步骤】

第一步：打开数据文件“9.1 考试是否挂科”。

第二步：建立回归方程。

（1）依次执行“分析（Analyze）”→“回归（Regression）”→“二元 Logistic（Binary Logistic）”命令，弹出“Logistic 回归”对话框（见图 9-2）。在该对话框中，除源变量框外，还有以下内容。

①“因变量（Dependent）”框。

②“块（B）1/1（Block 1 of 1）”选项组：用于指定自变量以及自变量进入方程的方式。

a.“协变量（Covariates）”框：可以选择 1 个或 1 个以上的协变量。

b.“方法（Method）”下拉列表提供了以下 7 种自变量进入方程的方式（见图 9-3）。

- 输入（Enter）：自变量全部进入方程。
- 向前：有条件（Forward：Conditional）：向前逐步选择法，从模型中无自变量开始，根据条件参数估计的似然比统计量的概率值来选择进入方程的变量。
- 向前：LR（Forward：LR）：向前逐步选择法，根据由最大似然估计法所得的似然比统计量的概率值的大小依次选择进入方程的变量。
- 向前：瓦尔德（Forward：Wald）：向前逐步选择法，依据的是 Wald 统计量的概率值。
- 向后：有条件（Backward：Conditional）：向后逐步选择法，从自变量全部进入模型开始，根据条件参数估计的似然比统计量的概率值来选择剔除的变量。
- 向后：LR（Backward：LR）：向后逐步选择法，剔除的依据同“向前：LR（Forward：LR）”。
- 向后：瓦尔德（Backward：Wald）：向后逐步选择法，剔除的依据同“向前：瓦尔德（Forward：Wald）”。

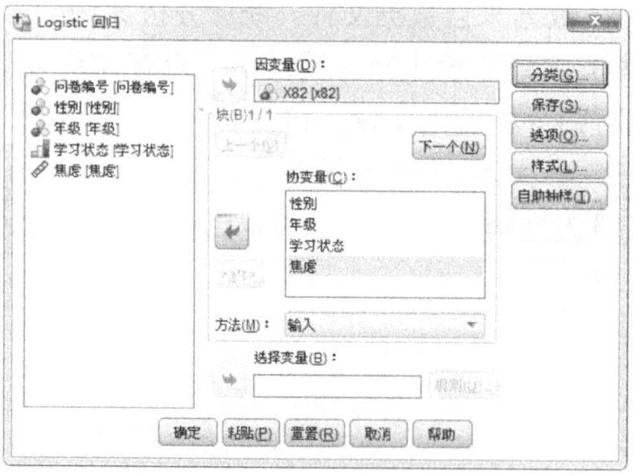

图 9-2　“Logistic 回归”对话框

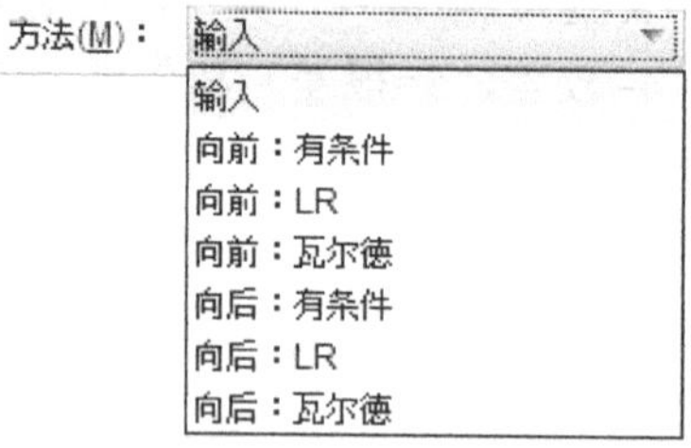

图 9-3　“方法”下拉列表

c.“下一个（Next）”按钮和“上一个（Previous）”按钮：这两个按钮在“线性回归”对话框中也存在，用法也一样，这里不再赘述。

d.“>a*b>”按钮：如果想分析多个自变量对因变量的交互影响，可将这几个自变量同时选中，单击“>a*b>”按钮后进入“协变量”框。

③“选择变量（Selection Variables）”框：确定“协变量”框中的协变量对哪些个案的数据进行回归分析。当输入变量名（不能是已进入“协变量”框中的自变量）后，会激活“规则（Rule）”按钮。“规则（Rule）”按钮的用法与“线性回归”对话框中的一样。

对于本案例，将变量 X82（是否挂科）移入“因变量”框中，将“性别”、“年级”、“学习状态”和“焦虑”4 个变量移入“协变量”框中，方法设置为默认的“输入（Entry）”（见图 9-2）。

（2）对三个分类变量生成虚拟变量。单击“Logistic 回归”对话框中的“分类（Categorical）”按钮，打开“Logistic 回归：定义分类变量”对话框（见图 9-4）。该对话框提供处理分类变量的方式，即用来对自变量中的分类变量生成虚拟变量，它由三部分组成。

①“协变量（Covariates）”框：显示在“Logistic 回归”对话框中选择的所有协变量及交互项。

②“分类协变量（Categorical Covariates）”框：列出了从协变量中所选择的所有分类变量，在其后面的括号里显示各自的对比方案。

③“更改对比（Change Contrast）”选项组：用于设定分类变量各类水平的对比方案。

a.“对比（Contrast）”下拉列表：用来选择对比方式，提供 7 种对比方式（见图 9-5）。

- 指示符（Indicator）：为默认的对比方式，需在“参考类别（Reference Category）”中指定参照水平是第一类还是最后一类。方程中的 β_0 反映的是不考虑其他自变量的情况下，参考类别对 Logit（P）的影响。
- 简单（Simple）：指定参照水平是第一类还是最后一类，但 β_0 反映的是不考虑其他自变量的情况下，该变量所有类别对 Logit（P）的平均效应。
- 差异（Difference）：除第一类外，各个类别的效应以其前面几个类别对 Logit（P）的平均效应作为参照水平。
- 赫尔默特（Helmert）：除最后一类外，各个类别的效应均以其后面的几个类别对 Logit（P）的平均效应作为参照水平。
- 重复（Repeated）：除第一类外，各个类别以其前一个类别对 Logit（P）的效应作为参照水平。
- 多项式（Polynomial）：要求每一类水平相同，仅适用于定量变量。
- 偏差（Deviation）：表示差别对照，除参考类别外，每个类别的效应均以总平均效应作为参照水平。

b.“参考类别（Reference Category）”：有“最后一个（Last）”和“第一个（First）”两个单选按钮，用来指定对比的参照水平。只有当对比方式选择“指示符（Indicator）”“简单（Simple）”“偏差（Deviation）”三种之一时，才可进行“参考类别（Reference Category）”选择。

- 最后一个（Last）：将分类变量的最后一个类别（按取值升序排序）作为参照水平。此时，虚拟变量对应的回归系数表示前一个类别对 Logit（P）产生的影响相比最后一个类别增加或减少的单位数。如第一个虚拟变量的回归系数 β_1，表示第一个类别对 Logit（P）产生的影响，相比最后一个类别而言，平均增加或减少了 β_1 个单位。
- 第一个（First）：将分类变量的第一个类别（按取值升序排序）作为参照水平。此时，虚拟变量对应的回归系数表示后续类别对 Logit（P）产生的影响分别相比第一个类别增加或减少的单位数。如第一个虚拟变量的回归系数 β_1，表示第二个类别对 Logit（P）产生的影响，相比第一个类别而言，增加或减少了 β_1 个单位。

c.“变化量（Change）”按钮：如果需要对某个分类变量的对比方案进行更改，应在选择该变量并更改对比方式或参考类别后，再单击该按钮，从而实现对对比方案的更改。

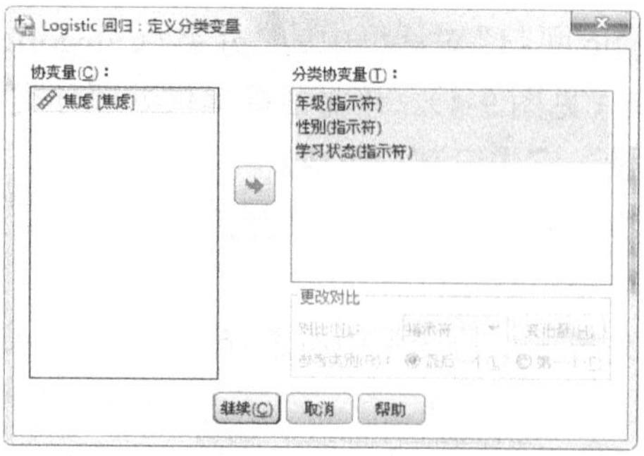

图 9-4 “Logistic 回归：定义分类变量”对话框

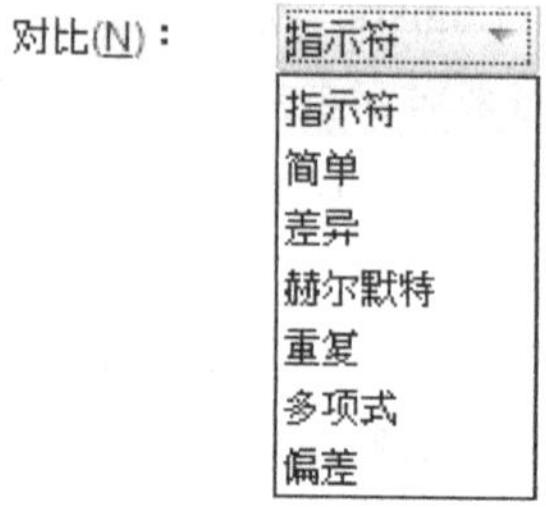

图 9-5 对比方式下拉列表

本案例中，将“性别”、“年级”和“学习状态”3 个变量移入“分类协变量（Categorical）”框。3 个分类变量的对比方式（Contrast）均选择默认方式“指示符（Indicator）”，参照水平［“参考类别（Reference Category）”］也选择默认项“最后一个（Last）”（见图 9-4）。这样就指定了“性别”、“年级”和“学习状态”分别以“女性”、“大四”和“很差”作为参照水平。单击“继续（Continue）”按钮，返回“Logistic 回归”对话框。

（3）单击“Logistic 回归”对话框中的“选项（Options）”按钮，打开“Logistic 回归：选项”对话框（见图 9-6）。该对话框用来指定输出内容及一些建模参数，包括如下内容。

①“统计和图（Statistics and Plots）”选项组，包括六个复选框。

a. 分类图（Classification Plots）：用来输出因变量的预测值和观测值的分类图。

b. 霍斯默-莱梅肖拟合优度（Hosmer-Lemeshow goodness-of-fit）：用来输出霍斯默-莱梅肖拟合优度指标。

c. 个案残差列表（Casewise listing of residuals）：用来输出样本的非标准化残差、预测概率、实际观测值和预测分组水平等。其下面有两个单选按钮。

- 外离群值（Outliers outside_std Dev）：参数框中输入一个正数（默认为 2 个标准差），表示要求只输出那些标准化残差值大于输入值的观测值的各种统计量。
- 所有个案（All cases）：输出所有观测值的各种统计量。

d. 估算值的相关性（Correlations of Estimates）：用来输出方程中各变量估计参数的相关系数矩阵。

e. 迭代历史记录（Iteration history）：进行参数估计时，每一步迭代输出的相关系数和对数似然比值。

f. Exp(B)的置信区间（CI for exp(B)）：用来输出指定 OR 的值和它的置信区间（置信水平默认值为 95%，可输入 1～99 的数值）。

②“显示（Display）”选项组：有“在每个步骤（At each step）”和“在最后一个步骤（At last step)”两个选项。前者表示输出回归过程中每一步相应的指标，后者表示只输出回归建模结束后的最后指标。

③“步进概率（Probability for Stepwise）”选项组：指定自变量进入和被剔除出方程时所参照的显著性水平。“进入（Entry）”的默认值为 0.05，“除去（Removal）”的默认值为 0.10。

④“分类分界值（Classification cutoff）”文本框：用来设置预测概率分界值，默认值为 0.5。默认状态下，当预测概率大于 0.5 时，因变量的分类预测值为 1；当概率小于 0.5 时，因变量的分类预测值为 0。当预测精度需要提高时，可增大“分类分界值”参数。

⑤“最大迭代次数（Maximun Iterations）”文本框：用来设置最大的迭代步数（默认值为 20），表示当极大似然估计的迭代次数大于该步数时，迭代终止。

⑥“在模型中包括常量（Include constant in model）”复选框：用来指定构建的模型中是否包含常数项。

本案例中，勾选“分类图（Classification Plots）”、“霍斯默-莱梅肖拟合优度（Hosmer-Lemeshow goodness-of-fit）”和“Exp(B)的置信区间（CI for exp(B)）”三个复选框，其他选项和参数取默认值（见图 9-6）。单击“继续（Continue）”按钮，返回“Logistic 回归”对话框。

第三步：选择保存内容。

（1）单击“Logistic 回归”对话框中的“保存（Save）”按钮，打开“Logistic 回归：保存”对话框（见图 9-7）。该对话框用来指定将哪些内容保存至当前数据编辑器窗口的数据文件中，包括如下选项组。

①“预测值（Predicted Values）”选项组，设有两个复选框。

- 概率（Probabilities）：预测概率值。
- 组成员（Group Membership）：依据预测概率得到的每个观测值的预测分组，即因变量的分类预测值。

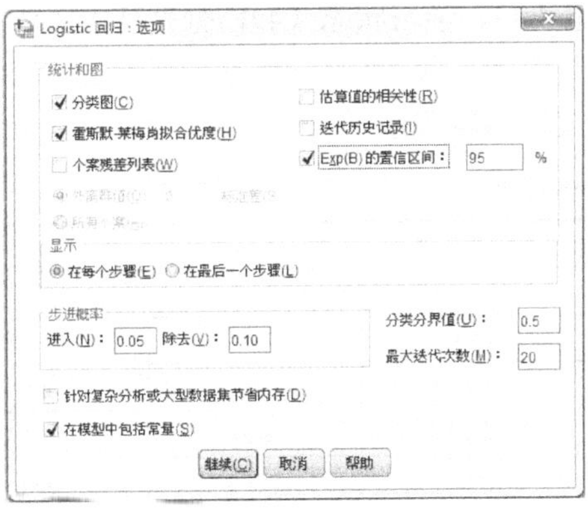

图 9-6 “Logistic 回归：选项”对话框

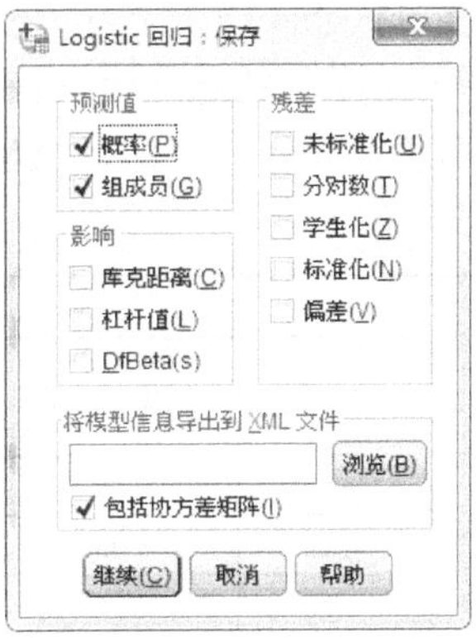

图 9-7 “Logistic 回归：保存”对话框

②“残差（Residuals）”选项组，设有五个复选框。

- 未标准化（Unstandardized）：非标准化残差值。
- 分对数。
- 学生化（Studentized）：学生化残差值。
- 标准化（Standardized）：标准化残差值。
- 偏差（Deviace）。

③“影响（Influence）”选项组，设有三个复选框（三个统计量均反映每个观测值的影响力）。

- 库克距离（Cook's）；
- 杠杆值（Leverage values）；
- DfBeta：剔除该观测值之后回归系数的变化量。

本案例中，勾选“预测值（Predicted Values）”选项组中的两个复选框“概率（Probabilities）”和“组成员（Group Membership）”，即将预测概率值和分类预测值保存至当前数据编辑器窗口的数据文件中。单击“继续（Continue）”按钮，返回“Logistic 回归”对话框。

（2）单击“确定（OK）”按钮，提交系统运行。

第四步：建立不同的回归方程，选择并解释最佳模型。

采用自变量进入方程的其他方式，重新建立方程，以便比较各个方程的效果，选择一个最佳的 Logistic 回归方程作为最终模型，然后结合实际做出解释。操作方法上仅需要在打开“Logistic 回归”对话框后，改变“方法（Method）”中的选项，然后单击“确定（OK）”按钮即可。作为案例，选择“向前：LR（Forward：LR）”。

【输出结果（“输入”法）】

（1）虚拟变量的编码。表 9-1 显示了由三个分类变量“年级”、“性别”和“学习状态”生成的虚拟变量的编码取值，以及各组取值的频数分布。在上述操作步骤中，虚拟变量生成的参照水平选择的是默认选项“最后一个（L）”，因而“性别”派生出一个虚拟变量——性别（1），代表“是否为男生”，取值 1 代表是男生，取值 0 代表是女生（作为参照水平）（注：虚拟变量的取值与数据文件中变量的取值具有不同的含义）。“年级”派生出三个虚拟变量——年级（1）、年级（2）、年级（3），分别代表“是否为大一学生”“是否为大二学生”“是否为大三学生”，当三个虚拟变量取值都为 0 时，即代表大四学生（作为参照水平）。“学习状态”派生出四个虚拟变量——学习状态（1）、学习状态（2）、学习状态（3）、学习状态（4），分别代表“学习状态是否为很好”“学习状态是否为较好”“学习状态是否为一般”“学习状态是否为较差”，当四个虚拟变量取值都为 0 时，即代表学习状态为很差（作为参照水平）。

表 9-1　分类变量编码表

分类变量编码						
		频　率	参数编码			
			（1）	（2）	（3）	（4）
学习状态	很好	32	1.000	.000	.000	.000
	较好	94	.000	1.000	.000	.000
	一般	206	.000	.000	1.000	.000
	较差	59	.000	.000	.000	1.000
	很差	15	.000	.000	.000	.000
年级	大一	115	1.000	.000	.000	
	大二	95	.000	1.000	.000	
	大三	105	.000	.000	1.000	
	大四	91	.000	.000	.000	
性别	男	276	1.000			
	女	130	.000			

（2）初始状态。在“块 0：起始块”部分有三个表格（见表 9-2～表 9-4）。

表 9-2 显示的是尚未进行分析之前的初始状态。其中，210 人实际上不及格（有挂科），预测的结果也均是不及格（有挂科），正确率 100%；196 人实际上及格（没有挂科），但预测的结果是均不及格（有挂科），正确率 0%。总体的正确率则为 51.7%。

表 9-3 呈现的是初始状态下，常量所对应的回归系数、回归系数标准误、瓦尔德（Wald）检验统计量、自由度、瓦尔德检验统计量的概率值、相对风险比。因为方程中未包含任何自变量，因此可以不考虑该表的意义。

表 9-4 呈现的是初始状态下，各自变量尚未进入方程前所对应的比分检验统计量、自由度

和比分检验统计量的概率值。其中，年级（1）、学习状态（2）、学习状态（4）的概率值小于 0.05，性别（1）、年级（2）、年级（3）、学习状态（1）、学习状态（3）的概率值均大于 0.05。由于选择的是强行进入方法，因此不管概率值大小，所有自变量均进入方程。

（3）回归方程的显著性检验。在“块 1：方法=输入”部分有五个表格。表 9-5 呈现的是所有自变量强行进入方程后，回归方程总体的显著性检验结果。这里的卡方是似然比卡方，对应的概率值小于 0.05，认为所有自变量的回归系数不会同时为 0，该模型具有合理性。

（4）回归方程的拟合优度。表 9-6 呈现了“-2 对数似然”、“考克斯-斯奈尔（Cox & Snell）R 方”和“内戈尔科（Nagelkerke）R 方”三个模型拟合优度指标。其中，“-2 对数似然”较大，“考克斯-斯奈尔 R 方”和“内戈尔科 R 方”较小，均说明拟合优度不算好。

表 9-2 初始的分类表

分类表[a,b]

实测			预测		
			X82		百分比校正
			及格	不及格	
步骤 0	X82	及格	0	196	.0
		不及格	0	210	100.0
	总计百分比				51.7

a. 常量包括在模型中。

b. 分界为 .500。

表 9-3 初始状态下的常量

方程中的变量

		B	标准误差	瓦尔德	自由度	显著性	Exp (B)
步骤 0	常量	.069	.099	.483	1	.487	1.071

表 9-4 初始状态下的自变量

未包括在方程中的变量

			得分	自由度	显著性
步骤 0	变量	性别(1)	.228	1	.633
		年级	21.277	3	.000
		年级(1)	16.598	1	.000
		年级(2)	.001	1	.974
		年级(3)	1.131	1	.287
		学习状态	26.922	4	.000
		学习状态(1)	1.615	1	.204
		学习状态(2)	13.528	1	.000
		学习状态(3)	.498	1	.480
		学习状态(4)	8.727	1	.003
		焦虑	2.934	1	.087
	总体统计		57.087	9	.000

表 9-5 回归方程的显著性检验（“输入”法）

模型系数的 Omnibus 检验

		卡方	自由度	显著性
步骤 1	步骤	61.646	9	.000
	块	61.646	9	.000
	模型	61.646	9	.000

表 9-6 模型的拟合优度（“输入”法）

模型摘要

步骤	-2 对数似然	考克斯-斯奈尔 R 方	内戈尔科 R 方
1	500.707[a]	.141	.188

a. 由于参数估算值的变化不足 .001，因此估算在第 5 次迭代时终止。

（5）霍斯默-莱梅肖（Hosmer-Lemeshow）检验。表 9-7 和表 9-8 是进行霍斯默-莱梅肖检验生成的表格。表 9-7 呈现的是霍斯默-莱梅肖检验的列联表，表 9-8 呈现的是霍斯默-莱梅肖拟合优度（Hosmer-Lemeshow goodness-of-fit）。从表 9-8 来看，概率值为 0.646，说明观测值与预测值的差异不显著，模型拟合度较好。这一结果与表 9-6 的结果不一致，但该结果更具有说服力。

（6）预测准确率。表 9-9 呈现的是当前模型（“输入”法）的预测结果。可以看到，在实际及格的 196 人中，119 人被预测为及格，77 人被预测为不及格，预测准确率仅为 60.7%；在实际不及格的 210 人中，143 人被预测为不及格，67 人被预测为及格，预测准确率为 68.1%。模型整体预测准确率为 64.5%，说明该模型可以接受。

表 9-7　霍斯默-莱梅肖检验

霍斯默-莱梅肖检验的列联表						
		X82 = 及格		X82 = 不及格		总计
		实测	期望	实测	期望	
步骤 1	1	32	31.206	8	8.794	40
	2	27	28.078	14	12.922	41
	3	26	27.611	17	15.389	43
	4	26	23.796	16	18.204	42
	5	17	19.623	22	19.377	39
	6	17	19.433	25	22.567	42
	7	23	17.065	18	23.935	41
	8	14	14.063	28	27.937	42
	9	10	10.107	31	30.893	41
	10	4	5.019	31	29.981	35

表 9-8　霍斯默-莱梅肖拟合优度

霍斯默-莱梅肖检验			
步　骤	卡　方	df	Sig.
1	6.008	8	.646

表 9-9　模型的预测结果（“输入”法）

分类表 a					
实　测			预　测		
			X82		正确百分比
			及格	不及格	
步骤 1	X82	及格	119	77	60.7
		不及格	67	143	68.1
	总计百分比				64.5

a. 分界值为 .500。

（7）回归系数及其显著性检验。表 9-10 呈现的是当前模型中各自变量的回归系数及其瓦尔德（Wald）检验等指标。可以看到，年级（1）、年级（2）、年级（3）的概率值均小于 0.05，学习状态（2）、学习状态（3）的概率值均小于 0.05，性别（1）、学习状态（1）、学习状态（4）、焦虑的概率值均大于 0.05。这说明所有自变量均进入方程并不合适。此时，我们需要采用自变量进入方程的其他方法，比较各种方法所构建方程的效果，从中选择一个最佳的 Logistic 回归方程作为最终模型。

表 9-10　回归方程中的回归系数及其显著性检验（“输入”法）

方程中的变量									
		B	标准误差	瓦尔德	自由度	显著性	Exp (B)	Exp(B)的 95%置信区间	
								下限	上限
步骤 1a	性别(1)	-.142	.234	.367	1	.544	.868	.548	1.374
	年级			28.639	3	.000			
年级(1)		-1.735	.333	27.193	1	.000	.176	.092	.339
年级(2)		-.975	.335	8.469	1	.004	.377	.196	.727
年级(3)		-.681	.322	4.489	1	.034	.506	.269	.950
学习状态				31.139	4	.000			
学习状态(1)		-1.493	.873	2.924	1	.087	.225	.041	1.244
学习状态(2)		-2.790	.820	11.592	1	.001	.061	.012	.306
学习状态(3)		-1.747	.793	4.853	1	.028	.174	.037	.825
学习状态(4)		-.896	.835	1.150	1	.284	.408	.079	2.099
焦虑		.066	.042	2.517	1	.113	1.068	.985	1.159
常量		2.088	1.016	4.223	1	.040	8.070		

a. 在步骤 1 输入的变量：性别、年级、学习状态、焦虑。

【输出结果（“向前：LR”法）】

由上可知，所有自变量强行进入回归方程的方法并不合适。下面采用“向前：LR（Forward：LR）”法进行回归分析，输出结果中，“块 0：起始块”部分的表格与“输入（Entry）”法的结果一致。“块 1：方法 = 向前步进（似然比）”部分的表格与“输入”法的“块 1”部分有所不同（相似的表格，下面不再介绍）。

（1）回归系数及其显著性检验。表 9-11 呈现的是采用“向前：LR（Forward：LR）”法构建模型的过程及模型中各自变量的回归系数及其瓦尔德（Wald）检验等指标。从表 9-11 可知，变量“学习状态”在步骤 1 中先进入模型，变量“年级”在步骤 2 中进入模型。

表 9-11 回归方程中的回归系数及其显著性检验（“向前：LR”法）

方程中的变量									
		B	标准误差	瓦尔德	自由度	显著性	Exp (B)	Exp(B)的 95%置信区间	
								下限	上限
步骤 1[a]	学习状态			24.402	4	.000			
	学习状态(1)	-1.361	.843	2.608	1	.106	.256	.049	1.338
	学习状态(2)	-2.486	.790	9.912	1	.002	.083	.018	.391
	学习状态(3)	-1.872	.772	5.875	1	.015	.154	.034	.699
	学习状态(4)	-1.049	.810	1.674	1	.196	.350	.072	1.716
	常量	1.872	.760	6.073	1	.014	6.500		
步骤 2[b]	年级			27.860	3	.000			
	年级(1)	-1.694	.330	26.331	1	.000	.184	.096	.351
	年级(2)	-.957	.333	8.279	1	.004	.384	.200	.737
	年级(3)	-.652	.320	4.163	1	.041	.521	.278	.975
	学习状态			31.554	4	.000			
	学习状态(1)	-1.633	.869	3.535	1	.060	.195	.036	1.072
	学习状态(2)	-2.868	.815	12.391	1	.000	.057	.012	.280
	学习状态(3)	-1.840	.790	5.427	1	.020	.159	.034	.747
	学习状态(4)	-1.016	.831	1.495	1	.221	.362	.071	1.845
	常量	2.840	.817	12.085	1	.001	17.114		

a. 在步骤 1 输入的变量：学习状态。

b. 在步骤 2 输入的变量：年级。

（2）似然比统计量。从表 9-12 可知，如果将“学习状态”和“年级”从最终模型中剔除，则将使“-2 对数似然”分别增大 36.982 和 30.357，且对应的概率值小于 0.05，这表明将“学习状态”和“年级”纳入模型是合理的。

（3）未进入方程的变量。变量“性别”和“焦虑”未进入模型。表 9-13 显示了最终模型中没有纳入的自变量“性别”和“焦虑”所对应的比分检验统计量、自由度和比分检验统计量的概率值。可见这两个变量的概率值均大于 0.05，因此认为将性别、焦虑这两个变量剔除出模型是合理的。

表 9-12 进入方程的变量的似然比统计量

模型（如果除去项）					
变量		模型对数似然	-2 对数似然的变化	自由度	变化量的显著性
步骤 1	学习状态	-281.176	28.229	4	.000
步骤 2	年级	-267.062	30.357	3	.000
	学习状态	-270.374	36.982	4	.000

表 9-13 未进入方程的变量

未包括在方程中的变量					
			得分	自由度	显著性
步骤 1	变量	性别（1）	.184	1	.668
		年级	29.429	3	.000
		年级（1）	21.146	1	.000
		年级（2）	.054	1	.816
		年级（3）	1.494	1	.222
		焦虑	1.977	1	.160
	总体统计		32.274	5	.000
步骤 2	变量	性别（1）	.520	1	.471
		焦虑	2.687	1	.101
	总体统计		3.052	2	.217

（4）回归方程及其解释。根据表 9-11，可建立如下的回归方程：

Logit（P）= 2.840–1.694 年级（1）–0.957 年级（2）–0.652 年级（3）–1.633 学习状态（1）–2.868 学习状态（2）–1.840 学习状态（3）–1.016 学习状态（4）

由构建的回归方程可知，当学习状态一致时，相比大四年级，大一［“年级（1）”］使 Logit（P）平均降低了 1.694 个单位。也就是说，相比大四年级的学生，大一年级学生有挂科的可能性显著较低。结合表 9-11 中的发生比 Exp (B)，可知大一年级学生有挂科的可能性仅是大四年级学生的 0.184 倍（不足五分之一），两者有较大的差异。类推可知，大二年级学生有挂科的可能性是大四年级学生的 0.384 倍，大三年级学生有挂科的可能性是大四年级学生的 0.521 倍。可见，随着年级的增长，有挂科的学生比例也增长。

同理可知，当所在年级一样时，学习状态较好［“学习状态（2）”］学生有挂科的可能性仅是学习状态很差学生的 0.057 倍，学习状态一般［“学习状态（3）”］学生有挂科的可能性仅是学习状态很差学生的 0.159 倍。学习状态很好［“学习状态（1）”］和较差［“学习状态（4）”］学生的挂科可能性也相比学习状态很差学生要低，但瓦尔德（Wald）检验结果为不显著。

9.3　多项 Logistic 回归分析

9.3.1　多项 Logistic 回归模型

在调查问卷中大量题目的答案有多个选项，因此往往会遇到因变量是多分类变量（取值有 3 个或 3 个以上）的情况，如果各个分类不存在顺序关系，可以采用多项 Logistic 回归分析来考察变量之间的不确定性因果关系。多项 Logistic 回归模型的思路、建模过程与二项 Logistic 回归模型基本类似。

二项 Logistic 回归方程

$$\mathrm{Logit}(P)=\ln\frac{P}{1-P}=\beta_0+\beta_1x_1+\beta_2x_2+\cdots+\beta_kx_k$$

中，因变量只有两个分类，P 是因变量 y=1 的概率，1–P 是 y=0 的概率，因此，可以写为

$$\mathrm{Logit}(P)=\ln\frac{P(y=1)}{P(y=0)}$$

多项 Logistic 回归分析中，是将因变量的某一类别（如第 J 类）作为参照类别，再分析其他类别与参照类别的对比情况。例如，因变量 y 有三个类别：A、B、C，并且以 C 为参照类别，则有两个类似的方程：

$$\mathrm{Logit}(P_{\mathrm{a}})=\ln\left(\frac{P(y=\mathrm{a})}{P(y=\mathrm{c})}\right)=\beta_0+\beta_1x_1+\beta_2x_2+\cdots+\beta_kx_k$$

$$\mathrm{Logit}(P_{\mathrm{b}})=\ln\left(\frac{P(y=\mathrm{b})}{P(y=\mathrm{c})}\right)=\gamma_0+\gamma_1x_1+\gamma_2x_2+\cdots+\gamma_kx_k$$

一般地说，如果因变量有 m 个分类，取其中一个分类为参照类别，就要建立 m–1 个方程，这些方程构成的模型称之为广义 Logit 模型。

9.3.2　多项 Logistic 回归分析的应用

下面通过一个简单的案例来说明多项 Logistic 回归分析的基本操作步骤，并对回归分析的输出结果进行解释。

【案例 9.2　“做笔记方式”的多项 Logistic 回归】

试利用多项 Logistic 回归分析来考察做笔记方式与学生性别、所学专业和课堂学习能力的关系。相关数据见数据文件“9.2 做笔记的方式”（数据来自数据文件“统计分析案例”），其中，变量 X15 表示学生做笔记的方式，属于多值分类变量（1 代表“用自己理解的话记笔记”方式，2 代表“先照抄黑板，课后再消化理解”方式，3 代表“很少记，更多地听老师讲”方式，4 代表“不记笔记”方式），将此作为多项 Logistic 回归分析的因变量。自变量包括性别（1 代表男生，2 代表女生）、专业（1 代表“工科”，2 代表“经济”，3 代表“管理”）和“课堂”，其中，性别和专业为定类变量，“课堂”为数值型变量，是由相关题目计算得来的课堂学习能力的总分。案例 9.2 的思维导图如图 9-8 所示。

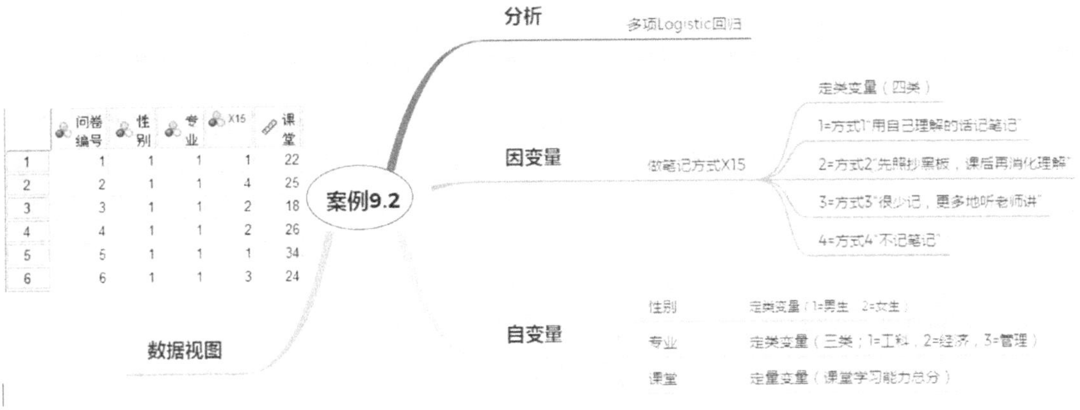

图 9-8　案例 9.2 的思维导图

【操作步骤】

（1）打开数据文件“9.2 做笔记的方式”。

（2）建立回归方程。依次执行“分析（Analyze）”→“回归（Regression）”→“多元 Logistic（Multinomal Logistic）”命令，弹出“多元 Logistic 回归”对话框（见图 9-9）。除源变量框外，该对话框还有以下项目。

①“因变量（Dependent）”框。

②“参考类别（Reference Category）”按钮：位于“因变量”框下方，单击该按钮，打开“多元 Logistic 回归：参考类别”对话框（见图 9-10）。该对话框有如下两个选项组。

- “参考类别（Reference Category）”选项组：用来设定因变量的参照水平。这与二项 Logistic 回归不同，二项 Logistic 回归需要设定分类自变量的参照水平，多项 Logistic 回归设定的则是因变量的参照水平。可将因变量的第一个类别（First Category）或最后一个类别（Last Category）设定为参照水平，或通过“定制（Custom）”单选按钮来指定某个取值（Value）的类别为参照水平。系统默认最后一个类别为参考类别。
- “类别顺序（Category Order）”选项组：用来指定按照“升序（Ascending）”还是“降序（Descending）”对因变量的类别进行排序，这决定了上述的“第一个类别（First

Category）”和“最后一个类别（Last Category）”究竟是哪个。系统默认为升序。

③“因子（Factor(s)）”框：将分类自变量移入该框。

④“协变量（Covariate(s)）”框：将数值型自变量移入该框。

图 9-9　“多元 Logistic 回归”对话框

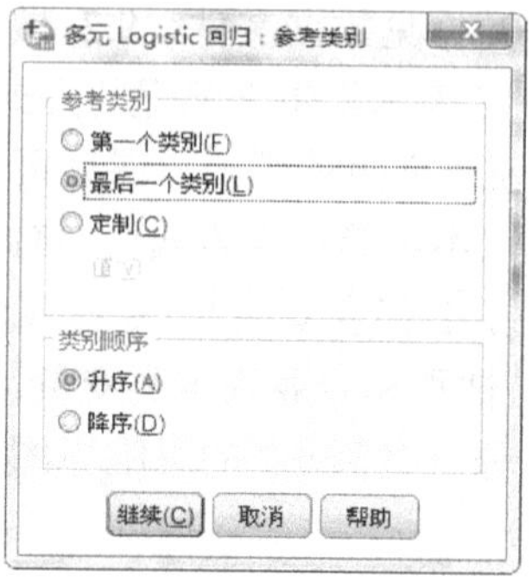

图 9-10　“多元 Logistic 回归：参考类别”对话框

本案例中，将变量 X15（做笔记方式）移入“因变量（Dependent）”框中，将“性别”“专业”两个定类自变量（分类自变量）移入“因子（Factor(s)）”框中，将定量自变量（数值型自变量）“课堂”移入“协变量（Covariate(s)）”框中（见图 9-9）。参照类别采用默认设置。

（3）选择输出内容。单击“多元 Logistic 回归”对话框中的“统计（Statistics）”按钮，打开“多元 Logistic 回归：统计”对话框（见图 9-11）。

该对话框用来指定输出的内容，包括三个选项组和一个复选框。

①“个案处理摘要（Case processing summary）”复选框：用来输出各分类变量的取值分布情况。

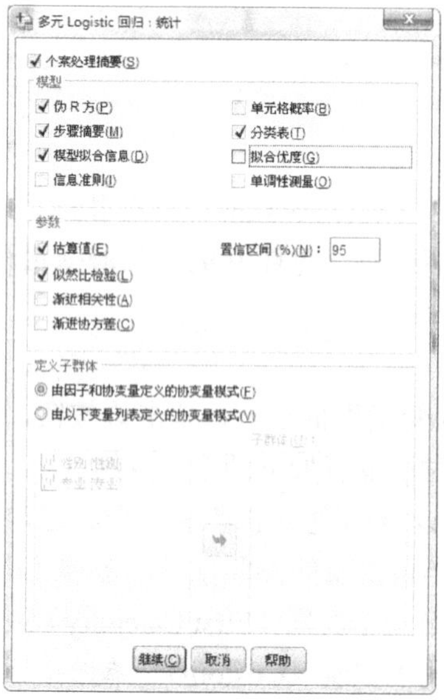

图 9-11　“多元 Logistic 回归：统计”对话框

②“模型（Model）”选项组：用来输出与模型相关的指标。该选项组主要有以下几个复选框。

- 伪 R 方（Pseudo R-square）：输出“考克斯-斯奈尔（Cox & Snell）”、“内戈尔科（Nagelkerke）”和“麦克法登（McFadden）”三个表示模型拟合优度的指标。
- 步骤摘要（Step summary）：输出分步骤的信息摘要。
- 模型拟合信息（Model fitting information）：输出回归方程整体的显著性检验指标，包括“-2 对数似然值”和“似然比检验”的指标。
- 分类表（Classification table）：输出所构建模型的预测结果。

③“参数（Parameters）”选项组，用来输出与自变量相关的指标，默认的选项如下：

- 估算值（Estimates）：输出自变量回归系数的估计值，默认的置信区间是 95%。

- 似然比检验（Likelihood ratio tests）：输出自变量的似然比检验统计量。

④“定义子群体（Define Subpopulations）”选项组，有两个选项：“由因子和协变量定义的协变量模式（Covariates pattern defined by factor and Covariate）”“由以下变量列表定义的协变量模式（Covariate pattern defined by variable list below）”。前者为默认模式，后者允许用户自己定义因子变量和协变量的子集。

对于本案例，除默认的选项“个案处理摘要（Case processing summary）”“伪 R 方（Pseudo R-square）”“模型拟合信息（Model fitting information）”“步骤摘要（Step summary）”“估算值（Estimates）”“似然比检验（Likelihood ratio tests）”外，还要勾选“分类表（Classification table）”复选框，以输出所构建模型的预测结果。单击“继续（Continue）”按钮，返回“多元 Logistic 回归”对话框。

（4）设定“条件”和“选项”。单击“多元 Logistic 回归”对话框中的“条件（Criteria）”按钮，打开“多元 Logistic 回归：收敛条件”对话框（见图 9-12）。该对话框用来设定参数估计的迭代收敛标准等，一般取默认值。

单击“多元 Logistic 回归”对话框中的“选项（Options）”按钮，打开“多元 Logistic 回归：选项”对话框（见图 9-13）。该对话框用来设定变量进入或将变量剔除出方程所参照的检验指标等。默认的检验类型是“似然比”，默认变量进入回归方程的显著性水平是 0.05，默认将变量剔除出回归方程的显著性水平是 0.10。

本案例均取默认值，故可以不打开“多元 Logistic 回归：收敛条件”和“多元 Logistic 回归：选项”对话框。

图 9-12 “多元 Logistic 回归：收敛条件”对话框

图 9-13 “多元 Logistic 回归：选项”对话框

（5）选择保存内容。单击“多元 Logistic 回归”对话框中的“保存（Save）”按钮，打开“多元 Logistic 回归：保存”对话框（见图 9-14）。该对话框用来指定将哪些内容保存至当前数据编辑器窗口的数据文件中，包括如下内容。

①“保存的变量（Saved variables）”选项组，设有四个复选框。

- 估算响应概率（Estimated response probabilites）：表示保存因变量各个类别的预测概率值。
- 预测类别（Predicted category）：表示保存各样本的预测类别。
- 预测类别概率（Predicted category probability）：表示保存各样本预测类别的概率值。
- 实际类别概率（Actual category probability）：表示保存各样本实际所在类别的概率值。

②“将模型信息导出到 XML 文件（Export model information to XML file）”选项组：将回

归模型的信息保存在指定的 XML 文件中，并有一个系统默认的选项“包括协方差矩阵（Include the covariance matrix）”。

本案例勾选“保存的变量”选项组中四个复选框（见图 9-14）。单击“继续（Continue）”按钮，返回“多元 Logistic 回归”对话框。

（6）建立不同的回归方程，选择并解释最佳模型。单击“多元 Logistic 回归”对话框中的“模型（Modle）”按钮，打开“多元 Logistic 回归：模型”对话框（见图 9-15），可在此设定回归方程构建的模式。

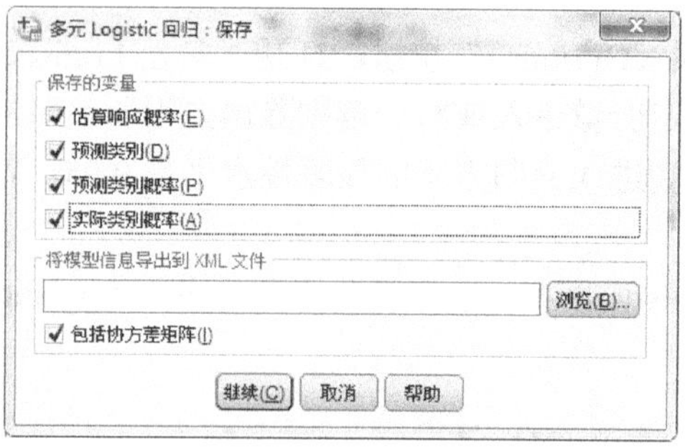

图 9-14 “多元 Logistic 回归：保存”对话框

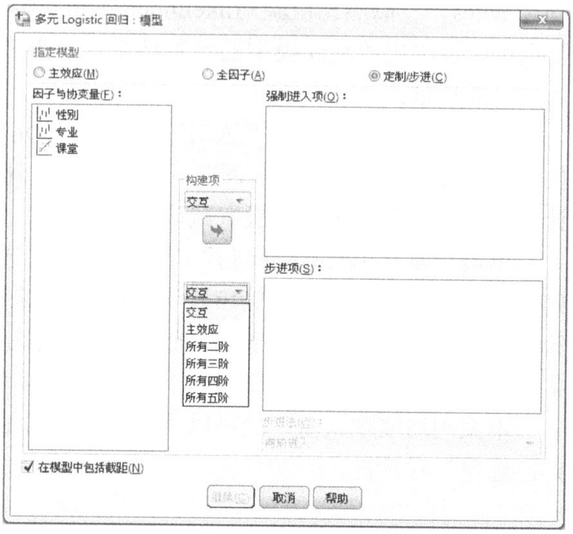

图 9-15 “多元 Logistic 回归：模型”对话框

“多元 Logistic 回归：模型”对话框中的“指定模型（Specify Model）”选项组，用来设定回归方程构建的三种模式。

① 主效应（Main effects）：该模式下，只考虑各自变量对因变量的独立效应。

② 全因子（Full factorial）：该模式下，除了分析自变量的独立效应，还分析自变量之间的各阶交互效应。如果有两个自变量，则会分析这两个自变量的独立效应以及交互效应。如果有三个自变量，则会分析这三个自变量的独立效应、两两之间的二阶交互效应，以及三个变量之间的三阶交互效应。

③ 定制/步进（Custom/Stepwise）：全因子（Full factorial）模式构建了回归分析的饱和模型，在定制/步进模式下，可对进入方程的自变量及其交互组合进行选择。选中“定制/步进”单选按钮后，如下项目被激活。

- “因子与协变量（Factors & Covariates）”框：显示“多元 Logistic 回归”对话框中选择的所有因子和协变量。
- “构建项（Build Terms）”选项组：在此对进入方程的自变量及其交互组合进行选择，共有上下两个下拉列表，每个下拉列表均包括交互、主效应、所有二阶、所有三阶、所有四阶、所有五阶等（见图 9-15）。
- “强制进入项（Forces Entry Terms）”框：可使通过“构建项（Build Terms）”选项组中上方的下拉列表指定的自变量或交互组合强行进入分析模型。
- “步进项（Stepwise Terms）”框：可使通过“构建项（Build Terms）”选项组中下方的

下拉列表指定的自变量或交互组合以一定的方式进入分析模型。此时，“步进法（Stepwise Method）”下拉列表被激活。

- “步进法（Stepwise Method）”下拉列表（见图 9-16），提供自变量或交互组合进入方程的四种不同方式：向前进入（Forward entry）、向后去除（Back elimination）、向前步进（Forward stepwise）、向后步进（Backward stepwise）。

“多元 Logistic 回归：模型”对话框中还有一个“在模型中包括截距（Include intercept in model）”复选框，为系统默认项。

图 9-16　“步进法”下拉列表

系统默认的是主效应（Main effects）模式，本案例先选择默认模式，再选择全因子（Full factorial）和定制/步进（Custom/Stepwise）模式建立不同的回归方程。

（7）单击“确定（OK）”按钮，提交系统运行。

【输出结果】

（1）分类变量的取值分布。表 9-14 呈现的是分类因变量 X15（“做笔记的习惯”）、自变量“性别”和“专业”的取值分布情况。从“做笔记的习惯”来看，“先照抄黑板，课后再消化理解”的方式最多，“不记笔记”的方式最少。从性别来看，样本中男生占到了约三分之二。从所在专业来看，工科学生最多，占到一半以上。

（2）回归方程的显著性检验。从表 9-15 可以看到，所构建模型（“最终”）的“-2 对数似然”比初始模型（“仅截距”）的“-2 对数似然”减少了 199.009，即似然比卡方值为 199.009，似然比检验概率值小于 0.05，说明模型具有合理性。

（3）回归方程的拟合优度。表 9-16 呈现的是反映模型拟合优度的三个指标：“考克斯-斯奈尔（Cox & Snell）”“内戈尔科（Nagelkerke）”“麦克法登（McFadden）”。三个指标的值均较小，特别是“麦克法登”，说明模型的拟合优度不算好。

表 9-14　分类变量取值分布

个案处理摘要			
		个案数	边际百分比
15 我做笔记的习惯是	用自己理解的话记笔记	90	21.5%
	先照抄黑板，课后再消化理解	170	40.6%
	很少记，更多地听老师讲	102	24.3%
	不记笔记	57	13.6%
性别	男	278	66.3%
	女	141	33.7%
专业	工科	228	54.4%
	经济	114	27.2%
	管理	77	18.4%
有效		419	100.0%
缺失		27	
总计		446	
子群体		120[a]	

a. 因变量在 57 (47.5%) 子群体中只有一个实测值。

表 9-15　回归方程的显著性检验

模型拟合信息				
模　型	模型拟合标准	似然比检验		
	-2 对数似然	卡方	自由度	显著性
仅截距	655.178			
最终	456.168	199.009	12	.000

表 9-16　回归方程的拟合优度

伪 R 方	
考克斯-斯奈尔	.378
内戈尔科	.408
麦克法登	.181

（4）自变量的似然比检验。表 9-17 中，“课堂”、“性别”和“专业”对应的似然比卡方值

分别为 145.120、23.182 和 14.938，反映了各个自变量在模型中产生的效应。三者的概率值均小于 0.05，说明“课堂”、“性别”和“专业”产生的效应都是显著的。总之，在模型中纳入“课堂”、“性别”和“专业”三个自变量是合适的。

表 9-17 自变量的似然比检验

似然比检验				
效应	模型拟合条件	似然比检验		
	简化模型的 -2 数似然	卡方	自由度	显著性
截距	456.168[a]	.000	0	.
课堂	601.288	145.120	3	.000
性别	479.350	23.182	3	.000
专业	471.106	14.938	6	.021

卡方统计量是最终模型与简化后模型之间在 -2 对数似然之差。简化模型是通过在最终模型中省略某个效应而形成的。原假设是，该效应的所有参数均为 0。

a. 因为省略此效应并不会增加自由度，所以此简化模型相当于最终模型。

（5）预测准确率。表 9-18 呈现的是所构建模型的预测结果。实际上有 90 人“用自己理解的话记笔记”，模型预测有 39 人采取这种方式，预测准确率为 43.3%；实际上有 170 人“先照抄黑板，课后再消化理解”，模型预测有 114 人采取这种方式，预测准确率为 67.1%；实际上有 102 人“很少记，更多地听老师讲”，模型预测有 42 人采取这种方式，预测准确率为 41.2%；实际上有 57 人“不记笔记”，模型预测有 25 人采取这种方式，预测准确率为 43.9%。模型整体的预测准确率为 52.5%。模型的预测效果不算好，因变量各类别的预测准确率相差不大。

表 9-18 模型的预测结果

分　类					
实　测	预　测				
	用自己理解的话记笔记	先照抄黑板，课后再消化理解	很少记，更多地听老师讲	不记	正确百分比
用自己理解的话记笔记	39	41	8	2	43.3%
先照抄黑板，课后再消化理解	23	114	24	9	67.1%
很少记，更多地听老师讲	9	45	42	6	41.2%
不记笔记	2	14	16	25	43.9%
总百分比	17.4%	51.1%	21.5%	10.0%	52.5%

（6）回归系数及其显著性。表 9-19 列出了所构建回归方程的回归系数的估计值等信息，有 6 个回归系数的瓦尔德检验（Wald Test）结果为不显著。

表 9-19 模型参数的估计

参数估算值									
15 我做笔记的习惯是[a]		B	标准错误	瓦尔德	自由度	显著性	Exp(B)	Exp(B) 的 95%置信区间	
								下限	上限
用自己理解的话记笔记	截距	-10.808	1.395	60.013	1	.000			
	课堂	.483	.051	88.900	1	.000	1.621	1.466	1.792
	[性别=1]	-1.740	.566	9.471	1	.002	.175	.058	.532
	[性别=2]	0[b]	.	.	0	.	.	.	.
	[专业=1]	.275	.553	.247	1	.619	1.316	.445	3.890
	[专业=2]	-.043	.646	.004	1	.947	.958	.270	3.397
	[专业=3]	0[b]	.	.	0	.	.	.	.
先照抄黑板，课后再消化理解	截距	-5.173	1.029	25.256	1	.000			
	课堂	.287	.041	48.909	1	.000	1.333	1.230	1.445
	[性别=1]	-1.817	.502	13.118	1	.000	.163	.061	.434

续表

参数估算值									
15 我做笔记的习惯是 [a]		B	标准错误	瓦尔德	自由度	显著性	Exp(B)	Exp(B) 的 95%置信区间	
								下限	上限
先照抄黑板，课后再消化理解	[性别=2]	0[b]	.	.	0	.	.	.	.
	[专业=1]	.783	.507	2.383	1	.123	2.187	.810	5.908
	[专业=2]	1.215	.558	4.736	1	.030	3.371	1.128	10.073
	[专业=3]	0[b]	.	.	0	.	.	.	.
很少记，更多地听老师讲	截距	-3.015	.946	10.155	1	.001			
	课堂	.175	.038	20.882	1	.000	1.191	1.105	1.284
	[性别=1]	-.543	.520	1.093	1	.296	.581	.210	1.609
	[性别=2]	0[b]	.	.	0	.	.	.	.
	[专业=1]	.194	.475	.167	1	.682	1.215	.479	3.082
	[专业=2]	-.040	.553	.005	1	.942	.960	.325	2.839
	[专业=3]	0[b]	.	.	0	.	.	.	.

a. 参考类别是: ^1。

b. 此参数冗余，因此设置为零。

（7）回归方程及其解释。根据设定，因变量的参考水平是“不记笔记”方式。对于自变量，系统自动进行参考水平设置，“性别”的参考水平是女性，“专业”的参考水平是“管理”，它们都是各变量的最后一个类别。根据表 9-19，可建立如下的回归方程：

$$\text{Logit}（P|\text{用自己的话记}）=-10.808+0.483\ \text{课堂}-1.740\ \text{性别（男生）}+0.275\ \text{专业（工科）}-0.043\ \text{专业（经济）}$$

$$\text{Logit}（P|\text{先照抄黑板}）=-5.173+0.287\ \text{课堂}-1.817\ \text{性别（男生）}+0.783\ \text{专业（工科）}+1.215\ \text{专业（经济）}$$

$$\text{Logit}（P|\text{很少记}）=-3.015+0.175\ \text{课堂}-0.543\ \text{性别（男生）}+0.194\ \text{专业（工科）}-0.040\ \text{专业（经济）}$$

由回归方程可知，就“用自己理解的话记笔记”方式而言，当专业和课堂学习能力一样时，男生使相应的 Logit(P)平均降低了 1.740 个单位，且统计上显著。也就是说，与“不记笔记”的方式比较，男生相比女生采取该方式记笔记的可能性显著较小。从发生比 Exp (B)来看，男生采取这种方式记笔记的可能性仅是女生的 0.175 倍，两者差异较大。当性别和专业相同时，课堂学习能力强可使相应的 Logit(P)平均增大 0.483 个单位，且统计上显著。

就“先照抄黑板，课后再消化理解”方式而言，当专业和课堂学习能力相同时，男生使相应的 Logit(P)平均降低了 1.817 个单位，且统计上显著。从发生比 Exp (B)来看，男生采取这种方式记笔记的可能性仅是女生的 0.163 倍，两者差异较大。总之，与不记笔记的方式比较，男生相比女生采取该方式记笔记的可能性显著较小。当性别和课堂学习能力相同时，经济专业学生使相应的 Logit(P)平均增长了 1.215 个单位，且统计上显著。从发生比 Exp (B)来看，经济专业学生采取这种方式记笔记的可能性是管理专业学生的 3.371 倍，两者差异较大。总之，与不记笔记方式比较，经济专业学生相比管理专业学生采取该方式记笔记的可能性显著较大。当性别和专业相同时，课堂学习能力可使相应的 Logit(P)平均增大 0.287 个单位，且统计上显著。

就“很少记，更多地听老师讲”方式而言，当性别和专业相同时，课堂学习能力可使相应的 Logit(P)平均增大 0.175 个单位，且统计上显著。说明与“不记笔记”方式比较，课堂学习能力越高，学生采取该方式记笔记的可能性较大。

读者不难发现，在方程中包括了系数没有通过检验的变量（表 9-19 中“显著水平”列有下画线），但在解释时我们没有涉及这些变量。

选择全因子（Full Factorial）和定制/步进（Custom/Stepwise）模式建立不同的回归方程（详细步骤和结果略），发现用其他模式构建的模型在拟合优度和预测准确率上与用主效应（Main Effects）模式构建的模型差不多。

第 10 章　对调查对象的分类

分类问题是在现实生活中经常遇到的问题，在调查研究的过程中同样会遇到。例如，在进行抽样设计时，如果采用分层抽样，就需要对调查单位进行分类。中国互联网络信息中心（CNNIC）的全国居民上网情况调查抽样设计中，在对“大学生”子总体的抽样设计中对“层”的确定就应用了聚类分析：

选定有关学校的规模和性质的变量作为分层指标（可能与学生上网情况比较相关的指标），具体包括“普通本专科人数”“研究生人数”“教授人数”“副教授人数”“博士点数目”“硕士点数目”；分层指标标准化后，利用 SPSS 软件的聚类分析，把 1001 所大学分为了六层。

按各层“普通本专科人数与研究生人数”所占的比例，确定各层应抽取的学校的个数。

再如，在统计分析阶段，根据研究目的对样本中的个体进行分类，可对每一类人群的特点认识得更加明晰，这将有利于我们在调查报告中对政策制定、分类指导等提出更加可行的建议。

分类问题基本上可以分为两种：一种是当前研究的对象事先不存在分类，需要根据数据本身进行数据结构上的分类，这是聚类分析所要解决的问题；另一种是已知当前研究对象的分类情况，现在需要按照这样的分类，判断某些个体应该属于其中的哪一类，这是判别分析所要解决的问题。在调查研究中主要涉及对样本的分类，因此本章将集中介绍利用聚类分析对样本分类。至于用主成分分析和因子分析的方法进行分类，将在第 11 章中加以说明。

10.1　距离与相似性度量

10.1.1　聚类分析概述

“物以类聚，人以群分”，现实生活中往往采用一种经验的或主观的想法对事物进行分类。那么，有没有一种方法不依赖于人们的主观判断，仅根据数据本身的结构特点来进行分类呢？有，聚类分析（Cluster Analysis）便是根据数据本身的结构特点对人或物或各种影响因素等进行分类的多元统计分析方法，用统计学的术语说就是对样本点或变量进行分类的多元统计分析方法。

聚类分析在经济、管理、教育、医学等多个领域中有着极其广泛的应用。下面仅举几例：

其一，根据经济发展的相关指标，利用聚类分析将全国 31 个省市自治区进行分类，然后研究经济发展与教育投资的关系、与城乡居民收入的关系、与网络发展的关系等，或者将省内的地县级城市按经济发展水平进行分类，以便制订相应的经济、教育发展规划。

其二，根据与学校教学相关的主要指标对全市的中学进行分类，于是在制定提高中学教学质量的措施时，可以针对不同的学校类型，在人力、物力等方面的投资以及政策导向上给予不同的处理，并进行分类指导。

其三，在市场营销中，需要对客户进行营销战略分群和营销机会分群，前者的目的是确定客户发展战略和企业营销战略，后者的目的是识别营销机会、策划营销活动。其中的营销机会分群就是根据用户的行为变量（购买时机、购买动机、使用情况、品牌忠诚度、购买的准备、对产品的态度等）通过聚类分析将用户进行分类，以便针对不同的客户群进行套餐或其他优惠方式的促销，及时采取措施挽留即将流失的客户。

通过对变量的聚类，不仅可以了解变量之间的亲疏程度、变量组合之间的亲疏程度，还可以在变量分类的基础上，在聚合的每一类中选出一个典型变量作为这一类变量的代表，这样就能够简化原始的变量组。例如，在编制各类评价指标体系时，每一个指标都可以视为一个变量，利用变量的聚类选择典型变量就可以简化指标体系。有时也把对变量的聚类作为进行各类统计分析的一个中间环节。例如，若原始的变量组中各变量存在共线性，可以先做聚类分析，选择典型变量后再做回归分析，这样做有可能避免回归方程中的变量存在多重共线性；再如，在对样本点进行聚类时，如果涉及的变量比较多，我们可以先对变量进行聚类，然后在此基础上对样本点进行聚类，这将使每一类的特点更加突出。

聚类分析的基本思想是在对数据分组时，实现在同一类中的个体相似程度最高，不同类中的个体差异最大。那么，根据数据的结构采取怎样的标准进行分类才能达到这样的目的呢？让我们考察一下现实生活中对人群的划分。在人与人之间，有些人的关系比较近，有些就比较疏远。究其原因，关系比较亲密的人之间在性格、爱好、对问题的看法等方面有许多共同之处，可称之为心理距离比较近，因此他们谈得来，交往多；而关系比较疏远的人之间在性格、爱好、对问题的看法等方面就有较大的差异。这就给我们一种启示：如果将性格、爱好、对问题的看法等视为 n 个变量，那么关系比较近的人在这些变量上的取值应该相差不大；如果我们将每个人都视为 n 维空间的一个点，心理距离用点与点之间的距离来表示，那么关系比较近的人反映在图上就是这些点聚集在一起（见图10-1）。因此，分类的标准就是样本点或变量之间的“亲疏程度”，对于样本点可以用“距离”的远近来分类，而对于变量可以用“相似性”或不相似性来分类。

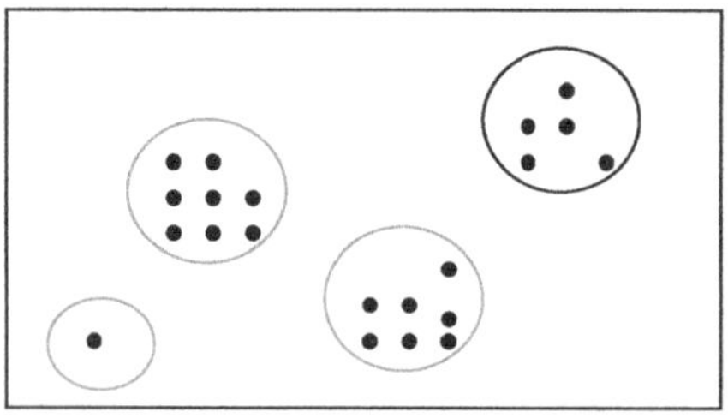

图10-1　按“距离”对点进行分类

根据分类对象的不同或分类方法的不同，聚类分析可进行如下分类：

- 聚类分析
  - 按分类对象
    - R型聚类——对变量聚类
    - Q型聚类——对样本点聚类
  - 按分类方法
    - 快速聚类、系统聚类、模糊聚类、二阶段聚类
    - 图示法聚类（雷达图、星座图等）……

在SPSS中，可进行二阶段聚类（TwoStep Cluster）、K-均值聚类（K-Means Cluster）及系统聚类（Hierarchical Cluster）。

聚类分析属于一种探索性研究方法。聚类分析中所用的“距离”与相似性度量有各种各样的定义，使用不同的定义方法就会有不同的结果，而且对这些结果也无法在统计理论上找出评价优劣的标准，只能是针对具体的问题，多采用几种方法来进行“试验”，然后看在这些结果中哪一个更符合实际，对分类的解释更合理。因此，有人认为，聚类分析“倾向于艺术层次而非科学”[①]。

① 转引吴明隆. SPSS统计应用实务：问卷分析与应用统计[M]，北京：科学出版社，2003：234

10.1.2　聚类分析中对“亲疏程度”的测量

1．距离

一谈到距离，我们马上会想到两个点之间的直线距离，即中学所学的两点之间的距离公式：设三维空间两点的坐标为 A（x_1，x_2，x_3）、B（y_1，y_2，y_3），则 A、B 之间的距离为

$$d_{(A,B)}=\sqrt{(x_1-y_1)^2+(x_2-y_2)^2+(x_3-y_3)^2}$$

或写为

$$d_{(A,B)}=\sqrt{\sum_{i=1}^{3}(x_i-y_i)^2}$$

称为欧几里得距离。这样定义的距离有以下三个重要的性质。

（1）距离是一个大于或等于 0 的数：$d_{(A,B)}\geqslant 0$，当且仅当在 $A=B$ 时有 $d=0$。

（2）距离具有对称性：A 到 B 的距离等于 B 到 A 的距离，即 $d_{(A,B)}=d_{(B,A)}$。

（3）距离满足三角形不等式：两边之和大于或等于第三边（当两个边在同一条直线上时等于第三边）：$d_{(A,B)}+d_{(B,C)}\geqslant d_{(A,C)}$。

在聚类分析中，我们对欧几里得距离进行如下的推广：

第一，如果用 k 个变量来描述每个样本点的特征，样本点（个案 Case）x 的变量值为 x_1，x_2，…，x_k，样本点 y 的变量值为 y_1，y_2，…，y_k，那么，样本点之间的欧几里得距离为

$$d_{(x,y)}=\sqrt{(x_1-y_1)^2+(x_2-y_2)^2+\cdots+(x_k-y_k)^2}$$

或写为

$$d_{(x,y)}=\sqrt{\sum_{i=1}^{k}(x_i-y_i)^2}$$

第二，不论用怎样的公式来定义两点之间的“距离”，只要满足上述三个性质，所计算出来的数都可以称为两点之间的“距离”。在 SPSS 中针对定量变量（一般是连续变量）给出了 8 种计算距离的方法：欧几里得距离（Euclidean distance）、欧氏距离平方（Squared Euclidean distance）、余弦（cosine）、皮尔逊相关性（Pearson correlation）、切比雪夫距离（Chebychev）、布洛克距离（Block）、明可夫斯基距离（Minkowski）和自定义距离（Customized）（见表 10-1）。

表 10-1　聚类分析中“亲疏程度”的度量

	方　法	含　义	SPSS 中的选项
定距变量	欧几里得距离	各变量值差的平方和的平方根	欧氏距离（Euclidean distance）
	欧氏距离平方	各变量值之差的平方和	平方欧氏距离（Squared Euclidean distance）
	余弦	向量 $\vec{a}=(x_1,x_2,\cdots,x_n)$ 与 $\vec{b}=(y_1,y_2,\cdots,y_n)$ 之间的夹角余弦	余弦（Cosine）
	皮尔逊相关系数	x_1，x_2，…，x_n 与 y_1，y_2，…，y_n 的皮尔逊相关系数	皮尔逊相关性（Pearson correlation）
	切比雪夫距离	各变量值之差的绝对值中的最大值	切比雪夫（Chebychev ）
	布洛克距离	各变量值之差的绝对值之和	块（Block）
	明可夫斯基距离	各个变量值之差的 p 次幂绝对值之和的 p 次方根	明可夫斯基（Minkowski）
	自定义距离	各个变量值之差的绝对值 p 次幂之和的 r 次方根	定制（Customized）
计数变量	χ^2 测度	卡方值的平方根	卡方测量（Chi- Square measure）
	Φ^2 测度	Φ^2 值除以联合频数的平方根	Phi 平方测量（Phi-Square measure）

2. 相似系数

一般地说，对变量进行聚类时衡量“亲疏程度”的标准是变量间的相似性或不相似性。设有 n 个样本点，于是对应于每一个变量有 n 个变量值。显然，衡量两个变量 x 和 y 之间的亲疏程度首先想到的是这两个变量之间的相关系数，相关系数越大，两个变量之间的关系就越密切，相似程度越高。因此，皮尔逊相关系数便成为衡量两个定量变量间相似性的系数：

$$r(x,y)=\frac{\sum_i (z_{xi}z_{yi})^2}{n-1}$$

其中，z_{xi}、z_{yi} 为第 i 个样本点在 x 和 y 上的标准分。

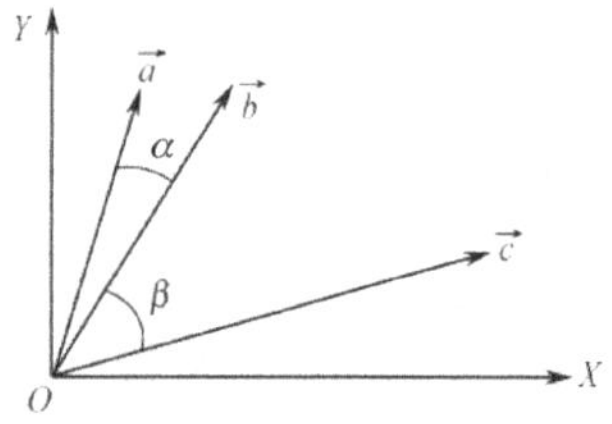

图 10-2　向量之间的位置关系

另外，从图 10-2 可以看出，向量 $\vec{a}$ 、$\vec{b}$ 之间的夹角小，两个向量就靠得比较近，反之向量 $\vec{b}$ 、$\vec{c}$ 之间的夹角比较大，两个向量离得就比较远。如果对应于变量 x 的值（x_1，x_2，x_3），变量 y 的值为（y_1，y_2，y_3），那么，可以将（x_1，x_2，x_3）和（y_1，y_2，y_3）视为三维空间的两个向量，两个变量的关系越密切，这两个向量之间的夹角就会越小，因此可以用 x 和 y 之间的夹角余弦值来表示 x 和 y 之间的相似性。

类似于对“距离”概念的推广，当有 n 个样本点时，将变量 x 和 y 对应的变量值（x_1，x_2，…，x_n）、（y_1，y_2，…，y_n）视为 n 维空间的两个向量 $\vec{a}$ 、$\vec{b}$ ，它们之间夹角的余弦定义为

$$\cos(\vec{a},\vec{b})=\frac{\sum_i x_i y_i}{\sqrt{\left(\sum_i x_i^2\right)\left(\sum_i y_i^2\right)}}$$

于是两个变量的夹角余弦成为衡量两个定量变量“亲疏程度”的又一个相似系数。

对于衡量两个分类变量（离散变量）的计数数据之间的“亲疏程度”，SPSS 中采用的是不相似性，一是卡方（χ^2）测量（Chi-Square Measure），二是 Phi 平方（Φ^2）测量（Phi-Square Measure），计算方法如表 10-1 所示。

3. 二分变量“亲疏程度”的度量

在对样本点或变量进行聚类时，还可能遇到二分变量，即 0-1 变量。例如，假定表 10-2 是 6 名学生的基本情况，包括数学考试成绩、语文考试成绩、是否喜欢运动（1=喜欢，0=不喜欢）、性格是否外向（1=外向，0=内向）、性别（1=男，0=女）5 个变量，其中后三项就是用 0-1 变量来表示的。这里有定距变量，也有 0-1 变量。当我们对学生进行聚类时，首先将两个定距变量也转化为 0-1 变量（命名为“数学 1”“语文 1”），成绩在平均分之上的为 1，成绩在平均分之下的为 0。显然，两名学生的特征是否基本相同，就看同时为 1 或同时为 0 的频数有多少。例如，对学生 1 与学生 2，同时取 1 或同时取 0 的频数为 2，而学生 1 与学生 6 同时取 1 或同时取 0 的频数为 4，因此学生 1 与学生 6 的共同点相对更多。

表 10-2　6 名学生的特征

学生编号	数学	语文	运动	性格	性别	数学 1	语文 1
1	98	85	1	1	1	1	1
2	76	69	1	1	0	0	0
3	85	90	1	0	1	1	1
4	68	56	1	0	1	0	0
5	68	88	0	1	0	0	1
6	93	95	0	1	1	1	1

一般地，对两个样本点 x 和 y，统计结果由四格表（见表 10-3）给出，同时为 1 的频数为 a，同时为 0 的频数为 d，不同时为 1（或 0）的为 b、c。于是当数据为二分变量时，将匹配数与总数之比

表 10-3　简单匹配系数的频数表

		样本点 x	
		1	0
样本点 y	1	a	b
	0	c	d

$$S(x,y)=\frac{a+d}{a+b+c+d}$$

作为衡量“亲疏程度”的一个指标，称为简单匹配系数（Simple Matching）。

有些书中将 $b+c$ 作为 $S(x, y)$表达式中的分子，强调的是两个样本点的差异性，但从聚类的效果上看与将 $a + d$ 作为分子是一致的。

在 SPSS 中给出了 27 种二分变量的距离或不相似性度量法。在对调查数据进行分析时用得并不多，有兴趣的读者可参阅其他著作，这里不再做详细的介绍。

10.1.3　进行“亲疏程度”度量时应注意的问题

1．数据的标准化处理

我们知道，不同的变量一般会有不同的量纲，并且有不同的数量级单位。直接利用原始数据计算距离或相似系数是有问题的。首先，对同一个数值，当采用不同的数量级单位时，距离或相似系数的计算结果会不同。例如，表 10-4 给出了 3 位调查对象的年龄、受教育年限和月收入（单位：元）。当采用欧几里得距离公式来计算调查对象两两之间的距离时，以“元”为单位计算的结果记为“距离 1”（见表 10-5）。于是，计算“距离 1”时，月收入数据所占的比重很大，编号 2 和编号 3 的调查对象距离最近，编号 1 与编号 3 的距离最远。但若以“万元”为单位进行计算则得到“距离 2”。由于年龄和受教育年限所占比重大，根据“距离 2”所得的结论与前面的完全相反，编号 2 和编号 3 的调查对象距离最远，编号 1 与编号 3 的距离最近。因此，在进行“亲疏程度”度量之前，需要对原始数据进行变换，即进行标准化处理，以防某些变量之间的数量级差异太大。在 SPSS 中共给出了 6 种标准化处理方法，我们将结合对聚类分析的操作进行介绍。

表 10-4　3 位调查对象的数据

编　号	年　龄	受教育年限	月收入（元）
1	36	16	35000
2	43	19	8000
3	34	12	4000

表 10-5　调查对象两两之间的距离

	距离 1	距离 2
（1，2）	27000.001	8.080
（1，3）	31000.003	5.412
（2，3）	4000.010	11.409

2．变量间的相关关系

当对变量进行聚类时，变量间的线性相关性是聚类的基础，如果变量之间都是相互独立的，那么只能是每个变量自成一类。

但是，在对样本点进行聚类时，如果各个变量之间存在较高的线性相关性，那么就相当于同类变量在做样本点的聚类时反复起作用，显然就会影响到聚类的合理性。例如，我们在表 10-4 中再添加年收入变量（单位：万元），年收入=12×月收入，显然年收入与月收入是线性相关的，重新计算调查对象之间的距离，所得结果为

$$d_{(1,2)}= 33.392 \qquad d_{(1,3)}= 37.596 \qquad d_{(2,3)}= 12.377$$

与表 10-5 中的“距离 2”结论完全相反，究其原因是收入在计算过程中两次起作用。因此，对样本点进行聚类时，要尽可能选择各自独立的变量作为指标。

3．选择变量要有针对性

对样本点进行分类的方法应与我们的研究目的紧密相连，同样是对学生进行分类，如果要考察的是学生之间交往程度不同所形成的群体，那么就要用学习成绩、性格、兴趣、家庭环境等变量作为聚类的指标计算距离；如果我们要对不同学习策略水平的学生进行分类，以便有针对性地进行学习指导，就要用课堂学习、环境利用、时间利用、自我监控等变量作为聚类的指标，然后计算距离。许多研究者总认为使用的变量越多，聚类分析的结果越好。事实上，增加了许多与研究主题无关的变量，只会使分类对研究工作变得毫无意义。

10.2　系统聚类

系统聚类又称为分层聚类，是进行聚类分析时应用最多的方法。

根据不同的聚类过程，系统聚类可分为分解法和凝聚法。分解法是在聚类开始时，将所有的样本点（或变量）都看成一类，然后根据距离或相似性，不断地进行分解，直到每个样本点（或变量）自成一类为止。凝聚法的过程则完全相反，聚类开始时将每个样本点（或变量）看成一类，然后根据距离或相似性，不断地进行合并，直到将所有的样本点（或变量）都归结为一类为止。在 SPSS 中采用的是凝聚法，因此以下所介绍的均为采用凝聚法的系统聚类。

10.2.1　使用系统聚类分析的条件与步骤

1．使用系统聚类分析的条件

使用系统聚类时，首先要使变量的测量水平保持一致。如果有的是定距变量，有的是计数变量，有的是二分变量，就要在进行聚类分析之前进行数据变换。如前面对 6 名学生的学习成绩的处理那样，将定距变量转换为二分变量。

其次，在对样本点进行聚类时，样本量不应太大，否则会影响对结果的观察与分析。

2．系统聚类分析的基本步骤

我们通过对样本点的分类，来说明系统聚类的基本步骤。

第一步：分析前的准备，包括对变量进行筛选和对数据进行审核。在众多的变量中，仅选择相关性不很显著而且与分类的目的有直接关系的变量。数据中的异常值对聚类的影响很大，要尽可能避免。

第二步：对数据进行变换，减少各个变量之间数量级的差异，统一变量的测量等级。

第三步：将每一个样本点视为一类，选择度量距离的方法，计算点与点之间的距离，并将距离最近的两个样本点聚为一类。

第四步：选择计算类与类之间距离的方法，计算类与类之间的距离，并将距离最近的两类进行合并。

第五步：如果合并后的类数大于 1，继续进行类与类的合并，直到所有样本点合并为一类。

第六步：绘制系统聚类的谱系图，并根据研究目的、相关的专业理论等确定最终的分类结果。

以上步骤可以归结为如图 10-3 所示的系统聚类流程图。

3．类与类之间距离的度量与合并

在上述第四步中涉及类与类之间距离的度量与合并问题。类与类合并的基本原则是哪两类之间的距离最近，就将这两类先合并。那么，类与类之间的距离又是如何定义的呢？在 SPSS 中提供了 7 种定义方法。

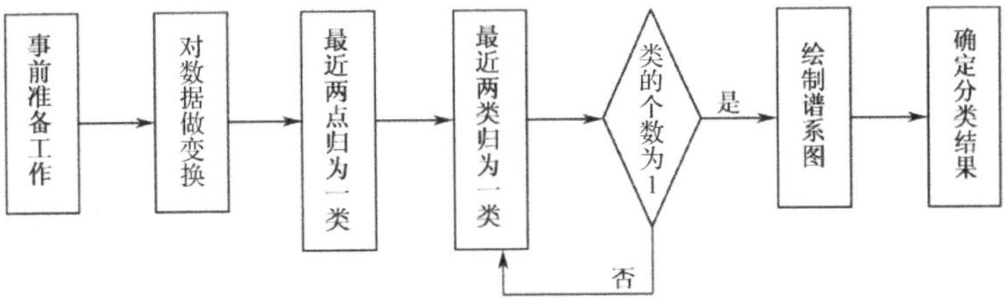

图 10-3　系统聚类流程图

1）组间连接

组间连接（Between groups linkage）即组间平均距离法，是先计算分属于两个类别中的各个样本点之间的距离，然后将这些距离的均值作为这两个类别之间的距离，所以也称为类平均法。合并的方法仍是将类间距离最近的两类合并为一类。

2）组内连接

组内连接（Within groups linkage）即组内平均距离法，是将各个类别两两配对，并计算每对中所有样本点之间距离的均值，然后将均值最小的一对合并为一类。

3）最近邻元素

最近邻元素（Nearest neighbor）即最近距离法，是先计算分属于两个类别的各对样本点之间的距离，然后将最短的距离作为这两个类别之间的距离。类与类合并的方法是将类间距离最近的两类合并为一类。例如，在图 10-4 的左图中，A 类包括两个样本点，B 类是一个样本点，A 类与 B 类的距离比 A 类与其他类（如 C 类）的距离都小，因此 A 类与 B 类合并为一类（用虚线圆表示）；在图 10-4 的右图中，A 类与 B 类的距离是图中用直线连接的两个样本点的距离，显然 A 类与 C 类、D 类的距离都比 A 类与 B 类的距离远，因此 A 类与 B 类合并为一类。

4）最远邻元素

最远邻元素（Furthest neighbor），即最远距离法，同样是计算分属于两个类别的各个样本点之间的距离，与最近距离法不同的是将最远的距离作为这两个类别之间的距离（如图 10-4 的右图中以虚线连接的两点之间的距离作为 A 类与 B 类的距离）。类与类合并的方法仍是将类间距离最近的两类合并为一类。

5）质心聚类

质心聚类法（Centroid clustering），即重心法，是将两个类别的重心之间的距离作为这两个类别之间的距离。将类间距离最近的两类合并为一类。

6）中位数聚类

中位数聚类法（Median clustering），即中间距离法，是 Gower 于 1966 年提出的，在定义类与类之间的距离时，既不采用最远距离，也不采用最近距离，而是采用介于两者之间的中间距离。假设 G_1、G_2 是新合并后形成的一类 H，那么 H 与其他类（设为 G_3）的距离就定义为 G_1G_2 的中点 D 与点 G_3 的距离，即三角形 $G_1G_2G_3$ 的中线 DG_3 的长度（见图 10-5）。类与类合并的方法仍是将类间距离最近的两类合并为一类。

7）瓦尔德（Ward）法

瓦尔德法（Ward's Method），也称离差平方和法，该法的基本要求是分类过程中使每一类内的离差平方和尽可能小，而类与类之间的离差平方和尽可能大。这种方法直接来源于方差分析的思想，1936 年由瓦尔德提出，后经 Orloci 等人的发展建立起来。离差平方和法在实际中应用最为广泛，但要注意使用离差平方和法时，样本点之间的距离要用欧几里得距离。

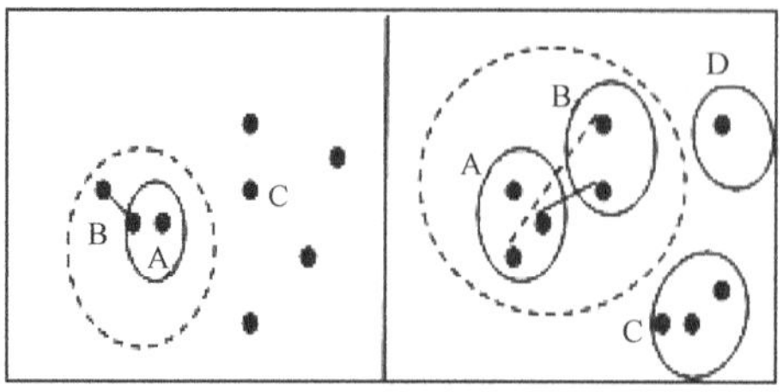

图 10-4 用最短距离法作聚类

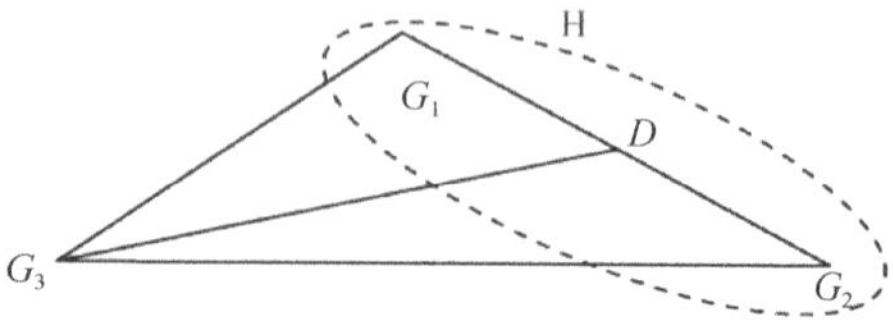

图 10-5 中间距离法示意图

10.2.2 利用“系统聚类（Hierarchical Cluster）”命令进行聚类分析

下面结合案例来说明如何应用“系统聚类（Hierarchical Cluster）”命令进行聚类分析。

【案例 10.1 各类专业学生课外活动参与的聚类分析】

为了解各类专业的学生在参加课外活动的内容上有何特点，计算出各类专业学生参与课外活动内容的排序指数（见表 10-6）。现取表 10-6 中前 5 项作为参与分析的变量，对 8 类专业的学生进行聚类。案例 10.1 的思维导图如图 10-6 所示。

表 10-6 不同专业学生参与课外活动内容排序指数的比较

专业	文体活动	社团活动	科技活动	勤工俭学	社会公益活动	其他
工科	26.83	26.01	10.21	9.74	14.61	12.62
理科	26.71	23.63	9.94	9.29	17.19	13.25
文学	24.90	31.55	3.98	13.40	14.57	11.62
法学	28.56	28.35	4.26	7.99	17.88	13.01
农林	21.47	32.80	2.87	16.67	15.32	10.79
医学	27.66	19.14	7.22	11.05	23.14	11.76
教育	23.53	32.03	1.25	13.91	11.88	17.37
经管	25.84	30.76	4.14	10.48	14.44	14.35

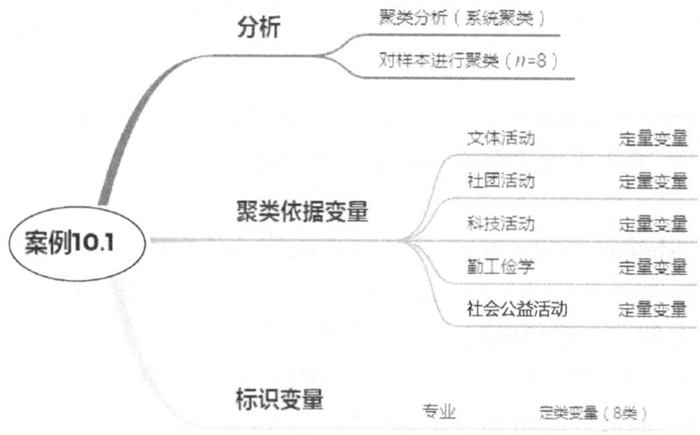

图 10-6 案例 10.1 的思维导图

【操作步骤】

（1）根据表 10-6 建立数据文件“10.1 各专业参加课外活动的聚类”。其中“专业”作为聚类分析结果的标志，应在数据类型上选择“字符型”。

（2）依次执行“分析（Analyze）”→“分类（Classify）”→“系统聚类（Hierarchical Cluster）”命令，弹出“系统聚类分析”对话框（见图 10-7）。除源变量框外，该对话框还设有以下内容。

①“变量（Variable(s)）”框：指定参与分析的变量。

②“个案标注依据（Label Cases by）”框：在进行样本点聚类时，指定能够标示样本点的字符型变量。

③“聚类（Cluster）”选项组：指定聚类的类型，包括两个单选按钮。

- 个案（Cases）：对样本点聚类（Q 型聚类）。
- 变量（Variables）：对变量聚类（R 型聚类）。

④“显示（Display）”选项组：设有两个复选框，系统默认两者都勾选。

- 统计（Statistics）：输出统计量（包括有效个案数、缺失值数及总数）。
- 图（Plots）：输出统计图（聚类的冰柱图）。

（3）将文体活动、社团活动、科技活动、勤工俭学、社会公益活动 5 个变量移入“变量（Variable(s)）”框中，将字符型变量“专业”移入“个案标注依据（Label Cases by）”框中。其他选项组取系统默认的选项（见图 10-7）。

（4）单击“方法（Method）”按钮，弹出“系统聚类分析：方法”对话框（见图 10-8）。该对话框中的内容涵盖了系统聚类分析过程中的基本环节，共有四个部分。

①“聚类方法（Cluster Method）”下拉列表：用于确定进行聚类的方法，即指定定义类与类之间距离和合并的方法，在下拉列表中列出了前面所介绍的 7 种方法（见图 10-9）。

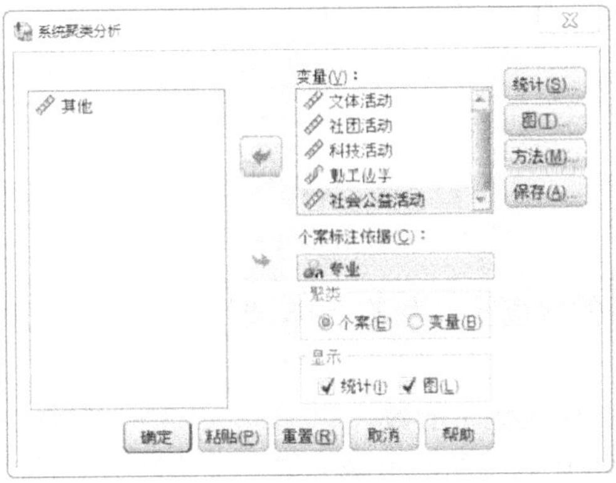

图 10-7　“系统聚类分析”对话框

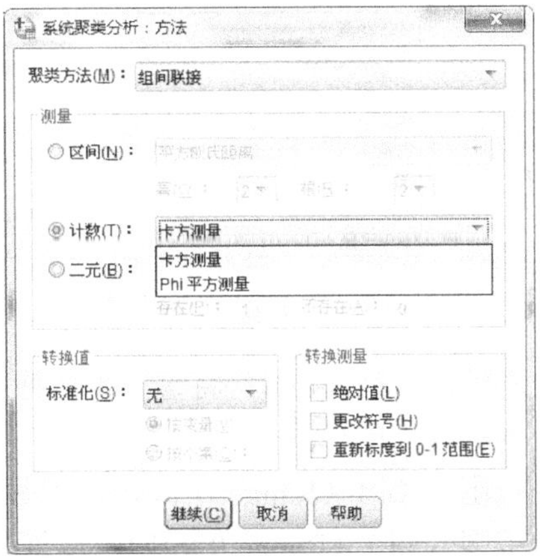

图 10-8　“系统聚类分析：方法”对话框

②“测量（Measure）”选项组：用于确定点与点之间的距离或相似系数的计算方法，针对三种不同的数据类型给出了三个单选按钮，这说明要求参与聚类分析的数据的类型必须一致。

- 区间（Interval）：对区间变量（定距变量）给出了表 10-1 中定义的 8 种方法，即欧氏距离、平方欧氏距离、余弦、皮尔逊相关性、切比雪夫、块、明可夫斯基和定制，如图 10-10 所示。

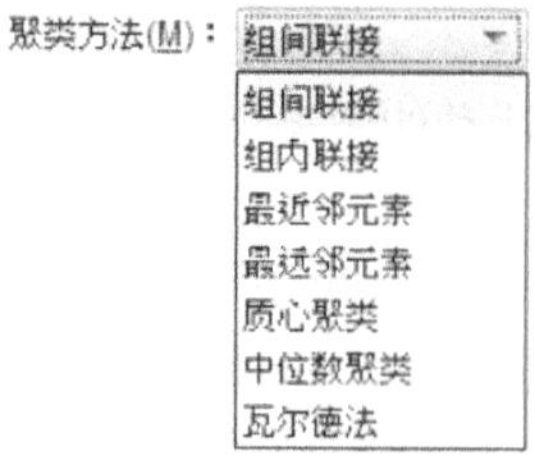

图 10-9 “聚类方法”下拉列表

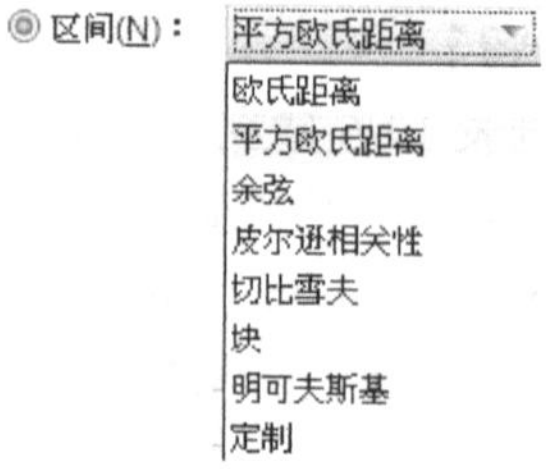

图 10-10 “区间”下拉列表

- 计数（Counts）：对计数变量给出了表 10-1 中定义的两种不相似性度量的方法：“卡方测量（Chi-Square Measure）”（χ^2测度）和“Phi 平方测量（Phi-Square Measure）”（Φ^2测度），如图 10-8 中的下拉列表。
- 二元（Binary）：对二分变量给出 27 种距离或不相似性度量法（见图 10-11）。以上内容参见 10.1.2 节的内容。需要注意的是，对于二分变量，系统对 0 与 1 的界定是：1 代表某事件发生（Present），0 代表某事件不发生（Absent）。如果为了与数据文件中所设定的二分变量的编码一致，也可以进行自定义，即在“存在（Present）”框和“不存在（Absent）”框中输入自己定义的值。

③“转换值（Transform Values）”选项组：对定距数据和计数数据进行标准化处理。首先要在下拉列表中选择标准化方法（见图 10-12），然后设置是对变量［“按变量（By variable）”］还是对样本点［“按个案（By case）”］做标准化变换。“标准化”下拉列表所提供的 7 种选择如下。

- 无（None）：不进行标准化处理。

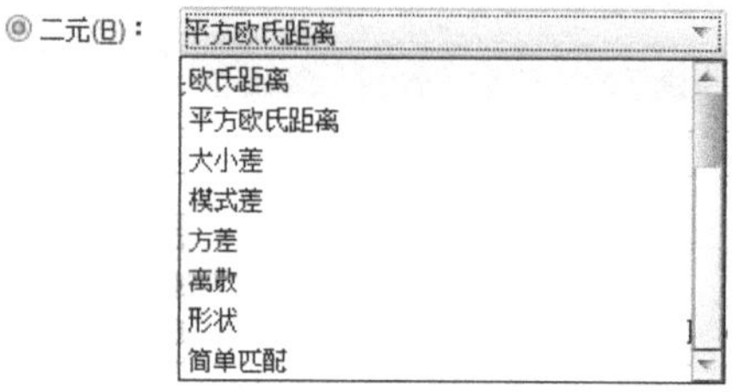

图 10-11 “二元”下拉列表

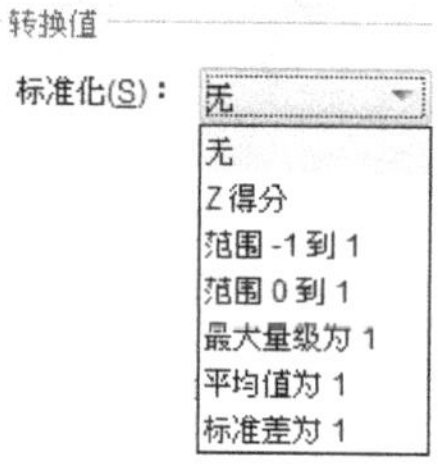

图 10-12 “标准化”下拉列表

- Z 得分（Z scores）：将每一个做标准化处理的数值转化为 Z 分数，即以 0 为均值、以 1 为标准差的标准分。
- 范围-1 到 1（Range -1 to 1）：把数值标准化为–1 到 1 的数。
- 范围 0 到 1（Range 0 to 1）：将每一个做标准化处理的数值减去该变量的最小值后除以全距，于是将数值的范围转化为 0～1。
- 最大量级为 1（Maximum magnitude of 1）：将每一个做标准化处理的数值除以该变量的最大值，于是数值标准化后最大值为 1。
- 平均值为 1（Mean of 1）：将每一个做标准化处理的数值除以该变量的均值，于是变换后的数值的均值为 1。
- 标准差为 1（Standard deviation of 1）：将每一个做标准化处理的数值除以该变量的标准差，于是变换后的数值的标准差为 1。

在上述标准化过程中，如果出现分母为 0 的情况，则原数据保持不变。

④“转换测量（Transform Measures）”选项组，对已有距离测量结果进一步做变换，设有3个复选框：“绝对值（Absolute Values）”“更改符号（Change Sign）”“重新标度到0-1范围（Rescale to 0-1 range）”。一般地说，已由“测量（Measures）”选项组计算了距离或相似性度量值的不再使用这一选项组。

对于本案例，在“聚类方法（Cluster Method）”下拉列表中选择“瓦尔德法（Ward's method）”作为聚类的方法（见图10-13）；由于参与分析的变量属于定距变量，因此在“测量（Measure）”选项组中选中“区间（Interval）”单选按钮，然后在其后的下拉列表中选择“欧式距离（Euclidean distance）”作为点与点距离的定义；在“转换值（Transform Values）”选项组中设置数据标准化方法为“Z得分（Z scores）”，即转化为标准分，单击“继续（Continue）”按钮，返回“系统聚类分析”对话框。

（5）单击“统计（Statistics）”按钮，弹出“系统聚类分析：统计”对话框（见图10-14）。该对话框用于指定在聚类后能够在输出窗口显示的统计量，包括两个复选框和一个“聚类成员”选项组。

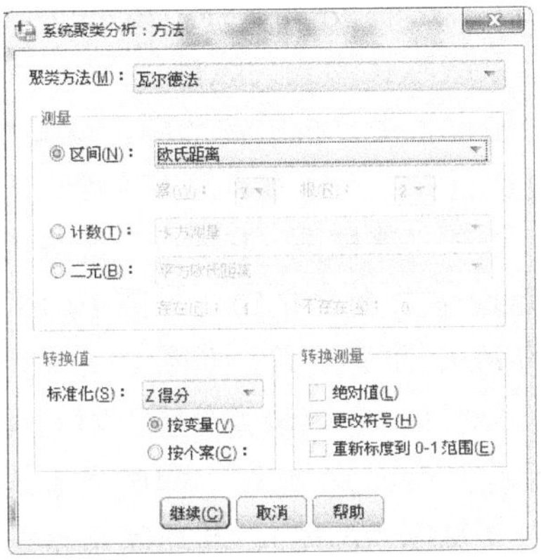

图 10-13　“系统聚类分析：方法”对话框

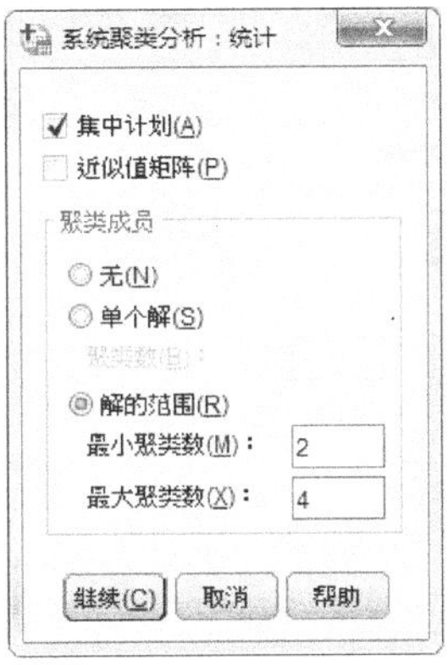

图 10-14　“系统聚类分析：统计”对话框

①“集中计划（Agglomeration schedule）”复选框：要求给出凝聚状态表，说明聚类的过程，为系统默认选项。

②“近似值矩阵（Proximity Matrix）”复选框：以矩阵的形式输出各项（样本点或变量）间的距离或相似性度量值。当数据量很大时，如有50个样本点，那么输出的矩阵将是50×50的方阵，输出量非常大，也难以对数据进行观察和分析，最好不选此项。

③“聚类成员（Cluster Membership）”选项组，用来指定显示分类结果的方式，提供了3种选择。

- 无（None）：不显示类成员表。
- 单个解（Single Solution）：在“聚类数（Number of clusters）”后面的参数框内输入要求的分类数后，输出窗口将提供每个样本点（或变量）被分到第几类的信息。
- 解的范围（Range of solutions）：在给出最小聚类数（Minimum number of clusters）与最大聚类数（Maximum number of clusters）之后，如2与4，输出窗口将给出在分成2～4类时，每次分类各个样本点（或变量）都被分到第几类的信息。

对于本案例，勾选“集中计划（Agglomeration schedule）”复选框；为考察各种分类结果，在“聚类成员（Cluster Membership）”选项组中选中“解的范围（Range of solutions）”单选按钮，最小分类数设为2，最大分类数设为4（见图10-14）。单击“继续（Continue）”按钮，返回“系统聚类分析”对话框。

（6）单击“图（Plots）”按钮，弹出“系统聚类分析：图”对话框（见图10-15）。该对话框用于指定在聚类后能在输出窗口显示的统计图，包括以下内容。

①“谱系图（Dendrogram）”复选框：输出聚类分析的树形图。

②“冰柱图（Icicle）”选项组：输出冰柱图，提供了3种选择。

- 全部聚类（All clusters）：输出聚类分析的每个阶段的冰柱图。
- 指定范围内的聚类（Specified range of clusters）：只输出某个阶段的冰柱图，选择此项后要将开始的分类数、终止的分类数和中间间隔多少分别输入“开始聚类（Start cluster）”框、“停止聚类（Stop cluster）”框和“依据（by）”框中。一般在样本点比较多时，选择该项会给出一个非常简明的冰柱图。
- 无（None）：不输出冰柱图。

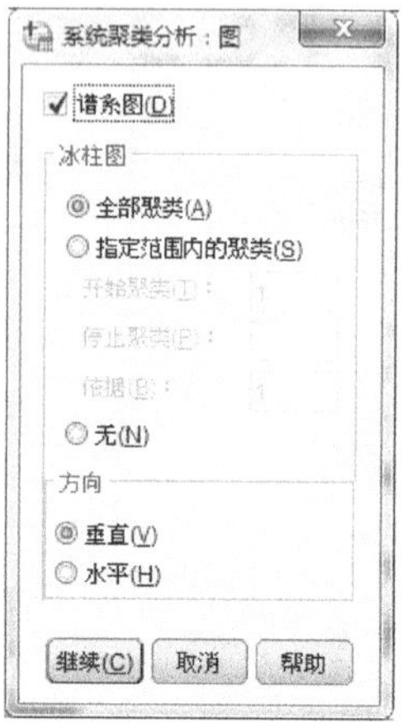

图10-15　“系统聚类分析：图”对话框

③“方向（Orientation）”选项组：指定冰柱图是采取“垂直（Vertical）”还是“水平（Horizontal）”的形式，即纵排还是横排，系统默认形式为纵排。

本案例中，为输出聚类分析的树形图，勾选“谱系图（Dendrogram）”复选框；由于样本点只有8个，所以聚类的过程只有7步，故在“冰柱图（Icicle）”选项组中选中“全部聚类（All clusters）”单选按钮（见图10-15），以便输出聚类分析的每个阶段的冰柱图。单击“继续（Continue）”按钮，返回“系统聚类分析”对话框。

（7）单击“保存（Save）”按钮，弹出“系统聚类分析：保存”对话框（见图10-16），其功能是将聚类的结果以变量的形式保存到数据编辑器窗口的数据文件中。其中的“聚类成员”选项组与“系统聚类分析：统计”对话框中的“聚类成员（Cluster Membership）”选项组类似，提供了三个单选按钮。

- 无（None）：不保存类成员表。
- 单个解（Single Solution）：在“聚类数（Number of clusters）”后面的参数框内输入要求的分类数后，在数据编辑器窗口将产生新变量，输出窗口将显示每个样本点（或变量）被分到了第几类。
- 解的范围（Range of solutions）：在给出了最小、最大聚类数之后，如2与4，在数据编辑器窗口将产生新变量，输出窗口将给出在分成2～4类时，各个样本点（或变量）在每次分类中被分到第几类的信息。

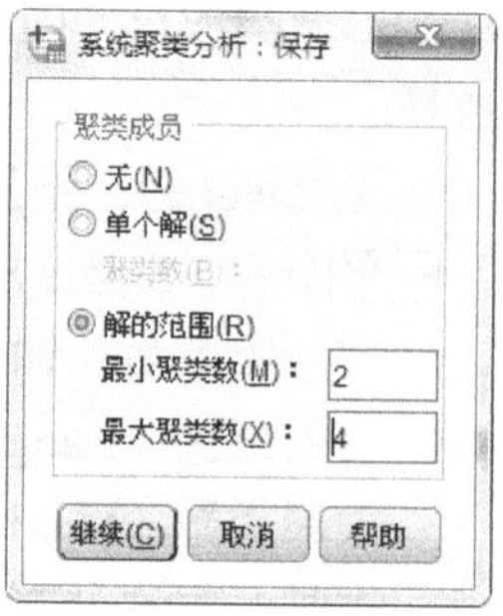

图10-16　“系统聚类分析：保存”对话框

在数据编辑器窗口中，新变量名的编码规则是：如果分类数为5，那么第一次聚类产生的变量名为CLU5_1，第二次采用不同的聚类方法产生的变量名为CLU5_2，以此类推，如果分为n类，第m次聚类产生的变量名为CLUn_m。

本案例中，我们希望将分为2类、3类、4类的结果均保存在数据文件中，于是在“聚类成员（Cluster Membership）”选项组内选中“解的范围（Range of solutions）”单选按钮，最小分类数设为 2，最大分类数设为 4（见图 10-16）。单击“继续（Continue）”按钮，返回“系统聚类分析”对话框。

（8）单击“确定（OK）”按钮，提交系统运行。

【输出结果】

（1）样本信息。表 10-7 给出了样本的信息，可知共有 8 个样本点，没有缺失值。

表 10-7　样本摘要表

个案处理摘要 [a]					
个　案					
有　效		缺　失		总　计	
个案数	百分比	个案数	百分比	个案数	百分比
8	100.0%	0	0.0%	8	100.0%

a. 欧氏距离已使用。

（2）聚类过程。表 10-8 为聚类凝聚过程表，描述了 8 个样本点的凝聚过程，表中各列的含义如下。

第 1 列 [“阶段（Stage）”]：聚类过程中每一步的顺序号。

第 2、3 列 [“组合聚类（Clusters Combined）”]：对应于每一步被合并的两类 [“聚类 1（Cluster1）”“聚类 2（Cluster2）”] 中的样本点序号，如第一步是 1 号和 2 号，即工科与理科合并为一类。

第 4 列 [“系数（Coefficient）”]：距离的度量。我们选择的是欧几里得距离，合并的次序是根据距离的远近，距离近的先合并。因为工科与理科的距离最近，所以第一步是将这两个专业合并为一类，第二步是 3 号（文学）与 8 号（经管）合并为一类。

第 5、6 列 [“首次出现聚类的阶段（Stage Cluster First Appears）”]：合并的两项第一次出现的聚类号。如果第 5、6 列均为 0，表明该步是两个样本点合并；如果有一个为 0，表明该步是样本点与类合并；如果两个均不为 0，则表明将两类合并。例如，第 1 步中是工科与理科合并，“聚类 1（Cluster1）”“聚类 2（Cluster2）”两列均为 0；第 5 步是工科与理科合成的类与 4 号（法学）合并，所以“聚类 1（Cluster1）”为 1（表示第 1 步合并成的类），“聚类 2（Cluster2）”为 0（法学为样本点）；第 4 步中“聚类 1（Cluster1）”“聚类 2（Cluster2）”分别为 2、3，表明是由第 2 步合并类与第 3 步合并的类进行合并。

第 7 列 [“下一个阶段（Next Stage）”]：此步合并之后下一次合并时的步序号。根据这一列的指引，我们就可以知道，理工科与其他专业合并的过程是：第 1 步理工科合并后，将在第 5 步与法学专业合并，在第 6 步与医学专业合并，到第 7 步与其他专业所成的类合并。

（3）聚类结果。表 10-9 给出了 8 类专业分为 2 类、3 类、4 类时，每类专业所属的类别情况。

分为 4 类时：① 工科、理科；
② 文学、农林、教育、经管；
③ 法学；
④ 医学。

分为 3 类时：① 工科、理科、法学；
② 文学、农林、教育、经管；
③ 医学。

分为 2 类时：① 工科、理科、法学、医学；
② 文学、农林、教育、经管。

表 10-8　聚类凝聚过程表

集中计划						
阶段	组合聚类		系数	首次出现聚类的阶段		下一个阶段
	聚类 1	聚类 2		聚类 1	聚类 2	
1	1	2	.466	0	0	5
2	3	8	1.018	0	0	4
3	5	7	1.888	0	0	4
4	3	5	3.214	2	3	7
5	1	4	4.563	1	0	6
6	1	6	6.179	5	0	7
7	1	3	10.303	6	4	0

表 10-9　分为 2~4 类的聚类结果

聚类成员			
个案	4 个聚类	3 个聚类	2 个聚类
1:工科	1	1	1
2:理科	1	1	1
3:文学	2	2	2
4:法学	3	1	1
5:农林	2	2	2
6:医学	4	3	1
7:教育	2	2	2
8:经管	2	2	2

（4）冰柱图和谱系图。在输出窗口给出的冰柱图如图 10-17 所示，给出的谱系图（树形图）如图 10-18 所示。图 10-17 是反映聚类全过程的图形，很像我国东北地区冬天房檐下的冰柱，因此取名为冰柱图。图中纵坐标是分类数，横坐标是各个专业。读图时在分类数处画一条直线（见图 10-17 中的虚线），出现空白的地方是各个类的分界。例如，分为 4 类时，文学与医学、医学与法学、法学与理科之间都是空白，说明了各专业是如何划分为 4 类的。

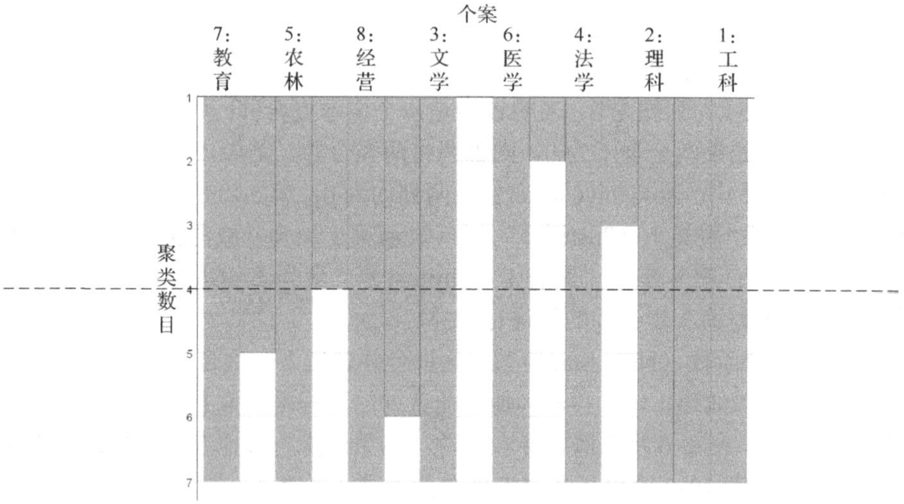

图 10-17　8 个专业聚类全过程冰柱图

图 10-18 是反映聚类全过程的树形图。聚类的过程一目了然，而且通过观察可以大致决定分为几类比较合适，因此通常情况下，人们更喜欢用树形图来考察聚类的过程。例如，我们可以拿一支笔放在树形图上，并与图中的横线垂直，然后从左向右移动，就会看到整个聚类过程，如果想分为 3 类，那么就将笔停在与三条横线相交处，每条横线左边所连接的专业就构成一类。

（5）聚类结果的保存。图 10-19 表明将专业分为 2 类、3 类和 4 类的分类结果保存到数据文件中。这个结果与表 10-9 的结果是一样的。

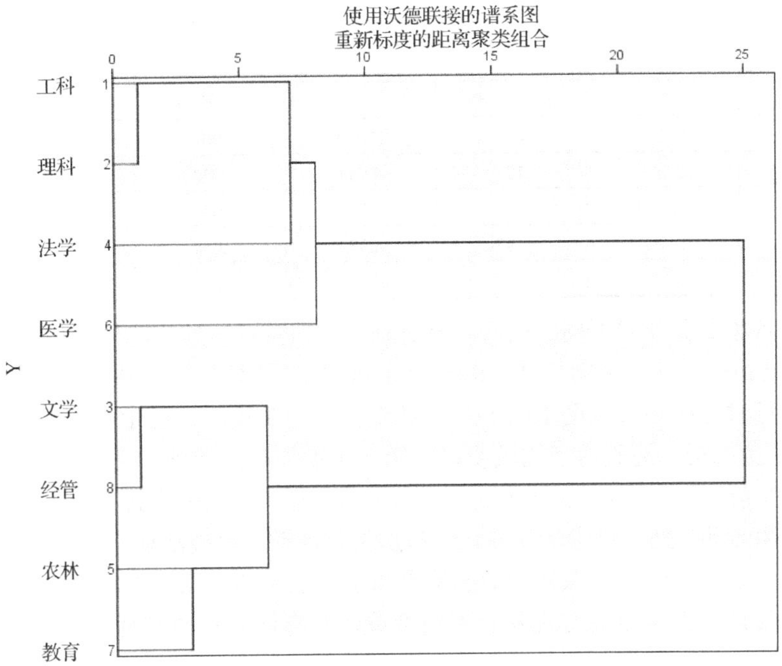

图 10-18　8 类专业聚类全过程树形图

	专业	文体活动	社团活动	科技活动	勤工俭学	社会公益活动	其他	CLU4_1	CLU3_1	CLU2_1
1	工科	26.83	26.01	10.21	9.74	14.61	12.62	1	1	1
2	理科	26.71	23.63	9.94	9.29	17.19	13.25	1	1	1
3	文学	24.90	31.35	3.98	13.40	14.57	11.62	2	2	2
4	法学	28.56	28.35	4.26	7.99	17.80	13.01	3	1	1
5	农林	21.47	32.80	2.87	16.67	15.32	10.79	2	2	2
6	医学	27.66	19.14	7.22	11.05	23.14	11.76	4	3	1
7	教育	23.53	32.03	1.25	13.91	11.88	17.37	2	2	2
8	经管	25.84	30.76	4.14	10.48	14.44	14.35	2	2	2

图 10-19　数据文件中加入了聚类结果变量

10.2.3　进一步分析和说明

1. 对结果的进一步分析

事实上，在真正做研究时需要采用多种聚类方法和不同的距离定义做聚类，然后结合研究目的、实际经验或相关专业知识，对各种聚类结果进行分析，确定采用哪一种分类更好。另外，分类本身往往并不是研究的最终目的，最终目的是找出每一类的特点，以便在制定政策、开展工作时更有针对性。因此完成聚类分析之后，尚有两项工作要做，第一，进一步运用方差分析等方法考察分类结果是否达到了不同类之间差异尽可能大，同类之间差异尽可能小的目的；第二，结合实际分析每一类的特点，即考察不同类之间的差异。我们结合上述的输出结果来说明如何做好这两项工作。

首先，根据数据文件中的三种分类，考察分成几类更合适。对每一个变量，针对每种分类做方差分析，结果综合为表 10-10。分成 2 类时只有“社会公益活动”的概率值大于 0.05，差异不显著，其他各项的概率值均小于 0.05。分成 3 类或 4 类时，分类会更好一些，只有“文体活动”和“勤工俭学”的差异不显著。因此，从方差分析的视角上看，将 8 类专业分成 2 类会更好一些。

表 10-10　对三种分类的方差分析结果

	CLU4_1		CLU3_1		CLU2_1	
	F	显　著　性.	F	显　著　性	F	显　著　性
社团活动	40.020	.002	27.181	.002	13.680	.010
文体活动	3.303	.139	4.758	.070	11.333	.015
科技活动	17.450	.009	4.267	.083	9.882	.020
勤工俭学	2.630	.187	4.382	.080	8.368	.028
社会公益活动	9.173	.029	13.401	.010	4.532	.077

其次，将各类专业分成不同的类后，分析每一类的特点。为此，利用 SPSS 中的排序功能（“转换（Transform）”→“个案排秩（Rank Cases）”），根据表 10-6 中每类专业各项活动的排序指数从高到低进行排序（见图 10-20）。将各专业分为 2 类时，图 10-20 中的 1～4 行为第一类，5～8 行为第二类。两类特点比较明显：第一类参加科技活动、文体活动、社会公益活动多（几乎全排在前 4 位），而参加社团活动、勤工俭学活动少（基本排在后 5 位）；第二类恰恰相反，参加社团活动、勤工俭学活动多，而参加文体活动、科技活动、社会公益活动少。这样的分类基本上反映了学生参与课外活动的特点和学校组织第二课堂工作的特点。

但是不难发现，医学专业与理科、工科专业还是有许多不同的特点的，医学专业参与社会公益活动的排序指数远远高于其他专业，而参与社团活动的排序指数远远低于其他专业；法学专业与经管、文学专业也有很大的不同，经管、文学专业对各项活动参与的排序指数均处于居中的位置，而法学专业参与文体活动和社会公益活动的排序指数都高于其他专业。

当我们按照所排的秩进行聚类（各选项的操作不变），并经方差分析，由结果可知分为两大类（1～4 行为一类，5～8 行为另一类）时，在所有的活动内容上都具有极其显著的差异（见表 10-11），这与前面的结果是一致的。

专业	R文体	R社团	R科技	R勤工	R社会
工科	3	6	1	6	5
理科	4	7	2	7	3
医学	2	8	3	4	1
法学	1	5	4	8	2
文学	6	3	6	3	6
经管	5	4	5	5	7
农林	8	1	7	1	4
教育	7	2	8	2	8

图 10-20　各专业各项课外活动排序指数的秩

表 10-11　按秩分两类后的方差分析表

ANOVA		
	F	显著性
Rank of 文体活动	19.200	.005
Rank of 社团活动	19.200	.005
Rank of 科技活动	19.200	.005
Rank of 勤工俭学	8.400	.027
Rank of 社会公益活动	8.400	.027

2. 关于冰柱图的一点说明

当样本量比较大时，如果希望输出冰柱图，不要选择“全部聚类（All Clusters）”，而是要选择“指定范围内的聚类（Specified range of clusters）”。指定开始的分类数（开始聚类），分类数多少时结束（停止聚类），中间间隔是多少（依据），其结果会是一个非常简明的冰柱图。例如，对全国 31 个省市自治区的城镇居民收入做聚类分析，如果选择“全部聚类（All Clusters）”，将会给出一个非常大的冰柱图（仅冰柱部分就有 30 行、62 列），但如果指定开始的分类数为 1，分类数为 10 时结束，间隔为 1，那么冰柱图就会简单得多，而且各种分类情况一目了然。以分成 5 类为例，只需用尺画一条直线即可得出（见图 10-21）。

第一类：新疆、西藏、青海、宁夏、黑龙江、甘肃、贵州、陕西、四川、海南、江西、河南、吉林、湖南、内蒙古、广西、湖北、安徽、山西、辽宁、云南和河北。

第二类：重庆、山东。

第三类：福建、江苏、天津。

第四类：广东、浙江。

第五类：上海和北京。

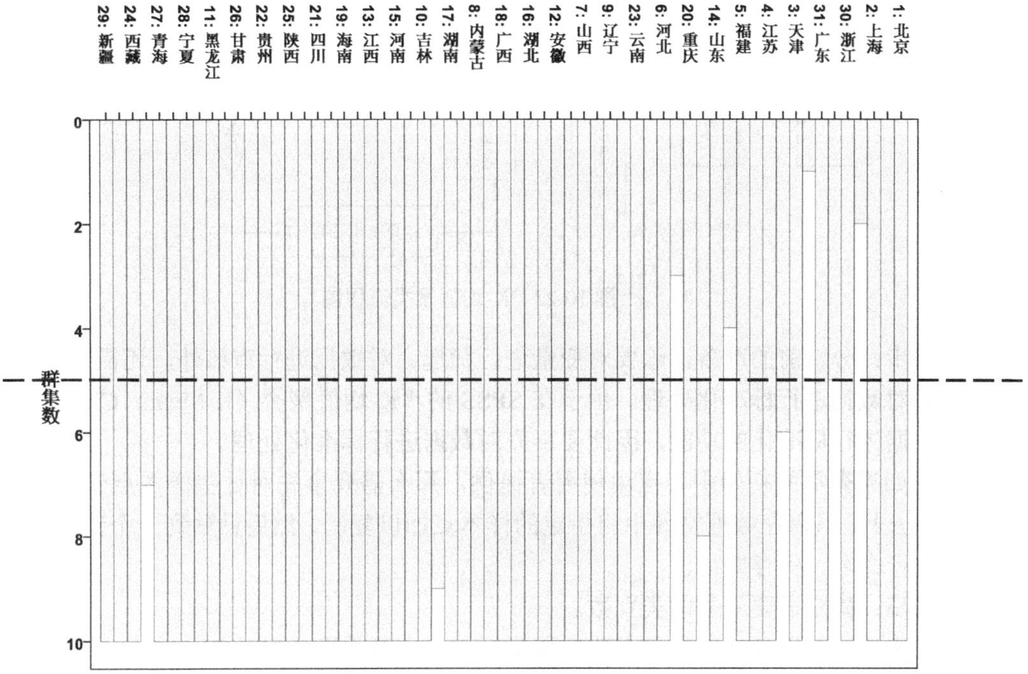

图 10-21　31 个省市自治区聚类的冰柱图

10.3　K-均值聚类

系统聚类的一个缺点是对于大样本的数据进行聚类时运算量大、显示聚类结果的冰柱图或树形图占的空间很大，也不易进行分析。在这种情况下，经常使用的是“K-均值聚类（K-Means Cluster）”，或称为快速聚类。

10.3.1　使用 K-均值聚类的条件与步骤

1. 使用 K-均值聚类的条件

（1）仅适用于对样本点聚类，不能对变量进行聚类。

（2）由于 K-均值聚类使用的是欧几里得距离的平方，因此，参与分析的变量必须是定距变量或者连续变量。对变量的要求比较高，如要求服从正态分布、方差齐性等[①]。

（3）如果各个变量所涉及的单位不同，需要事先对数据进行标准化处理，将其转化为标准分（*Z* 分数）。

（4）由于 K-均值聚类需要事先指定分类数，所以对样本分类特征要有一定的认识，对数

① 张文彤. SPSS 统计分析高级教程[M]. 北京：高等教育出版社，2004：248.

据分成几类心中比较有把握。实际分析过程中，可根据研究的问题和数据特点，对于不同的分类数，反复应用 K-均值聚类法进行聚类，然后对结果进行比较，从中选一个较合适的方案。

2. K-均值聚类的步骤

利用 SPSS 进行 K-均值聚类的过程如图 10-22 所示，具体地说，有以下六个步骤。

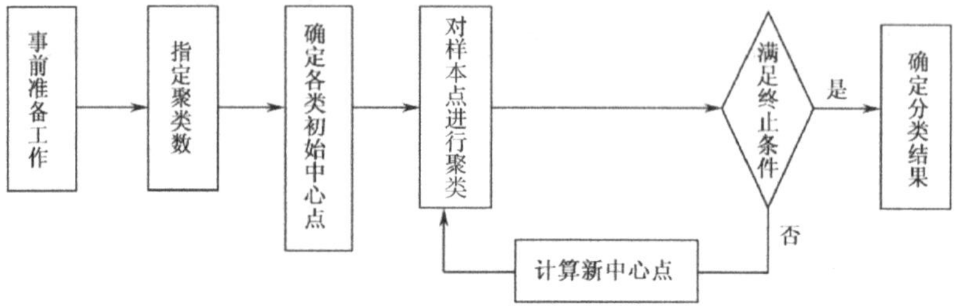

图 10-22　K-均值聚类流程图

第一步：分析前的准备，除要对变量进行筛选、对数据进行审核外，还需要做两项工作。

（1）对数据进行标准化处理。由于在 SPSS 的“K-均值聚类（K-Means Cluster）”模块中没有对数据进行标准化的功能，因此要事先对数据进行标准化处理。

（2）如果聚类的初始中心点由使用者提供，那么需要事先对这些样本点建立一个数据文件。在做法上，只需在数据文件中将指定的样本点加以复制，然后粘贴到一个新建的数据文件中，并进行命名、保存即可。

第二步：确定需要聚类的类别数。

第三步：由使用者或系统本身确定聚类中心，即开始聚类时的初始中心点。

第四步：计算样本点到每个中心点的距离，按照距离最近原则对样本点进行聚类。

第五步：计算每一类中各个变量的均值，以均值点作为新的中心点。

第六步：判断是否满足终止聚类的条件：一是迭代的次数是否已达到要求；二是新类的中心点与初始类的中心点的距离是否小于指定的数值。如果满足了其中的一个条件，则结束聚类；如果两个条件均不满足，则回到第三步。

10.3.2　利用“K-均值聚类（K-Means Cluster）”命令进行聚类分析

【案例 10.2　大学生学习策略水平的 K-均值聚类分析】

由数据文件“统计分析案例”中的 7 个变量（课堂、阅读、自控、时间、目标监控、环境和创新）生成新数据文件“10.2 大学生学习策略水平的聚类”，根据这 7 个变量将学生划分为 4 类，以便分析各类学生的特点，针对不同类学生有针对性地进行学习指导。案例 10.2 的思维导图如图 10-23 所示。

【操作步骤】

（1）打开数据文件“10.2 大学生学习策略水平的聚类”。

（2）数据标准化。由于各变量的数量级差别较大，因此先利用“描述（Descriptive）”命令对各个变量做标准化处理。依次执行“分析（Analyze）”→“描述统计（Descriptive Statistics）”→“描述（Descriptives）”命令，弹出“描述”对话框（见图 10-24），将变量移入“变量（Variable(s)）”框内，并勾选“将标准化值另存为变量（Save standardized values as variables）”复选框，然后单击“确定（OK）”按钮。标准化后的数据就会加入数据编辑器窗口的数据文件中。

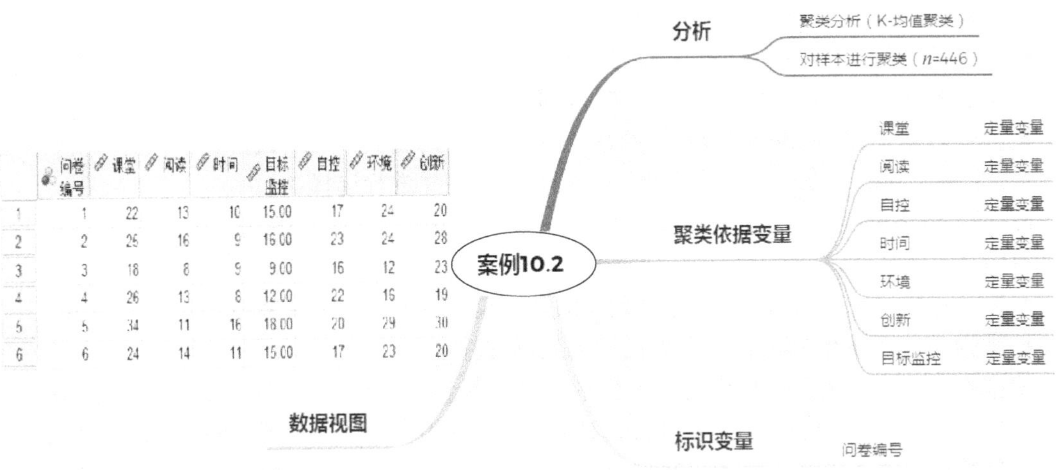

图 10-23　案例 10.2 的思维导图

（3）依次执行“分析（Analyze）”→“分类（Classify）”→“K-均值聚类（K-Means Cluster）”命令，弹出“K 均值聚类分析”对话框（见图 10-25）。该对话框有如下内容。

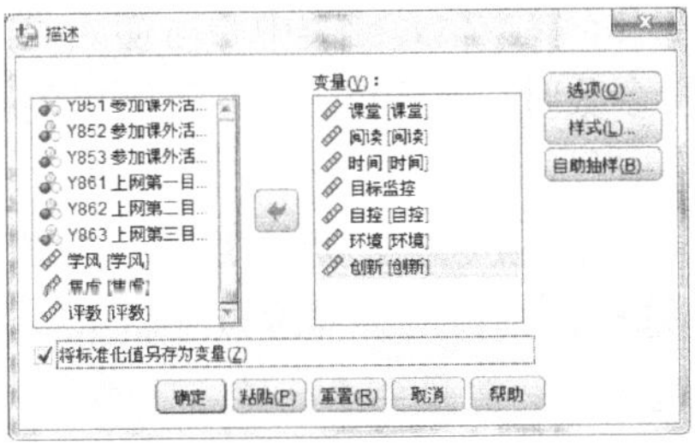

图 10-24　“描述”对话框

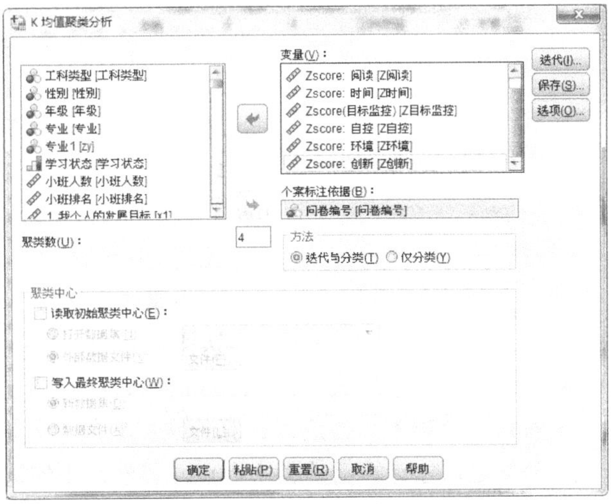

图 10-25　“K 均值聚类分析”对话框

①“变量（Variables）”框：输入参与分析的变量。

②“个案标注依据（Label Cases by）”框：输入标示样本点的变量。

③“方法（Method）”选项组：指出对中心点的处理方法，设有两个单选按钮：

- 迭代与分类（Iterate and Classify）：在聚类的迭代过程中，由系统不断计算、更换类中心点，并将样本点分配到离它最近的一个类中心的类中，为系统的默认选项。
- 仅分类（Classify only）：根据初始给定的类中心进行聚类，聚类过程中不改变类中心。

④“聚类中心（Cluster Centers）”选项组：指定初始的类中心和保存聚类后的类中心，设有两个复选框。

a. 读取初始聚类中心（Read Initial）：使用指定数据文件中的样本点作为初始的类中心，选择此项前要先建立与工作的数据文件格式一样的、由指定作为类中心的样本点构成的数据文件。其下设两个单选按钮。

- 打开数据集（Open Dataset）：若已打开初始类中心的数据文件，选择此项，则下拉列表中会列出所有 SPSS 格式的数据文件，即可选择所需要的文件。
- 外部数据文件（External Data File）：若尚未打开初始类中心的数据文件，则单击其后的“文件（File）”按钮，打开先前建立的数据文件并进行选择。

b. 写入最终聚类中心（Write Final）：把聚类结果中的类中心点保存到指定的文件中。其下设有两个单选按钮。

- 新数据集（New Dataset）：保存到新的数据集中，在其后的文本框内输入文件名。
- 数据文件（Data File）：保存到已有的数据文件中。

根据本案例的要求，将转化为 Z 分数的 7 个变量移入“变量（Variables）”框中，将“问卷编号”变量移入“个案标注依据（Label Cases by）”框中；在“聚类数（Number of Clusters）”后面的参数框内输入“4”，表示将数据分为 4 类。在“方法（Method）”选项组中取系统默认选项，即由系统给出初始类中心点，并不断修改类中心点，不指定初始类中心，因此对“聚类中心（Cluster Centers）”选项组不做选择（见图 10-25）。

（4）单击“迭代（Iterate）”按钮，弹出“K-均值聚类分析：迭代”对话框（见图 10-26），其功能是控制聚类的过程。该对话框设有以下内容。

图 10-26 “K-均值聚类分析：迭代”对话框

- “最大迭代次数（Maximum Iterations）”框：限定聚类的迭代次数，一旦达到了这一次数，不论是否满足下面的第二个选项的条件，都停止迭代。系统给出的默认值为 10，也可以自己设定，参数范围是 1～999。
- “收敛准则（Convergence Criterion）”框：同样是对迭代的控制，在该框中输入所要求的参数值，当类中心与初始类中心距离的变化量小于这一参数时，迭代停止。系统给出的默认值是 0.02，显示的值为 0。
- “使用运行平均值（Use running means）”复选框：勾选此复选框，新的类中心点要随着每一个样本点的进入计算一次；如果不勾选此复选框，则在所有样本点都做了一次分配之后才计算新的类中心点。显然，不勾选该复选框，运算量会小一些。

本案例设置迭代次数为“18”，最小变化值（“收敛准则”）取系统默认值，单击“继续（Continue）”按钮，返回“K-均值聚类分析”对话框。

（5）单击“保存（Save）”按钮，弹出“K-均值聚类：保存新变量”对话框（见图 10-27），其功能是将聚类的结果作为新变量保存到当前的数据文件中。该对话框中有两个复选框。

- 聚类成员（Cluster membership）：新变量给出每个样本点在聚类完成后所属的类别。变量名为 QCL_1，变量值是每一个样本点所属的类别，用 1、2、3 等数字表示类序号。
- 与聚类中心的距离（Distance from cluster center）：新变量用以说明每个样本点与所属类的中心点的距离。变量名为 QCL_2，变量值是两个点之间的欧几里得距离。

本案例勾选该对话框中的两个复选框，然后返回“K-均值聚类分析”对话框。

（6）单击“选项（Options）”按钮，打开“K-均值聚类分析：选项”对话框（见图 10-28），其功能是指定要输出的统计量和对带有缺失值的样本点的处理方式。该对话框设有两个选项组。

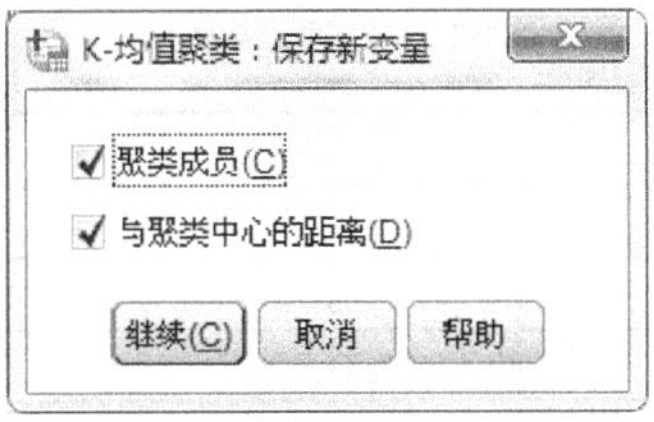

图 10-27　“K-均值聚类：保存新变量”对话框

图 10-28　“K-均值聚类分析：选项”对话框

①“统计（Statistics）”选项组，用于输出有关的统计量，包括三个复选框。

- 初始聚类中心（Initial cluster centers）：初始类中心。
- ANOVA 表（ANOVA Table）：方差分析表。
- 每个个案的聚类信息（Cluster information for each case）：每个样本点的分类信息，包括所分配的类别、与类中心的距离。

②“缺失值（Missing Values）”选项组，用于指定对缺失值的处理方式，包括两个单选按钮。

- 成列排除个案（Exclude cases listwise）：样本点只要在参与分析的变量中有缺失值，就要从分析中剔除。此为系统默认选项。
- 成对排除个案（Exclude cases pairwise）：只有样本点在所有参与分析的变量中都存在缺失值时才被剔除，否则保留。对于具有缺失值的样本点，利用其非缺失变量值计算距离，并仍按最近原则归类。

对于本案例，勾选“统计（Statistics）”选项组中的前两个复选框“初始聚类中心（Initial Cluster Centers）”和“ANOVA 表（ANOVA Table）”。如果想对学生进行有针对性的学习指导，那么对样本中的 446 名学生如何分类是我们需要关注的点，应勾选“每个个案的聚类信息（Cluster information for each case）”复选框，但由于输出结果很多，所以这里不予选择。对于缺失值的处理方式，取系统默认选项。然后返回“K 均值聚类分析”对话框。

（7）单击“确定（OK）”按钮，提交系统运行。

【输出结果】

在输出窗口共给出了 5 张统计表（见表 10-12～表 10-16），聚类结果保存在数据文件中[①]。

（1）初始类中心和最终类中心。表 10-12 列出了系统计算出的初始类中心变量值，可以视为 7 维空间的 4 个点。表 10-13 列出了聚类完成后最终的类中心变量值。

（2）迭代过程。表 10-14 是迭代过程中类中心每次的变化量，由表可知，经过 10 次迭代完成了聚类。

（3）方差分析。表 10-15 是对 4 类学生做每个变量（课堂、阅读、自控、时间、目标监控、环境和创新）的方差分析。表 10-15 中“聚类（Cluster）”下面的两列显示的是类间的均方差和自由度，“误差（Error）”下面的两列显示的是类内的均方差和自由度。由表 10-15 可知，F 的概率值均为 0.000，如果取显著性水平为 0.05，那么 p<0.05，故拒绝零假设，即各个类之间

① 由于初始类中心是由系统给出的，有一定的随机性，因此每次计算的结果一般会有所不同。

的均值有显著性差异。需要注意的是该表的表注：在一般情况下这里的显著性水平不能用于各类均值相等的假设检验，只能是对各类均值差异的一种描述。因为这种分类方法已经对不同类中的样本点（cases）做了差异的极大化处理。

表 10-12　初始类中心点变量值表

初始聚类中心				
	聚　类			
	1	2	3	4
Zscore:　课堂	2.94867	.35902	-2.41561	-.56586
Zscore:　阅读	2.63928	2.21075	-1.64605	2.63928
Zscore:　时间	2.46934	1.71408	-2.43989	-2.81753
Zscore（目标监控）	.62896	-.26761	-.56647	-2.35960
Zscore:　自控	2.52572	-.12882	-.12882	-2.11973
Zscore:　环境	2.82856	-1.32774	-.01523	-2.42150
Zscore:　创新	1.23290	2.69669	1.02378	-1.90380

表 10-13　最终的类中心变量值

最终聚类中心				
	聚　类			
	1	2	3	4
Zscore:　课堂	1.15876	.27205	-.56586	-1.22208
Zscore:　阅读	.70458	.33032	-.46300	-.99304
Zscore:　时间	.99768	.24581	-.46458	-1.26204
Zscore（目标监控）	1.15635	.15614	-.38767	-1.74766
Zscore:　自控	.96910	.26738	-.43795	-1.43239
Zscore:　环境	1.18470	.09252	-.57052	-1.14545
Zscore:　创新	.90385	.34026	-.46682	-1.38102

表 10-14　迭代过程中类中心的变化量

迭代历史记录[a]				
迭　代	聚类中的变动			
	1	2	3	4
1	3.375	3.413	3.232	3.187
2	.354	.257	.100	.840
3	.152	.143	.158	.462
4	.038	.037	.073	.179
5	.081	.043	.043	.130
6	.000	.009	.010	.000
7	.000	.019	.021	.000
8	.000	.024	.027	.000
9	.000	.019	.022	.000
10	.000	.000	.000	.000

a. 由于聚类中心中不存在变动或者仅有小幅变动，因此实现了收敛。任何中心的最大绝对坐标变动为 .000。当前迭代为 10。初始中心之间的最小距离为 5.893。

表 10-15　方差分析表

ANOVA						
	聚　类		误　差		F	显 著 性
	均　方	自 由 度	均　方	自 由 度		
Zscore：课堂	67.132	3	.491	357	136.681	.000
Zscore：阅读	38.280	3	.749	357	51.090	.000
Zscore：时间	55.937	3	.528	357	105.861	.000
Zscore(目标监控)	79.679	3	.364	357	218.609	.000
Zscore：自控	60.599	3	.527	357	115.060	.000
Zscore：环境	62.815	3	.543	357	115.728	.000
Zscore：创新	58.860	3	.603	357	97.580	.000

注：由于已选择聚类以使不同聚类中个案之间的差异最大化，因此 *F* 检验只应该用于描述目的。实测显著性水平并未因此进行修正，所以无法解释为针对“聚类平均值相等”这一假设的检验。

（4）每类的样本数。表 10-16 对分类进行了总结，第一类 68 人，第二类 134 人，第三类 117 人，第四类 42 人，总计 361 人，还有 85 人的数据中有缺失值。

表 10-16　每类中的样本点数

每个聚类中的个案数目		
聚类	1	68.000
	2	134.000
	3	117.000
	4	42.000
有效		361.000
缺失		85.000

为了便于对学生的学习进行分类指导，需要对不同类学生在学习上的特点和表现进行分析（具体操作过程不再赘述，读者可作为练习自己完成）。例如，利用 ANOVA 对各类学生在每个维度上的综合分数做差异分析。利用 ANOVA 可以对各类学生在学习策略各个维度上的分数进行方差齐性检验、方差分析、多重比较，计算各类的均值、标准差、最大值和最小值，绘制各个变量的不同类别学生的均值折线图。得出的结论是第一类学生的学习策略水平最高，第三类学生的学习策略水平最低，不同类别的学生在各个变量上均值之间的差异都是显著的（$p<0.05$）。

第 11 章　问卷的质量分析

由第 1 章知，问卷设计是进行抽样调查的基础性工作，问卷的质量直接关系到调查所获得的信息是否可靠，是否有效。衡量问卷质量的关键指标是问卷的信度和效度，进行问卷的信度与效度分析，是调查研究工作中的一个重要环节。信度与效度分析不仅应用于调查问卷的设计，在教育测量、心理测量、管理中的综合评价体系设计等方面也都要进行信度与效度的分析，其测量的稳定性与可靠性达到要求时，才能用于实践。

同样地，将一个复杂的问题尽可能地进行简化是处理问题的重要思维方式。在问卷设计特别是量表形成的过程中，如何根据所得到的数据将题目分为若干个维度，如何删除那些不重要的题目以简化问卷，都是需要考虑的问题。除可以通过聚类分析对题目进行聚类后简化外，统计学中的主成分分析和因子分析也可以帮助解决这类问题。

11.1　问卷的项目分析

通常在对问卷进行试测后，要进行项目分析（对于调查问卷来说，“项目”系指问卷中的“题目”），删除鉴别度不满足要求的题目，以提高问卷的效度。这里我们介绍用于项目分析的两种统计分析方法。需要注意的是，并不是问卷中的所有题目都要进行项目分析或鉴别度分析，只有当多个题目构成一个维度时，才对该维度下的每个题目进行项目分析。

11.1.1　项目分析的基本方法

1．利用独立样本的 T 检验

第 1 章曾介绍通过计算项目的鉴别度进行项目分析，这是一种比较简单的方法，应用于调查数据为总体的数据时。但是，鉴别度绝对值小到什么程度就应该删除，没有一个标准。当采用随机抽样时，调查数据为样本数据，可以对高分组与低分组平均分的差异进行 T 检验。也就是说，不仅计算高分组与低分组在某个项目上的平均分之差，还要对这两组人的平均分的差异进行显著性检验。如果统计结论为“差异显著”，说明通过测试能够将高分组与低分组区分出来，该题目的鉴别度是高的；反之，如果“差异不显著”，那么该题目的鉴别度不高，应予以删除。

2．利用相关分析

对每个项目与所属维度的总分做相关分析，是考察项目鉴别度的另一种有效的方法。如果通过检验，某个项目与所属维度总分的相关性显著，就说明这个项目的鉴别度较高，可以作为这个维度的一个测试题。

从理论上讲，当测试的题目是利克特量表时，可以采用积差相关系数；当测试的题目为二项选择题时，要使用点二列相关系数。但从对 SPSS 使用的角度上看，都是计算积差相关系数。

11.1.2　利用 SPSS 进行项目分析

上述两种方法都是我们熟悉的内容，这里仅通过下面的案例来说明应用 SPSS 进行项目分析的全过程。

【案例 11.1　“时间管理维度中各题目”的项目分析】

数据文件“11.1　时间管理的项目分析”中，对时间管理水平的测试包含 4 个题目（第 1 章附录中的第 16、19、22 及 28 题），对这 4 个题目进行项目分析，以确定是否需要删除其中的某个题目。案例 11.1 的思维导图如图 11-1 所示。

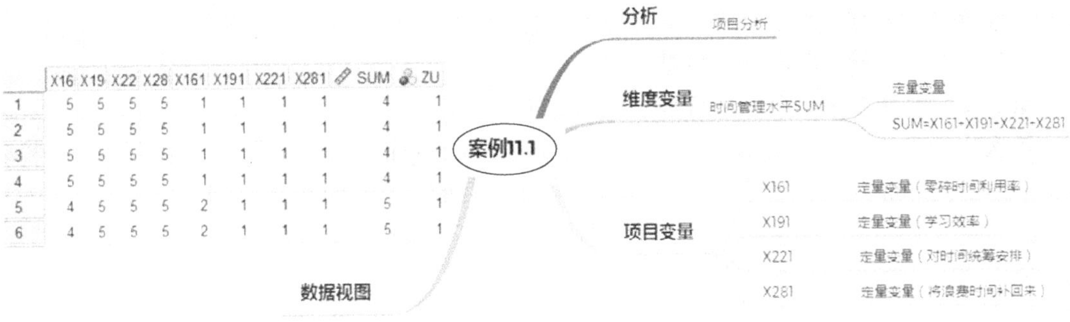

图 11-1　案例 11.1 的思维导图

1. 利用 T 检验进行项目分析

【操作步骤】

项目分析需要经过以下五个步骤才能完成：对逆向题目重新编码→计算时间管理的总分→确定高分组与低分组→对高分组、低分组各题目平均分的差异进行 T 检验→根据结果判断是否要将某些题目删除。

第一步：打开数据文件“11.1　时间管理的项目分析”。

第二步：对逆向题目重新编码（见图 11-2）。

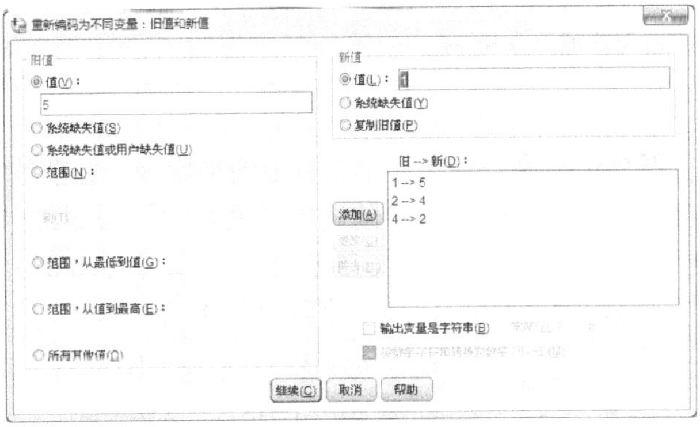

图 11-2　对逆向题目重新编码

4 个题目均为逆向题，如果将各题的数据直接相加，就会出现时间管理水平越高，总分越低的情况，不合常理，所以需要将逆向题重新计分。利用“转换（Transform）”菜单中的“重新编码为不同变量（Recode into Different Variables）”命令生成新变量 X161、X191、X221，X281，然后对数据文件进行保存。

第三步：计算时间管理总分。

利用“转换（Transform）”菜单中的“计算变量（Compute Variable）”命令计算时间管理总分“SUM”：SUM=X161+X191+X221+X281（见图 11-3），于是在数据编辑器窗口的数据文件中产生新变量 SUM。

第四步：构建高分组与低分组。

（1）利用“数据（Data）”菜单中的“个案排序（Sort Cases）”命令对时间管理总分 SUM 从低到高进行排序。

（2）共有 436 个个案，取前、后各 25%，第 1 个到第 109 个个案构成低分组，第 328 个到第 436 个个案构成高分组。引入组别变量“ZU”，低分组 ZU=1，高分组 ZU=2，可以直接利用“复制”与“粘贴”命令完成赋值工作。

第五步：对 4 个题目分别进行独立样本的 T 检验。

依次执行“分析（Analyze）”→“比较平均值（Compare Means）”→“独立样本 T 检验（Independent-Samples T Test）”命令，完成对 4 个题目的 T 检验（见图 11-4）。

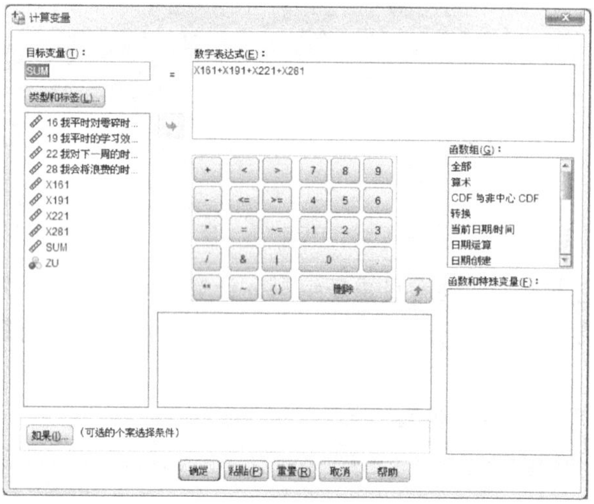

图 11-3　计算时间管理总分 SUM

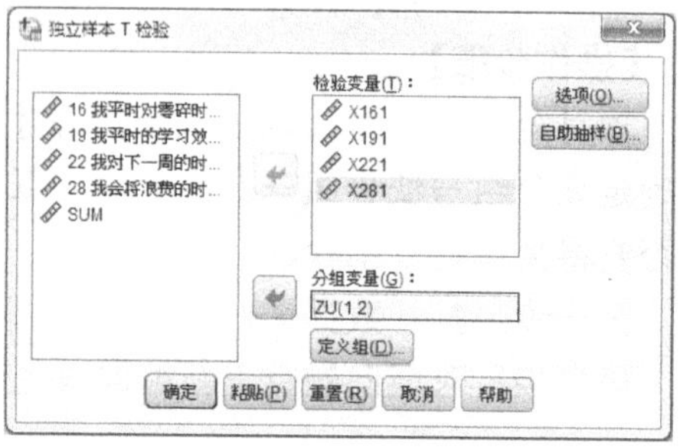

图 11-4　对各题目高、低分组进行 T 检验

【输出结果】

输出窗口除给出了低分组与高分组在 4 个题目上的平均分、标准差和平均分的标准误外，还给出对低分组与高分组平均分进行 T 检验的结果（见表 11-1）。由表 11-1 可知，对于 X161 和 X191，两组的方差不具齐性（p 分别为 0.015 和 0.001，均小于 0.05），对于 X221 和 X281，两组的方差具有齐性（p 值均大于 0.05），但 4 个题目的 T 检验结果均为 $p = 0.000 < 0.01$，两组的平均分差异极其显著，说明 4 个题目都具有很强的鉴别力，应予以保留。

表 11-1　高分组与低分组的平均分 T 检验结果

独立样本检验										
		莱文方差等同性检验		平均值等同性 t 检验						
		F	显著性	t	自由度	Sig.（双尾）	平均值差值	标准误差差值	差值的 95%置信区间	
									下限	上限
X161	假定等方差	6.017	.015	-14.829	215	.000	-1.509	.102	-1.709	-1.308
	不假定等方差			-14.825	214.332	.000	-1.509	.102	-1.710	-1.308

续表

独立样本检验										
		莱文方差等同性检验		平均值等同性 t 检验						
		F	显著性	t	自由度	Sig.（双尾）	平均值差值	标准误差差值	差值的 95%置信区间	
									下限	上限
X191	假定等方差	11.565	.001	-10.285	215	.000	-1.171	.114	-1.396	-.947
	不假定等方差			-10.300	197.317	.000	-1.171	.114	-1.396	-.947
X221	假定等方差	1.468	.227	-17.997	215	.000	-1.859	.103	-2.063	-1.655
	不假定等方差			-17.992	214.191	.000	-1.859	.103	-2.063	-1.655
X281	假定等方差	.036	.850	-19.513	215	.000	-1.999	.102	-2.201	-1.797
	不假定等方差			-19.508	214.156	.000	-1.999	.102	-2.201	-1.797

2．利用相关分析进行项目分析

当采用相关系数的方法考察 4 个题目与时间管理维度的关系时，只需计算 X161、X191、X221 和 X281 与时间管理总分的积差相关系数。前三步与做 T 检验时的步骤相同。第四步为：利用“双变量相关性”对话框计算皮尔逊（Pearson）相关系数，其他取系统默认选项。

输出结果如表 11-2 所示，由表可知，总分与 4 个题目的分数之间的相关关系均极其显著（$p = 0.000<0.01$）。于是，4 个题目可以作为测量时间管理水平的项目。

表 11-2　相关系数及其检验

相关性						
		X161	X191	X221	X281	总分
X161	皮尔逊相关性	1	.420**	.361**	.302**	.724**
	Sig.（双尾）		.000	.000	.000	.000
	个案数	436	436	436	436	436
X191	皮尔逊相关性	.420**	1	.229**	.259**	.650**
	Sig.（双尾）	.000		.000	.000	.000
	个案数	436	436	436	436	436
X221	皮尔逊相关性	.361**	.229**	1	.414**	.734**
	Sig.（双尾）	.000	.000		.000	.000
	个案数	436	436	436	436	436
X281	皮尔逊相关性	.302**	.259**	.414**	1	.714**
	Sig.（双尾）	.000	.000	.000		.000
	个案数	436	436	436	436	436
总分	皮尔逊相关性	.724**	.650**	.734**	.714**	1
	Sig.（双尾）	.000	.000	.000	.000	
	个案数	436	436	436	436	436

**. 在 0.01 级别（双侧）上显著相关。

11.2　问卷的信度分析

由第 1 章知，信度（Reliability）即可靠性（Trustworthiness），是反映测量的稳定性（Stability）与一致性（Consistency）的一个指标。调查问卷的信度，就是指问卷调查结果的稳定性和一致性。信度是通过信度系数的大小来估计的。信度系数包括再测信度、折半信度和克隆巴赫α系数、复本信度和评分者信度。需要注意的是，并不是对问卷中的所有题目都要进行信度分析，一些用来调查基本信息的题目、多选题等不必进行信度分析。

11.2.1 对信度的估计

在社会调查中，主要用到再测信度、折半信度和克隆巴赫α系数，复本信度和评分者信度很少用。

1. 再测信度

所谓再测信度（Test-retest Reliability），是指用同样的问卷，对同一组调查对象进行重复测试，两次测试结果的相关程度。再测信度考察的是经过一段时间后问卷测量结果的稳定程度，再测信度越高，测量结果越一致，表明在调查环境中日常随机因素的影响越小。再测信度表示两次测试的结果有无变化，反映的是测试结果的稳定性，即是否随着时间的变化测试结果也在变化，所以再测信度也称为稳定性系数（Coefficient of Stability），是一种外在信度（External Reliability）。

再测信度可以通过两种途径进行考察：

第一种途径是计算两次调查结果的相关系数，如果经过统计检验，相关关系显著，则问卷的信度高；否则，信度低。也有人提出，问卷的再测信度可以接受的标准是两次测试的相关系数在 0.7 以上。

第二种途径是对两次重复调查结果进行两个配对样本差异的显著性检验（见 5.5 节），如果差异显著，则问卷的信度低；若不存在显著性差异，则问卷的信度高。

再测信度特别适合于对事实进行调查的问卷，因为一些基本的客观事实或人的兴趣、习惯等都是相对稳定的，在短时间内不会有显著的改变。另外，如果我们要调查的是人们对某些问题（如国家新颁布的政策、近期发生的某些重大事件、某项改革的措施等）的看法，或是涉及人们的某些比较稳定的态度（如对家庭、婚姻的态度，对独生子女教育的态度以及学生的学习态度等），如果现实条件容许重复施测，而且没有相关的突发事件发生，对这类问卷采用再测信度也是比较合适的。

需要注意的是，两次测试时间应该适中。时间过长，调查对象容易受其他因素的影响而改变原来选择的答案，则问卷的信度降低。但是，如果时间过短，调查对象可能对自己原来选择的答案记忆犹新，出现两次测试分数高度相关的假象，造成信度偏高。究竟时间间隔应多长为宜，要根据调查的目的和性质而定，但最短不能少于 2 周，多数是在 2～4 周。

2. 折半信度

在不能进行重复调查的情况下，比较常用的方法是将调查问卷中每个维度的项目分成两半，如分为奇数题和偶数题，或者分为前后两部分，然后根据调查对象在这两半项目上的得分之和计算相关系数，即得折半信度（Split-half Reliability）。折半信度考察的是项目内容的同质性或一致性，因此是一种内部一致性系数（Coefficient of Internal Consistency）。由于是将每个部分看成一个量表，所得的相关系数 r_{hh} 称为折半系数，整个问卷的信度系数要使用斯皮尔曼-布朗（Spearman-brow）校正公式进行修正，一般要求校正后的折半信度大于 0.7。如果方差不等，则可以采用卢伦校正公式（Rulon Formula）或弗朗那根（Flanagan Formula）校正公式进行修正，或者改用克隆巴赫α系数。

态度式问卷比较适合用折半信度。因为对这类问卷，我们往往采用利克特量表对每个主题设计多个正向及逆向题目，所以可以将每个维度中的题目按前后分为两部分，或按奇数题和偶数题分为两部分。划分时在形式和内容上两部分要尽可能对称，在题量上要尽可能相等。然后修改逆向题目的计分，最后做两部分得分的相关分析。

3. 克隆巴赫（Cronbach's）α系数

克隆巴赫α系数是由 L.J.Cronbach 提出的，对方差没有要求。其计算公式如下：

$$\alpha = \frac{k}{k-1}\left[1-\frac{\sum_{i=1}^{k} S_i^2}{S_T^2}\right]$$

其中，k 为问卷或量表中项目的总数；S_T^2 为总得分的方差；S_i^2 为第 i 题得分的方差。

当量表由几个维度的分量表构成时，如果取 k 为某个分量表中项目的总数，S_T^2 是该分量表总得分的方差，S_i^2 是包含在该分量表中的第 i 题得分的方差，那么计算结果是分量表的克隆巴赫α系数。一般应同时给出总量表和各分量表的克隆巴赫α系数。

当问卷全由二项选择题构成时（编码为 0 与 1），克隆巴赫α系数与专门用于估计二项选择题的库-李（Kuder-Richardson）公式 20（KR20）相同。

与折半信度一样，克隆巴赫α系数也是描述问卷的内部一致性的信度系数。它反映了问卷中项目之间的相互关联程度。克罗克（Crocker）和阿尔吉纳（Algina）曾指出[①]：克隆巴赫α系数是估计信度的最低限度（Lower Bound），是所有可能的折半信度的平均数。估计内部一致性系数，用克隆巴赫α系数优于折半信度，因为对于一个测验可以有许多不同的折半方式，不同的折半方式，就会有不同的折半信度估计值。在社会科学研究领域中，克隆巴赫α系数是目前常用于利克特量表的信度系数。

值得注意的是，克隆巴赫α系数的大小与问卷的题量、项目间相关系数的均值有关。当问卷的题量一定时，随着项目间相关系数均值的增加，克隆巴赫α系数也会增加，所以问卷的信度可以用克隆巴赫α系数来衡量。但是，当项目间相关系数的均值一定时，随着题量的增加，克隆巴赫α系数也会变大，此时就有扩大内在信度的趋势。所以在考察问卷的信度时，如果用克隆巴赫α系数，要同时考察项目间相关系数的均值。如果问卷或量表是由多个维度构成的，则应分别计算各个维度的克隆巴赫α系数。

在社会科学研究中，克隆巴赫α系数达到怎样的水平才可以接受呢？对此学者们的观点并不完全一致。例如：

吴明隆在综合各学者的观点后提出的建议是[②]：

一般的态度或心理知觉量表，一份信度系数好的量表或问卷，其总量表的信度系数最好在 0.8 以上，如果在 0.7 与 0.8 之间，还算是可以接受的范围；如果是分量表，其信度系数最好在 0.7 以上，如果在 0.6 与 0.7 之间，还可以接受使用，如果分量表的内部一致性α系数在 0.6 以下或总量表的信度系数在 0.8[③]以下，应考量重新修订量表或增删题项。

在薛薇编著的《SPSS 统计分析方法及应用》中给出的信度系数要求是[④]：

如果α系数大于 0.9，则认为量表的内在信度很高；如果α系数在 0.8 与 0.9 之间，则认为内在信度是可以接受的；如果在 0.7 与 0.8 之间，则认为量表存在一定的问题，但仍有一定的参考价值；如果α系数在 0.7 以下，则量表设计存在很大问题，应该考虑重新设计。

---

① 吴明隆. SPSS 统计应用实务：问卷分析与应用统计[M]. 北京：科学出版社，2003：107.

② 吴明隆. SPSS 统计应用实务：问卷分析与应用统计[M]. 北京：科学出版社，2003：109.

③ 根据引文的前后叙述，似乎应为 0.7。

④ 薛薇. SPSS 统计分析方法及应用[M]. 北京：电子工业出版社，2005：366.

4．Hoyt 信度系数

Hoyt 信度系数的基本假设是：如果问卷中的项目都是测量同一个方面的问题（如学习兴趣），那么一个人在所有项目上的回答应该相对一致，或者说变异不大。可以将获得的数据编制为表 11-3，用方差分析的观点来看，表中的数据有差异，是由人和人之间的差异、个人对不同项目反应的差异以及测量误差（残差）造成的。在剔除了人和人之间的差异之后，如果个人对项目反应的差异相对于测量误差太大，就说明项目在内容上是不一致的，因此 Hoyt 信度系数是通过方差分析来考察的。而且，由于将每个人对 *k* 个问题的回答视为对同一个问题回答 *k* 次，所以这种方差分析属于单变量多因素方差分析。

表 11-3　样本数据表

	被试 1	被试 2	被试 3	…	被试 *n*
项目 1	1	5	3	…	1
项目 2	5	4	2	…	2
…	…	…	…	…	…
项目 *k*	4	1	3	…	4

11.2.2　利用“可靠性分析（Reliability Analysis）”命令进行信度分析

为使读者对 SPSS 的“可靠性分析（Reliability Analysis）”命令的各种功能有所体验，这里仅以《北京市大学生学习状况调查问卷》中学习态度分维度为例，以克隆巴赫α系数为主线来说明如何运用“可靠性分析（Reliability Analysis）”命令进行信度分析。

1．信度分析

【案例 11.2　“学习态度维度”的信度分析】

在《北京市大学生学习状况调查问卷》中，有 9 个题目测量学习态度，其中有 2 个题目让学生分析自己和同学考试不及格的原因，有 1 个题目考察学生上课出勤情况，为二项选择题，所以参与信度分析的题目有 6 个（第 11、13、18、36、51、54 题），包括作业完成的情况、对同学中考试作弊的态度、个人对待考试的态度以及在学习上对自己的要求。数据文件为“11.2 学习态度维度的信度分析”。案例 11.2 的思维导图如图 11-5 所示。

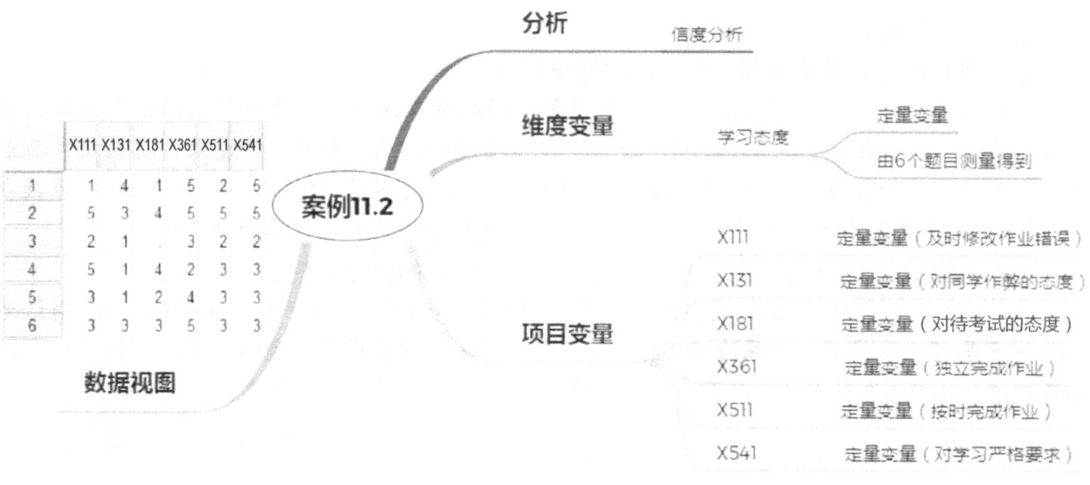

图 11-5　案例 11.2 的思维导图

【操作步骤】

第一步：选择克隆巴赫α系数对学习态度分维度进行信度分析。

（1）打开数据文件“11.2 学习态度维度的信度分析”。

（2）根据计分规则，对上述逆向题目重新计分，产生新变量 X111、X131、X181、X361、X511 和 X541。如果不是逆向计分，跳过该步骤。

（3）依次执行“分析（Analyze）”→“标度（Scale）”→“可靠性分析（Reliability Analysis）”命令，弹出“可靠性分析”对话框（见图 11-6）。除源变量框外，该对话框还设有以下内容。

①“项（Items）”框：定义需要分析的项目。

②“模型（Model）”下拉列表：提供了五种估计信度系数的方法。

- Alpha（Alpha）：克隆巴赫（Cronbach）α系数。
- 折半（Split-half）：折半信度，分半的方法是对题目进行前后分半，如果题目数为奇数，则把前$(k-1)/2$个题目划入第一部分。例如，问卷有 15 个题目，则第一部分为 7 个题目，第二部分为 8 个题目。如果要用奇偶分半法来计算折半信度，则要将数据重新整理之后再计算。
- 格特曼（Guttman）：格特曼系数。
- 平行（Parallel）：平行模型的信度系数。要求项目间方差齐性，采用最大似然估计计算信度系数。
- 严格平行（Strict parallel）：严格平行模型的信度系数。要求各项目方差齐性、均值相等，采用最大似然估计计算信度系数。

③“刻度标签（Scale labels）”框：可以在其中输入量表的标题，如果没有输入，系统将在输出窗口显示“标度：所有变量（Scale: ALL VARIABLES）”。

（4）在“可靠性分析”对话框中，将变量 X111、X131、X181、X361、X511 和 X541 移入“项（Items）”框内；在“模型（Model）”下拉列表中选择默认项“Alpha”（α系数）（见图 11-6）。

（5）单击“统计（Statistics）”按钮，弹出“可靠性分析：统计”对话框（见图 11-7）。该对话框用于选择需要输出的统计量，包括四个选项组和三个复选框，进行信度分析主要是在四个选项组中进行选择。

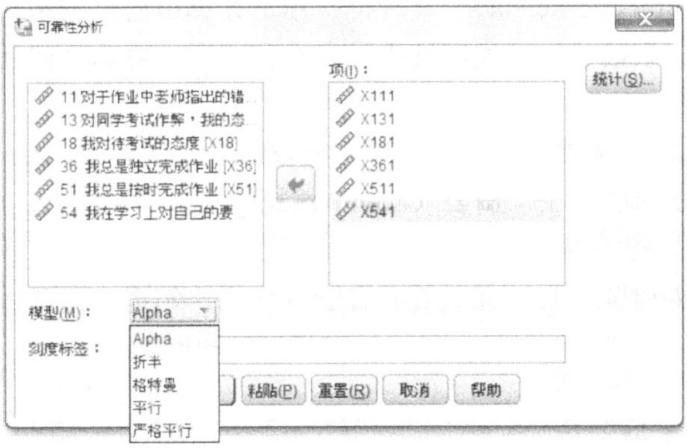

图 11-6　“可靠性分析”对话框

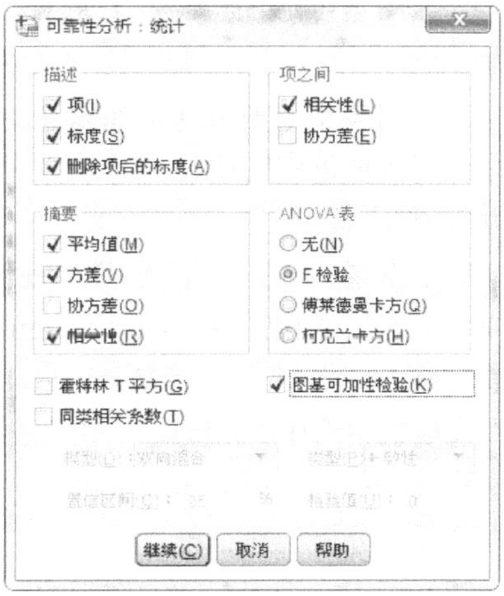

图 11-7　“可靠性分析：统计”对话框

①“描述（Descriptives for）”选项组，有三个复选框。

- 项（Item）：计算各项目的均值、标准差和样本量。
- 标度（Scale）：计算量表的各项目分数汇总后的总分的均值和标准差。
- 删除项后的标度（Scale if item deleted）：输出删除某一项目后总分的均值和方差的改变情况、被删除项与该维度总分的相关系数、多元相关系数的平方及α系数的改变情况。这些统计量对我们进一步对项目的筛选十分有用。

②“项之间（Inter-Item）”选项组，包括两个复选框。

- 相关性（Correlations）：计算各项目的相关系数，输出相关系数矩阵。
- 协方差（Covariances）：计算各项目的协方差，输出协方差矩阵。

③“摘要（Summaries）”选项组，设有四个复选框。

- 平均值（Means）：对项目均值计算统计量，包括各个项目均值的均值、最大值、最小值、全距、最大值与最小值之比和各个项目均值的方差。
- 方差（Variances）：对项目的方差计算统计量。
- 协方差（Covariances）：对项目的协方差计算统计量。
- 相关性（Correlations）：对各个项目的相关系数计算统计量。

④“ANOVA 表”选项组，用于输出 Hoyt 信度系数检验的结果，设有四个复选框。

- 无（None）：不做检验，为系统默认选项。
- F 检验（F test）：适合于正态分布的定距变量，进行重复测量的方差分析。
- 傅莱德曼卡方（Friedman chi-square）：适用于非正态分布或定序变量，进行多个相关样本的傅莱德曼检验，输出傅莱德曼卡方值与肯德尔和谐系数。此外，还输出方差分析的结果，并用卡方检验代替通用的 F 检验。
- 柯克兰卡方（Cochran chi-square）：适用于二分变量，进行柯克兰检验，输出柯克兰（Cochran's）Q 值，在方差分析表中用 Q 统计量取代 F 统计量。

上述傅莱德曼卡方和柯克兰卡方与多个相关样本的非参数检验是一样的，对应“非参数检验（Nonparametric Tests）菜单中的“K 个相关样本”命令。

⑤“霍特林（Hoteling）T 平方”复选框：检验量表所有项目的均值是否相等。

⑥“图基可加性检验（Tukey's test of additivity）”复选框：检验项目之间是否存在交互作用。

⑦“同类相关系数（Intraclass correlation coefficient）”复选框：用于计算组内相关系数，实际是测量理论中的概化理论所涉及的 G 系数估计，我们几乎没有看到其用于对调查问卷的分析[①]，故不赘述。

对于本案例，勾选“描述（Descriptives for）”选项组中的三个复选框，在“项之间（Inter-Item）”选项组中勾选“相关性（Correlations）”复选框，在“摘要（Summaries）”选项组中勾选“平均值（Means）”、“方差（Variances）”和“相关性（Correlation）”三个复选框，在“ANOVA 表”选项组中选中“F 检验”单选按钮。为检验项目之间是否存在交互作用，勾选“图基可加性检验（Tukey's test of additivity）”复选框（见图 11-7）。单击“继续（Continue）”按钮，返回“可靠性分析”对话框。

（6）单击“确定（OK）”按钮，提交系统运行。

---

① 对本部分内容感兴趣的读者可参阅张文彤主编的《SPSS 统计分析高级教程》第 375～377 页。

第二步：计算折半信度和格特曼（Guttman）系数。

事实上，这一步是在分析第一步输出的结果之后，认为作为分量表，α系数基本可以满足对信度的要求，但是 6 个题目不完全同质，需要进一步改进问卷的题目。为了对 6 个题目做进一步的考察，我们再进行其他类型的信度分析。

由于与各个题目有关的统计量均已在第一步输出的统计表中给出，要计算折半信度、格特曼（Guttman）系数等，其操作分四次进行，每次在“可靠性分析”对话框的“模型（Model）”下拉列表中选择一种。然后单击“确定（OK）”按钮即可。

【输出结果】

对于第一步的操作在输出窗口共给出 8 张统计表，我们给出其中的 6 张表。

（1）项目之间的相关系数。表 11-4 为项目之间的相关系数矩阵，可看出 X131 与其他变量的相关系数最低。

（2）项目摘要。表 11-5 给出了有关项目的各种统计量，包括项目均值、项目方差、项目与项目之间的相关系数三个统计量（表中第一列的三个行标题）的均值、最小值、最大值、全距、最大值与最小值之比、方差和项目数（表中第二列至第八列）。于是可以看出，问卷中的 6 个题目之间均值的差异不大，均在 2.180～3.533 之间，方差在 0.726～1.566 之间，6 个项目均值的方差只有 0.258；项目之间方差的差异也不大，并未发现极端的题目。

表 11-4　项目间的相关系数矩阵

项间相关性矩阵

	X111	X131	X181	X361	X511	X541
X111	1.000	.144	.255	.316	.315	.296
X131	.144	1.000	.182	.199	.116	.181
X181	.255	.182	1.000	.246	.275	.163
X361	.316	.199	.246	1.000	.515	.464
X511	.315	.116	.275	.515	1.000	.435
X541	.296	.181	.163	.464	.435	1.000

表 11-5　对项目的基本统计

摘要项统计

	平均值	最小值	最大值	全距	最大值/最小值	方差	项数
项平均值	3.188	2.180	3.533	1.353	1.621	.258	6
项方差	1.156	.726	1.566	.840	2.157	.097	6
项间相关性	.273	.116	.515	.399	4.429	.014	6

（3）克隆巴赫α系数。表 11-6 为信度统计结果。第一列的 0.699 为克隆巴赫α系数；第二列给出基于项目标准化的克隆巴赫α系数，等于 0.693；第三列指出参与分析的项目数为 6。之所以有第二列的标准化后的α系数，是因为我们选择了“摘要（Summaries）”选项组中的功能项。标准化后的α系数实际上是利用斯皮尔曼-布朗校正公式计算出来的。由于 6 个题目都涉及学习态度的问题，实际的分数相差也不大，因此，标准化后的系数与标准化前的系数差别不大，仅相差 0.006。α= 0.693<0.8，说明内部一致性还不够好。

表 11-6　信度统计——克隆巴赫α系数

可靠性统计量

克隆巴赫 Alpha	基于标准化项的克隆巴赫 Alpha	项数
.699	.693	6

（4）项目删除的变化。表 11-7 是由于勾选了“删除项后的标度（Scale if item deleted）”复选框而输出的结果。各列标题分别是删除相应的项目（行标题）后总分的均值、方差改变的情况，被删除项与该维度总分的相关系数，多元相关系数的平方①以及克隆巴赫α系数改变的情况，其中最重要的是后三项。在表 11-7 的第 4 列中，X131 与总分的相关系数最小，只有 0.237，说明第 13 题与学习态度的关系并不紧密；多元相关系数的平方为 0.071，说明第 13 题与其他题目关系不密切；这就表明学生对考试作弊的态度与他们本人的学习态度关系不大。

表 11-7 删除相应的项目后信度的变化

项总计统计					
	删除项后的标度平均值	删除项后的标度方差	修正后的项与总计相关性	平方多重相关性	删除项后的克隆巴赫 Alpha
X111	15.60	11.572	.409	.173	.670
X131	16.95	14.119	.237	.071	.711
X181	15.68	13.755	.339	.130	.685
X361	15.72	11.213	.568	.363	.612
X511	15.75	11.181	.536	.345	.622
X541	15.95	11.590	.496	.287	.637

再从最后一列克隆巴赫α系数改变的情况看，如果删除第 13 题，克隆巴赫α系数提高了，说明删除第 13 题可以提高学习态度维度的信度。因此，在改进调查问卷时，可以首先删除第 13 题，或者将第 13 题保留，但不计入学习态度的总分内。

表 11-8 量表的统计量

标度统计			
平均值	方差	标准偏差	项数
19.13	16.623	4.077	6

（5）维度总分的统计量。表 11-8 给出了学习态度分维度的统计量，包括均值、方差、标准差和题目数（表中第一列至第四列）。

（6）方差分析结果。表 11-9 给出了方差分析的结果。表 11-9 的“非可加性（Nonadditivity）”行对应的是图基（Tukey's）不可加性检验，目的是检验方差分析中是否存在交互作用。由于 p=0.000<0.05，所以拒绝零假设，存在交互作用。由“项间”行可知，方差分析的结果 F=132.293，p=0.000<0.01，即学生对这 6 个题目的回答的差别极其显著。由前面的分析可知，可能第 13 题是导致该现象发生的主要原因。

表 11-9 方差分析表

带有傅莱德曼检验和图基非可加性检验的 ANOVA							
			平方和	自由度	均方	傅莱德曼卡方	显著性
人员之间			1182.989	427	2.770		
人员内	项间		551.405	5	110.281	132.293	.000
	残差	非可加性	31.724[a]	1	31.724	38.729	.000
		平衡	1748.037	2134	.819		
		总计	1779.761	2135	.834		
	总计		2331.167	2140	1.089		
总计			3514.155	2567	1.369		

总均值 = 3.19。

a. 实现可加性所必须将观测值提升到的图基幂估算值 = -.127。

① 多元相关系数的平方的含义是：将被删除的项目作为因变量，将其他项目作为自变量，进行多元回归分析后所得的决定系数。此系数越高，表示各个项目对该项目的解释力越大，即内部一致性越高。

对于第二步的操作在输出窗口共给出了 2 张统计表。

（7）折半信度。表 11-10 给出折半信度的计算结果，表中首先给出了两部分（前 3 题 X111、X131、X181 和后 3 题 X361、X511 和 X541）的克隆巴赫 Alpha 系数，分别为 0.405 和 0.728，指出总题数为 6。两部分相关系数（Correlation Between Forms）的计算结果为 0.439。该表中斯皮尔曼-布朗系数（Spearman-brown Coefficient）分为两部分的题目数相等与不相等两种情况：题目数相等时（“等长”，Equal Length）使用的公式就是前面所介绍的斯皮尔曼-布朗校正公式；题目数不相等时（“不等长”，Unequal Length）使用的则为另一公式（略）。由于本案例中题数为 6，两部分的题数均为 3，因此所得的结果均为 0.610，不太符合对信度的要求（折半信度要求大于 0.7）。

最后一行为格特曼折半系数（Guttman Split-Half Coefficient），实际上就是利用弗朗那根校正公式计算的结果，其值为 0.595。

（8）格特曼（Guttman）信度。表 11-11 共给出了 6 个格特曼信度，其中 Lambda 3 是克隆巴赫α系数，Lambda 4 是利用弗朗那根校正公式计算的结果。

表 11-10　折半信度

可靠性统计			
克隆巴赫 Alpha	第一部分	值	.405
		项数	3[a]
	第二部分	值	.728
		项数	3[b]
	总项数		6
形态之间的相关性			.439
斯皮尔曼-布朗系数	等长		.610
	不等长		.610
格特曼折半系数			.595

a. 项为: X111, X131, X181。

b. 项为: X361, X511, X541。

表 11-11　格特曼信度

可靠性统计		
Lambda	1	.583
	2	.714
	3	.699
	4	.595
	5	.705
	6	.684
项数		6

从以上讨论可知，分析学习态度维度的信度最有用的是表 11-6 中的克隆巴赫α系数、表 11-7 中删除相应的项目后信度的变化。根据信度分析的结果，可以将第 13 题从学习态度维度中删除，使该维度的信度系数从 0.699 提高到 0.711。

2. 评分者信度

在问卷调查中往往不涉及评分者信度，但是在诸如教师对学生作文的评分、评估组对学校教学工作的评价等问题中会涉及评分者信度。如果读者需要估计评分者信度，也可以应用“可靠性分析（Reliability Analysis）”→“统计（Statistics）”→“ANOVA 表”选项组进行估计。

首先，估计评分者信度时数据文件的格式不同于对调查问卷进行信度分析时数据文件的格式，对问卷的信度进行分析时，数据文件的每一行是一位调查对象对问卷回答的记录，而估计评分者信度时，数据文件的每一行是一位评分者对各个评估对象的评分。

其次，应根据评分数据的不同类型选择“ANOVA 表”选项组中不同的选项：

- 当评分的分值是正态分布的定距数据时选择“F 检验”；
- 当评分的分值是非正态分布或定序数据时选择“傅莱德曼（Friedman）卡方”；
- 当评分的分值是二分数据时选择“柯克兰（Cochran）卡方”。

“ANOVA 表”选项组将单变量多因素方差分析和多个相关样本的非参数检验汇集在一起，为我们进行信度估计提供了很大的方便。

11.3　问卷的效度分析

由第 1 章知，效度（Validity）是指测量的有效性，即“准确地测出它所要测量的特性或功能的程度”。问卷的效度，就是问卷的有效性，即问卷在多大程度上测出了研究者想要测量的东西（如态度、行为等），所测的结果是否能正确、有效地说明所要研究的现象。

从不同的视角考察问卷的有效性，就有不同种类的效度。根据美国心理学会 1974 年出版的《教育和心理测验的标准》，效度可分为内容效度、效标关联效度和结构效度。我们将结合调查问卷来说明这三种效度的分析方法。

11.3.1　问卷的内容效度

1．内容效度的概念

内容效度（Content Validity）是指测验的测题在多大程度上代表了所要测量的全部内容，即测验目标界定内容范围内取样的代表性。[①]应用于调查问卷，内容效度是指调查内容的代表性，即问卷的内容对所要调查的问题覆盖的程度。内容效度用于检验问卷的内容能否适当地测量出所要调查的东西（包括态度和行为等），或者说问卷能否反映我们所研究的概念的基本内容。

内容效度与表面效度（Face Validity）往往容易混淆。实际上，两者有很大的区别：

第一，表面效度是调查对象、实施调查的人员以及其他没有受过专门训练的观察者对问卷有效性的评价，这种评价只从表面上考虑问卷的项目与调查的目的之间有没有明显的、直接的关系。表面效度是外行人对问卷进行表面上的检查确定的；而内容效度则是由内行的专家或实际工作者进行评价确定的，他们是通过详尽地、系统地分析项目与调查目的、内容总体的逻辑关系给出的结论。因此，外行人认为无效的项目，即表面效度低的项目，可能专家们却认为是十分有效的，即内容效度很高。

第二，对问卷的表面效度与内容效度的要求并不总是一致的。作为一套好的问卷，内容效度必须高。但是对于表面效度来说，根据调查的目的，有时可能需要表面效度较高，有时却需要表面效度较低。例如，我们对某些问题进行调查时，若希望让调查对象了解调查的目的，积极配合调查工作的进行，就要让项目的表面效度较高，如果表面看来项目与调查目的毫无关系，调查对象就会认为项目设计得没有水平，回答时马马虎虎；反之，如果不希望让调查对象了解我们调查的目的，以便获得真实的回答，那么表面效度就要较低，使调查对象不会想到去作假。因此，在编制问卷时，要考虑到项目本身对调查对象动机产生的影响，控制好问卷的表面效度。

2．确定内容效度的方法

1）专家判断

对于内容效度的评判，在社会科学领域内，往往是在施测之前由研究者或聘请相关的学者、专家依据一定的理论进行判断。学者专家包括有实际工作经验者、有此相关研究经验者及有学术背景的学者等。因此，内容效度属于一种事前的逻辑分析或问卷合理性的判断。

在检查内容效度时，主要包括两个方面的问题：一是问卷本身所测量的是不是调查者所要测

① 朱智贤. 心理学大词典[M]. 北京：北京师范大学出版社，1989：452.

量的态度或行为，也就是说是否符合概念的操作化定义；二是这些问题是不是能够全面地反映操作化定义，即对操作化定义覆盖的面有多大。例如，要考察《北京市大学生学习状况调查问卷》中环境利用部分的内容效度，首先要看在环境利用部分的问题中，有没有与环境利用没有关系的项目，然后考察这些项目是不是包含了学生在学习过程中利用环境的方方面面（取样的代表性）。

对于内容效度的检查，尽管在对某个问题进行判断时，往往依据大多数研究者所接受的相关概念的定义，但由于每个人对所涉及概念的了解程度和理解的深度不一样，仍难免存在个人的主观判断误差。因此，内容效度在各种效度中可信度可能最低，我们应把内容效度视为保证问卷质量的一个必要条件，而不能把它视为充分条件，误以为内容效度高，问卷就一定很好。

2）相关分析

相关分析的做法实际上就是前面的项目分析中的相关系数法，这里不再赘述。

11.3.2　效标关联效度

1. 效标关联效度的概念

一般地讲，效标关联效度（Criterion-related Validity）指测验与外在效标间关联的程度，相关程度越高，测验的效标关联效度就越高。所谓外在效标，系指检验效度的一个外在的参照标准。问卷的效标关联效度的视角与内容效度的视角完全不同，它是选择一个与调查问卷有直接关系的参照物作为独立标准，来考察所设计的调查问卷的效度。例如，与我们的调查问卷测试目的相同且具有良好信度与效度的其他量表、调查对象的实际表现等都可以作为外在的效标。效标关联效度最常用的检验方法是计算两种测量工具得分的相关系数，即将目前所编制的问卷（或量表、试题）测得的分数与效标测得的分数之间的相关系数作为效标关联效度，因此效标关联效度是一种属于事后统计分析的效度检验方法，故也称为实证效度（Empirical Validity）或统计效度（Statistical Validity）。

2. 效标关联效度的分类

效标关联效度通常分为同时效度（Concurrent Validity）和预测效度（Predictive Validity）。

同时效度是指目前所编制的问卷测得的分数与当前的效标资料之间的相关性，适用于诊断现状调查的问卷。例如，我们已经有了一份具有良好信度与效度的问卷（或量表），但是，由于问卷的项目太多，或有些项目不太适合我国的国情而需要修改，重新编制一套问卷予以替代。这时就需要将两份问卷同时施测，然后对两套问卷得分的相关系数进行检验，如果显著相关，那么新编制的问卷就可以作为效标的问卷。

预测效度是指目前所编制的问卷测得的分数与未来的效标资料之间的相关性，目的是预测调查对象在一段时间之后的表现。因此，做预测效度的评价需要运用追踪的方法，对调查对象的行为表现进行长期观察、考核和记录，然后将积累的事实性资料作为效标，与当初的问卷调查结果做相关分析，以此来衡量调查结果对将来成就以及对某些问题的态度等的预测能力。

3. 确定效标关联效度的方法

1）相关分析

上面已经指出，效标关联效度最常用的检验方法是计算两种测量工具得分的相关系数，即对两种测量工具进行相关分析。

例如，研究者在编制员工沉默行为调查问卷[①]时，将员工沉默分为三种：默许沉默，主要描述员工无力改变现状的消极沉默；防御沉默，主要描述员工为避免人际隔阂和他人攻击的自

---

① 郑晓涛等. 中国背景下员工沉默的测量以及信任对其的影响[J]. 心理学报，2008，40（2）：221～222.

我保护；漠视沉默，主要描述员工对现有工作或组织不够依恋和认同而消极保留观点。考虑到员工沉默是一种负面的行为结果，为了进行效度检验，利用修改的 Cammann 等和 Farh 等的问卷，同时测量了员工工作满意度和离职倾向，并以工作满意度和离职倾向作为效标来检验员工沉默行为调查问卷的效标关联效度，其结果如表 11-12 所示。

表 11-12　员工沉默行为调查问卷的内部一致性信度和效标关联效度（n=928）

变　量		1	2	3	4	5	6
1	总体员工沉默	（0.89）					
2	默许沉默	0.85**	（0.81）				
3	防御沉默	0.84**	0.58**	（0.77）			
4	漠视沉默	0.83**	0.55**	0.56**	(0.84)		
5	工作满意度	-0.24**	- 0.24**	- 0.14**	- 0.26**	(0.79)	
6	离职倾向	0.17**	0.13**	0.07**	0.24**	-0.75**	(0.87)

注：1．*表示 $p < 0.05$，**表示 $p < 0.01$，***表示 $p < 0.001$。

2．括号内为内部一致性信度。

2）区分度

任何一个问卷或量表都是针对具有一定特征的群体进行的，区分度方法是对由效标测量所定义的两个不同的样本（其中一个样本具有所要求的特征，另一个样本不具备该特征），用所设计的问卷进行测试，然后对测试结果做两个独立样本均值差异的显著性检验。如果差异不显著，则说明该问卷的效度低；如果差异显著，一般地说，问卷或量表是一个具有高效度的量表。例如，我们研制了一套测试企业中高层管理人员领导能力的量表，在考察量表的效度时，可以以管理经验为效标，选择两个样本，一个是优秀的高层管理人员组成的样本，一个是没有管理经验的在校大学生组成的样本，如果量表测试的结果是均值有明显的差异，那么这个量表就是有效的。值得注意的是，如果检验结果是差异显著，有时还需要做进一步的考察。因为当样本容量较大时，均值之间很小的差异，在统计上也可能达到显著的程度，但实际上差异并不大。

11.3.3　结构效度

研究者在设计问卷或量表时，首先要根据文献资料和实际经验对所要测量的概念给出操作化定义，确定这个概念应该由哪些维度构成，即对问卷的结构提出某种理论上的构想，然后依据这一构想编制问卷或量表，并选取适当的调查对象施测，最后考察这份问卷或量表在多大程度上测出了所要测量的东西，即问卷的效度。

前面我们所介绍的效标关联效度在很大程度上与我们所选取的效标及样本有关，因此有学者提出要从理论的观点来解释测量工具的效度，也即对测量工具做出推论，它能够在多大程度上验证我们提出的理论构想。于是结构效度的概念应运而生。所谓结构效度（Construct Validity），就是指问卷或量表能够测量出这种内在结构的程度，也称构想效度或建构效度。在心理测量中对结构效度通常给出的定义是："测验在多大程度上正确地验证了编制测验的理论构想"[①]，更一般的说法是测量工具能够测出理论的特质或概念的程度。

结构效度的着眼点是理论上的假设和对假设的检验。因此，对结构效度的考察是一个过程，首先，问卷或量表的设计必须以理论的逻辑分析为基础；其次，要根据实际所测得的数据通过逻辑或统计分析来检验理论的正确性。在效度分析中结构效度分析是一种最为理想的方法。目前，从统计学上检验结构效度的最常用方法是因子分析法。

① 朱智贤. 心理学大词典[M]. 北京：北京师范大学出版社，1989：331.

11.4　主成分分析

在设计问卷时，我们总希望每一个维度的题目包括的信息多一些、全面一些，于是问卷的总题量就会很大。尽管通过项目分析可以删除一些鉴别力不强的题目，但是并没有从根本上解决题量大的问题。因此希望有一种方法，既能够减少题目，又能够尽可能地保留原有题目所包含的信息。事实上，类似的问题在经济、社会等领域的研究中同样存在。解决这类问题的最有效的方法是主成分分析（Principal Component Analysis）和因子分析（Factor Analysis）。

主成分分析是将多个变量转化为少数几个综合变量，而这几个综合变量可以反映原来多个变量的大部分信息的一种统计分析方法。因子分析是主成分分析的推广，其基本目的是用少数几个因子来描述多个变量之间的潜在关系。主成分分析和因子分析能使信息尽可能多地保留，使变量得到简化，即简化了数据结构，因此在经济、社会等领域的研究中得到了广泛的应用。

作为因子分析的预备知识，本节将对主成分分析的基本思路和基本步骤进行介绍，然后在 11.5 节中讲述因子分析以及如何利用 SPSS 进行因子分析和主成分分析。

11.4.1　主成分分析的基本思路

1. 直观解释

主成分分析的基本思路可以结合图 11-8 来说明。如果对 100 个人调查了两个问题，那么在所研究的问题中涉及两个变量 x_1、x_2。从图 11-8 可以看出，两个变量之间存在线性相关关系，如果简单地删除一个变量，显然损失的信息太多，那么能不能找出一个综合变量，最大限度地保留两个变量所提供的信息呢？统计学上衡量提供信息的多少是看方差的大小，即数据的离散程度有多大，离散程度越大，提供信息的范围就越广。从图 11-8 上看，所有的点都集中在一个椭圆内，自然在椭圆的长轴方向上数据的离散程度最大，在短轴的方向上数据的离散程度最小。这就使我们想到了解析几何所讲的坐标变换：将坐标轴旋转 α 角，将椭圆的长轴作为 Y_1 轴，将椭圆的短轴作为 Y_2 轴，于是新旧坐标系的关系是

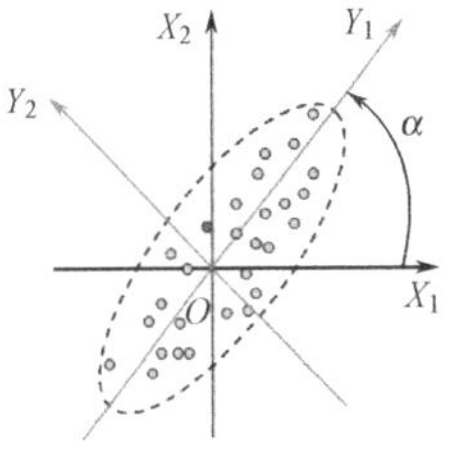

图 11-8　主成分分析的思路

$$
\begin{aligned}
y_1 &= (\cos\alpha)x_1 + (\sin\alpha)x_2 \\
y_2 &= -(\sin\alpha)x_1 + (\cos\alpha)x_2
\end{aligned}
\tag{11-1}
$$

用统计学的术语说，就是变量 y_1 的方差最大，y_2 的方差次之。这样选择 y_1 作为综合变量就顺理成章了。在主成分分析中，将 y_1 称为第一主成分，y_2 称为第二主成分。在选择综合变量时，首先选取 y_1，如果能够满足我们的需要，只选择 y_1 就可以了。

如果所涉及的变量有三个，即 x_1、x_2、x_3，我们可将其散点图视为一个椭球，寻找第一、第二、第三主成分就转化为将空间直角坐标系旋转到椭球的三个轴上。

类似地，如果所研究的问题有 m 个变量 x_1、x_2、…、x_m，就做由 x_1、x_2、…、x_m 到 y_1、y_2、…、y_m 相应的变换

$$
\begin{aligned}
y_1 &= u_{11}x_1 + u_{12}x_2 + \cdots + u_{1m}x_m \\
y_2 &= u_{21}x_1 + u_{22}x_2 + \cdots + u_{2m}x_m \\
&\cdots\cdots\cdots\cdots \\
y_m &= u_{m1}x_1 + u_{m2}x_2 + \cdots + u_{mm}x_m
\end{aligned}
$$

要求变量 y_1 的方差最大，y_2 的方差次之，…，y_m 的方差最小，y_1 称为第一主成分，y_2 称为第二主成分，y_m 称为第 m 主成分。在选择综合变量时，一般提取前几个主成分就可以满足我们的要求。当然，我们不可能将 y_1、y_2、…、y_m 都提取出来，否则进行主成分分析就没有任何意义了。

为了使读者能够理解主成分分析所涉及的两个基本概念——矩阵的特征值与特征向量，我们仍以前面坐标系的旋转为例加以说明。

假设在坐标系 X_1OX_2 中，椭圆的方程为 $5x_1^2+5x_2^2+6x_1x_2=1$，将 X_1 轴、X_2 轴按逆时针方向旋转 45°（π/4）后，新坐标系 Y_1OY_2 的两个坐标轴 Y_1 和 Y_2 分别是椭圆的长轴和短轴。在新的坐标系 Y_1OY_2 下该方程变为 $2y_1^2+8y_2^2=1$，于是消除了两个变量的乘积项，原方程转化为标准的椭圆方程。现在将方程 $5x_1^2+5x_2^2+6x_1x_2=1$ 左边的系数用对称矩阵表示：将 x_1^2、x_2^2 的系数 5 放在主对角线上，将 x_1x_2 的系数 6 分解为两个 3 放在次对角线上，得到的矩阵为 $\boldsymbol{A}=\begin{bmatrix}5 & 3\\ 3 & 5\end{bmatrix}$，类似地，方程 $2y_1^2+8y_2^2=1$ 左边的系数对应的矩阵是 $\boldsymbol{B}=\begin{bmatrix}2 & 0\\ 0 & 8\end{bmatrix}$。根据式（11-1），坐标系旋转 45°，新旧坐标系的关系是

$$\begin{aligned} y_1 &= \frac{\sqrt{2}}{2}x_1+\frac{\sqrt{2}}{2}x_2 \\ y_2 &= -\frac{\sqrt{2}}{2}x_1+\frac{\sqrt{2}}{2}x_2 \end{aligned} \tag{11-2}$$

式（11-2）中 x_1、x_2 前面的系数可写为矩阵

$$\boldsymbol{P}=\begin{bmatrix}\frac{\sqrt{2}}{2} & \frac{\sqrt{2}}{2}\\ -\frac{\sqrt{2}}{2} & \frac{\sqrt{2}}{2}\end{bmatrix}$$

矩阵 $\boldsymbol{P}$ 的特点是每行（列）的元素的平方和等于 1，称为正交矩阵，并把由 x_1、x_2 到 y_1、y_2 的变换称为正交变换。

于是将 $5x_1^2+5x_2^2+6x_1x_2=1$ 通过坐标系旋转转化为 $2y_1^2+8y_2^2=1$ 的过程就是将对称矩阵 $\boldsymbol{A}=\begin{bmatrix}5 & 3\\ 3 & 5\end{bmatrix}$ 通过正交变换化为对角形矩阵 $\boldsymbol{B}=\begin{bmatrix}2 & 0\\ 0 & 8\end{bmatrix}$ 的过程，变换矩阵为 $\boldsymbol{P}$。我们将矩阵 $\boldsymbol{B}$ 中的数值 2 和 8 称为矩阵 $\boldsymbol{A}$ 的特征值，矩阵 $\boldsymbol{P}$ 中的两个列向量 $\vec{\xi}_1=\begin{bmatrix}\frac{\sqrt{2}}{2}\\ -\frac{\sqrt{2}}{2}\end{bmatrix}$、$\vec{\xi}_2=\begin{bmatrix}\frac{\sqrt{2}}{2}\\ \frac{\sqrt{2}}{2}\end{bmatrix}$ 分别称为对应于特征值 2 和 8 的特征向量。

一般地说，将 n 阶对称矩阵 $\boldsymbol{A}$ 通过正交变换（变换矩阵为 $\boldsymbol{P}$）转化为对角形矩阵 $\boldsymbol{B}$:

$$\boldsymbol{B}=\begin{bmatrix}\lambda_1 & & \\ & \ddots & \\ & & \lambda_n\end{bmatrix}$$

则称 λ_1、λ_2、…、λ_n 为矩阵 $\boldsymbol{A}$ 的特征值（Eigenvalue），矩阵 $\boldsymbol{P}$ 的 n 个列向量分别称为对应于特征值 λ_1、λ_2、…、λ_n 的特征向量（Eigenvector）。

2. 主成分分析的数学模型

主成分分析是在变量的相关系数矩阵或协方差矩阵的基础上进行的。下面是学风、时间、自控和环境四个变量的协方差矩阵 $\boldsymbol{S}$ 和相关系数矩阵 $\boldsymbol{R}$:

$$\boldsymbol{S}=\begin{bmatrix}17.555 & 3.945 & 5.129 & 5.797\\ 3.945 & 6.874 & 3.212 & 4.223\\ 5.129 & 3.212 & 9.045 & 5.651\\ 5.797 & 4.223 & 5.651 & 20.984\end{bmatrix}\qquad \boldsymbol{R}=\begin{bmatrix}1 & 0.360 & 0.407 & 0.302\\ 0.360 & 1 & 0.407 & 0.351\\ 0.407 & 0.407 & 1 & 0.410\\ 0.302 & 0.351 & 0.410 & 1\end{bmatrix}$$

协方差矩阵 $\boldsymbol{S}$ 的主对角线上的数值 17.555、6.874、9.045、20.984 是各个变量的方差，次对角线上的数值如 5.797、3.212、3.212、5.797 是两个变量之间的协方差。相关系数矩阵 $\boldsymbol{R}$ 的主对角线上的数值都是 1。$\boldsymbol{S}$ 与 $\boldsymbol{R}$ 的关系是：当将各个变量的数值都进行标准化处理转化为标准分之后，所得的协方差矩阵就是原始数据的相关系数矩阵 $\boldsymbol{R}$。

主成分分析中所使用的方法就是“将协方差矩阵（或相关系数矩阵）通过正交变换化为对角形矩阵”。下面以三个变量为例，将相关系数矩阵化为对角形矩阵，来说明这种方法。

设三个自变量为 x_1、x_2、x_3，协方差矩阵 $\boldsymbol{S}$ 与变换矩阵 $\boldsymbol{U}$ 分别为

$$\boldsymbol{S}=\begin{bmatrix}s_{11} & s_{12} & s_{13}\\ s_{21} & s_{22} & s_{23}\\ s_{31} & s_{32} & s_{33}\end{bmatrix}\qquad \boldsymbol{U}=\begin{bmatrix}u_{11} & u_{12} & u_{13}\\ u_{21} & u_{22} & u_{23}\\ u_{31} & u_{32} & u_{33}\end{bmatrix}$$

根据上面的直观解释，变换后变量 y_1、y_2、y_3 的协方差矩阵应为

$$\begin{bmatrix}\lambda_1 & 0 & 0\\ 0 & \lambda_2 & 0\\ 0 & 0 & \lambda_3\end{bmatrix}$$

并且要求特征值 $\lambda_1 \geqslant \lambda_2 \geqslant \lambda_3$。于是第一、第二、第三主成分分别为 y_1、y_2、y_3。变量 y_1、y_2、y_3 与变量 x_1、x_2、x_3 之间的关系为

$$y_1 = u_{11}x_1 + u_{12}x_2 + u_{13}x_3$$
$$y_2 = u_{21}x_1 + u_{22}x_2 + u_{23}x_3$$
$$y_3 = u_{31}x_1 + u_{32}x_2 + u_{33}x_3$$

因此，求解主成分的关键步骤是求解协方差矩阵的特征值与特征向量（变换矩阵 $\boldsymbol{U}$）。

对于主成分分析，读者需要明确四点：

第一，自变量 x_1、x_2、x_3 的协方差矩阵 $\boldsymbol{S}$ 的特征值 λ_1、λ_2、λ_3 是主成分 y_1、y_2、y_3 的方差，而且 $\lambda_1 \geqslant \lambda_2 \geqslant \lambda_3$。

第二，找出综合变量的过程即主成分分析的过程，是对自变量 x_1、x_2、x_3 的协方差矩阵通过正交变换化为对角形矩阵的过程，是求该协方差矩阵的特征值和特征向量的过程。

第三，当将自变量 x_1、x_2、x_3 做标准化处理转化为标准分之后，协方差矩阵是 x_1、x_2、x_3 的相关系数矩阵 $\boldsymbol{R}$，于是主成分分析的过程转化为求相关系数矩阵 $\boldsymbol{R}$ 的特征值和特征向量的过程。

第四，变换矩阵 $\boldsymbol{U}$ 是正交矩阵，各个列向量是自变量 x_1、x_2、x_3 的协方差矩阵特征值所对应的特征向量。

11.4.2　主成分分析的基本步骤

从以上分析，不难得出主成分分析的过程，其基本步骤如下。

第一步：对 m 个自变量进行标准化处理。原因是原始数据中在数量级上可能相差很大，

甚至有不同的量纲，统一为标准分之后就消除了这些影响。如果不存在这些问题，也可以不做标准化处理。

第二步：根据标准化后的数据（或原始数据）求出相关系数矩阵（或协方差矩阵）。

第三步：求出相关系数矩阵（或协方差矩阵）的特征值和特征向量。

第四步：选择主成分。由于λ_1、λ_2、…、λ_m是y_1、y_2、…、y_m的方差，因此，特征值越大，对应的变量y包含原有的信息越多。在选择主成分时往往采用以下方法：

（1）选择特征值大于 1 的主成分。

（2）选择贡献率大的主成分。第i个主成分的贡献率是指其对应的特征值与所有特征值之和的比值：

$$a_i = \frac{\lambda_i}{\lambda_1 + \lambda_2 + \cdots + \lambda_m} = \frac{\lambda_i}{\sum_{i=1}^{n} \lambda_i} \qquad i = 1, 2, \cdots, m$$

贡献率表明了第i个主成分的方差在全部方差中所占的比例，贡献率越大，这个主成分综合变量保留原有信息的能力越强。

（3）选择累积贡献率达到要求的前k个主成分。所谓累积贡献率是指前k个主成分贡献率之和：

$$\sum_{i=1}^{k} a_i = \frac{\lambda_1 + \lambda_2 + \cdots + \lambda_k}{\lambda_1 + \lambda_2 + \cdots + \lambda_m} = \frac{\sum_{i=1}^{k} \lambda_i}{\sum_{i=1}^{n} \lambda_i}$$

表示前k个主成分累积提取的信息占全部信息的百分比。因为$\lambda_1 \geqslant \lambda_2 \geqslant \cdots \geqslant \lambda_m$，所以取累积贡献率达到一定要求的前$k$个主成分就可以。至于百分比多大合适，要根据具体问题来确定。有关科学技术的问题要求累积贡献率在 95%以上，但对于社会科学、行为科学中的数据，可能达到 60%就很不容易了。

第五步：根据所得到的特征向量，写出主成分与原变量的线性关系式。

第六步：由于每个主成分都是原变量的线性组合，因此实际意义不明显，需要结合专业知识对各主成分取变量名，并对其蕴含的信息给予适当的解释。

11.5 因子分析

因子分析产生于心理学理论——智力理论的研究，由 Charles Spearman 于 1904 年首次提出。因子分析在某种程度上可以被看成主成分分析的推广和扩展。利用因子分析检验问卷的结构效度，是因子分析的重要应用之一。本节将在介绍因子分析的基础上，说明如何利用 SPSS 中的“因子分析（Factor Analysis）”命令对问卷的结构效度进行检验。

11.5.1 因子分析的基本思路

因子分析（Factor Analysis）也称因素分析，是将描述某一事物（或概念）的多个观测变量简化为少数几个潜在变量（Latent Variable）的多元统计分析方法。所谓观测变量就是可以被观察或测量的变量，潜在变量就是由人们概括出来的、在客观上确实存在的却不能直接进行观察或测量的变量。相对于潜在变量，观测变量也称为显在变量（Manifest Variable）。

在行为科学中，人们把个体的行为表现看作由情境特征（Characteristics of Situation）和个体特征（Characteristics of Individual）所决定。因此，人的行为作为可以观察或测量的变量与人的个体特征是有联系的，个体特征属于潜在变量的范畴。例如，国外曾对 160 名全能运动员的十项体育运动（跳远、铅球、跳高、铁饼、撑竿跳高、标枪、百米跑、400 米跑、110 米跨栏和 1500 米跑）成绩进行因子分析，概括出描述全能运动员体育水平的四项基本体育能力：爆发性臂力、爆发性腿力、速度和耐力。这样就将十个观测变量概括成四个潜在变量，并将这四个潜在变量称为公共因子。要提高全能运动员的竞赛成绩，就要加强这四项基本体育能力的训练。再如，美国学者马伦（F. Mullen）曾对 305 名 7～17 岁的美国女孩进行了 8 项生理指标的测量，包括身高、臂宽、前臂长、下腿长、体重、双关节直径、胸围和胸宽，经过因子分析得到了两个公共因子，一个是苗条性，另一个是矮胖性。

因子分析除用于寻求变量之间的基本结构、简化指标体系外，还可以通过因子得分，将样本或变量进行分类。不过，因子分析的分类与聚类分析不同，因子分析的分类是在因子轴所构成的空间中进行分类，而聚类分析是在参与分析的原始变量构成的空间中进行分类。

因子分析的基本思路与主成分分析类似，是将多个变量综合为少数几个相互独立的因子，以便描述原始的观测变量是如何受这几个因子影响的，进而将原始变量进行分类。设样本容量为 n，原始变量为 x_1、x_2、…、x_m，且原始变量可以归结为 p（$p<m$）个公共因子（Common Factor）F_1、F_2、…、F_p，则有

$$
\begin{aligned}
x_1 &= a_{11}F_1 + a_{12}F_2 + \cdots + a_{1p}F_p + \varepsilon_1 \\
x_2 &= a_{21}F_1 + a_{22}F_2 + \cdots + a_{2p}F_p + \varepsilon_2 \\
&\cdots\cdots\cdots\cdots \\
x_m &= a_{m1}F_1 + a_{m2}F_2 + \cdots + a_{mp}F_p + \varepsilon_m
\end{aligned}
\tag{11-3}
$$

其中，ε_1、ε_2、…、ε_m 称为特殊因子（Specific Factor），表示每个原始变量除受公共因子的影响外，还受与该变量有关的其他因素的影响。式（11-3）称为因子模型，a_{ij} 是式（11-3）中第 i 个表达式中的第 j 个系数，称为第 j 个公共因子 F_j 在 x_i 上的载荷。例如，a_{53} 是第 3 个公共因子 F_3 在 x_5 上的载荷。式（11-3）中的所有系数组成的矩阵

$$
\boldsymbol{A}=(a_{ij})_{m\times p}=\begin{bmatrix} a_{11} & a_{12} & \cdots & a_{1p} \\ a_{21} & a_{22} & \cdots & a_{2p} \\ \vdots & \vdots & & \vdots \\ a_{m1} & a_{m2} & \cdots & a_{mp} \end{bmatrix}
$$

称为因子载荷矩阵（Factor Loading Matrix）。从因子载荷矩阵的行来看，第 i 行的元素是式（11-3）中第 i 个表达式的各个系数 a_{i1}、a_{i2}、…、a_{ip}，反映了第 i 个变量 x_i 分别对公共因子 F_1、F_2、…、F_p 的依赖程度；从因子载荷矩阵的列来看上，第 j 列的元素是式（11-3）中第 j 个公共因子 F_j 在各个表达式的系数 a_{1j}、a_{2j}、…、a_{mj}，反映了第 j 个公共因子 F_j 对各个变量 x_1、x_2、…、x_{mj} 的重要程度，系数越大，说明对解释相应变量的作用越重要。实际上，a_{ij} 是第 i 个变量 x_i 与第 j 个公共因子 F_j 的相关系数。

因子分析的数学模型与主成分分析的数学模型是有差异的，主要表现在：

第一，主成分分析是由原始变量的线性组合表示各个主成分，主成分的个数与原始变量的个数相等；而因子分析则是由因子的线性组合表示原始变量，公共因子的个数 p 小于原始变量的个数。

第二，主成分分析的变换矩阵是正交矩阵，并且是唯一的；而因子载荷矩阵不是唯一的，

可以通过对各个因子轴 F_1、F_2、…、F_p 的旋转，得到新的因子载荷矩阵，以使得各个因子轴的含义更加清晰。

但是，不难看出，主成分分析与因子分析是有联系的，即可以将主成分分析看成因子分析的一个中间环节。事实上，利用主成分分析可以得到主成分与原始变量之间的关系

$$\begin{gathered} y_1 = u_{11}x_1 + u_{12}x_2 + \cdots + u_{1m}x_m \\ y_2 = u_{21}x_1 + u_{22}x_2 + \cdots + u_{2m}x_m \\ \cdots\cdots\cdots\cdots \\ y_m = u_{m1}x_1 + u_{m2}x_2 + \cdots + u_{mm}x_m \end{gathered}$$

于是可得出

$$\begin{gathered} x_1 = a_{11}y_1 + a_{12}y_2 + \cdots + a_{1p}y_p + a_{1,(p+1)}y_{p+1} + \cdots + a_{1m}y_m \\ x_2 = a_{21}y_1 + a_{22}y_2 + \cdots + a_{2p}y_p + a_{2,(p+1)}y_{p+1} + \cdots + a_{2m}y_m \\ \cdots\cdots\cdots\cdots \\ x_m = a_{m1}y_1 + a_{m2}y_2 + \cdots + a_{mp}y_p + a_{m,(p+1)}y_{p+1} + \cdots + a_{mm}y_m \end{gathered} \tag{11-4}$$

一旦确定了公共因子的个数 p，就可以设每个原始变量的特殊因子为

$$\begin{gathered} \varepsilon_1 = a_{1,(p+1)}y_{p+1} + \cdots + a_{m1}y_m \\ \varepsilon_2 = a_{2,(p+1)}y_{p+1} + \cdots + a_{2m}y_m \\ \cdots\cdots\cdots\cdots \\ \varepsilon_m = a_{m,(p+1)}y_{p+1} + \cdots + a_{mm}y_m \end{gathered}$$

代入式（11-4），并将 y 改写为 F，得到与式（11-3）形式完全一致的关系式。至于公共因子个数 p 的确定方法，显然也可以借鉴主成分分析中确定主成分个数的方法。从这里还可以看出，当采用主成分分析方法提取公共因子时，所提取的 p 个公共因子实际上就是前面的 p 个主成分。这也正是 SPSS 没有将主成分分析作为一个独立模块的原因。

11.5.2　因子分析的基本步骤

因子分析的基本步骤如下。

1．判断所用数据是否适用因子分析

1）判断原始变量是否适用因子分析

首先，因子分析所要求的变量类型为等距变量和比率变量。

其次，因子分析要求原始变量之间应有一定的相关性。因为因子分析是对原始变量进行综合，由对多个显在变量的分析转化为对少数几个潜在变量的分析，若相关性太低，就无法综合，进行因子分析便无任何意义；反之，如果相关性太高，出现了多重共线性，因子分析的效果也不好。

原始变量是否适用于因子分析，SPSS 中提供的也是通常使用的判断方法有以下几种：

（1）计算原始变量的相关系数矩阵。当矩阵中大部分相关系数小于 0.3，或者进行相关系数等于 0 的检验时，对应的概率大于 0.05，则不适合进行因子分析。

（2）计算 KMO 统计量。KMO（Kaisex-Meyer-Olkin measure of sampling adequacy）统计量的功能是考察原始变量之间的偏相关系数是否很小。计算 KMO 的公式为

$$\text{KMO} = \frac{\sum\sum r_{ij}^2}{\sum\limits_{i \neq j}\sum r_{ij}^2 + \sum\limits_{i \neq j}\sum a_{ij}^2}$$

其中，r_{ij} 为变量 x_i 与 x_j 的相关系数；a_{ij} 为 x_i 与 x_j 的偏相关系数。判断的准则如下：

- KMO >0.7，可进行因子分析；
- 0.6<KMO< 0.7，勉强可进行因子分析；
- 0.5<KMO< 0.6，不太适合进行因子分析；
- KMO<0.5，完全不适合进行因子分析。

（3）进行巴特利特球形检验。巴特利特球形检验（Bartlett's Test of Sphericity）用于检验原始变量的相关系数矩阵是否为单位矩阵（对角线元素为 1，其他元素均为 0），零假设 H_0 为：原始变量的相关系数矩阵是单位矩阵。如果这个假设成立，即对应的概率值大于给定的显著性水平（如 α=0.05），相关系数矩阵与单位矩阵没有显著性差异，那么进行因子分析无效，否则可以进行因子分析。

（4）计算反映像相关系数矩阵。反映像相关系数矩阵（Anti-image Correlation Matrix）主要包括负的偏协方差和负的偏相关系数，主对角线上第 i 行的元素为 MSA（Measure of Sample Adequacy）统计量

$$\mathrm{MSA}_i = \frac{\sum_{i \neq j} r_{ij}^2}{\sum_{i \neq j} r_{ij}^2 + \sum_{i \neq j}\sum a_{ij}^2} \qquad i=1,\ 2,\ \cdots, m$$

其中，r_{ij} 为 x_i 与 x_j（$i \neq j$）的简单相关系数；a_{ij} 为 x_i 与 x_j（$i \neq j$）的偏相关系数。如果反映像相关系数矩阵的主对角线元素的值较接近 1，其他元素均比较小，则适合进行因子分析。

2）判断样本是否适用因子分析

因子分析的可靠性不仅依赖于数据的准确性，还与样本容量有关。但到底应为多少，学者之间尚无一致的结论，多数人认为样本容量要比变量数目多。具体地，以下观点可作为参考：

（1）变量数与样本容量的比例最好为 1∶5，如果二者的比例达到 1∶10 以上，则因子分析的效果会更好。

（2）总样本容量要尽量大，不应少于 100。

2．求解因子载荷矩阵

1）求解因子载荷矩阵的方法

在 SPSS 中提供了多种求解因子载荷矩阵的方法，有主成分分析法（Principal Components）、主轴因子法（Principal Axis Factoring）、最大似然法（Maximum Likelihood）、最小平方法［包括不加权（Unweighted least square）与加权（Generalized least square）两种方法］、因子提取法（Alpha Factoring）和映像因子分析法（Image Factoring），但应用最广泛的是主成分分析法。对主成分分析法所提供的特征值与特征向量进行标准化处理后可得初始因子载荷矩阵

$$A=(a_{ij})_{m\times p}=\begin{bmatrix} a_{11} & a_{12} & \cdots & a_{1p} \\ a_{21} & a_{22} & \cdots & a_{2p} \\ \vdots & \vdots & & \vdots \\ a_{m1} & a_{m2} & \cdots & a_{mp} \end{bmatrix}=\begin{bmatrix} u_{11}\sqrt{\lambda_1} & u_{21}\sqrt{\lambda_2} & \cdots & u_{p1}\sqrt{\lambda_p} \\ u_{12}\sqrt{\lambda_1} & u_{22}\sqrt{\lambda_2} & \cdots & u_{p2}\sqrt{\lambda_p} \\ \vdots & \vdots & & \vdots \\ u_{1m}\sqrt{\lambda_1} & u_{2m}\sqrt{\lambda_2} & \cdots & u_{pm}\sqrt{\lambda_p} \end{bmatrix}$$

2）两个重要的统计量

为便于理解，先以表格（见表 11-13）的形式来说明因子载荷矩阵及其两个统计量的意义。

（1）变量的共同度。所谓变量 x_i 的共同度（Communality）是指因子载荷矩阵中第 i 行各个元素的平方和：

$$h_i = a_{i1}^2 + a_{i2}^2 + \cdots + a_{ip}^2 \qquad i = 1, 2, \cdots, m$$

共同度反映了全部公共因子对变量 x_i 的总方差的贡献程度。由于 x_i 的值是经过标准化处理的标准分，方差等于 1，因此，共同度越接近 1，说明用 p 个公共因子解释变量 x_i 信息的程度越高，所丢失的信息越少。

（2）公共因子的方差贡献。公共因子 F_j 的方差贡献是指因子载荷矩阵中第 j 列各个元素的平方和

$$S_j^2 = a_{1j}^2 + a_{2j}^2 + \cdots + a_{mj}^2 \qquad j = 1, 2, \cdots, p$$

由于 ${u_{1j}}^2 + {u_{2j}}^2 + \cdots + {u_{mj}}^2 = 1$，所以

$$S_j^2 = (u_{1j}\sqrt{\lambda_j})^2 + (u_{2j}\sqrt{\lambda_j})^2 + \cdots + (u_{mj}\sqrt{\lambda_j})^2 = \lambda_j$$

即公共因子 F_j 的方差贡献是对全部原始变量提供方差贡献的总和。它是衡量公共因子相对重要性的指标，在数值上等于公共因子 F_j 所对应的特征值。

表 11-13　因子载荷矩阵及其统计量

	F_1	F_2	…	F_p	行元素平方和——共同度
x_1	a_{11}	a_{12}	…	a_{1p}	$h_1 = {a_{11}}^2 + {a_{12}}^2 + \cdots + {a_{1p}}^2$
x_2	a_{21}	a_{22}	…	a_{2p}	$h_2 = {a_{21}}^2 + {a_{22}}^2 + \cdots + {a_{2p}}^2$
⋮	⋮	⋮		⋮	…………
x_m	a_{m1}	a_{m2}	…	a_{mp}	$h_m = {a_{m1}}^2 + {a_{m2}}^2 + \cdots + {a_{mp}}^2$
列元素平方和——因子方差贡献	$\Sigma {a_{i1}}^2 = \lambda_1$	$\Sigma {a_{i2}}^2 = \lambda_2$	…	$\Sigma {a_{ip}}^2 = \lambda_p$	因子载荷 a_{ij} 是变量 x_i 与公共因子 F_j 的相关系数
因子累积方差贡献率	$\frac{\lambda_1}{m}$	$\frac{\lambda_1 + \lambda_2}{m}$	…	$\frac{\lambda_1 + \lambda_2 + \cdots + \lambda_p}{m}$	

注：由于原始变量已经进行了标准化处理，标准差均为 1，故 m 个变量的总方差为 $\Sigma \lambda_i = m$。

3．提取公共因子

提取公共因子的方法有以下几种。

1）提取特征值大于 1 的因子为公共因子

按这样的准则提取公共因子时，题目数最好不要超过 30，题目的平均共同度最好在 0.7 以上，如果样本容量大于 250，题目的平均共同度可以放宽到 0.6 以上。如果题目数在 50 以上，用这一准则有可能抽取的公共因子过多。

2）观察碎石图确定公共因子

碎石图（Scree Plot）是以因子的序号为横坐标，以特征值为纵坐标作出的折线图。“碎石”是借用地质学的概念，在地质学中，Scree 一词表示在岩层斜坡下发现的小碎石，这些小碎石对地质考察的价值不高，可以忽略。在因子分析中，碎石图用于显示各个因子的重要程度，对应于前面陡坡上的因子确定为公共因子，而坡度变缓之后的因子对应的特征值很小，所以可以不予考虑。例如，在综合评价全国重点水泥企业的经济效益时选择了 8 个经济指标，对数据进行标准化后的碎石图如图 11-9 所示，据此可以取前 4 个因子为公共因子，甚至可以取前两个因子为公共因子。

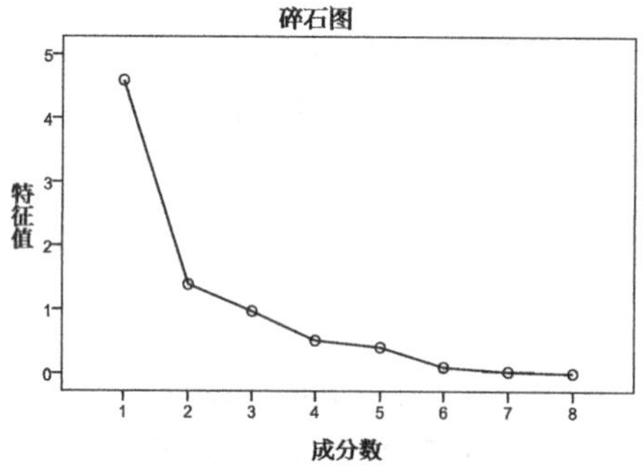

图 11-9　碎石图

3）根据因子的累积贡献率确定公共因子

表 11-14 是与图 11-9 所示碎石图同一个问题的总方差分解表，根据该表第 4 列所给出的方差累积贡献率，如果认为公共因子能够解释原始变量信息的 86%就够了，则取前 3 个因子为公共因子。如果需要公共因子能够解释原始变量信息的 93%，就取前 4 个因子为公共因子。

确定公共因子个数的过程是一个反复探索的过程，第一次往往采用特征值大于 1 的方法得到初始解，考察各个变量丢失信息的情况，如果不满意，则根据输出的碎石图和因子的累积贡献率重新确定公共因子的个数，再求初始解。

表 11-14　总方差分解表

解释的总方差						
成　分	初始特征值			提取平方和载入		
	合计	方差的 %	累积 %	合计	方差的 %	累积 %
1	4.590	57.369	57.369	4.590	57.369	57.369
2	1.389	17.368	74.738	1.389	17.368	74.738
3	.970	12.130	86.868			
4	.515	6.434	93.301			
5	.409	5.113	98.414			
6	.098	1.229	99.643			
7	.028	.346	99.989			
8	.001	.011	100.000			

提取方法：主成分分析。

4. 对因子轴进行旋转并命名

如果初始因子载荷矩阵每一列中的数据差异比较大，便可以找出公共因子与哪些原始变量关系密切，这样公共因子的含义比较容易解释，命名工作就比较顺利。但是，如果初始因子载荷矩阵中每一列的数据差异不大，就会使因子的意义含糊不清，给命名工作带来困难。此时需要对因子轴进行旋转，将初始因子载荷的平方（因子载荷可能为负数）向 0 和 1 两极转化。旋转因子轴后，公共因子的特征值会有所改变，但对于每个原始变量来说，全部公共因子的方差（共同度）不会改变。

对因子轴进行旋转的方式有两种：正交旋转和斜交旋转。

正交旋转是指使坐标轴在旋转过程中始终保持垂直，于是新生成的因子仍然是不相关的。正交旋转方式通常有方差最大法（Varimax）、四次方最大法（Quartimax）、等量最大法（Equamax）等方法。如果根据相关的理论或有关文献的研究结果，认为因子之间不相关，在对因子轴进行旋转时，应采用正交旋转方式，其中应用最广泛的是方差最大法。

斜交旋转方式是指在坐标轴旋转过程中，坐标轴的夹角可以做任意改变，因此，新生成的因子之间不能保持原来的不相关性。斜交旋转方式通常有直接斜交法（Direct Oblimin）和 Promax 法。在社会学、经济学、心理学等领域，各种事物变化的各种内在因素之间总是相互影响的，不太可能彼此无关。因此，如果根据相关的理论或有关文献的研究结果，认为因素之间存在相关性，就应该采用斜交旋转方式，其中应用最广泛的是直接斜交法。

在 SPSS 的因子分析模块中包括了以上五种旋转因子轴的方法。

5. 计算因子得分

在确定了公共因子之后，为了用公共因子代替原始变量进行有关问题的研究，如对样本进行分类或进行综合评价等，就要计算每个样本点在各公共因子上的具体数值，这些数值称为因子得分（Factor Score）。

计算因子得分时，要利用原始变量的线性组合来表示各公共因子

$$
\begin{aligned}
F_1 &= \beta_{11}x_1 + \beta_{12}x_2 + \cdots + \beta_{1m}x_m \\
F_2 &= \beta_{21}x_1 + \beta_{22}x_2 + \cdots + \beta_{2p}x_m \\
&\cdots\cdots\cdots\cdots \\
F_p &= \beta_{m1}x_1 + \beta_{m2}x_2 + \cdots + \beta_{mp}x_m
\end{aligned}
\tag{11-5}
$$

通常用来估计式（11-5）中系数的方法是线性回归方法。在 SPSS 中除线性回归方法外，还提供了 Bartlette 法和 Anderson-Rubin 法。在 SPSS 的输出结果中会显示因子得分的系数矩阵（Factor Score Coefficient Matrix）。

综上所述，结合 SPSS 中的“因子分析”对话框，因子分析的主要步骤可归结为图 11-10。

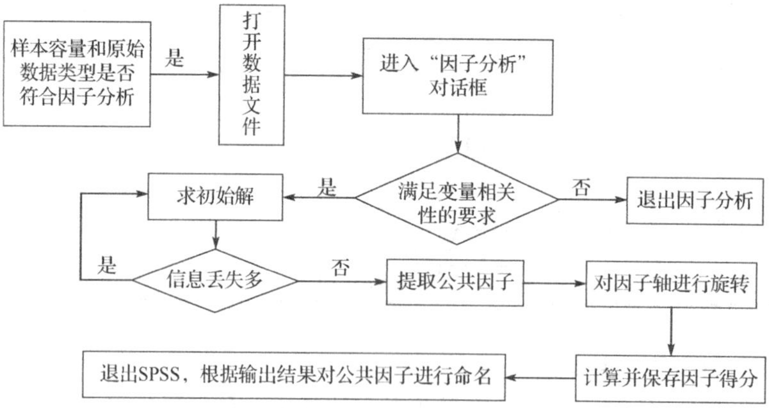

图 11-10　因子分析流程图

11.5.3　利用“因子分析（Factor Analysis）”命令进行结构效度分析

利用因子分析考察问卷结构效度的基本思路是，将问卷或量表中的观测变量按相关性分为几类，将每一类变量归结为一个公共因子，也就是说，每一类中的变量与这个公共因子有高度的相关性。于是，这几个公共因子就代表了问卷或量表的基本结构。考察问卷的结构效度，就是考察通过因子分析所得出的结构与理论构想的结构是否相符。例如，我们对某一概念的理论构想设有三个维度，根据这三个维度编制一份问卷，然后进行试测。如果对试测后的样本数据进行因子分析，得出了三个公共因子，而且每个公共因子所涵盖的项目与我们的理论构想一致，就说明实际维度的含义与理论构想的维度相符合，就可以认为这份问卷对于所要测量的概念具有良好的结构效度。

下面我们以《北京市大学生学习状况调查问卷》中关于“课堂学习策略”的相关题目为例，说明如何进行结构效度的检验。

【案例 11.3　“课堂学习策略”的效度分析】

在《北京市大学生学习状况调查问卷》中，有 9 个题目考察学生的课堂学习策略水平，即 9 个观察变量（第 14、15、41、42、43、47、52、55 和 60 题，详见第 1 章附录）。理论上认为课堂学习策略水平包含 4 个潜在变量（公共因子）。现根据调查数据来考察“课堂学习策略”的结构效度。案例 11.3 的思维导图如图 11-11 所示。

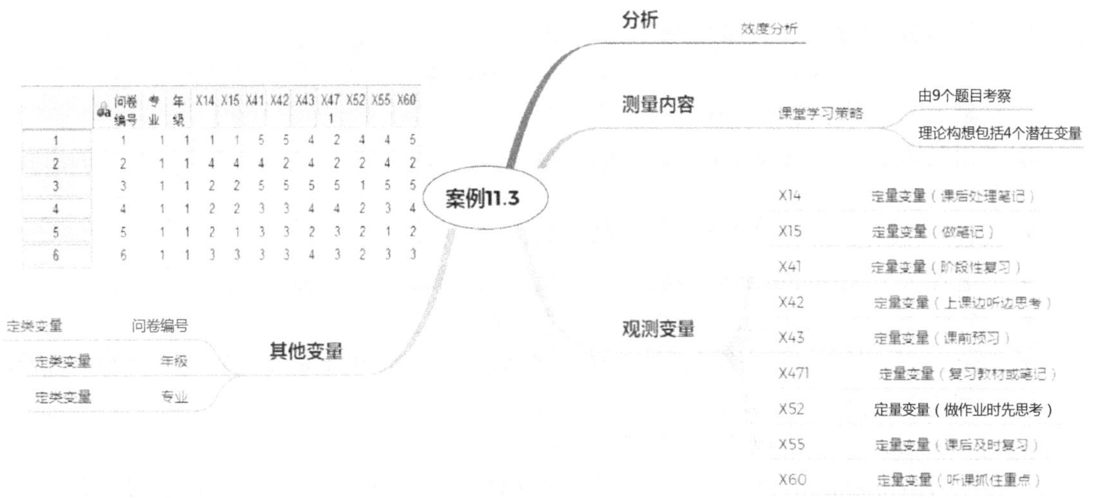

图 11-11　案例 11.3 的思维导图

1. 尝试性分析

【操作步骤】

（1）利用数据文件“统计分析案例”建立由以上 9 个题目（X14、X15、X41、X42、X43、X471、X52、X55、X60）的数据组成的新数据文件“11.3 课堂学习策略的结构效度”（第 47 题与其他题目逆向，将其变换为 X471=6−X47），数据文件中同时包括“问卷编号”“年级”“专业”三项基本信息，以便利用因子得分对学生分类。

（2）依次执行“分析（Analyze）”→“降维（Data Reduction）”→“因子（Factor Analysis）”命令，弹出“因子分析”对话框（见图 11-12）。该对话框设有如下内容。

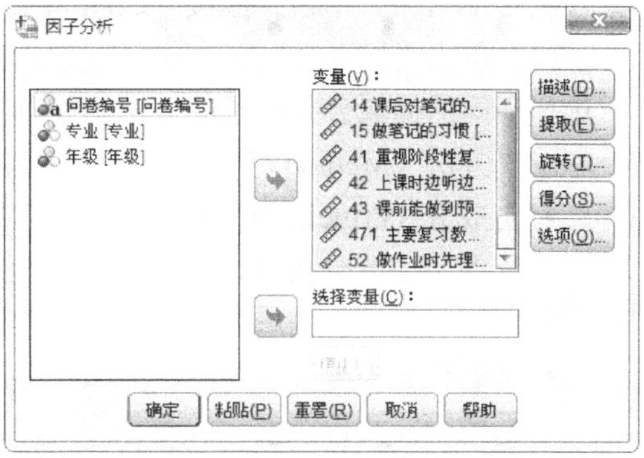

图 11-12　“因子分析”对话框

- “变量（Variables）”框：定义要参与分析的变量。
- “选择变量（Selection Variable）”框：为选择参与分析的样本设置作为条件变量的变量，单击“值（Value）”按钮，输入变量值，只有满足相应条件的样本数据才能参与因子分析。

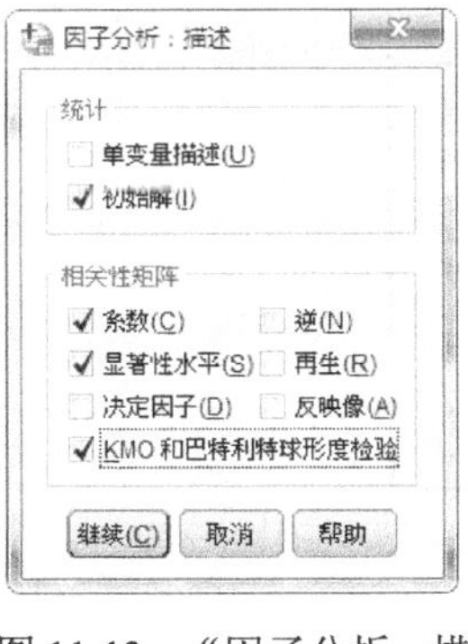

图 11-13　“因子分析：描述”对话框

本案例中，将上述 9 个变量移入“变量（Variables）”框内（见图 11-12）。

如果此时单击“确定（OK）”按钮，则系统会根据默认选项给出 3 个统计表：公共因子方差表、总方差分解表和因子载荷矩阵，我们希望通过该对话框获取更多的信息。

（3）单击“描述（Descriptives）”按钮，弹出“因子分析：描述”对话框（见图 11-13），用于选择单变量的描述统计量和初始分析结果。

① “统计（Statistics）”选项组，用于输出有关统计量，包括两个复选框。

- 单变量描述（Univariate Descriptives）：输出参与分析的原始变

量的均值、标准差及观测值数目。

- 初始解（Initial Solution）：输出初始解，包括未旋转因子轴前的共同度、特征值、方差贡献率及累积方差贡献率。

②“相关性矩阵（Correlation Matrix）”选项组，用于输出与相关系数矩阵有关的内容，包括七个复选框。

- 系数（Coefficients）：输出相关系数矩阵。
- 显著性水平（Significance Levels）：输出相关系数的显著性水平。
- 决定因子（Determinant）：输出相关系数矩阵的行列式值。
- KMO 和巴特利特球形度检验（KMO and Bartlett’s test of sphericity）：输出 KMO 值及巴特利特球形检验结果。
- 逆（Inverse）：输出相关系数矩阵的逆矩阵。
- 再生（Reproduced）：输出再生相关系数矩阵，主对角线及下三角形的数值为因子分析后的相关系数，上三角形的数值为残差值（原始相关系数与再生相关系数之差）。
- 反映像（Anti-image）：输出反映像相关系数矩阵。

对于本案例，在“统计（Statistics）”选项组内勾选“初始解（Initial solution）”复选框，在“相关性矩阵（Correlation Matrix）”选项组中勾选“系数（Coefficients）”“显著性水平（Significance levels）”“KMO 和巴特利特球形度检验（KMO and Bartlett′s test of sphericity）”三个复选框，以便输出相关系数矩阵、相关系数的显著性水平、KMO 值及巴特利特球形检验结果（见图 11-13）。单击“继续（Continue）”按钮，返回“因子分析”对话框。

（4）单击“提取（Extraction）”按钮，弹出“因子分析：提取”对话框（见图 11-14），用于选择不同的提取公共因子的方法和控制对提取结果的判断。该对话框设有如下内容。

①“方法（Method）”下拉列表：提供了 7 种提取公共因子的方法。

- 主成分（Principal Components）：主成分法，为系统默认选项。该方法就是 11.4 节所介绍的主成分分析法，即假设变量是公共因子的线性组合，特殊因子的作用可以忽略。所给出的第一主成分有最大的方差，第二主成分的方差次之，后续主成分方差递减。
- 未加权最小平方（Unweighted Least Squares）：不加权最小平方法。该方法使初始相关系数矩阵和再生的相关系数矩阵之差的平方和最小。

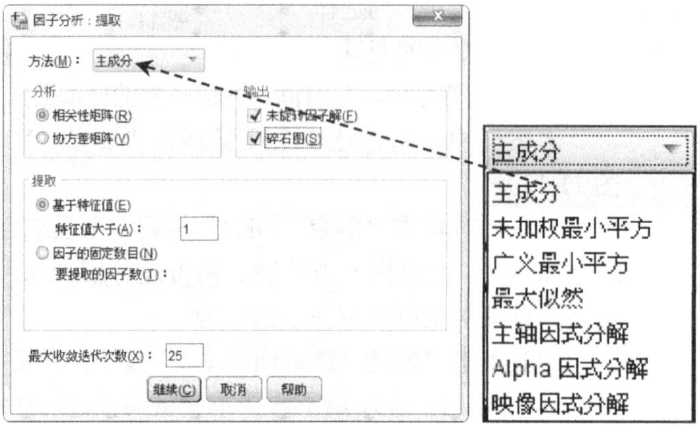

图 11-14　“因子分析：提取”对话框

- 广义最小平方（Generalized Least Squares）：广义最小平方法或称为加权最小平方法。此法用变量值的倒数加权，使初始相关系数矩阵和再生的相关系数矩阵之差的平方和最小。

- 最大似然（Maximum Likelihood）：最大似然法。不要求数据服从正态分布，在样本容量比较大时使用效果较好。
- 主轴因式分解（Principal Axis Factoring）：主轴因子法。该方法从原始变量的相关性出发，使公共因子能够尽可能多地解释变量之间的相关性。
- Alpha 因式分解（Alpha Factoring）：α因子分析法。
- 映像因式分解（Image Factoring）：映像因子分析法。

在大多数情况下，主成分法是最佳的选择，当对各种方法的原理及使用条件不甚清楚时，最好选择主成分法。

②“分析（Analyze）”选项组，用于指定提取公共因子时是使用相关系数矩阵还是协方差矩阵。

- 相关性矩阵（Correlation Matrix）：使用相关系数矩阵。当参与分析的变量的量纲不同时，应选择此项。
- 协方差矩阵（Covariance Matrix）：使用协方差矩阵。当参与分析的变量的量纲相同时，应选择此项。

③“输出（Display）”选项组，用于输出与因子提取有关的信息。

- 未旋转因子解（Unrotated Factor Solution）：输出未旋转因子轴的因子载荷矩阵。
- 碎石图（Scree Plot）：输出碎石图。

④“提取（Extract）”选项组，用于控制提取公共因子的进程和结果。

- 特征值大于（Eigenvalues Over）：在其后的参数框内输入参数，将提取特征值大于该值的因子作为公共因子，系统默认值为 1。
- 要提取的因子数（Number of factors）：在其后的方框内输入提取公共因子的个数。

⑤“最大收敛迭代次数（Maximum Iterations for Convergence）”框：指定因子分析收敛的最大迭代次数，系统默认值为 25。

本案例中，在“输出（Display）”选项组中勾选“碎石图（Scree Plot）”复选框，输出因子的碎石图，以便再次做因子分析时决定公共因子的个数。其他各项取系统默认项。单击“继续（Continue）”按钮，返回“因子分析”对话框。

（5）单击“选项（Options）”按钮，弹出“因子分析：选项”对话框（见图 11-15）。该对话框提供了处理缺失值的方法和因子载荷矩阵的输出方法。

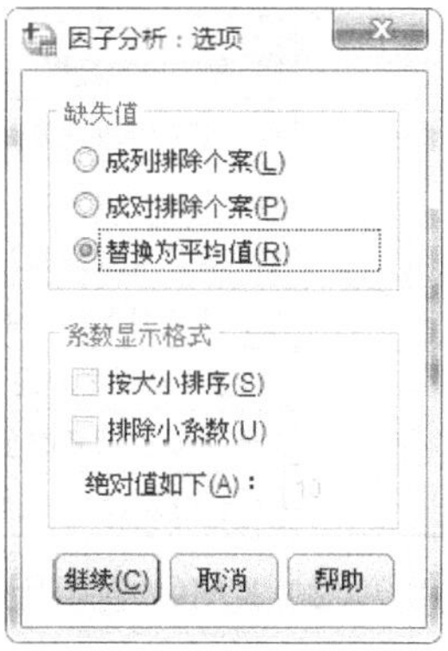

图 11-15　“因子分析：选项”对话框

①“缺失值（Missing Values）”选项组，用于处理缺失值，设有三个单选按钮。

- 成列排除个案（Exclude Cases Listwise）：所有参与分析的变量中带有缺失值的个案都一律剔除。
- 成对排除个案（Exclude Cases pairwise）：在计算两个变量的相关系数时，只把这两个变量中带有缺失值的个案剔除，也就是说成对地剔除带有缺失值的个案，这样可以最大限度地利用原有的样本数据。
- 替换为平均值（Replace with Mean）：用该变量的均值代替缺失值。

②“系数显示格式（Coefficient Display Format）”选项组，用于选择因子载荷矩阵输出方

式，包括两个复选框。

- “按大小排序（Sorted by Size）”复选框：以第一因子得分的降序输出因子载荷矩阵。
- “排除小系数（Suppress absolute values less than）”复选框：在其下面的“绝对值如下”后面的参数框内输入一个 0～1 的参数，表示只输出绝对值大于该值的因子载荷。系统默认的数值为 0.10。

本案例中，在“缺失值”选项组中选中“替换为平均值（Replace with Mean）”单选按钮，即变量的缺失值用其均值代替（见图 11-15）。单击“继续（Continue）”按钮，返回“因子分析”对话框。

（6）单击“确定（OK）”按钮，提交系统运行。

【输出结果】

1）对使用因子分析的适宜性进行判断

（1）相关系数矩阵。在表 11-15 所示的相关系数矩阵的上三角中，有 13 个相关系数大于 0.3，但仅有一个相关系数对应的概率值大于 0.05，绝大部分变量（题目）之间是显著相关的（p<0.05 或 p<0.01）。

表 11-15 变量的相关系数矩阵及其显著性水平

相关性矩阵										
		14 课后对笔记的处理	15 做笔记的习惯	41 重视阶段性复习	42 上课时边听边思考	43 课前能做到预习	471 主要复习教材或笔记	52 做作业时先理思路再写	55 注重课后及时复习	60 听课能抓住讲课的重点
相关性	14 课后对笔记的处理	1.000	.396	.138	.179	.224	-.084	.268	.348	.157
	15 做笔记的习惯	.396	1.000	.160	.152	.316	-.148	.254	.283	.150
	41 重视阶段性复习	.138	.160	1.000	.364	.334	-.161	.272	.398	.319
	42 上课时边听边思考	.179	.152	.364	1.000	.274	-.071	.296	.362	.362
	43 课前能做到预习	.224	.316	.334	.274	1.000	-.097	.199	.487	.316
	471 主要复习教材或笔记	-.084	-.148	-.161	-.071	-.097	1.000	-.114	-.120	-.138
	52 做作业时先理思路再写	.268	.254	.272	.296	.199	-.114	1.000	.325	.283
	55 注重课后及时复习	.348	.283	.398	.362	.487	-.120	.325	1.000	.322
	60 听课能抓住讲课的重点	.157	.150	.319	.362	.316	-.138	.283	.322	1.000
显著性(单尾)	14 课后对笔记的处理		.000	.002	.000	.000	.039	.000	.000	.000
	15 做笔记的习惯	.000		.000	.001	.000	.001	.000	.000	.001
	41 重视阶段性复习	.002	.000		.000	.000	.000	.000	.000	.000
	42 上课时边听边思考	.000	.001	.000		.000	.068	.000	.000	.000
	43 课前能做到预习	.000	.000	.000	.000		.020	.000	.000	.000
	471 主要复习教材或笔记	.039	.001	.000	.068	.020		.008	.006	.002
	52 做作业时先理思路再写	.000	.000	.000	.000	.000	.008		.000	.000
	55 注重课后及时复习	.000	.000	.000	.000	.000	.006	.000		.000
	60 听课能抓住讲课的重点	.000	.001	.000	.000	.000	.002	.000	.000	

（2）KMO 值和巴特利特球形检验。从表 11-16 可知，KMO=0.815，巴特利特球形检验的近似卡方值为 682.456，对应的概率值 p=0.000<0.01，因此可以放心地使用因子分析。

2）提取公共因子

（1）因子分析的初始解。表 11-17 是因子分析的初始解，给出了所有变量的共同度值。“初始（Initial）”列是因子分析初始解下的变量共同度，由于原始变量标准化后的方差均为 1，所以 9 个变量的共同度都等于 1。这说明当对原始变量采用主成分分析法提取 9 个公共因子时，原始变量的所有方差都可以被解释。但是，这不是我们的目的，我们要求公共因子的个数小于原始变量的个数。“提取（Extraction）”列是按指定条件（特征值大于 1）提取公共因子时，原始变量的方差可以被解释的程度，几乎所有变量的信息都损失了 40%以上，而且第 47 题的信息（对应于 X471）损失高达 92%（1–0.079=0.921）。所以，用特征值大于 1 来提取公共因子的效果不是很理想。

表 11-16　KMO 值及巴特利特球形检验

KMO 和巴特利特检验		
KMO 取样适切性量数		.815
巴特利特球形度检验	近似卡方	682.456
	自由度	36
	显著性	.000

表 11-17　公共因子方差表

公因子方差	初　始	提　取
14 课后对笔记的处理	1.000	.629
15 做笔记的习惯	1.000	.652
41　重视阶段性复习	1.000	.527
42　上课时边听边思考	1.000	.509
43　课前能做到预习	1.000	.430
471　主要复习教材或笔记	1.000	.079
52　做作业时先理思路再写	1.000	.338
55　注重课后及时复习	1.000	.552
60　听课能抓住讲课的重点	1.000	.485

提取方法：主成分分析。

（2）对总方差的解释。表 11-18 给出了 9 个因子解释原始变量总方差的情况。第一列是按特征值大小排序的因子（实际上就是主成分）编号，在初始特征值（Initial Eigenvalues）之下的三列“总计（Total）”“方差百分比（% of Variance）”“累积%（Cumulative%）”分别给出了相关系数矩阵的特征值、方差贡献率和累积方差贡献率（系统默认选项是“相关性矩阵”，如果在“分析”选项组中选中“协方差矩阵”单选按钮，则此处是协方差矩阵的特征值、方差贡献率和累积方差贡献率）。在“提取载荷平方和（Extraction Sums of Squared Loadings）”下的三列是所提取的公共因子在因子轴未经旋转情况下的特征值、方差贡献率和累积方差贡献率。于是可知，所提取的两个公共因子的特征值的累积方差贡献率只有 46.675%。如果要求累积方差贡献率至少达到 70%，就需要提取 5 个公共因子；如果需要累积方差贡献率至少达到 65%，那么可以提取 4 个公共因子。

表 11-18　9 个因子解释原始变量总方差的情况

总方差解释						
成　分	初始特征值			提取载荷平方和		
	总　计	方差百分比	累积%	总　计	方差百分比	累积%
1	3.064	34.039	34.039	3.064	34.039	34.039
2	1.137	12.636	46.675	1.137	12.636	46.675
3	.970	10.781	57.457			
4	.847	9.410	66.866			
5	.690	7.668	74.534			
6	.651	7.230	81.764			
7	.617	6.859	88.623			
8	.577	6.413	95.036			
9	.447	4.964	100.000			

提取方法：主成分分析。

（3）碎石图。从图 11-16 所示的碎石图看，对应于第二个因子的点是折线的第一个转折点，第五个因子对应的点是折线的第二个转折点。

2. 提取 4 个公共因子

理论上的构想为，课堂学习策略水平包含 4 个潜在变量（公共因子），因此下面提取 4 个公共因子。

【操作步骤】

（1）重新打开“因子分析”对话框，9 个变量依旧保留在“变量”框中。单击“描述（Descriptives）”按钮，在“相关性矩阵（Correlation Matrix）”选项组中取消勾选“系数（Coefficients）”“显著性水平（Significance levels）”“KMO 和巴特利特球形度检验（KMO and Bartlett's test of sphericity）”三个复选框。单击“继续（Continue）”按钮，返回“因子分析”对话框。

（2）单击“提取（Extraction）”按钮，弹出“因子分析：提取”对话框后，在“输出（Display）”选项组中取消勾选“碎石图（Scree plot）”复选框。在“提取（Extract）”选项组中选中“因子的固定数目”单选按钮，并在“要提取的因子数（Number of factors）”后的参数框内输入“4”（见图 11-17）。其他部分仍采用系统默认项。单击“继续（Continue）”按钮，返回“因子分析”对话框。

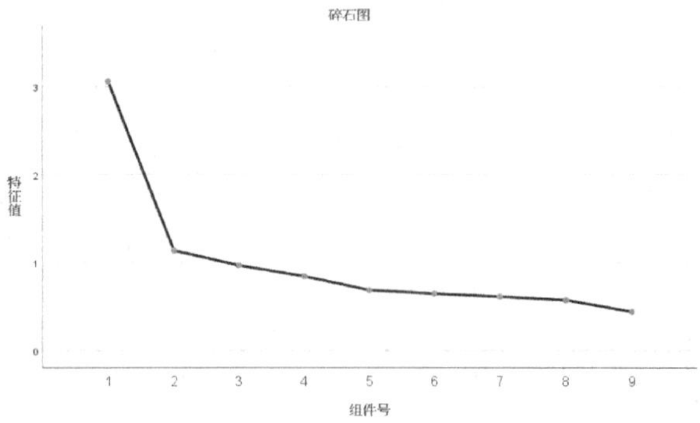

图 11-16　9 个因子的碎石图

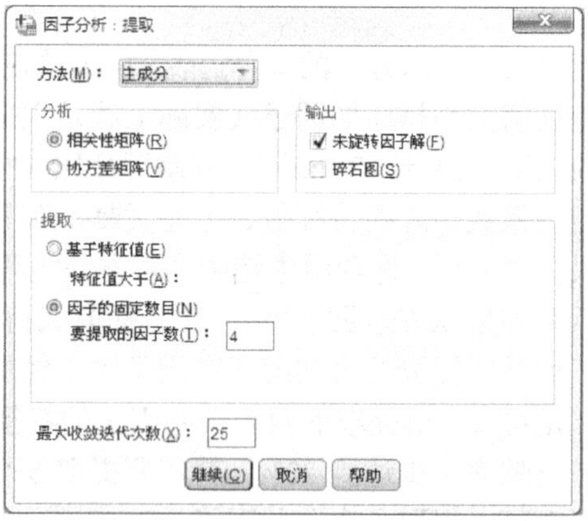

图 11-17　提取 4 个公共因子

（3）单击“旋转（Rotation）”按钮，弹出“因子分析：旋转”对话框（见图 11-18）。该对话框用于选择因子轴旋转方法，设有如下内容。

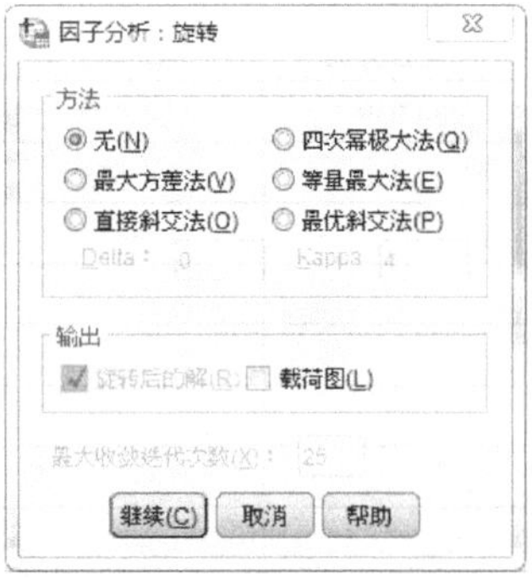

图 11-18　“因子分析：旋转”对话框

①“方法（Method）”选项组，提供了六种因子轴旋转方法。

- 无（None）：不进行旋转，为系统默认选项。
- 最大方差法（Varimax）：最大方差旋转。
- 直接斜交法（Direct Oblimin）：直接斜交旋转。选择此项后需要在下面的“Delta”参数框中输入一个小于或等于 0.8 的数，该数越接近 0，斜交的程度越深。系统默认值为 0。0 值将产生最高相关因子。
- 四次幂极大法（Quartimax）：四次最大正交旋转。该方法将使每个变量中需要解释的因子数最少，可以简化对变量的解释。

- 等量最大法（Equamax）：等量最大正交旋转。该方法将使每个因子上有高载荷的变量数，并且使变量中需要解释的因子数最少。
- 最优斜交法：适用于大样本，允许因子之间相关。

②“输出（Display）”选项组，用于输出与因子轴旋转相关的项目。该选项组包括两个复选框。

- 旋转后的解（Rotated Solution）：输出旋转后的结果。如果选择的是正交旋转方式，则输出旋转后的因子矩阵模式、因子变换矩阵；如果选择的是斜交旋转方式，则输出旋转后的因子矩阵模式、因子结构矩阵和因子间的相关系数矩阵。
- 载荷图（Loading Plot(s)）：输出旋转后的因子载荷散点图。如果只提取了一个因子，不输出散点图；如果提取了两个因子，输出的是以两个因子为坐标轴的原始变量散点图；如果提取的因子在三个以上，则只输出以前三个因子为坐标轴的三维因子载荷散点图。

③“最大收敛迭代次数（Maximum Iterations for Convergence）”框：指定因子分析收敛的最大迭代次数，系统默认值为 25。

在本案例中，选中“最大方差法（Varimax）”单选按钮，做最大方差旋转，目的是希望更清楚地看出公共因子与各个变量间的关系。单击“继续（Continue）”按钮，返回“因子分析”对话框。

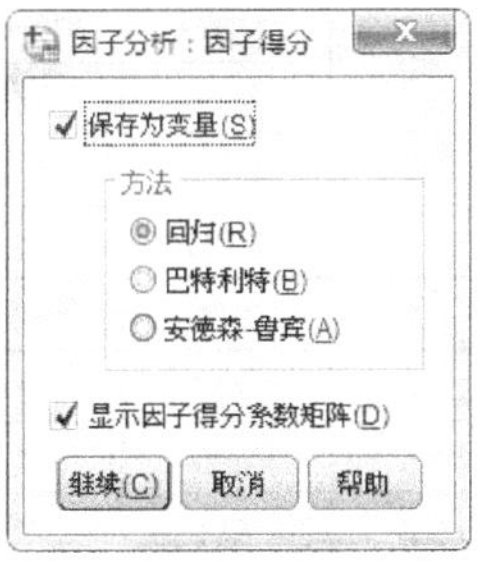

图 11-19　“因子分析：因子得分”对话框

（4）单击“得分（Scores）”按钮，弹出“因子分析：因子得分”对话框（见图 11-19）。该对话框用于显示或作为新变量保留所计算的因子得分。

①“保存为变量（Save as Variables）”复选框：将因子得分作为一组新变量保留在当前数据文件中。变量名为“FAC*m*-*k*”，其中 *m* 表示公共因子的序号，*k* 表示第 *k* 次做因子分析所得的结果。

②“方法（Method）”选项组：提供了三种计算因子得分的方法，但是必须在勾选了“保存为变量（Save as Variables）”复选框之后，本选项组才被激活。

- 回归（Regression）：回归法，是系统默认选项，也是应用最多的方法。
- 巴特利特（Bartlett）：使用该法得出的因子得分均值为 0。
- 安德森-鲁宾（Anderson-Rubin）：使用该法得出的因子得分均值为 0，标准差为 1，而且各因子彼此不相关。

③“显示因子得分系数矩阵（Display factor score coefficient matrix）”复选框：输出因子得分的系数矩阵及协方差矩阵。

本案例中，勾选“保存为变量（Save as Variables）”复选框，在“方法（Method）”选项组中选择系统默认项“回归（Regression）”，并勾选“显示因子得分系数矩阵（Display factor score coefficient matrix）”复选框（见图 11-19）。单击“继续（Continue）”按钮，返回“因子分析”对话框。

（5）单击“选项（Options）”按钮，弹出“因子分析：选项”对话框后，对缺失值的处理仍选中“替换为平均值（Replace with Mean）”单选按钮，即变量的缺失值用其均值代替。勾选“按大小排序（Sorted by Size）”复选框，即以第一因子得分的降序输出因子载荷矩阵。单击“继续（Continue）”按钮，返回“因子分析”对话框。

（6）单击“确定（OK）”按钮，提交系统运行。

表 11-19　第二次因子分析的公共因子方差表

公因子方差		
	初始	提取
14 课后对笔记的处理	1.000	.674
15 做笔记的习惯	1.000	.658
41 重视阶段性复习	1.000	.547
42 上课时边听边思考	1.000	.579
43 课前能做到预习	1.000	.754
471 主要复习教材或笔记	1.000	.964
52 做作业时先理思路再写	1.000	.722
55 注重课后及时复习	1.000	.620
60 听课能抓住讲课的重点	1.000	.499

提取方法：主成分分析。

【输出结果】

（1）因子分析的初始解。从表 11-19 的第三列［“提取（Extraction）”］可以看出，在提取 4 个公共因子的情况下，保留原始变量的信息量大大增加，第 47 题从 0.079 提高到 0.964，但第 60 题相对损失的信息量还是比较大，接近 50%。

（2）对总方差的解释。从表 11-20 可知，4 个公共因子的累积方差贡献率达到 66.866%。与表 11-18 相比较，在表 11-20 的右边增加了三列，给出了最大方差旋转后的最终因子解。与旋转前的因子解相比，4 个特征值都有所变化，除第一个特征值比旋转前小外，其他三个特征值都比旋转前大，累积方差贡献率也有了变化。但是 4 个公共因子的累积方差贡献率没有变，仍为 66.866%。

表 11-20　第二次因子分析因子解释原始变量总方差的情况

总方差解释									
成分	初始特征值			提取载荷平方和			旋转载荷平和		
	总计	方差百分比	累积%	总计	方差百分比	累积%	总计	方差百分比	累积%
1	3.064	34.039	34.039	3.064	34.039	34.039	1.873	20.808	20.808
2	1.137	12.636	46.675	1.137	12.636	46.675	1.572	17.472	38.280
3	.970	10.781	57.457	.970	10.781	57.457	1.544	17.159	55.439
4	.847	9.410	66.866	.847	9.410	66.866	1.028	11.428	66.866
5	.690	7.668	74.534						
6	.651	7.230	81.764						
7	.617	6.859	88.623						
8	.577	6.413	95.036						
9	.447	4.964	100.000						

提取方法：主成分分析。

（3）旋转前后的因子载荷矩阵。表 11-21 和表 11-22 分别是旋转前和旋转后的因子载荷矩阵。在表 11-21 中，每个公共因子对应的各个原始变量的载荷差异不大，很难用原始变量来解释各个公共因子的含义。表 11-22 中的数据向 0、1 两极分化，公共因子与原始变量的关系比较明确。

利用表 11-21 中的每一行可以写出原始变量与公共因子的线性关系式

$$X_{55} = 0.743\,F_1 - 0.002F_2 + 0.141\,F_3 - 0.219\,F_4$$
$$X_{43} = 0.656\,F_1 - 0.005\,F_2 + 0.132\,F_3 - 0.554\,F_4$$
$$X_{41} = 0.623\,F_1 - 0.372\,F_2 + 0.086\,F_3 - 0.114\,F_4$$

…………

$$X_{52} = 0.580\,F_1 + 0.045\,F_2 + 0.009\,F_3 + 0.620\,F_4$$

如果我们在“因子分析：选项”对话框中勾选了“排除小系数（Suppress absolute values less than）”复选框且绝对值取系统默认的数值“0.1”，那么在因子载荷矩阵中只输出绝对值大于 0.1 的因子载荷（见表 11-23）。原始变量与公共因子的线性关系也可以进一步得到简化：

$$X_{55} = 0.743\,F_1 + 0.141\,F_3 - 0.219\,F_4$$
$$X_{43} = 0.656\,F_1 + 0.132\,F_3 - 0.554\,F_4$$

$$X_{41} = 0.623\,F_1 - 0.372\,F_2 - 0.114\,F_4$$

…………

$$X_{52} = 0.580\,F_1 + 0.620\,F_4$$

表 11-24 为对因子轴进行正交旋转时的正交矩阵。

表 11-21　旋转前的因子载荷矩阵

成分矩阵[a]				
	成分			
	1	2	3	4
55　注重课后及时复习	.743	-.002	.141	-.219
43　课前能做到预习	.656	-.005	.132	-.554
41　重视阶段性复习	.623	-.372	-.086	-.114
42　上课时边听边思考	.609	-.372	.141	.223
60　听课能抓住讲课的重点	.596	-.360	-.045	.111
15 做笔记的习惯	.530	.609	-.031	-.072
14 课后对笔记的处理	.525	.595	.139	.161
471　主要复习教材或笔记	-.275	-.063	.940	.040
52　做作业时先理思路再写	.580	.045	.009	.620

提取方法 :主成分分析法。

a. 提取了 4 个成分。

表 11-22　方差最大旋转后的因子载荷矩阵（*p*=4）

旋转后的成分矩阵[a]				
	成分			
	1	2	3	4
42　上课时边听边思考	.721	.044	.229	.067
52　做作业时先理思路再写	.694	.452	-.181	-.049
60　听课能抓住讲课的重点	.635	.004	.284	-.122
41　重视阶段性复习	.535	-.046	.476	-.180
14 课后对笔记的处理	.128	.804	.104	.035
15 做笔记的习惯	-.012	.750	.269	-.149
43　课前能做到预习	.135	.207	.832	-.017
55　注重课后及时复习	.374	.325	.612	.000
471　主要复习教材或笔记	-.076	-.080	-.042	.975

提取方法 :主成分分析法。

旋转方法 :凯撒正态化最大方差法。

a. 旋转在 9 次迭代后已收敛。

表 11-23　旋转前的因子载荷矩阵（因子载荷绝对值大于 0.1）

成分矩阵[a]				
	成分			
	1	2	3	4
55　注重课后及时复习	.743		.141	-.219
43　课前能做到预习	.656		.132	-.554
41　重视阶段性复习	.623	-.372		-.114
42　上课时边听边思考	.609	-.372	.141	.223
60　听课能抓住讲课重点	.596	.360		.111
15 做笔记的习惯	.530	.609		
14 课后对笔记的处理	.525	.595	.139	.161
471 主要复习教材或笔记	-.275		.940	
52　作业时先理思路再写	.580			.620

提取方法 :主成分分析法。

a. 提取了 4 个成份。

表 11-24　因子轴旋转的正交矩阵

成分转换矩阵				
成分	1	2	3	4
1	.653	.484	.558	-.167
2	-.521	.842	-.132	-.042
3	.052	.104	.144	.983
4	.546	.215	-.807	.067

提取方法 :主成分分析法。

旋转方法 :凯撒正态化最大方差法。

（4）公共因子。

第一个公共因子 F_1：与 42 题、52 题、60 题和 41 题关系密切，反映了课堂学习策略中深层加工的程度，所以可命名为“认知”。

第二个公共因子 F_2：与 14 题、15 题关系密切，反映了记笔记的态势，可命名为“笔记”。

第三个公共因子 F_3：与 43 题、55 题关系密切，反映了课前预习与课后复习的状况，可命名为“方法”。

第四个公共因子 F_4：与 47 题关系密切，反映了利用知识载体的广度，可命名为“学习载体”。

据此认为，有关课堂学习策略的 9 个题目的结构，与学习理论中关于课堂学习的基本结构是一致的，课堂学习策略的结构效度确实达到了要求。

3．因子得分及其利用

表 11-25 是因子得分系数矩阵，据此可以写出各因子得分的线性表达式：

$$F_1=-0.049X_{14}-0.215X_{15}+0.226X_{41}+0.452X_{42}-0.208X_{43}+0.503X_{52}+0.026X_{55}+0.361X_{60}+0.046X_{471}$$

$$F_2=0.579X_{14}+0.513X_{15}-0.215X_{41}-0.107X_{42}-0.027X_{43}+0.283X_{52}+0.075X_{55}-0.149X_{60}+0.020X_{471}$$

$$F_3=-0.106X_{14}+0.090X_{15}+0.252X_{41}-0.038X_{42}+0.667X_{43}-0.489X_{52}+0.365X_{55}+0.038X_{60}+0.059X_{471}$$

$$F_4=0.103X_{14}-0.089X_{15}-0.116X_{41}+0.141X_{42}+0.054X_{43}+0.024X_{52}+0.085X_{55}-0.057X_{60}+0.972X_{471}$$

表 11-25　因子得分系数矩阵

成分得分系数矩阵

	成　分			
	1	2	3	4
14 课后对笔记的处理	-.049	.579	-.106	.103
15 做笔记的习惯	-.215	.513	.090	-.089
41　重视阶段性复习	.226	-.215	.252	-.116
42　上课时边听边思考	.452	-.107	-.038	.141
43　课前能做到预习	-.208	-.027	.667	.054
471　主要复习教材或笔记	.046	.020	.059	.972
52　做作业时先理思路再写	.503	.283	-.489	.024
55　注重课后及时复习	.026	.075	.365	.085
60　听课能抓住讲课的重点	.361	-.149	.038	-.057

提取方法：主成分分析法。

旋转方法：凯撒正态化最大方差法。

组件得分。

F_1、F_2、F_3、F_4 计算的结果将作为新变量 FAC1-1、FAC2-1、FAC3-1、FAC4-1 进入数据文件“11.3　课堂学习策略的结构效度”中（见图 11-20）。

根据因子得分可以对样本进行分类，使其每一类的特点更为突出，还可以利用因子得分进行综合评价。综合评价的分数是因子得分的线性组合，并将每个因子的方差贡献率占公共因子总方差贡献率的比重作为权重。例如，对上述案例中的学生进行课堂学习策略水平的综合评价时，将每个公共因子的方差贡献率（见表 11-20）占 4 个公共因子总方差贡献率的比重作为权重，计算综合分数：

FAC1_1	FAC2_1	FAC3_1	FAC4_1
2.90084	-2.07622	.38204	-1.45189
-1.28108	1.56947	1.01682	-1.58510
1.23283	-1.65976	2.81384	1.45434
.23405	-.82276	.62378	.33433
.02985	-1.17576	-1.47558	-.66436
-.43537	.38597	.52321	-.55170

图 11-20　数据文件中保存的 4 个公共因子得分

$$F=\frac{34.039}{66.866}F_1+\frac{12.636}{66.866}F_2+\frac{10.781}{66.866}F_3+\frac{9.410}{66.866}F_4$$

利用因子分析得出的综合分数进行评价，具有很多优点，主要表现在：

（1）比较全面地考虑我们确定的所有指标，在选择了 p 个公共因子（实际上就是主成分）之后，仍能保留原始数据的大部分信息，因此在处理上比只取个别指标进行评价更加全面。

（2）计算综合分数时，并不是将各个因子得分直接相加，而是依据每个因子相对的重要性进行加权处理，因此对于评价来说，更具有合理性。

参 考 文 献

[1] 袁方，王汉生. 社会研究方法教程[M]. 重排本. 北京：北京大学出版社，2013

[2] 弗洛德 • J • 福勒. 调查研究方法[M]. 孙振东等译. 重庆：重庆大学出版社，2004

[3] 艾尔 • 巴比（Earl Babbie）. 社会科学研究方法[M]. 10 版. 邱泽奇译. 北京：华夏出版社，2005

[4] 江立华，水延凯. 社会调查教程[M]. 7 版. 北京：中国人民大学出版社，2018

[5] 风笑天. 社会调查方法[M]. 3 版. 北京：中国人民大学出版社，2019

[6] 戴维 • K • 希尔德布兰德等. 社会统计方法与技术[M]. 北京：社会科学文献出版社，2005

[7] 李沛良. 社会研究的统计分析[M]. 北京：社会科学文献出版社，2002

[8] 王静龙，梁小筠. 定性数据统计分析[M]. 北京：中国统计出版社，2008

[9] 戴维 • S • 穆尔. 统计学的世界[M]. 5 版. 郑惟厚译. 北京：中信出版社，2003

[10] 卢淑华. 社会统计学概要[M]. 北京：北京大学出版社，2016

[11] R. L • 奥特，M • 朗格内克. 统计学方法与数据分析引论[M]. 张忠占等译. 北京：科学出版社，2003

[12] 李查德 • P • 鲁尼恩（Richard P. Runyon）等. 行为统计学基础[M]. 王星译. 北京：中国人民大学出版社，2007

[13] 迪米特里斯 • 伯特西马斯，罗伯特 • M • 弗罗因德. 数据、模型与决策[M]. 北京：中信出版社，2004

[14] 史希来. 属性数据分析引论[M]. 北京：北京大学出版社，2006

[15] 吴喜之. 统计学：从概念到数据分析[M]. 2 版. 北京：高等教育出版社，2016

[16] 何晓群. 现代统计分析方法与应用[M]. 4 版. 北京：中国人民大学出版社，2016

[17] 杜智敏. 大学生学习问题实证研究[M]. 北京：中国言实出版社，2006

[18] 廖福庭. 分组比较的统计分析[M]. 高勇译. 重庆：重庆大学出版社，2007

[19] 卢纹岱. SPSS 统计分析[M]. 5 版. 北京：电子工业出版社，2015

[20] 薛薇. SPSS 统计分析方法及应用[M]. 3 版. 北京：电子工业出版社，2017

[21] 谢龙汉，尚涛. SPSS 统计分析与数据挖掘[M]. 北京：电子工业出版社，2012

[22] 时立文. SPSS 统计分析从入门到精通[M]. 2 版. 北京：清华大学出版社，2020

[23] 邓维斌，唐兴艳，胡大权，等. SPSS19（中文版）统计分析实用教程[M]. 北京：电子工业出版社，2012

[24] 贾丽艳，杜强. SPSS 统计分析标准教程. 北京：人民邮电出版社，2010

[25] 吴明隆. 问卷统计分析实务：SPSS 操作与应用[M]. 北京：重庆大学出版社，2018

[26] 王保进. 多变量分析：统计软件与数据分析[M]. 北京：北京大学出版社，2007

[27] 张文彤. SPSS 统计分析高级教程[M]. 3 版. 北京：高等教育出版社，2018

[28] 宇传华. SPSS 与统计分析[M]. 北京：电子工业出版社，2007

［29］阮桂海等. 数据统计与分析：SPSS 应用教程[M]. 北京：北京大学出版社，2005
［30］国家统计局. 中国统计年鉴 2018[M]. 北京：中国统计出版社，2018
［31］http://www.restore.ac.uk/srme
［32］http://www/fac/soc/wie/research-new/srme/modules/mod5/4/index.html